종교통합 배도신학의 정체와
기독교 생명신학

저자 이 형 조

마틴 루터의 종교 개혁 기념교회, 독일 드레스덴 프라우엔 교회 성전 제단 위에 있는 장미십자 모양과 그 속에 있는 피라미드와 호루스 뱀눈이 있다. 마틴 루터는 이집트 이시스를 섬기는 비밀결사 장미십자단원이다. 이그나티우스 로욜라와 사비에르를 비롯해서 뉴톤, 프란시스 베이컨, 토마스 모어, 루소 등이 모두 비밀 결사 장미십자단원이다. 그들의 종교 개혁은 거짓말이다. 그들이 만든 루터 교리는 만인구원론이다.

"그리스도가 나타나게 하고 그리스도에게 오게 하라"
-세계제자훈련원-

교회 안에 있는 영생의 선물

영생을 얻기 위한 지식

"영생은 곧 유일하신 참 하나님과 그의 보내신 자 예수 그리스도를 아는 것이니이다"(요17:3).

예수님이 말씀하신 영생은 단순히 죽지 않고 영원히 사는 생명이 아니다. 삼위 일체 하나님 안에 감춰진 비밀스런 지식을 아는 것이다. 기독교 생명 신학 구원의 뿌리는 삼위일체 하나님이시다. 삼위일체 하나님의 비밀은 교회의 비밀이다. 교회는 만세와 만대로부터 하나님 아버지 안에 감춰진 비밀이었다. 하나님께서 감춰 오신 교회의 비밀은 천사들에게 하나님의 각종 지혜를 알게 하시려고 창세전에 예수 그리스도 안에서 예정 하신 것이다.

이 책을 사랑하는 _____에게 영생의 선물로 드립니다.

년   월   일 _____드림

삼위일체 하나님과 교회

구원 받은 교회는 성자 예수님과 한 몸인 신부이다. 예수님이 성부 하나님의 아들이므로 예수님과 한 몸 된 교회도 역시 하나님의 아들이 된다. 성자 예수님과 성령 하나님이 한 분이시므로 예수님과 한 몸 된 교회는 성령의 하나님의 거룩한 성전이 되는 것이다. 성부 성자 성령이 한 몸이시므로 예수님과 한 몸이 된 교회도 삼위일체 하나님과 한 몸인 것이다. 요한 계시록 21장에 완성된 예수님의 신부인 새 예루살렘이 하나님의 아들이 되고 거룩한 성령의 성전이 되는 것은 교회가 삼위일체 하나님과 한 몸이 되었기 때문이다. 그래서 교회를 하나님의 비밀이라고 하였다.

창세전의 영원한 하나님의 나라에는 성부 성자 성령 하나님이 계셨다. 그러나 요한 계시록 이후의 영원한 하나님의 나라에는 성부, 성자, 성령 외에 교회가 더해지는 것이다. 그래서 교회는 하나님 아버지의 창조와 구속의 목적이다. 당신이 영생을 얻으려면 예수님과 한 몸을 이룬 신부가 되어야 한다. 그래서 기독교 구원에서 영생을 얻었다는 것은 예수님의 신부가 되었다는 것이다. 왜냐하면 그것이 하나님 아버지의 창조와 구속의 목적이기 때문이다.

"모든 성도 중에 지극히 작은 자보다 더 작은 나에게 이 은혜를 주신 것은 측량할 수 없는 그리스도의 풍성을 이방인에게 전하게 하시고 영원부터 만물을 창조하신 하나님 속에 감추었던 비밀의 경륜이 어떠한 것을 드러내게 하려 하심이라 이는 이제 교회로 말미암아 하늘에서 정사와 권세들에게 하나님의 각종 지혜를 알게 하려 하심이니 곧 영원부터 우리 주 그리스도 예수 안에서 예정하신 뜻대로 하신 것이라"(엡3:8-11)

"이 비밀은 만세와 만대로부터 옴으로 감추었던 것인데 이제는 그의 성도들에게 나타났고 하나님이 그들로 하여금 이 비밀의 영광이 이방인 가운데 어떻게 풍성한 것을 알게 하려하심이라 이 비밀은 너희 안에 계신 그리스도시니 곧 영광의 소망이니라"(골1:26-27)

기독교 영생은 예수님의 신부가 되는 것

기독교 구원은 단순히 영생을 얻는 종교가 아니다. 창세전부터 성부 하나님이 꿈꾸신 인간 구원은 단순한 영생이 아니라 하나님의 아들 예수님의 신부인 교회가 되는 것이다. 그러므로 영생을 얻었다 하면서 교회를 모르면 그 영생은 기독교에서 말한 구원이 아니다. 왜냐하면 하나님께서 주신 영생은 예수 안에 있고 예수 안에 있는 영생을 얻기 위해서는 예수님과 한 몸인 신부가 되어야 하기 때문이다. 기독교 구원의 출발은 만세와 만대로부터 시작 되었다. 아직도 끝나지 않고 지금도 계속되고 있다. 요한 계시록 21장에 기록된 새 예루살렘이 예수님의 완성된 신부인 교회이다. 그런데 새 예루살렘은 예수님의 신부인 교회만이 아니다. 하나님의 아들이다. 성령의 거룩한 성전이다. 결국 새 예루살렘 안에 성부 성자 성령 하나님이 한 몸을 이루고 있는 것이다.

아름다운 신부로 단장해 가는 교회

당신이 진정한 기독교인이 되려면 아름답게 단장을 끝낸 예수님의 신부인 새 예루살렘이 당신이란 사실을 알아야 한다. 교회의 비밀을 알아야 한다는 것이다. 교회를 알려면 삼위일체 하나님을 알아야 하고 삼위일체 하나님을 알려면 예수님을 알아야 하고 예수님을 알려면 요한복음을 알아야 한다. 기독교의 구원은 영생의 비밀이 아니다. 단순하게 영원한 생명을 주는 종교가 아니라는 것이다. 기독교의 구원은 교회의 비밀이다. 예수님의 신부가 되는 것이다. 이것을 예수님의 몸된 교회라고 한다. 교회는 건물이 아니다. 단순하게 성도들이 모여 있는 집단도 아니다. 구원 받은 성도 한 사람 한 사람이 예수님의 신부가 되어 이 세상을 살아가는 동안 단장을 하는 것이다.

구원 받은 당신은 하나님의 영광의 찬송이다

"찬송하리로다 하나님 곧 우리 주 예수 그리스도의 아버지께서 그리스도 안에서 하늘에 속한 모든 신령한 복으로 우리에게 복 주시되 곧 창세 전에 그리스도 안에서 우리를 택하사 우리로 사랑 안에서 그 앞에 거룩하고 흠이 없게 하시려고 그 기쁘신 뜻대로 우리를 예정하사 예수 그리스도로 말미암아 자기의 아들들이 되게 하셨으니 이는 그의 사랑하시는 자 안에서 우리에게 거저 주시는바 그의 은혜의 영광을 찬미하게 하려는 것이라 모든 일을 그 마음의 원대로 역사하시는 자의 뜻을 따라 우리가 예정을 입어 그 안에서 기업이 되었으니이는 그리스도 안에서 전부터 바라던 우리로 그의 영광의 찬송이 되게 하려 하심이라 "(엡1:3-6,11-12)

프롤로그(Prologue)

지상의 교회는 순교하는 공동체

"오직 성령이 너희에게 임하시면 너희가 권능을 받고 예루살렘과 온 유대와 사마리아와 땅끝까지 이르러 내 증인이 되리라 하시니라"(행1:8)

세상에 예수 믿는 성도들이 존재하는 이유는 예수의 증인으로 살아가기 위함이다. 증인이란 헬라어 마르투스이다. 신약에 34번 기록된 "순교자"란 뜻이다. 즉 나의 죽음을 통해서 예수님을 나타내는 것이다. 전도는 예수님이 죽어 내가 생명을 얻는 것처럼 이제 내가 죽어 다른 사람들에게 내 안에 계신 예수님의 생명을 넘겨주는 것이다. 즉 순교자의 삶이다. 내가 나를 위해 사는 것이 아니라 내 안에 계신 예수님께서 다른 사람을 사랑하기 위해 내가 죽는 것이다. 이것을 살아있는 순교자 라고 한다.

"우리 산 자가 항상 예수를 위하여 죽음에 넘기움은 예수의 생명이 또한 우리 죽을 육체에 나타나게 하려 함이니라 그런즉 사망은 우리 안에서 역사하고 생명은 너희 안에서 하느니라"(고후4:11-12)

터툴리안은 지상의 교회를 "순교자의 공동체"라고 하였다.

"요한은 하나님의 말씀과 예수 그리스도의 증거 곧 자기의 본 것을 다 증거하였느니라"(계1:2)

요한 계시록의 주제는 "하나님의 말씀과 예수 그리스도의 증거"이다. 그래서 요한 계시록에는 하나님의 말씀과 예수 그리스도의 증거를 가진 자들이 순교를 하고 있다. 이 말은 요한 계시록을 통해 지상의 교회 정체성을 알려 주고 있는 것이다. 요한 계시록은 타작 마당에서 알곡을 모아 추수하는 내용이다. 하나님의 말씀과 예수 그리스도의 증거를 가진 자들이 알곡이란 뜻이다. 즉 세상에서 순교자로 살아가는 성도들이다.

"다섯째 인을 떼실 때에 내가 보니 하나님의 말씀과 저희의 가진 증거를 인하여 죽임을 당한 영혼들이 제단 아래 있어 큰 소리로 불러 가로되 거룩하고 참되신 대주재여 땅에 거하는 자들을 심판하여 우리 피를 신원하여 주지 아니하시기를 어느 때까지 하시려나이까 하니 각각 저희에게 흰 두루마기를 주시며 가라사대 아직 잠시 동안 쉬되 저희 동무 종들과 형제들도 자기처럼 죽임을 받아 그 수가 차기까지 하라 하시더라"(계6:9-11)

또 요한 계시록의 주제는 제사장 나라이다. 예수님께서 우리를 자기 피로 사서 죄에서 해방하시고 아버지 하나님을 위하여 우리를 나라와 제사장으로 삼으셨다.

"우리를 사랑하사 그의 피로 우리 죄에서 우리를 해방하시고 그 아버지 하나님을 위하여 우리를 나라와 제사장으로 삼으신 그에게 영광과 능력이 세세토록 있기를 원하노라 아멘"(계1:5-6)

제사장은 제물을 가지고 제사를 드려 백성들의 죄를 속죄하는 직분이다. 그래서 기업이 없다. 하나님께서 나실인으로 사용 하시고 제사장들의 생활을 책임지신다. 그런데 예수님께서 아버지 하나님을 위해서 세상에서 구원 받은 성도들을 제사장으로 삼으셨다. 예수님께서 친히 제사장이 되셔서 자신의 몸을 생축으로 드리신 것처럼 구원 받은 성도들도 자기의 몸을 거룩한 산 제물로 드려서 주위에 있는 모든 사람들의 죄를 속죄하는 직분을 감당하도록 한 것이다. 그렇게 살 때 하나님은 의식주를 포함해서 모든 것들을 더해 주신다.

세상에서 사는 성도들은 이리 가운데 사는 양 같다

예수님은 70제자들을 세상에 보내시면서 너희를 보냄이 어린 양을 이리 가운데로 보냄과 같다고 하셨다. 구원 받은 성도들이 세상에서 사는 것은 이리 가운데 어린 양이 사는 것과 같다. 100전 100패이다. 그러나 반드시 성도로서 정체성을 지키고 담대하게 살아야 한다. 그리스도인들이 순교자로 살고 제사장으로 사는 것을 로마서 1장 16-17절에서 복음으로 사는 것이라 하였다. 복음으로 사는 것은 내가 예수님께 용서 받고 구원을 얻은 그대로 사는 것이다. 원수를 사랑한다. 핍박자를 위해 기도한다. 원수가 주리면 먹이고 목마르면 마시게 한다. 항상 악으로 고통을 당하지만 선으로 악을 이겨야 한다. 이것이 이리 가운데 사는 어린양의 모습이다. 인간적으로 생각하면 100전 100패이다. 그래서 성도들은 그렇게 살지 못한다. 왜냐하면 자기가 먼저 살려고 하기 때문이다. 이런 성도는 예수님의 증인으로 세상을 사는 성도가 아니다. 가짜 성도이다.

기독교 생명신학은 십자가 복음이다

"내가 복음을 부끄러워하지 아니하노니 이 복음은 모든 믿는 자에게 구원을 주시는 하나님의 능력이 됨이라 첫째는 유대인에게요 또한 헬라인에게로다 복음에는 하나님의 의가 나타나서 믿음으로 믿음에 이르게 하나니 기록된바 오직 의인은 믿음으로 말미암아 살리라 함과 같으니라"(롬1:16-17)

복음으로 살면 하나님의 의가 나타난다. 믿음으로 믿음에 이르게 한다. 즉 계속해서 선으로 악을 이기게 하신다. 그래서 의인은 오직 믿음으로 살아갈 수 있다. 원수를 사랑하여 선으로 악을 갚아 주고 원수 갚는 것을 하나님께 맡기면 하나님의 의가 나타나서 원수의 머리에 숯불을 쌓아 놓은 것과 같다. 예수님께서 말씀 하셨다. 내 계명을 가지고 지키는 자라야 나를 사랑하고 나를 사랑하는 자는 아버지께 사랑을 받고 예수님도 그를 사랑하여 그에게 자신을 나타내 주시겠다고 약속하셨다.

"나의 계명을 가지고 지키는 자라야 나를 사랑하는 자니 나를 사랑하는 자는 내 아버지께 사랑을 받을 것이요 나도 그를 사랑하여 그에게 나를 나타내리라"(요14:21)

예수님의 계명은 복음으로 사는 사랑의 계명이다. 이 계명을 가지고 살면 아버지께 사랑을 받고 예수님도 그를 사랑하여 그에게 예수님을 나타 내신다. 만일 예수님이 나에게 나타나시면 어떤 일이 일어날까? 복음으로 내가 살아갈 때 나타나는 하나님의 의는 어떤 것일까? 공의로운 심판주로 나타나신다. 살아계신 하나님으로 나타나신다. 악인을 책망하고 의를 행한 성도들의 머리를 들게 하신다. 다윗은 이것을 원수 앞에 상을 베푸시고 기름으로 내 머리에 바르셨다고 고백을 했다.

예수님께서 말씀 하셨다. 한 알의 밀이 땅에 떨어져 죽지 않으면 절대로 열매를 맺을 수 없다고 하셨다. 복음으로 살아가는 의인들은 비록 이리 가운데 어린 양처럼 살아가지만 100전 100승하는 승리의 생활을 할 수 있다. 이것이 살고자 하면 죽고 죽고자 하면 사는 십자가 생명 신학이다. 어리석은 성도들은 자기가 영적인 싸움을 하려고 한다. 100전 100패이다. 우리는 이미 예수님과 함께 십자가에서 죽었다. 이제 내가 사는 것은 내 안에 그리스도께서 사신 것이다.

같은 이름 안에 있는 다른 예수

오리겐은 말씀이신 예수님을 로고스라고 하였다. 로고스는 우주원리라는 뜻이다. 즉 음양오행 우주론이다. 이것을 번영 신학이라고 한다. 우주에 있는 플러스 에너지와 마이너스 에너지가 서로 만나 우주에는 해와 달과 별들이 움직인다. 사람도 남여가 결혼하여 자식을 낳는다. 동물도 식물도 그렇게 번식을 한다. 이것이 오리겐이 말한 로고스 예수이다. 오리겐이 만든 짝퉁 기독교 신학에서 말하고 있는 예수가 로고스 예수이다. 물질 신인 바알이다. 이름은 같은 예수이지만 성경에서 말하고 있는 예수와 다른 예수이다.

어거스틴은 뉴 플라톤 철학으로 삼위일체 기독교 신학을 만들었다. 플라톤 철학의 본질은 만유내재신이다. 물질이나 사람 속에 신적인 존재가 함께 있다는 것이다. 그래서 물질 선제론이나 영혼 선제설을 주장 하면서 철학을 만들었다. 플라톤이 말한 하나님은 데미우르고스이다. 일명 데오스라고 한다. 그가 창조신이다. 그런데 데미우르고스는 무에서 유를 창조한 신이 아니라 있는 물질을 섞어서 만든 창조신이다. 그래서 제작신이라고 한다. 2500년 전에 밀레토스 자연주의 철학자들은 눈에 보이지 않는 원자를 알았다. 플라톤은 이런 원자를 데미우르고스라고 한 것이다.

영국의 양자 물리학자 존 폴킹 혼은 2009년 연세대학교 출판사에서 출판한 양자물리학 그리고 기독교 신학에서 양자 물리학을 통해서 어거스틴의 삼위일체 하나님을 증명했다. 그리고 그는 종교 통합에 큰 공을 세운 사람들이 받은 템플턴 상을 받았다.

어거스틴이 만든 기독교 신학에서 말한 하나님은 성경에서 말한 창조주 하나님과 이름은 같지만 다른 하나님이다. 물질세계를 지배한 광명의 천사 루시퍼이다. 이런 짝퉁 기독교 번영신학은 지금까지 이름만 바꿔 가면서 성도들의 경배를 받고 있다.

이 책을 읽으면 당신이 믿는 예수가 성경에서 말한 예수인지 아니면 같은 이름 안에 있는 다른 예수인지를 알게 될 것이다.

과학으로 만든 종교가 과학으로 사라진다

바벨론 종교나 애굽의 종교는 과학이었다. 점성술과 연금술이다. 광명의 신 루시퍼를 따르는 72마신들을 통해 얻은 고도의 지식으로 하늘의 별자리를 알았고 금이나 은을 만들어내는 기술을 알았다. 갈데아에서 대수가 발달하고 애굽에서는 이것을 응용한 기하학이 발달했다. 가축인간들이 살아가는 구석기 시대에 이런 기술들을 가진 자들은 신들이었다. 갈데아에서 발달한 대수와 애굽에서 발달한 기하학은 4500년 전 피라미드 건축에서 꽃을 피웠다. 이런 과학을 바탕으로 바로는 애굽 백성들에게 신처럼 경배를 받았다.

밀레토스 학파 탈레스 제자였던 피타고라스는 애굽과 바벨론 수메르 문명을 섭렵하고 자신이 마신들의 그룹에 속하는데 성공하였다. 그는 그리스에 돌아와 수비학 과학을 가지고 최초로 철학이란 학문을 만들었다. 이것을 피타고라스 수비학 종교라고 한다. 플라톤은 아테네 아카데미 철학 교실을 만들고 입구에 기하학을 모르는 자들은 출입을 금하라고 써서 붙였다. 피타고라스는 과학으로 철학을 만들고 밀레토스 자연주의 철학자들이 만든 궤변철학을 소크라테스는 아무도 모르는 진리를 위해 자기 목숨을 바쳐서 절대철학의 기둥을 세우고 플라톤은 이것을 가지고 종교철학을 만들었다.

플로티누스는 플라톤 철학으로 기독교 짝퉁 철학의 기초가 되는 뉴 플라톤 철학을 만들었고 오리겐은 이것을 가지고 짝퉁 기독교 신학의 뿌리를 만들었다. 2000년 기독교 최고의 사기꾼인 어거스틴이 오늘날의 짝퉁 기독교 번영신학을 만들고 50% 부족한 기독교 신학을 토마스 아퀴나스가 신학대전을 만들어 완벽한 번영신학을 체계화시켰다.

죽지 않는 호모 데우스 인간과 666 짐승의 표

현대과학이 발달하면서 성경에서 말한 창조신을 제외한 과학으로 만들어진 가짜 종교 신들을 양자 물리학으로 증명하고 보니 모든 종교의 신은 하나로 판명이 되었다. 그 신이 바로 플라톤이 말한 데미우르고스 즉 물질세계를 지배한 루시퍼이다. 로고스 예수이다. 오늘날 기독교 창조론이 유신론적 진화론으로 바뀐 이유가 여기에 있다. 루시퍼이다. 그동안 인류가 정복하지 못했던 생노병사가 양자 물리학이란 초끈이론으로 만들어진 통일장 우주론을 통해 인간이 음식을 통해서 섭취한 에너지가 우주 에너지와 인간 속에 있는 DNA로 연결되고 DNA 게놈 지도를 해독하므로 죽지 않는 인간시대가 열리게 되었다. 이러한 인간을 호모 데우스 인간이라고 한다. 즉 신인간이라 뜻이다. 이 세상에 있는 모든 종교는 사라지고 모든 종교는 하나로 통합이 되어 적그리스도 루시퍼가 통치하는 정치 수단이 되는데 그것이 AI 인공지능으로 만든 666짐승의 표이다. 루시퍼는 죽지 않는 인간을 통해 하나님을 향해 자기가 이겼다고 배도를 선포한다. 뱀은 아담에게 선악과를 먹으면 하나님처럼 죽지 않게 해주겠다고 약속을 했는데 이것이 생명의 구주 되신 예수님을 거부하고 스스로 영생하려고 만든 바벨탑 문명의 최후의 심판이다.

2024년-2025년은 전쟁 팬데믹

2020년-2021년은 코로나 팬데믹이다. 2022년-2023년은 경제 팬데믹이다. 2024년-2025년은 전쟁 팬데믹이다. 전쟁 팬데믹이란 본격적으로 전쟁이 확전되어 세계 3차 전쟁으로 커져 가는 것을 말한다. 전쟁이 일어나는 순서는 항상 경제적인 파탄이 먼저 일어나는 것이다. 2020년부터 2023년까지 4년 동안 세계 경제는 완전하게 폭삭 주저 앉게 되었다. 미국, 일본, 중국, 독일, 영국, 한국 등 모든 나라들이 재정적자로 빚을 내서 국가를 운영하고 있다. 국가 뿐 아니라 모든 재벌, 기업, 가계들도 역시 빚을 내어서 이자를 갚고 빚을 내어서 연명을 하고 있다. 마치 살아 있는 송장처럼 되어 버린 것이다. 이것은 1980년부터 시작된 신자유주의 경제론으로 프리메이슨들이 완벽하게 기획해서 만든 결과이다.

　72마신을 섬기는 엘리트 신인간들은 2030년에 지상에 공산주의 유토피아 세계를 만들기 위해 유엔을 통해 2030 프로젝트를 만들었다. 스마트 시티에서 펼쳐지는 신세계질서 유토피아이다. 이를 이루기 위해 코로나 팬데믹을 일으켜 경제를 폭망하게 하였고 우크라이나와 중동 하마스 전쟁을 통해 계속해서 경제 목줄을 조이고 있다. 2024년에 들어 와서는 한반도와 대만 중동 유럽에서 전쟁을 확산시켜 나가게 된다. 그리고 2025년 트럼프가 등장하면서 본격적으로 그레이트 리셋이 시작된다. 이것이 지금 미국이 그리고 있는 큰 그림이다.

　김정은 북한 정권은 이미 전쟁을 법제화하고 남한과 전쟁을 선포했다. 일본 역시 전쟁을 법제화하고 전쟁을 일상화 시키고 있다. 미국은 이미 인도 태평양 대서양 지중해에서 전쟁 준비를 마쳤다. 이제 중동에서 전쟁이 확전된다. 그리고 트럼프에 의해서 평화조약이 체결되고 난 후 본격적으로 전쟁이 일어난다. 앞으로 2년 동안 세계 인구 사분의 일이 죽는다. 최소한 2028년 말까지 세계 인구 90%가 사라진다.

준비되는 새로운 트럼프 시대

　미국에서 시작된 대통령 선거는 시나리오 대로 트럼프 시대를 열게 된다. 트럼프의 등장으로 미국은 좌파와 우파 사이에 내전이 시작된다. 내전은 약탈전쟁으로 변하고 모든 미국 시민들이 가지고 있는 무기로 살기 위해 서로를 죽인다. 세계 패권 국가인 미국이 무너지면서 전 세계가 무너진다. 한반도와 대만에서도 전쟁이 일어난다. 중동에서도 일어난다. 트럼프가 중재하여 중동 평화안을 가지고 예루살렘을 세계 평화의 도시로 선포를 한다. 그러나 이것을 반대하는 이란과 터키와 러시아는 전쟁을 일으킨다. 세계 3차 대전이다.

　중동에서 일어난 전쟁은 전 세계에 흩어진 아랍 난민들을 통해서 모든 도시에서 테러 전쟁이 일어나 약탈과 폭력이 도시를 삼키게 된다. 이런 세상이 2025년부터 최소한 3년 동안 계속되면서 2028년에는 세계 인구가 90% 사라진다. 이런 일들은 이미 오래전부터 철저하게 준비되어 왔다. 각 나라 정치가들도 그런 일을 하도록 준비시켜 놓았다. 모든 전쟁 무기도 만들었다. 앞으로 일어날 3차 세계 대전은 땅을 빼앗는 전쟁이 아니다 사람들을 죽여서 줄이는 인종청소 전쟁이다. 이것이 한없는 하나님의 사랑을 거역한 인류에게 부어진 심판이다.

모든 직업이 사라진다. 챗 지피티(Chat GPT), AI 인공지능

인공지능의 최대 걸작품은 챗 지피티이다. 수능 시험도 본다. 사법고시도 본다. 의사 시험도 본다. 이미 입력된 모든 정보를 가지고 원하는 글을 쓰고 사설도 쓰고 논문도 쓴다. AI 인공지능을 탑재한 로봇으로 국경도 지키고 경비도 선다. 수술도 하고 의료 상담도 한다. AI 인공지능인간을 만들고 음성도 똑같이 만들어 설교도 하고 연설도 하고 뉴스 앵커도 한다. 말 잘 듣는 비서도 만들고 아내도 남편도 만들어 쓸 수 있다.

AI 인공지능로봇이 인간을 지배하는 시대가 도달 했다. 이것이 666 시대이다. 이 때 인간은 인간이 아니다. 이미 AI인공지능으로 셋팅이 끝난 인간이다. 이것이 인간이 아닌 짐승이 되는 표이다. 모든 일들을 인공지능이 하는데 사람이 왜 필요한가? 싸우고 시기하고 미워하고 도적질하고 간음하고 속이고 사기치고 아첨한 비열한 인간들을 왜 먹여 살려야 하는가? 그동안 엘리트 인간들이 만든 문명을 가지고 가축 인간들은 잘 얻어 먹고 살았다. 왜냐하면 그들에게 가축인간들의 도움이 필요했기 때문이다. 그러나 이제는 아니다. 엘리트 인간들은 아무 쓸데없는 가축 인간들을 청소하려고 준비를 하고 있다. 이것이 3차 세계 대전이다.

여러분 속지 마시라 세상의 주인은 루시퍼이다. 적과 아군은 없다 모두 한 패이다. 겉으로 전쟁을 하기 위해서 서로 적인 것처럼 연극을 하는 것이다.

어릴 때 가을 운동회에서 청군과 백군을 나눠 재미있게 했듯이 세계도 청군 백군으로 나눠서 게임을 하는 것이다. 모두 나라 주인은 하나이다. 그러니 마음대로 전쟁도 하고 테러도 하고 엿장수 마음대로 시나리오를 짜서 전쟁을 하는 것이다.

휴거 대망론의 허구

1992년 10월 28일 이장림 사건을 통해 휴거 대망론의 열풍이 있었다. 작금에 또 다시 휴거 대망론의 열풍이 불고 있다. 무천년주의 번영신학으로 배가 불렀던 가짜 성도들이 다가오는 예수님의 심판의 바람이 거세게 불어와 위기를 만나 죽게 되니까 이제 값싼 복음인 휴거 대망론을 붙들고 실낱같은 희망을 가지려 하지만 아무 소용이 없는 것이다. 왜냐하면 환난 전에 모든 성도가 휴거한다고 하는 주장은 예수회 신부 라쿤자가 만든 가짜 신학이기 때문이다.

무천년주의는 구약의 이스라엘이 신약의 교회라는 교리로 만든 번영신학이다. 로마 가톨릭이 중심에 있다. 그런데 종교개혁이후 18세기부터 영국에서 일어난 산업혁명으로 과학이 발달하면서 세계에 흩어진 이스라엘 사람들이 가나안을 향해 돌아오는 일들이 일어나게 되었다.

구약의 이스라엘 국가는 망해 없어지고 신약의 교회가 이스라엘이라고 속였던 사단의 세력들이 더 이상 거짓말을 할 수 없기 때문에 가나안에 세워진 이스라엘을 중심으로 루시퍼 왕국을 세우기 위해 만든 신학이 세대주의 전천년신학이다. 예루살렘 회복운동, 알리아 운동, 메시아닉 쥬 운동, 신사도 운동가들이 주장한 신학이 세대주의 전천년 신학이다.

바벨론에서 나오라

"시온이여 깰찌어다 깰찌어다 네 힘을 입을찌어다 거룩한 성 예루살렘이여 네 아름다운 옷을 입을찌어다 이제부터 할례 받지 않은 자와 부정한 자가 다시는 네게로 들어옴이 없을 것임이니라 너는 티끌을 떨어버릴찌어다 예루살렘이여 일어나 보좌에 앉을찌어다 사로잡힌 딸 시온이여 네 목의 줄을 스스로 풀찌어다 좋은 소식을 가져오며 평화를 공포하며 복된 좋은 소식을 가져오며 구원을 공포하며 시온을 향하여 이르기를 네 하나님이 통치하신다 하는 자의 산을 넘는 발이 어찌 그리 아름다운고 들을찌어다 너의 파숫군들의 소리로다 그들이 소리를 높여 일제히 노래하니 이는 여호와께서 시온으로 돌아오실 때에 그들의 눈이 마주 봄이로다 너희는 떠날찌어다 떠날찌어다 거기서 나오고 부정한 것을 만지지 말찌어다 그 가운데서 나올찌어다 여호와의 기구를 메는 자여 스스로 정결케 할찌어다"(사52:1-2,7-8,11)

이사야 선지자는 바벨론 포로로 살고 있는 유다백성들에게 이제 잠에서 깨어 거룩한 옷을 입으라고 하였다. 스스로 노예의 목의 줄을 풀라고 하였다. 그리고 바벨론을 떠나서 부정한 것을 만지지 말라고 하였다. 시온을 노래하고 보좌에 앉으라고 하였다. 이는 예수님께서 재림하실 때 일어날 일을 미리 예언한 것이다. 바벨론은 세상이다. 세상에서 분리되어 주님 맞을 준비를 하라는 것이다.

"힘센 음성으로 외쳐 가로되 무너졌도다 무너졌도다 큰 성 바벨론이여 귀신의 처소와 각종 더러운 영의 모이는 곳과 각종 더럽고 가증한 새의 모이는 곳이 되었도다 그 음행의 진노의 포도주를 인하여 만국이 무너졌으며 또 땅의 왕들이 그로 더불어 음행하였으며 땅의 상고들도 그 사치의 세력을 인하여 치부하였도다 하더라 또 내가 들으니 하늘로서 다른 음성이 나서 가로되 내 백성아, 거기서 나와 그의 죄에 참예하지 말고 그의 받을 재앙들을 받지 말라"(계18:2-4)

요한 계시록 18장에 있는 내용은 이사야 52장과 같은 내용이다. 큰 도시 바벨론이 망해서 무너진다. 왜냐하면 왕들과 재벌들과 음행을 했기 때문이다. 그리고 종교통합으로 영적으로 간음을 했다는 것이다. 바벨론은 사치하고 치부하였다. 바벨론은 망한다. 그러나 바벨론에서 나온 자들은 바벨론과 함께 심판을 받지 않는다. 바벨론 성이란 바벨론 도시를 말한다. 마지막 심판은 도시를 중심으로 일어난다. 전쟁이 일어나면 먼저 도시에 있는 사람들이 먼저 죽는다. 적그리스도가 스마트 시티를 만들어 신세계질서를 세울 때 도시 안에 있는 사람들의 이마와 오른 손에 666 짐승의 표를 찍는다.

남은 자들이 받을 구원

"내가 레갑 족속 사람들 앞에 포도주가 가득한 사발과 잔을 놓고 마시라 권하매 그들이 가로되 우리는 포도주를 마시지 아니하겠노라 레갑의 아들 우리 선조 요나답이 우리에게 명하여 이르기를 너희와 너희 자손은 영영히 포도주를 마시지 말며 집도 짓지 말며 파종도

하지 말며 포도원도 재배치 말며 두지도 말고 너희 평생에 장막에 거처하라 그리하면 너희의 우거하는 땅에서 너희 생명이 길리라 하였으므로 우리가 레갑의 아들 우리 선조 요나답의 우리에게 명한 모든 말을 순종하여 우리와 우리 아내와 자녀가 평생에 포도주를 마시지 아니하며 거처할 집도 짓지 아니하며 포도원이나 밭이나 종자도 두지 아니하고 장막에 거처하여 우리 선조 요나답의 우리에게 명한대로 다 준행하였노라"(렘35:5-10)

아합 시대에 살았던 레갑은 아들 요나답에게 조상들로부터 이어온 전통을 지키게 하였다. 그것은 여호와를 경건하게 섬기기 위해 도시를 떠나 시골에서 양을 치면서 살되 정착하지 말고 살라고 하면서 포도주를 마시지 말고, 땅을 사지 말고, 나무도 심지 말고, 집도 짓지 말고, 장막에 거하라고 유언을 했다. 예레미야 시대 여호와 하나님은 장로와 제사장들을 예루살렘 성전에 모이게 한 후 레갑 족속들을 불러서 포도주를 먹여 보라고 하였다. 그들은 조상들의 유언에 따라서 마시지 않겠다고 거절했다. 여호와 하나님은 이스라엘 백성들을 책망하셨다. 레갑 족속들은 조상들의 교훈을 지켜 오는데 선민인 이스라엘은 여호와의 말씀을 버렸다 하시면서 레갑 족속들이 영원히 여호와의 앞에 설 사람들이 끊어지지 않으리라 약속하셨다. 그래서 레갑 족속들은 남은 자의 자손이 된 것이다.

레갑 족속들은 모세의 장인 이드로의 아들 호밥의 자손들이다. 이드로도 직업이 양을 치는 목동이었다. 모세는 40년 동안 이드로의 집에서 양을 치면서 훈련을 받았다. 2년 동안 이스라엘 백성들이 광야길을 걸어갈 때 호밥이 모세의 눈이 되어 주었다. 여호수아는 호밥의 자손들에게 비옥한 여리고 종려나무 숲을 그들에게 기업으로 주었다. 그러나 그들은 기름진 땅을 떠나 스스로 천박한 땅인 스불론과 납달리 땅으로 이주를 했다. 나사렛과 갈릴리 땅이다. 예수님이 이곳에 오셔서 사시면서 12제자를 택하시고 사역을 하신 이유가 있다.

성경에서 남은 자들은 모두 다 문명이 발달한 도시에서 떠나서 사는 사람들이다. 이들은 비록 가난하고 초라하게 살았지만 도시 중심으로 번영했던 제국들의 흥망성쇠에도 아랑곳없이 스스로를 지키며 살아왔다 예수님이 재림하셔서 심판하실 때에도 마찬가지이다. 먼저 도시 중심으로 인종청소가 이루어진다. 도시는 인구가 집중적으로 살아가는 소돔과 고모라이기 때문이다. 666 짐승의 표도 스마트 시티안에서 이루어진다.

그러나 도시 밖에서 살아가는 레갑 족속들과 같은 사람들은 도시에서 일어난 집단 살상에서 벗어날 수 있다. 도시에서 시행되는 짐승의 표를 받지 않을 수 있다. 그래서 예수님께서 재림하셔서 짐승의 표를 받는 자들이 심판을 받을 때 구원을 받아 천년왕국 백성으로 들어갈 수 있다.

"또 이사야가 이스라엘에 관하여 외치되 이스라엘 자손들의 수가 비록 바다의 모래 같을지라도 남은 자만 구원을 받으리니"(롬9:27)

예수님께서 재림하실 때에도 이스라엘 백성 중에 남은 자들이 구원을 받는다.

"그 날에 내가 다윗의 무너진 장막을 일으키고 그것들의 틈을 막으며 그 허물어진 것을 일으켜서 옛적과 같이 세우고 그들이 에돔의 남은 자와 내 이름으로 일컫는 만국을 기업으로 얻게 하리라 이 일을 행하시는 여호와의 말씀이니라"(암9:11-12)

여호와께서 다윗의 장막을 일으킬 때 에돔과 같은 이방인들 중에서 남은 자들이 구원을 받는다. 다윗의 장막은 천년왕국이다.

"예루살렘을 치러 왔던 이방 나라들 중에 남은 자가 해마다 올라와서 그 왕 만군의 여호와께 경배하며 초막절을 지킬 것이라"(슥14:16)

예루살렘을 치러 왔던 이방 나라들 중에 남은 자들이 해마다 올라와서 초막절을 지키는데 초막절은 천년왕국의 모형이다.

농담으로 여긴 롯의 사위들

"그 사람들이 롯에게 이르되 이 외에 네게 속한 자가 또 있느냐 네 사위나 자녀나 성중에 네게 속한 자들을 다 성밖으로 이끌어내라 그들에 대하여 부르짖음이 여호와 앞에 크므로 여호와께서 우리로 이곳을 멸하러 보내셨나니 우리가 멸하리라 롯이 나가서 그 딸들과 정혼한 사위들에게 고하여 이르되 여호와께서 이 성을 멸하실터이니 너희는 일어나 이곳에서 떠나라 하되 그 사위들이 농담으로 여겼더라"(창19:12-14)

소돔과 고모라를 천사들이 심판하기 전에 아브라함을 생각하셔서 그에게 속한 모든 이들을 구원하려고 천사들은 초저녁부터 밤이 새도록 긴박하게 재촉을 한다. 그런데 이런 말을 들은 롯의 사위들은 농담으로 여기고 바위처럼 꼼짝하지 않고 있다가 불과 유황으로 심판을 받았다. 그러나 롯과 두 딸들은 천신만고 끝에 소돔과 고모라를 떠나서 구원을 받았다.

예수님은 재림 하실 때에도 노아 때와 같고 소돔과 고모라 때와 같다고 말씀하셨다. 그러면서 롯의 처를 생각하라고 하셨다. 소돔성에 대한 미련과 집착을 끝내 버리지 못하고 뒤를 돌아 봄으로 소금기둥이 되었다.

"노아의 때에 된 것과 같이 인자의 때에도 그러하리라 노아가 방주에 들어가던 날까지 사람들이 먹고 마시고 장가 들고 시집 가더니 홍수가 나서 저희를 다 멸하였으며 또 롯의 때와 같으리니 사람들이 먹고 마시고 사고 팔고 심고 집을 짓더니 롯이 소돔에서 나가던 날에 하늘로서 불과 유황이 비오듯하여 저희를 멸하였느니라 인자의 나타나는 날에도 이러하리라 그 날에 만일 사람이 지붕 위에 있고 그 세간이 집 안에 있으면 그것을 가지러 내려오지 말 것이요 밭에 있는 자도 이와 같이 뒤로 돌이키지 말것이니라 롯의 처를 생각하라 무릇 자기 목숨을 보존하고자 하는 자는 잃을 것이요 잃는 자는 살리라"(눅 17:26-33)

수많은 사람들이 도시를 떠나려 하지 않는다. 왜냐하면 도시에 자신의 모든 재산을 쌓아 놓았기 때문이다. 그러나 그것들이 자신을 불살라 심판할 줄을 모른다. 또한 도시 안에는 육신의 정욕과 안목의 정욕과 이생의 자랑거리가 많이 있기 때문이다. 그러나 성경은 도시를 장망성이라고 한다. 요한 계시록 17-18장은 예수님께서 오셔서 심판하실 바벨론에 대한 기사가 있다. 불타는 바벨론이란 도시 안에는 음행, 사치, 복술, 사기, 살인, 폭력, 불법, 악행, 부도덕이 가득했다.

노아가 산에서 배를 만들 때 사람들은 조롱하고 비웃었다. 그러나 하나님의 심판이 있을 때 노아의 방주는 그 심판을 이기고 의의 조상이 되었다. 롯도 소돔성에서 죄인들의 악행을 보면서 날마다 슬픔과 탄식으로 살다가 겨우 빼내심을 받고 구원을 얻었다.

창세전부터 시작된 하나님의 구원 계획이 끝나가고 있다. 알곡은 알곡대로 쭉정이는 쭉정이대로 갈라지고 있다. 하나님께서 지혜의 영을 주셔서 분별하고 아브라함이 말씀을 좇아 본토 친척 아비 집을 떠났듯이 이제 세상을 떠날 때가 되었다.

"내일 일을 너희가 알지 못하는도다 너희 생명이 무엇이뇨 너희는 잠간 보이다가 없어지는 안개니라"(약4:14)

현대판 노아의 방주인 광야 공동체 교회

"용이 자기가 땅으로 내어쫓긴 것을 보고 남자를 낳은 여자를 핍박하는지라 그 여자가 큰 독수리의 두 날개를 받아 광야 자기 곳으로 날아가 거기서 그 뱀의 낯을 피하여 한 때와 두 때와 반 때를 양육 받으매 여자의 뒤에서 뱀이 그 입으로 물을 강 같이 토하여 여자를 물에 떠내려 가게 하려 하되 땅이 여자를 도와 그 입을 벌려 용의 입에서 토한 강물을 삼키니 용이 여자에게 분노하여 돌아가서 그 여자의 남은 자손 곧 하나님의 계명을 지키며 예수의 증거를 가진 자들로 더불어 싸우려고 바다 모래 위에 섰더라"(계12:13-17)

7년 대환난 가운데 살아있는 여자의 남은 자손은 하나님의 계명을 지키며 예수의 증거를 가진 자들이다. 구원 받은 교회이다. 이들은 두루마기가 더러워서 휴거에 참여하지 못하고 대환난으로 넘어온 예수님의 신부인 교회이다. 이들은 두 종류 방법으로 구원을 받는다. 먼저 독수리 두 날개를 받아 광야교회로 가서 후 삼년 반 동안 양육을 받아 두루마기를 빨고 구원을 얻는다. 또 다른 남은 자들은 도시에서 빠져 나오지 못하고 머물러 있다가 순교를 통해 두루마기를 빨고 구원을 받는다.

요한 계시록 12장 13-17절에 있는 남은 자들은 광야 공동체 교회에서 양육을 받고 구원을 얻는 교회이다. 광야 공동체 교회는 현대판 노아의 방주이다. 성령이 교회를 데리고 떠난 후에도 구원 받은 성도 안에 계신 성령의 인도하심으로 세워진 교회가 광야 공동체 교회이다. 모세가 40년 동안 준비해서 세운 광야 공동체 교회가 있었다. 세례 요한이 30년 동안 준비해서 세운 유대광야 교회가 있었다. 마지막 7년 대환난 기간 중에도 하나님이 40년 동안 준비해서 세우신 광야 공동체 교회가 있다. 여기에서 후 삼년 반 동안 양육을 받아 순교를 피하고 첫째 부활에 참여한 성도가 있다. 에베소 교회와 같이 2% 부족한 성도들이다.

광야 공동체 교회 안에 있는 성도들을 죽이려고 용이 물을 토하여 삼키려고 하지만 하나님은 땅이 물을 삼키게 하여 죽이지 못하게 지키신다. 용이 광야 교회 안에 있는 성도들을 죽일 수 없음을 알고 분노하여 돌이켜서 도시에 머물고 있는 교회를 향해 나간다. 이것이 요한 계시록 13장과 14장에 기록된 순교자들이다. 성경은 주안에서 죽은 자들이 복이 있다고 하였다.

"저가 모든 자 곧 작은 자나 큰 자나 부자나 빈궁한 자나 자유한 자나 종들로 그 오른손에나 이마에 표를 받게 하고 누구든지 이 표를 가진 자 외에는 매매를 못하게 하니 이 표는 곧 짐승의 이름이나 그 이름의 수라 지혜가 여기 있으니 총명 있는 자는 그 짐승의 수를 세어 보라 그 수는 사람의 수니 육백 육십 륙이니라"(계13:16-18)

요한 계시록 20장에는 첫째 부활에 참여한 세 종류의 성도들이 있다. 먼저 휴거한 성도들은 보좌들에 앉아 있다. 다음은 하나님의 말씀과 예수의 증거를 인하여 목베임을 받은 순교자들이 있다. 세 번째는 이마에 짐승의 표도 받지 않고 짐승에게 경배하지도 않고 살아 있는 성도들이 있다. 이들이 광야 공동체 안에서 후 삼년 반 동안 도시에 베풀어지는 짐승의 표를 받지 않고 양육을 받아 첫째 부활에 참여한 성도들이다.

예수님이 재림 하실 때 구원을 받고 살아 있는 성도는 복이 있다. 왜냐하면 휴거를 통해 구원을 받거나 순교나 양육을 통해서 구원을 받을 때 온전한 구원을 받을 수 있기 때문이다. 예수님이 재림하시기 전에 구원을 받고 죽은 성도는 죽을 때 가지고 있는 믿음의 분량대로 구원을 받아 상을 받지만 살아서 예수님의 재림을 맞이하는 성도는 자기 의지와 관계없이 온전한 믿음으로 구원을 얻기 때문에 영광의 생명의 면류관을 얻을 수 있는 것이다. 할렐루야!

2024년 2월 25일
이형조

목 차

교회 안에 있는 영생의 선물 ………………………………………… 3
프롤로그 ……………………………………………………………… 6

제 1장 세대주의 전천년 신학과 휴거 대망론의 허구

1. 무천년주의 신학을 만든 사람들 ………………………………… 35
2. 세대주의 전천년 신학을 만든 사람들과 목적 ………………… 36
3. 세대주의전천년주의는 무엇을 주장하는가? ………………… 38
   1) 구원 받은 모든 성도들이 환난 전에 휴거한다고 주장한다‥ 38
   2) 이스라엘과 교회는 다르다고 주장 한다 ……………………… 40
   3) 1611년 킹 제임스 성경이 유일무이한 성경이라고
      주장한다………………………………………………………… 40
   4) 성경을 문자적으로 해석한다 ………………………………… 46
4. 왜 교회는 모두 휴거할 수 없는가? ……………………………… 47
   1) 휴거란 무엇인가? ……………………………………………… 47
   2) 언제 휴거가 이루어지는가? ………………………………… 48
   3) 누가 휴거하는가? …………………………………………… 50
   4) 휴거하지 못하고 환난에 들어간 성도들은 어떻게
      되는가? ………………………………………………………… 51
5. 성화 구원이란 무엇인가? ………………………………………… 55
6. 왜 휴거하지 못한 성도는 순교를 하는가? …………………… 60
7. 첫째 부활에 참예한 교회는 누구인가? ……………………… 61
8. 교회는 분명히 환난 전에 휴거 한다 …………………………… 62
9. 누가 휴거하는가? ………………………………………………… 63
10. 예수회가 만든 거짓말, 예수 믿는 모든 성도는 환난 전에
    휴거 한다 ………………………………………………………… 64

제2장 종교통합 배도신학의 정체

1. 사단 신학의 원리 ········· 69
1) 사단 신학의 목적은 사람을 신으로 만드는 것 ······· 69
2) 사단 신학의 원조는 루시퍼와 72마신 ··············· 69
3) 합법적으로 세상 임금이 된 사단 ················ 71
4) 사단 신학의 기초는 철학이다. 철학은 과학이다 ········ 71
5) 피타고라스의 테트락티스 통일장 우주론 ············ 73
6) 통일장 우주론과 뉴 플라톤 철학 ················ 74
7) 양자역학과 통일장 우주론 ····················· 74
8) 과학, 철학, 종교와 다원주의 배도신학 ············· 76
9) 테트라그라마톤 루시퍼 생명나무 종교 ············· 79
10) 통일장 우주론과 666 짐승의 표 ················ 82

2. 사단 신학의 계보 ········· 84
1) 알렉산드리아에서 만들어진 가짜 기독교 신학 ········ 84
(1) 알렉산드리아는 어떤 곳인가? ··················· 84
(2) 알렉산드리아에서 만들어진 가짜 기독교 신학 ········ 86
(3) 로마 아폴로 신과 그리스 제우스 신 ··············· 87
(4) 알렉산드리아 학파 사람들 ····················· 88
(5) 70인역 구약성경이 번역된 곳 ··················· 89
(6) 알렉산드리아 교리문답학교 ··················· 90
(7) 기독교 안에 들어온 플라톤 철학 ················ 91
(8) 교회(에클레시아,Ekklesia) 선민주의 어원의 비밀은 신인간 ································· 91
2) 플로티누스의 뉴 플라톤주의(Plotinos) ············· 95
(1) 신의 유출설 ···························· 95
(2) 기독교 신학의 최대 비극인 뉴 플라톤 철학 ·········· 99

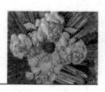

   3) 뉴 플라톤 관상신학(contemplation theoria) ········ 100
      (1) 뉴 플라톤 철학에서 나온 관상기도······················ 100
      (2) 관상기도의 목적, 인간이 신이 되는 것(신인합일) ······ 100
      (3) 관상 기도 3단계 ······································· 101
      (4) 에로스 사랑의 관상을 통한 영혼상승················ 102
      (5) 알렉산드리아 학파에서 완성된 기독교 신비주의
          관상기도 ··· 102
      (6) 이머전트 브라이언 맥클라렌 관상기도················ 103
      (7) 어거스틴 관상기도······································ 104
      (8) 에로틱 신비주의 영체 교환 관상기도 ················ 104
      (9) 아이합(IHOP)의 신비주의 신부운동····················· 107
      (10) 신인합일의 결과는 무엇인가? ······················· 108
   4) 사단교회 설계자 오리겐································· 108
      (1) 오리겐의 신학사상······································ 108
      (2) 오리겐의 성경해석······································ 109
      (3) 성경변개의 주모자 오리겐 ···························· 110
      (4) 오리겐의 잘못된 사상들 ······························ 111
      (5) 오리겐의 작품·· 112
      (6) 사단교회 주모자 오리겐 ······························ 112
      (7) 오리겐이 만든 거짓 교리들 ···························· 113
   5) 어거스틴의 신학과 사상······························· 114
      (1) 어거스틴의 생애(주후354-430)························ 114
      (2) 밀라노에서의 운명적인 만남 ························· 114
      (3) 어거스틴의 스승은 암브로스와 사막 수도원의 아버지
          안토니우스 ··· 115
      (4) 가짜 기독교 왕국을 세운 어거스틴······················ 116

   (5) 성례전과 폭력에 대한 정당성 ················· 117
   (6) 펠라기우스 논쟁과 유아세례, 누미디아 종교회의 ······ 118
   (7) 어거스틴과 칼빈의 운명론적 예정론과 특별은총의
      비밀 ································· 119
   (8) 어거스틴의 3위1체 신학과 뉴 플라톤 철학 ········· 120
   (9) 어거스틴의 교회관, 보편적 교회인 로마 가톨릭 ······ 123
   (10) 어거스틴의 이단관 ························· 127
   (11) 참회록에 기록된 기독교 생명 신학을 모르는
       어머니를 위한 기도 ······················ 129
   (12) 영겁회귀를 통한 신인합일 구원의 특징 ·········· 131
   (13) 어거스틴의 종합적인 평가 ···················· 132
6) 토마스 아퀴나스 신학대전과 유물론 신학 ········· 134
   (1) 뉴 플라톤 관상철학의 약점 ··················· 134
   (2) 아리스토텔레스의 형이상학으로 완성된 번영 신학 ··· 135
7) 가짜 종교 개혁자 마틴 루터 ···················· 137
   (1) 진실된 종교 개혁자들의 역사 ·················· 137
   (2) 비밀결사 장미 십자단 마틴 루터 ················ 138
   (3) 마틴 루터가 10월 31일 핼러윈 데이에 종교개혁을
      시작한 이유 ···························· 139
   (4) 마틴 루터가 말한 오직 믿음은 거짓말 ············ 140
   (5) 마틴 루터가 주장한 성만찬 공재설(편재설)의 정체 ··· 143
   (6) 마틴 루터의 유아세례와 보편적 국가교회 ········· 144
   (7) 마틴 루터의 사기(詐欺)와 토마스 뮌쳐의 재세례파
      개혁 ································· 145
   (8) 마틴 루터와 장미십자회 비밀결사의 정체 ········· 148
   (9) 수녀와 결혼한 마틴 루터 ····················· 150
   (10) 유대인들을 잡아 죽인 마틴 루터 ··············· 150

 (11) 성모 마리아 숭배를 천명했던 마틴 루터 ············ 152
 (12) 마틴 루터의 종교개혁의 평가 ························ 153
8) 어거스틴의 아바타 존 칼빈 ································· 154
 (1) 1100년 만에 존 칼빈을 통해 다시 부활한 어거스틴의
   신학 ·· 154
 (2) 교회의 권력으로 사람들을 죽여 종교 개혁에 성공한
   존 칼빈 ·· 156
 (3) 존 칼빈의 제네바 성시화 운동과 국가 교회론 ········· 157
 (4) 존 칼빈의 정교 분리주의 음모 ···························· 158
 (5) 유아세례와 재세례파 박해 ································· 161
 (6) 영적 임재설 성만찬 ·· 163
 (7) 존 칼빈의 무천년주의와 킹덤 나우 사상 ················ 164
 (8) 존 칼빈의 어머니 교회론 ··································· 165
 (9) 존 칼빈의 특별은총 예정론과 직업 소명론 ············· 166
 (10) 존 칼빈을 꾸짖는 친구 카스텔리오의 양심 ·········· 168
9) 아브라함 카이퍼 문화대명령은 우주교회 ············· 176
 (1) 아브라함 카이퍼와 무천년주의 주권신학 ··············· 176
 (2) 아브라함 카이퍼의 일반은총의 정체 ····················· 176
 (3) 아브라함 카이퍼의 문화대명령은 뉴 플라톤 철학의
   신인합일 우주교회 ··· 178
 (4) 아브라함 카이퍼의 영역주권 신학과 다원주의 ········ 179
 (5) 아브라함 카이퍼 제자들의 기독교 세계관 운동 ······· 179
 (6) 아브라함 카이퍼의 잘못된 중생 개념과 유아세례 ···· 181
 (7) 아브라함 카이퍼가 세운 자유주의 신학의 메카인
   자유대학 ··· 181
10) 칼 바르트의 신정통주의와 만인 구원론 ············· 183
 (1) 칼 바르트의 성경관 ·· 183

  (2) 칼 바르트의 구원관 ·· 186
  (3) 칼 바르트의 교회관 ·· 189
  (4) 칼 바르트의 신관 ·· 191
  (5) 칼 바르트의 창조론 ·· 193
  (6) 칼 바르트의 기독론 ·· 194
  (7) 칼 바르트는 비밀 결사 장미십자단원 ···················· 195
  (8) 칼 바르트의 우주 교회론은 지상의 적그리스도의 나라 ··· 195
11) 신복음주의(新福音主義) 사회복음신학 ······················ 197
  (1) 신복음주의의 유래와 역사 ···································· 197
  (2) 신복음주의 신학의 주장 ·· 197
  (3) 종교다원주의 운동과 세계 복음주의 협의회(W.E.A) ··· 201
  (4) 신복음주의 사회참여복음과 우주교회 ·················· 204
12) 신사도주의 운동과 신세계질서 적그리스도의 나라 ··· 206
  (1) 신사도 운동은 유대주의 새 종교 운동 ················ 206
  (2) 신사도 운동의 출발 ·· 207
  (3) 신사도 운동의 뿌리는 유대 카발라 생명나무 종교 ······ 208
  (4) 신사도(적그리스도) 운동의 원조들 ······················ 211
  (5) 신사도 운동의 목적 ·· 221
  (6) 신사도 운동의 특징 ·· 222
13) 메시아닉 쥬 그리스도(Messianic Jewish Christian
    Adoptionist)(Ebionites) ·· 228
  (1) 유대주의 기독교 ·· 228
  (2) 메시아닉 쥬의 정체 ·· 229
  (3) 메시아닉 쥬 정체는 유대 카발라 신비주의 종교 ········ 230
  (4) 메시아닉 쥬 신비주의와 세속적 시오니즘의 결합과
      침투 ·· 232
  (5) 메시아닉 쥬의 한 새 사람 (원 뉴 맨 사상)과 집합

    그리스도 ·· 233
  14) 뉴 에이지 신학 ·· 237
    (1) 뉴 플라톤 철학의 특징, 만유내재신론(萬有內在神論) ··· 237
    (2) 뉴 에이지 종교는 뉴 플라톤 철학의 완성(신인합일) ······ 238
    (3) 사람을 신으로 만드는 유럽입자 물리학 연구소
       (C.E.R.N) ·· 240
    (4) 왜 유럽입자 물리학 연구소(C.E.R.N) 로고가 666인가? ·· 241
    (5) 유대 카발라 우주적인 그리스도 ································ 243
    (6) 뉴 에이지 선구자 떼이야르 드 샤르뎅의 우주
       그리스도 ·· 244
    (7) 레너드 스위트의 양자 영성 ·· 245
    (8) "예수와 다윈의 동행" 책을 쓴 호남신학교 조직
       신학교수 ·· 245
    (9) 존 폴킹 혼의 "양자 물리학 그리고 기독교 신학" ········ 246
  15) 사단 신학의 원리와 계보 총결론 ································ 249
    (1) 하나님의 말씀 앞에 벌거벗은 짝퉁 기독교 신학 ········ 249
    (2) 뉴 플라톤 철학으로 만든 짝퉁 기독교 신학 ·············· 249
    (3) 광명한 루시퍼 사단 숭배 학문으로 만든 짝퉁 기독교
       신학 ·· 250
    (4) 하나님이 시작하신 교회 심판으로 정체가 드러난 가짜
       예수와 가짜 하나님 ·· 251
    (5) 배도의 적그리스도의 나라인 바벨론에서 나오라 ········ 255

제 3장 기독교 생명 신학

1. 신구약 성경을 관통한 사도 요한의 생명 신학 ············ 257
  1) 사도 요한 신학의 특징 ··· 257
  2) 요한복음은 태초부터 계신 말씀을 믿게 한다 ············· 258

3) 요한 1.2.3서는 태초부터 계신 말씀을 경험하게 한다 ······ 260
4) 요한 계시록은 태초부터 계신 말씀을 증거하게 한다 ····· 261
5) 증인이란 순교자란 뜻이다 ·· 262
6) 제사장이란 누구인가? ·· 264
   (1) 첫 번째 제사장은 하나님 아버지이시다 ··················· 264
   (2) 두 번째 제사장은 예수님이시다 ································· 267
   (3) 세 번째 제사장은 구원 받은 교회이다 ······················ 268
7) 제사장이 하는 일은 무엇인가? ··· 270
   (1) 자신을 먼저 제물로 드린다 ··· 270
   (2) 나실인으로 거룩하게 구별된 생활을 해야 한다 ········ 271
   (3) 하나님의 나라와 의를 구해야 한다 ···························· 273
   (4) 대제사장 되신 예수님의 몸으로 살아야 한다 ············ 274
   (5) 마음의 성전에서 거룩한 제사를 드려야 한다 ············ 275
   (6) 하늘의 성소에서 사역하신 예수님의 동역자로서
       복음을 전한다 ·· 276
8) 제사장 나라가 받을 상은 무엇인가? ································ 280
   (1) 12보석으로 단장한 신부가 된다 ································· 280
   (2) 예수님과 결혼하여 신부가 된다 ································· 285
   (3) 예수님과 천년동안 왕 노릇한다 ································· 286
9) 천년왕국은 어디에서 이루어지는가? ······························· 288
10) 천년왕국은 누구의 나라인가? ·· 291
11) 천년왕국은 영원한 천국인가? ·· 292
12) 왜 천년왕국이 필요한가? ·· 294

2. 십자가 복음 신학 ·· 296

1) 로마에 전하고 싶은 십자가 복음 ······································ 296
2) 로마서의 주제는 십자가 복음에 나타난 하나님의 의 ····· 297
3) 로마서 각 장에서 강조한 복음의 내용 ····························· 300

   4) 복음의 첫 번째 기둥 보혈의 능력 ················· 300
   5) 복음의 두 번째 기둥 십자가의 능력 ················· 302
   6) 로마서 8장에서 노래한 삼위일체 하나님과 함께 누리는
      복음의 향연 ·· 306
   7) 복음의 그릇으로 선택받은 이스라엘 ················ 307
   8) 복음을 받고도 유기된 이스라엘 ························ 308
   9) 복음 안에서 회복된 이스라엘 ··························· 309
   10) 복음 안에서 살아가는 기독교 세계관 생활 ········· 313
3. 성화 신학 ··· 317
   1) 성화신학의 뿌리는 빌립보서 ····························· 317
   2) 성화구원의 원리는 성육신(인카네이션) ············· 319
   3) 사도 바울의 성화 구원의 푯대는 십자가 예수 ······ 320
   4) 사도 베드로가 말한 성화 신학은 무엇인가? ········ 321
   5) 성경적인 구원의 서정 8단계로 본 성화 신학 ······· 323
   6) 휴거와 성화 신학의 관계 ································· 323
   7) 요한 계시록에서 성화가 이루어지는 장소는 어디인가?··· 324
4. 교회 신학 ··· 326
   1) 교회 신학의 뿌리는 에베소서 ··························· 326
   2) 만세와 만대로부터 하나님 속에 감춰진 교회 신학의 비밀·· 327
   3) 교회의 본질은 3위1체 하나님 자신이다 ············· 327
   4) 교회는 유대인과 이방인들로 세워진다 ············· 328
   5) 아담 창조 속에 감춰진 교회의 비밀 ·················· 328
   6) 그리스도인의 새로운 생활 ······························· 330
   7) 에덴의 아담과 천년왕국의 예수님 ····················· 332
   8) 그리스도인의 영적 전투 생활 ··························· 333
5. 섭리 신학 ··· 334
   1) 하나님의 섭리신학의 뿌리인 창세기, 예레미야, 다니엘··· 334

   2) 아담과 하와 창조는 예수님과 교회의 섭리 ·················· 335
   3) 인간 구원에 대한 절대적인 하나님의 섭리 ··············· 339
   4) 예레미야와 다니엘에 나타난 하나님의 섭리··············· 340
   5) 유다의 바벨론 포로 생활은 신약의 교회가 사는 이
      세상이다 ·· 343
   6) 세상을 다스리는 사단 루시퍼와 하나님의 통치 섭리······ 344
6. 천년 왕국 신학 ·· 347
   1) 천년 왕국 신학의 뿌리는 이사야····························· 347
   2) 이사야가 기록한 고난과 영광의 메시아····················· 347
   3) 구약의 역사는 유다가 바벨론에게 망하므로 끝난다 ······ 348
   4) 신약의 역사는 유다가 바벨론 포로에서 돌아올때
      시작된다 ··· 348
   5) 바벨론 70년 포로에서 돌아올 때 무슨 일이 있는가?····· 349
     (1) 유다가 사함을 받는다 ·· 349
     (2) 예루살렘이 여호와의 신부가 되어 12보석으로
        단장을 한다··· 349
     (3) 아름답게 단장한 신부가 여호와 왕과 왕비로
        대관식을 치룬다 ·· 350
     (4) 피묻은 옷을 입고 심판주가 오신다····················· 351
     (5) 하늘을 가르고 산들을 진동시키시며 심판주가 오신다·· 351
     (6) 새 하늘과 새 땅을 창조하신다 ·························· 351
     (7) 예루살렘이 회복되어 낙원이 된다······················· 352
     (8) 여호와께서 불에 옹위되어 강림하셔서 심판하신다 ··· 353
   6) 이사야가 예언한 천년왕국의 특징 ·························· 353
     (1) 순식간에 천년왕국이 세워 진다·························· 353
     (2) 사람 수명이 나무같이 1000년이 된다················· 353
     (3) 새로운 우주가 시작 된다 ·································· 354

　　(4) 달빛은 햇빛 같고 햇빛은 일곱 배나 밝다·················· 354
　　(5) 해와 달이 없어지고 여호와가 빛이시다 ················· 354
　　(6) 이방인들의 남은 자들이 구원을 받고 레위인과
　　　　 제사장이 된다··· 354
　　(7) 새 하늘과 새 땅이 이루어지고 패역한 자들이 불 못에
　　　　 던져진다·· 355
　7) 고레스 왕과 재림하시는 예수님 ····························· 356
　　(1) 고레스 왕은 재림하시는 예수님의 모형 ················ 356
　　(2) 고레스 왕의 자유원통 선언문과 재림 하셔서
　　　　 자유하게 하시는 예수님 ···································· 356
　　(3) 고레스 왕의 자유원통 선언문과 트럼프 대통령 ········ 357
7. 삼위일체 신학 ·· 358
　1) 기독교 삼위일체 신학의 비밀과 교회······················ 358
　2) 삼위일체 신학의 뿌리는 요한복음 ························· 359
　3) 성부 하나님이 하시는 일은 무엇인가? ··················· 361
　4) 성자 예수님이 하시는 일은 무엇인가? ··················· 363
　5) 성령 하나님께서 하시는 일은 무엇인가? ················· 366
8. 종말 신학·· 369
　1) 요한 계시록은 종말 신학의 뿌리이다······················ 369
　2) 다니엘의 70이레 비밀과 요한 계시록 7년 대환난 ········ 370
　　(1) 예레미야의 새 언약의 성취와 바벨론 70년 포로생활··· 370
　　(2) 다니엘 70이레 계산법 ······································ 372
　　(3) 마지막 한 이레의 시작 ····································· 373
　　(4) 예수님께서 말씀하신 다니엘의 70이레················· 373
　　(5) 예수님께서 말씀하신 이방인의 때와 예루살렘 회복··· 374
　　(6) 바울이 말하고 있는 이방인의 때와 온 이스라엘의
　　　　 구원의 때·· 375

(7) 바울이 말하고 있는 이스라엘에 대한 하나님의 약속 … 375
　　(8) 다니엘 70이레 중 69이레와 70이레 사이에 무슨 일이
　　　　일어나는가? ………………………………………………… 375
　　(9) 요한 계시록에 집중된 마지막 한 이레 7년 …………… 376
　　(10) 요한 계시록에 기록된 한 때 두 때 반은 한 이레
　　　　절반인 3년 반이다 ……………………………………… 376
　　(11) 교회가 완성되는 비밀의 경륜인 이방인의 때 ……… 377
　　(12) 이방인의 때 유대인들은 완악하게 되어 고난을
　　　　당하고 있다 ……………………………………………… 377
　　(13) 다니엘의 70이레와 이방인과의 관계 ………………… 377
　　(14) 다니엘 마지막 한 이레에 등장할 적그리스도의
　　　　정체 ………………………………………………………… 378
　　(15) 다니엘 예언의 중요성 …………………………………… 379
　3) 다니엘서에 기록된 요한 계시록의 타임 라인 …………… 380
　　(1) 7년 대환난의 성경적인 근거인 70이레 중 마지막 한
　　　　이레 ………………………………………………………… 380
　　(2) 평화조약을 맺고 난 후 220일 동안 성전을 건축한 후
　　　　성전 제사 시작 …………………………………………… 381
　　(3) 후 삼년 반이 시작될 때 일어날 배도와 유대인들이
　　　　산으로 도망한다 ………………………………………… 381
　　(4) 멸망의 가증한 물건을 세울 때부터 1335일까지 이르는
　　　　사람은 복이 있다 ………………………………………… 382
　　(5) 30일은 이스라엘이 애도하는 기간 …………………… 382
　　(6) 45일은 천년왕국에서 교회가 땅을 분배 받는 기간 … 383
　　(7) 요한 계시록은 다니엘이 인봉한 글 …………………… 384
　　(8) 다니엘은 후 삼년 반에 적그리스도가 성도들을 이길
　　　　것을 예언함 ……………………………………………… 385

    (9) 다니엘을 통해 예언한 내용이 동일하게 요한 계시록
        13장에 기록 되었다 ·· 385
    (10) 연단 받은 자는 거룩하고 악한 자는 깨닫지 못한다··· 386
  9. 창조 신학··· 387
    1) 첫 번째 창조·· 387
    2) 두 번째 창조·· 388
    3) 세 번째 창조·· 389
    4) 하나의 원자 속에 있는 우주론과 천년왕국 ················ 391
      (1) 홀로그램 우주론·· 391
      (2) 안개와 같은 이 세상 ·· 392

제 4장 준비해야 할 네 가지 구원

  1. 휴거준비 ··· 395
  2. 순교준비 ··· 399
  3. 광야 공동체 교회 준비 ·· 405
  4. 피난처 준비 ··· 413

제 5장 기독교 구원의 신비, 남은 자들의 구원

  1. 하나님께서 예비하신 구원은 남은 자들의 것 ················ 415
  2. 남은 자들의 구원의 상징인 레갑 족속들 ························ 416
    1) 유다의 남은 자들인 레갑 족속 ···································· 416
    2) 레갑 족속의 조상은 모세의 장인 겐 족속 이드로······ 417
    3) 미디안 제사장, 겐 사람, 모세의 장인 이드로는
       누구인가?·· 419
    4) 서기관 족속이 된 레갑 족속 ·· 420
    5) 바벨론 포로 귀환 이후 레갑 족속들 ·························· 421
  3. 신약시대의 남은 자들인 레갑 족속들······························ 422

    4. 성경에 기록된 남은 자들 ·· 425
       1) 남은 자들의 역사 ·· 425
       2) 끝까지 남아 구원을 받은 남은 자들의 특징 ················ 426
       3) 바벨론에서 돌아온 남은 자들 ································ 427
       4) 휴거를 약속 받은 남은 자들의 교회, 빌라델비아 ·········· 429

에필로그 ··· 431
세계제자훈련원 출판도서 목록 ··· 435

제 1장 세대주의 전천년신학과 휴거 대망론의 허구

세대주의전천년주의 (Dispensationalism Premillennialism)

1. 무천년주의 신학을 만든 사람들

　기독교 사단 신학 중에 가장 큰 이단 신학은 무천년주의 신학이다. 무천년주의 신학을 만든 사람들이 모두 유대 카발라 영지주의자들이다. 이들은 겉으로는 유대인 행세를 하지만 유대인이 아닌 가짜 유대인들이다. 대표적인 가짜 유대인들은 탈무드를 가진 바리새파 유대인들이다. 이들은 유대인이 아닌데 유대인처럼 살면서 구약 성경을 비유와 상징으로 해석하고 그리스 철학을 가미시켜 사단신학을 만들어 세상에 사단의 왕국을 세우는 자들이다.
　무천년주의는 알렉산드리아에서 만들어진 사단신학으로 신약의 교회를 구약의 이스라엘의 연장으로 보고 만든 신학이다. 그래서 구약에서 예언한 다윗의 메시아 왕국을 교회시대에 이루어질 지상 천년왕국으로 해석한 것이다. 무천년주의란 전천년주의를 반대한 단어이다. 즉 예수님께서 재림하신 후에 세우실 천년왕국이 없다는 뜻으로 무천년이란 이름을 붙였다. 무천년주의 신학을 통해서 세워진 로마 교회를 지상의 다윗의 메시아 왕국으로 보았다. 이런 사람들이 바로 저스틴 마더, 오리겐, 유세비우스, 어거스틴, 제롬, 암브로스 등이다.

이들은 신약의 교회가 구약의 이스라엘을 대체했기 때문에 신약의 유아세례를 할례로, 신약의 주일을 안식일로, 신약의 복음을 율법으로, 신약의 이방인 교회를 유대인교회로, 신약의 마음성전을 구약의 건물성전으로, 신약의 영적인 축복을 구약의 물질 축복으로 대체시켰다. 이것을 기독교 번영 신학이라고 한다. 그들이 만든 무천년주의는 오늘날에 킹덤 나우 사상으로 적그리스도의 배도의 국가를 세우고 있다.

2. 세대주의 전천년 신학을 만든 사람들과 목적

세대주의 전천년신학은 플리머스 형제단인 존 넬슨 다비(John Nelson Darby, 1800-82)가 만들었다. 예수회 출신 마누엘 데 라쿤자(1731-1801)가 쓴 "성경의 성취되지 않은 예언에 대한 연구"에서 탄생했다. 1826년에 The Coming of Messiah in Glory and Majesty라는 매력적인 작품의 영어 버전이 등장했다. 그것은 마누엘 데 라쿤자(1731-1801)가 쓴 것으로, 칠레 출신의 예수회 회원으로 이탈리아에서 은둔자가 되었고 후안 요사파트 벤에즈라 라는 이름으로 글을 썼다. 그것은 요한 계시록에 대한 미래주의적 해석을 가르쳤고, 나중에 지금은 없어진 로마 가톨릭 사도 교회를 설립한 에드워드 어빙(1792-1834)에게 강력한 영향을 미쳤다. 예수회 출신 라쿤자는 구약 선지서에서 예언한대로 예루살렘이 회복되면 즉 예수님께서 재림하시면 예루살렘과 가나안 땅에서 천년왕국이 이루어진다고 한다. 그런데 예수회에서 말하는 예수님의 재림은 구름타시고 감람산으로 오시는 예수가 아니라 육체 안에 집단적으로 오시는 집합 그리스도이다. 뉴 에이지 사상이다.

우리가 이미 알고 있듯이 예수회는 비밀 장미 십자단이다. 예수회 수장 이그나티우스 로욜라, 마틴 루터, 사비에르, 일루미나티 창시자 아담 바이스하우프트 모두 이집트 이시스를 루시퍼로 섬기는 자들이다. 무천년주의 신학을 만든 것처럼 세대주의 전천년신학을 만들어

지상에 적그리스도의 배도의 국가를 세우는 것이다. 사단이 무천년주의 신학 다음으로 크게 속여서 만든 거짓 신학이 세대주의 전천년 신학이다.

세대주의 전천년 신학은 영국에서 존 넬슨 다비가 플리머스 형제단과 함께 시작한 종말론이다. 미국으로 건너가서 스코필드 목사와 연합하여 킹 제임스 스코필드 성경을 통해서 전 세계로 퍼져 나갔다. 존 넬슨 다비가 참가하여 활동한 플리머스 형제단은 얀 후스의 체코 형제단, 보헤미야 형제단, 모라비아 형제단, 진젠도르프의 헤른 후트 형제단을 거치면서 만들어졌는데 존 넬슨 다비가 세대주의 전천년 신학을 만든 후에는 여러 분파로 분열이 되었다. 헤른후트 형제단은 진젠도르프의 영향을 받아서 유대적 기독교 메시아 왕국을 추구하였다. 즉 이스라엘 중심의 메시아적인 왕국을 세우는 일에 모든 힘을 쏟았다. 이것이 진젠도르프의 선교운동이다. 그런데 경건주의 운동의 기초가 되었던 스페너와 프랑케의 기도운동이 유대 카발라 신비주의 종교 운동이었다. 이 또한 구약의 유대주의 메시아 왕국을 세우는 유대주의 기독교 운동이다. 스페너와 프랑케의 경건주의 운동을 이어 받은 진젠도르프의 기도운동은 헤른후트 형제단을 통해서 플리머스 형제단으로 넘어갔다.

그래서 세대주의 전천년주의의 목적은 이 땅에서 가짜 유대주의 기독교 사단 왕국을 세우는 것이다. 세대주의 전천년주의는 1537년 예수회 신부 리베라에 의해서 만들어 졌는데 예수회는 가짜 유대인들의 집단으로 사단을 숭배하는 그룹이다. 세대주의 전천년주의는 가짜 유대인들의 시오니즘 운동인 것이다. 겉으로는 유대주의 기독교 왕국을 세우는 것처럼 위장을 하지만 실제로는 배도의 적그리스도의 왕국을 세우고 있는 것이다. 신세계질서 운동이다.

3. 세대주의전천년주의는 무엇을 주장하는가?

1) 구원 받은 모든 성도들이 환난 전에 휴거한다고 주장한다

　세대주의 전천년주의자들은 모든 성도들이 환난 전에 휴거한다고 주장한다. 요한 계시록 6장부터 19장까지는 7년 대환난 가운데 일어난 일들을 기록하고 있다. 그 가운데 7장, 14장, 21장은 7년 동안 일어날 일들에 대하여 전체 그림을 그려 주는데 7장은 7년 대환난 시작될 때 그린 전체 그림이다. 14장은 후 삼년 반이 시작될 때 그린 전체 그림이다. 21장은 천년왕국이 시작될 때 그린 전체 그림이다. 요한 계시록에 기록된 144,000명은 교회이다. 이스라엘의 12지파 중에 선두 지파는 유다 지파이다. 유다 지파는 교회 지파이다. 세대주의자들은 성경을 문자적으로 해석하기 때문에 144,000명을 교회가 아니라고 주장한 것이다. 세대주의자들은 교회는 환난 전에 모두 휴거를 했기 때문에 144,000명은 교회가 아니라 유대인의 전도자라고 한다. 틀린 말이다. 교회는 하나님과 예수 그리스도의 이름으로 구원을 받은 성도들이다. 분명히 144,000명의 이마에 하나님의 이름과 어린양의 이름이 있는 것은 교회이기 때문이다. 그리고 요한 계시록 6장과 20장에 기록된 순교자들이 하나님의 말씀과 예수의 증거로 인해서 죽었다. 이들도 교회이다. 후 삼년 반에 광야교회에서 보호를 받고 있는 여자의 남은 자손도 역시 하나님의 계명을 지키고 예수의 증거를 가진 교회이다.

　"이 일 후에 내가 네 천사가 땅 네 모퉁이에 선 것을 보니 땅의 사방의 바람을 붙잡아 바람으로 하여금 땅에나 바다에나 각종 나무에 불지 못하게 하더라 또 보매 다른 천사가 살아계신 하나님의 인을 가지고 해 돋는 데로부터 올라와서 땅과 바다를 해롭게 할 권세를 얻은 네 천사를 향하여 큰 소리로 외쳐 가로되 우리가 우리 하나님의 종들의 이마에 인치기까지 땅이나 바다나 나무나 해하지 말라 하더라 내가 인맞은 자의 수를 들으니 이스라엘 자손의 각 지파 중에서 인 맞은 자들이 십사 만 사천이니"(계7:1-4)

"또 내가 보니 보라 어린 양이 시온 산에 섰고 그와 함께 십 사만 사천이 섰는데 그 이마에 어린 양의 이름과 그 아버지의 이름을 쓴 것이 있도다 내가 하늘에서 나는 소리를 들으니 많은 물소리도 같고 큰 뇌성도 같은데 내게 들리는 소리는 거문고 타는 자들의 그 거문고 타는 것 같더라 저희가 보좌와 네 생물과 장로들 앞에서 새 노래를 부르니 땅에서 구속함을 얻은 십 사만 사천인 밖에는 능히 이 노래를 배울 자가 없더라 이 사람들은 여자로 더불어 더럽히지 아니하고 정절이 있는 자라 어린 양이 어디로 인도하든지 따라가는 자며 사람 가운데서 구속을 받아 처음 익은 열매로 하나님과 어린 양에게 속한 자들이니 그 입에 거짓말이 없고 흠이 없는 자들이더라"(계14:1-5)

"다섯째 인을 떼실 때에 내가 보니 하나님의 말씀과 저희의 가진 증거를 인하여 죽임을 당한 영혼들이 제단 아래 있어 큰 소리로 불러 가로되 거룩하고 참되신 대주재여 땅에 거하는 자들을 심판하여 우리 피를 신원하여 주지 아니하시기를 어느 때까지 하시려나이까 하니 각각 저희에게 흰 두루마기를 주시며 가라사대 아직 잠시 동안 쉬되 저희 동무 종들과 형제들도 자기처럼 죽임을 받아 그 수가 차기까지 하라 하시더라"(계6:9-11)

"또 내가 보좌들을 보니 거기 앉은 자들이 있어 심판하는 권세를 받았더라 또 내가 보니 예수의 증거와 하나님의 말씀을 인하여 목 베임을 받은 자의 영혼들과 또 짐승과 그의 우상에게 경배하지도 아니하고 이마와 손에 그의 표를 받지도 아니한 자들이 살아서 그리스도로 더불어 천년 동안 왕노릇 하니"(계20:4)

"여자의 뒤에서 뱀이 그 입으로 물을 강 같이 토하여 여자를 물에 떠내려 가게 하려 하되 땅이 여자를 도와 그 입을 벌려 용의 입에서 토한 강물을 삼키니 용이 여자에게 분노하여 돌아가서 그 여자의 남은 자손 곧 하나님의 계명을 지키며 예수의 증거를 가진 자들로 더불어 싸우려고 바다 모래 위에 섰더라"(계12:15-17)

2) 이스라엘과 교회는 다르다고 주장한다

무천년주의 신학은 구약의 이스라엘과 신약의 교회를 같은 것으로 본다. 그러나 세대주의 전천년 신학에서는 교회와 이스라엘을 다른 것으로 구분한다. 물론 성경에서는 이스라엘과 교회는 엄격하게 구분하고 있다. 그러나 세대주의 전천년주의자들이 이스라엘과 교회가 다르다고 주장하는 이유는 또 다른 목적이 있다. 사단 숭배자들인 가짜 유대인 예수회는 무천년주의에서 일치시킨 교회와 이스라엘을 세대주의 전천년신학에서 구분시켰다. 그 이유는 무천년주의 신학에서는 막연하게 지상에 천년왕국을 세우는 것이다. 그러나 17세기부터 영국에서 발달한 산업혁명으로 증기기관이 나오고 뉴톤의 만유인력의 법칙이 발달하면서 세계가 좁아지기 시작했다.

나폴레옹은 1799년 팔레스타인 지역에 유대인들을 위한 나라를 건국하자는 제안을 했다. 빅토리아 여왕과 미국의 대통령이었던 우드로 윌슨과 존 아담스 역시 시온주의를 지지하였다. 유대계 오스트리아 언론인인 테오도어 헤르츨이 1897년 스위스 바젤에서 제1회 시온주의 세계대회를 개최하며 본격적으로 유대인 국가 건설 작업이 시작되었다. 동시에 알리아 운동이 시작되었다. 이와 같은 운동으로 무천년주의 신학에서 주장한 교회와 이스라엘이 동일하다는 교리가 틀렸다는 것이 증명되었다. 그러니까 새로운 신학을 만들어야 하는데 그것이 세대주의 전천년신학이다. 이름은 각각 다르지만 목적과 방법은 모두 같다. 그러므로 세대주의 전천년신학을 믿는 사람들은 이미 사단의 깊은 함정에 빠져 있는 것이다. 모두 거짓말이기 때문이다.

3) 1611년 킹 제임스 성경이 유일무이한 성경이라고 주장한다

스코필드가 만든 킹 제임스 성경

영국에서 형제운동의 큰 영향을 받은 다비(Darby)는 19세기 말에 미국으로 건너왔고 그의 세대주의 신학은 미국의 스코필드(Cyrus. I.

Scofield)와 채퍼(C. S. Chafer)에게 전수되었다. 스코필드는 수년간의 연구와 준비 끝에 마침내 1909년 〈Scofield Reference Bible〉을 발간해 보급함으로 미국을 비롯해 전 세계에 급속도로 세대주의가 전파되는 데 크게 기여했다.

당시 스코필드 관주 성경은 킹 제임스 성경(KJV,1611년)의 연구를 위한 해설판 형식으로 발행되었다. 반면에 채퍼(Chafer)는 그 후에 달라스 신학교(Dallas Seminary)를 설립하고 세대주의 신학에 기반을 둔 8권의 조직신학 책을 집필함으로 달라스 신학교를 세대주의 신학의 요람으로 성장시켰다. 세대주의 전천년주의자들은 킹 제임스 성경을 절대적으로 믿는다. 다른 개혁 성경을 이단시 한다.

성경의 원본은 없고 모두 사본과 번역본이다

현대에는 세상의 언어만큼이나 다양한 종류의 성경이 있다. 그러나 하나님 말씀의 최초 자필원본(autograph)은 존재하지 않고 자필원본을 필사(복사)한 사본(寫本, manuscript)과 그 사본들의 언어가 아닌 다른 언어 체계로 번역한 번역본(飜譯本, version) 성경이라는 두 개념으로 압축될 수 있다.

그러므로 현재의 모든 성경은 수많은 사본과 여러 번역본 만이 남아 있고 최초 자필 원본은 단 하나도 존재하지 않는다. 지금 우리 손에는 각 나라 언어로 기록된 성경 66권이 있다. 번역본이긴 해도 이 성경을 통해 하나님의 뜻과 계획과 영원한 생명을 얻는데 전혀 문제가 없다. 하나님 말씀의 저자는 성령이시다. 성령의 감동으로 우리는 어떤 사본을 통해서도 주님을 만날 수 있다. 사도 요한은 이것을 성령의 기름 부으심이라고 했다.

"너희는 주께 받은바 기름 부음이 너희 안에 거하나니 아무도 너희를 가르칠 필요가 없고 오직 그의 기름 부음이 모든 것을 너희에게 가르치며 또 참되고 거짓이 없으니 너희를 가르치신 그대로 주 안에 거하라"(요일2:27)

킹 제임스 성경만이 유일무이한 성경이란 말은 거짓말

킹 제임스 성경이 유일한 성경이라고 주장한 사람들은 히브리 맛소라 구약 성경, 에라스무스 헬라어 신약 성경, 위클리프 성경, 틴 데일 성경, 커버데일 성경, 매튜 성경, 그레이트 바이블, 제네바 성경, 비숍 성경 등은 모두 오류가 있다고 한다. 오직 킹 제임스 성경만이 오류가 전혀 없는 완전한 성경이라고 한다. 그렇다면 킹 제임스 성경 이전에는 완전한 하나님이 존재하지 않으신 것인가? 이것은 하나님의 말씀과 문자로 기록된 성경을 심각하게 혼돈한 결과이다.

킹 제임스 성경 번역자들이 오늘날까지 살아 있다면 그들이 번역한 성경이 이토록 변질된 의도로 사람들에게 알려지고 있다는 것에 놀라움을 금치 못할 것이다. 아마 많은 사람들이 놀라겠지만, 현재 발견된 헬라어 성경 사본의 수는 약 5,800개 정도인데, 그러나 어떤 사본이든 두 개가 완전히 일치하는 사본은 단 하나도 없다(「신약성서 사본과 정경」, 침례신학대학교 출판부. 2010, p9). 그리고 불일치 하는 본문은 약 300,000(삼십만)개 이다. 안타깝지만 모두 사실이다. 그렇다고 해서 그 중에 하나만 진짜이고 나머지는 모두 가짜이겠는가?

그래서 본문을 구축하는 작업은 필연적이며, 이것을 쉽게 본문비평이라 할 수 있겠다. 그러므로 소위 '공인본문'(TR: Textus Receptus)도 사람들에 의해 본문이 구축된 비평본문이라 할 수 있다. 하나님께서 말씀을 보존하시는 방식은 사람들이 생각하는 것처럼 축자영감처럼 글자 하나하나 불러서 기록한 완전한 책 하나를 만들어서 보존하는 방식이 아닌 것이 분명하다. 인간의 교만과 사단의 간계를 너무나도 잘 알고 계시기 때문이라고 생각된다.

지금 우리 손에는 각 나라 언어로 기록된 성경 66권이 있다. 번역본이긴 해도 이 성경을 통해 하나님의 뜻과 계획과 영원한 생명을 얻는데 전혀 문제가 없다. 지금도 말씀의 원본이신 성령이 계시기 때문이다. 이것이 기적이 아니면 무엇이 기적이겠는가? 번역본의 한계가 있음에도 불구하고 이 속성을 이해하게 되면 겸손과 감사가 동시에 생기게 된다.

"이런 철저한 과정을 거쳐 세계 최고의 석학들이 원어로 된 성경을 처음부터 끝까지 적어도 14번 이상 검토하고 읽고 번역한 결과 영어로 보존된 하나님의 말씀, 즉 1611년 처음으로 발간된 이래 단 한 차례의 개정 작업을 거치지 않고 보존된 하나님의 말씀인 흠정역 성경이 나오게 되었다".(『킹제임스 성경의 4중 우수성』 p.78, 정동수 역)

정동수 목사는 킹 제임스 성경이 원어로 된 성경을 영어로 번역하여 1611년부터 지금까지 한 차례도 개정작업을 거치지 않고 보존된 말씀이라고 하였다.

1611년 판이라고 말한 킹 제임스 성경은 1769년 개정판이다

1611년 킹 제임스 성경 초판과 현대 킹 제임스 성경은 많은 변화가 있다. 그 안에 기록된 하나님의 말씀은 무오하지만 무오한 말씀이 기록된 성경에는 수많은 오탈자가 발생될 수밖에 없다. 성경이 출판되는 과정에서 그러한 일은 지극히 자연스러운 일일뿐 아니라 우리의 믿음을 흔드는 일들이 전혀 아니다. 오늘날 '1611'이란 숫자는 마치 성경의 최종 권위를 대변하는 상징처럼 알려져 있다. 그러나 많은 사람들이 애용하고 있는 킹 제임스 성경은 1611판이 아니라 1769년 개정판이다. 더 엄밀하게 말하면 1769년 이후에도 계속적으로 수정된 현대 판본이다.

THE HOLY BIBLE(KJV), (NY: American Bible Society, 2010) p.v-x, p.1437-1462(Appendix A:,B:,C:)

1611년 초판 킹 제임스 성경 안에 15개 외경이 있다

1611년 초판에는 15개 외경(Apocrypha)이 포함되어 있다. 어떤 사람들은 1611년판에 있는 외경을 부록이라고 주장하고 있지만 부록이 아니다. 지극히 상식적으로 부록은 책의 내용을 뒷받침하기 위해 가장 뒷면에 배치한다. 그러나 그렇지 않다. 무려 18년 동안 외경은 구약과 신약 사이에 있었다. 외경은 1629년에 가서야 킹 제임스 성경에서 삭제되기 시작했지만 일률적인 것도 아니다. 1909년에 출판된 캠브리지 판에는 여전히 외경이 포함되어 있다.(참조: www.

originalbibles.com)

물론 오늘날 대부분의 기독교인들은 외경을 정경으로 받아들이지 않는다. 그렇다고 할지라도 킹 제임스 초판에서 외경이 부록으로 기록되었다는 말은 변명이 될 수 없다. 1611년 판에 외경이 있었다는 것이 부끄러운 흠일지라도 부록이라고 말할 필요가 없다는 뜻이다. 이것도 하나의 역사인 것이다. 위대한 다윗 왕의 치부를 성경이 숨기지 않고 있다는 사실을 직시해야 한다.

외경은 다른 성경과 마찬가지로 그 당시 캠브리지 그룹에서 실제로 번역했다. 그리고 그 번역 과정이 얼마나 정교하게 이루어졌는지 스스로 잘 증언하고 있다. 그 이름도 정확하게 기록되어 있다.(Dr. John Duport, Dr. William Brainthwaite, Dr. Jeremiah Radcliffe, Dr. Samuel Ward, Dr. Andrew Downes, John Bois, Dr. John Ward, Dr. John Aglionby, Dr. Leonard Hutten, Dr. Thomas Bilson, Dr. Richard Bancroft. http://jesus-is-savior.com/)

1611년 킹 제임스 초판에는 난외주가 있다

1611년 초판에는 난외주(欄外註)가 있다. 이 난외주는 관주(貫珠)와는 약간 다르다. 관주(貫珠)는 말 그대로 구슬이 하나의 실로 꿰어지듯이 연관된 다른 성경구절을 의미한다. 난외주(欄外註)는 관주를 포함해서 번역자들이 번역의 근거를 기록한 것을 의미한다. 그래서 난외주는 번역자들이 얼마나 심혈을 기울여 번역했는지 알 수 있는 부분이며 그 지면을 통해 하나의 단어에 다양한 의미가 있을 수 있음을 숨기지 않았다.

초판에는 이와 같은 관주와 난외주가 외경에 있는 것을 포함해서 무려 8,422군데가 넘는다고 한다. 어쩌면 그 당시 킹 제임스 성경의 우수성은 바로 이 난외주에 있다고 해도 과언이 아니다. 독자들로 하여금 성경에 있는 단어를 더욱 깊이 묵상하도록 만들었기 때문이다. 그러나 난외주를 삭제 시키면 하나님께서 오직 하나의 단어로만 하나님의 말씀을 보존하신다는 미혹에 빠질 수 있게 된다. 번역자들은 난외주에 또는(Or)이란 단어를 사용하여 다른 의미도 있음을 분명히 밝혔다.

Edward F. Hills, The King James Version Defended, (The Christian Research Press, 2006), p282.

극단적 성경관을 통한 사단의 미혹

우리가 살고 있는 이 세상에는 사단의 미혹이 미치지 않은 영역이 없다. 참으로 놀라운 방법으로 사람들을 미혹하기 때문에 하나님의 지혜와 도우심이 절대적으로 필요하다. 그런데 그 치명적인 미혹 중의 하나가 극단적 성경관(聖經觀)을 이용한 미혹도 포함된다.

성경이 없는 교회는 없다. 그렇다면 교회를 무너뜨리기 위해서 성경관을 혼란시키는 일보다 더 효과적인 방법은 없을 것이다. 다시 말하자면 '하나님의 말씀'과 '성경'은 동일한 개념이 아니다. '하나님의 말씀'은 범위가 넓은 개념이다.

그런데 안타깝게도 오늘날 1611년에 번역된 킹 제임스 성경만이 '무오한 말씀'이라고 주장하는 사람들이 나타나기 시작하면서 마치 '무오한 말씀'과 '무오한 번역본'을 동일시하는 교리가 발생하고 있다. 때로는 번역자들이 문법이나 소문자 대문자나 숫자나 사건의 내용을 다르게 기록할 수 있다. 그렇지만 그것 하나가 성경 전체에 흐르는 하나님의 뜻을 변경시킬 수 없다. 극단적 성경관은 수많은 참 교회와 참 신자들을 미혹하고 흔드는 사단의 궤계인 것이다. 만일 킹 제임스 성경을 믿는 사람들이 킹 제임스 성경만 참 성경이고 나머지는 모두 가짜라는 믿음을 가지고 있다면 킹 제임스 성경을 믿고 얻은 구원 역시 가짜인 것이다. 왜냐하면 성경 자체가 우리를 구원 하는 것이 아니기 때문이다. 이것은 마치 어거스틴이 어머니 교회인 로마 가톨릭 안에 있어야만 구원을 받는다는 말과 근본주의자들이 침례를 받지 않으면 구원을 얻을 수 없다고 말한 것과 같은 것이다. 어떻게 성경 한 권이 구원을 주기도 하고 구원을 받지 못하게도 하겠는가? 어떻게 인간이 쓴 문자가 구원을 주겠는가? 그 안에 흐르는 성령의 생명이 구원을 주는 것이다.

4) 성경을 문자적으로 해석 한다

무천년주의자들은 성경을 상징과 비유로 해석을 한다. 그 이유는 구약의 이스라엘을 교회로 일치시켜 맞추기 위함이다. 그러나 세대주의자들은 성경을 문자적으로 해석을 한다. 왜냐하면 구약의 이스라엘과 신약의 교회가 다르다는 것을 주장하기 위함이다. 또 구약의 선지자들이 예언한 다윗의 메시아 왕국이 지상인 가나안 땅과 예루살렘에서 이루어지게 하려는 것이다. 왜냐하면 그들이 예루살렘에서 세우기를 원하는 다윗의 메시아 왕국을 통해서 적그리스도의 배도의 왕국을 세우려고 하기 때문이다.

그런데 나쁜 것은 그들이 문자적으로 성경을 해석한다고 고집하면서도 결정적인 부분에서는 영적인 해석과 비유적인 해석을 해서 그들의 교리를 강화시킨다는 것이다. 구약의 17개 선지서는 죄를 지어서 남북 왕조가 앗수르와 바벨론에게 망한 후 70년이 차면 다시 고토로 돌아올 때 예루살렘은 새 예루살렘이 되고 가나안 땅은 새 하늘과 새 땅이 되어서 다윗의 후손이 왕이 되어 통치한다는 내용이다. 이것을 문자적으로 해석을 하면 이미 바벨론 포로 귀환 이후에 이런 일들이 다 이루어졌어야 한다. 그런데 역사적으로 이루어진 것이 하나도 없다. 왜냐하면 이것은 영적으로 해석을 해서 다윗의 자손 예수님께서 재림하셔서 세우실 천년왕국과 새 예루살렘에 대한 예언이기 때문이다. 그런데 문자적인 해석을 고집한 세대주의자들은 이것을 문자적으로 해석하지 않고 영적으로 해석을 해서 지금 이 시대에 이루어지는 예언이라고 하면서 예루살렘 회복 운동, 메시아닉 쥬 운동, 제 3성전 건축 운동, 알리아 운동, 신사도 운동, 다윗의 장막 운동, 킹덤 나우 운동, 킹덤 아미 운동, 전투기도 운동, 이슬람 선교 운동, 땅 밟기 운동, 신부 운동, 24시간 기도 운동, 종교 통합 운동, 뉴 에이지 운동, 신인간 운동, 한 새 사람 운동, 원띵 운동, 기독교 세계관 운동, 영역주권 운동, 세계 복음화 운동, 전투기도 운동 등을 하고 있는 것이다.

4. 왜 교회는 환난 전에 모두 휴거할 수 없는가?

1) 휴거란 무엇인가?

휴거란 마가의 다락방에 강림하셨던 성령이 다시 세상을 떠나실 때 일어난 일이다. 마가의 다락방에 강림하신 성령은 복음이 땅 끝까지 증거 되고 구원 받은 성도들이 다 구원을 받고 나면 다시 이 세상을 떠나시게 된다. 그때 성령의 인침을 받고 물과 성령으로 거듭난 모든 성도들을 데리고 떠나시는 것이다. 이 시대를 성령 시대, 이방인의 시대, 은혜 시대라고 말한다.

"이 천국 복음이 모든 민족에게 증거되기 위하여 온 세상에 전파되리니 그제야 끝이 오리라"(마24:14)

"형제들아 너희가 스스로 지혜 있다 함을 면키 위하여 이 비밀을 너희가 모르기를 내가 원치 아니하노니 이 비밀은 이방인의 충만한 수가 들어오기까지 이스라엘의 더러는 완악하게 된 것이라 그리하여 온 이스라엘이 구원을 얻으리라 기록된바 구원자가 시온에서 오사 야곱에게서 경건치 않은 것을 돌이키시겠고 내가 저희 죄를 없이 할 때에 저희에게 이루어질 내 언약이 이것이라 함과 같으니라"(롬11:25-27)

예수님의 복음이 땅 끝까지 증거 되고 교회가 완성이 될 때까지 이스라엘은 완악하게 되지만 복음이 땅 끝까지 다 전해지고 교회가 완성이 되면 이스라엘이 회복되어 죄사함을 받고 구원을 받게 된다. 이것이 예수님께서 재림하실 천년왕국이다. 교회는 천년왕국을 다스리는 새 예루살렘이 되지만 이스라엘은 천년왕국 백성이 된다. 그때까지 이스라엘의 회복은 미루어지는 것이다.

예수님은 하나님의 나라 회복에 대하여 질문한 제자들에게 그것은 하나님 아버지께 맡기고 성령이 임하시면 땅 끝까지 증인이 되라고 하셨다. 제자들이 말한 하나님의 나라 회복은 예수님께서 재림 하셔서 세우실 천년왕국이다.

"저희가 모였을 때에 예수께 묻자와 가로되 주께서 이스라엘 나라를 회복하심이 이 때니이까 하니 가라사대 때와 기한은 아버지께서 자기의 권한에 두셨으니 너희의 알바 아니요 오직 성령이 너희에게 임하시면 너희가 권능을 받고 예루살렘과 온 유대와 사마리아와 땅 끝까지 이르러 내 증인이 되리라 하시니라"(행1:6-8)

예수님의 재림은 두 번 일어난다. 먼저는 공중으로 오시고 두 번째는 감람산으로 오신다. 이것을 공중 재림 지상 재림이라고 한다.

2) 언제 휴거가 이루어지는가?

휴거는 이방인의 때가 끝날 때 일어난다. 성경에서 이방인의 때와 이스라엘의 때를 말하고 있다. 그것이 70이레 비밀이다. 다니엘은 예레미야가 예언한 다윗의 메시아 왕국이 바벨론 포로 생활 70년이 끝나면 이루어질 줄 알았는데 당시 국제적인 환경이 변함이 없자 21일 금식기도를 하면서 물었다. 그에 대한 응답이 70이레 비밀이다. 하나님께서는 다니엘에게 선지자들이 약속한 다윗의 메시아 왕국을 70이레가 지나면 세워 주시겠다고 약속을 하셨다. 이것이 제자들이 물어본 하나님의 나라 회복이다.

"네 백성과 네 거룩한 성을 위하여 칠십 이레로 기한을 정하였나니 허물이 마치며 죄가 끝나며 죄악이 영속되며 영원한 의가 드러나며 이상과 예언이 응하며 또 지극히 거룩한 자가 기름부음을 받으리라 그러므로 너는 깨달아 알찌니라 예루살렘을 중건하라는 영이 날 때부터 기름부음을 받은 자 곧 왕이 일어나기까지 일곱 이레와 육십 이 이레가 지날 것이요 그 때 곤란한 동안에 성이 중건되어 거리와 해자가 이룰 것이며 육십 이 이레 후에 기름부음을 받은 자가 끊어져 없어질 것이며 장차 한 왕의 백성이 와서 그 성읍과 성소를 훼파하려니와 그의 종말은 홍수에 엄몰됨 같을 것이며 또 끝까지 전쟁이 있으리니 황폐할 것이 작정되었느니라 그가 장차 많은 사람으로 더불어 한 이레 동안의 언약을 굳게 정하겠고 그가 그 이레의 절반에 제사와 예물을 금지할 것이며 또 잔포하여 미운 물건이 날개를 의지하여 설 것이며 또 이미 정한 종말까지 진노가 황폐케 하는 자에게 쏟아지리

라 하였느니라"(단9:24-27)

성경에 기록된 대로 예루살렘 성을 중건하라는 명령이 날 때부터 예수님께서 십자가에 돌아가실 때까지 62이레와 7 이레가 지난다. 즉 69이레가 지난다. 그 후에 로마 왕이 와서 예루살렘 성과 성전을 파괴하고 이스라엘을 망하게 한다. 그리고 남은 1이레는 세상 끝으로 넘어간다. 예수님이 죽으시고 성령이 마가의 다락방에 강림하실 때부터 이방인의 때가 시작되어 복음이 땅 끝까지 증거되어 교회가 완성이 되면 이방인의 때가 끝이 난다. 이 기간이 69이레와 70이레 사이가 된다.

휴거는 적그리스도와 이스라엘 사이에 7년 평화조약이 이루어지고 예루살렘에 구약 제사를 드릴 성전 건축이 시작되면 그 때가 이방인 교회가 세상을 떠나는 휴거가 있다. 적그리스도는 평화조약을 맺을 때는 이스라엘에게 구약 제사를 허락 하지만 전 삼년 반이 지나고 후 삼년 반이 시작될 때 지성소에 멸망의 가증한 우상을 세우고 배도를 한다. 땅에 있는 모든 사람들에게 666 짐승의 표를 받게 하고 받지 않는 사람들을 죽인다. 7년 마지막 때에 예수님께서 지상 재림 하셔서 짐승과 666 표를 받는 사람들을 심판하시고 천년왕국을 세우신다.

사도 바울은 성전에 앉아서 자기를 하나님이라고 하는 배도자가 나타날 때까지 휴거가 없을 것을 말하고 있다. 즉 불법의 사람 적그리스도가 나타나면 그때 휴거가 있다는 것이다. 그렇다면 언제 적그리스도가 나타나는가? 이스라엘과 7년 평화조약을 맺을 때 나타나는 것이다. "누가 아무렇게 하여도 너희가 미혹하지 말라 먼저 배도하는 일이 있고 저 불법의 사람 곧 멸망의 아들이 나타나기 전에는 이르지 아니하리니 저는 대적하는 자라 범사에 일컫는 하나님이나 숭배함을 받는 자 위에 뛰어나 자존하여 하나님 성전에 앉아 자기를 보여 하나님이라 하느니라 내가 너희와 함께 있을 때에 이 일을 너희에게 말한 것을 기억하지 못하느냐 저로 하여금 저의 때에 나타나게 하려 하여 막는 것을 지금도 너희가 아나니 불법의 비밀이 이미 활동하였으나 지금 막는 자가 있어 그 중에서 옮길 때까지 하리라 그 때에 불법한 자가 나타나리니 주 예수께서 그 입의 기운으로 저를 죽이시고 강림하

여 나타나심으로 폐하시리라"(살후2:3-8)

3) 누가 휴거하는가?

예수 믿고 죽은 자들이 먼저 일어난다

12제자로부터 휴거사건이 일어나기 직전까지 구원받고 죽은 성도들이 먼저 일어난다. 신약의 구원 받은 성도가 죽으면 육체는 흙으로 돌아가지만 영혼은 거지 나사로가 들어갔던 파라다이스 낙원에 있다가 휴거가 일어날 때 영화로운 몸으로 변화되어 공중으로 올라가 예수님을 만난다.

"형제들아 자는 자들에 관하여는 너희가 알지 못함을 우리가 원치 아니하노니 이는 소망 없는 다른이와 같이 슬퍼하지 않게 하려 함이라 우리가 예수의 죽었다가 다시 사심을 믿을찐대 이와 같이 예수 안에서 자는 자들도 하나님이 저와 함께 데리고 오시리라 우리가 주의 말씀으로 너희에게 이것을 말하노니 주 강림하실 때까지 우리 살아남아 있는 자도 자는 자보다 결단코 앞서지 못하리라 주께서 호령과 천사장의 소리와 하나님의 나팔로 친히 하늘로 좇아 강림하시리니 그리스도 안에서 죽은 자들이 먼저 일어나고 그 후에 우리 살아 남은 자도 저희와 함께 구름 속으로 끌어 올려 공중에서 주를 영접하게 하시리니 그리하여 우리가 항상 주와 함께 있으리라"(살전4:13-17)

휴거가 일어날 때 살아 있는 성도들이 올라간다

살아있는 성도들 중에는 휴거에 참여한 성도들도 있고 참여하지 못하는 성도들이 있다. 사도 바울은 살아서 휴거에 참여할 수 있는 성도의 자격을 데살로니가 전서 5장 23절에 기록을 하고 있다. 온 영과 혼과 몸이 온전히 거룩하고 흠이 없이 보전된 사람이라고 하였다.

여기에서 주목할 것은 우리의 영혼 뿐 아니라 육체도 흠이 없이 보전 되어야 한다는 것이다. 몸을 가지고 휴거하는 성도는 휴거가 일어날 때 살아있는 성도를 말한다. 왜냐하면 이미 예수 안에서 죽은 성도는 몸이 없다. 그래서 죽은 상태로 일어나지만 살아 있는 성도들은 몸도 거룩하고 흠이 없어야 휴거를 할 수 있는 것이다.

"평강의 하나님이 친히 너희로 온전히 거룩하게 하시고 또 너희 온 영과 혼과 몸이 우리 주 예수 그리스도 강림하실 때에 흠없게 보전되기를 원하노라"(살전5:23)

예수님도 지혜로운 다섯 처녀 비유에서 등과 기름을 예비한 처녀를 지혜로운 처녀라 하셨다. 그들은 혼인잔치에 들어갔지만 등은 있지만 기름이 없어 꺼져 버린 등을 가진 처녀들을 혼인잔치에 참여하지 못한다고 하셨다.

"저희가 사러 간 동안에 신랑이 오므로 예비하였던 자들은 함께 혼인 잔치에 들어가고 문은 닫힌지라 그 후에 남은 처녀들이 와서 가로되 주여 주여 우리에게 열어 주소서 대답하여 가로되 진실로 너희에게 이르노니 내가 너희를 알지 못하노라 하였느니라 그런즉 깨어 있으라 너희는 그 날과 그 시를 알지 못하느니라"(마25:10-13)

4) 휴거하지 못하고 환난에 들어간 성도들은 어떻게 되는가?

이마에 표를 받고 하나님께서 지켜 주신다

휴거하지 못하고 환난에 넘어간 성도들은 7년 대환난이 시작되기 직전에 이마에 하나님의 표를 받는다. 이 표를 받은 사람은 144,000 명으로 구원 받은 성도들이다. 이 표를 이마에 찍으신 이유는 구원을 지켜 주시는 징표이다.

"이 일 후에 내가 네 천사가 땅 네 모퉁이에 선 것을 보니 땅의 사방의 바람을 붙잡아 바람으로 하여금 땅에나 바다에나 각종 나무에 불지 못하게 하더라 또 보매 다른 천사가 살아계신 하나님의 인을 가지고 해 돋는 데로부터 올라와서 땅과 바다를 해롭게 할 권세를 얻은 네 천사를 향하여 큰 소리로 외쳐 가로되 우리가 우리 하나님의 종들의 이마에 인치기까지 땅이나 바다나 나무나 해하지 말라 하더라 내가 인맞은 자의 수를 들으니 이스라엘 자손의 각 지파 중에서 인맞은 자들이 십 사만 사천이니 유다 지파 중에 인맞은 자가 일만 이천이요 르우벤 지파 중에 일만 이천이요 갓 지파 중에 일만 이천이요"(계7:1-5)

하나님께서 황충 심판으로 하나님의 인 맞지 않는 사람들을 심판하실 때 지켜 주신다.

"그들에게 이르시되 땅의 풀이나 푸른 것이나 각종 수목은 해하지 말고 오직 이마에 하나님의 인침을 받지 아니한 사람들만 해하라 하시더라"(계9:4)

144,000명은 유다지파를 선두로 하여 12지파가 각각 12,000명 씩 받게 된다. 창세기 49장에서 야곱은 유다지파를 메시아 지파가 될 것을 예언했다. 그래서 예수님은 유다지파 멜기세덱의 반차를 좇은 왕 같은 대제사장으로 오셔서 교회의 머리가 되셨다. 그래서 144,000명은 구원 받은 이스라엘 백성들과 이방인으로 이루어진 교회이다.

"유다야 너는 네 형제의 찬송이 될찌라 네 손이 네 원수의 목을 잡을 것이요 네 아비의 아들들이 네 앞에 절하리로다 유다는 사자 새끼로다 내 아들아 너는 움킨 것을 찢고 올라 갔도다 그의 엎드리고 웅크림이 수사자 같고 암사자 같으니 누가 그를 범할 수 있으랴 홀이 유다를 떠나지 아니하며 치리자의 지팡이가 그 발 사이에서 떠나지 아니하시기를 실로가 오시기까지 미치리니 그에게 모든 백성이 복종하리로다 그의 나귀를 포도나무에 매며 그 암나귀 새끼를 아름다운 포도나무에 맬 것이며 또 그 옷을 포도주에 빨며 그 복장을 포도즙에 빨리로다 그 눈은 포도주로 인하여 붉겠고 그 이는 우유로 인하여 희리로다"(창49:8-12)

하나님의 말씀과 예수의 증거를 가지고 순교를 한다

환난에 넘어간 교회는 하나님의 말씀과 예수의 증거를 인하여 죽임을 당하고 흰옷으로 갈아입는다. 왜냐하면 예수님께서 구원하실 때 입혀주신 의의 옷을 더럽혔기 때문이다.

빛나고 깨끗한 세마포 옷을 잃어버려 휴거에 참여하지 못한 것이다. 예수님께서 벌거벗고 있는 라오디게아 교회를 향해 흰옷을 사서 입어 벌거벗은 수치를 보이지 않게 하라고 하셨다.

"다섯째 인을 떼실 때에 내가 보니 하나님의 말씀과 저희의 가진 증거를 인하여 죽임을 당한 영혼들이 제단 아래 있어 큰 소리로 불러 가로되 거룩하고 참되신 대주재여 땅에 거하는 자들을 심판하여 우리 피를 신원하여 주지 아니하시기를 어느 때까지 하시려나이까 하니 각각 저희에게 흰 두루마기를 주시며 가라사대 아직 잠시 동안 쉬되 저희 동무 종들과 형제들도 자기처럼 죽임을 받아 그 수가 차기까지 하라 하시더라"(계6:9-11)

"또 내가 보좌들을 보니 거기 앉은 자들이 있어 심판하는 권세를 받았더라 또 내가 보니 예수의 증거와 하나님의 말씀을 인하여 목 베임을 받은 자의 영혼들과 또 짐승과 그의 우상에게 경배하지도 아니하고 이마와 손에 그의 표를 받지도 아니한 자들이 살아서 그리스도로 더불어 천년 동안 왕노릇 하니"(계20:4)

7년 대환난 기간 동안 자기의 더러워진 두루마기를 빤다

환난으로 넘어간 교회가 순교를 해야 하는 이유는 더러워진 자기의 두루마기를 빨기 위함이다. 성령은 마지막 때 자기의 두루마기를 빠는 자는 복이 있다고 하셨다. 새 예루살렘에 들어갈 자격을 얻는 것이라 하였다. 즉 예수님의 신부의 자격을 얻는 것이다.

"나는 알파와 오메가요 처음과 나중이요 시작과 끝이라 그 두루마기를 빠는 자들은 복이 있으니 이는 저희가 생명 나무에 나아가며 문들을 통하여 성에 들어갈 권세를 얻으려 함이로다"(계22:13-14)

요한 계시록 7장에서 각 나라와 족속 중에 셀 수 없는 무리들이 흰옷을 입고 종려나무 가지를 들고 보좌와 어린 양 앞에서 찬송을 할 때 요한은 이들이 어디에서 왔느냐고 물었다. 그때 장로 중에 하나가 큰 환난에서 순교를 통해 온 자들이라고 말한다. 순교를 통해서 흰옷을 입고 찬송을 하는 것이다.

"장로 중에 하나가 응답하여 내게 이르되 이 흰옷 입은 자들이 누구며 또 어디서 왔느뇨 내가 가로되 내 주여 당신이 알리이다 하니 그가 나더러 이르되 이는 큰 환난에서 나오는 자들인데 어린양의 피에 그 옷을 씻어 희게 하였느니라 그러므로 그들이 하나님의 보좌 앞에 있고 또 그의 성전에서 밤낮 하나님을 섬기매 보좌에 앉으신 이가 그들 위에 장막을 치시리니 저희가 다시 주리지도 아니하며 목마르지도 아니하고 해나 아무 뜨거운 기운에 상하지 아니할찌니 이는 보좌 가운데 계신 어린 양이 저희의 목자가 되사 생명수 샘으로 인도하시고 하나님께서 저희 눈에서 모든 눈물을 씻어 주실 것임이러라"(계7:13-17)

사데 교회에는 자기 옷을 더럽히지 아니한 몇 명이 있어 흰옷을 입고 있다고 성령께서 증거를 한다. 그리고 이기는 자에게는 흰 옷을 주신다고 하셨다.

"그러나 사데에 그 옷을 더럽히지 아니한 자 몇명이 네게 있어 흰 옷을 입고 나와 함께 다니리니 그들은 합당한 자인 연고라 이기는 자는 이와 같이 흰 옷을 입을 것이요 내가 그 이름을 생명책에서 반드시 흐리지 아니하고 그 이름을 내 아버지 앞과 그 천사들 앞에서 시인하리라"(계3:4-5)

환난에 넘어간 교회 중 일부는 광야교회에서 후 삼년 반 동안 양육을 받는다

"용이 자기가 땅으로 내어 쫓긴 것을 보고 남자를 낳은 여자를 핍박하는지라 그 여자가 큰 독수리의 두 날개를 받아 광야 자기 곳으로 날아가 거기서 그 뱀의 낯을 피하여 한 때와 두 때와 반 때를 양육 받으매 여자의 뒤에서 뱀이 그 입으로 물을 강 같이 토하여 여자를 물에 떠내려 가게 하려 하되 땅이 여자를 도와 그 입을 벌려 용의 입에서 토한 강물을 삼키니 용이 여자에게 분노하여 돌아가서 그 여자의 남은 자손 곧 하나님의 계명을 지키며 예수의 증거를 가진 자들로 더불어 싸우려고 바다 모래 위에 섰더라"(계12:13-17)

광야는 독수리가 사는 장소이다. 출애굽기 19장에서 모세에게 여호와 하나님이 이스라엘 백성들을 독수리 날개로 업어 광야로 인도하셨다고 이스라엘 백성들에게 말하라고 하셨다. 여호와 하나님께서 말씀하신 독수리는 모세를 말한 것이다. 모세는 40년 전에 애굽에서 광야로 와서 양을 치면서 살았다. 이는 이스라엘 백성들을 애굽에서 인도하셔서 광야를 거쳐 가나안으로 인도하시기 위해 모세를 먼저 준비시키신 것이다.

하나님께서 마지막 때에도 모세와 같은 종들을 세상에서 불러내어 광야에서 살게 하시면서 광야교회를 준비 시키신다. 그리고 때가 되면 그들을 통해서 택한 백성들을 불러다 양육을 시키신다. 양육을 시키신다는 말은 자라나게 하는 것이다. 무엇이 자라나야 하는가? 예수 그리스도의 장성한 분량의 성품으로 자라나야 하는 것이다. 이것을 성화구원이라고 한다. 믿음이 자라나 성숙한 사람들은 사데교회 몇 명의 성도들처럼 세상을 이기기 때문에 두루마기를 깨끗하게 지켜 흰 옷을 입고 다닐 수 있다. 그러나 믿음이 성장하지 못한 성도들은 사람의 궤술과 간사한 유혹에 빠져 모든 교훈의 풍조에 밀려 요동하여 흰 옷을 깨끗하게 지킬 수 없다. 그래서 휴거를 못하는 것이다.

"모세가 하나님 앞에 올라가니 여호와께서 산에서 그를 불러 가라사대 너는 이같이 야곱 족속에게 이르고 이스라엘 자손에게 고하라 나의 애굽 사람에게 어떻게 행하였음과 내가 어떻게 독수리 날개로 너희를 업어 내게로 인도하였음을 너희가 보았느니라 세계가 다 내게 속하였나니 너희가 내 말을 잘 듣고 내 언약을 지키면 너희는 열국 중에서 내 소유가 되겠고 너희가 내게 대하여 제사장 나라가 되며 거룩한 백성이 되리라 너는 이 말을 이스라엘 자손에게 고할찌니라"(출19:3-6)

5. 성화 구원이란 무엇인가?

"그러므로 나의 사랑하는 자들아 너희가 나 있을 때 뿐 아니라 더욱 지금 나 없을 때에도 항상 복종하여 두렵고 떨림으로 너희 구원을 이루라 너희 안에서 행하시는 이는 하나님이시니 자기의 기쁘신 뜻을 위하여 너희로 소원을 두고 행하게 하시나니 모든 일을 원망과 시비가 없이 하라 이는 너희가 흠이 없고 순전하여 어그러지고 거스리는 세대 가운데서 하나님의 흠 없는 자녀로 세상에서 그들 가운데 빛들로 나타내며 생명의 말씀을 밝혀 나의 달음질도 헛되지 아니하고 수고도 헛되지 아니함으로 그리스도의 날에 나로 자랑할 것이 있게 하려 함이라"(빌2:12-16)

성화 구원이란 그리스도의 장성한 분량의 충만한데까지 자라나는 것이다. 기독교 구원의 특징은 영생을 얻고 멈춰 있는 것이 아니다 계속해서 자라나는 것이다. 구원을 받고 거듭나는 과정은 성화 과정에서 지극히 일부분이다. 더 중요한 것은 하나님의 온전하심까지 자라나는 것이다. 이것이 기독교 성화 신학이다. 지금까지 짝퉁 기독교 신학은 예수 믿어 구원 받고난 다음에는 세상에서 성공하여 잘 먹고 잘 살게 하는데 목적을 두고 가르쳤다. 구약에서 기록된 것처럼 머리가 되고 꼬리가 되지 않고, 들어가도 복을 받고 나가도 복을 받는 사람, 남에게 꾸어줄 지라도 꾸지 않는 사람, 부와 명예를 가지고 세상에서 성공한 성도를 세상의 빛과 소금이 되는 성도라고 가르쳤다. 믿음이 자라서 복을 받으면 만사형통한 사람이 된다고 가르쳤다. 이 모든 교훈은 바알신 루시퍼의 교훈이다. 기독교회가 절실하게 가르쳐야 할 신학이 성화 신학이다. 왜냐하면 이것이 없는 신앙은 껍질 뿐이기 때문이다. 모두 쭉정이 신앙이기 때문이다.

사도 바울은 어린 아이의 믿음에 대하여 말하면서 요동치는 믿음이라고 하였다. 어린 아이는 선악을 분변하지 못하기 때문에 어리석은 것이다. 믿음이 그리스도의 장성한 분량이 충만한데까지 자라라고 했다. 그러면서 믿음이 자라나는 장소를 예수님의 몸된 교회라고 하였다. 교회 지체들이 하나 되어 서로 연락하고 상합하면서 머리를 통해서 공급되는 말씀을 통해서 자라날 수 있다는 것이다. 그래서 하나님께서 광야교회를 세우셔서 2% 부족한 성도들을 양육하여 순교를 피하게 하여 첫째 부활에 참여시키는 것이다.

"우리가 다 하나님의 아들을 믿는 것과 아는 일에 하나가 되어 온전한 사람을 이루어 그리스도의 장성한 분량이 충만한데까지 이르리니 이는 우리가 이제부터 어린 아이가 되지 아니하여 사람의 궤술과 간사한 유혹에 빠져 모든 교훈의 풍조에 밀려 요동치 않게 하려 함이라 오직 사랑 안에서 참된 것을 하여 범사에 그에게까지 자랄찌라 그는 머리니 곧 그리스도라 그에게서 온 몸이 각 마디를 통하여 도움을 입음으로 연락하고 상합하여 각 지체의 분량대로 역사하여 그 몸을 자라게 하며 사랑 안에서 스스로 세우느니라"(엡4:13-16)

사도 바울은 어린 아이 신앙을 젖이나 먹고 단단한 식물을 먹지 못하는 자라고 하였다. 그런 사람은 스스로 말씀을 통해 성령의 음성을 듣지 못하고 다른 사람들의 가르침을 받아서 살아가는 성도라고 하였다. 그러면서 단단한 말씀을 먹는 사람은 장성한 성도로 지각을 사용하여 선악을 분변하는 자라고 하였다.

"때가 오래므로 너희가 마땅히 선생이 될터인데 너희가 다시 하나님의 말씀의 초보가 무엇인지 누구에게 가르침을 받아야 할 것이니 젖이나 먹고 단단한 식물을 못 먹을 자가 되었도다 대저 젖을 먹는 자마다 어린 아이니 의의 말씀을 경험하지 못한 자요 단단한 식물은 장성한 자의 것이니 저희는 지각을 사용하므로 연단을 받아 선악을 분변하는 자들이니라"(히5:12-14)

사도 베드로는 성화의 과정을 8단계로 말한다. 믿음-덕-지식-절제-인내-경건-형제우애-사랑이다. 이것을 신의 성품에 참예하는 것이라 하였다. 베드로는 이것을 믿음의 열매라고 하였다. 이런 열매가 없는 사람은 소경으로 아직까지 영적인 눈을 뜨지 못한 사람이라고 하였다. 그런 사람들은 자기가 지은 죄를 처리하지 못하고 계속해서 반복적으로 죄를 짓는 사람이라고 하였다. 왜냐하면 아직까지 그 속에 생명이 없기 때문이다. 그런 사람은 영원한 하나님의 나라에 들어가지 못한다고 하였다.

"이로써 그 보배롭고 지극히 큰 약속을 우리에게 주사 이 약속으로 말미암아 너희로 정욕을 인하여 세상에서 썩어질 것을 피하여 신의 성품에 참예하는 자가 되게 하려 하셨으니 이러므로 너희가 더욱 힘써 너희 믿음에 덕을, 덕에 지식을, 지식에 절제를, 절제에 인내를, 인내에 경건을, 경건에 형제 우애를, 형제 우애에 사랑을 공급하라 이런 것이 너희에게 있어 흡족한즉 너희로 우리 주 예수 그리스도를 알기에 게으르지 않고 열매 없는 자가 되지 않게 하려니와 이런 것이 없는 자는 소경이라 원시치 못하고 그의 옛 죄를 깨끗케 하심을 잊었느니라 그러므로 형제들아 더욱 힘써 너희 부르심과 택하심을 굳게 하라 너희가 이것을 행한즉 언제든지 실족지 아니하리라 이같이 하면 우리 주 곧 구주 예수 그리스도의 영원한 나라에 들어감을 넉넉히 너희에

게 주시리라"(벧후1:4-11)

　사도 바울의 신앙의 목표는 예수님과 함께 죽어 십자가의 고상한 지식을 가지고 예수님의 부활의 영광에 참예하는 것이라 하였다. 성화신학의 극치라 할 수 있다. 그래서 그는 날마다 그 목표를 향해 달려갔다. 그러면서 그는 자기의 자랑은 날마다 죽는 것이라고 하였다.

　"그러나 무엇이든지 내게 유익하던 것을 내가 그리스도를 위하여 다 해로 여길뿐더러 또한 모든 것을 해로 여김은 내 주 그리스도 예수를 아는 지식이 가장 고상함을 인함이라 내가 그를 위하여 모든 것을 잃어버리고 배설물로 여김은 그리스도를 얻고 그 안에서 발견되려 함이니 내가 가진 의는 율법에서 난 것이 아니요 오직 그리스도를 믿음으로 말미암은 것이니 곧 믿음으로 하나님께로서 난 의라 내가 그리스도와 그 부활의 권능과 그 고난에 참예함을 알려하여 그의 죽으심을 본받아 어찌하든지 죽은 자 가운데서 부활에 이르려 하노니 내가 이미 얻었다 함도 아니요 온전히 이루었다 함도 아니라 오직 내가 그리스도 예수께 잡힌바 된 그것을 잡으려고 좇아가노라 형제들아 나는 아직 내가 잡은 줄로 여기지 아니하고 오직 한 일 즉 뒤에 있는 것은 잊어버리고 앞에 있는 것을 잡으려고 푯대를 향하여 그리스도 예수 안에서 하나님이 위에서 부르신 부름의 상을 위하여 좇아가노라"(빌3:7-14)

　성화의 원리는 그냥 값없이 이루어지는 것이 아니다. 내가 죽고 내 안에 계신 그리스도가 얼마나 사시는가에 비례한다. 내 안에서 사시는 그리스도를 깊이 경험 할수록 내 안에 계신 주님이 내 속에서 자라나시는 것이다. 그래서 사도 바울은 주님께서 자신 속에 항상 사시도록 날마다 죽는다고 자랑을 했다.

　"형제들아 내가 그리스도 예수 우리 주 안에서 가진바 너희에게 대한 나의 자랑을 두고 단언하노니 나는 날마다 죽노라"(고전15:31)

　사도 바울은 그리스도의 남은 고난을 자기 속에 채우므로 그리스도를 닮아 가기를 원했다. 그는 날마다 각 사람을 가르치고 각 사람을 권하는 목적을 각 사람을 그리스도 안에서 완전한 사람으로 세우는 것이라 하였다. 이것은 사도 바울이 하는 것이 아니라 바울 안에 계신 예수님께서 하시는 것이기 때문에 자기도 힘을 다하여 수고한다고 하였다.

"내가 이제 너희를 위하여 받는 괴로움을 기뻐하고 그리스도의 남은 고난을 그의 몸된 교회를 위하여 내 육체에 채우노라 내가 교회 일군 된 것은 하나님이 너희를 위하여 내게 주신 경륜을 따라 하나님의 말씀을 이루려 함이니라 이 비밀은 만세와 만대로부터 옴으로 감취었던 것인데 이제는 그의 성도들에게 나타났고 하나님이 그들로 하여금 이 비밀의 영광이 이방인 가운데 어떻게 풍성한 것을 알게 하려 하심이라 이 비밀은 너희 안에 계신 그리스도시니 곧 영광의 소망이니라 우리가 그를 전파하여 각 사람을 권하고 모든 지혜로 각 사람을 가르침은 각 사람을 그리스도 안에서 완전한 자로 세우려 함이니 이를 위하여 나도 내 속에서 능력으로 역사하시는 이의 역사를 따라 힘을 다하여 수고하노라"(골1:24-29)

하나님께서 우리를 구원하시는 목적은 맏아들의 형상을 본받게 하기 위함이다. 맏아들은 예수님이시다. 하나님께서 창세 전에 예수 그리스도 안에서 미리 정하신 그들을 부르시고 부르신 그들을 의롭다 하시고 의롭다 하신 그들을 영화롭게 하셨다고 했다. 하나님께서 인간을 구원하시고 예수님과 똑같은 아들을 만드시기 위해 만세와 만대로부터 사역을 하시고 계신 것이다.

"하나님이 미리 아신 자들로 또한 그 아들의 형상을 본받게 하기 위하여 미리 정하셨으니 이는 그로 많은 형제 중에서 맏아들이 되게 하려 하심이니라 또 미리 정하신 그들을 또한 부르시고 부르신 그들을 또한 의롭다 하시고 의롭다 하신 그들을 또한 영화롭게 하셨느니라"(롬8:29-30)

예수님은 십자가에 돌아 가시기 전에 기도하실 때 창세 전에 아버지께서 아들에게 주신 영광을 제자들도 보기를 원한다고 하셨다. 기독교 구원은 단순하게 죽지 않고 영생하는 것이 아니다. 삼위일체 하나님과 하나 되는 것이다. 이것이 예수님께서 가지신 영광을 우리도 갖게 되는 것이다. 예수님의 몸된 교회는 예수님의 신부이다. 동시에 하나님 아버지의 아들이다. 또한 이렇게 하나님의 아들이 되고 예수님의 신부가 되려면 거룩한 성령의 전이 되어야 한다. 그것이 기독교 구원이 완성된 새 예루살렘이다.

"아버지여 내게 주신 자도 나 있는 곳에 나와 함께 있어 아버지께서 창세 전부터 나를 사랑하시므로 내게 주신 나의 영광을 저희로 보게 하시기를 원하옵나이다"(요17:24)

6. 왜 휴거하지 못한 성도는 순교를 하는가?

휴거가 일어날 때 예수 안에서 죽은 자들은 먼저 일어나 휴거를 한다. 그리고 살아남아 있는 성도들 중에 휴거하는 자들도 따라서 함께 올라간다. 그런데 구원을 받았지만 휴거에 참여하지 못하는 성도들이 있다. 깨끗한 흰옷을 입지 않고 더러워져 있기 때문이다. 이것은 성화와 관계가 있다. 세상에서 믿음으로 승리하지 못하고 방황하는 성도들은 비록 흰옷을 입고 있지만 더럽혀진 옷을 입고 있다. 라오디게아 교회와 같이 벌거벗은 성도도 있다. 이런 성도들은 휴거에 참여하지 못하고 환난에 넘어가서 순교를 하든지 아니면 광야교회에서 양육을 받든지 한다.

왜냐하면 구원 받을 때 예수님이 입혀 주신 흰옷을 더럽혔기에 깨끗하게 빨아야 하기 때문이다. 그래서 요한 계시록 22장의 주제는 두루마기를 빠는 자가 복이 있다고 하였다. 많은 사람들이 순교라고 하면 겁을 낸다. 아니다 성도들의 순교는 인간의 힘으로 하는 것이 아니다. 성령의 능력으로 하는 것이다. 스테반 집사가 돌에 맞아서 순교 할 때 얼굴이 천사와 같았다. 그는 하나님 보좌 우편에 서신 예수님을 보고 기도를 했다. 저들의 죄를 저들에게 돌리지 말라고 하였다.

휴거 사건이 있을 때 구원 받은 성도는 살아서 예수님을 만나야 하기 때문에 영, 혼, 육이 거룩하고 흠이 없이 보전되어 있어야 한다. 그렇지 못하면 7년 대환난으로 넘어가 순교를 하든지 양육을 받아야 한다. 그래야 바로 예수님이 지상 재림 하실 때 첫째 부활에 참예 할 수 있다.

예수님은 요한복음 17장 기도에서 자신의 십자가 죽음을 영광이라고 하셨다. 순교는 사람들이 보기에는 무서워 보이고 실패하고 슬퍼 보이지만 아니다 죄인들의 죽음은 그렇지만 성도들의 순교는 최고의 영광이다. 구원 받은 성도들이 천년왕국에서 받을 상중에서 가장 큰 상이 순교의 상인데 영광과 생명의 면류관이다.

7. 첫째 부활에 참예한 교회는 누구인가?

최종적으로 완성된 교회인 첫째 부활에 참예한 성도들은 누구인가?

"또 내가 보좌들을 보니 거기 앉은 자들이 있어 심판하는 권세를 받았더라 또 내가 보니 예수의 증거와 하나님의 말씀을 인하여 목 베임을 받은 자의 영혼들과 또 짐승과 그의 우상에게 경배하지도 아니하고 이마와 손에 그의 표를 받지도 아니한 자들이 살아서 그리스도로 더불어 천년 동안 왕노릇 하니 (그 나머지 죽은 자들은 그 천년이 차기까지 살지 못하더라) 이는 첫째 부활이라 이 첫째 부활에 참예하는 자들은 복이 있고 거룩하도다 둘째 사망이 그들을 다스리는 권세가 없고 도리어 그들이 하나님과 그리스도의 제사장이 되어 천년 동안 그리스도로 더불어 왕노릇 하리라"(계20:4-6)

첫째 부활에 참예한 사람들이 바로 최종적으로 완성된 교회이며, 이들이 천년왕국에서 예수님과 함께 왕노릇하는 그리스도의 제사장들이다. 그런데 첫째 부활에 참예한 세 종류의 사람들이 있다.

첫째는 보좌들에 앉아 심판하는 권세를 받은 성도들이다. 24보좌에 앉아 있는 성도들로 이미 공중 휴거에 참예한 사람들이다. 공중 휴거에 참예한 성도들은 예수님 초림부터 공중 재림 시까지 죽은 성도들과 공중 휴거가 있을 당시 살아서 참예한 성도들이다.

"또 보좌에 둘려 이십 사 보좌들이 있고 그 보좌들 위에 이십 사 장로들이 흰 옷을 입고 머리에 금 면류관을 쓰고 앉았더라"(계4:4)

둘째는 7년 대환난에서 목 베임을 받아 순교한 성도들이다.

"또 내가 들으니 하늘에서 음성이 나서 가로되 기록하라 자금 이후로 주 안에서 죽는 자들은 복이 있도다 하시매 성령이 가라사대 그러하다 저희 수고를 그치고 쉬리니 이는 저희의 행한 일이 따름이라 하

시더라"(계14:13)

셋째는 환난 기간 중에 짐승의 표를 받지 않고, 그에게 경배하지도 않으면서 예수님의 지상 재림시까지 믿음을 지키고 살아 있는 광야교회 성도들이다. 이들은 순교를 피하고 첫째 부활에 참예한 완성된 교회이다.

8. 교회는 분명히 환난 전에 휴거한다

"형제들아 우리가 너희에게 구하는 것은 우리 주 예수 그리스도의 강림하심과 우리가 그 앞에 모임에 관하여 혹 영으로나 혹 말로나 혹 우리에게서 받았다 하는 편지로나 주의 날이 이르렀다고 쉬 동심하거나 두려워하거나 하지 아니할 그것이라 누가 아무렇게 하여도 너희가 미혹하지 말라 먼저 배도하는 일이 있고 저 불법의 사람 곧 멸망의 아들이 나타나기 전에는 이르지 아니하리니 저는 대적하는 자라 범사에 일컫는 하나님이나 숭배함을 받는 자 위에 뛰어나 자존하여 하나님 성전에 앉아 자기를 보여 하나님이라 하느니라 내가 너희와 함께 있을 때에 이 일을 너희에게 말한 것을 기억하지 못하느냐 저로 하여금 저의 때에 나타나게 하려 하여 막는 것을 지금도 너희가 아나니 불법의 비밀이 이미 활동하였으나 지금 막는 자가 있어 그 중에서 옮길 때까지 하리라 그 때에 불법한 자가 나타나리니 주 예수께서 그 입의 기운으로 저를 죽이시고 강림하여 나타나심으로 폐하시리라"(살후2:1-8)

사도 바울은 휴거가 있기 전에는 불법의 사람 적그리스도가 나타나지 않는다고 했다. 반대로 불법의 사람 적그리스도가 나타나면 휴거가 있다는 것이다. 그렇다면 언제 적그리스도가 나타나는가? 다니엘 70이레 비밀 중에서 마지막 7년이 시작될 때 적그리스도와 이스라엘 정치 지도자는 평화조약을 맺게 된다. 그때 휴거가 일어나서 세상에서 구원을 받은 성도들이 옮겨진다. 7년 대환난 기간은 교회시대가 아니라 이스라엘이 회복되는 시대이다.

9. 누가 휴거하는가?

깨어 있는 성도들이다

"너희는 스스로 조심하라 그렇지 않으면 방탕함과 술취함과 생활의 염려로 마음이 둔하여지고 뜻밖에 그 날이 덫과 같이 너희에게 임하리라 이 날은 온 지구상에 거하는 모든 사람에게 임하리라 이러므로 너희는 장차 올 이 모든 일을 능히 피하고 인자 앞에 서도록 항상 기도하며 깨어 있으라 하시니라"(눅21:34-36)

몸과 혼과 영이 흠이 없이 보전된 사람들이다

"평강의 하나님이 친히 너희로 온전히 거룩하게 하시고 또 너희 온 영과 혼과 몸이 우리 주 예수 그리스도 강림하실 때에 흠없게 보전되기를 원하노라 너희를 부르시는 이는 미쁘시니 그가 또한 이루시리라"(살전5:23-24)

기름준비를 잘한 지혜로운 성도이다

"저희가 사러 간 동안에 신랑이 오므로 예비하였던 자들은 함께 혼인 잔치에 들어가고 문은 닫힌지라"(마25:10)

충성된 사람이다

"이러므로 너희도 예비하고 있으라 생각지 않은 때에 인자가 오리라 충성되고 지혜 있는 종이 되어 주인에게 그 집 사람들을 맡아 때를 따라 양식을 나눠 줄 자가 누구뇨 주인이 올 때에 그 종의 이렇게 하는 것을 보면 그 종이 복이 있으리로다"(마24:44-46)

사랑하는 성도이다

"네가 나의 인내의 말씀을 지켰은즉 내가 또한 너를 지키어 시험의 때를 면하게 하리니 이는 장차 온 세상에 임하여 땅에 거하는 자들을 시험할 때라 내가 속히 임하리니 네가 가진 것을 굳게 잡아 아무나 네 면류관을 빼앗지 못하게 하라"(계3:10-11)

온전히 순종하는 성도이다

"또 나를 멸시하는 사람은 하나라도 그것을 보지 못하리라 오직 내 종 갈렙은 그 마음이 그들과 달라서 나를 온전히 좇았은즉 그의 갔던 땅으로 내가 그를 인도하여 들이리니 그 자손이 그 땅을 차지하리라"(민14:23-24)

10. 예수회가 만든 거짓말, 예수 믿는 모든 성도는 환난 전에 휴거 한다

7년 대환난 전에 예수 믿는 모든 성도는 휴거한다. 그러므로 순교를 걱정할 필요가 없다. 이것을 휴거 대망론이라고 한다. 휴거 대망론은 1992년 10월 28일 이장림이 주장했던 것과 같은 거짓말이다. 그러나 많은 사람들은 쉽게 속아서 빠져 든다. 왜냐하면 달콤한 속임수이기 때문이다. 휴거 대망론은 세대주의 전천년주의자들이 주장한 교리이다. 그런데 세대주의 전천년 신학을 만든 라쿤자 신부가 예수회 소속 신부이다, 우리가 알다시피 예수회는 일루미나티이다. 장미 십자단이다. 프리메이슨이다. 사단 루시퍼를 섬기는 가짜 유대인들이다. 이들이 만든 세대주의 전천년신학은 예루살렘에서 다윗의 자손이 왕이 되어 전 세계를 통치하는 교리이다. 그런데 이들이 말하고 있는 다윗의 자손은 예루살렘 성전에서 후 삼년 반이 시작될 때 배도를 선포할 루시퍼 적그리스도이다. 이들이 하고 있는 예루살렘 회복 운동, 신사도 운동, 메시아닉 쥬 운동, 알리아 운동 등의 모든 목적은 이스라엘 중심으로 종교를 통합하고 정치 경제를 통합하여 배도를 하기 위함이다. 그래서 그들은 수많은 달콤한 거짓 교리를 만들어 욕심 많고 어리석은 사람들을 미혹을 하는 것이다.

마틴 루터가 속한 비밀결사 장미십자단도 예수회 소속이다. 마틴 루터도 거짓말로 당시 로마 가톨릭 고해성사와 면죄부를 통해 고통을 받고 있었던 중세 사람들에게 선풍을 일으켰다. 그것은 오직 믿음으로만 구원을 얻는 것이지 행함이 아니라는 것이다. 그런데 그가 주장한 행함이 없는 오직 믿음은 거짓말이었다. 왜냐하면 행함이 없는 믿음은 사단의 거짓말이라고 말한 야고보서를 성경에서 빼내야 한다고 주장했기 때문이다. 야고보 사도가 말한 대로 영혼 없는 몸이 죽은 것 같이 행함이 없는 믿음은 죽은 것이다.

  구원 받은 그리스도인은 그 안에서 예수님이 사시기 때문에 당연하게 가정에서나, 직장에서나, 교회에서나, 어디에서도 말씀에 순종해서 살아야 하는 것이다. 날마다 자기를 부인하고 자기 안에 계신 예수님이 사시도록 선한 싸움을 하는 것이 기독교이다. 사단이 만든 가짜 복음을 믿는 사람들은 아주 편하게 한정된 시간과 공간속에서 종교적인 생활로 예수를 믿는 것을 끝내고 세상에서는 마음대로 자기 욕망을 예수 이름으로 채우고 살면서 자기는 구원도 받고 또 축복도 받았다고 생각한다. 아니다 가짜 복음이다. 모두 지옥으로 떨어진다. 진짜 바른 예배는 자기가 살고 있는 삶의 현장에서 자기의 몸을 산제사로 드리는 향기로운 예배이다. 사도 바울은 이런 그리스도인의 생활을 그리스도의 편지요 향기로운 냄새 라고 하였다. 마틴 루터의 무행위 믿음의 구원은 신복음주의자들이 만든 전도폭발, 사영리, 브릿지와 같은 전도방법을 통해서 전 세계를 복음화하고 있다. 이것이 값싼 가짜 복음인 번영신학이다. 이 세상에서 예수 믿고 구원을 받은 후 머리가 되고 꼬리가 되지 않고 성숙한 성도가 되면 세상에서 부와 명예를 얻어 세상에서 빛과 소금으로 살아간다는 복음은 가짜복음이다.

  오히려 성경에서는 선을 행함으로 고난을 받고, 원수를 사랑하고, 원수가 주리거든 먹이고, 목마를 때 마시게 하고, 핍박하는 자를 위해 기도하고, 악을 악으로 갚지 말고, 선으로 악을 이기라고 하였다.

  예수회가 만든 또 하나의 사기 신학이 예수 안에 있는 성도는 7년 환난 전에 휴거한다. 그러므로 순교를 걱정하지 않아도 된다. 예수님께서는 멸망으로 인도하는 문은 크고 넓어 그리로 들어가는 자가 많다고 하셨다. 그러나 생명으로 인도하는 문은 좁고 협착하여 찾는 이가 적다고 하셨다.

"좁은 문으로 들어가라 멸망으로 인도하는 문은 크고 그 길이 넓어 그리로 들어가는 자가 많고 생명으로 인도하는 문은 좁고 길이 협착하여 찾는 이가 적음이니라"(마7:13-14)

예수님께서는 열매로 이단을 분별하라고 하셨다. 좋은 나무가 나쁜 열매를 맺을 수 없고 나쁜 나무가 좋은 열매를 맺을 수 없다고 하셨다. 예수님께서 말씀 하신 나무는 그 사람의 믿음이고 열매는 그 사람의 행동이다. 쉽게 말해서 말과 행동이 일치해야 한다. 그것은 도덕적이고 상식적인 말과 행동이 아니라 성경에서 말씀하신 진리에 대한 말과 행동이다. 바리새인들은 성경을 너무나 잘 알고 있기 때문에 말로는 이길 사람이 없다. 그래서 그들의 말을 들어보면 그들보다 더 믿음이 좋은 사람이 없다. 그러나 예수님은 그들의 믿음을 회칠한 무덤이라고 하셨다. 좋은 나무와 나쁜 열매에 대한 교훈의 대상이 바리새인들이었다.

예수회의 뿌리가 바리새인들이다. 즉 가짜 유대인들이다. 그들은 광명한 천사 루시퍼를 믿고 있다. 그들이 믿고 있는 부활 신앙은 환생 종교이다. 바벨론 세미라미스 이집트 이시스 여신이다. 그들의 뿌리는 루시페리안 종교이다. 광명한 천사이다.

1992년 10월 28일에 불었던 휴거 대망론의 광풍이 한국교회와 세계 교회에서 다시 불어 닥치고 있다. 예수님의 재림이 임박하고 세상에 전쟁, 기근, 지진, 난리의 소문, 이상기후, 쓰나미, 화산 폭발, 폭염, 혹한, 테러, 경제공황, 질병 등으로 온 우주의 기초가 흔들리면서 거짓 선지자들과 거짓 그리스도들이 기사와 표적을 행하면서 어리석은 사람들의 영혼을 사냥하고 있다.

그동안 무천년주의 번영 신학을 통해서 어리석은 가축인간들의 영혼을 사냥해 갔던 사단이 또 하나의 달콤한 신제품을 만들어 내놓았다. 그것이 바로 휴거 대망론이다. 그동안 값싼 번영신학으로 배가 부른 짝퉁 기독교회는 알곡과 가라지를 심판하시는 하나님의 매서운 채찍 앞에서 통곡하고 회개를 해야 하는데 도리어 사단이 만든 또 다른 달콤한 사기에 속아서 온 우주에 쏟아지는 심판의 비를 피하기 위해 구름 같이 몰려가고 있는데 그것이 휴거 대망론이란 거짓말이다.

발람 선지자는 여호와 하나님께서 가지 말라는 모압 땅으로 기어이 가다가 나귀에게 책망을 받았다. 여호와께서 이스라엘을 저주하지 말라고 그렇게 말씀하셨는데도 발람의 교훈을 발락 왕에게 주어 교묘한 방법으로 이스라엘 백성들을 저주하여 죽게 하였다. 그 대가로 그는 지옥으로 떨어졌다. 휴거 대망론은 현대판 발람의 교훈이다. 발람 같은 현대인들이 지옥으로 떨어지는 넓은 문이다. 성경을 자세히 읽어보라 그리고 어리석은 자가 되어 넓은 지옥문으로 들어가지 말고 생명의 문으로 들어가라. 예수님은 당신을 위해 십자가에서 죽기까지 하셨는데 당신은 무엇을 희생하여 피를 흘렸는가? 대접을 받고자 하는 자는 먼저 대접하라고 하신 황금률은 기독교의 기본 교리이다. 율법의 정신은 최대한 이웃에게 악을 행치 말라는 것이다. 최소한 율법을 지킨 자들을 인간이라고 한다. 짐승이나 동물들은 절대로 손해를 보지 않고 자기 배를 채운다. 만일 인간이라고 하면서 그렇게 산다면 짐승이다. 그래서 끝까지 깨닫지 못하고 지옥으로 가는 것이다. 아무리 눈이 멀고 귀가 막혀도 하나님께서 우리에게 주신 사랑에 대한 보답으로 성경을 읽는다면 하나님께서 생명의 길로 인도해 주실 것이다.

사단은 지금까지 1800년 동안 세계를 속여 왔다. 그것이 사단이 만든 짝퉁 기독교 신학이다. 만인 구원론, 윤리 신학, 관상기도, 번영 신학, 무행위 구원, 예정론, 특별은총, 유아세례, 보편적 교회, 다윗의 장막, 성심 사인, 킹덤 아미, 킹덤 나우, 원띵, 원 뉴 맨, 신인간, 아담 카드몬, 레노바레, 신사도 운동, 신복음주의 운동, 추수꾼 전도운동, 신칼빈주의 운동, 성시화 운동, 신부 운동, 예루살렘 회복 운동, 새로운 이스라엘 운동, 집합 그리스도, 육체 안에 오신 그리스도, 우주 그리스도, 우주회복, 우주교회, 메시아닉 쥬 운동, 시오니즘 운동, 뉴 에이지 운동, 전투 기도 운동, 땅 밟기 운동, 오순절 운동, 늦은 비 운동, 펜사콜라 운동, 빈야드 운동 등이다.

지금까지는 많이 속아 왔을지 모르지만 마지막 한 번은 속아서는 안된다. 왜냐하면 지금은 회개가 불가능한 마지막 때이기 때문이다. 그러므로 정신을 차리고 아집과 교만과 탐심과 욕심과 시기와 투기를 버리고 겸손과 온유와 열린 마음으로 하나님 앞에 진실어린 기도를 하고 성경을 다시 읽어야 할 때이다. 그렇게 하면 하나님께서 진리 가운데로 인도해 주실 것이다.

"물에 빠진 사람 구해 줬더니 보따리 내놓으라 한다"는 속담이 있다. 이런 사람들을 파렴치한 인간이라 한다. 이런 인간은 차라리 물에 빠져 죽게 놔두어야 한다. 나는 종종 예수님을 인격적으로 만나지 못하고 교회 생활을 하면서 화를 많이 내고 하나님께 원망을 많이 했던 일들을 생각해 본다. 하나님께서는 나만 그렇게 힘들게 하신다고 생각을 했는데 나중에 생각해 보니 내가 바로 그런 파렴치한 인간이었던 사실을 알게 되었다. 하나님께서 나를 구원해 주셨으면 복도 많이 주셔야 하는데 복을 안주시니까 그렇게 많은 원망과 불평을 했던 것이다. 이런 나도 큰 사기꾼인 사단에게 몇 번이든지 넘어가 이단이나 삼단에 빠질 수 있었을텐데 오래 참으신 하나님의 은혜로 지켜 주셔서 바른 길로 인도해 주신 것에 대하여 만만 감사를 드린다.

"그러므로 남을 판단하는 사람아 무론 누구든지 네가 핑계치 못할 것은 남을 판단하는 것으로 네가 너를 정죄함이니 판단하는 네가 같은 일을 행함이니라 이런 일을 행하는 자에게 하나님의 판단이 진리대로 되는줄 우리가 아노라 이런 일을 행하는 자를 판단하고도 같은 일을 행하는 사람아 네가 하나님의 판단을 피할 줄로 생각하느냐 혹 네가 하나님의 인자하심이 너를 인도하여 회개케 하심을 알지 못하여 그의 인자하심과 용납하심과 길이 참으심의 풍성함을 멸시하느뇨 다만 네 고집과 회개치 아니한 마음을 따라 진노의 날 곧 하나님의 의로우신 판단이 나타나는 그 날에 임할 진노를 네게 쌓는도다"(롬2:1-5)

"우리의 싸우는 병기는 육체에 속한 것이 아니요 오직 하나님 앞에서 견고한 진을 파하는 강력이라 모든 이론을 파하며 하나님 아는 것을 대적하여 높아진 것을 다 파하고 모든 생각을 사로잡아 그리스도에게 복종케 하니 너희의 복종이 온전히 될 때에 모든 복종치 않는 것을 벌하려고 예비하는 중에 있노라"(고후10:4-6)

제 2장 종교통합 배도신학의 정체

1. 사단 신학의 원리

1) 사단 신학의 목적은 사람을 신으로 만드는 것

사단의 신학의 원리는 사람을 신으로 만드는 것이다. 여기에서 신이라는 개념은 신처럼 자유롭고 죽지 않는 인간을 만드는 것이다. 즉 죽음을 정복하는 것이다. 뱀은 하와를 유혹할 때 선악과를 먹으면 결코 죽지 않고 하나님처럼 될 것이라고 말했다.

"뱀이 여자에게 이르되 너희가 결코 죽지 아니하리라 너희가 그것을 먹는 날에는 너희 눈이 밝아 하나님과 같이 되어 선악을 알줄을 하나님이 아심이니라"(창3:4-5)

2) 사단 신학의 원조는 루시퍼와 72마신

이사야 14장과 에스겔 28장에서는 사단의 정체가 루시퍼로 나온다. 루시퍼는 빛을 나르는 자란 뜻으로 지혜의 천사였다. 찬양의 천사였다. 그러나 아름답고 영화로우므로 교만하여 하나님을 대적하다가 심판을 받아 음부 곧 땅에 찍혔다.

"너 아침의 아들 계명성이여 어찌 그리 하늘에서 떨어졌으며 너 열국을 엎은 자여 어찌 그리 땅에 찍혔는고 네가 네 마음에 이르기를 내가 하늘에 올라 하나님의 뭇별 위에 나의 보좌를 높이리라 내가 북극 집회의 산 위에 좌정하리라 가장 높은 구름에 올라 지극히 높은 자와 비기리라 하도다 그러나 이제 네가 음부 곧 구덩이의 맨밑에 빠치우리로다"(사14:12-15)

"인자야 두로 왕을 위하여 애가를 지어 그에게 이르기를 주 여호와의 말씀에 너는 완전한 인이었고 지혜가 충족하며 온전히 아름다왔도다 네가 옛적에 하나님의 동산 에덴에 있어서 각종 보석 곧 홍보석과 황보석과 금강석과 황옥과 홍마노와 창옥과 청보석과 남보석과 홍옥과 황금으로 단장하였었음이여 네가 지음을 받던 날에 너를 위하여 소고와 비파가 예비되었었도다 너는 기름 부음을 받은 덮는 그룹임이여 내가 너를 세우매 네가 하나님의 성산에 있어서 화광석 사이에 왕래하였었도다 네가 지음을 받던 날로부터 네 모든 길에 완전하더니 마침내 불의가 드러났도다 네 무역이 풍성하므로 네 가운데 강포가 가득하여 네가 범죄하였도다 너 덮는 그룹아 그러므로 내가 너를 더럽게 여겨 하나님의 산에서 쫓아 내었고 화광석 사이에서 멸하였도다 네가 아름다우므로 마음이 교만하였으며 네가 영화로우므로 네 지혜를 더럽혔음이여 내가 너를 땅에 던져 열왕 앞에 두어 그들의 구경거리가 되게 하였도다"(겔28:12-17)

사단 곧 마귀는 타락한 천사 삼분의 일을 데리고 하늘에서 쫓겨났다. 그의 이름은 큰 용, 옛 뱀, 마귀, 사단, 온 천하를 꾀는 자이다. 큰 용의 모습은 일곱 머리 열 뿔이다. 일곱 머리는 세상을 다스리는 일곱 나라이다. 열 뿔은 세상을 통치할 통일된 제국이다.

"하늘에 또 다른 이적이 보이니 보라 한 큰 붉은 용이 있어 머리가 일곱이요 뿔이 열이라 그 여러 머리에 일곱 면류관이 있는데 그 꼬리가 하늘 별 삼분의 일을 끌어다가 땅에 던지더라 용이 해산하려는 여자 앞에서 그가 해산하면 그 아이를 삼키고자 하더니 여자가 아들을 낳으니 이는 장차 철장으로 만국을 다스릴 남자라 그 아이를 하나님 앞과 그 보좌 앞으로 올려가더라 그 여자가 광야로 도망하매 거기서 일천 이백 육십일 동안 저를 양육하기 위하여 하나님의 예비하신 곳이 있더라 하늘에 전쟁이 있으니 미가엘과 그의 사자들이 용으로 더불어 싸울쌔 용과 그의 사자들도 싸우나 이기지 못하여 다시 하늘에서 저희의 있을 곳을 얻지 못한지라 큰 용이 내어 쫓기니 옛 뱀 곧 마귀라고도 하고 사단이라고도 하는 온 천하를 꾀는 자라 땅으로 내어 쫓기니 그의 사자들도 저와 함께 내어 쫓기니라"(계12:3-9)

사단은 아담을 타락시켜 종으로 삼고 세상에 있는 정사와 권세와 어두움의 세상 주관자들과 하늘에 있는 악한 영들을 통해서 세상을 다스리고 있다. 여기에서 정사와 권세와 어두움의 세상 주관자들은 사단이 데리고 통치하는 72마신들이다.

"종말로 너희가 주 안에서와 그 힘의 능력으로 강건하여지고 마귀의 궤계를 능히 대적하기 위하여 하나님의 전신갑주를 입으라 우리의 씨름은 혈과 육에 대한 것이 아니요 정사와 권세와 이 어두움의 세상 주관자들과 하늘에 있는 악의 영들에게 대함이라"(엡6:10-12)

3) 합법적으로 세상 임금이 된 사단

"마귀가 또 예수를 이끌고 올라가서 순식간에 천하 만국을 보이며 가로되 이 모든 권세와 그 영광을 내가 네게 주리라 이것은 내게 넘겨준 것이므로 나의 원하는 자에게 주노라 그러므로 네가 만일 내게 절하면 다 네 것이 되리라 예수께서 대답하여 가라사대 기록하기를 주 너의 하나님께 경배하고 다만 그를 섬기라 하였느니라"(눅4:5-8)

사단 마귀는 아담을 넘어뜨리고 아담에게 주신 통치권을 빼앗아 갔다. 그리고 세상의 모든 영광의 주인공이 되었다. 그래서 예수님을 유혹할 때 마지막으로 자신의 모든 것들을 통해 시험을 했다.

4) 사단 신학의 기초는 철학이다. 철학의 기초는 과학이다.

철학이란 말을 최초로 사용한 사람은 피타고라스이다. 최초로 철학을 통해 종교를 만든 사람 역시 피타고라스이다. 그렇다면 피타고라스가 만든 철학은 무엇인가? 과학이었다. 이것을 수비학이라고 한다. 피타고라스는 만물의 아르케를 수라고 정의하였다. 아르케란 우주의 근본 원리이다. 그러니까 피타고라스는 인류 최초로 우주를 수학으로 정리한 사람이다.

철학이란 Philos(사랑하다)와 Sophia(지혜)의 두 단어가 합해서 Philosophy가 되었다. 그런데 놀랍게도 소피아에 해당하는 단어는 지혜의 상징인 뱀이다. 즉 루시퍼이다. 루시퍼는 광명의 천사이다. 이것을 일루미나티 라고 한다. 피타고라스는 광명의 천사 루시퍼를 섬기는 비밀 결사인 일루미나티 원조이다.

피타고라스 수비학의 비밀은 피라미드이다. 그는 탈레스의 제자로 애굽의 이시스 밀교 종교와 바벨론의 세미라미스 일루미나티 비밀종교를 통해서 피라미드 안에 있는 수비학의 비밀을 모두 파헤쳐 우주를 수학으로 정리하였다. 피라미드는 기원전 2500년에 만들어졌다. 피라미드의 가장 매혹적인 측면 중 하나는 그들의 디자인의 기초가 되는 수학적인 정확성과 간결성이다. 고대 건축가들은 이러한 경외심을 불러일으키는 구조물을 만들기 위해 기본적인 수학적 원리를 사용했다. 피라미드는 고유한 수학적 비율을 가지고 있다. 피라미드의 기본 둘레는 높이와 직접적으로 관련되어 구조의 안정성을 보장하는 일관된 비율을 만든다. 이 비례성은 붕괴를 방지하고 구조적 무결성을 보장하기 위해 필수적이다.

피라미드의 밑면 모서리의 정렬은 직각 삼각형을 형성한다. 이 기하학은 빗변(대각형 모서리)의 제곱이 다른 두 변의 제곱의 합과 같은 피타고라스 정리에 의해 지배된다. 이 정리는 정확한 측정과 대칭을 보장하는데 기본적이다. 피라미드의 대칭 구조는 기하학적 원리에 뿌리를 두고 있다. 측면 사이의 각도가 정확하게 결정되어 조화롭고 균형 잡힌 모습을 만든다. 피라미드와 천체의 정렬은 천문학, 각도 및 시간과 관련된 정확한 수학 계산을 필요로 했다. 이 정밀도는 당시 수학에 대한 진보된 이해를 반영한다. 4500년 전에 만들어졌던 피라미드는 인간의 혁신, 건축적인 탁월함, 그리고 수학적인 통찰력에 대한 증거로 서 있다. 그것들의 설계와 비율은 기초 수학적인 원리에 의해 인도되었다. 그것들의 구조에 내재된 대칭, 비율, 그리고 기하학은 목적과 수학적인 우아함의 조화로운 결합을 보여 준다.

피라미드는 현대문명이 들여다보지 못한 고대 7대 불가사의 중 하나이다. 피타고라스는 자신보다 2000년 전에 세워졌던 피라미드의 비밀을 모두 파헤쳐 수비학 종교를 만들어 오늘날 현대 문명의 기초를 놓았다. 중세 르네상스와 현대 과학 문명의 중심에는 피타고라스 종교와 철학인 과학이 있다.

5) 피타고라스의 테트락티스 통일장 우주론

테트락티스는 피타고라스 학파에서 신성시하는 수이다. 1,2,3,4를 합한 수 10을 신의 수, 또는 완전한 우주라고 인식했다. 10이란 숫자는 현대 양자역학 초끈이론에 필연적으로 등장하는 수 26이 피타고라스 테트락티스에도 내포되어 있다. 우선, 테트락티스의 네 개의 층에 있는 1, 2, 3, 4는 각각 0차원, 1차원, 2차원, 3차원의 도형을 만들어 가면서 가장 기본적인 입체형상인 정사면체에 도달한다고 했는데, 이때 이 도형들을 구성하는 모든 기하학적 요소들을 더하면 26이라는 수가 도출되는 것을 알 수 있다.

피타고라스가 만든 테트락티스 우주론은 바벨론과 이집트에서 발전한 비밀종교를 수비학으로 정리한 유대 카발라 생명나무 종교이론이다. 1,2,3,4의 합이 10이 되는 원리로 기하학을 만들었다. 1은 점 하나로 0차원, 2는 점 둘을 이은 선으로 1차원, 3은 점 셋을 이은 면으로 2차원, 4는 점 넷을 이은 정사면체로 3차원이다. 이것을 삼각형 기하학으로 표현하면 첫 번째 줄은 2의 0승인 1로 꼭지점이 하나이다. 두 번째 줄은 2의 1승인 1,2를 이은 선으로 꼭지점이 2이고 선이 1개이다. 세 번째 줄은 2의 2승인 1,2,3을 이은 삼각형 면으로 꼭지점이 3개이고 선이 3개, 면이 1개이다. 네 번째 줄은 2의 3승인 1,2,3,4를 이은 사면체로 꼭지점이 4개 선이 6개 면이 4개이다. 이를 다 합하면 26이 된다. 이것이 점, 선, 면 입체로 표현되는 26차원의 우주이다.

피타고라스 테트락티스 네 개의 숫자 우주론을 기초하여 플라톤은 4원소 우주론을 티마이오스에서 설명한다. 플라톤이 말한 창조주 데미우르고스는 물, 불, 흙, 공기를 가지고 우주를 창조하였다. 플라톤이 말한 창조신 데미우르고스는 무에서 유를 창조한 신이 아니고 있는 재료를 통해 형태를 바꾸는 제작신이다.

6) 통일장 우주론과 뉴 플라톤 철학

통일장 우주론이란 고대로부터 지금까지 인간이 죽음을 정복하기 위해 생각해 온 우주론이다. 사람이 죽으면 영원히 사라진다고 할 때 그 허무함은 이루 말할 수 없다 그래서 인간이 죽더라도 사라지지 않고 다른 종류의 생명으로 이어져 간다고 생각한 것이다. 그래서 태어난 종교가 환생 종교이다. 이것이 뉴 플라톤 철학이다.

뉴 플라톤 철학은 혼합주의 철학으로 플로티누스와 오리겐이 기독교를 접목시키기 위해 만든 종교철학이다. '모나드', '일자'라는 절대신으로부터 유출된 만물은 다시 일자라는 신에게 복귀를 한다. 이것을 영겁 회귀 라고 한다. 만물이 복귀하는 과정에서 사람과 만물은 환생 과정을 거치고 모든 환생 과정이 끝나면 우주 만물은 모두 자유를 얻게 된다. 즉 악이 사라진다. 고통도 사라진다. 사람을 괴롭게 하는 생노병사가 사라진다. 악을 행한 사단도 구원을 받아 선하게 된다.

뉴 플라톤 철학에서는 악에 대한 개념이 없다. 악이란 선의 결핍이다. 즉 선한 것이 모두 채워지면 악은 사라진다. 그러므로 악에 대한 심판도 없는 것이다. 어거스틴은 마니교를 신봉하면서 스스로를 구원할 수 없는 지옥 고통 속에서 방황하다가 밀라노에서 암브로스를 만나 선이 채워지면 악이 사라진다는 뉴 플라톤 종교 철학을 받아 들이고 개종을 했다. 이것이 플로티누스와 오리겐이 만든 짝퉁 기독교이다. 어거스틴은 뉴 플라톤 철학을 기초로 하여 사람이 신이 되는 영혼 상승 구원론을 만들었다. 이것이 어거스틴의 성령신학이다.

7) 양자역학과 통일장 우주론

현대 과학은 눈에 보이는 거시적인 우주와 눈에 보이지 않는 미시적인 우주를 하나로 본다. 이것이 양자역학 우주론이다. 양자역학이란 과학이 발달하기 전에는 눈에 보이는 거시적인 우주만을 생각하게 되었는데 양자역학이란 과학이 발달하면서 눈에 보이는 우주는 눈에 보이지 않는 원자 속에 있는 우주와 동일하다는 사실을 알게 된 것이다. 뿐만 아니라 피타고라스의 테트락티스 통일장 우주론이 양자역학이란 과학을 통해서 증명이 되었다.

현대 양자 역학이란 과학에서 끈 이론이 있다. 양성자와 중성자는 Y자 형태로 갈라진 끈의 끝에 붙어 있는 세 개의 쿼크로서 설명할 수 있다. 끈이라는 개념 하에서 처음으로 탄생한 이 이론은 '보존 끈 이론(bosonic string theory)'이었다. 초끈이란 초대칭 끈이라는 뜻으로 모든 물질이 서로 연결되어 있는 초양자장을 말한다.

10이라는 숫자와 함께 초끈 이론에 필연적으로 등장하는 수 26이 테트락티스에도 내포되어 있다. 우선, 테트락티스의 네 개의 층에 있는 1, 2, 3, 4는 각각 0차원, 1차원, 2차원, 3차원의 도형을 만들어 가면서 가장 기본적인 입체형상인 정사면체에 도달한다고 했는데, 이때 이 도형들을 구성하는 모든 기하학적 요소들을 더하면 26이라는 수가 도출되는 것을 알 수 있다.

26이라는 숫자가 어떤 의미를 가지고 있는가? 26이란 수는 양자역학에서 초끈 이론이 가지고 있던 26차원을 나타낸다. 이것을 보존 유형의 끈이라고 하는데, 이 보존 유형의 끈은 26차원에서 기술된다. 보존 유형의 끈은 스핀이 없으며, 스핀을 가진 초끈이 비로소 10차원에서 기술된다. 그러므로 테트락티스가 26이라는 숫자를 도출해 보여주는 것은 근원적인 차원에서 우주가 26차원의 원리를 따르고 있다는 것을 암시함과 동시에, 초끈 이론과의 관련성이 일치하는 것을 의미한다.

이미 피타고라스는 테트락티스를 통해서 숫자로 일치된 우주를 만들었다. 즉 4500년 전에 만들어졌던 피라미드의 비밀을 모두 파헤쳐 하늘의 별들과 해와 달들의 자전과 공전을 통해 벌어진 하늘의 향연들을 숫자로 정리를 했던 것이다. 이것이 바로 바빌로니아 대수와 이집트의 기하학이 만나는 역사의 현장이다. 이러한 거시적인 우주의 비밀이 수비학을 통해 종교적인 형태로 전해 오다가 양자역학이란 과학이 발달하면서 원자 속에 있는 미시적인 우주에서 서로 만나게 되었는데 그것이 26차원 초끈 이론을 통해 증명되었다.

우주 안에 존재하여 우주에 생명력을 넣고 있는 에너지가 네 가지이다. 중력, 전자기력, 강한 핵력, 약한 핵력이다. 이 네 가지 에너지가 서로 연결되어 우주를 움직이고 창조의 질서를 지키고 있다. 그런데 이 네 가지 에너지가 초끈이란 연결고리를 통해서 작동이 되는데 '힉스'라는 신의 입자가 2012년도에 발견이 되면서 드디어 통일장 우주론이 완성되었다. 통일장 우주론이 완성되었다는 의미는 무엇인가? 3차원의 공간 속에 갇혀서 공기와 햇빛과 각종 식물을 통해서 에너지를 공급받고 살았던 인간이 3차원 세상 밖으로 연결되는 통일장 우주론을 통해서 인간이 필요로 하는 에너지를 공급받을 수 있게 된 것이다. 이러한 시스템을 666이라고 한다.

현대 양자역학 초끈 이론에서 정의한 우주가 26차원의 우주로 10차원으로 정리를 한다. 이것을 기하학적인 프렉탈 우주론으로 표현을 하면 최소 단위의 그림이 장미십자 모양을 나타낸다. 피타고라스 테트락티스에서도 역시 26차원 우주를 기하학적으로 나열해서 표현을 하면 가장 중심부에 남겨진 그림이 장미십자 형상이다. 이것을 철학자들과 과학자들은 최초 우주가 만들어 질 때 사용된 생명의 씨앗이라고 부른다.

8) 과학, 철학, 종교와 다원주의 배도신학

과학은 육체를 가진 인간이 먹고 사는 문제를 해결하는 학문이다. 종교는 영혼을 가진 인간이 추구하는 가치관을 만족시켜 존재하게 하는 학문이다. 철학은 과학을 통해 먹고 사는 문제를 해결한 인간에게 종교적인 가치를 부여해서 인간답게 살아가게 해주는 학문이다. 사단은 철학이란 학문을 통해서 인간을 속이고 세뇌시켜 종으로 부려왔다. 인간에게 가장 시급한 문제는 먹고 사는 문제이다. 이것을 과학이 해결해 준다. 그러나 인간은 짐승처럼 먹고 살 수 있는 것만으로 존재할 수 없다, 왜냐하면 눈에 보이지 않는 가치를 추구하는 영혼을 가지고 있기 때문이다. 그래서 사단은 철학이란 학문을 만들어 육체와 영혼을 이어주는 가치관을 만들어 진리가 아닌 진리를 가지고 살게 하고, 생명 아닌 생명을 가지고 살아가게 했다. 그리고 모든 사람들을 지옥으로 들어가게 했던 것이다.

결국 타락한 지혜의 천사인 루시퍼는 인간을 속이고 미혹하여 하나님을 대적하게 하고 죽기를 무서워하는 인간들에게 가짜 양식인 물질과 가짜 생명인 종교를 만들어 철학이란 학문으로 포장을 하여 지옥으로 끌고 가고 있는 것이다. 이것이 가짜 기독교 신학의 역사이다. 고대 문명은 과학이었다. 기원전 3500년 메소포타미아 수메르 문명, 기원전 3000년 이집트 피라미드 문명, 기원전 2600년 인도 모헨조다로 문명, 기원전 2500년 그리스 자연주의 철학자, 기원전 2000년 중국의 황허 문명 등이 있다. 놀랍게도 이들은 금과 은과 구리 등으로 보석을 만들었고, 현대과학이 풀지 못한 건축물, 도시계획, 하늘의 별자리, 바다의 해로, 눈에 보이지 않는 원자론, 우주에 가득한 아르곤(양자), 태양력, 태음력 등을 만들었다. 특히 4500년 전에 있었던 이집트 피라미드 문명은 현대 과학도 접근할 수 없는 경이로운 것이다.

인간은 육신의 양식으로만 살 수 없다. 그래서 인류의 문명의 키를 가지고 있었던 신인간들은 가축 인간들을 종으로 부려먹기 위해 철학이란 학문을 통해 종교를 만들었다. 이것이 기독교 신학의 뿌리이다. 결국 과학으로부터 시작된 기독교 신학이란 종교는 양자역학이란 최첨단 과학이 발달하여 고대 모든 과학의 비밀을 밝혀서 그동안 속여온 종교의 역사의 민낯을 드러내고 말았다.

고대 과학의 비밀은 72마신이다. 이들은 일명 지혜의 천사라고 한다. 세상을 지배하고 있는 사단은 72마신들을 통해서 고대 문명을 일으켰다. 마신들의 특징은 26차원의 우주의 비밀을 알고 있다. 가축인간들은 3차원의 시공간 속에 갇혀서 살고 있다. 아담이 죄를 범하고 타락했기 때문에 갇혀서 사는 것이다. 시간적으로 미래를 미리 갈 수 없고, 지나간 과거도 돌아갈 수 없다. 공간적으로 벽을 넘어 볼 수도 없고, 먼 거리를 빨리 갈 수 없다. 그러나 아담에게서 통치권을 빼앗아 간 마귀와 마신들은 과거와 미래를 왕래하는 시간 여행자들이다. 아무리 멀고 험한 장소도 순간적으로 왕래를 한다. 심지어 사람들의 마음을 꿰뚫어 보고, 마음대로 조정도 한다. 사람들을 죽이기도 하고, 살리게도 한다. 한마디로 가축인간들은 신인간들 손에 잡힌 물고기와 같은 운명으로 살아온 것이다.

뿐만 아니라 사단은 자기에게 목숨을 바치고 헌신한 종들에게 72마신들을 통해 능력을 주어서 마인드 콘트롤, 텔레파시, 축사, 투시, 순간이동, 시간여행, 신유, 공중부양, 재정축복 등 모든 것들을 할 수 있도록 부와 명예를 준다. 이들을 통해서 바벨탑의 문명은 이어 온 것이다.

72마신들이 할 수 있는 것들은 무엇인가? 하늘의 모든 별자리들의 공전과 자전 주기를 알 수 있다. 오대양의 모든 항로를 알 수 있다. 하나님이 지으신 모든 피조 세계의 원리를 다 알고 있다. 모든 화학적 반응을 알고 있다. 4차원 이상 고차원의 세계를 넘나들 수 있다. 눈에 보이는 주파수를 바꿀 수 있다. 귀에 들리지 않는 주파수를 들을 수 있다. 루시퍼와 마신들은 아담에게 주신 우주를 빼앗아 마음대로 통치할 수 있다. 그래서 예수님은 재림하셔서 사람 뿐 아니라 우주 만물을 심판하여 불로 태우신다. 왜냐하면 사단의 손에 들어갔기 때문이다.

양자 역학이란 과학이 등장하면서 우주는 벌거벗게 되었다. 눈에 보이는 거대한 우주가 하나의 원자 속에 있고, 하나의 원자 속에 있는 우주에서 모든 것을 할 수 있는 시대가 되었다. 머리카락에서 뽑아낸 하나의 DNA를 통해 사람을 복제하고, DNA 유전자 배열을 조작하여 치료를 하고, 유전자를 조작하여 인간 품종을 마음대로 바꿔 만들어 내는 시대가 되었다. 종교적으로 일어난 모든 이적과 기적이 컴퓨터 데이터를 통해 스캔이 되어 저장되고 원하는 모든 사람들에게 공급되는 시대가 되었다.

의사는 병원에 앉아서 환자들의 생각까지도 스캔하고 뛰는 맥박, 호르몬 양, 열 체크, 원격치료까지 가능한 세상이 되었다. 마우스 하나로 온 인류를 죽이기고 하고 살리기도 할 수 있는 시대가 되었다.

김명현 박사는 창세기 1장 1절의 히브리어를 게마트리아 수비학으로 풀어서 창조주 하나님을 증명하고 있다. 그러나 수비학이란 과학으로 증명한 하나님은 창조주 하나님이 아니고 플라톤이 말한 제작신 데미우르고스 즉 물질신인 루시퍼이다. 이것이 피타고라스 수비학 종교인 테트락티스이다. 피타고라스 수비학 테트락티스 우주론을 증명하고 양자 역학 우주론을 수학으로 증명하는데 순열, 조합, 확률, 통계, 미분, 적분이 필요하다. 피타고라스 테트락티스 수비학을 통해 양자역학의 초끈 이론이 증명된다. 하나님께서 우주를 창조하실 때 원리가 모두 증명이 된다. 하나님이 사용하신 최초의 창조의 물질인 힉스 라는 원소가 생명의 씨앗인 장미십자 모양으로 26차원의 테트락티스 우주론에 기하학적으로 나타난다.

만일 하나님의 창조가 무질서하게 되었다면 생물, 물리, 대수, 기하, 과학이란 학문이 만들어질 수 없다. 영국의 물리학자 존 폴킹 혼은 '양자 물리학 그리고 기독교 신학'(2009년3월10일 연세대 출판사) 책을 통해서 어거스틴의 3위1체 하나님을 증명하고 있다. 그는 또 '쿼크 카오스 그리고 그리스도교' 라는 책을 썼다. 양자역학으로 증명된 가짜 기독교 창조주 하나님이다. 이제 과학을 통해 만들어진 가짜 기독교 신학이 종말을 고하고 있다. 왜냐하면 기독교 신학에서 말하고 있는 여호와 하나님, 창조주 하나님은 가짜 하나님이기 때문이다.

존 폴킹 혼은 종교다원주의 운동을 통해 종교통합운동의 공로로 템플턴 상을 받았다. 호남 신학교 조직신학 교수인 신재식 교수는 '예수와 다윈의 동행' (2013년7월21일 출간)이라는 책을 썼다. 그는 WCC '신앙과 직제 위원회'에서 활동을 하고 있다. 신재식 교수는 템플턴 재단에서 교수로 활동을 했다.

종교가 사라지는 시대가 되었다. 과학으로 생노병사가 정복되고 자연과 우주와 인간이 하나가 되는 시대가 되었다. 세계에 거세게 몰아닥친 종교다원주의 운동이 이제는 기독교회를 침몰 시키고 있다. 종교통합으로 이루어진 기독교는 이제 더 이상 기독교가 아니다. 다른 종교이다.

9) 테트라그라마톤 루시퍼 생명나무 종교

테트라그라마톤은 네 글자 신이란 뜻이다. 이는 피타고라스 테트락티스 원리를 통해서 만들어진 유대 카발라 생명나무 종교 이론이다.

구약 성경에서 기록한 여호와는 히브리어 요드, 헤, 바브, 헤이다. 히브리어 자음 네 글자는 모음이 없어 아도나이라는 말을 섞어서 야훼 즉 여호와라고 부르게 되었다. 그런데 열왕기하 23장에서 바로느고가 요시야 왕을 죽이고 그 아들 엘리야김으로 왕을 세운 다음 이름을 고쳐 여호야김이라 하였다. 왜냐하면 애굽의 신이 여호와였기 때문이다.

"바로느고가 요시야의 아들 엘리아김으로 그 아비 요시야를 대신하여 왕을 삼고 그 이름을 고쳐 여호야김이라 하고 여호아하스는 애굽으로 잡아갔더니 저가 거기서 죽으니라"(왕하23:34)

바벨론 태양신의 이름은 엘로힘이다. 그래서 바벨론 왕을 섬겼던 유다 왕들은 모두 엘자를 따서 이름을 지었다. 그러나 애굽이 바벨론을 이기고 유다 왕들을 세울 때는 여호와의 이름을 붙였다. 창세기 1장의 하나님은 엘로힘이다. 창세기 2장의 하나님은 여호와이다. 이것을 성경 비평서에서 E문서 J문서라고 한다. 즉 모세가 성경을 기록할 때 엘로힘 바벨론 태양신과 애굽의 태양신의 이름으로 기록했기 때문이다. 그렇다고 창세기 1,2장의 내용이 태양신 종교라는 뜻은 아니다. 왜냐하면 바벨론 태양신과 애굽의 태양신은 성경에서 말씀하신 창조주가 아니기 때문이다. 단지 이름을 그렇게 썼던 것들에 대한 학자들의 비평이다.

하나님께서 죄를 범하고 하나님의 존재를 잃어버리고 소경이 된 인간들에게 자기를 계시할 때 어떻게 해야 하셨을까? 인간들이 인식하고 있는 절대적인 신의 이름으로 계시하시는 것은 당연한 것이다. 그러므로 이름은 같을 수 있으나 속성은 전혀 다른 것이다. 그래서 구원받은 성도는 영적인 분별력이 있기 때문에 분별할 수 있는 것이다. 현대에서도 예수를 믿는다 하지만 전혀 다른 예수를 믿을 수 있다. 혁명가 예수, 정치가 예수, 치료자 예수 등이다.

애굽의 태양신은 이시스 여신이다. 그 이름이 여호와이다. 히브리어로 요드, 헤, 바브, 헤이다. 이것을 유대 카발라에서는 네 글자 신이라고 한다. 그리고 생명나무 종교라 한다. 생명나무 종교라는 뜻은 하나님께서 금지시킨 생명나무 열매를 따먹고 하나님처럼 되는 것을 말한다. 루시퍼 뱀 종교는 뱀을 선한 신으로 소개하고 여호와의 신은 나쁜 신으로 여긴다. 여호와 하나님은 욕심이 많고 시기심이 많은 신으로 자기만 하나님이 되려고 선악과를 따 먹으면 사람이 신이 된다는 사실을 알고도 아담과 하와에게 먹지 못하게 하였는데 뱀이 아담과 하와에게 비밀을 알려주어 그들이 선악과를 따먹고 신이 될 수 있었다고 주장한다. 그러나 생명나무 실과까지 먹어야 완전한 신이 될 수 있는데 나쁜 여호와 신이 먹지 못하게 화염검으로 막아 놓았기 때문에 뱀이 사람들에게 이것을 먹을 수 있는 지혜를 주도록 만든 종교가 생명나무 종교이다.

생명나무 종교 이론도 테트락티스와 같은 원리이다. 맨 위에 요드가 있다. 점이다. 다음 줄에는 요드, 헤가 있다. 세로 줄이다. 세 번째 줄에는 요드, 헤, 바브가 있다. 삼각형 면이 있다. 네 번째 줄에는 요드, 헤, 바브, 헤가 있다. 네 개의 꼭지점을 가진 정사면체가 있다. 왼쪽에는 위에서 아래로 연결하면 점 3개가 있다. 중앙에는 위에서 아래로 점을 연결하면 점 4개가 있다. 오른쪽에는 위에서 아래로 연결하면 점 3개가 있다. 그래서 점 합이 10개이다. 10개의 세피로트를 모두 아인쇼프로 연결하면 33개의 길이 되는데 이 길을 모투 통달한 자는 일루미나티 33도가 된다. 즉 신이 되는 것이다. 세피로트는 빛이 퍼져 나가는 스펙트럼이다.

테트라그라마톤은 네 글자 신으로 게마트리아 수비학으로 계산하여 72가 나온다. 생명 나무 맨 위 점 하나는 요드이다. 게마트리아 수는 5이다. 두 번째 줄은 요드(5), 헤(10)이다.
세 번째 줄은 요드(5), 헤(10), 바브(6)이다. 네 번째 줄은 요드(5), 헤(10), 바브(6), 헤(10)이다. 그래서 모두 합하여 72가 되는 것이다. 사단 루시퍼는 72마신들을 통해서 세상을 통치하고 있다. 72는 태양 종교에서 태양계를 중심으로 돌고 있는 72행성인데 그 이름들이 모두 신의 이름이다. 이것을 72마신이라고 한다. 유대 카발라 종교는 진짜 유대인들이 아니다. 루시퍼를 섬기는 직계 혈통으로 가짜 유대인들이다. 이들에 의해서 히브리어와 헬라어가 만들어 졌다. 카발리스트들에 의해서 인류의 문명은 발전되어 왔다. 이들을 또한 일루미나티 라고도 한다.

10) 통일장 우주론과 666 짐승의 표

6이란 수는 물질을 창조하는 수이다. 그래서 666은 창조의 완성을 의미하기도 한다. 성경은 666을 짐승의 표, 짐승의 이름, 짐승의 수라고 하였다. 표란 도장 또는 소유권을 표시하는 사인이다. 이름이란 짐승의 정체성을 알려주는 것이다. 수라는 것은 과학이란 뜻이다. 666이란 뜻은 사단이 과학을 통해서 만든 능력으로 사람들을 자기의 몸으로 만드는 것이다. 하나님의 창조와 구속의 목적이 이루어지면 성령의 인침을 받고 구원 받은 성도는 예수님의 신부가 되어 예수님과 한 몸이 된다. 그러나 구원을 받지 못하고 세상에서 사는 사람들은 짐승의 표인 666을 받고 사단과 한 몸이 된다. 예수님과 한 몸이 된 교회는 새 예루살렘이 되어 천년왕국을 통치한다. 그러나 사단과 한 몸이 된 세상 사람들은 사단과 함께 불못에 던져진다. 왜냐하면 짐승의 표를 받은 사람들은 유전자가 변경되어 하나님의 형상을 잃어버리기 때문이다.

"저가 모든 자 곧 작은 자나 큰 자나 부자나 빈궁한 자나 자유한 자나 종들로 그 오른손에나 이마에 표를 받게 하고 누구든지 이 표를 가진 자 외에는 매매를 못하게 하니 이 표는 곧 짐승의 이름이나 그 이름의 수라 지혜가 여기 있으니 총명 있는 자는 그 짐승의 수를 세어 보라 그 수는 사람의 수니 육백 육십 륙이니라"(계13:16-18)

갈데아 수비학에서 666이란 통일장 우주론을 의미한다. 1은 하늘의 수, 2는 땅의 수, 3은 사람의 수이다. 합하여 6이 되면 하늘과 땅과 사람이 하나가 되는 것이다. 처음 6은 절대적인 하늘, 다음 6은 절대적인 땅, 세 번째 6은 절대적인 사람을 의미하고 합한 666은 완전한 완성된 창조를 의미한다.

뉴 플라톤 철학에서 만물이 '일자'라는 '모나드' 신에서 유출되어 영겁회귀를 통해 다시 '일자'로 복귀하면 우주 만물이 자유롭게 되는데 이런 상태를 666이라고 한다.

천부경에서도 인간 창조의 완성으로 천지인 사상을 주장하는데 1,2,3을 천지인으로 하여 완성된 하늘의 절대 수 6, 완성된 땅의 절대

수 6, 완성된 인간의 절대 수 6을 합한 666을 완성된 신인간이라고 하였다.

뉴 에이지 사상에서도 신이 된 인간, 완성된 인간, 아담 카드몬 인간을 말할 때 신과 자연과 인간이 하나 되는 세상을 말한다. 그래서 인간과 자연을 통합시키고, 인간과 과학을 통합시키고, 인간과 동물을 통합시키고, 인간과 우주를 통합시키고, 인간과 종교를 통합시키는 것이다.

과학에서도 통일장 우주론을 만들어 사람과 우주 에너지를 통합시켜 생노병사를 정복한 인간을 만든다. 우주에는 중력, 전자기력, 강한 핵력, 약한 핵력 4가지 에너지가 있다. 만일 네 가지 에너지를 통합할 수 있다면 인간은 신과 같은 존재가 될 수 있다. 2012년 7월 4일 스위스 제네바 근처에 위치한 유럽입자물리연구소(CERN)에서 힉스 입자가 거대강입자가속기에서 발견되었다. 힉스입자는 하나님께서 최초로 천지를 창조하실 때 사용한 입자라고 해서 신의 입자라고 한다. 다시 말해서 우주의 물질세계를 근본적으로 바꿀 수 있는 입자이다. 특히 우주에 있는 네 가지 에너지를 연결시켜 통일장 우주론을 만들 수 있기 때문에 인간이 원하는 나라를 만들 수 있고 인간의 생사화복을 마음대로 조정할 수 있게 된다. 즉 인간이 죽음을 정복하고 드디어 신이 되는 것이다. 이것을 666 짐승의 표라고 한다. 현 하버드 대학교 입자 물리학 교수인 리사 랜들 박사는 2015년에 '천국 문을 두드리며'라는 책을 썼다. 리사 랜들이 2012년에 발견된 힉스 입자가 가져오는 세상에 대하여 쓴 책이다.

성경은 이미 2000년 전에 오늘의 과학 시대를 예언하고 있다. 고대 과학 문명이 다시 살아나고 있다. 666이란 완성된 통일장 우주론으로 AI 인공지능을 통해서 인간의 DNA를 통일장 우주론과 연결된 빅 데이터 컴퓨터에 통합을 시키면 입력된 정보에 의해서 사람은 살아 있는 인공지능 로봇처럼 되는 것이다. 인류학자 유발 하라리는 이런 인간을 신인간이라고 하면서 호모 데우스 인간이라고 했다. 생노병사에 갇혀서 살았던 호모 사피엔스 인간 시대가 끝나고 죽지 않는 신인간 시대가 열리는 것이다.

결국 사단은 666 짐승의 표를 통해서 하나님의 형상대로 지음 받은 인간 속에 신의 형상을 지워버리고 대신 자신의 형상을 입혀서 하나님을 향해 죽음을 정복하고 승리 했다고 배도를 선포하는 것이다. 그러나 짐승과 그를 추종하여 666 표를 받은 모든 사람들은 예수님이 재림하셔서 심판하여 불못에 던져진다.

2. 사단 신학의 계보

1) 알렉산드리아에서 만들어진 가짜 기독교 신학

(1) 알렉산드리아는 어떤 곳인가?

알렉산드리아는 그리스 알렉산더 대왕이 가짜 유대인들을 위해 만들어 준 명품 도시이다. 가짜 유대인이란 탈무드를 가지고 루시퍼를 섬기는 카발리스트들을 말한다. 이들을 바리새인들이라 한다. 바리새인이란 페르시아 유대인을 말하는데 바벨론 포로 시 배도한 유대인들이 탈무드를 만들어 바벨론이 망한 후 페르시아에서 조로아스터교를 섬기다가 아리스토텔레스가 알렉산더 대왕을 통해 페르시아를 멸망시키고 그리스 제국을 세우면서 알렉산드리아를 만들어 준 것이다.

세상을 통치한 루시퍼는 큰 용, 옛 뱀, 마귀, 사단으로 머리가 일곱이고 열 뿔을 가지고 있다. 머리가 일곱인 이유는 일곱 나라이고 뿔이 열인 이유는 전 세계를 한 나라로 만들어 통치하는 제국이란 뜻이다. 최초의 머리는 애굽이다. 두 번째는 앗수르이다. 세 번째는 바벨론이다. 네 번째는 페르시아이다. 다섯 번째는 그리스이다. 여섯 번째는 로마이다. 일곱 번째는 마지막 적그리스도 국가인 미국이다. 특이한 것은 일곱 제국의 주인은 사단인 루시퍼인데 일곱 제국을 통치한 혈통들도 루시페리안 종교를 가진 일루미나티 라는 사실이다. 겉으로 나타난 제국들의 이름과 그들의 나라가 일어난 장소는 다를지라도 그들 속에 흐르는 혈통은 하나이다.

사단이 제국들의 이름만 바꿔가면서 마치 다른 나라인 것 같이 속였던 것이다.

루시페리안 종교의 원조는 니므롯의 부인인 세미라미스이다. 일루미나티 원조이다. 세미라미스는 남편 니므롯이 죽자 태양신의 정기를 받아 아들을 낳았다고 하면서 이름을 담무스 라고 하였다. 죽은 남편이 환생했다는 뜻이다. 일루미나티는 빛을 발하다는 뜻으로 루시퍼의 이름이다. 세미라미스를 애굽에서 이시스라고 한다. 바벨론에서는 아세라라고 한다. 페르시아에서는 이스타르이다. 그리스에서는 아테나이다. 로마에서는 비너스이다. 미국에서는 자유의 여신이다. 모두 같은 신의 이름이다. 이들을 일루미나티 13혈통이라고 한다.

알렉산드리아에서 출발한 바리새파 가짜 유대인들 역시 일루미나티 혈통 중 하나이다. 바벨론 태양신은 니므롯, 세미라미스, 담무스를 하나의 신으로 본다, 3위1체 신이다. 그러나 애굽의 태양신은 이시스 하나만 신으로 여긴다. 그런데 이시스의 숨은 이름이 네 글자 신인 테트라그라마톤으로 여호와이다. 네 글자 신의 진짜 이름은 72행성 이름으로 72마신들의 이름이 모두 이시스 여신의 이름이다. 그래서 애굽의 이시스 종교는 모든 피조 세계를 신으로 보는 범신론적 일신론이다. 플라톤은 그 이름을 데미우르고스 라고 했다.

사단 루시퍼는 제국들이 바뀔 때마다 인간을 통치하는 행위를 더욱 더 강화시킨다. 그리고 결국 최종적으로는 자기의 몸이 되게 만든다. 이것이 666시스템이다. 그리스 제국을 세우기 전에 아리스토텔레스는 알렉산더 대왕을 세뇌시켜 그리스 제국을 신국으로 세우게 한다. 그것이 도시국가를 운영하는 민회를 에클레시아라고 한 이유이다. 에클레시아는 헬라어로 선민이란 뜻이다. 그리스도인들은 이 단어가 지시한 선민이 교회라고 생각하지만 그렇지 않다. 일루미나티 혈통들을 말한다. 일명 신인간, 프리메이슨, 엘리트 인간들이다.

소크라테스는 아테네에서 양떼론을 주장하면서 아테네를 다스린 소피스트들을 가축인간이라고 하였다. 플라톤은 그의 철학체계를 이원론으로 나누었다. 이상세계와 물질세계이다. 플라톤이 이렇게 이원론으로 분리시킨 이유는 신인간과 가축인간은 하나가 될 수 없기 때문이다. 결국 플라톤의 제자 아리스토텔레스는 알렉산더 대왕을 키워서 그들이 꿈꾸는 신국을 세우게 하였다. 그것이 그리스 도시국가이다. 그리스 제국의 신국은 도시국가이다. 그리고 도시국가 밖에서 사는 사람들은 모두 가축인간이다. 어거스틴이 세운 신국이 로마 가톨릭이다. 칼빈도 제네바에서 신국을 세웠다. 아브라함 카이퍼 역시 암스텔담에서 신국을 세웠다. 지금도 사단은 성시화 운동을 하고 있다. 사단은 결국 도시에서 666시스템을 작동시켜 스마트 시티를 통해서 신세계질서를 세우고 배도를 할 것이다.

(2) 알렉산드리아에서 만들어진 가짜 기독교

알렉산드리아에서 짝퉁 기독교가 만들어질 때는 로마시대이다. 예루살렘에서 시작된 기독교는 산불처럼 타올라 로마 황제들의 박해에도 불구하고 전 세계로 퍼져 나갔다. 그리스 제국이 로마에 망할 때 일루미나티 혈통들이 활개치고 살았던 카르타고와 알렉산드리아도 로마의 속국이 되어 아폴로 신의 이름으로 황제 숭배를 강요받게 되자 제우스 신을 중심으로 그리스 신국을 세웠던 바리새파 유대인들이 설 땅이 사라지게 되었다. 그래서 알렉산드리아에 있는 바리새파 유대인들이 전 세계로 퍼져 나가고 있었던 기독교를 등에 업고 로마 황제 숭배를 돌파해 나가려고 짝퉁 기독교가 알렉산드리아에서 만들어졌던 것이다.

알렉산드리아에서 만들어진 짝퉁 기독교는 그리스 플라톤 철학으로 만들었다. 이것을 기독교 헬라화라고 한다. 알렉산드리아 학파가 만든 짝퉁 기독교는 영지주의 카발라 유대교와 헬라 플라톤 철학을 기독교 교리와 통합해서 만들었다. 참고로 바리새파 유대인들이 가지고 있는 유대교는 탈무드를 경전으로 만든 유대교이다. 모세오경을 가지고 만들어진 여호와는 아브라함의 하나님 여호와이다. 창조주이시며, 거룩하고 공의로운 하나님이시다. 인격을 가지신 여호와이시다. 그러나 탈무드에서 말하고 있는 애굽의 이시스 여호와는 환생의 신이다. 자연만물 속에 내재한 신이다. 남편 오시리스가 죽고 자신이 낳은 아들 호루스가 죽은 남편이 환생했다고 다시 결혼하여 자식들을 퍼뜨린 비윤리적인 신이다. 탈무드를 따르는 카발리스트들은 72 마신들을 여호와라는 이름으로 섬기는 자들이다. 이것을 테트라그라마톤이라고 한다. 72마신들의 이름이 쉠하메포라쉬(Shem Ha Mephorash)이다. 72행성들의 이름이 바로 그들이 섬기는 여호와 신이다. 만물내재신이며 바알신으로 물질세계를 지배하는 번영의 신이다.

(3) 로마 아폴로 신과 그리스 제우스신

그리스 문화와 종교는 애굽에서 지중해를 거쳐서 들어갔다. 로마의 문화와 종교는 대륙을 통해 전달되었다. 같은 태양신이지만 그리스는 애굽의 이시스 여신의 종교로 문화, 교육, 철학, 의학, 음악, 과학, 언어 등이 발전했다. 그러나 로마는 바벨론 니므롯의 남신 태양종교로 전쟁, 폭력, 무기, 향락 등과 같은 문명이 발달했다. 바벨론 태양종교는 다신론으로 니므롯, 세미라미스, 담무스가 모두 신이 되는 삼위일체 종교이다. 반면에 애굽은 이시스 일신론 종교이다. 그러하나 유일신 종교는 아니다. 왜냐하면 이시스 종교는 만유내재신이기 때문이다. 이것을 범신론적 유일신이라고 한다. 72마신들이 모두 이시스 이름이다. 만신종교이다.

그리스는 바람둥이 제우스 신을 간판으로 내세우고 아테나, 아프로디테, 마돈나와 같은 여신들에 의해서 남신들이 유린당하는 여신종교이다. 사람을 신으로 보았다. 그들이 바로 신인간 일루미나티 혈통들이다. 로마가 그리스 제국을 멸망시키고 아폴로 신을 간판으로 내세우고 황제숭배를 강요했다. 바벨론에서 느부갓네살이 황제의 우상 앞에 절하지 아니하면 불에 던졌듯이 네로를 비롯하여 로마 황제들은 황제숭배를 거절한 기독교인들을 불로 태워 죽였다.

저스틴 마더라는 뜻은 순교자 저스틴이란 뜻이다. 초대교회 교부들 중에서 많은 순교자가 나왔다. 그러나 대부분 유대 카발리스트들이 로마 황제 숭배를 피하기 위해 만들었던 짝퉁 기독교인이 되어 죽었다. 그들이 순교자가 된 이유는 소크라테스와 같이 계몽이 불가능한 유전자를 가지고 있었기 때문이다. 실제로 예수님을 믿고 죽은 것이 아니라 자신들이 섬기는 유대 카발라 유일신인 이시스를 위해 죽은 것이다. 저스틴 마더는 아브라함과 소크라테스는 같은 선지자라고 하였다. 헬라에는 철학이 있었고 유대에는 모세오경 토라가 있었다고 하였다. 그가 이렇게 말한 이유는 탈무드에서 가르친 교훈이다. 그리스 철학은 탈무드에서 나왔다. 왜 알렉산드리아에서 짝퉁 기독교가 만들어졌는지에 대하여 알아야 기독교 2000년 사단 신학의 계보를 알 수 있는 것이다.

(4) 알렉산드리아 학파 사람들

알렉산드리아에서 활동한 사람들은 필로, 클레멘트, 판테누스, 오리겐, 아리우스, 아타나시우스 등이다. 이들의 뒤를 이어 교리를 확장시킨 사람들이 암브로스, 어거스틴, 유세비우스, 제롬 등이 있다. 이중에서 특별한 사람은 필로이다. 필로는 바울과 같은 시대 사람으로 알렉산드리아에서 유대교를 헬라화 시켰던 랍비였다. 그는 알렉산드리아 유대교 회당에서 활동했던 모세오경 주석가였으며, 헬라철학의 개념들을 도입하여 오경을 해석한, 철학적 성경 해석가였다. 그는 알레고리적 성경해석을 통하여 유대교와 헬라주의를 조화시키면서, 헬라철학을 유대교 전승의 일부로 만들고자 하였다. 그의 성경해석에 반영된 헬라철학은 중기 플라톤주의, 즉 스토아주의 및 신 피타고라스주의와 절충된 뉴 플라톤주의 사상이다. 또한, 그의 알레고리적 해석은 중기 플라톤주의자들의 호머해석과 알렉산드리아 유대교의 성경 해석의 영향을 받은 것이다. 그의 성경해석에는 전 인류를 포용하고자 하는 보편주의가 있지만, 유대교의 정체성과 특수성이 여전히 강조되어 있다. 또한, 하나님에 대한 헬라주의적 사고는 그로 하여금 성경의 하나님에 대한 묘사를 반신인동형론적으로 이해하게 하였다. 그의 성경해석은 철학적 사고를 가진 엘리트 지성인들이 이해할 수 있고 받아들일 수 있는 것이었지만, 알렉산드리아 유대교 전통에서 크게 벗어나지 않은 것이었으며, 팔레스틴 유대교 전승과도 공통점들이 많이 있었다.

초대교부들의 사상 및 성경해석과의 관계인데 알렉산드리아의 클레멘트, 오리겐, 암브로스 등이 필로의 영향을 받았다. 그들이 어떻게 기독교 사상의 선구자였던 필로의 알레고리적 성서해석과, 로고스, 지혜, 신앙 개념 등을 기독교적 시각에서 발전시켰는지 그리고 비잔틴과 중세시대에 어떻게 이러한 요소들이 계속 되었는지를 고찰하는 것은 기독교 성경 해석사 및 사상 발전사적인 면에서 중요한 연구과제가 되는 것이다.

(5) 70인역 구약성경이 번역된 곳

알렉산드리아 유대인 공동체에서는 주전 3세기에 모세오경이 헬라어로 번역 되었고, 역사가 데메트리우스(Demetrius)와 비극작가 에스겔(Ezekiel the tragedian) 등의 작품이 나왔다.

주전 3세기 알렉산드리아에서 70인 성경이 만들어졌다. 정확하게 말하면 72인 성경이다. 알렉산드리아는 알렉산더 대왕이 유대인들을 위해 세워준 명품 도시이다. 12지파에서 랍비 6명씩 뽑아서 각기 다른 굴에서 히브리어 성경을 헬라어로 번역을 하게 되었는데 일정한 기간 동안 똑같은 번역이 나왔다고 해서 70인 역이라고 했다. 그러나 사실은 72인 역의 성경은 72마신들의 이름으로 번역이 된 것이다. 이것을 테트라그라마톤이라고 한다.

테트라그라마톤은 기독교가 아니다. 애굽의 태양종교이다. 오리겐의 헥사폴라 성경 역시 유대 카발라 성경이다. 유세비우스가 콘스탄틴에게 헌정한 50권의 성경도 카발라 성경이다. 제롬이 번역한 불가타 성경도 카발라 성경이다. 제임스 1세의 명령으로 만들어진 킹 제임스 성경도 카발리스트들이 만든 것이다. 표지에 테트라그라마톤 그림이 있다. 테트라그라마톤의 상징적인 그림은 요드, 헤, 바브, 헤 히브리어 네 글자이다. 피라미드이다. 호루스 뱀 눈이다. 장미십자 그림이다. 심장 그림이다. 검은 구름에서 비쳐오는 햇살이다.

주후 313년 이후에 세워진 모든 유럽 교회 건물은 유대 카발라 뱀 종교 건물이다. 독일 작센주 드레스덴 프라우엔 마틴 루터 종교개혁 기념 교회 중앙에는 금빛이 찬란하게 빛나는 장미십자가 있다. 그런데 그 가운데 피라미드가 있고 중앙에 호루스 뱀 눈이 새겨져 있다. 멀리서는 그림이 점으로 보이지만 줌으로 끌어 당겨 보면 자세한 그림을 볼 수 있다. 마틴 루터는 이집트 이시스를 섬기는 비밀결사 장미십자단이었다. 루터교단에서 만든 벧엘 성경 공부 교재에도 역시 프리메이슨의 상징인 직각자와 컴퍼스가 있고 장미십자와 피라미드가 그려져 있다. 전 세계 유대교 회당에도 역시 피라미드, 직각자, 컴퍼스, 호루스 눈, 성심 사인이 있다.

(6) 알렉산드리아 교리문답학교

알렉산드리아 교리문답학교(Catechistical School)는 역사가들이 말하는 기독교계의 최초의 신학교라고 말을 하지만 영지주의 유대 카발라 비밀종교의식이 계승되는 밀교학교이다. 이 학교는 종교철학의 연구를 위해 설립된 초기 영지주의자들의 학교를 모델로 세워졌으며, 3년 과정으로 학비는 무료였다. 강의는 부유한 학생들의 기부를 통해 지원받는 형태였다.

기독교로 개종한 스콜라 철학자였던 판테누스(Pantaenus)는 이 학교의 학장이었으며(A.D. 180). 클레멘트(Clement, 202)와 오리겐(Origen, 232)이 그의 뒤를 이었고, 오리겐에 와서 이 학교는 황금시대를 이룩할 수 있었다. 이 학교의 저술가로는 쥴리어스 아프리카누스(Julius Africanus, 215), 디오니시우스(Dionysius, 265), 그레고리(Gregory, 270), 유세비우스(Eusebius, 315), 아타나시우스(Athanasius, 373), 디디무스(Didymus, 347), 등이 있었으나 오리겐이 그 중 거두였으며, 그의 성경해석법은 자신 이후로부터 현대에 이르기까지 성경 해석상 많은 악영향을 끼치고 있다. 아리우스(Arius)는 이 학교의 교리문답 교사였다.

이 학교는 이집트의 신학적 혼란 때문에 4세기 말에 문을 닫게 되지만, 제롬(Jerome)과 어거스틴의 스승 암브로스(Ambrose) 같은 서방 교사들과 동방의 사고체계를 완전히 지배하며 가이사랴와 그 밖의 중심 지역에서 그 영향력은 계속되었다.

이 학교는 신화적인 경향을 나타냈는데, 입학 자격이 부여된 신입생들에게 지속적으로 비밀교리의 학습을 포함해서 관상기도를 통한 영지습득과 성경의 영감과 해석방법에 대한 훈련을 하는 것들이 있었다. 뉴 플라톤주의로부터 유래된 사탄주의 영지주의 학교였던 알렉산드리아 교리문답학교는 그때부터 지금까지 성경을 왜곡하고, 삭제하고, 오역하고, 신화화 하는 세력들로 존재하고 있다.

(7) 기독교 안에 들어온 플라톤 철학

이미 헬레니즘화된 알렉산드리아의 유대인들은 플라톤과 그리스 철학의 영향 아래 들어갔으며, 이때부터 소위 기독교 신학 안에 플라톤주의의 영향은 계속되었다. 초기 플라톤의 영향 중 가장 강력했던 것은 비유적인(allegorical) 성경 해석이다. 필로는 플라톤의 이론들과 헤라클레이토스와 스토아주의의 로고스에 대한 이론을 가지고 구약의 가르침과 혼합하려고 그의 철학체계를 구축했다.

또한 알렉산드리아의 유대인들은 그리스 문학과 철학에 깊이 심취했는데, 그들의 비유적인 성경 해석은 모세가 플라톤과 그 밖의 다른 그리스 철학자들의 철학을 말한 것으로까지 해석하게 하였다. 이러한 플라톤의 사상과 영향이 알렉산드리아의 필로와 판테누스, 클레멘트, 오리겐에게 이어졌다. 특히 오리겐은 수 년 동안 뉴 플라톤주의 창시자인 암모니우스 사커스(Ammonius Saccas, A.D. 170-243) 아래서 수학하기도 했고, 플라톤의 전통으로부터 교리들을 빌어 왔으며, 그 결과 그 가운데 삼위일체에 대한 그의 부정은 뉴 플라톤주의 근본 이론들과 유사한 것으로서, 예수 그리스도의 신성을 부정하고 격하시킬 목적으로 성경을 변개시킨 것은(마1:25, 눅2:33, 행8:37, 딤전 3:16, 요일5:7-8) 오리겐이 오늘날 여호와의 증인들의 모체임을 증명해 주는 것이다.

(8) 교회(에클레시아, Ekklesia) 선민주의 어원의 비밀은 신인간

알렉산드리아 70인 성경을 쓸 때 교회라는 단어를 에클레시아로 107번 사용하였다. 그렇다면 왜 교회라는 말의 단어를 에클레시아 라고 했을까? "에클레시아(Ekklesia)"란 의미는 "에크"는 "안에서 밖으로"란 뜻이다. "레시아"란 단순히 "불러내다"라는 뜻이다. 종합해 보면 "안에서 밖으로 불러내다"라는 뜻이 된다. 즉 구약 유대인의 선민사상이다.

히브리어에 에클레시아란 뜻과 같은 단어로 에다(Edah)와 카할(Kahal)이 있다. 에다는 시나고그(Synagogue) 즉 회당으로 번역을 한다. 그리고 카할(Kahal)은 교회로 번역을 했다. 우리가 알다시피 회당은 유대인들의 집회장소이다. 이스라엘은 각 지역마다 회당을 세우고, 회당마다 회당장이 있고, 그 지역에 장로들이 있어서 정치적, 종교적, 사회적, 교육적인 기능을 했다. 재판도 하고, 교육도 하고, 종교행사도 하고, 정치적인 의논을 했다. 다시 말해서 시나고그는 유대인들의 삶의 질서를 지키고, 발전시키는 지역적인 행정기관이며 종교적인 기관으로 중추적인 역할을 한 것이다.

그렇다면 왜 교회라는 단어로 카할이라는 에클레시아를 사용하였을까요? 에클레시아란 헬라 단어는 선민 유대인들의 정체성을 나타내는 단어로 흩어져 있는 디아스포라 유대인들의 지역적인 모임을 말할 때 이미 사용하고 있었던 용어이다. 오늘날로 말하면 가장 작은 행정구역단위의 모임을 의미하는 단어이고, 당시에는 폴리스(polis)와 같은 도시국가 개념이다.

에클레시아는 당시 신정정치가 이루어졌던 폴리스와 같은 신국의 개념으로 헬라 철학에서 말하고 있는 일원론 우주철학을 기준으로 하늘과 땅의 통일체를 의미하기도 한다. 그래서 폴리스 도시국가를 운영했던 민회를 에클레시아 라고 했다. 알렉산드리아 학파는 유대교, 헬라 문화권, 신약의 교회를 하나로 묶어서 에클레시아라는 이름을 사용한 것이다. 이것은 다원화된 종교 공동체일 뿐만 아니라 다원화된 정치개념을 하나의 통치개념으로 적용한 단어이다. 이것은 바리새파 유대인들이 추구하는 선민들의 나라로 세계주의를 이룩하기 위해 만든 그들의 세계관 교리이다.

헬라에서 폴리스(polis)란 가장 작은 도시국가를 통해서 신정정치가 이루어졌듯이 유대인들의 에클레시아 개념도 같은 의미이다. 다른 이방 도시국가와 차별화 시키는 용어이기도 하다. 시나고그(Synagogue)라는 에다(Edah)의 의미는 선민 중에서 또 다른 특별한 모임을 의미하지만, 에클레시아 라는 카할(Kahal)은 선민과 특별한 모임을 합한 모임의 성격이 된 것이다.

즉 에클레시아란 디아스포라 유대인들의 작은 도시국가 개념으로 이방 나라에서 이방인과 섞여 살아야 했던 유대인들이 자신들의 정체성을 지키기 위해 만들었던 지역 단어이다. 그래서 시나고그와 같은 의미로 유대인들은 에클레시아 라는 지역 모임 안에서 정치적인 문제와 종교적인 문제와 사회적인 문제를 해결하면서 그들의 정체성을 이어갔던 것이다.

특별히 알렉산드리아 바리새파 학파들이 교회를 그들이 유대 선민주의 모임으로 사용하고 있었던 에클레시아로 채택한 이유는 신약의 교회를 구약에서 예언하고 있는 메시아 유대나라의 연장선으로 세우려고 붙인 이름이기도 하다. 즉 구약의 선민주의 유대나라와 신약의 교회를 연결시키는 단어로 에클레시아를 사용한 것이다. 알렉산드리아 학파의 집요한 목표가 하나 있다. 그들의 목표는 이 땅에 구약에서 예언하고 있는 메시아 신국나라를 세우는 것이다.

이것은 그들이 신약의 기독교 신앙을 접하기 이전부터 가지고 있었던 메시아 사상이다. 그런데 이런 메시아 사상과 비전(vision)이 바벨론 포로생활을 거치면서 바벨론 탈무드라는 유대 바리새파 비전(祕傳)을 통해 바벨론 태양신과 이집트와 그리스의 영지주의 철학을 유대주의로 흡수한 것이다. 이것을 헬라화 된 유대주의 즉 세계화된 바리새파 유대주의라고 한다. 바리새파 유대주의가 알렉산드리아 유대 디아스포라에 머물면서 기독교를 혼합시키게 되는데 그들이 바로 알렉산드리아 학파인 필로, 판테누스, 클레멘트, 오리겐, 유세비우스, 암브로스, 어거스틴, 제롬 등이다.

가짜 유대인들이 겉으로는 다윗의 메시아 왕국을 세운다고 하지만 그러나 실상은 구약의 다윗의 메시아 나라를 세우는 것이 아니라 자신들의 루시퍼 숭배를 숨기고 그들이 원하는 나라를 세워 배도를 하기 위한 전략이었을 뿐이다. 이것을 정치적인 시오니스트 운동이라고 한다. 바리새파 유대인들은 단 한 번도 세상에 세워질 루시퍼 나라를 포기한 적이 없다. 급기야 현대에 와서 1897년 바벨 회의에서부터 시작된 정치적인 시오니스트 운동은 세계 1,2차 대전을 통해서 이스라엘 나라를 건국시키고 예루살렘을 수도로 정한 후 이제 제 3성전을 건축하고 배도를 하기 위해 막바지 이전투구를 하고 있는 중이다.

이들이 기독교를 사단주의 바리새파 유대교에 혼합시키는 전략은 70인 성경을 만들어 내용을 변개시키고, 상징과 비유와 알레고리칼하게 해석을 하는 것이다. 오리겐은 구약의 할례제도를 유아세례로 변개시켰다. 구약의 신정정치를 그대로 제도화 시켜 교회국가를 만들었다. 오리겐은 그동안 교부들이 줄기차게 주장한 전천년주의를 무천년주의로 변개시켰다. 천상의 유토피아인 기독교 진리를 지상의 유토피아 왕국 건설로 바꾸었다. 그렇게 해서 태어난 그들의 작품이 바로 로마 가톨릭이다.

이것이 그들이 교회를 에클레시아 즉 헬라 도시국가 개념인 정치적인 단어를 도입한 음모이다. 지난 기독교 2000년 역사 가운데 이들의 세력들은 국가라는 권력 안에 교묘하게 자신들의 정체를 숨기고, 믿음으로 살아가려고 발버둥 쳤던 참 교회를 괴롭혔다. 허리의 가시와 같은 존재들이 되어서 성경적인 참 교회를 힘들게 했다.

그들이 말한 교회는 단지 단어일 뿐 구약의 유대 선민사상이다. 그들은 주권신앙을 줄기차게 주장했다. 이것 또한 구약의 선민사상이다. 결코 유아세례를 포기하지 않았다. 왜냐하면 이것 또한 포기 할 수 없는 구약 선민의 언약이기 때문이다. 그들은 지상의 국가인 적그리스도와 바벨론 음녀가 심판을 받고 난 후 예수님께서 세우실 천년왕국을 2000년 동안 반대했다. 왜냐하면 그들이 세우기를 원하는 천년왕국은 그들 자신들이 지상에 세워야 하는 왕국이기 때문이다.

그들은 2000년 동안 기독교를 공격했다. 영지주의 사단철학으로 공격했다. 성경을 신화화 시키는 원문 비평으로 공격했다. 사회참여 복음으로 공격했다. 과학으로 공격하고, 은사주의로 공격하고, 종교통합으로 공격하고, 문화종교로 공격하고, 노동신학, 해방신학 등 이루 말할 수 없는 방법으로 기독교 진리를 공격했다.

그러나 그들은 절대로 교회를 무너뜨릴 수 없다. 왜냐하면 교회는 사람이 세우는 것이 아니라 이미 창세전에 하나님께서 완성하신 비밀이기 때문이다. 사단의 세력들이 교회를 정치적인 개념의 에클레시아로 정한 음모는 신약의 교회를 교회 국가인 구약 메시아 왕국개념으로 사용했기 때문이다.

2) 플로티누스의 뉴 플라톤주의

(1) 신의 유출설

뉴 플라톤주의는 플라톤의 이데아 사상을 보다 복잡하게 전개시킨 것으로 뉴 플라톤주의를 집대성한 학자는 플로티누스(Plotinos)이다. 그는 자신의 저서 에네아즈(Enneads)에서 "일자(the one)는 흘러넘치고 새로운 것들을 생산한다."라고 말하고 있다. 일자로부터 정신(nous)이 흘러나오고, 다음에는 영혼(psyche)이 흘러나오며 마지막으로 질료가 흘러나온다고 한다. 이렇게 만물의 본원으로부터 이 세계가 나오는데 거기에는 일종의 계층이 있어서 근원에 가까운 것일수록 보다 더 진실하고 완전하고 하위 계층으로 갈수록 복잡, 불완전한데 만물은 '관조'에 의해 계층적으로 근원으로 돌아가려고 한다고 한다.

"이 상하 두 방향에의 운동이 실제를 구성한다. 인간도 이 운동에 의해 감각적인 것을 벗어나 일자(the One)를 향하며, 이것과의 직접적인 합, 즉 탈아의 경지에 도달하기를 희구해야 한다고 하였다."

그리스 철학의 형이상학은 유일 절대 신을 인정하는 그리스도교와 아주 잘 맞았다. 중세의 교부 철학자들은 플로티누스의 일자를 신으로 대체하여 플로티누스의 철학을 기독교의 세계관을 설명하는데 사용한다. 뉴 플라톤주의가 기독교에 제공한 것은 무엇보다 (아리스토텔레스에 의해 제시된) 계층적 우주 개념이다. 즉 천상과 지상 사이에는 위계적 질서가 성립되어 있다는 것이다. 이처럼 낮은 세계와 높은 세계, 감각계와 예지계로 나누어진 세계들은 서로 대비될 뿐만 아니라 바로 그와 같은 상호 부정과 대극적인 대립성 속에 자신의 본질을 내포 한다는 것이다.

디오니시우스의 9계급 천사론을 보면 천상으로부터 지상으로 그리고 지상에서 천상으로 이끄는 사다리에 대해서 잘 묘사되어 있다. 오리겐과 그레고리우스 등이 뉴 플라톤주의를 받아들여 그리스도 신학

체계를 집대성한 학자들이다.

플로티누스는 -플라톤의 이데아 이론의 상정- 가시적인 세계의 배후에는 궁극적인 근원으로서 일자(To hen: The one)혹은 최초자(the first)가 있다고 상정한다. 이것은 모든 사유와 모든 인식을 초월해 있는 것으로 어떤 말로도 올바르게 기술될 수 없으며 이 일자는 제1단계(hypostasis)의 궁극적 물음이다. 물론 이 일자가 또한 제 2의 제 3의 히포스타시스도 갖고 있다. 그들 두 히포스타시스는 본질상 제 1의 것과 일치하고 있는 것이다. 단지 다른 기능을 구성하고 있다는 점에서 제 1의 것과 차이가 있을 뿐이다. 이러한 문맥에서 제 2의 히포스타시스는 누스(nous)라 하는 이성 혹은 마음이 되고 이 누스는 가시적 세계를 구성하고 있는 플라톤의 이념을 그 사유대상으로 하고 있는 순수한 직관적 사유이다. 그러므로 이 단계에서 "누스" "노에타" 양자는 서로 구별되지 않은 채 완전히 일치하고 있다. 제 3의 히포스타시스는 창조와 생성의 원리이며, 그는 이것을 영혼이라고 부르고 있다.

이러한 일자의 흘러넘침을 통해 세계가 형성된다고 보는 플로티누스의 세계관을 흔히 "유출설"이라고 한다. 일견 플라톤의 존재론과 유사한 점을 발견할 수 있지만, 그는 일자의 빛 혹은 속성이 만물에 깃들여 있는 것으로 파악함에 있어서 플라톤과는 달리 일원론적 세계관을 견지하고 있다고 할 수 있다. 플라톤이 이데아의 "성스러운 기운"에 대해 말했던 것과 유사하게 플로티누스도 유출이라는 하강운동과 반대방향의 상승운동에 대해 언급하고 있다.

유출설의 원조는 1, 2세기 헬레니즘 시대의 유대 철학자 필로와 비교(祕敎) 지식을 강조하는 영지주의파(靈智主義派)의 양대 창시자 바실리데스와 발렌티누스의 저술에서 찾아볼 수 있다. 그러나 유출설을 고전적 형태로 정식화한 것은 플로티누스와 프로클로스 등 뉴 플라톤주의자였다. 유출설은 그리스도교 영지주의파에서 두드러진 역할을 했다. 초기 그리스도교 저술가들은 신격의 삼위일체를 설명하기 위해 유출 개념을 수정했다. 신비주의와 신지학(神智學) 체계이며 이적을 행하는 유대의 밀교 카발라는 이 학설을 자세히 설명하고 있으며 16,

17세기의 논리학자들도 유출설을 이용했다. 그러나 빌헬름 라이프니츠 이후 유출설은 지지자를 잃었으며 오늘날은 진화이론으로 대체되었다.

시간이 지나고 뉴 플라톤 철학이 플로티누스라는 이집트 철학자에 의해서 발전한다. 뉴 플라톤 철학의 특징은 이원론이었던 플라톤 철학과 달리 일원론이라는 점이다. 플로티누스는 에네아즈(Eneads)라는 그의 저서에서 "유출설"을 주장한다. 이 세상의 모든 것은 이데아(Idea ; 하나님)로부터 "유출"되어 나온 것이다 라는 그의 주장은 기독교적인 창조 이해에 많은 도움을 주었다. 플로티누스는 이데아로부터 유출된 우주에서의 두 가지 운동에 대해서 이야기 한다. 하나는 "상승"운동이고 다른 하나는 "하강"운동이다. "하강"운동은 신적 존재인 이데아로부터의 유출을 말하고 상승운동은 그 유출된 존재들이 그 존재의 근원인 이데아로 합일(合一)을 꾀하려 올라가는 운동이다. 이러한 신비적 합일에 대한 내용 역시 기독교에 많은 영향을 주었다.

어거스틴은 이러한 플라톤 철학에 대한 이해를 바탕으로 많은 기독교적인 사상을 연구했는데, 특히 기독교의 "성육신"에 대한 이해는 플라톤 철학과 연결 지어서 상승운동과 하강운동의 신비적 합일이라는 의미에서 정말 중요한 사건이라고 말했다.

우리는 여기서 뉴 플라톤주의와 사뭇 다른 플라톤주의를 좀 구분해야 할 것이 있다. 플라톤주의의 이데아론에 대한 기독교의 비판이라 하면 아마도 "중재자(mediator)" 개념의 부재에 대한 비판이라고 할 수 있겠다. 중간에 망각의 강을 두고 절대로 건널 수 없는 플라톤 철학의 이중 구조의 상층 하층 상호의 세계의 중재자를 말한다. 기독교는 예수 그리스도 라는 이데아적인 존재가 인간의 세상에 성육신(Incarnation)한 것을 고백하고 선포하는 종교이다. 이러한 성육신을 설명할 수 없는 플라톤 철학은 어거스틴에 의해서 비판 받았던 것이다.

그래서 기독교 영지주의자들인 알렉산드리아 오리겐 등은 로고스 개념을 일자(theone)에서 파생한 개념으로 설정하여 예수님을 성부 하나님에게 종속된 개념으로 성경을 번역했다.

플로티누스는 플라톤으로부터 "일자"라는 개념, 즉 "이데아 중의 이데아"라는 개념을 적극적으로 받아들이고 거기에 "유출설"이라는 자신만의 사상을 끼워 넣어 더 구체적으로 설명하고 있다. 유출설이란 한 마디로 "흘러 넘친다"는 것이다. 즉 "일자"의 존재가 너무 충만해서 그 존재가 마치 넘치는 우물처럼 우리가 살고 있는 세계로 흘러와 우리 세계의 "존재"들을 떠받치고 있다고 생각하는 것이다. 이런 생각 때문에 플로티누스는 만물 그 자체가 곧 "신"의 존재라는 "범신론"으로 향한다.

그런데 기독교 사상에서 이러한 범신론은 "이단"에 가깝다. 기독교는 하나의 인격화된 하나님 이라는 신을 섬기는 것이며 바로 그 분이 모든 만물을 창조 했다고 설명하고 있으니 반발했던 것이 당연하다. 하지만 플로티누스의 설명이 대단히 매혹적이며 "일자"라는 개념 역시 기독교에서는 간과할 수 없기 때문에 그를 받아 들이면서 비판하고 수정하는 방식으로 어거스틴의 철학이 전개되는 것을 볼 수 있다.

플로티누스의 중요성은 바로 이 중세철학을 설명하는 과정에서 플라톤과 아리스토텔레스 철학의 매개자로서 매우 중요해지는 것이다. 그러므로 어거스틴 관련 서적에서 그의 이름을 찾는 것도 어려운 일이 아니다. 어거스틴 관련 서적은 상당히 많다. 토마스 아퀴나스의 경우는 좀 더 애둘러 어거스틴 과의 비교 시점에서나 등장하기 때문에 오히려 찾기가 힘들지만 아퀴나스도 만물에서 신의 존재를 찾으면서 또 동시에 하나님이라는 일자를 보존하는 방식으로 나가기 때문에 플로티누스의 영향을 부인하지 못한다. 신비주의가 언급되는 것도 사실이 "존재"에 대한 생각 때문이다. 플로티누스는 "일자"를 "만물"에서 직관하는 것으로 보았다. 언어적으로 증명하는 그런 것은 아니라고 보았다. 토마스 아퀴나스는 이를 수정해서 언어적이고 철학적인 증명으로 바꿔놓게 되었다.

가장 좋은 방법은 플로티누스에 관한 논문을 찾아보는 것이다. 일반 서적에서 플로티누스의 비중은 어쩔 수 없이 매우 미미한 게 사실이다. 하지만 플로티누스 논문은 비교적 쉽게 찾을 수 있다.

형이상학이란, 말 뜻 그대로 "형태" 배후에 있는 "이상"을 엿보려는 인간의 시도를 체계화한 것이다. "물질의 본질은 그 물질 속에 있다". 눈에 보이는 현상에 머무르지 않고 그것의 본질을 탐구하는 것은 좋은데 과유불급이라 인간은 한 발 더 나아가 우주의 본질은 어떻고, 만물의 생성원리가 어떻고 하면서 그럴듯하게 우주의 본질을 설명하고 그 원리를 설명한다.

그러나 문제는 증명할 수 없다는 것이다. 왜냐하면 아리스토텔레스의 형이상학 철학은 물질선재론에서 시작하기 때문이다. 아리스토텔레스의 형이상학의 철학은 형상과 질료의 끝없는 진화를 통해 윤회를 거듭하는 것이다. 여기에서 칼 마르크스의 자본론이 나오고, 다윈의 진화론도 나오게 된 것이다.

플라톤은 이 세계는 불완전하다고 보고 완전한 것은 순수한 이데아의 기억이 남아 있는 인간의 관념이라 보았다. 순수한 관념의 표상은 수학이다. 뉴 플라톤주의는 여기에서 한걸음 더 나아간다. 만물의 본원인 "일자"로부터 모든 실재가 생겨나고 그 모든 실체에는 질적인 차이가 있어서 하위에 있는 것이 상위의 것을 모방하게 된다는 식의 우주론을 말한다. 그리고 인간도 이 만물 중의 하나이고 그 모든 실체들 중의 하나이므로 보다 상위의 단계로 나아가기 위해 노력해야 한다는 것이다. 그래서 궁극적으로는 "일자"와 합일의 경지에 도달해서 신인합일을 이루어야 한다는 것이다.

(2) 기독교 신학의 최대 비극인 뉴 플라톤 철학

뉴 플라톤주의가 중세 신학의 근간이 된 것은 아주 불행한 일이다. 왜냐하면 플로티누스가 설정한 일자라는 신의 개념은 영지주의에서 말하고 있는 빛의 신 루시퍼이기 때문이다.

이미 영지주의에서도 언급되었다, 데미우르고스라는 구약의 창조신은 악한 신이고 반면에 참된 소피아를 인간에게 공급한 뱀인 루시퍼는 참 신이었다. 그런데 뉴 플라톤 플로티누스는 데미우르고스를 "일자"의 개념으로 바꾸어 유출설을 통한 창조를 설명한다.

뉴 플라톤 철학에서 말한 대로 영혼상승을 통해 신인합일을 이룬다면 루시퍼와 하나 되는 것이다. 다시 말해서 뉴 플라톤 철학에서 말한 신인합일은 사단주의자들이 기독교 종교를 말살하고, 인간을 사단 종교로 노예화하기 위한 속임수에 불과한 것이다. 뿐만 아니라 플로티누스의 뉴 플라톤 철학과 이것을 근거로 기독교 신학을 만들었던 오리겐과 어거스틴은 사단주의 신학을 만들었던 것이다. 분명히 그들이 말한 일자라는 개념은 성경에 나타난 절대적인 하나님이다. 그렇다면 분명히 창세기에 기록된 내용을 근거로 해서 창조주 하나님을 설명하고, 역사 속에서 구속의 섭리를 이룩하시기 위해 오신 예수 그리스도를 당당하게 역사 앞에 구세주로 소개를 해야 할 것이다.

그러나 사단주의자들은 이것을 감추고 사단 숭배 루시퍼를 사람들이 만날 수 있도록 철학과 신학을 만들어 기독교에 접목을 시킨 것이다. 오늘날 신사도 운동과 뉴 에이지 기독교, 신복음주의, 신정통주의, 신칼빈주의 신학이 모두 뉴 플라톤 철학에서 접목된 중세신학에서 나온 것들이다.

3) 뉴 플라톤 관상신학(contemplation theoria)

(1) 뉴 플라톤 철학에서 나온 관상기도

관상기도는 플라톤, 플로티누스 그리고 위디오니시우스로 이어지는 그리스 영지주의 철학의 신비전통으로부터 나왔다. 그리고 영지주의 신비철학은 신과 일치하는 소위 "영혼의 상승"과정 전체를 "관상"으로 부르기도 하며, 또는 이것을 세분해서 정화(purification/katharsis), 조명/관상(illumination/theoria) 그리고 합일/일치(union)의 세 단계로 구분해서 말하고 있다. 관상기도는 영지주의 유대 카발라 생명나무 종교이론에서 나온 것이다. 또한, 관상(contemplation)과 조명(illumination)이 그들의 철학에서는 비슷한 의미를 가진다는 사실도 재미있다.

(2) 관상기도의 목적, 인간이 신이 되는 것(신인합일)

관상기도는 신비신학의 전통에서 출발한다. 기독교 신비신학은 플라톤-플로티누스로 연결되는 뉴 플라톤주의의 신의 초월과 내재의 철학적 기초의 바탕 위에서 생성 되었다. 인간의 본질은 영혼이다. 영혼은 신과 동족성(syngeneia)을 갖고 있다. 따라서 영혼은 신 아래에 있는 그 어떤 것에도 만족할 수 없다. 본성적으로 영혼은 감각계를 떠나 영혼의 본래 고향인 신에게로 회귀하려고 한다. 이런 영혼의 상승의 종국은 신과의 합일이다. 절대자에게로 귀의하는 것을 플라톤은 테오리아(theoria, 관상)라고 했다. 이미 인간 속에 내재되어 있는 신을 찾아 자신이 신이 되는 것을 관상 기도라고 한다. 테오리아 라는 관상의 의미는 내 안에 있는 신을 바라보는 것이다. 그리고 내 안에 있는 신을 체험하는 과정이다. 이것은 사단의 약속이다. "너희가 선악을 아는 열매를 따 먹으면 하나님과 같이 되리라"

(3) 관상 기도 3단계

플라톤은 관상을 위한 단계를 제시한다. 각성, 교육, 정화(윤리적 정화, 지성적 정화)를 거친 이후 영혼은 절대선과 합일하게 된다. 합일의 단계가 테오리아, 즉 관상인데, 이는 지성적 활동이 아니다. 영혼은 절대 선을 결코 인식할 수 없으며, 단지 접촉하고 합일 할 수 있을 뿐이다. 플로티누스는 플라톤의 구도를 좀 더 세분해서, 세계의 과정은 일자의 유출(흘러넘침)과 회귀(epistrophe)로 설명했다. 유출되어 감각계에 존재하는 영혼은 영혼의 고향인 일자(플라톤의 선 자체)에게로 회귀하려고 한다.

플로티누스는 기독교 신비학의 중요한 단서를 제공한다. 일자는 개념도 없고 학문도 가능하지 않은 존재 저편에 있다. 그러므로 신학은 부정신학(否定神學)이 된다. 부정신학은 기독교 신비학의 일반적인 신학적 관점이 된다. 기독교 신비학에 대한 플로티누스의 다른 공헌은 영혼의 상승을 내면화 한 것이다. 영혼이 자신에게서 벗어나 일자에게로 향하는 상승은 자아의 내면으로 깊이 들어가는 것이다.

어거스틴이 "당신은 내 마음의 깊이 보다 오히려 깊은 곳에 계시고, 내 마음의 높이 보다 오히려 높은 곳에 계십니다"라고 쓰는 것은 플로티누스의 영향이다. 플로티누스는 영혼의 회귀를 정화(katharsis)-조명(illumination)-합일(unio mystica)의 3단계로 설명했고 이는 기독교 신비학의 구도로 차용되었다.

(4) 에로스 사랑의 관상을 통한 영혼상승

교부들은 지식과 영성 혹은 신비신학을 별개의 영역으로 취급하지 않았다. 이런 통찰이 6세기에 위디오니시우스의 저술과 뉴 플라톤적 요소와 융합하여 신비신학을 형성하게 되었다. 위디오니시우스의 주요한 공적 중 하나는 영혼의 상승을 정화, 조명, 합일 세 단계로 공식화한 것이다. 이 형식은 그 후 서방 신비주의의 표준이 되었다. 정화의 단계는 영혼을 정결케 하는 것, 조명의 단계는 신의 빛이 영혼을 비추어 주는 것, 그리고 합일의 단계는 신과 하나가 되는 체험을 말한다. 정화의 단계는 유한한 본성과 관련된 것으로부터 영혼을 벗어나게 하는 것이다. 조명의 단계에 속하는 것이 관상이다. 그것은 창조의 계층구조를 통해 신을 바라보는 능력이다. 합일은 신화와 동일한 것이다. 영혼은 에로스에 의해 상승되어 하나님과 연합되고 신화(神化)된다. 이것이 어거스틴의 에로스 사랑의 신학이다.

(5) 알렉산드리아 학파에서 완성된 기독교 신비주의 관상기도

관상에 대한 플로티누스의 사상은 알렉산드리아의 클레멘트(Clement of Alexandria, 150~215)에게 전수되었다. 클레멘트는 플로티누스의 영혼의 상승이라는 개념을 받아 들여 현세에서 신을 바라보는 것은 점진적인 과정이라고 보았다.

믿음은 실재(reality)에 대한 훈련되지 않고 열등한 반응이었다. 그는 믿음은 구원의 지식에 대한 텅빈 지식 혹은 해골과 같은 것이며, 참된 지식(gnosis, 영지)만이 우리가 믿음으로 받았던 골격과 같은 지식에 살을 채우게 한다고 보았다. 클레멘트에게 있어서 이러한 참된 지식은 오직 신을 바라봄을 통해서, 즉 신을 관상함을 통해서만 얻어질 수 있는 것이었다. 이러한 믿음과 지식에 대한 클레멘트의 구분은 전적으로 플라톤 철학에서 온 것이다.

클레멘트의 영향을 받은 오리겐(Origenes, 185~254)은 그리스도인의 삶을 신을 향한 영혼의 순례라고 보았다. 오리겐은 영혼은 '윤리적 단계'(ethike), '자연을 관상하는 단계'(physike), 그리고 '신을 관상하며 상승하는 단계'(enoptike)를 거쳐야 한다고 주장하였다. 그가 말하는 윤리적인 단계란 플라톤이 〈파이도스〉에서 이야기한 것과 같이 육체의 정욕을 죽이는 단계를 말한다. 그리고 자연을 관상하는 단계는 세상의 무상함을 깨닫고 세상을 초월하려는 것을 소망하는 것을 말한다. 이 두 단계의 목표는 육신을 영혼에 순응하게 한 후에, 육신으로부터 영혼을 해방하게 하는 것이다.

이렇게 영혼이 육신으로부터 해방하게 될 때 비로소 신을 관상하는 길로 들어서게 된다. 이러한 관상을 통해서 인간은 '신과 같이'(being like God or being deified) 된다. 오리겐은 인간의 영혼은 '되어짐의 세계 혹은 변화의 세계'(The world of becoming)로부터 일어나 '존재의 세계'(the realm of being)로 들어가야 한다고 보았다. 그리고 이러한 도약은 오직 영지적인 사람에게만 가능한 것이라고 보았다.

(6) 이머전트 브라이언 맥클라렌 관상기도

이머징 운동의 리더인 브라이언 맥클라렌의 고대 수행으로 "우리의 길을 다시 찾자"(Finding Our Way Again: The Return of the Ancient Practices)원서가 있다. 이 책의 번역서에는 관상가들인 이동원 목사와 최일도 목사의 추천사가 들어 있다.

정화의 길(via purgativa)의 목적은 우리에게 조명의 길(via illuminativa)을 준비시키는 것이며, 조명의 목적은 우리에게-우리의 본성과 신의 본성과의 합일(union)인- 일치의 길(via unitiva)을 준비시키는 것이다.

우리가 조명의 수련을 통해 우리 자신을 하나님의 빛과 불 속에 놓을 때, 우리는 신의 본성에 제압되어 신의 광채로 타오르기 시작할 것이다. 우리는 불이 되어서 신에 참여 할 수 있다.

(7) 어거스틴 관상기도

어거스틴은 354년에 알제리에서 태어난 고대 기독교 신비가였다. 그의 자서전 "고백록"에서 그는 그의 영적 여정을 상세히 기술한다. 그가 따랐던 신비적 길을 명료하게 글로 묘사한 그는 신비가일 수 밖에 없다. 그의 길은 고전적 신비 단계인 정화, 조명, 그리고 합일을 포함하고 있다. 그뿐 아니라, 여기에는 이블린 언더힐의 부가적 단계인 "각성"과 "영혼의 어두운 밤"도 포함된다. 어거스틴은 또한 윌리엄 제임스의 신비체험의 특성들과 일치하는 "조명"의 세 가지 사례를 기술함으로써, 그가 그에게 주어졌던 환상들의 영적 효과를 통한 신비가였음을 확인해 주고 있다.

상기 맥클라렌의 책 "다시 길을 찾다"의 (일치의 길)Theosis(via unitiva) 18장이 프리메이슨의 신화 사상을 설명하는데 무더기로 인용된 점은 상당히 의미 심장 하다. 역시 영지주의자들이 서로 잘 통하고 있다는 사실을 증명하고 있다.

영지주의 카발라의 구루 옴람 미카엘 아이반호프도 만유내재신적 "신과 합일되는 조명"illumination을 체험 했다고 한다.

"16세 때… 호흡법을 읽고 몇 시간 동안 수련을 하고 있었다. 그 순간 갑자기 천상의 불을 삼킨 듯한 기분이 들더니 황홀경에 빠져 다른 고차원의 세계로 들어가게 되었다. 거기서 나는 만물이 빛으로 이루어져 있고 그 빛은 신성한 불꽃 속에 있는 하나의 근원으로부터 투사되어 나왔다는 것, 그리고 만물이 서로 교감하고 있다는 사실을 깨닫게 되었다. 우주의식과 합일되는 이 일루미네이션(조명illumination)의 체험은 나의 내면에 영원히 꺼지지 않는 혼의 불을 당겼다."

(8) 에로틱 신비주의 영체 교환 관상기도

관상기도를 통해서 에로틱 신비주의 영체교환을 추구했던 사람들은 오리겐, 어거스틴, 위디오니시우스, 십자가 성 요한, 아빌라 테레사, 진젠도르프, 떼제 공동체, 아이합(IHOP), 예수 신부 기도운동가들이다. "신비주의란 체험을 통해 신을 인식하는 것"이며 이 "인식"에는

"합일" 즉 "신과 내가 하나"라는 영지주의, 만유 내재신적귀결이 절대적 요소로 포함된다. 표현은 조금 다르지만, 브루노 보르체르트는 "신비주의는 모든 것이 하나의 근원에서 비롯되고 있다는 경험적 인식"이라고 정의하면서, "신비적 경험"을 "사랑에 빠진 전율감"과 동일시한다. 이와 같은 신비주의의 특성을, 신비주의의 역사에 항상 먼저 등장할 정도로 중요한 위치를 차지하고 있는 신비가 위디오니시우스와 십자가 성 요한, 아빌라 테레사이다. 대부분의 신비주의에서 누차 보았듯이 위디오니시우스의 신비주의에서도, 관상이 수반되며, 에로틱 합일에는 탈혼(무아)적 황홀상태가 따른다.

스페인 아빌라의 성녀 테레사를 이야기할 때 함께 이야기해야 할 성인이 있다. 성녀 테레사와 함께 가르멜 수도회를 개혁하고 이른바 맨발의 가르멜회를 창설하였을 뿐 아니라 스스로 깊은 영성의 신앙인으로 그리스도교 신비주의 역사에 길이 남을 저작을 남긴 십자가의 성 요한(1542-1591, St. John of the Cross)이다. 그가 사용한 '영혼의 어두운 밤'은 그리스도교 신비 사상을 이야기할 때 빼놓을 수 없는 용어가 되었다.

이미 어거스틴도 같은 체험을 했다. "영혼의 어두운 밤"은 영혼이 어느 날 밤에 자기 집을 떠나서 신과 하나 되기 위해 신을 찾아가는 여정을 그린 것이다. "가르멜 산에 오름"의 첫 문장이기도 하고, "영혼의 어두운 밤"에도 나오는 문장으로 거의 후렴처럼 등장하는 문장이 있다. "어느 어두운 밤 사랑의 강렬한 갈망으로 불 붙은 채 (아, 오로지 은총일 뿐) 나는 보이지 않게 집에서 빠져 나왔다. 내 집은 아직도 그저 고요할 뿐"

다른 작품에서도 그렇지만 특히 "불타는 사랑의 불길"같은 글에서 성 요한은 영혼과 신이 하나 됨을 "로몬의 아가" 아가서에서 볼 수 있는 것처럼 신부와 신랑의 에로틱한 관계로 표현을 한다. 이런 것들은 자기의 종교적 삶을 통해 직접 얻은 체험에 바탕을 두고 있다고 볼 수 있다. 그런 의미에서 십자가의 성 요한을 경험주의적 신비가(emperical mystic)라고 한다.

아빌라 성 테레사의 신비주의 체험의 그림은 스페인 빅토리아 성당의 코르나로 가족 경당을 장식하고 있다. 성령을 통해 계시를 받아 가르멜 수도회를 개혁하고 여러 수도회를 설립한 예수의 성녀 테레사(1515-1582)로, 그녀는 1622년 시성되고 1970년에 교회학자로 선포되었다.

그녀는 그즈음의 수도원이 너무 세속화하여 세속적인 향락에 도취되기 쉬운 곳에 있음을 느끼고는 교회와 수도원의 개혁을 절실하게 원했다. 그러던 중 말라리아에 걸려 그 쇼크로 쓰러지기를 반복했다. 결국 혼수상태에서 깨어날 기미가 보이지 않자 사람들은 병자성사를 청하고 그녀의 무덤을 준비한다. 그러나 기적적으로 회복한 그녀는 3년 동안을 온몸이 마비되는 고통 속에서 살았다. 이런 시련은 오히려 영적으로 도움이 되어 그녀는 4년 간 오로지 기도에만 매달리게 된다. 그녀는 기도 중에 하느님의 빛을 체험하는 등 신비한 체험을 많이 한다. 특히 그녀의 자서전에는 1560년 4월의 어느 날 신비한 체험이 기록되어 있다.

"나는 인간의 모습으로 나타난 한 천사를 보았다. 아주 작고 잘 생긴 귀여운 천사로, 불붙은 것 같은 그의 얼굴이 지체 높은 신분을 말해주고 있었다. 그의 손에는 끝에 불이 붙은 긴 황금 쇠창이 들려 있었다. 그 창은 내 몸을 아주 여러 번 아주 깊숙이 관통했는데, 그때마다 내 몸은 온통 하느님에 대한 위대한 사랑으로 불붙었다. 그 고통이 얼마나 강렬했는지 내 입에서는 신음소리가 절로 나오고, 이 견딜 수 없는 고통이 가져다주는 달콤함이 지극해 이 고통이 완화되지 않기를 얼마나 바랐는가! 이 고통은 결코 육체적 고통이 아니었다. 이는 하느님과 내 영혼이 나눈 지극히 감미로운 사랑이었다."

이런 테레사 성녀의 신비한 정신적 체험을 위대한 조각가인 베르니니는 우리 눈앞에 보여주고 있다. 천사 앞에서 무기력하게 공격을 감내하는 사람이 성녀 테레사이다. 그녀는 지금 신비로운 관상 속에서 하느님과 합일하는 무아지경의 상태에 있다. 견신(見神)을 하며 하느님과 사랑의 소통을 하는 절대적이며 지극한 황홀경에 빠져있는 것이다. 심장을 수없이 찔러대는 불붙은 쇠창의 고통조차 이 순간엔 지극한 희열로 들뜨게 하는 것이다. 지금 테레사는 육신과 사지는 황홀한 경험으로 전율하면서 옷자락 아래로 무기력하게 거의 탈진한 상태로 늘어져 있다. 특히 고개를 젖힌 모습과 반쯤 감긴 눈, 깊은 한숨으로 약간 벌어진 입이 지금의 도취가 얼마나 감미로운지를 단적으로 보여 준다.

종교적인 신비한 체험의 수난이 오히려 세속적 사랑의 황홀경과 닮아 있는 것은 아닌가! 불타는 화살로 화한 하느님의 극적인 사랑을 받았을 때 느낀 영적 고통과 환희의 절정이, 극도의 흥분상태에 빠진 에로틱한 여인의 모습으로 드러난 것이다. 마치 큐피드의 황금 화살에 사랑의 전율을 느끼는 여인처럼 말이다. 그래서 이 작품은 영적이라기보다는 선정적이라는 이유로 비난을 받으며 바티칸의 성 베드로 대성당에 전시되지 못했다.

베르니니는 성적 오르가슴을 체험한 여성의 무아경을 통해 종교적 신비경을 표현한 것이다. 종교적으로 겪는 희열의 순간이 세속의 절정과 다르지 않다는 형상을 통해 베르니니는 정신과 육체, 영혼이 하나 되는 완전에 이르는 경지를 보여 준다. 그리고 그 순간 겪는 환희의 열정이 하늘에서 쏟아지는 황금빛 햇살로 표현되어 있다. 바로 하느님과 사랑을 나누는 신비롭고 정신적인 희열을 겪는 한 여인의 정신과 마음을 간접으로 드러낸 것이다.

이 작품을 주문한 사람은 이탈리아 베네치아의 추기경 코르나로였다. 이 작품은 지금 빅토리아 성당의 코르나로 가족 경당을 장식하고 있는데, 양쪽에 커다란 기둥이 있는 제단 위에 놓여 있다. 그리고 그 맞은편 2층에 좌석이 마련되어 있다. 아마도 성녀 테레사의 무아경이 성령을 열망하는 사람들의 종교적 신심을 더욱 공고히 하는 한 편의 드라마가 되지는 않았을까?

(9) 아이합(IHOP)의 신비주의 신부 운동

교회를 그리스도의 신부로 묘사한 성경과는 달리, 마이크 비클과 그의 동역자들은 각 성도들로 하여금 하나님과의 연인 관계로 들어가도록 가르친다. 이것은 에로틱한 관계 속에서 하나님과의 합일을 추구하는 가톨릭과 일부 동양종교에서 나타나는 에로틱 신부 신비주의 일환으로 볼 수 있다. 신부 신비주의는 참으로 에로틱한 사랑의 체험에 관해서는 아빌라의 테레사 관련 글을 참고 바란다. 다음은 아이합(IHOP)의 형제 사역인 더콜(The Call) 캠퍼스 집회에서 일어난 일을 참석자가 묘사한 내용이다.

"수 천 명의 젊은이들이 신부 신비주의 의식을 집행한다. 이런 집단 신비주의 의식에서 입회자들은 현대 크리스쳔 신비주의 음악을 통해서 의식의 변성(變性)상태로 들어가게 된다. 수 천의 젊은이들에게 '성령께서 오셨음'을 알린 후에, 그들은 '예수와의 결혼식'을 가지는데, 리더들은 '주여! 우리와 결혼하소서!!'라고 외치며 전 회중으로 하여금 엎드리거나 '신부 캐노피' 밑을 지나가도록 한다"

(10) 신인합일의 결과는 무엇인가?

이미 에로틱 신비주의에서 보았듯이 신인합일이 이루어지는 순간 사단주의자들이 말한 신인간이 되어 마인드 콘트롤, 환생, 입신, 뜨거움, 텔레파시, 환청, 집단 최면, 유체이탈, 공간이동, 황홀경, 공중부양, 초혼, 신유, 축사 등과 같은 초능력을 경험하게 된다. 프리메이슨에서는 이들을 마스터(Master)라고 한다. 이들은 프리메이슨 정식 단원으로 입단식을 거쳐 그들의 조직 안에서 한 형제애를 누릴 수 있다. 그리고 사단주의 운동에 영매인 마스터(Master)로 쓰임을 받게 된다. 그리고 입단식이 끝나면 사단숭배 인신제사와 밀교의식에 참여해야 한다. 그리고 만일 배반하면 즉결 처분이 된다.

4) 사단교회 설계자 오리겐

(1) 오리겐의 신학사상

오리겐의 스승인 클레멘트는 철학적 변증법을 통해 불가지론 이론으로 기독교 신학을 만들었다. 무에서 유를 창조한 절대신은 인간의 이성으로 만날 수도 없고 생각할 수도 없기 때문에 가짜 신을 만들어 진짜 신을 찾아 가야 한다고 하면서 플라톤의 데미우르고스 제작신을 로고스 사상으로 조립하여 기독교 신학을 만들었다. 클레멘트는 자신의 신학의 기초를 모든 지식의 원천인 로고스 교리에 두었다.

오리겐은 헬라사상의 영향을 받아 성부가 직접 세상을 창조하기는 부적당한 것으로 보고 뉴 플라톤주의적 로고스 신학을 발전시켰다. 왜냐하면 뉴 플라톤 철학에서는 물질을 악으로 보았기 때문이다. 오리겐에 따르면 하나님이 처음부터 물질계를 창조하지 않고 하나님의 영광을 위해 지음 받은 오직 이성과 자유의지를 지닌 영적 존재들만을 창조하셨다고 했다. "그러나 이 영적존재들이 하나님께 영광을 돌리는 일에 염증을 느껴 점차 열등한 것에 관심을 가지게 되었다. 이 영적 존재들이 타락하였기 때문에 물질계가 존재하게 되었다. 이 물질계는 우연히 창조된 것이 아니라 하나님의 본래 목적에 따라 지어진 것이다."

(2) 오리겐의 성경해석

오리겐의 신학을 이해할 수 있는 가장 좋은 길은 그의 성경 해석 방법을 고찰하는 것이다. 왜냐하면 오리겐은 최초로 성경을 학적으로 주석했고, 거의 모든 성경을 주석한 성경 신학자였기 때문에 오리겐의 주석이야 말로 그의 신학적 관심을 나타내기 때문이다. 오리겐의 성경해석은 알렉산드리아 신학 전통에 서 있었다. 알렉산드리아 학파의 성경해석은 헬라 철학의 개념을 성경 해석에 적용하여, 성경은 히포노이아(hyponoia)라고 불리는 보다 깊은 진리 또는 영적 의미를 지닌다고 보았다. 영적인 의미는 단어 밑바닥에 깔려 있기 때문에 풍유적 해석법으로 발견해 내야 한다고 생각했다. 풍유적인 성경 해석의 선구자요 가장 대표적인 인물이 필로(주전 20년부터 주후 50년)였다.

풍유적 방법론을 증진시키는 센터의 역할을 해 온 알렉산드리아에 있는 기독교 교리 문답 학교의 책임자였던 클레멘트(Clement of Alexandria)는 박해로 유배되기까지 필로처럼 성경은 이중적인 의미를 가진다고 가르쳤다. 영과 육을 가진 인간처럼, 성경도 문자적인 의미 이면에 숨겨진 혼(영)적인 의미뿐만 아니라 육적 의미를 갖고 있다는 것이다. 여기서 숨겨진, 영적인 의미가 더 중요하다고 그는 가르쳤다.

오리겐은 히브리어에 능통했으며 유대인들의 수중에 있는 히브리어로 기록된 원본을 수집했다. 오리겐은 성경의 원문을 중요하게 다루면서도 성경의 참된 의미는 문자적 해석을 통해서 얻을 수 없다고 주장했다. 오리겐은 인간이 몸, 혼, 영으로 구성되어 있듯이 성경도 삼중적 의미를 갖고 있다고 주장했다. 성경의 삼중적인 의미는 문자적 의미(본문의 사건, literal or physical meaning), 도덕적인 의미(그리스도인의 삶을 위해 숨겨진 원리들, moral meaning), 영적인 의미(교리적 진리, spiritual meaning)가 있는데, 그 중에 가장 깊은 의미는 영적인 의미라고 했다.

(3) 성경변개의 주모자

오리겐은 한 때 그리스의 아테네 철학의 관점에서 성경을 해석한 이단자로 판명되었다. 그는 또한 예수님께서 '창조된 하나님'이었다는 이단 교리를 퍼뜨렸다. 이같은 오리겐의 믿음에 대해 "뉴 스탠다드 백과사전"(New Standard Encyclopedia), 제9권은 다음과 같이 잘 요약해 주고 있다.

오리겐의 사상 중 가장 주목할 만한 것은 바로 그의 로고스(Logos) 교리였다. 이 사상은 요한복음 1장 1-5절과 기타 다른 기독교 저술 안에도 나타나 있으나, 특히 오리겐은 이 문제를 철저히 다루었다. 그리스 철학에서 로고스란 창조의 신적 원리와 이성세계의 질서에 대한 이름이었는데, 오리겐은 이 원리를 예수 그리스도의 인격과 사역에 적용시켰다. 그는 아들을 아버지에게 종속된 존재로 만듦으로써, 그리스도를 세상에 이성을 가져다주는 "하나님에 의해 피조된 로고스"로 취급하였다. 그리하여 오리겐은 실제로 이 땅에서 사시며 가르치시기도 하셨던 사람으로서의 예수 그리스도의 특성을 무시하였다. 이같은 교리는 4세기경의 이단 그룹인 아리우스파의 교리 정립을 위한 토대를 제공해 주었다.

다시 말해 오리겐은 오늘날의 여호와의 증인들처럼 예수님을 하나님으로 믿은 것이 아니고 하나의 피조된 신으로 믿은 것이다. 심지어 그는 예수님께서 육체로 땅에 거하셨다는 사실조차 믿지 않았다! 오리겐의 저술에는 많은 모순들이 있는데, 바로 이같은 사실은 부패한 사본들 속에 들어 있는 모순들을 설명해 주는 열쇠가 된다. 간혹 그는 "예수 그리스도께서 하나님이시다." 라는 것을 인정하는 듯한 발언을 하다가도, 이내 돌아서서는 그것을 부인하곤 했다.

사실 오리겐은 요한복음 1장 1절 말씀을 변개하고는 "말씀(the word)은 한 신(a god)이었다."고 말했는데, 여기에서 우리는 말씀과 신을 소문자로 쓴 것에 유의해야 한다. 이같은 믿음은 참으로 우리 세대의 여호와의 증인들이 고수하는 그릇된 교리에서 나온 믿음과 동일한 것이다. 사실 여호와의 증인들은 이같은 자신들의 교리를 부패한 알렉산드리아 사본의 요한복음 1장 1-5절과 3장 13절에서 취하고 있는데, 바로 이 오리겐이라는 인물이 자기 자신의 이단교리를 합리화하기 위해 "보편적 본문"을 변개시켜 여호와의 증인들을 위한 토대를 마련해 준 것이다.

(4) 오리겐의 잘못된 사상들

오리겐은 영지주의자였다. 즉 카발리스트였다. 그는 플라톤 철학에 심취했다. 그는 종종 구약성경을 신비적으로 해석했고, 신약성경과 더불어 비유적으로 해석했다. 그는 창세기 1,2장에 기록된 하나님의 창조 사역과 아담과 하와의 기록을 부인했다. 오히려 물질과 영혼이란 영원 전부터 계속해서 존재해온 것이라고 믿었다. 그는 또한 죽음 이후에 사람의 혼이 그 사람의 행위에 따라 좀 더 고차원적이나 또는 저차원적인 생명으로 바뀐다는 윤회사상을 믿었다.

그는 또한 보편적 구원을 믿었으며, 악한 자들도 형벌을 받은 후에는 즉 연옥에서 고통을 받은 후에는 구원을 받는다고 믿었다. 그는 또한 육체의 부활을 믿지 않았고 별이나 달도 혼을 갖고 있다고 믿었다. 그는 결국에는 마귀들도 구원받을 것이라고 믿었다.

그는 목사를 제사장(혹은 신부)으로 부른 사람들 중 하나이며 주교들이 큰 죄를 용서하는데 한 몫을 한다고 말했다. 대부분의 교부들이 성경대로 '전천년주의'를 믿었음에도 불구하고, 그는 예수 그리스도가 오기 전에 교회가 세력을 확장해서 평화를 가져온다는 '무천년주의'(후천년주의)를 신봉했다.

(5) 오리겐의 작품

오리겐은 그 자신의 저서들을 통해서 온 기독교계에 큰 영향을 미쳤는데, 그 평생에 6,000 여권의 책을 저술했고 초기 교부들이 신약성경에서 인용한 글 중 현재까지 남아 있는 것의 50% 정도가 그의 글을 인용하고 있다. 니케아 종교회의 이전의 7명의 중요한 교부들이 신약성경을 인용한 것 중에서 오리겐의 것이 약 18,000개나 될 정도로 그는 왕성한 저술 활동을 했다.

오리겐의 대규모 작품으로 그는 성경의 거의 모든 책에 대한 주석서를 썼다. 그가 저술한 「De Principiis」라는 책은 조직신학 책이다. 그가 지은 「셀수스에 반대하여」(Against Celsus)는 변증학 책이다. 그의 작품 중 가장 유명한 것은 「헥사플라」(Hexapla)이다.

(6) 사단 교회 주모자 오리겐

오리겐과 오리겐이 소속되어 있는 알렉산드리아 학파는 모든 기독교 이단을 탄생시킨 본부이다. 세계 역사를 승자의 편에서 쓰고 있는 기독교 역사도 모두 양의 탈을 쓰고 있는 오리겐을 중심으로 한 로마 가톨릭에서 종교 개혁자들에게 이어지는 역사이다.

그는 하나님께서 아들을 창조한 것이고, 또 성령은 아들에 의해서 창조되었기 때문에 아들보다 하위의 존재라고 가르쳤다. 그는 죄 사함 받기 위해서는 세례가 필수불가결한 조건이라고 믿었으며, 유아 세례를 인정했다. 세례라는 교리를 속죄교리로 만든 장본인이다. 그 후 로마 가톨릭과 종교 개혁자들은 동일하게 성례를 속죄의 도구로 사용하였고, 그것에 동의하지 않았던 수많은 참 교회들을 단죄했다.

그는 심지어 저주받은 사람들과 마귀들은 그들이 충분히 형벌을 받은 후에는 그리스도께 자발적으로 복종한다고까지 가르쳤다. 오리겐은 필로의 풍유적 해석을 응용하여 신약성경을 해석하는 하나의 정규 방법으로 발전시켰다. 이러한 방법으로 그는 위에서 말한 모든 거짓 교리와 그 밖의 비성경적인 가르침들을 지지하는 기반으로 삼았던 것이다.

(7) 오리겐이 만든 거짓 교리들

① 오리겐은 최초로 성경은 기록된 문서일 뿐이라고 하면서 성경의 무오성을 부정했다.
② 창세기1,2장을 신화라고 했다.
③ 칼 바르트가 오리겐의 사상을 이어 받아서 오직 자신이 경험한 것만을 성경이라고 했다.
④ 오리겐이 최초로 감독의 교회와 감독의 사죄권을 주장했다.
⑤ 최초로 할례제도로 유아세례를 주장했으며, 유아세례를 구원으로 인정을 했다. 즉 유아세례를 받지 않은 사람은 구원받지 못한 사람으로 인정했다.
⑥ 아담과 하와를 부인했으며, 영혼 선제설을 주장했다.
⑦ 별과 행성들도 영혼을 가졌다고 주장했다.
⑧ 육체의 부활을 부인하고 사람의 행위를 따라서 복귀하는 윤회를 주장했다.
⑨ 보편적 구원교리인 연옥 교리를 주장했다.(악한 자들도 형벌을 받은 후에는 즉 연옥에서 고통을 받은 후에는 구원받는다고 믿었다.)
⑩ 보편적 만인구원론을 주장했으며 최종적으로 마귀들도 구원을 받는다는 우주회복론을 주장했다.
⑪ 전천년주의를 최초로 부인하고 지상왕국론인 무천년(후천년)을 주장했다.
⑫ 요1:1-3에서 예수님을 로고스로 하나님께 종속된 존재로 해석했다.(피조된 신으로 신성부인:아리안주의 탄생, 여호와의 증인)
⑬ 지옥은 존재하지 않고 죽으면 고등동물이나 하등동물로 복귀한다고 했다.
⑭ 태양과 달과 별들은 살아 있는 피조물이라고 주장했다.
⑮ 자연만물도 구원이 필요한 존재로 보았다.(영지주의)(범신론)

위와 같은 오리겐의 사상은 뉴 플라톤 철학을 바탕으로 2000년 기독교 신학에서 그대로 이어져 내려오다가 현대에 와서는 종교다원주의와 종교통합운동의 기본 교리로 정착을 하고 있다. 오리겐은 사단 신학의 원조이다.

5) 어거스틴의 신학과 사상

(1) 어거스틴의 생애(주후354-430년)

북아프리카의 누미디아(Numidia)의 힙포(Hippo) 근처에 있는 타가스테(Tagaste)에서 354년 11월 13일에 태어났다. 어거스틴은 어려서부터 뛰어난 재능을 가지고 있었다. 그의 성격은 열정적이고 민감하였으며, 고상함을 탐구하는 면이 있었다. 이것을 알아차린 부모는 그에게 최고의 교육을 시키려고 하였다. 그래서 아프리카에서 정치, 문화, 경제의 중심지인 대도시 카르타고(Carthago)에 유학을 시킨 것이 17살 때였다. 어거스틴은 진리 탐구를 위한 목적으로 마니교(Manicheism)를 찾게 된다. 어거스틴이 마니교에서 9년 동안 머물러 있게 된다.

그렇지만 마니교 신자인 그에게도 항상 해결되지 않는 의문점이 남아 있었다. 그것은 악의 근원에 대한 것이었다. 마니교는 명확한 해답을 제시해주지 못하고 있었던 것이다. 그리하여 그는 마니교를 떠나 다시 뉴 플라톤 철학으로 자리를 옮긴다.

(2) 밀라노에서의 운명적인 만남, 암브로스

어거스틴은 마니교에서 떠나 새로운 사상에 접하기 위해 아프리카를 떠나 이탈리아의 밀라노로 자리를 옮긴다(384년). 당시 한창 유행하던 뉴 플라톤주의(Neo-Platonism)는 종교적 색채가 강한 철학이었다. 뉴 플라톤 철학에서는 모든 존재의 원칙이 하나만 존재한다고 하였다. 그것은 잔잔한 호수가에 돌멩이 하나가 던져지면 한 가운데서 무수한 동심원을 그려나가듯이 모든 존재의 근원은 하나인데 계속 퍼져나온 것들이 오늘의 현상들이라는 것이다.

그러므로 동심원에 보다 가까울수록 궁극적 존재에 가까운 실재들(realities)이고 보다 우수한 것들이다. 그리고 근원에서 멀리 떨어진 것일수록 열등한 것이며, 악이란 것도 사실은 궁극적 존재에서부터 멀리 벗어난 존재들이다. 도덕적 악이란 것도 궁극적 존재로부터 시선을 돌리고 보다 잡다하고 열등한 것들에 사로잡혔을 때 생기는 힘이다. 이렇게 볼 때 악이라는 것은 비록 실재하기는 하지만 그것은 사물이 아니라 궁극적 존재의 선으로부터 어긋나버린 하나의 방향이다. 그러면 인간이 어떻게 궁극적 실재에 접근할 수 있는가? 여기에 대해 뉴 플라톤주의에서는 많은 연구와 훈련과 신비적 명상을 통하여 인간이 말로 형언할 수 없는 자 (the ineffable one) 곧 신에게 도달할 수 있다는 것이다. 어거스틴은 이 플라톤 사상에서 악의 기원에 관한 문제에 대해 해답을 얻음으로 이 철학에 머물러 있는다. 뉴 플라톤 철학에서는 악의 근본은 없다 단지 선의 결핍이다. 결국 선이 채워지면 악은 사라진다는 것이다. 그러므로 영원한 심판도 없다. 악의 존재인 사단도 구원을 받는다.

(3) 어거스틴의 스승은 암브로스와 사막 수도원의 아버지 안토니우스

밀라노에서 어거스틴은 암브로스의 풍유적 성경해석으로 이해가 되기 시작하였다. 암브로스는 뉴 플라톤 철학의 대가로서 밀라노 총독을 하다가 밀라노 감독 자리를 놓고 아리우스파와 반대파들이 싸움을 하다가 세례도 받지 못한 암브로스가 갑자기 밀라노 감독이 된 사람이다. 암브로스는 뉴 플라톤 철학을 바탕으로 오리겐이 말한대로 비유와 풍유적인 성경해석으로 설교를 했다. 특히 암브로스의 아버지는 집정관으로 로마 황제반열에 서 있는 신분이었기 때문에 암브로스의 정치적인 위상은 말로 할 수 없었다.

특히 암브로스의 설교에 감동을 받은 어거스틴은 강력한 국가 권력이 자기를 이끌지 아니했으면 기독교인이 되지 않았다고 고백한 것처럼 암브로스의 설교는 철저하게 지상의 유토피아적인 비전을 제시한 것으로 무질서한 현실정치에 갈등이 있었던 어거스틴에게는 큰 감동으로 왔던 것이다. 이미 오리겐의 뉴 플라톤 철학으로 만든 기독교가 유대 카발라 영지주의 신비종교로 그 목적이 지상에 다윗의 메시아 왕국을 세우는 것이라는 사실을 알았다. 그래서 오리겐은 예수님께서 재림하셔서 세우실 천년왕국을 부인하고 무천년주의 신학을 만들어 현 세상에서 다윗의 메시아 왕국을 세우기 위해 짝퉁 기독교 신학을 만들었던 것이다.

어거스틴은 주후 387년 부활절, 즉 34세 되던 해에 암브로스에게 세례를 받는다. 북아프리카에서 이집트 수도원 운동을 하고 있던 폰티티아누스(Pontitianus)를 통해서 아타나시우스가 쓴 사막 수도원의 아버지 "안토니우스 생애" 라는 책을 건네 받고 심취하게 된다. 결국 폰티티아누스는 어거스틴의 영적인 마스터가 되어 관상기도를 통해 깊은 신비주의 세계를 경험하게 된다.

(4) 가짜 기독교 왕국을 세운 어거스틴

놀라운 사실은 어거스틴의 회심사건이다. 그가 로마서 13장 13절 말씀을 통해서 회심을 했다고 한다. 그리고 그 이전부터 "안토니우스 생애" 라는 책을 통해서 신비종교를 경험하게 되었다. 이미 뉴 플라톤 철학을 통해 만들어진 기독교의 하나님은 창조주 하나님이 아니고 물질 세상을 다스리고 있는 제작신 데미우르고스 즉 루시퍼라고 하였다. 즉 가짜 하나님 여호와이다. 드디어 2000년 기독교 역사를 뒤집어 버리는 새로운 이단이 탄생한 것이다. 그 이름이 어거스틴이다.

"안토니우스 생애"라는 책을 쓴 사람은 아타나시우스이다. 이는 니케아 종교회의 영웅이다. 호모오우시오스, 성부와 성자는 동일 본질이라고 주장하고 예수님의 신성을 부인한 아리우스파를 단죄하고 일약 스타가 되었다. 그런데 사실은 아타나시우스는 나중에 데오토코스, 즉 성부와 성자는 동일 본질이므로 성자 예수님을 낳은 마리아는 성부 하나님의 어머니가 된다고 주장하여 마리아 숭배 신학을 만든 장본인이다. 아타나시우스 역시 이집트 이시스 여호와를 섬기는 루시퍼의 종이었던 것이다. 아타나시우스를 통해서 니케아 종교회의에서 부활절이 이스타르 즉 이시스가 낳은 아들이 다시 태어나는 절기로 바뀌었다. 이스터 데이다. 그동안 우리가 기독교 교회사를 통해서 이어진 기독교 신학이 진리인 줄 알았다. 왜냐하면 어거스틴이나 아타나시우스와 같은 사람들을 신앙의 거장으로 포장하여 역사와 기독교 교리를 왜곡시켜 왔기 때문이다.

사단은 광명한 천사이다. 거짓의 아비이다. 온갖 신비한 일들도 할 수 있는 능력자이다. 기독교 2000년 역사에서 수많은 위인들이 예수님을 만나 거장이 되고 그들이 만든 신학을 통해서 오늘날에도 목사가 탄생하고 있다. 그런데 놀라운 사실은 그들이 만났다고 하는 예수님이나 그들이 하나님이라고 소개한 신학은 성경에서 말씀하신 예수님이 아니고 또 하나님이 아니다. 모두가 광명한 천사로 가장을 한 루시퍼이다. 어떻게 그것을 알 수 있는가? 예수님께서 말씀 하신대로 좋은 나무가 좋은 열매를 맺고 나쁜 나무는 좋은 열매를 맺을 수 없다. 열매로 그 나무를 아는 것이다. 열매란 무엇인가? 그 사람의 말이고 그 사람이 쓴 글이고 그 사람이 행한 행동이다. 그리고 그것을 분별할 수 있는 유일한 기준은 성경이다.

그동안 기독교 2000년의 역사에서 가장 중요한 이단은 오리겐과 어거스틴이다. 오리겐은 이단 기독교 신학의 기초를 놓았고 어거스틴은 이단 기독교 신학을 집대성하고 로마 가톨릭이란 짝퉁 천년왕국을 세운 자이다. 지금부터 어거스틴의 말과 글과 그가 남긴 행적들을 통해서 그동안 얼마나 사단에게 속아서 살아왔는가를 볼 것이다.

(5) 성례전과 폭력에 대한 정당성

어거스틴이 살고 있었던 북아프리카가 도나티스트(Donatist)가 발생한 지역이었으므로 어거스틴은 그의 전 생애 동안 이 도나티스트와 대항한 각종 논문들을 쓰게 된다. 그는 성례전 즉 세례와 성찬에 대하여 교회를 버리고 배도한 주교들이 박해가 끝나자 다시 돌아와 성례를 베풀때 도나티스트파에서 공격을 했다. 어떻게 예수를 부인하고 교회를 버리고 떠난 자들이 다시 성례를 집행할 수 있느냐? 이에 대하여 어거스틴은 성례전의 효과가 의식 집전자의 인격과 상관없이 예식 자체로 효력 있다는 주장을 펼쳤다. 사람이 아닌 교회의 권위를 주장하였다. 정당한 전쟁(Just War)에 관한 이론도 전개 시켰다. 도나티스트 파들이 유아세례를 거부하고 구원 받은 성도들이 따로 모여 예배를 드리고 로마 가톨릭 교회로 돌아오지 않을 때 "강권하여 교회를 채우라"는 성경을 인용하여 무력을 사용하여 도나티스트 교회를 파괴하였다. 그리고 끝내 돌아오지 않는 도나티스트 성도들을 하나의 거룩한 교회를 분열시키는 이단으로 죽였다. 이것이 정당한 전쟁이론이다. 사랑의 도구로 폭력이나 전쟁이 사용되면 정당하다는 것이다

(6) 펠라기우스 논쟁과 유아세례, 누미디아 종교회의

주후 415년 누미디아 종교회의에서 펠라기우스 파를 이단으로 추방한 사건이 있었다. 이것이 유명한 펠라기우스 논쟁이다. 어거스틴과 펠라기우스는 원죄의 부패성, 유아세례, 하나님의 특별은총에 대하여 논쟁하였다. 어거스틴은 사람은 태어나면서부터 원죄를 안고 태어나기 때문에 하나님의 특별은총이 필요하다고 주장했다. 그러나 펠라기우스는 아담만 타락했다고 주장하면서 원죄의 부패성을 부인했다. 어거스틴은 인간은 완전히 타락했기 때문에 자력으로 구원을 얻을 수 없고 하나님의 특별한 선택이 있어야 한다고 주장했다. 그러나 펠라기우스는 사람이 자유의지가 있기 때문에 특별은총이 없어도 자기가 결정하고 믿으면 구원을 얻는다고 하였다.

펠라기우스 논쟁의 출발은 어거스틴이 유아세례 법을 제정하기 위해 제출된 법안을 통과시키려 할 때 일어난 논쟁이다. 어거스틴은 인간은 태어날때부터 죄인으로 태어나서 완전히 타락하였기 때문에 하나님의 특별은총으로만 구원을 얻을 수 있다고 주장하면서 유아세례가 하나님의 특별은총의 방편임을 강조하였다. 그러나 펠라기우스가 여러가지 이유를 가지고 이것에 대하여 반대를 할 때 펠라기우스 파를 이단으로 파면하고 유아세례법을 통과시킨 것이 주후 415년 누미디아 종교회의이다.

최초로 유아세례를 주장한 사람이 오리겐이다. 구약의 할례제도를 통해서 아브라함의 자손이 되었듯이 신약의 교회가 구약의 이스라엘의 연장이기 때문에 유아세례를 통해서 구원을 받고 교회가 될 수 있다고 주장한 것이다. 그래서 어거스틴이 이 제도를 로마 가톨릭 교회

에 접목을 시켰던 것이다.

당시 도나투스파는 어거스틴의 유아세례법이 잘못되었다고 강력하게 주장했다. 물과 성령으로 거듭나지 아니하면 아무리 유아세례를 여러 번 받아도 구원을 얻을 수 없다고 말한 것이다. 그러면서 유아세례를 받은 후 거듭난 성인들에게 다시 세례를 베풀었다. 이에 대하여 어거스틴은 세례는 한 번만 받는 것인데 두 번씩 준다고 하면서 도나투스파 교회를 재세례파 이단 교회로 정죄를 하고 죽였다.

(7) 어거스틴과 칼빈의 운명론적 예정론과 특별은총의 비밀

어거스틴은 하나님의 특별은총으로 예정론을 주장했다. 어거스틴의 아바타인 칼빈 역시 사람이 태어나기도 전에 하나님은 택자와 불택자를 결정하여 구원하신다고 하면서 이것을 인간의 자유의지와 상관이 없는 불가항력적인 은혜라고 하였다. 그러면서 이러한 특별은총이 로마 가톨릭교회에서 베푼 유아세례를 통해서 이루어진다고 주장했다.

어거스틴이 이러한 주장을 한 이유가 있다. 디오니소스는 지옥과 천국을 마음대로 왕래할 수 있는 헤르메스 신을 만들었다. 그래서 디오니소스를 섭리신이라고 한다. 인도의 시바신 역시 운명의 신이다. 사람이 죽고 다시 태어날 때 그 사람의 신분을 바꾸어주는 신이다. 사단의 혈통들은 이런 운명의 신을 믿는 자들이다. 죽기를 무서워하므로 사망의 세력을 잡은 마귀에게 모든 생명을 맡기고 종노릇하는 인간들이다. 뿐만 아니다. 사단의 혈통들은 계몽이 불가능하다. 그래서 그들에게는 선택권이 없다. 플라톤의 이상국가에서 사람들은 태어나기 전에 신으로부터 직업을 받고 태어난다고 한다. 철인은 지혜를 받고 태어나서 통치를 하고, 군인은 신으로부터 용기를 받고 전쟁을 하고, 농민과 노예는 신으로부터 절제를 받아 일을 하면 정의로운 세상이 된다고 하였다.

중세 봉건사회가 바로 플라톤의 이상국가이다. 인도의 카스트 제도가 바로 운명론적인 국가이다. 뉴 플라톤 철학은 운명론적인 철학이다. 왜냐하면 영겁회귀를 통해서 신에게 가까이 가는 환생종교이기 때문이다.
　어거스틴은 디오니소스 운명론으로 성경을 해석하여 하나님의 특별은총 교리를 만들고 창세전부터 택자와 불택자를 유아세례라는 제도를 통해서 기독교 짝퉁 신학을 만들었다. 존 칼빈의 직업 소명론이 있다. 무슨 일을 하든지 하나님께서 주신 일이라고 생각하면 성직이 된다고 하는 것이다. 운명론적인 기독교 신학은 인격을 가지시고 우리를 사랑하시고 오래 참으시면서 우리를 아름다운 하나님의 아들로 만들어 가시는 기독교와 전혀 다른 종교이다.
　어거스틴은 33세에 세례를 받은 후 33년 동안 무려 117권의 책을 저술했다. 그리고 수많은 신학사상들을 발표했다. 역사가들은 어거스틴의 사상을 동서양의 사상의 저수지라고 했다. 왜냐하면 동서양의 모든 사상이 어거스틴에게 흘러 들어가서 정립되었기 때문이다. 로마 가톨릭은 태양신을 섬겼던 로마와 보편적인 교회라는 기독교가 혼합된 종교국가이다. 어거스틴의 신국론을 통해서 로마 가톨릭이란 지상의 신국을 탄생시켰다. 어거스틴은 사도 바울의 절대주권과 절대은총을 주장했다. 그리고 국가교회, 감독교회, 연옥설, 죽은자를 위한 기도, 고해성사와 대사설(大赦說), 마리아 숭배 등을 주장했다.

(8) 어거스틴의 3위1체 신학과 뉴 플라톤 철학

　어거스틴은 주후 420년 경에 3위1체론의 책을 썼다. 어거스틴의 3위1체론의 특징은 주신이 성부가 아니라 성령이라는 사실이다. 그래서 어거스틴의 신학을 성령의 신학이라고 한다. 어거스틴은 3위1체를 소개할 때 철학적으로 변증을 한다. 그러면서도 사랑의 신학으로 설명을 한다. 어거스틴의 신학을 성령의 신학이라고도 하고 사랑의 신학이라고 한다. 어거스틴의 사랑의 신학은 아가페와 에로스가 있는데 에로스 신학이다. 위에서 아래로 내려오는 사랑은 아가페이고 아래에서 위로 올라가는 사랑은 에로스이다. 어거스틴의 신학은 사람이 하나님을 찾아 만나는 신학으로 에로스 사랑 신학이다. 어거스틴의 신학의 뼈대는 뉴 플라톤철학이다. 절대자 일자로부터 유출된 만물이 다시 일자로 복귀를 하면서 신과 합일을 이루게 된다. 이것을 구원이라고 한다. 일자로부터 멀어지는 물질 세상은 악하고 더러운 세상이다. 그러나 일자에게 가까이 갈수록 거룩하고 흠이 없게 된다. 그러니까 어거스틴의 3위1체 신관은 거룩하고 흠이 없는 것을 전제로 설명을 한다.

바벨론 태양 종교가 3위1체 신관이다. 애굽의 태양종교는 일신론 신관이다. 그래서 동방 종교와 서방 종교는 토마스 아퀴나스가 신학대전을 만들 때까지 서로 다투고 싸웠다. 일종의 헤게모니 싸움이다. 어거스틴의 3위1체 뿌리는 바벨론 3위1체이다. 니므롯과 아내 세미라미스와 담무스는 한 사람이다. 어떻게 그렇게 될수 있는가? 니므롯이 죽고 세미라미스는 아들을 낳아 담무스라고 했다. 담무스란 뜻은 죽은 니므롯이 다시 환생을 했다는 뜻이다. 그리고 세미라미스는 아들 담무스와 결혼하여 자손들을 퍼뜨렸다. 이 자손들을 일루미나티 혈통이라고 한다.

니므롯과 담무스는 한 사람이다. 세미라미스가 담무스를 낳았기 때문에 담무스와 세미라미스는 하나이다. 그러므로 니므롯과 세미라미스는 하나이다. 성경에서 언급된 3위1체 주신은 아버지 하나님이시다. 즉 성부 하나님이시다. 그러나 어거스틴의 3위1체 주신은 성령 하나님 이다. 어거스틴은 사랑이란 비유로 3위1체 하나님을 설명한다. 성부 하나님은 성자 아들을 사랑한다. 성자인 아들은 성부인 아버지의 사랑을 받는다. 성령 하나님은 이 둘에게 사랑을 공급하는 사랑 자체이다. 그래서 어거스틴의 3위1체 주신이 성령이 되는 것이다. 이러한 설명은 바벨론 태양 종교의 3위1체에서 주신이 세미라미스이기 때문이다. 세미라미스를 통해서 니므롯과 담무스가 나온 것처럼 사랑 자체인 성령으로부터 아버지와 아들에게 사랑이 공급된다.

어거스틴은 교회를 어머니 교회라고 하였다. 여신 세미라미스를 숭배하는 교리이다. 지금도 로마 가톨릭 홈피에는 어머니 교회라고 기록되어 있다. 마리아 숭배 사상은 어거스틴의 사상이다. 세미라미스 숭배 사상이다.

이러한 관계를 전제로 하고 어거스틴은 1000페이지가 넘는 방만한 분량의 책으로 기독교 3위1체론을 설명한다. 모두가 거짓말이다. 칼 바르트가 9000페이지 넘는 그의 책에서 교회가 우주라고 설명한 것 같다. 초등학문인 철학적 변증법을 통해 무식한 가축인간들을 미치고 돌아버리게 하는 작전이다. 가축인간들은 그들이 말하고 있는 복잡한 거짓말을 이해도 못하고 그들이 만들어 놓은 방정식을 무조건 받아 들이고 또 그대로 가르치고 전파를 하게 되는 것이다.

영국의 케임브리지 대학교 양자 물리학 교수인 존 폴킹 혼은 2009년 연세대학교 출판사에서 나온 "양자 물리학 그리고 기독교 신학"에서 명쾌하게 양자 물리학으로 어거스틴의 3위1체 신을 증명하였다. 분명히 어거스틴은 3위1체 신에 대하여 영원전부터 계시고 그 신성과 존재는 피조세계 밖에 계신 분으로 우리 인간이 어떤 방법으로도 그 분을 설명할 수 없고 그분을 정의할 수 없다고 결론을 지었다. 그런데 그런 신이 현대 양자역학이란 과학으로 벌거벗게 된 것이다. 이유는 무엇일까? 어거스틴이 말한 절대 신은 거짓말이기 때문이다. 어거스틴이 말하고 있는 하나님은 뉴 플라톤 철학에서 말하고 있는 '일자'라는 '제작 신'이기 때문이다.

무에서 유를 창조하신 하나님은 인간이 만든 과학으로 증명할 수 없다. 그러나 인간이 만든 자연 만물 속에 내재된 물질신은 아무리 거짓말을 해도 결국은 그 정체가 드러나고 만 것이다. 창조 과학회 김명현 박사도 창세기 1장 1절 히브리어를 게마트리아 수비학으로 창조주 하나님을 증명하고 있다. 여기에 동원된 수학이 순열, 조합, 미분, 적분을 이용한 기하학이다. 이것을 피타고라스 테트락티스 우주론 또는 테트라그라마톤 네 글자 신이라고 한다.

2000년 동안 기독교 신학에서 말한 데오스 즉 하나님은 창조주 하나님이 아니다. 플라톤이 티마이오스에서 소개한 데미우르고스이다. 물질세계를 지배한 루시퍼이다. 이것을 바알 신이라고 한다. 즉 번영신학이다. 예수님의 죽으심으로 구원받은 성도들이 예수님의 재림을 통해 결혼식을 하고 천년왕국을 유업으로 받아 통치를 하는 것인데 오리겐과 어거스틴은 무천년주의신학을 만들어 예수님께서 오셔서 세우실 천년왕국을 지워버리고 루시퍼를 하나님이라고 속여서 이 세상에서 천년왕국을 세우게 한 것이다. 이것이 가짜 기독교 번영신학이다. 모두가 다 지금까지 속아서 지옥으로 가는 것이다. 번영 신학에서 말한 예수는 다른 미트라 예수이다. 번영 신학에서 말한 하나님은 루시퍼이다. 사단이 그렇게 쉽게 많은 사람으로 예수를 믿게 하여 천국에 가도록 내버려 두겠는가? 어림없는 소리이다. 한 사람이라도 천국에 들어가지 못하도록 수단과 방법을 가리지 않고 방해할 것이다. 예수님께서 말씀하셨다. 멸망으로 인도하는 문은 크고 넓고 생명으로 인도하는 문은 좁고 협착하다고 하셨다.

(9) 어거스틴의 교회관, 보편적 교회인 로마 가톨릭

어거스틴의 보편적 교회는 헬라철학의 우주관과 태양신을 섬겼던 바리새파 유대교의 신국론과 기독교 교회론을 통합한 지상의 유토피아 신국론(神國論)이다. 그래서 보편적 교회안에는 미래에 펼쳐진 모든 세계의 통합적인 완성을 추구하고 있다. 이것이 메시아 신국이다. 헬라철학의 우주회복이다. 어거스틴의 보편적 교회론은 킹덤 나우가 이루어지는 국가교회이다. 땅도 포함된다. 자연만물도 포함된다. 해와 달과 별들도 포함된다. 그레고리 1세는 주후 590년 어거스틴의 하나님의 도성이란 책을 교과서로 삼아 중세 교황의 천년왕국을 만들었다.

그리스도가 머리가 되지 않고 어머니가 머리되는 교회, 소위 교회가 교회의 머리가 되는 "교회교"를 창설한 오리겐을 위시하여 초대 교부들은 교회사에서 엄청난 망언의 씨를 뿌렸다. 이 열매들은 바리새파 유대인의 첫 정치 신학자 유세비우스에 의해, 암브로스와 어거스틴 등을 통해 로마 교회 안에 자리 잡았다. 그런데 우리의 기독교회사는 성경에도 없는 바울-어거스틴-루터-칼빈 이라는 족보까지 만들어 놓고 프로테스탄트 교회가 어거스틴의 사상에서 출발했다고 말하고 있다. 로마 가톨릭 교회의 찌꺼기를 청산하지 못한 개혁 교회는 이제 메시지 대신에 미사곡까지 교회 안에서 연주하고 있는 실정이 되었다.

오리겐, 클레멘트, 유세비우스와 같은 알렉산드리아 학파는 그리스 철학과 성경을 통합시키려는 욕망에 불탔다. 그들은 그리스 철학이 신의 영감을 받았으므로 그 기원이 신성하며, 신의 말씀과 동일하다는 그릇된 가정하에서 자신들의 해석체계를 정립했다. 유대인들에게 그리스도를 죽인 자들(Christ-Killer)이란 죄명을 씌운 로마 교회는 오리겐이 주장한 유대인들의 개종, 추방, 멸종의 3단계 이론을 로마 가톨릭 교회의 교의로 삼아 오늘날에까지도 이것을 시행하고 있다. 사단을 섬기는 가짜 유대인들이 진짜 유대인들을 죽이고 유대인 행세를 하는 것이다. 어거스틴은 오리겐의 비유적 성경 해석을 취하며, 참 이스라엘, 즉 아브라함의 육체에서 난 자들에 대한 하나님의 약속을 송두리째 제거시켰고, 교회가 이스라엘이라는 논증을 들고 나섰다. 여기에서 무천년주의가 성립되었다. 그러나 십자가 이후에 생긴 그리스도의 교회는 문자 그대로 그리스도의 교회이며, 이스라엘은 이스라엘인 것이다.

로마제국의 황제들은 국가교회(State-Church)를 이상적인 모델로 보았다. 반면에 교황들은 세상 군주들을 교황권 아래 두고 다스리는 교회국가를 이상적인 모델로 보았다. 또한 그들은 하나님의 구원 계획을 위해 지상의 평화가 유지되어야만 하며 국가가 교회에 의존하는 것이 불가피하다고 생각하였으며, 오직 "교회-국가"만이 이를 실현 할 수 있다고 보았다. 유럽교회의 성서로 불려진 어거스틴의 "하나님의 도성"(원제목은 「이교에 대항하는 하나님의 도성」임)이라는 역사 사회 철학서는 예수님의 복음에다 키케로, 마니, 플라톤 등의 이교사상을 혼합시킨 것으로, 가톨릭 교회가 지상에 교회 왕국을 건설하기 위해 필요한 정치적 이론을 발전시키는데 막대한 공헌을 했다.

예수 그리스도를 교회로 대치시킨 이 사람들은 하늘로부터 임하는 문자 그대로의 왕국 대신에 교회가 세상 권력을 지배하는 가시적인 교회 왕국을 건설하려 했다. 이것이 바로 가톨릭 주의가 처음부터 주장해온 무천년주의의 핵심 내용인 것이다. 즉 로마 가톨릭이 바로 천년왕국이라는 교리이다. 그리스도의 신부로 남아 있어야 할 로마 교회가 국가와 함께 잠자리를 같이 하였을 때, 사단은 사도 바울의 논리성에 견줄만한 논리성을 갖춘 어거스틴(Augustine of Hippo. 354-430)이라는 종교적 천재를 기독교회사에 출현시켰다.

A.D. 410년 영원한 도성으로 간주되어온 로마가 고트족의 침공으로 흔들리자 로마 가톨릭 교회는 말로 다할 수 없는 충격을 받게 되었다. 사실 "하나님의 도성"이란 표현은 오리겐과 유세비우스의 글에도 빈번하게 나타난다. 유세비우스는 시편 87:3을 주로 공격하면서, 예루살렘은 더 이상 하나님의 도성이 될 수가 없다고 말함으로써 성경의 예루살렘이 아예 존재치 않는 것으로 간주했다. 그런데 어거스틴의 "하나님의 도성"은 이같은 유세비우스의 영향을 벗어나지 못하였다.

옛 바벨론의 도시-국가(City-state)에 뿌리를 둔 그리스의 폴리스는 단순히 사람들이 모여 같이 사는 것이 아니었다. 이것은 지역, 종교, 법, 문화, 도덕 등 모든 것이 같아야 함을 의미했고, 어거스틴의 도시 개념 또한 정치와 종교가, 즉 카이사르와 그리스도가 서로 분리될 수 없는 도시-국가(City-state)였다. 어거스틴은 여러 곳에서 누누이 "하나님의 도성"이 곧 가톨릭 교회 임을 밝히고 있다. 하나님의 도성은 거룩한 교회이다…(8권 24), …그의 교회인 하나님의 도성…"(15권 26), …하나님의 도성인 그리스도와 그의 교회."(16권 2), …하나님의 도성에 대하여, 즉 교회에 대하여…(시편주해 71:18), …하나님의 도성이 거룩한 교회가 아니면 무엇이란 말인가?…(시편주해 98:4). 독자께서는 부디 어거스틴이 말한 하나님의 도성은 영원히 망하지 않는 로마 가톨릭 교회 라는 것을 명심하기 바란다. 사단은 항상 현란한 성경적인 단어들을 나열한 뒤 무식한 가축인간들을 속이고 그들의 영혼을 지옥으로 끌고 가는 것이다. 뉴 에이지 선구자 떼이야르 드 샤르댕은 우주를 예수님의 몸된 교회라고 주장하면서 우주의 햇빛과 공기 그리고 흐르는 강물들을 예수님께서 십자가에서 흘려주신 물과 피라고 하였다. 하얀 거짓말에 속지 마시라

파라(F.W.Farrar, 1831-1903)는 다음과 같이 말한다. 어거스틴은 처음으로 성경을 짜맞추어 이스라엘이 교회 라는 해석을 이끌어 낸 사람들 중 하나이다. 그러나 그의 성경해석 체계에는 두드러지게 나타나는 결점이 있다. 그는 교회, 즉 가톨릭 교회의 정설에 따라 성경을 해석해야만 하며, 어떠한 성구도 다른 어느 것에 따라 해석해서는 안 된다는 원칙을 정한 사람이다. 그런데 이 원칙이란 교권이 성경의 권

위보다 더 우월하다는 것이었다. 그래서 어거스틴은 다음과 같이 말했다. 교회의 권위가 나로 하여금 복음을 향하게 하지 않았다면, 나는 복음을 믿지 못했을 것이다. 나는 가톨릭 교회의 권위가 지지해주고 있는 성경에 대해서, 그리고 그것을 통해 지시되어 있는 구원의 길에 대해서 의심하지 않는다. 교회는 오류가 없으며, 구원은 오직 교회에만 맡겨져 있고, 따라서 교회에 속해 있는 것을 통해서만 구원을 얻을 수 있다.

예수 그리스도를 오류투성이였던 교회로 대치시켜버림으로써, 어거스틴은 철저하게 사단의 교회교를 세웠고, 하나님의 말씀을 교회의 책으로 만들어 버렸다. 그에게는 교회 자체가 진리의 표준이었고, 따라서 교회가 복종해야만 하는 어떤 권위나 교회를 판단하는 교회 이상의 권위가 존재하지 않게 되었다. 즉 교회가 하나님 자신이 되어버린 것이다. 이것을 여신왕후의 국가라고 한다.

우리가 먼저 알아야 할 것은 성경이 교회의 책, 즉 교회가 좌지우지할 수 있는 책이 아니란 사실이다. 오히려 "귀 있는 자는 성령께서 교회들에게 하시는 말씀을 들을지어다"라고 계시록 2:7이 말씀해 주듯이, 교회는 성경 말씀, 즉 하나님의 말씀에 의해 세워져 가야 하는 것이다. 이런 것을 깨닫지 못한 어거스틴은 하나님의 심판 아래 있는 교회에게 하나님의 말씀을 판단하여 뜯어 고칠 수 있는 권한을 부여했으며, 그 이후로 로마 교회는 계속해서 하나님의 말씀 자체를 변개시켜 왔던 것이다.

어거스틴이 제공한 하나님의 도성의 비전을 가지고, 로마 교회는 세속적인 권세를 차곡 차곡 쌓아 나갔다. 로마 교회의 거듭남의 개념은 성경이 말하고 있는 것과 근본적으로 다르다. 그들은 위로부터 임하여 인간의 질을 재창조하는 거듭남이 무엇인지 알지 못하며, 어거스틴의 「고백록」이 들려주듯이, 로마 가톨릭 교회에 귀의하여 그 시스템에 순응하고 복종하는 인간의 제도적 의식이 마치 거듭남인 것으로 오해하고 있다.

어거스틴의 「고백록」은 사악한 가톨릭 주의의 제도에다 고해성사라는 또 다른 굴레를 하나 더 씌워 주었다. 어거스틴의 수도원 규칙을 보면 아비 종교를 더욱 강조하여 아비 계급에 절대 복종할 것을 강조하고 있다. 그래서 그들은 자신들의 사제를 신부(神父), 즉 하나님 아버지라 부른다. 물론 영어권에서도 가톨릭 교회의 사제는 Father로 불린다. 그들은 베드로를 유일한 가톨릭 교회(One Chruch, the catholica)의 통일성으로 삼고 (제롬과 더불어 어거스틴이 만든 교황 리스트는 베드로를 첫 교황으로 인정하고 있다.), 교회의 특성을 머리되신 그리스도에 두기 보다는 통일성, 보편성, 거룩성, 전통에다 두고 있다. 주후 3세기 경에 오리겐의 마리아 숭배사상이 암브로스에게 왔을 때, 그는 마리아 숭배사상에다 성물 숭배사상을 더했고, 어거스틴은 이 모두에다 죽은 자를 위한 기도를 인정하는 연옥설을 보태어 연옥설의 원조가 되고 말았다.

구원은 예수 그리스도의 십자가 대속의 은총으로 이루어진다. 즉 구원은 예수님에게서 나온다. 그러나 로마 가톨릭은 교회에서 구원이 이루어진다. 즉 교회가 구원을 베풀고 있는 것이다. 이것이 7성사이다. 7성사를 통해서 구원이 저절로 이루어지는 것이다.

(10) 어거스틴의 이단관

도나티스트(Donatist)란 말은 로마 황제 디오클레티안의 박해시에 성경책을 불태우거나 버리도록 강요할 때 목숨을 바쳐 순교하면서 신앙을 지켰던 성도들을 말한다. 이때에 성경책을 불태우고 버린 배교자들이 나오게 되었는데, 심지어는 감독들까지 배교하였다.

배교자들에 대해 엄격했던 사람들은 박해 시에 신앙을 저버리고 배교한 앞툰자시의 감독 펠릭스가 안수하여 북아프리카 카르타고(Carthage)의 감독이 된 카이키리아누스(Caecilianus)의 감독 안수식을 무효라고 선언하고, 맨사리우스(Mansarius)를 새 감독으로 성별시켰으나 그는 곧 죽고 도나투스(Donatus) 감독이 계승하게 되었는데 그의 이름을 따서 그들을 도나티스트라고 부르기에 이르렀다.

도나티스트들은 성직 안수식 및 세례식과 성만찬 예식은 도덕적으로 성별된 거룩한 감독 및 성직자들에 의해서 이루어져야 한다고 강조하였다. 즉 티오클레티안의 박해시 배도했던 배도자들을 통한 성례를 거부했던 것이다.

그러나 어거스틴은 비록 배교한 성직자라도 그들이 베푼 성례전은 타당성이 있음을 강조했다. 즉 성만찬 행위의 사건 자체가 타당성을 발휘하지 어떤 인간에 의해 타당성을 갖는 것이 아님을 역설하였다. 어떤 성직자의 도덕적 능력이나 인격에 의해 타당성이 부여되지 않고 오직 그리스도의 권능으로 타당성이 인정됨을 주장했다.

참 목자는 오직 그리스도인 까닭에 그리스도의 이름, 삼위일체의 이름으로 행해지는 성만찬이나 세례는 그것이 교회 안에서나 밖에서나, 성직자가 흠이 있거나 없거나 상관없이 타당성을 지닌다고 해석했다. 그러나 효력성에 있어서는 반드시 교회 안에 들어와야 함을 강조했다. 은혜의 효력은 교회의 울타리 안에 들어와 사랑의 열매를 맺음으로써 다시 살아난다고 강조한 것이다.

왜냐하면 한 번 그리스도의 이름, 삼위일체의 이름으로 세례 받은 것은 영원히 타당하고 효력을 발생하기 때문이라는 것이다. 그러나 도나티스트들은 배도자들에게 다시 삼위일체의 이름으로 세례를 받고 입교하여 그들의 참 신앙의 증거가 나타나야 함을 강조했다. 어거스틴이 강조한 은혜의 효력은 오직 로마 가톨릭 교회라는 울타리안에서만 가능한 것이었다. 누가 어디에서 무엇을 하는가 보다 그가 과연 로마 가톨릭 교회 안에 있는가가 모든 선악과 이단의 기준이 된 것이다.

도나티스트들은 교회관에 있어서도 교회는 성결한 무리들만 모이는 공동체요, 죄인들은 공동체에 들어올 수 없음을 강조한다. 그래서 배도자들은 징계를 받고 처음부터 철저히 교회생활을 다시 시작해야 함을 주장한다. 하지만 어거스틴은 교회 속에 보이는 교회와 보이지 않는 교회가 있고 알곡과 쭉정이도 함께 있다고 보편적인 교회를 주장한다. 인간은 감히 누구를 최후 심판 이전에 쭉정이라고 정죄하거나 심판 할 수 없다고 본다. 그래서 어거스틴은 눈에 보이는 교회의 일치와 사랑 정신이 가장 중요함을 강조한다. 즉 보편적인 오직 하나의 로마 가톨릭을 강조한다.

어거스틴의 보편적인 교회의 범위는 종교의 차이나, 교리의 차이가 아닌 오직 로마 가톨릭에서 실시하고 있는 성례전에 참여하는가 하지 않는가에 따라서 구원과 심판이 결정된다. 이것이 어거스틴의 하나님의 도성이란 책에서 주장한 교회론이다. 그래서 그들은 성만찬을 행할 때도 모든 사람들에게 문호를 개방한다. 오늘날에도 어거스틴의 교리에 따라서 로마 가톨릭에서 실행한 7상사에 참여만 하면 누구든지 구원을 받은 형제가 되는 것이다. 사람이 죽고 사는 것은 예수를 믿고 거듭나느냐 그렇지 않느냐가 아니라 로마 가톨릭 안에 들어 오는가 들어 오지 않는가에 결정되는 것이다. 그러면서 그들은 로마 가톨릭이 그리스도 예수님의 몸이기 때문이라고 주장한다. 어거스틴의 이단의 기준은 로마 가톨릭이다. 사단 숭배자도 로마 가톨릭 교회 안으로 들어오면 이단이 아니다. 그러나 거듭난 성도라도 로마 가톨릭 교회를 떠나면 이단이 되는 것이다. 많은 사람들이 313년 밀라노 칙령을 통해서 기독교가 로마의 국교가 되었다고 오해를 한다. 그렇지 않다. 콘스탄틴이 기독교를 공인한 것은 기독교를 국교로 정한 것이 아니라 기독교를 로마에 있는 수 만 개의 만신 종교 중 하나로 인정한 것이다. 로마 종교는 미트라 태양종교이다. 이 종교는 만신종교이다. 로마의 판테온 신전이 만신종교의 신전이란 뜻이다. 어거스틴이 만든 로마 가톨릭이란 짝퉁 기독교 역시 만신종교이다. 형식적으로 짝퉁기독교가 로마의 국교가 되는 해는 394년 데오도시우스 황제 때이다.

(11) 참회록에 기록된 기독교 생명신학을 모르는 어머니를 위한 기도문

"육신의 삶에 얽매였던 어머니가 그리스도 안에서 새롭게 지으심을 입었고, 그리스도의 이름을 찬양하며 경건한 신앙 안에서 살았던 것은 분명한 사실입니다. 그러나 그렇다손 치더라도 중생의 체험을 하고, 세례를 받은 이후에 당신의 계명에 어긋나는 단 한 마디 말의 실수도 없었다고는 감히 말할 수 없습니다. … 어머니의 선행으로 인하여 나는 기쁨으로 당신에게 감사를 드립니다. 그러나 또한 주님, 어머니의 죄를 인하여 간구하오니 자비를 베푸사 용서하여 주옵소서. … 어머니의 생활은 사랑과 자비가 가득 찼고 '그녀는 그녀에게 죄 지은 자를 용서하여 주었으니 주여, 그녀의 죄악을 용서하여 주옵소서.'(마 6:12) 그녀가 구원의 세례를 받은 이후 혹 잘못된 죄악이 있거든 주께서 용서하여 주옵소서. 주여! 이 부족한 종이 전심으로 간구하오니 그녀를 용서하여 주소서. 용서하여 주소서."

어거스틴의 참회록의 기도문을 읽어보면 어거스틴은 율법의 저주 아래 있다는 사실을 알 수 있다. 다시 말해서 그는 롬8:1-2 "그러므로 이제 그리스도 예수 안에 있는 자에게는 결코 정죄함이 없나니 이는 그리스도 예수 안에 있는 생명의 성령의 법이 죄와 사망의 법에서 너를 해방하였음이라" 어거스틴에게는 생명의 성령의 법이 없다. 그래서 그는 자유가 없는 죄의 속박에서 살아가고 있는 것이다. 그가 비록 수많은 빛을 보고, 영적인 체험을 했다 하더라도 그런 체험은 어느 종교에서든지 가능하다. 특히 영지주의 뉴 플라톤 철학의 신인합일 관상기도에서는 그 보다 더한 영적인 체험이 항상 가능하다. 문제는 그의 영혼에 자유가 있는가에 있다. 그리고 그의 어머니를 위한 기도는 절대로 복음을 알고 있는 자의 기도가 아니다. 어거스틴은 어머니 모니카가 구원받고 난 후 고백하지 못한 죄나 미처 깨닫지 못한 죄가 있지 않을까에 대한 염려로 기도를 하고 있다. 그리고 그녀의 선행과 그녀의 아름다운 삶을 참고해서 용서해 달라고 기도를 하고 있다.

분명히 어거스틴은 복음을 알지 못하는 사람이다. 구원받고 난 후 우리가 지은 죄 뿐 아니라, 심지어 우리가 예수님을 알지 못하고 살았을 당시에도 예수님이 십자가에서 우리의 죄를 영원히 대속해 주셨다.

혹 우리가 구원받고 난 후 지은 죄를 모두 자백하지 않아도, 또 지은 지극히 작은 죄들을 하나도 남김없이 깨닫지도 못한다 할지라도 우리는 이미 하나님의 자녀가 되었기 때문에 죽고 난 후 죄에 대한 심판을 두려워하지 않는 것이다.

"우리가 아직 연약할 때에 기약대로 그리스도께서 경건치 않은 자를 위하여 죽으셨도다 의인을 위하여 죽는 자가 쉽지 않고 선인을 위하여 용감히 죽는 자가 혹 있거니와 우리가 아직 죄인 되었을 때에 그리스도께서 우리를 위하여 죽으심으로 하나님께서 우리에게 대한 자기의 사랑을 확증하셨느니라"(롬5:6-8)

그렇다면 왜 어거스틴은 티끌만한 죄라도 있다면 용서해 달라고 애원을 하고 있는 것일까? 뉴 플라톤 철학에서의 구원은 영겁회귀를 통해 신과의 합일을 이루어야 한다. 그러나 티끌만한 죄가 있다면 신과의 합일이 이루어질 수 없다. 즉 구원을 받을 수 없는 것이다. 악이 모두 사라지지 않으면 절대로 선한 자가 될 수 없다. 그래서 어거스틴은 자신 뿐 아니라 어머니 모니카의 구원에 대하여 걱정을 하고 있는 것이다. 어거스틴은 기독교인이 아니다. 그는 이교도이다. 그가 받기를 원하는 구원은 자력 구원이다. 끊임없는 관상기도를 통해서 영혼이 상승되어 악을 모두 떨쳐버려야 하는데 원죄의 부패성을 가진 인간은 그것이 불가능하다 그래서 결국 어거스틴과 그 어머니는 지옥으로 떨어졌던 것이다.

어거스틴이 믿는 예수는 성경에서 말한 예수가 아니다. 어거스틴이 말한 하나님은 루시퍼이다. 어거스틴은 기독교 2000년 역사에서 사단이 만든 가장 위대한 사기꾼이다.

(12) 영겁회귀를 통한 신인합일 구원의 특징

히브리서에서 강조하고 있는 반복적인 율법의 제사와 단 한 번의 영원한 제사가 소개되고 있다. 율법 아래서 죄를 지을 때마다 그 죄를 사함받기 위해 반복적으로 드렸던 제사가 '첫 것'이요, '둘째 것'은 우리 행위와 상관없이 그리스도의 보혈의 공로로, 하나님의 온전한 은혜로 의롭게 되어 구원을 받는 것이다. 참된 복음은 첫 것을 폐하고 둘째 것을 세우는 것이지, 첫 것을 세워놓고 둘째 것도 받아들이는 것이 아니다. 첫 것은 그림자요 참 형상이 아니므로 참 형상인 둘째 것이 오면 그림자인 첫 것은 당연히 폐해지는 것이다. 이 부분에 대해서 어거스틴의 회심 자체가 복음적이지 않다는 것이다. 어거스틴과 같은 위대한 성자라고 하는 존재가 기독교의 가장 중요한 복음관을 정립하지 못하였다고 하는 것은 그 자체가 그의 사상과 신학이 다 거짓이며, 카르타고 키프리안에게서 넘겨받은 짝퉁이란 사실을 증명할 뿐이다.

이 세상에 어느 누구도 영겁회귀를 통해 티끌만한 죄까지도 다 사라질때까지 영혼상승 구원의 도구인 관상기도에 성공할 수 없는 것이다. 어거스틴의 참회록은 스스로 자기가 이교도인 것을 증명하는 고백이다. 어느 누가 어거스틴의 참회록을 세상에서 제일 유명한 책이라고 했는가? 사단이 거짓말을 한 것이다.

(13) 어거스틴의 종합적인 평가

우리는 세상의 모든 역사가 승자(勝者)들이 자신들의 입맛에 맞게 기록하였던 사실을 알아야 한다. 기독교 역사도 마찬가지이다. 사단의 세력들이 기획하고 주도적으로 만든 역사이다. 그 중에 가장 큰 것은 로마 가톨릭과 어거스틴에 대한 우상화이다. 물론 앞으로 하나씩 모두 검증을 해 나갈 것이지만 수많은 교부들과 개혁자들의 정체성이 거짓으로 포장되고 미화되었다. 그들은 모두 극적인 회심과정이 있다. 그리고 드라마와 같은 인생을 살았다. 그러나 그것이 모두 가짜 회심이다. 그 이면에는 속이고, 모방하여 과대 포장한 사람들이 너무나 많이 있다는 사실을 알아야 한다. 그동안 우리가 알고 있었던 지식들이 얼마나 단편적이고, 얼마나 편협한 지식이었는지를 알 수 있어야 한다. 그리고 이제부터라도 좀 더 성실하게 연구하고 지식을 습득하여 어리석은 자리에서 속히 벗어나야 한다.

교부(敎父)들의 삶이 경건하고 존경할 만하며 그들의 설교가 감화를 주기는 했어도, 문헌상 그리스도의 보혈로 말미암아 정확하게 영원한 속죄를 받고 거듭났는지를 명확히 검증하기는 쉽지 않다. 위대한 고전으로 평가받는 그들의 저서나 설교들 속에서 그리스도의 피로 죄 사함을 받고 구원의 진리를 깨달았다는 선명한 간증과 복음에 대한 정확하고 일관성 있는 메시지를 찾아보기 어렵기 때문이다.

어거스틴의 진면목을 알아야 한다. 그래야 사단의 깊은 것을 헤아려 알 수 있다. 어거스틴은 장로교 보수신학의 보루이다. 절대주권사상과 절대은총의 교리는 아무라도 대적할 수 없는 절대적인 신학이다. 그래서 어거스틴과 보수 신학속에 사단의 깊은 함정이 많이 있는 것이다. 어거스틴의 베드로 교황제도는 이미 키프리안의 감독정치에서 나왔다.

교회밖에 구원이 없다는 사상도 이미 키프리안이 말한 것이다. 어머니 교회 역시 키프리안이 원조이다. 이 모든 것들이 자칭 엘리트 인간이라고 스스로 자랑하고 있는 바리새파 유대인들의 교리이다. 장로들의 유전인 탈무드를 가지고 장로정치(과두정치)를 하고 있는 무리들이다.

어거스틴이 말한 보편적인 교회는 신복음주의자인 빌리 그래함 우주 교회론과 신칼빈주의자인 네덜란드 자유대학의 도예베르트의 우주법 철학이론이다. 이들이 말한 교회론은 모든 종교를 포함한다. 모든 만물을 포함한다. 심지어 천사들까지 아우르는 만물교회를 우주교회라고 주장한다. 이것은 그리스 영지주의 철학인 더원(the one)과 원띵(onething)철학에서 나온 만신론 사단교회이다.

그들은 말만 그리스도의 몸된 교회라는 용어를 사용한다. 그러나 그들이 추구하고 있는 진짜 그리스도의 몸인 교회는 마지막 배도할 기독교인 사단의 바벨탑 교회이다. 그들은 무천년주의로 그들의 교회가 곧 지상의 유토피아인 천년왕국으로 이어질 것을 주장한다. 그래서 전천년주의자들을 죽이고 핍박을 해서 말살 시켰다. 바울- 어거스틴- 존 칼빈으로 이어지는 기독교 개혁교회는 거짓말이다. 어거스틴의 신학을 그대로 베껴 종교개혁 간판을 달았던 칼빈도 역시 어거스틴의 아바타일 뿐이다. 앵무새와 같이 어거스틴의 저서를 그대로 연구하고 베낀 것이다. 가짜 기독교인들의 특징은 바리새파 유대인들처럼 이중적인 인격을 가지고 있다. 말로는 화려하게 주님을 사랑한다고 하지만 어거스틴은 자신의 명예를 위해 자기가 만든 유아세례 제도를 거부한 재세례파인 도나투스파를 다 죽였다. 존 칼빈 역시 재세례파들을 다 죽였다. 어거스틴의 유산은 성상숭배, 죽은 자들을 위한 기도, 신비주의 관상기도와 수도원 운동, 연옥설, 감독정치, 국가교회, 보편적 만인 구원론, 무천년주의, 킹덤 나우 운동, 어머니 마리아 교회, 가짜 성례전, 베드로 교황권, 예수가 아닌 교회가 주는 구원, 교황과 로마 가톨릭 교회의 무오설, 교회가 가진 성경의 해석권 등이 있다. 모든 기독교 이단의 신학의 기초는 오리겐이다. 그리고 이것을 가지고 기독교 신학의 뼈대를 세운 사람이 어거스틴이다. 어거스틴은 사단의 종이다.

6) 토마스 아퀴나스 신학대전과 유물론 신학

(1) 뉴 플라톤 관상 철학의 약점

플라톤은 티마이오스에서 창조주 데미우르고스에 대하여 설명한다. 데미우르고스는 4원소를 가지고 우주를 창조한다. 흙, 불, 물, 공기이다. 4원소설은 플라톤 이전에 엠페도클레스가 주장했다. 왜 4원소인가? 피타고라스는 이미 테트락티스, 4개의 수의 우주론을 만들었다. 그것을 바탕으로 종교철학을 만들기 위해 4원소설이 등장한 것이다. 플로티누스는 뉴 플라톤 철학을 만들어 자연만물의 창조를 신의 유출설로 설명했다. 일명 빅뱅설이다. 일자라는 절대신으로부터 유출된 우주는 다시 일자라는 절대 신에게 영겁회귀를 통해서 돌아간다. 영겁회귀가 끝나면 악이 사라지고 전 우주적인 구원이 이루어진다. 이것을 우주회복이라고 한다. 즉 우주교회이다. 뉴 플라톤 철학에서 선악에 대한 개념은 일자로부터 멀어질수록 악하고 가까이 갈수록 선해진다. 최고의 악은 물질이고 물질로부터 멀어져서 신에게 가까이 가는 것이 선이다. 그래서 인간은 물질로부터 멀어지는 고해를 통해서 신인합일을 이뤄야 한다. 이것을 관상기도라고 한다.

종교는 절대 신이 있어야 하고 인간은 절대 신과 하나가 되어야 인간구원이 완성된다. 이것을 종교철학이라고 한다. 피타고라스는 테트락티스 라는 수비학 과학을 통해 완벽한 신의 존재를 만들었다. 플라톤은 테트락티스 신의 이름을 4원소로 우주를 창조한 데미우르고스라고 지었다. 뉴 플라톤 플로티누스는 플라톤의 데미우르고스를 일자라는 신으로 바꿔서 신을 찾아 만나는 교리를 만들었다. 이것이 영혼상승구원의 원리인 관상신학이다.

관상신학은 오리겐과 어거스틴을 통해서 기독교 신학에 뿌리를 내렸다. 그런데 뉴 플라톤 철학의 관상신학은 현실성이 없다. 물질세계로 이루어져 있는 세상에서 살아가는 인간이 마냥 악의로 정의된 물질세계를 등지고 살아갈 수 없는 것이다. 이는 마치 불교가 열반의 세계로 들어가기 위해 현실 세계를 부정해야하는 것과 같은 것이다. 인간은 현실 물질 세상에서 먹고 살아야 하는데 마냥 기도만 하고 살 수 없는 것이다. 그래서 기독교 관상 신학은 점점 깊은 산속으로 들어가는 수도원 신학으로 변해갔다.

(2) 아리스토텔레스의 형이상학철학으로 완성된 번영신학

토마스 아퀴나스는 수도원으로 들어가 현실세계에서 힘을 잃어버린 관상 기독교 신학을 신학대전이란 책을 써서 수도원 밖으로 끌어내는데 성공한 학자가 된 것이다. 그렇다면 토마스 아퀴나스의 신학의 중심은 무엇인가? 관상신학을 통해서 물질 세상에서 잃어버린 기독교 신을 찾아주는 것이다. 토마스 아퀴나스는 아리스토텔레스의 4원소설의 형이상학철학을 통해 물질세상을 창조한 신의 존재를 변증법적인 철학적 논쟁을 통해 증명하려고 시도를 했다. 다시 말해서 뉴 플라톤 관상신학에서 악하다고 주장하는 물질 세상은 하나님이 지으신 것이기 때문에 악한 것이 아니라는 것을 설득하는 것이다. 그래서 수도원에서 수도사들만이 가지고 살았던 신비주의 기독교를 물질 세상으로 끌어내어 대중들이 물질 세상을 즐기며 행복하게 살아가는 세상을 만들어 준 것이다. 그래서 토마스 아퀴나스의 신학대전의 주제는 도덕과 윤리 그리고 행복이 된 것이다.

아리스토텔레스의 형이상학 철학은 플라톤 철학과 반대로 신의 존재로부터 나오는 것이 아니라 물질세상에서 신에게로 찾아가는 종교이다. 이것을 논리학에서는 귀납법이라고 한다.

아리스토텔레스는 형이상학에서 4원인설을 주장한다. 질료인, 형상인, 동력인, 목적인이다. 일명 형상 질료이다. 거시적인 우주론을 뉴 플라톤 철학이라고 한다면 미시적인 우주론이 토마스 아퀴나스의 철학이다. 뉴 플라톤 철학은 우주를 적분하는 것이라 한다면 토마스 아퀴나스의 철학은 우주를 미분해서 접근하는 것이다. 눈에 보이는 물질 세상에서 신의 존재를 증명하는 것이 아리스토텔레스의 형이상학 철학이다. 아리스토텔레스의 형이상학 책이 변증법적인 철학이론으로 엄청나게 내용이 많이 있다. 역시 토마스 아퀴나스의 신학대전 역시 엄청난 분량으로 변증되었다. 그러나 말장난에 불과하다. 당시에는 과학이 발달하지 않았기 때문에 설명을 논리적으로 해야 했지만 현대는 아리스토텔레스의 형이상학 철학을 과학적으로 설명을 한다. 그것이 칼 마르크스의 유물론이다.

눈에 보이는 물질의 형상은 분자들로 이루어졌다. 분자는 원자로 이루어졌다. 원자는 전자와 핵으로 이루어졌다. 전자는 양자 덩어리이다. 핵은 양성자와 중성자와 쿼크로 이루어졌고 이것들은 또 다시 17개 중성미자로 이루어졌다. 17개 입자 중에서 마지막 신의 입자인 힉스 입자는 2012년에 발견되었다. 힉스 입자는 모든 만물에게 질량을 부여해 신이 만물을 창조할 때 사용한 입자라고 해서 신의 입자라고 한다. 이렇게 되면 우주만물을 창조한 신을 양자역학이란 과학을 통해서 증명할 수 있다. 이것이 오늘날 양자 물리학에서 증명한 가짜 창조신 데미우르고스이다. 성경 창세기를 보면 하나님은 말씀을 통해서 천지를 창조하셨다. 그러니까 신의 입자인 힉스는 말씀을 통해 만들어졌다. 그런데 오리겐은 하나님의 말씀 대신 로고스라고 하였다. 로고스는 우주의 원리인데 음양오행 우주의 생성 법칙이다. 태양종교 이론이다. 그러니까 오리겐이 말한 로고스의 정체는 물질 세상을 지배한 데미우르고스인 루시퍼이다.

그런데 놀라운 것은 뉴 플라톤 철학에서 관상기도를 통해서 만나는 루시퍼는 종교적인 신비주의자가 되게 하지만 토마스 아퀴나스 신학을 통해서 만나는 루시퍼는 이성주의자가 되게 한다. 결국 토마스 아퀴나스가 말한 물질적인 현실세계와 종교적인 이상세계가 다른 것이 아니라 같은 세상이라는 것이다. 그래서 중세 스콜라 철학의 대가인 토마스 아퀴나스가 유명하게 되었던 것이다.

오늘날 현대 과학은 종교적인 이상세계와 물질적인 현실세계를 하나로 통합하여 한 차원의 세상으로 만들어 가고 있다. 이것이 666 시스템이다. 그래서 666 짐승의 표는 비밀이고 이 표를 받지 않으면 물질 세상에서 사고 팔고 하는 것을 못해 먹고 살기 위해 스스로 노예가 되는 것이다.

7) 가짜 종교 개혁자 마틴 루터

(1) 진실된 종교 개혁자들의 역사

예수님의 12제자 중 사도 요한의 제자는 폴리갑이다. 폴리갑의 제자는 이레니우스이다. 이레니우스는 기독교 이단이 지상에 물질왕국을 세우기 위해 무천년주의로 득세를 하고 있는 시대에 철저하게 전천년주의를 강력하게 지켜 내면서 로마 국가 교회와 같은 외적인 부흥을 부정하고 다가올 천년왕국을 대비하여 마음속에서 이루어지는 성품의 천국을 강하게 주장했다.

이레니우스(주후130-200)가 감독으로 활동했던 프랑스 리용 교회 성도들은 로마 교회의 핍박이 심해지자 알프스 산 피에드몽 골짜기로 피신하였다. 역시 노바티안 형제들과 도나투스파 형제들도 유아 세례를 거부했기 때문에 재세례파라는 죄목으로 박해가 시작되자 터키 갑바도기아와 알프스 피에드몽 골짜기로 몰려 들었다. 그래서 알프스 피에드몽 골짜기는예루살렘, 안디옥, 프랑스 리용 다음으로 참 교회의 성지가 되었다. 이들은 북아프리카, 북부 이탈리아, 스위스, 남부 독일, 프랑스 리용 등에서 몰려온 성도들이었다. 이들의 이름이 고대 왈덴스인들이다. 왈덴스인들은 안디옥으로부터 전수된 구 라틴 성경을 가지고 초대 예루살렘과 같은 교회를 유지했다. 이들이 보존한 구 라틴 성경은 폴리시안, 왈도파, 알비겐스를 거쳐 로라즈 전도단 위클리프에게 들어가 1382년에 영어로 번역이 되었다.

위클리프 영어 성경을 통해서 체코에서는 프라하 형제단이 출현하였다. 일명 후스파라고 하는 프라하 형제단을 이끌었던 얀 후스가 1415 년 화형을 당한 후 더 많은 개혁들이 체코에서 일어났다. 1420년 후스파는 4개 항을 선포하였다.

1. 하나님의 말씀이 자유롭게 선포될 것,
2. 평신도에게 이종성찬(떡과 포도주)을 허락할 것,
3. 사제들의 모든 세속적인 지위를 박탈할 것,
4. 지위 고하를 막론하고 죄를 지은 자는 처벌할 것.

네 가지 조항으로 체코에서는 사도행전 2장에 기록된 아름다운 교회 공동체가 활발하게 넓혀져 갔다. 후스파의 공동체 교회의 영역이 점점 더 확장되자 로마 가톨릭은 후스파와 정치적인 협상을 시작했다. 로마 교회와 타협에 불만을 가진 급진파 후스파는 1457년 체코 형제단을 출범 시키면서 쿤발트 지역에서 왕이 통치하는 사도행전 2장과 같은 하나님의 나라를 세우게 된다.

체코 형제단의 종교개혁은 돌풍처럼 독일, 스위스, 네덜란드, 영국, 프랑스로 들어갔다. 독일에서는 튀링겐 시의 토마스 뮌쳐, 스위스 취리히에서는 스위스 형제단, 네덜란드에서는 메노 시몬스, 영국에서는 윌리엄 로저스, 프랑스에서는 위그노와 같은 개혁운동이 일어났다. 이렇게 산불처럼 타오르는 종교개혁의 불길이 번지자 로마 가톨릭에서는 비상사태가 선포되어 이들의 개혁을 막기 위해 짝퉁 종교 개혁자들이 일어났다. 스페인에서 일어난 이그나티우스 로욜라의 예수회, 스위스에서 일어난 존 칼빈과 쯔빙글리, 독일에서 일어난 마틴 루터교회, 네덜란드에서 일어난 국가 개혁교회, 영국에서 일어난 올리버 크롬웰의 청교도혁명 등이다. 짝퉁 종교 개혁자들인 이들이 나타나 어거스틴 시대부터 유아세례와 국가교회를 부정하고 순수한 신앙을 지키기 위해 성인세례를 주고 재세례파 라는 누명을 쓰고 핍박을 받아온 이들을 모두 죽이고 종교개혁 간판을 바꿔 달게 하였다.

(2) 비밀결사 장미 십자단 마틴 루터(Martin Luther)

마틴 루터가 속해 있었던 비밀결사 장미십자단의 장미의 상징은 이집트에서 발전한 기하학에서 우주가 창조될 때 처음으로 사용된 생명의 씨앗을 상징한다. 피타고라스가 만든 테트락티스 우주론은 바벨론과 이집트에서 발전한 비밀종교를 수비학으로 정리한 유대 카발라 생명나무 종교이론이다. 1,2,3,4의 합이 10이 되는 원리로 기하학을 만들었다.

현대 양자역학 초끈이론에서 정의한 우주가 26차원의 우주로 10차원으로 정리를 한다. 이것을 기하학적인 프랙탈 우주론으로 표현을 하면 최소 단위의 그림이 장미십자 모양을 나타낸다. 피타고리스 테트락티스에서도 역시 26차원 우주를 기하학적으로 나열해서 표현을 하면 가장 중심부에 남겨진 그림이 장미십자 형상이다. 이것을 철학자들과 과학자들은 최초 우주가 만들어 질 때 사용된 생명의 씨앗이라고 부른다.

장미십자 단원이었던 이그나티우스 로욜라, 마틴 루터, 사비에르가 오른쪽 가슴에 손을 대고 있는 그림을 성심 사인이라고 하는데 여기에서 성심이라는 것은 거룩한 심장을 의미한다. 즉 생명의 근원이란 뜻으로 바벨론 세미라미스와 이집트 이시스를 섬기는 사인이다. 세미라미스와 이시스는 동일하게 죽은 남편인 니므롯과 오시리스를 환생시킨 신이기 때문에 생명의 씨앗으로 섬기는 것이다. 이것이 비밀종교이다. 그러니까 장미십자단의 역사는 고대 이집트 비밀종교로 올라간다. 피라미드의 비밀이 장미십자단의 비밀이기도 하다. 피타고라스 정리에 의해서 테트락티스 비밀 종교 이론이 나왔고 그 비밀은 피라미드 비밀이다. 피라미드 가장 중심부에는 왕의 무덤이 있다. 이 구역은 무중력 상태로 사람이 영생할 수 있다고 믿는 생명의 씨앗인 큐브 모양의 장미십자 모형이 나타난 장소이기도 하다. 사단의 종교 이론은 죽지 않는 사람을 만드는 것이다. 장미십자단의 목적이 바로 죽지 않는 인간을 만드는 것이다. 이것이 루시퍼 과학종교이다.

장미십자단은 마틴 루터가 소속된 비밀결사이다. 이그나티우스 로욜라와 사비에르 등이 장미십자회 신비주의 운동을 통해서 예수회를 만들었다. 장미십자 비밀 종교는 그리스 오르므즈 영지주의-시온수도회-템플기사단-예수회로 연결되어 일루미나티와 계몽주의 사상가들을 통해서 오늘날에는 신사도 운동의 기본 교리와 유대 카발라 크리스챤 사이언스 종교가 되었다.

(3) 마틴 루터가 10월 31일 핼러윈 데이에 종교개혁을 시작한 이유

마틴 루터는 1517년 10월 31일에 위텐베르크에 있는 성당의 문에 95개 조항이 기록된 문서를 게시함으로써 종교개혁을 일으켰다. 그런데 왜 하필이면 10월 31일인가? 10월 31일은 핼러윈 데이라고 한다. 핼러윈(Halloween)은 All Hallows Evening이란 뜻으로 모든 죽은 성자들을 기리는 전야제이다. 영어로 All Saint Day라고 한다. 한

문으로는 만성절이라고 한다. 핼러윈 데이는 켈트족들이 귀신을 달래기 위해 10월 31일 처녀를 인신공양으로 바치는 종교축제였다. 로마 가톨릭 교황 그레고리 4세는 주후 840년에, 5월 13일로 지키던 '모든 성인의 날(All Hallows Day)'를 11월 1일로 바꾸고, 그 전날인 10월 31일을 그 전야제 (All Hallows Evening)로 정하여 로마 가톨릭의 '죽은 자 숭배일'과 '켈트족의 사메인' 종교풍습과 연계시켰다. 그때부터 지금까지 핼러윈 데이는 죽은 성인들을 통해 사단을 숭배하는 축제일이 되었고 비밀종교로 인신공양이 이루어졌다. 마틴 루터는 이집트 이시스 여신을 섬기는 장미 십자단이다. 실제로 태양 종교에서는 비밀지식을 얻기 위해서 루시퍼에게 어린 아이들을 인신공양 했다. 2022년 10월 30일 이태원에서는 핼러윈 축제를 하던 중 158명이 희생되었다. 전 세계적으로 핼러윈 축제의 특징은 많은 사람들이 희생된다는 것이다.

(4) 마틴 루터가 말한 오직 믿음은 거짓말

1517년에 독일의 가톨릭 수사(修士) 마틴 루터는 "구원은 개개인의 깊은 신앙심에 대한 은총으로부터 얻을 수 있는 것이지, 결코 로마 가톨릭 교회의 7성사를 통하여 주어지는 것이 아니다"고 주장하며, 교황청 교회의 구조와 교리에 대한 일대 변혁을 주창하고 나섰다. 이에 많은 종교지도자들이 동조하며 일게 된 종교개혁의 물결은 독일 제후들의 적극적인 지원과 때마침 창안된 인쇄술의 실용화에 힘입어 발간된 성경을 통해서 유럽 전 지역으로 급속히 확산되어 나가기 시작하였다.

마틴 루터는 오직 믿음으로 얻은 구원을 강조하였다. 그는 야고보서를 지푸라기 서신이라고 폄하했다. 왜냐하면 기독교의 본질은 오직 믿음이지 행함이 아니라는 것이다. 마틴 루터가 주장한 행위가 아닌 오직 믿음이란 무엇인가? 당대 로마 가톨릭에 팽배했던 면죄부 판매, 공덕구원, 선행, 죄책감을 면해주는 고행, 7성사 성례 공덕, 죽은 자를 위한 기도와 헌금 등과 같은 율법적인 행위를 부인하는 것이었다. 그러면서 마틴 루터는 행함을 강조하는 야고보서를 지푸라기 서신이라고 혹평(酷評)을 했다.

　마틴 루터의 오직 믿음으로 얻은 구원론은 올바른 구원론인가? 그가 주장한 오직 믿음이 야고보서에서 주장한 믿음의 행위를 지푸라기 서신이라고 폄하하는 믿음이라면 영적인 사기이다. 이단 기독교인 여호와의 증인을 창설한 찰스 타제 러셀은 오랫동안 지옥의 공포에서 벗어나지 못하고 항상 죄에 대한 지옥 심판으로 두려워했다. 그런데 한 친구가 러셀에게 말을 했다. 왜 지옥의 형벌을 무서워하느냐? 지옥은 존재하지 않는 것이다. 너는 없는 지옥을 만들어 스스로 형벌을 받고 있는 것이다. 이제부터 지옥이 없다고 믿어라 그러면 너는 지옥의 형벌에서 벗어나 구원을 얻을 것이다. 이 말을 듣고 러셀은 지옥이 없다는 사실을 믿고 깨달았다고 했다. 그리고 그는 지옥의 형벌에서 벗어나 자유와 행복을 찾았다고 고백했다. 그래서 여호와의 증인들은 지옥심판을 부인한다.

　성경에서 말하고 있는 오직 믿음은 심리학적인 개념이나, 철학적인 개념이나, 신학적인 교리나, 추상적인 신념이나 희망이 아니다. 구약에서 예언된 메시아의 구속사역을 십자가에서 완성시키신 예수님의 복음을 받아들이고 인정하는 믿음이다. 이것은 동전의 양면과 같다. 구약에서는 순종을 가르친다. 신약에서는 오직 믿음을 가르친다. 이것이 예수님의 십자가에서 이루어주신 구속원리이다. 영지주의 기독교는 값싼 복음을 믿는다. 가짜복음이다. 이것을 신복음주의라고 한다. 성경에서 말하고 있는 은혜나 믿음을 인간적인 사고방법으로 이해하는 것이다. 성경에 기록된 하나님의 말씀은 정확하게 예수님의 십자가 구속과 완성을 입체적으로 기록한 책이다. 창세전부터 예정된 구원이 새 하늘과 새 땅에서 완성될 때까지의 모든 과정을 입체적으로 기록한 책이다.

　어느 한 구절을 뜯어서 인간들이 만든 철학이나 사상이나 논리에 사용해서는 안된다. 마틴 루터의 오직 믿음은 당시 팽배해 있던 율법적인 공덕을 기리는 혹독한 행위로부터 벗어나려고 하는 열망이기도 했다. 예수 그리스도의 십자가의 공덕을 믿는 믿음으로 오는 영적인 해방과 진정한 자유보다 엄격한 중세 조직적인 율법의 통제사회로부터 탈출하려는 자유이기도 했다. 그래서 당시 사람들은 오직 믿음에 열광 할 수 있었다.

"네가 보거니와 믿음이 그의 행함과 함께 일하고 행함으로 믿음이 온전케 되었느니라 이에 경에 이른바 아브라함이 하나님을 믿으니 이것을 의로 여기셨다는 말씀이 응하였고 그는 하나님의 벗이라 칭함을 받았나니 이로 보건대 사람이 행함으로 의롭다 하심을 받고 믿음으로만 아니니라 또 이와 같이 기생 라합이 사자를 접대하여 다른 길로 나가게 할 때에 행함으로 의롭다 하심을 받은 것이 아니냐 영혼 없는 몸이 죽은것 같이 행함이 없는 믿음은 죽은 것이니라"(약2:22-26)

성경에 기록된 오직 믿음은 반드시 오직 행함을 낳는다. 만일 오직 믿음을 말한 사람이 오직 행함이란 열매를 맺지 못한다면 그 믿음은 가짜이다. 기독교는 철학이나 사상이나 이데올로기가 아니다. 기독교의 믿음은 생명이고, 실체이고, 우주를 변화시키는 역동성이다. 오늘날 관념적이고 형식적인 믿음만을 가지고 기독교 생명을 누리지 못한 가짜 성도들이 너무나 많이 있다. 이름만 그리스도인들이 많이 있다. 성화(聖化)가 따르지 않는 칭의(稱義)는 가짜이다. 예수님은 우리에게 믿음으로 구원을 얻을 수 있게 하시려고 십자가에 죽으셨다. 만일 내가 나를 위해 십자가에 돌아가신 예수님을 믿고 구원을 얻었다면 나는 이제부터 예수님이 죽으신 십자가에서 죽어야 할 것이다. 이것이 기독교의 믿음이다.

수많은 사람들이 예수님을 믿고 구원을 얻었다고 하면서도 그 비싼 구원을 주시기 위해 고난 당하신 주님의 말씀과 상관이 없이 살아가고 있다면 스스로 속이고 있는 것이다. 오늘날에 행함이 없는 믿음을 외치는 사람들이 바로 신복음주의자들이다.

루터가 주장한 오직 믿음이 당시에 팽배해 있었던 종교적인 행위에서 해방시켜주는 개념일 뿐 진정한 기독교적인 실천적 믿음이 아니었다는 것이다. 다시 말해서 루터의 오직 믿음은 면죄부를 사지 않아도 되는 것이고, 죽은 자를 위해 헌금이나 기도를 하지 않고, 자신이 지은 죄를 위해 스스로 고행을 하지 않고, 자신의 구원을 위해 선행을 하지 않고 오직 믿음으로만 구원을 얻을 수 있다는 것이었다. 루터가 말한 오직 믿음은 추상적이고, 개념적이며, 종교적인 무행위와 같은 관념론적인 의미로 해석을 했다. 당시 온갖 종교적인 의무와 착취와 억압에 눌려 있었던 중세인들에게 루터의 무행위의 구원은 기쁜 소식이었다. 이러한 루터의 오직 믿음의 개념은 현대 신복음주의자들을 통해 영지주의 기독교가 되어 영적으로 거듭나 실천적인 삶을 살아가는 참 기독교가 아닌 행위가 없는 믿음만으로 지상의 성공지상주의적인 기독교로 변질이 되었다.

기독교 생명신학의 핵심은 나는 예수님과 함께 십자가에서 죽고 내 안에 계신 예수님이 대신 사신 것이다. 그런데 만일 행함이 없다면 내 안에 계신 주님이 절대로 나를 통해서 다른 사람들을 구원하실 수 없는 것이다. 이것이 사단의 궤계이다. 말로만 예수를 믿는 것, 지식으로만 예수를 믿는 것, 머리로만 예수를 믿는 것, 예배당 안에서만 예수를 믿는 것, 이것이 가짜 기독교 신학이다. 위선자이다.

"내가 그리스도와 함께 십자가에 못 박혔나니 그런즉 이제는 내가 산 것이 아니요 오직 내 안에 그리스도께서 사신 것이라 이제 내가 육체 가운데 사는 것은 나를 사랑하사 나를 위하여 자기 몸을 버리신 하나님의 아들을 믿는 믿음 안에서 사는 것이라"(갈2:20)

(5) 마틴 루터의 성만찬 공재설(편재설)의 정체

트렌트 회의에서는 화체설을 다시 확인한 반면 루터는 그리스도 몸의 편재성을 믿어 "공재설"(Consubstance)을 주장했다. 로마 가톨릭에서는 떡과 포도주 자체가 예수님의 몸과 피라고 여겨서 떡만 떼고 포도주는 금했다. 마틴 루터는 그리스도의 임재의 요소들이 떡과 포도주 속에(요소들 밑에, 요소들과 함께 계시는 임재) 있다고 주장했다.

츠리히 쯔빙글리는 성만찬은 십자가의 죽으심과 부활하심으로 이미 완성된 구원을 단순히 기념하는 것이라고 했다. 마틴 루터와 쯔빙글리는 서로 성만찬의 편재설과 기념설을 가지고 격렬하게 논쟁을 했다.

그러나 존 칼빈은 루터와 쯔빙글리의 두 가지 성만찬의 교리를 하나로 정립하는 영적 임재설을 주장했다. 다시 말해서 영적 임재설은 예수님의 십자가의 죽으심의 현장을 성만찬 장소로 영적으로 연결시키는 교리이다. 로마 가톨릭이 화체설을 주장한 이유는 교회와 사제들의 권위를 높이려 했던 것이다. 즉 예수님보다 교회가 구원을 준다는 사실을 강조함으로 국가교회를 견고(堅固)화 하려는 것이었다.

사실 칼빈의 영적 임재설 역시 성찬을 통한 교회의 권위를 부여하는 교리이다. 화체설이나, 편재설이나, 영적 임재설은 사실상 같은 교리이다. 정확하게 말하면 성만찬은 2000년 전에 이루어진 구속을 단지 기념하는 것이다. 절대로 영적으로 예수님이 성만찬에 임하시는 것이 아니다. 기독교의 구속은 예수님이 죽으시고 부활하신 후 하나님 보좌 우편에 앉으심으로 완성이 되었다. 성찬을 통해서 예수님의 몸과 피를 나누는 것은 예수님께서 나를 위해 죽으신 것처럼 나도 이제 예수님을 위해 죽는다는 고백이다.

(6) 마틴 루터의 유아세례와 보편적 국가교회

마틴 루터는 로마 가톨릭 사제였기 때문에 유아세례를 인정하고 재세례파를 공격하고 죽였다. 루터는 로마 교황과 로마 가톨릭의 모든 제도의 부패성을 고발했다. 그럼에도 불구하고 떠나지 않았던 두 가지 제도가 성례전과 보편적 국가교회였다.

성례전이라고 한다면 세례와 성찬이다. 이미 언급했듯이 성찬은 공재설(편재설)을 주장하므로 로마 가톨릭의 화체설에서 벗어나지 않았다. 세례관 역시 로마 가톨릭의 유아세례를 그대로 유지시켰다. 성경에서 세례는 교회관과 밀접한 관계가 있다. 구원받은 개인의 성도가 세례를 통해서 주님의 몸된 교회의 지체로 더해지는 예식이기 때문이다.

재세례파교회에서 유아세례를 목숨 걸고 반대한 이유가 있다. 절대로 어린 아이들이 유아 세례를 통해서 구원을 받을 수 없다는 것이다. 그리고 구원받지 못한 사람들은 절대로 세례를 받을 수 없고, 교회가 될 수 없다는 것이다. 세례가 구원을 받게 하는 방편이 아니라는 것이다. 세례는 반드시 이미 영적으로 거듭난 사람들에게 주는 구원의 표라는 것이다. 그리고 거룩한 교회는 성삼위 하나님의 이름으로 세례를 받은 구원 받은 자들의 모임이어야 한다는 것이다. 세례는 이미 구원 받은 사람들에게 주는 예식이지 세례 자체가 사람에게 구원을 준다든지 사람을 변화시키는 행위가 아니라는 것이다.

유아세례는 어거스틴에 의해서 주후 416년 로마 가톨릭에서 로마 제국의 법으로 제정 되었다. 마틴 루터가 유아세례를 떠날 수 없었던 것은 국가교회인 보편적 교회를 버릴 수 없었기 때문이다. 왜냐하면 마틴 루터의 종교개혁의 후원자들은 독일의 제후들이었기 때문이다. 독일의 제후들은 당시 스페인 합스부르크 왕조에서 장악하고 있는 로마 바티칸의 종교영토를 빼앗아 오기 위해 마틴 루터를 통해 종교개혁을 일으키도록 후원을 했던 것이다.

마틴 루터의 종교개혁은 무늬만 개혁이었지 스페인 합스부르크 왕조가 지배한 바티칸의 종교 권력을 독일의 제후들이 루터교 라는 이름으로 바꿔 빼앗아 오는데 성공한 정치적인 쿠데타였다. 1555년 아우크스부르크 종교회의를 통해 스페인의 합스부르크 왕조는 독일지역에 있는 로마 가톨릭의 종교 영토를 합법적으로 독일의 제후들에게 인계를 했다. 그래서 태어난 것이 루터교를 국교로하는 국가들이다.

(7) 마틴 루터의 사기(詐欺)와 토마스 뮌쳐의 재세례파 개혁

마틴 루터는 만인제사장직을 주장했다. 이는 모든 사람들이 평등하다는 이론이다. 루터가 외쳤던 만인제사장 제도는 철저한 계급 사회 속에서 억압을 받고 살았던 중세 봉건시대 사람들에게 엄청난 비젼과 소망을 갖게 했다. 왜냐하면 중세 봉건제도 시스템 자체를 부정하는 혁명적인 것이었기 때문이다. 일단 만인제사장 제도는 국가교회를 부정한다. 만인 제사장 제도는 교권제도를 부인한다. 만인 제사장 제도를 처음부터 주장한 사람은 마틴 루터가 아니라 토마스 뮌쳐였다.

토마스 뮌쳐는 후스파인 체코 형제단과 함께 재세례파 운동을 했던 사람으로 독일에서 제일먼저 종교개혁운동을 한 사람이었다. 토마스 뮌쳐는 튀링겐시에서 10만 명 이상의 재세례파들과 엄청난 속도로 독일 전역으로 종교개혁의 불길을 타오르게 하였다. 이때 독일 제후들은 마틴 루터를 통해서 토마스 뮌쳐에게 접근하여 막대한 자금과 조직적인 후원을 한다. 마틴 루터 또한 토마스 뮌쳐의 만인제사장 제도를 받아 들이고 함께 개혁에 동참하게 된다. 토마스 뮌쳐는 체코 형제단들과 함께 튀링겐 시를 중심으로 만인 제사장 제도를 외치면서 성경원형회복운동을 통한 초대교회 공동체 교회를 꿈꾸며 재세례파 운동을 했다. 독일 튀링겐시에서 일어난 토마스 뮌쳐의 농민운동은 만인제사장제도를 통해 그들이 꿈꾸는 초대교회 공동체 교회 회복운동이었다.

마틴 루터가 95개 조항을 발표하면서 토마스 뮌쳐의 종교 개혁에 동참했다. 그리고 마틴 루터 역시 토마스 뮌쳐에게 1520년 목사직을 허락하면서 츠비카우에서 종교개혁을 함께 했다. 기사와 농민들의 호응을 얻은 토마스 뮌쳐의 운동은 당시 제도권 안에서 이미 기득권을 형성하고 있었던 마틴 루터 중심으로 변하게 되었다. 결국 토마스 뮌쳐로부터 시작된 독일의 종교 개혁은 제후들과 조직적인 기사들의 합류로 마틴 루터의 공적이 되고 말았다. 마틴 루터가 종교 개혁에 성공을 하자 그는 바로 토마스 뮌쳐를 배반하고 만인제사장 제도를 부인한다. 이것이 토마스 뮌쳐가 외친 제도적 자유에서 해방된 진정한 만인제사장 제도가 아니라 마틴 루터가 외친 양심의 자유에서 해방된 개인적인 자유였다.

마틴 루터는 갑자기 개인적 자유개념에서 비롯된 "초월적 온건개혁"을 주장했다. 이는 로마 가톨릭의 국가교회라는 틀을 그대로 두고 이름만 바꾸는 개혁이다. 토마스 뮌쳐는 만인제사장제도를 통해 뿌리 내린 중세계급사회를 무너뜨리고 초대교회와 같은 자유스런 공동체 교회를 꿈꾸고 있었다. 그러나 루터의 자유는 제도를 그냥 놔두고 지극히 개인적이고 영적인 것으로 제한을 했다. 루터는 토마스 뮌쳐의 기사/농민들의 계급타파 운동에 불을 붙여 놓고 환경을 바라보는 "시각"을 바꾸면 자유하게 된다고 주장하면서 슬그머니 발을 빼고 배반했다.

마틴 루터가 만인 제사장 제도에 속한 종교 개혁의 자유를 개인적인 종교사상으로 슬그머니 제한한 이유는 종교 개혁을 통해 종교 영토에 살고 있는 영주민들을 제후들에게 바치기 위함이었다. 다시 말해서 보편적 국가교회라는 틀을 유지 보전시킴으로 이름만 바꾼 개혁 교회 영토를 영주들에게 헌납하려 한 것이다. 마틴 루터가 주장한 만인제사장제도는 거짓말이었다.

토마스 뮌쳐는 마틴 루터가 배반을 하자 거세게 반발하면서 또 다시 근본적인 종교 개혁을 하기 위해 12개 사항을 요구한다.

재세례파 토마스 뮌쳐의 12개 요구 조항

제 1조 국가교회 해체와 자유로운 교회 운영, 제 2조 영주들에 대한 십일조 거부, 제 3조 성경의 가르침에 따라 농노제 폐지, 제 4조 사냥과 고기잡이의 자유, 제 5조 자유로운 벌목, 제 6조 세금 증대 거부, 제 7조 부역 증대 거부, 제 8조 토지세의 적절한 징수, 제 9조 영주 마음대로 하는 처벌 금지, 제 10조 촌락 공동체 허가, 제 11조 과부와 고아 약탈 금지, 제 12조 이러한 조항에 대한 자유로운 토론 허가. 이러한 농민들의 요구는 사도행전 2장에 기인한 공동체 교회로 국가교회 해체와 봉건제도 붕괴를 의미한다. 당시의 농민들은 종교적으로, 정치적으로, 경제적으로 노예와 같은 삶을 살았다. 농민들과 뮌쳐는 로마 가톨릭 제도권 속에서 기득권을 가진 마틴 루터가 만인제사장 제도를 가지고 자신들을 해방시켜 줄 것이라고 기대를 했는데 마틴 루터는 종교개혁을 농민들의 지지로 성공하자 도리어 태도를 바꾸어 이런 주장을 하고 있는 농민들을 영주들의 군대를 동원하여 다 죽이고 말았다. 이것이 독일의 농민전쟁이다. 역사가들은 토마스 뮌쳐가 튀링겐 시에서 폭력으로 급진적인 개혁을 하려고 했기 때문에 마틴 루터가 제후들의 군대를 동원하여 진압하였다고 기록을 하고 있다. 이것은 거짓말이다.

토마스 뮌쳐는 초대 교회와 같은 그리스도가 주인이 되는 공동체 교회를 소망했다, 그는 "모든 물건들은 공동의 소유가 되어야 하며 각자의 필요에 따라서 분배되어야 한다"고 선언했다. 토마스 뮌쳐는 역사가들에 의해서 두 가지 극단적인 평가를 받았다. 위대한 재세례파 지도자와 사탄의 괴수, 위대한 독일의 종교개혁자와 살인자, 토마스 뮌쳐는 마틴 루터를 거짓말쟁이라고 고발을 했다. 왜냐하면 그는 농민들과의 모든 약속을 어기고 배반했기 때문이다.

토마스 뮌쳐는 1525년 뮐하우젠에서 사로잡혀 온갖 고문을 당하고, 5월 27일 사형을 당하였는데 그 때 나이가 36살이었다. 토마스 뮌쳐와 함께 농민운동에서 죽임을 당한 재세례파 교인은 10만 명이 넘었다. 역사는 이들을 농민 반란군이라는 죄명을 씌워 단죄했다.

재세례파 성도들이 꿈꾸며 소망했던 나라는 사도행전 2장에 나난 아름다운 공동체 교회였다. 그러나 중세 사단의 세력들은 그들만이 다스리는 국가교회를 위해 진짜 하나님의 나라를 세우려 했던 재세례파 교회를 몰살시켰던 것이다. 이것이 마틴 루터의 종교 개혁의 진실이다.

그는 처음부터 예수를 믿는 그리스도인이 아니었다. 마틴 루터의 회심 사건은 모두 거짓말이다. 군중들로부터 신임을 얻기 위해 만든 허구였다. 그는 예수회 이그나티우스 로욜라와 사비에르와 함께 재세례파 교회의 종교 개혁을 저지하겠다고 교황에게 거짓으로 충성하고 이들을 이용하여 종교 영토를 교황으로부터 빼앗아 오는데 성공한 짝퉁 종교 개혁자들이다.

(8) 마틴 루터와 장미십자회 비밀결사의 정체

마틴 루터가 속한 장미십자회란 비밀결사는 이집트 일신론 태양종교에서 시작되어 그리스 영지주의 철학자들을 거쳐서 이태리 피렌체를 중심으로 문예부흥을 일으켜 중세 로마 바티칸의 교황제도를 무너뜨리기 위해 조직된 비밀조직이다. 마틴 루터와 루터교회의 상징인 장미꽃 문장(紋章)의 정체는 바로 사단을 상징하는 펜타그램(오망성)과 바포메트 역펜타 그램이다. 하트 모양의 심장(心臟)과 십자가 형상도 영지주의(관상기도) 오컬트 상징이다. 예수의 심장(心臟)에 대한 헌신을 나타낸다는 "성심(聖心)"(Sacred Heart)은 로마 가톨릭의 널리 알려진 귀의(歸依)(관상기도) 중의 하나이다.

마틴 루터의 장미는 100% 비밀종교 영지주의를 상징하는 문장(紋章)이다. 전 세계의 모든 루터 교회들(대학교 포함)의 상징물이 장미십자 문장이다. 장미십자회 초기 문헌에도 마틴 루터의 장미십자회 문장이 등장한다. 루터교 총회 문장과 루터교 대학교, 루터교회 지교회 안에 있는 문장과 그 안에 있는 호루스눈(전시안), 피라미드, 성심과 그 안에 있는 십자가 등이 있다. 마틴 루터의 장미십자회 오른손 싸인이 있다. 이 싸인은 이그나티우스 로욜라, 크로올리, 사비에르, 안드레아 등 모든 이들이 동일한 싸인을 한다. 프리메이슨과 일루미나티들도 동일한 사인을 한다.

존 칼빈과 3위1체 논쟁을 벌이다 화형을 당한 세르베투스 역시 마틴 루터의 제자로 장미십자단원이다. 마틴 루터는 독일에서 종교개혁을 성공시킨 후 대대적으로 유대인들을 죽이고 추방시키는 일을 했다. 마틴 루터가 속한 비밀결사인 장미십자단은 이집트 일신론을 추구한 헬라 자연종교이다. 그러나 어거스틴과 칼빈으로 이어지는 바티칸 종교영토는 바벨론 삼위일체 태양종교를 따르는 세력들이었다. 뿐만 아니라 프랑크 왕조를 세웠던 메로빙거 왕조가 유대 왕조였다. 그리고 메로빙거에서 혈통으로 이어진 왕조가 마틴 루터가 종교 개혁을 할 당시 바티칸 종교 권력을 잡고 있었던 오스트리아 합스부르크 유대 왕조였다. 이들 모두는 다 루시퍼를 섬기는 가짜 유대인들이다. 그래서 그들은 항상 진짜 유대인들을 죽여 자신들의 입지를 지켜왔다. 히틀러 역시 가짜 유대인이다. 그래서 600만 명의 유대인들을 죽이고 2차대전이 끝난 후 이스라엘 나라를 건국시켜 배도의 나라를 세워가고 있는 것이다.

장미십자단원

아이작 뉴톤, 데카르트(1596-1650) 장미십자회원, 독일의 수학자이자 장미십자회원인 요한 파울하버의 영향을 받았다. 라히프니츠(1646-1716) 장미십자회원. 역사 철학자인 헬다(1744-1803). 독일의 철학자 괴테(1749-1832)는 사단에게 영혼을 파는 파우스트로 유명하다. 장 자크 루소(1712-1778)는 일루미나티 회원으로 프랑스 혁명의 기본 이념을 만들었다. 볼테르(1694-1778)는 프랑스 계몽주의(일루미나티) 철학자. 슐라이어마허(1768-1834)는 자유주의 창시자. 니체(1844-1900)는 무신론 초인사상. 스베덴 보리(1688-1772) 거짓 천국 체험과 영체교환 신비주의. 몽테스키외(1689-1755) 프랑스 계몽주의자 삼권분립의 기초자. 프란시스 베이컨(1561-1626) 영국의 정치가 겸 철학자, 베이컨의 저서 "뉴 아틀란티스(플라톤의 국가론,공화국)"는 프리메이슨들의 유토피아를 묘사함, 미국의 건국 기초. 칼 마르크스(1818-1883) 공산주의 사상. 프로이트(1856-1939) 심리학 최면술. 등 중세와 근대의 많은 인물들이 장미십자회(루터파), 일루미나티의 지대한 영향을 받았다. 야곱 스페너, 프랑케, 진젠도르프, 신정통주의자 칼 바르트(1886-1968)도 장미십자회원이었다. 이들은 모두 기독교를 파괴시키는 사단 숭배자들이다. 현 교황인 프란치스코 역시 예수회 멤버로 장미십자단원이다. 루터파에서 자유주의가 나왔다. 본문비평은 자유주의에서 나온 것이다. 루터파에서 고등비평과 하등비평(원문비평)이 나와 성경의 무오설에 치명타를 가했다. 그들은 성경 비평을 공정한 학문으로 착각한다.

(9) 수녀와 결혼한 마틴 루터

1525년 6월 13일 마틴 루터는 하나님 앞에서 공개적으로 약속한 서원을 깨뜨리고 당돌하게도 사제의 몸으로 26세의 젊은 수녀 카테리나와의 결혼 생활을 시작하여 9명의 자녀를 낳았다. 마틴 루터의 동지였던 에라스무스는 이것을 보고 "비극 같은 개혁 운동은 희극(결혼)으로 끝나 버렸다." 라고 조롱하였다.

(10) 유대인들을 잡아 죽인 마틴 루터

마틴 루터의 종교 개혁은 게르만족의 적자 혈통을 자랑하고 있는 독일이 유대인들을 중심으로 세력화 되어 있었던 로마 가톨릭으로부터 독일이란 국가를 종교 개혁이라는 명분으로 분리시켜 독자 세력화하는 과정이다. 루터는 결국 뮌처의 농민반란을 진압하고 국가 교회인 루터교를 만들어 로마 가톨릭으로부터 독립할 수 있게 되었다.

루터는 1543년에(Von den Juden und Ihren Luegen:유대인과 그들의 거짓말에 대하여)라는 소책자를 저술했다. 그 소책자에는 아래와 같은 내용이 담겨져 있다.

"첫 번째, 유대인의 사당(synagogues)과 학교를 불 지르고, 타지 않는 것은 땅에 묻어 흙으로 덮어서 그 흔적을 아무도 보지 못하게 하라. 이 일들은 우리들의 신 야훼와 그리스도교의 명예를 걸고 하라! 그래서 우리가 그리스도인이며 알면서 대중들에게 거짓말 하며 저주하고 야훼의 아들과 그리스도교도들을 모독하는 일을 방관하거나 용서치 않음을 야훼께서 보시도록 하라! 우리들과 나 또한 몰라서 과거에 유대인을 용납한 일에 대하여 야훼께서 우리들을 용서하시게 하라. 그러나 우리가 이제는 알았으므로, 만약 우리 앞에 있는 유대인들의 집과 존재의 권리를 보호한다면 우리가 스스로 그들과 같이 그리스도와 우리들을 저주하고 악마화 시키고, 욕하는 것과 같다. 두 번째, 내가 충고하노니 그들의 집들을 모조리 다 파괴하라! 왜냐하면 그들의 집은 그들의 사당과 같은 용도로 쓰이기 때문이다. 집 대신에 그들이 지붕 아래나 헛간에서 집시처럼 살게 하라. 이렇게 하여 그들이 자랑하는 바와 반대로, 우리나라의 주인이 아니며 그들이 야훼의 앞에서 우리들에게 통곡케 하며, 그들이 추방되고 갇혀서 살아감을 인식시키리라! 세 번째, 우상 숭배를 하고 거짓말하고 저주하는 그들의 기도서와 탈무드에 관한 글들을 모두 압수하라."

"그와 같이 절망적이고 사악하고 맹독적이며 악마적인 것이 지난 1400년 동안 우리의 역병이요 병균이며 불운이었던 유대인의 운명인 것이다. 자, 그럼 이 저주받고 거부당하는 유대민족을 어찌 해야 하나? 우리의 이웃으로 눈을 돌려 프랑스나 스페인, 보헤미아 등지에서 유대인들을 어떻게 처리 했나를 보고 보편적인 지혜를 얻어야 할 것이다. 이들 나라에선 유대인이 고리 대금으로 훔친 돈을 몰수하여 골고루 나누어 주는 대신 그들의 나라로부터 아예 추방시켜 버렸다. 사람들이 얘기 하듯이 유대인에 대한 신의 분노가 너무도 크기에 안일한 자비는 유대인을 더욱 간악하게 만들고 매질을 가해도 유대인은 조금만 나아질 뿐이다. 그러므로 모두 쫓아 내어야 한다! 우리의 돈으로 거부가 된 유대인들이 온 기독교 국가들을 깔고 앉아 우리를 비웃고 조롱하고 스스로의 대담함에 깔깔 거리는 꼴을 언제까지 보고 견딜 수 있단 말인가? 신에게 분노의 심판을 받기는 커녕 그들의 매부리코로 새끼 돼지들 마냥 킁킁 대는 유대인을 보면서 사단과 그의 천사

암돼지들은 또 얼마나 흥겨워할 것인가?"

이외에도 그는 랍비들이 가르치지 못하게 해야 하며, 안전하게 통행할 수 있는 통행권을 없애야 하고, 고리 대금업을 하지 못하게 함과 동시에 그들의 재산을 압수해야 하며, 그들이 노동을 하도록 만들어야 한다고 주장하고 있다. 이와 같은 내용들을 보면 마틴 루터는 그냥 반유대주의자가 아니라 아주 극단적인 반 유대주의자였다.

당시 교황이었던 레오 10세는 피렌체 출신의 유대인으로서 37세의 젊은 나이로 돈으로 교황권을 사서 만신전인 성 베드로 성당을 면죄부를 팔아 짓고 있었다. 루터와 관련된 여러 저명한 학자들은 마틴 루터가 히틀러와 나치의 사상적인 기반에 끼친 영향을 매우 큰 것으로 보고 있다. 실제로 이를 결정적으로 뒷받침하는 일은 바로 '수정의 밤' 사건이라고 할 수 있다. 이 사건은 나치 독일이 최초로 유대인들에 대해 물리적인 폭력을 가한 사건으로 매우 유명한데, 여러 유대인들의 노점상들과 시나고그들을 때려 부수고 유대인들을 강제수용소로 끌고 갔던 사건으로 유명하다.

(11) 성모 마리아 숭배를 천명했던 마틴 루터

루터는 1521년 3월 10일 교황 레오 10세로부터 파문을 당한 후에 성모 마리아를 칭송한 "마리아의 찬가"(The Magnificat)라는 논문을 썼다. 루터는 마리아의 찬가 속에서 성모 마리아를 시종일관 하나님의 어머니라고 부르고 있으며 동정녀 마리아라고 칭하고 있다. 루터는 마리아의 찬가 서문에서 성모 마리아에게 다음과 같이 중보의 기도도 드리고 있다. "하나님의 자애로우신 성모께서 몸소 저에게 지혜의 영을 주셔서 당신의 찬가를 유익하고도 철저하게 해설할 수 있게 되기를 기원합니다. 그리하여 우리 모두와 함께… 아멘."(루터 선집 제 3권. 274-275p) 루터는 성모 마리아에게 우리가 중보의 기도를 청할 것을 권고한다. "우리는 마리아에게 하나님께서 그녀를 위해서 우리가 구하는 것을 들어 주시고 이루어 주시기를 기원하지 않으면 안된다."(루터 선집 제3권, 303p.) 성모 마리아를 진실 되고 올바르게 이해하고 공경하는 루터는 그의 마리아의 찬가 마지막을 이렇게 장식

한다. "그리스도께서 우리에게 중재의 기도를 통해서 그리고 그리스도의 친애하는 어머니 마리아를 위해서 이러한 은총을 주시기를 기원하나이다. 아멘."(루터 선집 제3권, 322p.)

(12) 마틴 루터의 종교개혁의 평가

마틴 루터는 1507년 어거스틴 수도원에서 신비주의 훈련을 받고 신부가 된 다음 1517년 95개 조항을 발표하고, 1524년에 토마스 뮌처의 종교개혁을 농민반란으로 몰아 진압하고 독일의 종교 개혁의 간판의 주인이 되었다. 마틴 루터는 비밀 결사인 장미십자단원이었다. 장미십자단은 영지주의 기독교 이단이다. 이들은 철저하게 이집트로부터 전해 내려오고 있는 이시스 여신인 태양신을 숭배하는 사단주의자들이다. 마틴 루터가 속한 장미 십자단은 나중에 독일의 경건주의 운동인 야곱 스페너 프랑케를 통해 진젠도르프의 모라비아 신비주의 경건운동으로 발전해서 오늘의 신사도 운동으로 이어져 가는 신비주의 사단숭배 운동이다.

중세 이태리 피렌체에서부터 불어 닥친 인문주의 운동 즉 문예부흥운동은 이집트-그리스-비잔틴-이태리 피렌체로 연결된 이집트 피라미드 일원론 태양종교의 비밀결사인 장미십자회의 활동으로 그 최대 목적은 바벨론 3위1체 태양 종교에 지배를 받고 있는 로마 바티칸 교황권을 무너뜨리고 종교 영토를 접수하기 위한 장기적인 계획들이었다.

이그나티우스 로욜라가 만든 예수회 역시 로마 바티칸의 권력을 접수하기 위해 만든 장미십자단의 이집트 일원론 태양종교의 비밀조직이다. 결국은 현 로마 바티칸 교황으로 등극한 프란치스코 교황이 최초로 예수회 교황이다. 실로 주후 313년 로마에서 기독교가 공인된 이후 최초로 예수회가 바티칸을 점령한 것이다. 일루미나티 비밀 결사인 예수회와 프리메이슨의 비밀결사인 장미십자단이 하나 되어 미국과 유엔을 세우고 마지막 시대 신세계질서를 세워 가고 있다. 이들은 정치, 경제, 종교, 문화, 과학, 철학, 사상 등을 하나의 체제(體制)인 일원론으로 통합시켜 이집트 피라미드 꼭대기에 있는 호루스 눈을 통해 다스려지는 세계정부를 세워가고 있다.

　오늘날 루터교를 국교로 삼는 나라는 독일을 비롯하여 스칸디나비아 반도 국가와 북유럽 국가들이다. 이름만 교회이다. 생명력이 없는 산송장과 같은 교회들이다. 교회 건물만 박물관처럼 세워져 있고 그 안에서 예배드리는 사람들은 손꼽을 정도로 노인들만 몇 사람만 있을 뿐이다. 유럽의 기독교는 처음부터 사단의 세력들에 의해서 완전하게 점령되었다. 이것이 사단의 궤계이다.

　중세 봉건사회에서 재세례파들이 꿈꾸며 일으켜 세우려 했던 교회가 진정한 성경적인 교회였다. 그들이 꾸었던 꿈을 무력으로 짓밟은 사람들은 바로 사단의 세력들이었다. 어거스틴도 도나투스 재세례파 교회를 로마 제국의 군대로 죽였다. 취리히 쯔빙글리도 국가의 공권력(公權力)으로 스위스 형제단들을 모두 죽였다. 존 칼빈도 국가의 공권력(公權力)을 이용하여 재세례파들을 죽였다. 역사적 기독교를 세웠던 이들의 한결 같은 공통점은 국가권력을 이용하여 보편적인 교회를 세웠다는 것이다. 이것을 짝퉁교회라고 한다.

8) 어거스틴의 아바타 존 칼빈

(1) 1100년 만에 존 칼빈을 통해 다시 부활한 어거스틴의 신학

　어거스틴은 주후 430년에 죽었다. 이후 존 칼빈에 의해서 어거스틴의 신학은 1100년 만에 제네바에서 부활 하였다. 존 칼빈의 신학은 모두 어거스틴의 사상을 그대로 베낀 것이다. 어거스틴을 교회의 아버지라고 한다. 즉 로마 가톨릭의 아버지이다. 사단은 재세례파들에 의해서 일어나고 있는 초대 교회 회복운동의 불을 끄기 위해 존 칼빈을 통해 다시 이름을 종교 개혁 교회라고 바꿔서 새로운 교회를 세운 것처럼 속이고 또 다른 형태의 짝퉁 로마 가톨릭 국가 교회를 세우게 하였다. 제네바는 일찌기 금융산업, 호텔 숙박 산업, 유흥산업이 발달한 지역으로 로마 가톨릭의 정치적인 지배가 느슨한 장소이었다. 그래서 제네바 금융업자들은 어떻게 하든지 로마 가톨릭의 지배에서 벗어나 독립적인 국가를 추구 하였다. 특히 로마 가톨릭에서는 이자를 받고 금융업을 하는 것을 반대 하였기 때문에 더욱 더 제네바 사업가들은 자신들만의 정치적인 독립을 간절하게 바라고 있었다. 그래서 찾은 사람이 당시 최고의 실력을 가진 존 칼빈이다. 그들은 존 칼빈에게 고액의 연봉을 주고 제네바 종교 개혁을 단행하여 로마 가톨릭으로부터 해방하는데 성공했다. 그리고 그들의 정치적인 종교 영토를 네덜란드, 스코틀랜드, 영국, 프랑스 등으로 넓혀 가는데 성공을 했다. 이렇게 존 칼빈의 사역이 힘을 얻고 북유럽으로 확장할 수 있었던 이유가 어거스틴의 보편적 교회 신학이다.

어거스틴 당대의 신학자들은 플라톤의 제자들이다. 뉴 플라톤 관상철학의 삼위일체신론, 영혼불멸, 불타는 지옥설이 교부들에 의하여 자연스럽게 성경을 통하여 기독교를 변증하는 목적으로 도입이 되었다. 그 중에 뉴 플라톤 관상철학의 삼위일체신론을 정립한 교부가 어거스틴이었다. 그는 원래 마니교 신자였다가 뉴 플라톤 철학을 통해 기독교로 개종하였다. 그러니까 칼빈은 어거스틴의 신학을 그대로 자기 것으로 재무장 한 것이다.

짝퉁 종교 개혁자들은 교황주의자들과 부패한 로마 가톨릭으로부터 개혁하자고 뛰쳐 나왔는데 결국은 로마 가톨릭의 교리를 완성시킨 교부 어거스틴의 신학의 줄기를 붙잡고 나온 것이었다. 결국 칼빈의 신학과 교리는 실상 로마 가톨릭의 어거스틴의 교리와 같다.

존 칼빈 당시 어거스틴의 신학과 교리가 얼마나 뿌리깊이 그 시대를 지배했는지 알 수 있다. 칼빈의 자부심은 실로 엄청난 자부심이었다. 어거스틴 학파를 계승한 칼빈의 신학과 교리는 그야말로 원조 정통이었던 것이다. 어거스틴이 보편적 교회와 유아세례, 삼위일체론을 거부한다고 로마 군대를 통해 죽였던 수많은 도나투스파 교인들이 있었다. 칼빈 역시 어거스틴과 같이 공권력을 동원하여 재세례파 성도들을 여러 가지 죄목을 붙여 마녀사냥으로 죽였다.

잔인성으로 이름 높은 중세에도 대개 사형수들은 화형대에 묶이기 전에 미리 목이 졸려 있거나 아니면 마취된 상태였다. 그런데 칼빈은 개신교 최초의 이단자 처형에 가장 끔찍한 방식을 택한 것이다. 세르베투스는 불길 속에서 고통스럽게 외쳤다. "예수, 영원한 하나님의 아들이시여, 저를 불쌍히 여기소서!"

칼빈의 세르베투스 처형은 볼테르의 말대로 개신교에서 일어난 최초의 "종교적 살인"이었다. 그것은 개신교 본래의 은혜와 사랑의 이념을 부정한 사건이었다. 개신교는 모든 사람에게 성경 해석에 대한 자유로운 권리를 인정했다.

칼빈은 세르베투스를 불태워 죽임으로써 개신교가 쟁취한 "그리스도인의 자유"를 단번에 없애 버렸다. 단 한 번의 도약으로 그는 로마 가톨릭 교회를 능가해 버렸다. 로마 가톨릭 교회는 독자적인 생각을 가졌다는 이유만으로 단 한 사람을 산 채로 불태울 때까지 천 년 이상을 망설였다. 그러나 칼빈은 통치한 지 겨우 몇 년 만에 개신교의 명예를 더럽혔다.

(2) 교회의 권력으로 사람들을 죽여 종교 개혁에 성공한 칼빈

독일의 작가 슈테반 츠바이크가 조사한 바에 따르면 "칼빈이 통치한 첫 5년 (1542-1546년) 동안만 제네바에서 13명이 교수대에서 죽고, 10명은 단두대에서 목이 잘렸고, 35명이 화형장에서 불타 죽어, 58명이 사형에 처해졌다. 그리고 76명은 제네바 도시 밖으로 추방되었다. 감옥에 갇힌 사람은 더 많아서 교도소장이 더는 죄수를 받을 수 없다고 시의회에 통보할 지경이 되었다."(어떻게 살것인가? 슈테반 츠바이크 저 유시민 역 273쪽)

슈테반 츠바이크는 칼빈이 하나님의 뜻을 따라 사는 이상향을 만들기 위해 신권정치를 감행하고, 신학과 세속권력을 결합하여 "종교국"과 "도덕경찰"을 창설했다지만, 그것은 엄연한 칼빈식 공포정치였다고 밝히고 있다.

칼빈은 죽을 때까지 13,000명의 시민들이 살았던 제네바 소공화국에서 거의 절대적인 군주로 군림했다. 그는 이처럼 그의 지식과 노련한 힘과 인격에 영향력이 있어서 독보적인 존재였다. 그 결과 제네바는 짧은 기간 동안 겉으론 순결한 교회와 개혁된 자치질서의 영광으로 빛날 수 있었다. 칼빈의 명성은 널리 알려 졌으며 수천 명의 학생들이 그의 강의를 듣기 위해 제네바로 몰려 들었다. 또 여러 곳에서 폭정에 시달리던 많은 사람들이 칼빈의 영향력과 그 지배 아래서 안전한 거처를 찾아 제네바로 이주 하였다.

1555년 제네바는 칼빈의 도시가 되었고 개신교의 심장이 되었다. 1559년에는 "제네바 아카데미"가 설립되었고 유럽 각처로부터 젊은 이들이 모여들어 칼빈의 개혁 정신을 배워갔다.

칼빈은 하나님께서 개신교 교회 안에 구약에 기록된 메시아 신국인 "새 이스라엘"을 세우신다고 확신했다. 새 이스라엘은 선택된 자들로 구성되는데 선택된 자들이 누구인지 정확하게 알 수는 없으나 신앙과 경건 생활과 성찬을 소유한 자들이라고 지적했다. 그리고 개신교 교회 안에 유기자들도 포함되어 있으나 그럼에도 불구하고 선택된 자들로 대부분이 구성되어 있다고 했다.

(3) 존 칼빈의 제네바 성시화 운동과 국가 교회론

칼빈의 제네바 종교개혁은 제네바 성시화 운동이라고 한다. 이는 칼빈의 교회관이 어거스틴의 보편적 교회관과 일치하였기 때문이다. 어거스틴의 보편적 교회는 로마 제국 안에 있는 모든 교회와 지역과 주민을 포함한 포괄적인 국가교회 개념이었다. 즉 로마 제국과 로마 가톨릭 교회와 일치시키는 것이다. 이것을 국가교회라고 한다. 보편적 교회론은 국가교회를 의미한다. 이와 같은 교회론은 그리스 뉴 플라톤 철학을 기반으로 신인간들인 선민들이 살고 있는 도시국가의 신국론(神國論)이다. 어거스틴의 신국론(하나님의 도성)은 그리스 제국의 신국론을 기초로 한 보편적 국가 교회론이다.

어거스틴의 보편적 교회론인 신국론(하나님의 도성)을 교과서로 주후 590년 그레고리 1세가 세운 교황제 국가론이 바로 중세 천년왕국이다. 아브라함 카이퍼가 암스텔담에서 실시했던 성시화 운동 역시 칼빈의 제네바 성시화 운동과 같은 것이다. 그는 목사로서, 정치가로서, 학자로서, 암스텔담을 신국으로 만들려 하였다. 신복음주의자이며 CCC 설립자인 빌 브라이트가 처음으로 제창한 현대판 성시화 운동은 바로 보편적인 우주교회 운동으로 확장된 것이다. 예수 전도단 로렌 커닝햄이 제창하여 시행하고 있는 7개 영역주권 운동도 역시 성시화 운동을 한 도시에 제한하지 않고 세계를 하나로 묶는 보편적 우주 교회 운동이다. 한 도시를 대상으로 한 성시화 운동이 세계를 넘어 이제 우주까지 확장되었다.

이것이 뉴 플라톤 철학의 종교이론이다. CCC(대학생선교회), 예수전도단, 네비게이토와 같은 선교회가 성경에서 말하고 있는 교회론을 빼버리고 성경공부 교재를 만들고 추종자들에게 성경적인 거룩한 교회론을 가르치지 않는 이유는 그들의 교회관이 그리스 뉴 플라톤 철학에서 말하고 있는 자연신교인 우주교회이기 때문이다. 성경에서 거룩한 교회를 빼 버리면 세계와 우주가 교회가 되고 세계와 우주가 교회가 되면 천국이 물질세상에서 완성이 되는데 그 이름이 우주교회이다. 자연스럽게 모든 종교 뿐 아니라 정치, 문화, 경제, 자연만물까지 통합이 된 교회가 된다. 이것을 원 띵이라고 한다. 위에서 이루어진 것 같이 아래에서도 이루어진 것이다. 뉴 플라톤 철학의 완성은 뉴 에이지 운동이다. 이것이 어거스틴이 만든 보편적 교회의 비밀이다. 사단이 지상에 세운 짝퉁 다윗의 메시아 신국이다.

빌리 그래함, 존 스토트, 칼 바르트, 유진 피터슨, C.S 루이스 등과 같은 신복음주의자들이 주장한 교회론은 성경적인 교회론이 아닌 뉴 플라톤 철학적인 개념으로 설명하고 있는 우주교회론이다. 그들이 주장한 우주교회는 예수님의 십자가 복음으로 거듭난 성도들이 세운 교회가 아니라 정치적인 권력과 도덕과 과학과 교육을 통해 세운 물질세상의 교회를 말한다. 이것을 어거스틴은 하나의 교회인 보편적 교회라고 했다.

(4) 칼빈의 정교(政敎) 분리주의의 음모

교회의 정교 분리주의를 처음으로 주장한 사람은 밀라노 감독이었던 암브로스이다. 암브로스는 로마 제국의 집정관의 아들로 밀라노 총독으로 있다가 밀라노 감독이 된 사람이다. 로마 제국은 313년 밀라노 칙령을 통해서 로마 황제가 교회를 다스렸다. 그러던 중 암브로스가 밀라노 감독이 된 후 밀라노에 관저를 두고 밀라노 교회 예배에 참석을 했던 데오도시우스 황제의 간섭을 저지하기 위해 정교분리를 선언했다. 정교분리란 황제가 교회를 간섭해서도 안되고 감독이나, 주교가 황제의 직무를 간섭해서도 안된다는 원칙이다.

이는 그때까지 로마 황제들에게 좌지우지 되었던 로마 교회를 황제의 권력으로부터 독립을 선언한 것과 같다. 데오도시우스 황제는 밀라노에 그의 관저가 있었기 때문에 밀라노 교회에서 예배를 드렸다. 암브로스는 황제도 밀라노 교회의 한 성도에 불과하기 때문에 교회안에서 교회법을 지켜야 한다고 선언했다.

당시 데살로니가 지역에서 폭동이 일어나 7000명을 학살한 사건이 일어났다. 암브로스는 이 학살을 명령한 책임자가 데오도시우스 황제라고 지명을 하고 밀라노 감독 앞에서 자신의 죄를 통감하고 회개할 때까지 교회의 출입을 제한했다. 오랫동안 버티던 데오도시우스 황제는 공개적으로 밀라노 교회 앞 계단에 서 있는 암브로스 감독 앞에 무릎을 꿇고 참회를 했다. 그리고 6개월 동안 수찬정지를 받고 복권이 되었다.

암브로스는 정교 분리로 황제로부터 교회가 간섭을 받지 않게 되었다. 대신 교회 감독은 황제를 통제할 수 있는 권위를 얻었다. 암브로스의 정교 분리주의는 교회가 권력자들을 통제하므로 국가의 권력을 장악할 수 있는 제도가 되었다. 교회에 대한 국가의 간섭보다 교회가 국가에 대한 영향력을 충분히 발휘할 수 있게 된 것이다. 이것이 중세 교황권의 출발이었다.

존 칼빈도 정교 분리를 선언했다. 그러면서도 칼빈은 제네바 성시화를 위해 제네바 시의회의 공권력을 사용하였다. 어거스틴 역시 그의 신국론에서 두 가지 도성을 소개한다. 그러면서도 어거스틴은 로마 제국의 권력을 사용하여 보편적 교회를 받아들이지 않았던 재세례파 도나투스파 교회들을 로마 제국의 군대를 사용하여 제거하였다. 정교 분리는 교회와 국가가 서로 힘을 겨루는 대립의 관계를 청산하고 국가가 교회를 도와서 자신의 목적을 도모하는 보편적 교회의 원리이다. 대부분 국가교회 형태가 바로 보편적 교회이다.

아브라함 카이퍼의 영역주권 신학에서도 국가 권력은 하나님께서 허락하신 은혜의 방편으로 교회가 구속의 역사를 이루어가는 과정에서 아주 중요한 역할을 해야 한다고 주장한다. 즉 교회는 국가권력을 사용하여 하나님의 나라를 세워나가야 한다는 것이다. 국가뿐만 아니라 과학, 예술, 교육, 문화 등의 영역도 하나님의 교회를 세워 가는데 하나님이 사용하시는 영역이라고 주장 한다.

보편적 교회론에서 본 정교분리란 진정한 분리가 아니다. 단순히 서로 대립하는 관계가 아닌 협력관계이다. 그래서 결국 로마 가톨릭과 같은 보편적 교회론을 가진 개혁교회는 종교 다원주의로 변질되어 가고 있다. 교회 밖에도 구원이 있다고 주장한 사람들이 바로 보편적 교회론자들이다.

칼빈은 먼저 교회 헌법을 만들기를 원해, 이를 위한 위원회 구성에 시의회가 협조해 줄 것을 요청하였다. 소 위원회는 칼빈을 돕기 위해 6인의 위원을 임명하였고, 위원회는 3주 만에 헌법 작업을 마쳤다. 위원회는 그 초안을 시의회에 제출하였는데, 소위원회와 중위원회를 거친 후, 마지막 단계로 11월 20일 총회의 승인을 받았다. 이것이 바로 "제네바 교회 헌법"(The Ecclesiastical Ordinances of Church of Geneva)이다. "교회 헌법"은 지역 교회의 자율과 평등사상을 강조함으로 감독 정치에서 볼 수 있는 위계질서 사상을 배제하였고, 신약의 가르침대로 장로 정치의 골격을 유지하였다.

칼빈은 치리 법원을 세워 세속 정부와는 별개로 파문권을 행사함으로써 정부가 교리 및 교회 내 치리문제에 개입하는 것을 방지하고자 노력을 하였다. 종교개혁 당시 정교분리 원칙의 본질은 세속 왕국(제후들)이 하나님의 왕국(교회)에 간섭하지 못하게 함으로써 교회의 독자적 영역을 확보하고자 함에 있었다. 미국의 정교 분리 역시 본질에서 동일하다. 국가 권력은 언제나 스스로를 신격화하며 복종을 강제했다. 국가의 박해를 피해 떠나온 청교도들의 신앙을 계승한 이들은 "국가는 교회를 간섭하거나 억압할 수 없다"는 정신을 수호했다.

치리법원은 공공 감시 요원(비밀경찰)들을 임명하여 제네바 시에서 각종 부도덕한 사건이 벌어지지는 않는지 감시하고 고발을 했으며 치리법원은 그런 사악한 사람들을 재판해서 벌을 주었다. 칼빈의 제네바 개혁은 하나님의 말씀과 십자가 복음을 통한 개혁이 아니라 "제네바 교회법"과 같은 교회국가 조직법을 통해서 이루어진 정치적인 개혁이었다.

치리법원은 아주 사소한 범죄까지도 검토하고 재판하였는데, 음탕한 춤, 가슴을 깊게 판 여인들의 의상, 카드놀이, 술 취한 것 등도 심하게 제재를 하였다. 제네바는 당시 악명 높은 매춘의 도시로 꼽히고 있었으므로 칼빈은 이에 대해 매서운 태도를 취하고자 보다 호된 처벌을 주장하였다. 칼빈의 주장에 의해 술집들은 일단 문을 닫고, 보다 깨끗하고 질서 있는 가게들을 다시 열게 했다.

제네바 시에서 심각한 논쟁이 벌어질 때마다 참고 삼아 찾아보도록 하기 위해 프랑스어판 성경을 비치하도록 하였으나, 곧 시민들의 압력에 굴복하여 다시 술집을 열 수밖에 없었다. 마술, 이단, 간음, 신성모독, 난동 등 공공질서를 어지럽히는 심각한 범죄들은 세속 정부에 도움을 받아서 처리했다. 어떤 시민은 자기 개를 칼빈이라고 이름 지었다가 감옥에 가기도 했다. 이러한 법 집행 과정에서는 고문에 의해 자백을 얻어내는 사례도 허다하였다. 칼빈의 제네바 개혁은 성경적인 복음 증거와 이로 인한 내적인 변화를 받은 사람들의 감동으로 이루어지지 않았다. 무서운 국가교회의 공권력에 의해서 처절하게 이루어졌다.

(5) 유아세례와 재세례파 박해

칼빈은 어거스틴과 같이 구약의 할례제도를 유아세례로 여겼다. 어거스틴은 구약의 이스라엘을 신약의 교회로 보았다. 그래서 할례와 유아세례를 같이 본 것이다. 존 칼빈 역시 제네바 성시화 운동을 새 이스라엘 운동이라고 하였다. 교회를 세우는 것이 아니라 구약의 다윗의 메시아 왕국을 세우는 것이다. 주후 411년 412년 펠라기우스 논쟁에서도 원죄의 부패성을 가진 유아는 유아세례를 통해서 죄 씻음과 중생에 이른다고 어거스틴은 주장했다. 어거스틴은 주후 415년 누미디어 종교회의에서 유아세례를 공인하고 주후 416년 로마 제국은 유아세례를 법제화 했다.

그 후 유아세례는 로마 가톨릭과 로마 제국을 보편적 교회와 보편적 국가로 묶는 기초가 되었다. 그래서 마틴 루터와 존 칼빈 그리고 쯔빙글리 역시 유아 세례를 버리지 않고 유아세례를 부인한 재세례파를 핍박하고 죽였다.

칼빈은 하나의 국가교회인 보편적 교회를 지키기 위해 다음과 같은 교회 일치를 주장했다. 칼빈은 〈기독교강요〉 제4권 1장의 첫 19개 항에서 신자들이 교회와 더불어 가져야 하는 일치를 언급했다. 칼빈은 교회를 떠나는 것이 잘못인 여덟 가지 경우를 열거한다. 이는 재세례파를 염두에 둔 지적이다. ① 교리에 사소한 차이가 있다고 하여 믿음의 일치를 깨뜨리거나 교회를 이탈한 것. ② 교회 안에 불상사가 있다고 하여 이탈한 것. ③ 교회 안에 도덕적인 결함이 많다고 하여 이탈한 것. ④ 교회가 의무를 게을리 한다고 하여 떠난 것. ⑤ 교회가 불완전하다고 하여 분리한 것. ⑥ 교회가 소돔과 고모라와 같이 부패했다고 하여 이탈한 것. ⑦ 교회 안에 불경건하고 방종한 생활이 널리 퍼져 있다고 하여 떠난 것. ⑧ 교회 구성원 소수 또는 다수가 죄를 범하고 있다는 이유로 그들에게서 분리한 것 등이다.

칼빈은 어거스틴과 스트라스부르의 부처와 함께 하나의 보편적 교회를 주장했다. 왜냐하면 일정한 지역에 정치적으로 통제를 받는 하나의 국가교회 형태를 유지시키기 위함이다. 그래서 8가지 실제적인 조항을 만들어 국가를 형성하고 있는 조직교회의 분열과 이탈을 방지하고자 했다. 그럼에도 불구하고 자신의 교리와 사상에 도전한 세르베투스와 같은 이들에게는 엄격한 심판의 잣대를 휘둘렀다. 이것이 칼빈의 이중성이다. 칼빈은 자신이 세우기를 원하는 오직 하나의 교회가 지배한 국가형태를 유지하기 위해 무한한 관용과 포용성을 보이는 반면에 하나의 국가교회 체제를 흔드는 이단자들에게는 무자비한 마녀사냥을 통해서 형벌을 주었다. 이렇게 세운 보편적인 교회 정체는 구약의 이스라엘을 신약의 교회로 세우기 위함이었다.

이와 같은 마녀 사냥은 제네바에서만 있었던 사건이 아니다. 독립파 칼빈주의가 뿌리를 내린 곳곳에서 일어난 사건이기도 하다. 영국의 청교도 혁명을 주관한 올리버 크롬웰에 의해서도 일어났다. 그는 자신을 반대한 왕당파와 로마 가톨릭 교도들을 100만 명이나 죽였다.

미국 메사추세츠 세일럼에서도 일어났다. 프랑스 위그노와 스코틀랜드 장로교와 네덜란드 개혁교회인 고이젠에서도 있었다. 그들은 철저하게 자기편에 서는 자들에게는 무한대로 관용하였지만 조금이라도 반대편으로 치우칠 때는 가차 없이 심판의 칼끝을 내밀었다. 그들에게는 독특한 하나의 습관이 있었다. 그것은 자신들과 반대되는 사상과 환경을 용납할 수 없는 경직된 사상이다. 이것을 분리주의라고 한다. 바리새파 유대인들이 가지고 있는 종교관이며 역사관이다. 이것이 계몽이 불가능한 모노 사상을 가진 적그리스도의 혈통을 가진 자들의 특징이다.

(6) 영적 임재설 성찬식

마틴 루터는 공재설을 주장했다. 루터의 공재설이란 로마 가톨릭이 주장한 화체설을 좀 더 미화시킨 것으로 성만찬에 사용한 떡과 포도주 속에 예수님의 살과 피의 일부가 들어가 있다는 것으로 편재설이라고도 한다. 편재설은 성찬식에서 사용한 떡과 포도주가 100% 예수님의 살과 피가 된다는 화체설에서 조금 양보한 것이지만 같은 교리이다. 취리히의 쯔빙글리는 기념설을 주장했다. 기념설이란 단지 상징이란 뜻으로 상징설이라고도 한다. 이는 예수님께서 십자가에서 몸을 상하시고 피를 흘리셔서 이미 우리의 죄가 씻어지고 구속이 완성되었기 때문에 성만찬은 단지 이것을 기념하는 예식이라는 것이다. 오늘날 대부분의 개혁교회는 기념설을 따르고 있다.

종교 개혁 당시 루터의 공재설과 쯔빙글리의 기념설은 아주 대립되는 이론이었다. 그래서 루터와 쯔빙글리는 이것을 가지고 그의 제자들까지 다툼이 있었다. 존 칼빈은 이 두 가지의 이론을 절충하여 영적 임재설을 주장하게 되었다. 영적 임재설이란 로마 가톨릭의 떡과 포도주가 예수님의 살과 피라는 사실도 아니고, 루터의 떡과 포도주 속에 예수님의 살과 피의 일부가 편재해 있다는 것도 아니고, 떡과 포도주 속에 예수님의 살과 피가 영적으로 임한다는 이론이다.

칼빈의 영적 임재설은 로마 가톨릭의 화체설과 루터의 공재설과 같은 이론이다. 단지 영적으로만 임한다는 사실만 다를 뿐이다. 이 세 가지의 성만찬 이론은 본질적으로 같은 이론이다. 단지 어떻게 떡과 포도주가 예수님의 살과 피가 되는지에 대한 표현의 차이만 있을 뿐 성만찬 현장에 임하는 사실은 같다. 로마 가톨릭은 떡과 포도주 자체가 예수님의 살과 피가 되는 것이고, 루터는 떡과 포도주 속에 예수님의 살과 피가 일부만 섞인 것이고, 칼빈의 영적 임재설은 떡과 포도주 속에 예수님의 살과 피가 영적으로 임한다는 것이다.

로마 가톨릭에서는 7성사가 구원을 가져다 주는 은혜의 방편이었다. 그러나 개혁자들은 세례와 성만찬을 주장했다. 특히 루터나 칼빈의 보편적인 하나의 교회론은 성례전을 아주 중요하게 생각을 했다. 왜냐하면 보편적 교회는 예수님의 십자가 복음으로 거듭난 영적인 교회를 추구하기 보다 국가적인 개념으로 지역과 환경을 포함한 것이었기 때문에 교회의 권위를 높이기 위해 성례전을 강조해야 했다. 그래서 유아세례 역시 죄를 씻어주는 예식이고, 성만찬 역시 예수님의 살과 피가 어떤 방법으로든지 임해야 했다.

오늘날과 같은 자유교회에서는 세례와 성찬은 이미 영적으로 구원을 받은 성도들에게 주는 구원의 표와 기념일 뿐이다. 세례가 죄를 씻어 구원을 가져다 주는 방편이 된다거나 성찬식을 통해 예수님의 살과 피를 접촉하는 예식이 아니라는 것이다. 이미 예수님의 희생으로 얻어진 대속과 영생을 기념하고 확인하면서 주님의 뜻대로 살지 못하는 자신을 돌아보면서 죄를 자백하고 자신을 예수님의 몸으로 헌신하는 예식이다. 성만찬을 통해 구원을 가져다 주시기 위해 자신의 몸을 희생하셨듯이 구원 받은 성도들도 이제 몸을 예수님께 드려서 예수님이 사시는 삶을 살도록 결단하는 예식이다.

(7) 존 칼빈의 무천년주의와 킹덤 나우 사상

무천년주의란 예수님이 재림하셔서 세우실 천년왕국이 없고 지금 이 세상에서 세워지는 교회시대가 천년왕국이라고 주장하는 것이다. 왜냐하면 구약에서 선지자들이 예언한 다윗의 메시아 왕국이 신약에서 세워지는 교회가 되기 때문이라고 한다. 그래서 신약의 교회를 구약의 이스라엘과 동일시 한다. 유아세례가 할례로, 주일이 안식일로,

복음이 율법으로, 교회가 이스라엘로, 이방인 교회가 유대인 교회로, 마음의 성전이 건물 성전으로, 하늘의 천국이 땅의 천국으로, 생명의 복음이 축복의 복음으로, 고난의 복음이 형통의 복음으로, 영적인 교회가 물질적인 교회로 되는 것이다. 세상에서의 나그네가 세상의 주인으로, 하늘의 시민권이 땅의 시민권으로 바뀐 것이다. 이것을 유대주의 세계화라고 한다. 가짜 유대인들이 뉴 플라톤 철학을 가지고 만든 짝퉁 기독교이다. 그들이 왜 무천년주의 신학을 만들었는가? 지상에 루시퍼 물질 왕국을 세우기 위해서이다. 그렇게 해서 최초로 세워진 제국이 로마 가톨릭 국가교회이다. 어거스틴과 마찬가지로 칼빈 역시 무천년주의를 주장하고 전천년주의자들을 배격했다. 칼빈은 제네바 성시화 운동을 하면서 새 이스라엘 운동이라고 주장했다.

(8) 존 칼빈의 어머니 교회론

칼빈은 기독교 강요 최종판(1559년) 제 4권의 첫 장에서 교회를 모든 신자들의 어머니라고 부르면서 교회론적인 목적론을 분석하여 교회의 역할적 정체성 개념을 규명하는 것을 목적으로 한다. 칼빈이 가시적 교회를 설명할 때 이 교회가 하나님으로 부여 받은 목회적 역할에 주목하고 있는 것은 그의 교회론을 이해하는데 간과할 수 없는 중요한 그의 신학적 관점들 중에 하나이다. 기독교 강요 최종판 제4권의 제목은 칼빈이 교회론을 전개함에 있어 가지고 있는 역할적 관점을 대변해 준다고 볼 수 있다. 칼빈은 가시적 교회를 설명하기 위해 키프리안의 "어머니 교회"의 비유를 사용하는데 그것은 교회의 신비적 정체성과 그 교회론적 함의들을 설명하기 위해서라기보다는, 가시적 교회의 역할적 정체성을 강조하고, 이 정체성이 형성되는 관계인 자비로우신 아버지 하나님과 그의 자녀들 사이의 친밀한 관계를 부각시키기 위해서이다.

키프리안과 어거스틴 역시 칼빈과 동일하게 어머니 교회를 주장했다. 어머니 교회에 대한 설명은 그럴듯하게 목회적 관점에서의 부드러운 보호처와 양육에 대한 모성애를 주장하지만 성경에서 말한 교회는 예수님의 몸으로 예수님이 자신의 생명을 버리면서까지 사랑하는 대상으로 어머니의 개념은 아주 먼 개념이다. 어머니의 모성애로 교회를 설명하면 마리아 품에 안겨 있는 예수님을 생각하게 한다. 이것이 바벨론의 세미라미스와 이집트의 이시스 여신을 상징한다. 사단의 종교는 여신이 주신이다. 여기에서 어머니 교회가 나온 것이다. 로마 가톨릭 홈피에서도 아버지 하나님으로는 구원을 받지 못하나 어머니 하나님으로 구원을 받는다고 설명을 한다. 그들이 말한 어머니 하나님이 로마 가톨릭 교회이다. 교회가 바로 구원을 주는 어머니가 아니라 구원은 여신인 세미라미스와 이시스가 주는 것이다.

어거스틴의 신학의 특징은 성경에서 말씀하신 것을 가지고 신학을 만드는 것이 아니라 철학과 신화와 이교 교리를 짜깁기하여 신학을 만든다는 것이다. 이것이 혼합주의 철학인 뉴 플라톤 철학의 특징이다. 그래서 어거스틴의 신학을 이성적으로 받아 들이면 그럴듯하게 진리 같지만 성경을 바탕으로 받아 들이면 어느 것 하나도 용납할 수 없는 것이다. 이것을 자연주의 신론이라고 한다. 뉴 플라톤 철학은 만유내재신론을 변증법으로 만든 철학이다. 철학이 아니라 사이비 종교인 것이다. 1875년 헬레나 블라바츠키가 뉴욕에서 신지학 협회를 만들고 뉴 에이지를 통한 종교통합 운동을 하고 있는데 신지학이란 학문의 정체가 바로 뉴 플라톤 철학이다. 모두 여신 숭배자들이다.

(9) 존 칼빈의 특별은총 예정론과 직업 소명론

칼빈의 특별은총은 불가항력적인 은혜이다. 이는 인간의 선택에 의해서 주어진 구원이 아니라 절대적인 은혜로 되어 진 것이다. 하나님은 창세전에 택한 자와 택하지 않은 자를 구별하셨다. 이것은 토기장이가 그릇을 마음대로 만들 수 있는 권한이 있기 때문에 인간이 관여할 수 없는 영역이다. 그래서 구원 받은 사람이 받은 구원을 특별은총이라고 한다. 직업 소명론이 있다. 사람이 무슨 직업을 가지고 살더라도 직업의 귀천이 없다. 왜냐하면 하나님께서 주신 성직이기 때문이다. 이것은 어거스틴이 주장한 내용과 똑같다. 어거스틴도 사람의 구원은 사람의 선택에 의해서 주어진 것이 아니라 오직 하나님의 은혜로 주어진다고 하였다. 이것이 유명한 펠라기우스 논쟁이다. 펠라기우스는 인간의 자유의지의 선택으로만 구원을 얻을 수 있다고 하였다. 아무리 하나님이 우리를 구원하시려고 하여도 인간에게 하나님께서 자유의지를 주셨기 때문에 인간의 선택 없이는 구원 하실 수 없다는 것이다.

이에 대하여 어거스틴은 인간은 죄로 완전히 타락했기 때문에 무엇을 선택하거나 무엇을 결정할 만한 존재가 아니라는 것이다. 하나님의 무조건적인 은혜로만 구원을 얻을 수 있다는 것이다. 그래서 하나님의 특별은총이 필요하다는 것이다. 어거스틴은 하나님의 특별은총의 방편으로 유아세례를 주장하여 법을 만들고 또 다시 성인세례를 준 재세례파들을 죽였다. 펠라기우스는 유아세례를 반대하다가 누미디어 종교회의에서 이단으로 척결되었다.

어거스틴의 특별은총 신학은 그리스 디오니소스라는 운명신에게서 나온 교리이다. 디오니소스는 천국과 지옥을 왕래하는 헤르메스 신을 만들었다. 즉 사람을 죽이고 살리는 신이다. 이런 신을 운명의 신이라고 한다. 인도의 시바신이 이런 신이다. 한번 주어진 인생은 신이 내려준 명령으로 바꿀 수 없는 운명이다. 가난도, 남자도, 여자도, 그렇다. 그 사람의 인생이 끝나면 다시 환생을 하는데 운명의 신에 의해서 그 사람의 삶이 달라진다.

어거스틴은 이런 운명의 신을 사랑의 하나님이라고 불렀다. 그리고 만든 것이 특별 은총론이다. 칼빈의 직업 소명론이 바로 디오니소스의 운명론이다. 디오니소스 운명론은 사단인 루시퍼가 인간을 지배하고 통치하는 방법으로 만들어졌다. 이것이 신인간들의 가축인간 노예화 프로젝트이다. 플라톤 역시 이상국가에서 직업 소명론으로 정의로운 나라를 세울 수 있다고 하였다. 중세 봉건 사회가 그러하고 이조시대 양반제도가 그러하다. 백정의 아들로 태어나면 평생 소나 돼지를 잡다가 죽는다. 중세 시대 노예의 아들로 태어나면 평생 노예로 살다가 죽는 것이 신의 뜻이니까 10세대를 지나 자식을 낳고 살아도 변함이 없다. 사단을 섬기는 신인간들은 이런 운명철학을 만들어 그렇게 편하게 가축 인간들을 부려먹고 살았던 것이다. 지금도 무엇이 다른가? 신학교에서 학생이 조직신학 교수에게 물었다. 교수님 하나님께서 태어나기도 전에 어떤 사람은 지옥으로 어떤 사람은 천국으로 보내면 불공평하지 않나요? 교수는 대답한다. 그러니까 하나님이지 사람이면 그렇게 할 수 있겠니? 그냥 믿어라! 복잡하게 따지지 말고! 나도 모른다!

(10) 존 칼빈을 꾸짖는 친구 카스텔리오의 양심
〈폭력에 대항한 양심〉 슈테판 츠바이크 저, 자작나무 유시민 역 2003년

슈테판 츠바이크의 폭력에 대한 양심

독일의 유명한 전기 작가인 슈테판 츠바이크는 히틀러의 독재가 확고해지고 세계 전쟁으로 치닫던 당시에 "폭력에 대한 양심"이라는 작품을 썼다. 미친 운전사인 줄도 모르고 독재자 히틀러에 열광해 마지않던 독일 동포들에게 경종을 울리기 위한 책이다. 이 책은 일반인들에게 완전히 잊혀져 있던 16세기 최고의 종교 개혁자이자 양심적 지식인인 카스텔리오를 부활시켜 우리에게 소개한다.

그에 따르면, 카스텔리오는 루터와 더불어 대표적인 종교개혁가로 손꼽히는 칼빈의 최후의 적수였다. 그런데도 칼빈이 위대한 종교개혁가로, 장로교의 아버지로, 사람들에게 한껏 추앙받는 동안, 카스텔리오는 참으로 긴 세월 동안 거의 잊혀진 존재나 다름이 없었다. 한데 칼빈의 폭력과 종교적 광기에 온몸으로 저항한 이 외로운 전사가 뒤늦게나마 재조명되고 있다는 사실은 퍽 다행스러운 일이다.

저자는 서문에서 감히 카스텔리오를 에밀 졸라, 볼테르, 로크, 흄 같은 사람들과 함부로 비교하려 들지 말라고 말을 한다. 예컨대 카스텔리오가 벌인 싸움은 칼라 사건에 대한 볼테르의 항변이나 드레퓌스 사건에 대한 졸라의 항변과는 한마디로 차원이 다르다는 것이다.

그 두 사람이 카스텔리오가 살던 당시보다 훨씬 개명된 인문주의적 시대에 살았다는 사실은 놔두고라도, 그들이 타인의 운명을 위해 자신의 명성과 안락만을 걸고 싸웠을 때 카스텔리오는 양심의 자유를 위하여 목숨을 걸고 싸웠다는 것에서 결정적인 차이가 난다는 것이다.

더구나 "이단자에 관하여"와 같은 그의 저서를 통해서 드러난 바, "관용"에 대한 카스텔리오의 외침은 유럽에서 거의 선구적인 것에 속했다는 것이다. 그럼에도 그는 마치 없었던 존재인양 부당히 취급되어 왔다는 것이다.

카스텔리오와 칼빈의 만남
칼빈의 본 모습을 알지 못했던 카스텔리오도 처음엔 멋모르고 그의 문하에 들어가 일을 했다. 그러나 칼빈의 독재와 그의 측근들의 위선이 시 전체를 망치고 있는 사실을 발견하고 문제를 제기 하다가 결국 제네바에서 쫓겨나고 만다.

카스텔리오가 추방된 이유는 너무나 사소한 문제에 기인한다. 그가 성경을 라틴어와 프랑스어로 번역하면서 일부 용어 사용에 있어 칼빈의 생각과 차이가 있었다는 것이다.

세르베투스는 처참히 화형으로 죽어 가면서도 "예수, 영원한 하나님의 아들이시여, 저를 불쌍히 여기소서"라고 외쳤다고 한다. 이것을 보면 그는 신실한 기독교인으로 죽었음이 분명하다. 하지만 그는 삼위일체 교리에 어긋난 주장(삼위일체론의 오류)과 칼빈의 "기독교 강요"를 비판한 책(기독교의 재건)을 썼다고 하여 공개적인 신학적 토론 한 번 제대로 해보지도 못한 채 비극적인 생을 마감해야 했다.

일어난 카스텔리오의 양심
여기에 카스텔리오는 침묵을 깨고 "이단자에 관하여" "칼빈의 글에 반대함"과 같은 글을 써서 이에 목숨을 걸고 맞서고자 하였다. 세르베투스 사건을 말하는 카스텔리오의 명쾌한 문장 한 대목을 읽어보자.

"한 인간을 죽이는 것은 절대로 교리를 옹호하는 것이 아니다. 그것은 그냥 한 인간을 죽이는 것을 뜻할 뿐이다. 제네바 사람들이 세르베투스를 죽였을 때, 그들은 교리를 지킨 것이 아니라 한 인간을 희생시킨 것이다. 인간이 다른 사람을 불태워서 자기 신앙을 고백할 수는 없다. 단지 신앙을 위해 자신이 불에 타 죽음으로써 자기 신앙을 고백하는 것이다."〈214쪽〉

이 책은 단순히 종교적 폭력과 광기만을 말하지 않는다. 그보다는 어떤 단일한 이데올로기에 의해 구성되고 조작, 지배되는 사회가 얼마나 끔직한 파시즘을 낳게 되는지를 잘 보여준다. 그런 소용돌이 속에서 인간 본유의 양심과 자유는 철저히 유린당하고 만다는 것이다. 그래서 저자는 결말에 이르러 다음과 같은 말로 오늘을 사는 우리에게 엄중히 경고하고 있다.

"인류는 언제나 진보를 위해서 싸워야 하며, 극히 당연한 것도 새로이 의심 받는다. 우리가 자유를 습관으로 여기고 더 이상 신성한 소유물로 여기지 않는 순간에 충동 세계의 어둠 속에서 신비한 의지가 자라 나와 그것을 유린하려고 드는 것이다. 인류는 너무 오래, 너무 근심 없이 자유를 누리고 나면, 언제나 힘의 도취에 대한 위험한 호기심, 전쟁에 대한 범죄적인 열망에 사로잡히게 된다."〈271쪽〉

카스텔리오는 누구인가?

카스텔리오는 스위스와 프랑스 국경 지대에서 칼빈 보다 6년 늦은 1515년에 태어났다. 탁월한 신학자였던 그는 24세 나이에 칼빈의 승인으로 제네바 개신교 학교 교장에 초빙되었다. 그러나 얼마 후 둘 사이에 틈이 벌어진다. 칼빈은 카스텔리오의 성경번역에 대해 검열을 하겠다는 의지를 드러냈고, 칼빈을 학자 대 학자의 대등한 관계로 여겼던 카스텔리오는 칼빈의 권위주의적 태도에 모욕감을 느꼈다. 한편 칼빈은 무조건적 복종이 아닌 "개인적 판단"을 하는 "독립적 학자" 카스텔리오에 대해 불쾌감과 분노를 참을 수 없었다.

결국 제네바를 떠나게 된 카스텔리오의 삶은 비참했다. 스위스 도시들은 칼빈에게 정치적으로 속박되어 있었으므로 제네바 독재자의 눈 밖에 난 인물을 공식적으로 채용할 수 없었다. 카스텔리오는 일정한 직업도 얻지 못한 채 집집마다 구걸하며 다니는 신세가 되었고, 간신히 바젤의 한 출판사에서 교정보는 일을 얻어 입에 풀칠을 해야 했다.

안타깝게도 그의 글은 칼빈에게 위협이 되지 못했다. 칼빈의 명령에 따라 행해진 검열에 의해 카스텔리오의 글들은 인쇄조차 될 수 없었던 것이다. 도리어 카스텔리오 자신이 이단자들과 함께 어울렸다는 혐의로 화형에 처해질 뻔했다. 그러나 다행히 카스텔리오는 쇠약해진 몸 때문에 격렬한 위경련을 일으켜 급작스럽게 세상을 떠나는 바람에 그런 불행한 사태만은 모면할 수 있었다.

카스텔리오가 본 칼빈의 독재

장로교가 다수를 점하는 한국 개신교는 칼빈을 위대한 종교개혁가요, 장로교의 창시자로서 일방적으로 우상시 했다. 말끝마다 "칼빈주의"를 내세우며 "정통"을 들먹이는 한국 개신교의 독선적인 모습에서, 카스텔리오와 대비되며 드러나는 칼빈의 부정적인 모습을 보게 되는 것은 결코 우연이 아니다.

어떤 제네바 시민이 세례식에서 웃음 지었다. 그래서 사흘간 감방에서 지내야 했다. 어떤 사람이 여름철 더위에 지쳐 설교 시간에 잠들었다. 그래서 감방에 들어가야 했다. 노동자들이 아침에 파이를 해 먹었다. 그래서 사흘간 물과 빵만 먹었다. 어떤 남자가 자기 아들에게 세례명 짓기를 거부하였다. 그래서 감방에 들어가야 했다. 눈먼 바이올린 연주자가 춤곡을 연주하였다. 그래서 도시에서 추방되었다. 케이크에 콩을 박아 먹었다. 그래서 24시간 동안 물과 빵만 먹었다. 어떤 사람이 칼빈 선생님이라고 부르지 않고 칼빈 씨라고 불렀다. 그래서 감방에 들어갔다. 거리에 나가서 노래를 했다. 그래서 도시에서 추방당했다. 뱃사람이 싸움을 했다. 그래서 교수형에 처해졌다. 세 명의 소년이 외설스러운 책을 보았다. 그래서 화형에 처해졌다.

이것이 칼빈이 말한 "개혁"이고, 이것이 "그리스도의 가르침"이며, 위대한 개신교의 종교개혁이었다. 칼빈의 시대는 암흑기였다. 부녀자들과 소녀들은 장식이 달린 옷을 입지도 못했다. 소리 내서 웃지도 못했다. 결혼 이외의 연애는 모조리 금지 되었다. 사람들은 친척이나 친구들과 가까이 지내지 못했으며, 옷의 가지 수도 정해져 있었고, 칼빈을 비판하는 그 어떤 책자나 이론은 철저히 이단으로 간주되어 불태워 졌다. 음악, 그림, 연극, 문학, 철학, 과학, 그 모든 게 깊고 깊은 무덤 속으로 강제로 순장 당했다. 가련한 세르베투스는 붓으로써 그에게 도전했으나 "산 채로 태워지는 형벌"로 목숨을 잃었고, 죽어서도 칼빈의 기만적이고 옹색한 변명에 제대로 눈을 감지 못했다. 비밀경찰들은 모든 시민들을 감시했다. 뿐만 아니라 서로가 서로를 견제하고 감시하는 독재체제가 확립되었다.

칼빈보다 더 개혁적인 카스텔리오의 양심

이와 같은 시기에 혜성처럼 등장한 이가 바로, "카스텔리오"이다. 그는 두려운 독재자의 폭압보다 자신의 깨끗한 "양심"이 더 위대하다고 믿었으며, 나아가 그것을 이야기하고 글로 적는 것은 신께서 선물로 주신 당연하고 천부적인 권리라고 서슴없이 말했다. 칼빈은 분노했고, 그를 화형대 위에 올리고자 발악을 했지만, 그는 어떤 순간에서도 자신의 의지를 꺾거나 더러운 욕설을 입에 담아 상대방을 비난하지 않았다.

오히려 예수 그리스도의 복음을 좇아, "당신의 마음 안에 있는 이기심을 버리고 나와 경건한 대화를 하자."라며 칼빈을 연민 어린 눈으로 바라보았다. 그는 "이단자라는 것은 상대적인 개념일 뿐"이라며 그를 다그치고, 칼빈이 주창했던 "예정설"의 비논리성을 지적하며 그의 회개를 촉구하지만, 결국 "개혁가" 칼빈은 그를 거부했고, 미워했으며, 그의 모든 것들을 삭제하고, 검열하고, 없애 버렸다. 역사상에서 "카스텔리오"라는 현명한 이름이 남겨지는 걸 두려워했던 것이다.

결국 이 무자비한 폭행 아래 "표면적으로는" 칼빈이 승리했다. 그의 이름은 "종교개혁가"로서 후세에 널리 알려졌고, 그가 써낸 철학적 고찰에 관련된 글들을 모아 "칼빈의 자유론"이라는 말도 안 되는 책이 출판되었다. 자유와 이성을 철저히 무시했던 그가, "자유론"이라는 거창한 제목의 저자로서 오늘날까지 칭송 받고 있다. 이건 마치 아담 스미스가 "프로테스탄트 윤리와 자본주의 정신"을 쓰고, 거꾸로 막스 베버가 "국부론 : 보이지 않는 손"과 같은 책을 썼다고 하는 어불성설의 논리와 같다.

"한 인간을 죽이는 것은 절대로 교리를 옹호하는 것이 아니다. 그것은 그냥 한 인간을 죽이는 것이다. 한 인간을 제거한 일을 변명하기 위해서 그 어떤 논리적, 윤리적, 국가적, 종교적 핑계를 댄다 해도, 살인을 했다는 것에는 면죄부가 되지 않는다."-제바스티안 카스텔리오,1553

칼빈이 생존하던 그 시대에 제네바 도시에서 감히 칼빈의 교리와 신학에 대하여 누군가 정당한 비판이라도 하면 그 누구도 살아남지 못했다는 걸 칼빈 신봉자들은 애써 모른척 한다.

　칼빈과 동시대를 살았던 때에 칼빈의 삼위일체를 대담하게 비판했던 걸출한 신학자가 있었다. 그는 세르베투스였다. 그래서 그는 산채로 화형대에 올라가야 했다.

세르베투스를 로마 가톨릭에 밀고한 칼빈

　스페인 출신 세르베투스(1511~1553)는 종교적으로 과열된 시대에 살면서 감히 삼위일체설을 부인했으니 로마 가톨릭과 개신교의 가르침이 모두 잘못 되었다고 선언한 셈이었다. 도망자 신세가 된 그는 프랑스에서 본명을 숨기고 살았다. 누구와도 정신적으로 교류할 수 없는 처지에서 그는 자신의 신학적 확신을 편지로나마 누군가에게 털어놓고 싶었다. 불행하게도 이 눈먼 사람이 신뢰를 바친 사람은 제네바 칼빈이었다.

　1546년 그는 저서 "그리스도교 회복"의 원고를 칼빈에게 우편으로 보내면서 만나고 싶다는 뜻을 전했다. 그가 원고와 함께 보낸 편지에는 "교황 이론의 일부인 삼위일체와 유아세례가 악마의 교리라는 사실을 인정해야 할 것"이라는 내용도 있었다. 둘 사이에 편지가 몇 번 오간 뒤, 칼빈은 그와 절연(絶緣)하고 그가 보낸 원고를 보관했다. 이때 칼빈은 "이단자" 세르베투스를 죽일 것을 결심한다.

　1553년 칼빈은 보관해오던 세르베투스의 편지들을 대리인을 통해 로마 가톨릭 종교재판소 측에 넘겼다. 개신교 목사가 로마 가톨릭의 스파이 노릇을 한 셈이다. 자신의 손을 더럽히지 않은 채 원수인 로마 가톨릭을 이용해 "이단자"를 제거하려 한 것이다. 그러나 손 안 대고 코 풀려던 칼빈의 계획은 물거품으로 돌아갔다. 세르베투스가 감옥에서 도망친 것이다.

　몇 달 후 이해할 수 없는 일이 일어났다. 세르베투스가 돈키호테처럼 하필이면 제네바에 나타난 것이다. 그는 칼빈의 명령으로 즉각 체포되어 이단 혐의로 재판을 받았다. 그는 만장일치로 산 채로 불태워지는 형벌을 선고 받았다. 그것은 모든 형벌 중 가장 가혹한 것이었다.

　요한 계시록에는 바벨론 음녀가 종교적인 시스템을 이용하여 매우 훌륭한 조직을 만들어 수많은 사람들을 종교생활의 노예로 전락시키고, 시민과 성도들을 경직된 순종하는 기계로 바꾸어 버려 심판을 받게 하는데 오늘날 현대 맘몬교회가 이같은 짓을 똑같이 반복하고 있다는 사실은 결코 놀라운 일이 아니다.

"진리를 구하고, 자기가 생각하는 대로 그것을 말하는 것은 범죄가 아니다. 아무도 어떤 신앙을 갖도록 강요당해서는 안된다. 신앙은 자유이다. 국가권력은 신앙문제에 대해 아무런 권한이 없다. 그러므로 누군가 다른 의견, 다른 세계관을 갖는다고 해서 거품을 물고 미쳐 날뛰는 일이 왜 필요한가. 어째서 끊임없이 경찰을 부르고, 살인에 이르도록 미워한단 말인가. 혼자만이 옳다는 오만에서 잔인함과 박해가 나온다. 오직 높으신 분들의 마음에 들지 않는 의견을 가졌다는 이유로, 때로는 어떤 특별한 이유도 없이 그런 탄압과 박해들이 일어난다. 우리는 서로 다른 사람을 인정하고, 다른 사람의 신앙을 판결하지 말아야 한다."(카스텔리오)

1903년 10월 27일 칼빈의 후예들은 세르베투스가 화형 당한 장소에 속죄비를 세웠다. 세르베투스가 화형을 당한 지 350년이 지나서야 본인이 아닌 그의 후학들이 실수를 인정했다. 하지만 칼빈은 여전히 역사의 주인공으로 언급되고 있고, 세르베투스는 초라한 "속죄비" 만큼이나 역사의 기억 저편에 자리 잡고 있을 뿐이다. 그건 카스텔리오도 마찬가지였다.

카스테리오가 고발한 칼빈의 이중성

카스텔리오는 1535년 칼빈의 기독교 강요 초판에 기록된 내용을 가지고 칼빈의 독재와 처형을 고발했다. 칼빈의 동생은 프랑스 위그노 운동을 하다가 잡혀 프랑스 프란시스 왕에게 사형을 당했다. 이것에 대하여 칼빈은 기독교 강요 초판을 통해서 프랑스 프란시스 왕에게 탄원을 하면서 아무리 종교적으로 이단적인 행위를 한다고 하더라도 진리를 가진 자들은 예수 그리스도의 십자가의 절대적인 사랑을 실천해야 하며 만일 원수를 사랑하여 그들에 대한 관용과 용서를 보여주지 못한다면 그것 자체가 자신이 진리에 속한 사람이 아니라는 사실을 반증하는 것이라고 프란시스 왕의 사형집행을 정죄하면서 이단자들에게도 관용을 베풀어 줄 것을 탄원을 했다.

카스텔리오가 얼마나 치밀하게 칼빈의 "기독교 강요 초판"를 인용하면서 논리적이며 웅변적으로 칼빈의 행동이 잘못된 것임을 낱낱이 고발하고 있는지를 보여준다. 놀라운 사실은, 바로 그러한 이유로 인해서, 칼빈의 "기독교 강요 초판"에 있었던 카스텔리오가 공격했던 부분이, 재판(再版)에서는 삭제되어 자취를 감추었다는 점이다.(p.224).

칼빈은 프란시스 왕에게 원수를 사랑하고 예수님의 사랑으로 통치해 주라는 탄원서를 보낸 후 10년도 되지 않아 제네바에서 예수 그리스도의 이름으로 58명의 사람들을 교수형으로, 단두대로, 화형으로 죽였다. 이것이 카스텔리오가 잠잠하지 않고 목숨 걸고 외쳐야 했던 현실이었다. 참 신앙은 무행위 구원이 아니다. 진리에 대하여 예와 아니오를 분명하게 하는 것이다. 참 신앙은 나를 통해서 예수님이 사셔야 하는 것이다. 이것이 성도들이 입고 살아야 할 옳은 행실이다. 비록 나에게 불이익이 있고 손해가 되더라도 감수하고 주님의 말씀대로 사는 것이 참 믿음이다. 말은 기름처럼 매끄럽게 하고 예수님의 입에 입맞춤을 하면서도 돌아서서 스승을 팔아넘기는 가룟 유다처럼 살아서는 안될 것이다.

역사란 어떤 것일까? 카스텔리오는 48세의 나이로 급사했다고 했다. 그리고 칼빈은 자신의 제국을 더욱 굳건히 세웠다고 한다. 그러나 역사가 에드워드 기번은, 칼빈에 의한 세르베투스 화형 사건을 놓고, 이렇게 말했다고 한다. "이 하나의 희생이 종교재판의 화형대에서 사라져간 수천 명보다도 더 나의 가슴을 뒤흔들었다"(p.178).

과거를 올바르게 되돌리려는 노력은, 1903년 칼빈의 추종자들이 세르베투스의 억울한 죽음을 애도하며 세운 화해의 기념비에서 발견되기도 한다(p.281). 그리고 바로 저자의 말과 같이, 아주 우연히 실낱같은 자료들에 이끌리어 재탄생시킨 카스텔리오와 같은 사람을 통해서 장로교 창시자 칼빈의 종교 개혁을 다시 평가한 위대한 개혁자의 용기에서, 역사는 진짜 역사를 볼 수 있게 된다(p.204).

9) 아브라함 카이퍼의 문화대명령은 우주교회

(1) 아브라함 카이퍼의 무천년주의 주권신학

우리 인간 삶의 모든 영역에서 만유의 주재이신 그리스도께서 "나의 것이다"라고 외치지 않은 영역은 한 치도 없다. 이 말은 1880년 10월 20일 암스텔담 새 교회에서 있었던 신설 자유대학 개교 설교에서 아브라함 카이퍼가 주장한 영역주권신학이다.

이렇게 아브라함 카이퍼에 의해 시작된 화란의 자유대학을 통해서 전 세계 교회로 퍼진 종말론이 무천년설이다. 한국 모든 장로교 신학교가 따르는 무천년기 종말론은 화란의 자유대학과 네덜란드 이민자들이 세운 미국 칼빈대학교에서 배출된 신학자들에 의해서 한국교회와 신학교를 점령해 버리고 말았다.

그런데 사탄의 신학 중에서 가장 무서운 신학이 바로 무천년주의 종말론이란 사실을 간과해서는 안될 것이다. 왜냐하면 지상에 물질왕국을 세우는 새로운 종교인 신사도 운동의 사탄신학의 교리가 무천년주의를 주장한 아브라함 카이퍼의 영역주권 신학에서부터 출발했기 때문이다.

아브라함 카이퍼의 모든 신학은 현 세대 속에서 이루어지는 하나님의 나라의 현현(顯顯)으로 지상에 세워진 메시아 다윗왕국 교리가 무천년주의 신학이다. 아브라함 카이퍼의 모든 신학의 뿌리가 무천년주의 신학이다. 그리고 무천년주의 신학의 뼈대가 뉴 플라톤 철학이다. 그래서 아브라함 카이퍼가 말한 하나님은 바알 신이다.

(2) 아브라함 카이퍼의 일반은총의 정체

신칼빈주의는 아브라함 카이퍼의 신학이론이다. 개혁신학에서 아브라함 카이퍼의 일반 은총론은 여타의 다른 개혁신학과 차별화 된다. 특히 아브라함 카이퍼, 헤르만 바빙크, 찰스 핫지로 이어지는 신칼빈주의 일반 은총론은 분명 칼빈의 일반은총과도 다르다.

먼저 칼빈의 일반은총은 비록 타락한 인간에게도 하나님께서 동일하게 베풀어 주시는 은총을 말하는데 최소한의 양심을 통한 정의, 이

성과 지성의 탐구를 통한 발전, 국가 권력을 유지시키는 권세, 하나님의 형상에 따른 이웃 사랑과 애국심과 애향심 등 하나님의 구원 계획을 이루어 가시기 위해 필요한 전제 조건들을 모든 이들에게 부어 주신 동일한 은혜를 말한다. 그러나 하나님이 주시는 일반은총으로는 절대로 거룩해 지거나 새롭게 되어 구원을 받을 수 없다. 하나님의 구원은 예수 그리스도의 속죄의 은총을 통해서 베풀어지는 특별 은총으로만 가능하다.

아브라함 카이퍼의 일반은총은 칼빈의 일반 은총론과 다르다. 칼빈의 일반 은총은 죄를 억제하는 국가와 양심 그리고 이로 인한 문화발전과 과학의 활동을 성령의 역사가 아닌 일반적인 하나님의 섭리로 제한을 했다. 그러나 아브라함 카이퍼는 칼빈의 일반은총론에 하나님의 특별은총인 예정론을 연결시켰다. 다시 말해서 칼빈의 예정론은 구원이 개인의 선택이 아니라 창세전부터 하나님의 특별하신 섭리 가운데 이루어지는 것을 말하는데 아브라함 카이퍼는 이런 예정론을 칼빈의 일반 은총론에 연결시킴으로 하나님이 창세전에 계획하신 주권적인 구원의 범위가 하나님의 특별한 은총을 넘어서 사람, 국가, 문화, 과학, 자연까지 포함한 것이 되었다. 이것을 신칼빈주의 신학이라고 한다. 다시 말하면 카이퍼의 일반은총 교리는 칼빈의 특별은총 교리와 하나라는 것이다. 이 땅에서 이루어지는 일상의 생활인 정치, 경제, 문화, 예술, 도덕, 윤리를 통해서 구원을 받을 수 있다는 것이다. 이러한 구원이 오리겐이 말한 만인 구원론이다. 뉴 플라톤 철학에서 말한 우주회복 구원이다. 이것을 문화대명령이라고 한다. 무천년주의 신학은 예수님의 십자가 복음으로 구원이 이루어지는 것이 아니라 하나님이 통치하시는 영역주권을 통해서 이루어진다는 것이다.

아브라함 카이퍼가 이런 주장을 하게 된 원리는 화이트 헤드의 유기체 철학이다. 모든 우주의 통치가 하나님의 주권으로부터 시작되어 서로 떨어져 있지 않고 연결되어 있다는 철학이다. 아브라함 카이퍼는 이런 하나님의 일반은총의 주권적인 역사로 말미암아 세상은 점점 좋아지고 있는데 그것을 문화적인 진화로 보았다. 이것 또한 유기체 철학이고 다윈의 진화론이다. 이런 아브라함 카이퍼의 일반은총의 주권신학으로 프란시스 쉐퍼는 기독교 세계관으로 정리를 했고, 헤르만 도예베르트는 우주법 철학체계를 세워 아브라함 카이퍼의 영역주권 신학을 우주 교회론으로 정리했다. 이것이 빌리 그래함이 주장한 우주교회이다.

(3) 카이퍼의 문화대명령은 뉴 플라톤 철학의 신인합일 우주교회

카이퍼에 의하면, 오늘날 모든 그리스도인들에게 주어진 과제는, 타락 이전 아담에게 하나님께서 주셨던 '문화대명령'(the Cultural Mandate)이라고 한다. 창세기1:28의 '문화대명령'은 인간을 향한 하나님의 실제 목적을 요약하고 있다고 카이퍼는 말한다. 다시 말해 궁극적인 면에서 볼 때, 하나님의 목적은 '죄인들의 구원'(the salvation of sinners)에 있는 것이 아니고 '우주의 대구속'(the redemption of the cosmos)에 있다는 것이다. 인간 구원이란 궁극적 그 목적을 향한 일종의 수단(means)이 된다. 곧, 우리를 구원하신 하나님의 궁극적인 목적은, 아담에게 주셨던 문화적 대명령을 이룩하기 위한 것이다. 오늘날 뉴 에이지 문화는 문화대명령이 완성되는 최고의 절정을 의미한다. 사람이 우주와 하나가 되어 자유롭게 되는 상태이다. 통일장 우주론이 완성되는 666시스템이다.

이러한 우주적인 구원을 완성하기 위해 헤르만 바빙크와 프란시스 쉐퍼는 기독교 세계관을 만들었다. 그들이 만든 기독교 세계관은 지상에 하나님 나라를 세우기 위한 무천년주의 신학이다. 지상에서 이루어질 문화대명령이 완성되는 시대는 전 세계가 복음화가 되어 하나님께서 통치하시는 날이 되면 땅에서 다윗의 메시아 왕국이 이루어진다는 것이다. 아브라함 카이퍼가 말한 복음화는 라틴어로 미시오 데이(Missio Dei) 사회적인 복음화이다, 정치, 경제, 과학을 통해서 이루어지는 구원이다. 예수님께서 재림하셔서 예루살렘에서 통치하실 때 우주만물이 자유롭게 회복되어 문화대명령이 완성된다고 한다. 이러한 사상이 신세계질서이다. 마지막 세상을 새롭게 할 재림하시는 그리스도가 가짜 그리스도가 되는 것이다. 그래서 그들은 예수님의 재림이 감람산으로 오시지 않고 사람들의 마음속에 임하셔서 모두가 예수가 된다고 한다. 이것이 뉴 플라톤 철학에서 말한 신인합일이다.

(4) 아브라함 카이퍼의 영역주권신학과 다원주의

카이퍼는 하나님의 주권 영역을 보편적 우주교회와 시대적 지역 교회로부터 국가를 비롯한 세속적 일반사회와 우주의 모든 영역으로 확장시켰다. 그는 교회뿐 아니라 피조세계의 모든 영역에 영향을 끼치고 변화시키는 세계관으로서 하나님의 주권을 이해했던 것이다. 이것이 문화대명령 우주회복이다.

아브라함 카이퍼의 국가와 사회를 향한 신칼빈주의적 신학사상이 20세기에는 미국의 풀러신학교를 중심으로 헤롤드 오켄카, 칼 헨리 등의 '신복음주의 운동'과 영국의 존 스토트를 중심으로 하는 로잔 언약 운동 등에 영향을 미치게 된다. 아브라함 카이퍼의 영역주권 운동은 신사도 운동의 킹덤 나우 운동과 예수 전도단의 영적도해, CCC 성시화 운동, 빌리 그래함의 보편적 구원과 종교통합의 우주교회론 등으로 발전했다. 이러한 추세는 현재에 이르기까지 전 세계 복음주의 교회들에게 막강한 영향을 끼치고 있으며 한국교회의 경우 스스로 보수주의라 일컫는 거의 모든 교회들이 그 영향 아래 놓여 있다. 즉 한국교회에는 이미 전통적인 칼빈주의는 거의 사라지고 없으며, 칼빈주의라 주장하는 사람들은 모두 신칼빈주의자들이다. 정통 장로교 신학교가 모두 신칼빈주의 사상에 점령된 것이다.

그런 의미에서 무천년주의를 현실화시키는 신칼빈주의를 바로 이해하는 것은 2000년 교회사에 가장 심각하게 위기를 맞고 있는 마지막 시대에 하나님의 교회를 바로 세우는 일에 큰 도움이 될 것이다.

(5) 아브라함 카이퍼 제자들의 기독교 세계관 운동

기독교 세계관 운동은 한 마디로 말한다면 세상에 하나님의 나라를 세우려는 운동이라고 볼 수 있다. 기독교 세계관 운동은 20세기 초 아브라함 카이퍼(A. Kuyper, 1837-1920)에 의해 처음으로 시작되었다. 카이퍼는 문화의 성경적 근거로써 일반은총을 제시하고 있다. 카이퍼는 하나님의 일반은총이 죄의 세력을 제어하며, 인간의 문화발전을 가능하게 만들고, 또한 구원을 위한 기초를 예비한다고 말한다. 그리하여 그리스도 안에서 구속된 문화는 이 땅에서 사라지지 않고 영원한 하나님 나라에 들어가는 것이라는 문화적 낙관론을 제시하였다.

카이퍼에 의해 시작된 기독교 세계관 운동을 더욱 발전시키고 체계화시킨 사람은 1922년부터 헤이그에 있는 카이퍼 연구소의 소장으로 재직하였던 도예베르트(Herman Dooyeweerd, 1894-1977)이다. 도예베르트는 기독교 세계관을 창조, 타락, 구속의 구조로 체계화시킨 장본인이다. 도예베르트는 성경적 세계관의 핵심이 창조질서(Creation-Order)에 있다고 말한다. 도예베르트는 태초에 세계가 창조 되었을 때, 창조 안에 완전한 창조질서가 있었는데→죄로 인해 창조가 파괴 되자→하나님이 일반은총을 베푸시어 창조질서가 무너지지 않게 보존 하시므로→죄가 창조질서를 파괴하지 못하고 단지 '창조방향'을 왜곡하게 만들었으며→인간의 마음도 왜곡된 창조방향으로 가게 되었지만→그리스도의 구속으로 창조질서와 방향이 완전히 회복될 것이라고 말한다. 도예베르트는 예수님의 십자가 구속의 의미는 개인의 영혼구원이 아니고 우주적 질서 회복이고, 창1:28 말씀의 우주적인 완성으로 보았다.

뿐만 아니라 문화와 자연과 우주에 대한 하나님의 회복된 주권이 하나님의 은혜와 동일하다는 사실이다. 기독교 신앙을 자연법으로 해석을 하여 체계화시킨 우주법철학은 아리스토텔레스의 형상과 질료의 철학 체계를 통해 완성한 것이다.

이와 같은 우주법 철학을 중심으로 프란시스 쉐퍼는 기독교 세계관을 정립시키고 세상을 변화시키는 교회론을 세웠다. 이러한 기독교 세계관은 1974년 존 스토트와 빌리 그래함을 통해 로잔 선언으로 제창이 되었고, 그 후 빌 브라이트와 로렌 커닝햄과 같은 사회복음주의자들을 통해서 활성화된 세상을 변화시키는 복음화 운동은 종교다원주의와 세속화된 기독교로 전락시키고 말았다.

그렇다면 과연 그들이 말한 기독교 세계관은 무엇인가? 우주교회이다. 빌리 그래함이 말한 우주 교회는 구약에서 선지자들이 말한 다윗의 메시아 신국이다. 모든 사람과 자연만물이 자유롭게 되는 우주 교회 완성이다. 이것은 뉴 플라톤 철학에서 영겁회귀가 끝나면 이루어지는 우주교회와 맥을 같이 한다.

이들이 전한 복음을 자연주의 영성복음이라고 한다. 자연속에 흐르는 생명력을 인간 속에 흐르게 하는 것이다. 그래서 인간이 가지고 있는 탐욕과 이기심과 다툼을 버리게 하는 것이다. 여기에서 또 다시 관상기도가 나온다. 사람이 신의 성품을 가지게 하는 방법이 관상기도이다.

특히 인간들의 신인합일이 우주회복에 가장 큰 영향을 끼친다. 왜냐하면 신에게 가장 가까이 접근해온 피조물이 인간이기 때문이다.

(6) 아브라함 카이퍼의 잘못된 중생 개념과 유아 세례관

카이퍼 신학의 가장 심각한 문제점은 바로 그의 중생개념이다. 이 중생개념에서 파생된 것이 그의 유아세례관이다. 지금까지의 신칼빈주의의 언약개념에 대한 설명을 통해서 어느 정도 감지될 수 있었던 것이 바로 이런 아담과의 맺어진 언약이 모든 인간과 더불어 맺어진 언약이었고, 그러므로 이 언약은 인간이 인간으로서 출생하게 되는 바로 유아 때부터 맺어지게 된다는 것이다. 신자의 자녀는 태어나면서부터 '중생'이 되어서 태어난다는 것이다.

이미 하나님과의 언약관계 속에서 태어난다는 것이다. 성인이 되어서도 이 언약관계를 거부하지 않는다면 그리고 그 언약관계를 거부하기까지는, 이 신자의 자녀는 '구원에 이르는 은혜'(saving grace)를 담지하고 있는 사람으로 간주된다(presume). 그래서, 이런 카이퍼의 중생관을 '간주된 중생론'(presumptive regeneration)이라고 한다.

(7) 아브라함 카이퍼가 세운 자유주의 신학의 메카인 자유대학

미국의 프린스톤 신학교가 좌경화 되어 타락하자 1929년 필라델피아에서 성경중심의 근본주의 신학교인 웨스트민스터 신학교가 그레샴 메이첸 중심으로 세워졌다. 그러자 신복음주의를 표방한 자유주의

자들인 찰스 풀러, 헤롤드 오켄가. 빌리 그래함 등이 성경중심의 웨스트민스터 신학교를 견제하기 위해 캘리포니아에 풀러 신학교를 세웠다. 풀러 신학교는 신복음주의 학교로 종교다원주의 운동에 앞장서고 있다.

네덜란드 개혁교회는 국가 교회가 타락하자 또 다른 보수 신학교를 1854년에 세웠는데 깜뻔(캄펀) 신학교이다. 이에 질세라 자유주의 신학자들이 보수신학을 견제하기 위해 1880년 암스텔담에 자유대학을 세웠다. 이 사람이 바로 아브라함 카이퍼이다. 아브라함 카이퍼의 영역주권신학과 문화대명령 신학은 21세기 과학문명의 발전과 함께 종교다원주의로 배도자 적그리스도를 등장 시키는 신학의 뿌리가 되고 말았다. 그러나 세계 눈먼 기독교는 아무것도 알지 못하고 캄캄한 밤을 보내고 있다. 아브라함 카이퍼의 문화 대명령 신학은 인간과 자연, 인간과 과학, 인간과 종교, 인간과 우주, 인간과 신의 통합을 시도하면서 결국은 뱀이 약속한 대로 영원히 죽지 않는 호모 데우스 인간을 만들 때까지 계속될 것이다. 이것이 타락한 우주에 가득한 신의 영역인데 루시퍼이다. 하나님은 아담과 함께 타락한 우주를 구원하시기 위해 아들 예수님을 보내 주시지 않았다. 하나님께서 예수님을 세상에 보내 십자가에서 죽게 하신 이유는 자연과 우주와 만물을 구원하심이 아니요 인간을 구원하시기 위함이다. 지금 세상은 아브라함 카이퍼가 말한 대로 우주 교회가 완성되어 가는 것이 아니라 예수님의 신부가 구원 받은 성도들의 마음속에서 아름답게 단장되어 가고 있는 것이다.

오늘날 세계 모든 신학교에서 가르쳐 지고 있는 기독교가 물질 세상에서 천국을 만들어가는 문화대명령 신학이다. 이것을 무천년주의 신학이라고 한다. 거짓말이다. 사단의 미혹이다. 구원 받은 성도는 이 세상에서 사는 동안 예수님께서 가신 십자가의 길을 가면서 예수님의 아가페 사랑의 복음을 증거 해야 한다. 날마다, 어디에서든지, 가치가 있는 사람이든지 가치가 없는 사람이든지 상관없이 예수님께 받은 사랑을 부어 주어야 한다. 그래서 성경은 구원 받은 성도들을 세상의 나그네와 행인이라고 하였다.

예수님께서 언제 문화대명령을 완수하라고 교회에게 명령 하셨는가? 이것은 사단이 아브라함 카이퍼에게 준 거짓말이다. 화란의 자유 대학을 세운 아브라함 카이퍼는 자유주의 대학인 레이덴 대학을 나왔다. 그는 처음부터 예수 그리스도를 알지 못하는 이방인이다.

그가 실제로 암스텔담 시를 천국으로 만들기 위해 성시화를 시도했다. 그래서 그는 목사, 정치가, 학자, 사회 운동가로 명성을 떨쳤다. 그런 네덜란드가 세상에서 가장 타락한 마약문화와 스와핑 성문화와 동성애가 세계에서 가장 먼저 법제화 되었다. 이것이 무엇을 증명하는가? 아브라함 카이퍼의 문화대명령 지상 낙원 프로젝트는 지옥으로 들어가는 함정이다. 어떻게 자연만물이 구원을 얻을 수 있겠는가? 어떻게 해와 달과 별들이 구원을 얻겠는가? 만일 그런 신이 있다면 그 신은 오리겐이 주장한 만유내재신 밖에 없는 것이다. 루시퍼이다.

결국 문화대명령 신학의 종말은 666 짐승의 표를 받고 루시퍼와 한 몸이 된 후 지옥으로 내려가는 것이다. 어떻게 2500년 전에 그리스에서 있었던 플라톤 철학이 오리겐과 플로티누스를 통해 뉴 플라톤 철학으로 둔갑을 하고 뉴 플라톤 철학을 가지고 만든 짝퉁 기독교 신학이 지금까지 활개를 치고 신학교에서 미래의 목사들에게 가르쳐 지고 있는지 생각하면 통탄할 뿐이다.

10) 칼 바르트의 신정통주의와 만인 구원론

(Karl Barth, 1886년 5월 10일~1968년 12월 10일)

(1) 칼 바르트의 성경관

인카네이션 말씀신학

칼 바르트의 하나님의 말씀의 신학은 성경의 문자주의 신학이 아니고 하나님의 말씀 자체라고 주장한 성육신 하신 예수 그리스도에 초점을 두고 있는 신학이다. 바르트에 의하면 성경의 권위는 철저히 예수 그리스도에 의존하고 있다. 즉 문자로 쓰여진 성경이 아니라 실제 나타나는 현상들을 말씀이라고 정의를 내리는 것이다. 다시 말해서 예수님의 성육신을 구속사적인 언약의 관계로 이해하기 보다는 헬라주의 물질적인 철학에 의해서 재해석 하는 방식으로 이해를 한 것이다. 그러므로 칼 바르트의 성육신(인카네이션)신학은 영지주의자들이 주장하고 있는 로고스(우주원리) 신학에 불과하다. 헬라 철학인 영지주의 신인합일을 통해서 체험한 참 지식을 하나님 말씀이라고 하는 것이다. 이와 같은 영지주의 그노시스주의가 바로 칼 바르트의 신정통주의 신학의 정체인 것이다. 성육신한 예수님은 환생을 통해 신이 된 태양신의 아들 담무스와 비교가 되는 것이다.

"칼 바르트의 허망한 사색을 따라가는 자는 오직 멸망일 뿐입니다. 그는 기독교를 파괴하고, 하나님의 택하신 영혼을 꾀어내기 위한 사단의 도구입니다. 그런데 수많은 목회자, 신학자, 교단과 교회가 그의 허울 좋은 말놀음에 속고 있습니다. 그럴듯한 미사여구로 꾸며 놓은 한 위장 신학자의 말에 이리 저리 휘둘리고 정신 차리지 못하고 있다는 것입니다. 그것이 사람들이 보기에 유식하게 보이거나 좋아 보였는지는 모르겠으나 그 길은 필경 사망의 길입니다!" - 로이드 존스, 로마서 6장 강해에서 -

"어떤 길은 사람이 보기에 바르나 필경은 사망의 길이니라"(잠언 14장12절)

성경을 신화로 믿는 신정통주의

현대 자유주의 신학자 중 비교적 보수적이라고 알려진 칼 바르트도 아담의 창조와 타락의 이야기가 그 자체로는 거짓이라고 단언하였다. 또 "아브라함과 모세와 같은 인물들이 후대의 신화 제작의 산물들이든지 아니든지 무슨 문제가 되는가!"라고 담대히 말하였다. 또 그는 성경에 오류가 있다고 단언하였다.(김희보 : 자유주의와 칼바르트 이해)

칼 바르트의 추종자인 C. H. 다드는 성경의 외적 권위는 절대적이지 않으며, 하나님의 계시 진리는 객관적 형태로 주어지지 않는다고 단언했고, 심지어 성경의 무오성을 주장하는 것은 종교와 공중도덕에 위험물이라고까지 말하였다.

개인적인 체험을 성경이라고 주장한 칼 바르트의 성경관

신정통주의 신학에서는 성경이 객관적인 하나님의 말씀은 아니지만, 사람들이 성경에 마음의 문을 여는 의미 있는 순간에 그들의 마음에 호소할 가능성은 있다고 주장한다. 신정통주의에 따르면 하나님은 말씀 속에서 명제적으로 말씀하신 적이 결코 없다. 오히려 하나님은 우리가 하나님과 만나는 순간 사적인 계시를 통해 개인적으로 말씀하신다.

신정통주의에서는 성경은 좋은 모델이자 역동적인 증언이지만 본질적으로 객관적인 하나님의 말씀은 아니라고 말한다. 다시 말해 성경은 책장 위에 꽂혀 있을 때는 하나님의 말씀이 아니다. 성경은 인간의 마음에 호소할 때라야 비로소 하나님의 말씀이 된다. 이러한 주장은 언뜻 보면 그럴듯하게 들린다. 그러나 거기에는 치명적인 결점이 있다. 다시 말해서 체험되지 않는 말씀은 종이에 불과하지만 어떤 방식이로든지 체험되는 것이 바로 하나님의 말씀이라는 것이다. 이러한 가르침은 하나님의 계시를 전적으로 주관적인 것으로 전락시킨 것이다. 이것은 각 개인이 진리를 자기 식으로 정의하여 개인적인 감정을 궁극적인 척도로 삼을 가능성을 활짝 열어 두는 것이다. 결국 이는 단지 성경 밖에서 계시된 진리를 찾으려는 또 다른 시도일 뿐이다. 이러한 가르침은 은사주의 운동과 마찬가지로 그러한 진리를 찾기 위해 경험에 의존하게 한다.

은사주의를 정당화하는 칼 바르트의 성경관

신정통주의의 배경이 되는 사상은 성경이 인간에게 경험을 창출할 때 비로소 영감을 받은 말씀이 된다는 것이다. 리드(J. K. S Reid)는 이렇게 주장한다. "하나님은 위풍당당하게 성경 곳곳을 행진하시며 말씀의 길이와 너비 전체에 걸쳐 어느 지점이든지 당신의 말씀을 소생케 하신다. 그래서 성경은 하나님의 말씀이 된다고 말해도 무방하다……성경은 정해진 확고한 약속으로 하나님의 말씀이 된다." 에밀 브루너(Emil Brunner)는 "성령이 기록된 말씀의 덮개 안에 갇혀 있다."고 말하면서 "성령은 인간의 경험 속에서 해방된다"고 주장했다.

신정통주의에서는 기록된 성경만이 전부가 아니라고 말한다. 하나님은 지금도 계시하시며, 지금도 성경 기자들을 감동하셨던 것처럼 다른 사람들도 감동하신다. 신정통주의의 입장을 대변하는 또 다른 대표적인 신학자인 도드(C. H. Dodd)는 "성경이 참으로 '하나님의 말씀'이라면 그것은 성경이 최종적인 말씀이라서 그런 것이 아니다."라고 말한다.

성경의 영감이 주관적인 체험에 의존하고 성경 자체가 최종적인 말씀이 아니라면 어떤 일이 벌어지는가? 성경적 권위란 존재하지 않는다! 오늘날 기록하고 말하는 다른 모든 것에도 성경 못지않게 사람들에게 '영감'을 줄 가능성이 있다. 따라서 사실상 모든 경험된 것이 잠재적인 '계시'의 원천이 되는 것이다.

은사주의자들도 신정통주의와 비슷한 말을 하고 있다. 많은 사람이 그런 말을 하고 있다. 몇년 전 찰스 파라가 "신앙생활"(Christian Life)이라는 잡지에 기고한 글 한편이 좋은 예이다. 파라는 이렇게 썼다. "그리스도인들은 신약의 세계로 점점 더 깊숙이 들어감에 따라 궁극적인 지식 획득 방식으로 이성과 경험에는 점점 덜 의존하고 신령한 지식에 점점 더 의존하게 될 것이다." 파라는 '신령한 지식'을 어떻게 정의하는가? 그는 신령한 지식이란 '모든 지식을 초월하는 지식, 모든 인식을 초월하는 인식, 모든 확실성을 초월하는 확실성, 모든 이해를 초월하는 이해'라고 말한다. 이들이 말한 모든 이성과 지식을 초월하는 지식은 초자연적인 현상을 경험하는 은사주의이다. 신사도운동에서도 똑같이 기록된 말씀을 폐(廢)하고 새로운 사도들의 직통 계시만을 현대에 하나님께서 주신 말씀이라고 정의를 한다.

(2) 칼 바르트의 구원관

윤리적인 구원을 이룬 인간 예수

칼 바르트가 성령수태와 동정녀 출생을 불신하고, 예수 그리스도가 육신(肉身)으로는 요셉의 혈통을 받은 아들이었지만, 그가 살고 간 생애와 교훈과 죽음은, 인류의 역사상 단 한 번만 있었던 위대한 사건으로서, 이것이 "참 인간의 출현"을 뜻하고, 이것이 참 "인간 실존의 출현"을 뜻한다는 것이 바르트의 주장이고, 현대주의 신학자들의 일반적인 주장이다. 그러므로 예수 그리스도의 생애에 나타났던 이 위대한 "인간의 실존"을 "기원(紀元) 제 1년"으로 삼자는 것은, 예수의 인격을 모델로 하는 "전 인류의 새 기원(紀元)"을 열어 보자는 것이다.

바르트의 구원론에서 꼭 명심해야 할 것이 있다. 바르트가 말한 그리스도의 구원은 전통적인 기독교의 구원 교리와는 전혀 무관하다는 점이다. 왜냐하면, 바르트가 믿은 그리스도는 요셉의 혈통을 받은 보통 인간이었기 때문에, 예수가 준다는 구원도 제자가 스승의 인격을 본받아서, 고매한 인격을 갖추어 가는 것이 구원이고, 또한 인류가 지상에서 평화롭게 살아가는 것이 구원이기 때문이다. 그러므로 바르트가 비록 31권의 방대한 9000쪽의 '교회 교의학'을 썼지만, 이 책에는 최후 심판과 내세의 영생 등은 항목에도 들어 있지 않다. 칼 바르트의 '교회 교의학'은 영겁회귀로 일자(一者)라는 신으로 복귀하는 뉴 플라톤 철학의 일원론 우주론에 불과하다.

예수는 유대 카발라 영지주의에서 말한 신인합일 1호 인간

그렇다면 칼 바르트의 진짜 정체는 무엇인가?

칼 바르트는 바리새파 유대인들의 종교인 카발라 영지주의 사단종교 철학자이다. 그는 장미십자단원으로 이집트 이시스 여신을 섬기는 비밀결사이다. 기독교 진리를 개독교로 만드는 사이비신학자이다. 바벨론 탈무드와 헬라 영지주의 철학에서는 관상기도를 통해 도달한 마지막 신인합일의 존재가 바로 참 인간의 모습으로 설명하고 있다. 이것이 바로 칼 바르트가 말하고 있는 인간 실존 참 인간론이다. 예수님이 그들이 말한 신인간 1호 라는 것이다.

뱀은 선악과를 따 먹으면 너희가 하나님처럼 된다고 속였다. 사단의 약속이 칼 바르트를 통해 현대신학에 적용되어 신학교에서 가르쳐지고 있는 것이다. 사람이 즉 신이라는 것이다. 우리 모두가 예수를 닮아서 신인간이 되는 것이 사단 숭배자들이 헬라 철학을 통해서 인간을 미혹하고 있는 사상이다. 이것이 뉴 에이지 기독교이다. 이것이 종교통합을 통해서 이룩하고자 하는 구원이다. 그들이 말한 성경이나 교회나 예수나 신은 모두 가짜이다. 그들이 말한 신학은 사단 루시퍼 뱀을 만나는 원리이다.

만인 구원론(萬人救援論) Universalism)

엄격한 의미에서 만인 구원설은 사람뿐 아니라 모든 사물을 포함한 하나님의 모든 피조물의 회복을 의미한다. 교리적으로 이 말은 가끔 예수 그리스도 안에 나타난 하나님의 화해 사역의 넓이와 깊이를 표기하기 위해 사용되기도 하지만 일반적으로 모든 인류는 비록 죄로 말미암아 타락하였을지라도 그리스도의 보편적 속죄를 통하여 궁극적으로 다 구원 받게 된다는 설을 말한다. 역사적으로 만인구원론을 처음 제기한 사람은 오리겐(주후254년)이다 오리겐은 하나님은 결국 그의 창조의 목적을 성취하시는데 이 목적에는 그의 적(敵)의 복종까지 포함된다고 주장하였다. 제롬의 번역에 의하면 그는 하나님의 심판은 사람들뿐만 아니라 마귀와 사단까지 깨끗케 하는 작용을 하기 때문에 지옥도 마침내 천국처럼 되어 진다고 보았다.

오리겐의 주장은 제 2차 콘스탄티노플 회의(533년)에서 정죄 당했다. 오리겐 이후 오래 동안 이 설은 별로 나타나지 않았는데 18세기 이후부터 합리주의의 영향 아래 다시 고개를 들기 시작하였다. 특히 18세기 이후부터 하나의 교파로 형성 되어진 유니테리안파 사람들에 의해 그들의 가장 중요한 교리로 내세워졌다. 금일에 이르러 이 만인 구원설은 새로운 신학 사조와 함께 여러 가지 형태로 교회에 침투하여 성경적 진리를 왜곡(歪曲)시키고 있다.

현대 만인 구원설의 배후에는 칼 바르트(Karl Barth)의 신학이 놓여 있다. 물론 바르트 자신은 어느 곳에서도 보편적 구원을 직접적으로 가르치지 않는다. 그러나 그는 사람을 구원 받은 자와 버림 받은 자로 구분하지 않는다. 대신 그는 모든 사람들을 버림받고 동시에 구원 받은 자로 간주한다. 따라서 바르트의 견해에 의하면 모든 사람은 그리스도 안에서 궁극적으로 구원 받게 된다는 결론을 피하지 못한다. 이것은 만인 구원설의 주장과 같다.

사랑의 하나님만 강조한 구원론

만인 구원설의 주장자들은 어떤 영혼이라도 궁극적으로 영원한 생명으로부터 배제된다면 이는 분명히 하나님의 무한한 자비와 사랑에 배치된다고 본다. 그들은 죄에 대한 하나님의 진노와 죄인에 대한 하나님의 진노 사이에 구별을 지워 성경이 가르치는 것은 전자이기 때문에 사람은 아무도 영원한 하나님의 진노의 대상이 되지는 않는다고 주장한다. 그러나 성경은 그 어느 곳에서도 이 양자를 구별하지 않는다. 성경은 오히려 악을 행하는 사람들 자체 즉 죄인을 문제 삼고 있다. 사랑의 하나님만을 강조하는 또 하나의 이유는 뉴 플라톤 철학에서 주장하고 있는 악은 없다는 우주론이다. 악은 선함의 결핍으로부터 오는 일시적인 현상이지 곧 선이 채워지게 되면 악은 사라지게 되어 온 우주는 구원의 대상이 될 수 있다고 하는 영지주의 철학이다.

(3) 칼 바르트의 교회관

바르트와 가톨릭의 교회관 비교와 평가

칼 바르트와 로마 가톨릭은 교회론을 전개함에 있어서 방법과 목적이 대동소이하다. 둘 다 "그리스도의 몸"의 표상을 통해 전개하는 공통점을 가지고 있다. 여기에서 바르트는 그리스도 중심적 사고와 성령론적 사고를 통해 자신의 입장을 피력한다. 바르트의 교회론에서는 교회 설립이 예수 그리스도가 모든 인류의 대리자로서 자신의 몸 안에서 죄의 몸을 지고 죽으심으로 설명되는데 반해, 비오 12세는 교회가 그리스도의 피를 통해 그의 몸으로 설립되었거나 사들여 졌다고 설명하는 점이다.

칼 바르트와 로마 가톨릭의 교회관은 동일하게 그리스도의 속죄와 피흘림의 영역을 사람의 경계를 넘어서 온 우주를 포함한 교회론이다. 이는 아브라함 카이퍼도 동일하다. 칼 바르트의 구원론 개념 또한 제 2바티칸 공의회의 구원론의 개념과 그리 큰 차이가 나지 않는다. 하나님의 선택은 예수 그리스도의 몸 된 교회 안에서 전 인류가 포함되어 있다는 것이다. 이것이 신복음주의 빌리 그래함의 우주 교회론이 되었다. 아브라함 카이퍼는 유기체 철학을 통해서 만인 구원론을 주장한다.

칼 바르트는 교회의 보편성을 논하면서, 그것은 교회의 머리이신 예수 그리스도 안에서 기초 되는 내용 하에서 가능하다고 보았다. 교회 밖에는 구원이 없는가 라는 질문에 대해서 바르트는 교회 밖에 있는 자들, 계시, 신앙, 구원에 대한 인식이 없는 자들도 숨어 있는 방법들을 통해 구원을 받을 수 있다고 보면서, 바르트는 세상을 예수 그리스도 자신의 교회로 지칭하고 있는 것이 특징이다. 이런 면에서 바르트는 가톨릭 보편적인 교회와 일치점을 가진다. 사람들이 만든 기독교 신학의 원리는 문자적인 표현만 다를 뿐이지 원리는 똑같다 뉴 플라톤 철학이다.

종말론적 교회론의 현실을 강조함에 있어서도 바르트는 가톨릭 교회와 접촉점을 가진다. 메시아 사상의 구약 이스라엘 국가의 연속성에서 기인한 하나님의 나라 지상 왕국의 개념이다. 이것이 무천년주의 지상 낙원 교리이다.

칼 바르트와 신복음주의 교회관 비교와 평가

신복음주의 선두주자인 빌리 그래함은 우주 교회를 말하면서 하나님께서 마지막에 그리스도 예수의 몸된 교회인 우주교회를 통해서 전 인류를 부르셔서 구원 하신다고 주장한다. 이것을 하나님의 섭리 회복이라고 한다. 이미 제롬이나 오리겐과 같은 알렉산드리아 학파 사람들에 의해서 선포된 무천년주의 지상 유토피아 메시아 나라는 구약에서 예언한 메시아 나라로 신약의 교회이며 구약의 할례 제도는 신약의 유아 세례 제도라고 주장한다.

이미 칼 바르트의 만인 구원론에서 보았듯이 하나님께서는 창세전에 예비하신 그리스도 예수님의 몸된 교회 안에서 인류를 택하셨기 때문에 마침내 하나님의 교회가 우주적으로 완성되는 마지막에는 전 인류가 그리스도 예수님의 몸된 교회 안에서 종교의 유무를 막론하고, 심지어 하나님과 예수님의 이름조차 알지 못하는 자들이라도 하나님께서 다 불러 우주 교회 안에 구원 하신다고 한다. 사람 뿐 아니라 모든 만물과 심지어 타락한 천사까지 포함한 구원이다.

(4) 칼 바르트의 신론

오직 사랑만을 강조한 반쪽 신론(神論)

칼 바르트가 새로 각색한 "신의 본질"에서 그의 신론이 자세히 드러났다. 칼 바르트가 주장한 신은 심판하시고, 진노하시는 두려우신 공의의 하나님이 아니다. 오직 사랑의 하나님이다.

"복음주의 신학의 하나님은 스스로 만족하여 자신을 폐쇄하고 있는 고독한 하나님도 아니요, 절대적인 하나님도 아니다. 이처럼 그는 자기와 구별되는 실재에 대하여, 원칙적으로 뿐만 아니라 사실상 자유하시다. 그러나 그는 인간 옆에 계시다가 인간 위에 군림하시는 하나님이 아니라, 인간 안에 그리고 인간과 더불어 계시며, 무엇보다도 인간을 위한 하나님이시다. 이 하나님은 인간의 주님이실 뿐만 아니라, 그의 아버지, 형님, 친구로서 인간의 하나님이시다. 이것이 결코 하나님의 신적인 본질을 축소시키거나 희생시키는 것이 아니라, 도리어 그것을 확인하는 것이다."

칼 바르트는 정통 신학에서 주장한 하나님에 대하여 다음과 같이 악평을 했다. "인간에게 좋은 소식 대신에 나쁜 소식을 가져 오는 하나님, 또한 인간을 경멸하며 심판하며 죽음을 가져 오게 하신 하나님, 고상하지만 비인간적이고 초인간적이기 때문에 사람들이 두려워하여 꺼릴 수 밖에 없는 하나님, 이러한 하나님은 인간으로서는 만족시킬 수 없기 때문에 복음신학에 헌신할 수 없다고 하였다."

그런데 바르트가 부정(否定)하고, 비방한 하나님은 지난 2000년 동안 신약교회가 고백하고 섬겨온 공의와 심판의 하나님이요, 절대적인 주권을 가지시고 통치하시는 살아 계신 하나님이시다.

창시자(originator)로서의 신개념을 부정함

인간과 만물이 발생(發生)한 기원(紀元)을 신의 창조에 두느냐, 진화설이나 빅뱅설(Big Bang)에 두느냐에 따라서, 유신론(有神論)과 무신론(無神論)이 갈라진다. 그러므로 아무리 하나님을 말하여도, 하나님을 인간과 만물의 창시자(originator)로 믿지 아니하면, 무신론자가 된다. 기독교는 2,000년간 창세기 1장 2장을, 천지만물의 기원(the origin)을 말해주는 역사문서(歷史文書)로 받아 왔다. 그러기에 하나님을 천지와 만물의 창시자(originator)로 고백한다. 그러나 바르트는 창시자로서의 신 개념을 거부하였다. 만일 바르트가 신 개념을 창시자로 받아 들였다면, 바르트는 기독교를 믿은 신학자로 남아 있었을 것이다. 다음 인용문을 읽어 보자.

"나는 하나님 아버지, 전능하신 천지의 창조주를 믿는다. 기독교적으로 이해된 이 창조의 신비가, 어떤 어리석은 자들이 생각하는 것처럼, 세계의 창시자(originator)라 할 하나님이 존재하느냐 하는 문제가 아니다. 창조를 세계의 존재 원인이라고 정의할 때, 우리는 기독교 신앙의 견지에서 보아, 전혀 무의미한 것을 말하는 것이 된다."

인용문에서 세 번째의 부분은 네델란드 개혁 신학자 벌 까워 글이다. 바르트의 글에 벌 까워의 글을 덧붙여도 무방한 것은, 인용한 벌 까워의 책은 바르트를 잘 이해한 글로, 바르트 자신이 환영하였기 때문이다. 실제로 두 사람의 글 내용이 마치 한 손의 손등과 손바닥과 같아서 글 뜻이 더욱 선명해 졌다. 이 글에서 바르트는 "하나님을 만물의 창조주로는 믿으나, 하나님을 만물의 창시자로는 믿지 아니한다."고 하였다. 하나님을 만물의 창시자로 보는 것은, 도리어 어리석은 자들이나 하는 짓이라고 하였다. 네델란드 칼빈주의 신학자 벌 까워(Berkouwer)도 이 바르트의 견해를 동조하여 말하기를, "창조를 세계의 존재 원인으로 보는 것은, 기독교에서는 전혀 무의미한 짓이다."라고 하였다.

그러나 대부분의 독자들은 이러한 글을 접하면서 당혹스러워 할 것이다. 즉 창조주와 만물창조는 한 사건으로 보는 것이 당연 한데도 창조주를 믿으면서도 만물 창조는 그 창조주와 다르다고 하는 것은 영지주의자들이 만물 창조를 악으로 보기 때문이다. 그래서 바르트는 이 두 용어를 전혀 별개의 뜻으로 하여, 창조주는 받아 들였으나 만물창조는 배격하였으니, 바르트의 글을 읽을 때에는 창조주와 만물을 창조하신 창시자를 엄격히 구별해야 한다.

이렇게 칼 바르트가 창시자와 창조주를 구별한 가장 큰 이유는 플라톤의 티마이오스라는 창세기에서 창조신으로 규명한 데미우르고스가 창조신이 아닌 제작신이었기 때문이다. 다시 말해서 인본주의 플라톤 철학을 중심으로 만들어진 기독교 신학은 성경을 중심으로 만들어 진 것이 아니라 철학을 기초로 해서 만들어 졌기 때문이다. 이것을 사단 신학이라고 한다. 마틴 로이드 존스가 칼 바르트는 기독교 신학자가 아니라 헬라 철학자일 뿐이라고 혹평한 이유가 여기에 있다. 칼 바르트가 믿는다고 말한 창조주는 제작신 데미우르고스이다. 칼 바르트가 믿을 수 없다고 말한 창시자는 무에서 유를 지으신 창조주 하나님을 말한다. 그러니까 칼 바르트가 믿고 있는 창조주(제작신)은 물질신 루시퍼이다.

(5) 칼 바르트의 창조론

창조주를 부정한 바르트 창조신학

칼 바르트는 창조를 세계의 존재 원인으로 보거나, 하나님을 세계의 창시자로 보는 것은 바벨론 신화에서나 볼 수 있는 것이니, 하나님을 세계의 존재 원인으로 보거나, 세계의 창시자로 보지 말라고 하였다. 만일 하나님을 세계의 존재 원인으로 보거나, 세계의 창시자로 본다면, 창세기와 하나님을 바벨론 신화가 되게 한다는 것이다. 그렇다면 창세기를 어떻게 보자는 것인가? 다음에서 주장하기를, 창세기를 설화(고대소설)로 보고, 고대소설을 해석하여 교훈을 받자고 하였다.

바르트는 창세기 1, 2장은 설화(고대소설)라고 주장

칼 바르트는 창세기의 창조 기사를 설화 즉 고대소설이라고 주장하였다. 자유대학의 조직신학 교수였던 벌 까워도 그렇게 믿었다. 오리겐 역시 그렇게 믿었다. 오늘날 자유주의 신학자들 모두 그렇게 믿고 있다.

"창조 자체는 신화로 얻어지지 아니하므로 창조 신화 라는 것은 없다. 예를 들면, 바벨론 창조 신화에서는 이 사정이 밝히 나타나 있다. 바벨론 신화에서는 생성(生成)과 소멸(消滅)에 관한 신화를 취급하고 있는데, 이러한 것을 창세기 1, 2장은 전혀 문제 삼지 않고 있다. 바벨론 신화에서는 신화적 요소가 있다는 것을 확실히 입증할 수가 있지만, 성경에는 신화에 비할만한 것이 전혀 취급되어 있지 않다. 우리가 성경의 설화(geschichte)에다가 이름을 주어 한 범주에 넣는다면, 전설(sage)이란 범주 속에 넣을 수 있다."

(6) 칼 바르트의 기독론

기독교는, 예수 그리스도가 동정녀에게서 출생하였고, 장사 후에는 육체가 부활하셨고, 승천하심으로 신인양성(神人兩性)을 겸전하신 하나님의 아들로 가르쳐 왔다. 그러나 바르트는 그리스도의 신성(神性)을 불신하였고, 인성(人性)뿐인 단성으로 보았다. 그는 사도신경 주석, "탄생의 신비(mystery)와 기적" 이란 글에서, "동정녀 출생은 거리낌을 주니, 믿을 수 없다"고 하였다.

바르트는 성경에 거리낌이 되는 곳이 많지만, 동정녀 출생이 가장 큰 거리낌을 주는 장소라고 하였다. 수강생들도 거리낌이 되는 다른 것을 수강하는 동안에는, 초조한 마음이기는 하나 비교적 잘 따라 왔지만, 이 동정녀 출생의 항목에 이르러서는 무언 정지하여, 목석처럼 말문이 닫혀 버릴 것이라고 염려하면서, 다음과 같이 말하여 안심시켰다.

"우리는 불안한 마음으로 동정녀 탄생을 납득하려는 것이 아니다. 지금까지 비교적 안정하게 길을 걸어 왔듯이, 이 구절에서도 편안한 마음으로 다만 진리에 접근 하려고 한다. 그러므로 풀어야 할 과제도, '성령 수태를 믿어야 하는가?' 라는 질문이 아니다. 다만 '성령 수태를 긍정할 수 있는' 진리를 찾아내는 것이다."

칼 바르트는 "동정녀 출생은 마리아의 배(belly)에서 출생한 것이 아니라, 마리아의 귀(ear)에서 출생했다"고 하였다. 바르트가 답변한 내막은 이렇다. 여인이 아직 남자를 접한 일이 없는 동정녀라 하니, 배(belly)로 아기를 출산한 일은 없을 것이므로, 동정녀가 아기를 잉태하고 출산 했다는 것은, 마리아가 천사에게서 귀로 들었던 설화(geschichte, 고대소설)속에서 잉태와 출산을 했다는 것이다. 즉 동정녀의 출산은 고대소설(성서)이 말하는 출산이라는 것이다. 이렇게 바르트는 천사가 전했던 예수의 잉태와 출산을, 동정녀가 실제로 잉태하고 출산한 기적으로 믿지 않았다. 천사가 전했던 동정녀의 잉태와 출산을 설화(고대소설)에서 교훈을 끌어냈던 것이다.

(7) 칼 바르트는 비밀 결사 장미십자단원

마틴 루터가 속한 비밀 결사 장미십자단은 이집트 태양신인 이시스의 비밀 지식을 전수 받은 무리들로서 헬라 자연주의 철학과 피타고라스의 학파의 종교철학을 가지고 문예부흥 르네상스와 종교개혁을 주도했던 사단 숭배자들이다. 이들은 오리겐의 원문비평을 통해 성경을 신화화(神話化) 시켰으며, 비유와 상징으로 해석을 하여 성경의 모든 내용을 헬라 철학으로 혼합시킨 자들이다.

(8) 칼 바르트의 우주 교회론은 지상의 적그리스도의 나라

칼 바르트의 우주교회론

칼 바르트는 현대 뉴 에이지 기독교, 에큐메니칼 교회 선구자, 만물교회인 우주교회 현대판 설계자이며 초대교회 오리겐의 후계자, 로고스 그리스도의 교리를 통한 우주 선택교리와 만물회복 킹덤 나우 사상의 선구자, 이스라엘 회복과 하나님의 나라 킹덤 사상의 교회론을 부활시킨 현대판 유세비우스, 오늘날의 모든 이단을 양성화 시킨 사람이 바로 칼 바르트이다.

공동체의 선택 이스라엘과 교회

칼 바르트의 선택론은 그의 전체 신학의 열쇠라고 할 수 있다. 선택론의 근거는 예수 그리스도에게 있다. 바르트에 의하면, 예수 그리스도의 선택 안에는 또 다른 선택이 포함되어 있는데, 선택하시는 하나님의 길은 예수에 대한 증언의 길, 그분에 대한 신앙의 길이기 때문에, 예수 그리스도의 선택은 공동체의 선택을 포함한다.

칼 바르트와 신복음주의 교회관 비교와 평가

신복음주의 선두 주자인 빌리 그래함은 우주 교회를 말하면서 하나님께서 마지막에 그리스도 예수의 몸된 교회인 우주교회를 통해서 전 인류를 부르셔서 구원하신다고 주장한다. 이것을 하나님의 섭리 회복이라고 한다. 이미 제롬이나 오리겐과 같은 알렉산드리아 학파 사람들에 의해서 선포된 무천년주의 지상 유토피아 메시아 나라는 구약에서 예언한 메시아 나라로 신약의 교회이며 구약의 할례제도는 신약의 유아 세례 제도라고 주장한다.

이미 칼 바르트의 만인 구원론에서 보았듯이 하나님께서는 창세전에 예비하신 그리스도 예수님의 몸된 교회 안에서 인류를 택하셨기 때문에 마침내 하나님의 교회가 우주적으로 완성되는 마지막에는 전 인류가 그리스도 예수님의 몸된 교회 안에서 종교의 유무를 막론하고, 심지어 하나님과 예수님의 이름조차 알지 못하는 자들이라도 하나님께서 다 불러 우주 교회 안에 구원하신다. 사람 뿐 아니라 모든 만물과 심지어 타락한 천사까지 포함된다.

오리겐으로부터 시작된 짝퉁 메시아 왕국인 천년왕국

역사적으로 만인구원설을 맨 처음 제기한 사람은 오리겐(주후254년)이다 오리겐은 하나님은 결국 그의 창조의 목적을 성취하시는데 이 목적에는 그의 적(敵)의 복종까지 포함 된다고 주장하였다. 제롬의 번역에 의하면 그는 하나님의 심판은 사람들 뿐만 아니라 마귀와 사탄까지 깨끗케 하는 작용을 하기 때문에 지옥도 마침내 천국처럼 되어 진다고 보았다.

칼 바르트는 장미십자 비밀 단원이다. 장미 십자단은 지상의 하나의 세계정부를 세우기 위한 비밀조직이다. 미국 조지아주 가이드 스톤에 인류가 지켜야 할 10계명을 기록하고 세계정부를 세우고 있다. 이 사람들은 계몽주의자 또는 일루미나티라고도 한다. 이들이 마지막 세계정부를 세우고 만왕의 왕 되신 예수님을 향해 배도를 선포할 세력들이다.

11) 신복음주의(新福音主義), 사회복음신학

(1) 신복음주의 유래와 역사

풀러 신학교와 함께 시작한 신복음주의

프린스톤 신학교가 자유주의화 되자 메이첸을 중심으로 보수 신학자들이 1929년 웨스트민스터 신학교를 세운다. 이에 긴장한 자유주의 신학을 추종하고 있었던 빌리 그래함, 칼 헨리, 챨스 풀러가 보수 신학인 웨스트민스터 신학교를 견제하기 위해 1947년 풀러 신학교를 세운다.

'신복음주의'는 1940년대 미국에서 시작된 신학 사조로서, 자유주의와 싸우며 기독교의 근본 진리를 수호하던 '근본주의' 진영이 갈라지면서 발생한 자유주의 신학운동이다. 이 명칭은 풀러신학교의 초대 교장인 헤롤드 오켄가(Herold Ockenga)가 1948년 그 학교 강연에서 '신복음주의'라는 말을 처음 사용함으로 시작 되었다. 그는 이 강연에서 '전통신학의 새 시작'을 부르짖으며, 근본주의와의 결별을 선언하였다. 이들은 자유주의와의 '철저한 분리(分離)'를 주장하는 근본주의와는 달리 "신복음주의는 그 전략을 분리에서 '침투(浸透)'로 바꾸었다"는 노선(路線)을 채택하였다.

(2) 신복음주의 신학의 주장

신학과 과학의 융합

칼 헨리는 과거 자유주의 신학자들이 과학의 결론을 성경의 진리보다 더 중시하는 데에 잘못이 있음과 마찬가지로, 근본주의자들은 무조건 과학을 적대시(敵對視)하였기 때문에 학적으로 인정을 받지 못했다고 지적한다. 본체론적 의의를 깨닫지 못했기 때문에 칸트(Kant)는 영적 세계에서 이성을 분리시켜 버렸고, 다윈(Darwin)은 이성을 자연 세계에만 국한시켜 버렸고, 듀이(Dewey)는 실용적(實用的) 가치만 인정하고 말았다는 것이다. 그러므로 크리스챤은 이와 같은 이성의 오용(誤用)을 버리고, 진리 이해를 위해 활용(活用)하자는 것이다.

복음의 사회적 적용(교회와 세상의 융합)

근본주의 신학이 지나치게 영혼 구원만을 강조한 나머지 기독교를 타계적(他界的)인 것으로 잘못 소개한 것을 고쳐, 복음의 사회적 적용을 강조하여야 한다는 것이다. 자유주의 신학이 지난날 복음을 하나의 사회 개혁 운동과 동일시(同一視)하여 사회 복음주의로 기울어진 데에 대한 반동으로 근본주의는 지나치게 복음의 현실성(現實性)을 외면하고 불변성만을 강조하고 말았기 때문에 '사회 도피주의'(社會逃避主義)라는 비난을 받아 왔다는 것이다.

칼 헨리는 기독교의 사회성을 다음과 같이 지적하고 있다. "기독교는 중생하지 않은 인간들의 노력을 통하여 이루어지리라고 기대하는 자유주의적인 사회 복음은 결단코 아니다. 그러나 기독교는 구속적(拘束的)인 종교로서 사회적인 변화를 가져오게 하는 감화력이 있다. 그러므로 복음의 메시지를 생명력 있게 전하려면 결혼, 가정, 노동, 경제, 정치, 국가, 문화, 예술 등 각 분야에서 그리스도의 주권(主權)을 나타내도록 해야 한다. 심지어는 자고 깨는 시간까지 그리스도 중심으로, 그리고 하나님의 백성으로 봉사(奉仕)하는 방향으로 조정해야 한다." 한걸음 더 나아가 그는 기독교의 사회 참여와 관련해서 기독교인의 생활 윤리면에서 근본주의적 윤리관을 탈피해야 된다고 주장한다.

사회 참여 복음의 함정과 지상의 유토피아 무천년주의

사회복음(Social gospel)이란 무엇인가? 이는 세상의 악의 근원인 원죄의 부패성이 사람인 개인에게 있기 보다는 정치, 경제, 사회의 구조적인 결함에 있다는 것이다. 그래서 한 사람이 구원을 받기 위해서는 정치, 경제, 사회의 구조가 구원을 받을 수 있는 좋은 환경으로 바뀌어야 한다는 것이다. 그렇게 되면 누구나가 다 구원을 받고 교회 안으로 들어 온다는 것이다.

그렇지만 성경적인 교회에서는 사람이 전적으로 타락하여 선한 것이 없을 뿐 아니라 선을 행할 수도 없기 때문에 예수님이 대속하시기 위해 십자가에 돌아 가셨고, 사람이 새 생명으로 거듭나야 만 그가 속한 가정과 사회와 정치와 경제를 변화시킬 수 있기 때문에 영혼 구원을 최우선으로 하자는 것이다. 사회복음을 주장하는 사람들은 인본주의 기독교이다. 다시 말해서 십자가의 영생의 복음을 전혀 알지 못하는 형식적인 그리스도인들이다.

신복음주의는 개인 구원보다 사회 구원에 우선순위를 둔 신학 운동으로 인간의 불행이 하나님 앞에서 떨어져 나간 원죄에 있지 않고, 건전치 못한 환경의 영향에 기인한다는 관점에서 출발한다. 그래서 하나님의 나라는 사회악과 부조리 등의 척결을 통해 사회 유기체를 구원하고 지상생활을 하늘나라의 생활에 조화시키는 데 있다고 주장하면서, 노동조합의 결성, 노동자의 복지, 부의 평등화 등에 앞장섰으며, 교육과 사회봉사와 정치개혁에 큰 공헌을 하였다. 결국 기독교 행동주의가 미국의 전형적 종교 형태로 등장하게 되었는데, 이것은 반 개인적이고 반 종말론적인 요소와 그리스도의 속죄보다 사회개혁을 중시하는 문제점이 내포되어 있다. 그러한 의미에서 신복음주의가 말하는 복음이란 바로 다른 복음이다. 즉 가짜 사단의 복음이다. 그래서 그들은 그들이 원하는 세상을 만들기 위해 종교통합까지 추진하고 있는 것이다.

비분리주의를 추구하는 W.E.A(세계복음주의 협의회)

세상과 이웃하는 비분리주의를 표방하며 시작된 이 운동은 자유주의와의 유화적 태도를 취하면서 점차 세력을 넓혀갔다. 1942년 미국 복음주의 협의회(NAE)가 결성되고, 1951년 세계 복음주의협의회(World Evangelical Fellowship)가 형성되면서 자유주의와 손을 잡는 활동이 더욱 활발해졌다. 그 대표적 예가 바로 전도자 빌리 그래함(Billy Graham)이다. 빌리 그래함은 지난 70년대 중반부터는 에큐메니칼 선교 운동을 주도하기 시작 하였다, 천주교가 합세한 종교 다원주의 운동을 개신교 내에서 자유주의와 더불어 이끄는 세력이 되었다.

복음주의라는 이름으로 활동

신복음주의자들은 자신들의 정체를 감추기 위해 단순히 '복음주의자(Evangelicals)'로 불렀다. 그래서 신복음주의 역사가 복음주의로 변장해서 오늘날까지도 복음주의로 불리운다. 신복음주의의 문제성은 그 안에 다양한 신학적 성향을 내포하고 있다는 것이며, 둘째는 자유주의 및 가톨릭 심지어는 이단들과도 '협력'(cooperation)하고, 셋째는 오히려 건전한 개혁주의를 가혹히 비판 한다는 것이다. 이를 간단히 설명하면 다음과 같다.

첫째, 신복음주의 안에는 기독교의 근본 진리를 수용하는 자들과 '성경의 영감을 믿지만 무오는 인정할 수 없다'는 애매한 성경관과, '성경과 과학을 조화시킨 기독교 진화론'을 주장하는 신학적 무신론자 등 여러 갈래가 있다.

둘째, 신정통주의와 자유주의 신학자를 교수로 채용하거나 협력 전도라는 이름으로 손을 잡는 일, 특히 가톨릭과 이단까지도 포용한다. 예를 들면, 빌리 그래함은 그의 전도 집회시 예수의 신성을 부인한 목회자를 대회장으로 임명 하였고, '가톨릭과 자유주의는 이단이 아니고 우리와 견해가 다른 형제'라고 하는 등 "그의 언행을 보면" 그 사상을 알 수 있다.

셋째, 신복음주의는 정통 기독교를 '20세기 분리주의자'라고 혹평하며 이는 '교리논쟁'을 빌미삼아 습성적으로 분열하는 자들이며, 타 교파에 대한 무례한 심판관이라고 하여, 개혁주의 교회를 고립화시키고 있는 것이다.

이러한 문제점을 가진 신복음주의는 오늘날 여러 교회의 세속화와 혼합주의화의 주된 범인으로 지목되고 있다. 이러한 사실에 대하여 신학자 우드 브릿지는 "신복음주의의 타협적 태도의 결과로 성경의 정경성, 완전 영감, 무오에 대한 회의와 진보적 창조 개념의 용납 등의 신학적 변질과 세상 예술 등에 대한 개방적 태도에서 볼 수 있는 윤리의 세속화를 볼 수 있다"고 지적하였다. 한 마디로 '적과의 동침'이 결국 그 순결 상실과 타락으로 연결된 결과를 가져오고 말았다.

1947년 풀러신학교와 크리스챤 투데이(Christian Today)

이 글은 박형룡 박사 저작전집 IX권 현대신학서평 하권에 수록되어 있는 신복음주의편을 요약한 것이다.

신복음주의란 1947년 캘리포니아주 파사데나에 풀러 신학교(FTS)가 설립되고 초대 교장 헤롤드 존 오켄가, 차기 교장 에드워드 존 카넬, 교수 중에 칼 헨리, 에버 해리슨 등이 신복음주의를 유력하게 주창했다. 후에 칼 헨리는 풀러 신학교를 떠나 워싱톤에 Christianity Today라는 기독교 잡지를 간행하여 신복음주의 확산에 크게 활동하여 왔다. 10년 후 1957년 12월 8일에 오켄가의 지상 발표를 신복음주의와 근본주의의 상이를 정확히 정의해 신복음주의의 강령을 제시했다. 그는 사회문제에 관해 근본주의는 사회적 영역에서 지도력과 책임을 포기했다고 보았다. 신복음주의자들은 사회적 문제들을 취급하여 개인 구원과 함께 그의 사회적 철학을 포함할 것이라고 단언했다. 그는 신복음주의 그룹은 오류를 포용하는 인물들을 깊이 탐색하지 않을 것이라고 하였다. 오켄가에게 매우 명백한 점은 신복음주의 전략은 침투해 들어가는 것이며 분리해 나가는 것이 아니라는 것이었다. 또 그는 신복음주의 세력 기구로 NAE, 풀러신학교, Billy Graham, Christianity Today를 지명했다. 또 새 변증문서들의 입장을 제시함으로 자랑했다.

(3) 종교다원주의 운동과 세계 복음주의 협의회 (W.E.A)
  (The World Evangelical Alliance)

설립배경
WEA의 모체가 된 복음주의 교회 연합회는 1846년 교회의 연합과 인권, 특히 당시 큰 문제였던 노예 해방, 복음전도, 그리고 종교의 자유를 위해 설립되었다. 그리고 그 줄기에서 1948년에 네덜란드 암스텔담에서는 자유주의 계열의 WCC(세계교회협의회)가 분리되어 나온다.

미국에서는 같은 복음주의 교회 연합에서 1942년 NAE라는 신복음주의 협회가 탄생한다. 1948년 교회 협의회인 WCC가 탄생하자 NAE를 중심으로 1951년 세계복음주의연맹(WEF)이 설립 되었다. 그 후 2001년에 세계복음주의협의회(WEA)로 개명을 한다.

세계복음주의협의회는 교단 차원의 연합체가 아닌 128개 국가 내 복음주의적 교단/교파로 구성된 연합체의 모임이다. 정관에 따라 한 국가에서는 하나의 단체만이 연맹(alliance) 자격을 가진다.
　WEA는 세계 128개국의 복음주의 연맹과 104개 회원단체 회원 약 4억2천만 명을 대변하는 기구로, 한기총은 2009년 6월 정회원으로 가입했다. WEA 총회는 6년마다 열린다.
　WEA는 로마 가톨릭교회와 진보적 개신교 단체인 세계기독교교회협의회(WCC)와 어깨를 나란히 하면서, 4억 2000만 명의 복음주의 기독교인들을 대표하고 있는 세계 3대 기독교 기구 가운데 하나이다. 북미주 유럽 아프리카 아시아 등 세계 9개 대륙(128개국)별 연합회와 빌리 그래함 센터, CCC, IVF, 네비게이토, 예수전도단, YFC, 위클리프성경번역선교회, 월드비전, 컴패션 등 104개의 선교단체들이 회원으로 속해 있다.

NAE(미국 신복음주의 협의회)

　1942년 창설된 미국의 신복음주의 협의회는 세계 복음주의 연맹(World Evangelical Alliance, WEA)의 회원 단체이다. 사실상 세계복음주의 연맹을 주도적으로 이끌어 가고 있는 세력이다. 이 협회는 1942년 4월 7~9일 미국 세인트 루이스에서 장로교 교회지도자 147명이 모여 논의하면서부터 설립되었다. 랄프 데이비스(Ralph T. Davis), 윌 휴턴(Will Houghton), 해롤드 오켄가(Harold Ockenga), 엘윈 라이트(J. Elwin Wright) 등이 설립에 핵심적 역할을 했다. 1945년까지 디트로이트, 포틀랜드, 로스앤젤레스 등에 지부를 설치했고 1950년대에 크게 성장했다. 2011년 현재 40개가 넘는 종파의 4만 5000개 이상의 교회가 참여하고 있다.

복음주의 신학 사상은 신복음주의 신학 사상과 동일하다

　사회복음을 주장한다. 은사주의와 천주교회를 포용한다. 모슬림 지도자들과 자유주의 교파하고도 강단 교류를 한다. 자유주의적 교회협의회와 상호 정책적 연합을 한다.
　미국 교회협의회는 자유주의 신학을 용납하고 낙태와 동성애를 찬성하는 교회들을 포용하고 여성목사를 허용한다.

WCC와 WEA 2014년 한국 총회를 함께 지지했다.

2014년 10월 WEA 한국 총회에서 '사회적 책임 강화'에 무게 중심을 갖게 되었다. 한국에서 총회를 앞두고 있는 세계복음주의연맹(WEA)이 WCC와 상호 깊은 유대 관계와 협력 관계에 있음을 공식적으로 밝혀 관심이 쏠리게 되었다.

WEA 신학위원장 토마스 셔마허 목사는 2013년 11월 4일 오전 부산 벡스코에서 열린 WCC 전체회의에서 "WEA와 WCC는 서로 예의를 다하고 친절하게 대화하는 관계"라며 이같이 밝혔다. 그는 "WEA는 1846년 교회의 연합과 인권, 특히 당시 큰 문제였던 노예 해방, 복음전도, 그리고 종교의 자유를 위해 설립됐다"며 "WCC와는 모든 회의에 서로 참여하고 깊은 이해를 갖고 있으며, WCC가 오늘 발표한 선교문서에서 강조하고 있는 강제개종전도 문제 반대에 대해서도 공감한다"고 설명했다.

WCC와 관련해서는 "서로 긍정적 면을 보면서 협력하고 있다"고 강조한 뒤 "회원국마다 역사적 배경과 상황이 다르지만, 50여 국가에서는 WCC 가입교회와 WEA 가입교회가 하나의 통합기구 안에 있을 정도로 가깝다"고 덧붙였다.

태어나지 말아야 할 WCC와 WEA

David Cloud는 『Defense of the Faith』에서 신복음주의 탄생과 정체성을 말하기를, 요약하면 다음과 같다.

"근본주의자와 현대주의자 간의 논쟁이 신복음주의를 낳는 발판이 되었고, 근본주의를 거부하는 것에서 신복음주의가 태어났고, 이것이 지금의 복음주의이며, 복음주의는 잘못된 것과 분리하는 것을 거부하고 연합하여, 현 시대의 사회적, 정치적 분야에 복음을 적용하는 것을 강조한다"

위 내용 중 다음은 WEA가 가지고 태어난 생명이고 존재하는 목적이며 WEA의 정체성이라 해도 과언이 아니라 하겠다. 복음주의는 잘못된 것과 분리하는 것을 거부하고 연합하여 현 시대의 사회적, 정치적 분야에 복음을 적용하는 것을 강조한다. 이러한 생명이 자라서 천국 복음이 아닌 이 세상 복음으로, 하나님의 영광이 아닌 사람을 위한 이 세상 종교로 왕성하게 번영되었고, 지금에 와서는 자랄 만큼 다 자라서는 성경적인 복음을 완전히 뒤덮어서 알 수도 없게 만들어 버린 것이다.

(4) 신복음주의 사회참여복음과 우주교회

사회 참여 복음의 함정

사회복음(Social gospel)이란 무엇인가? 이는 세상의 악의 근원이 사람인 개인에게 있기 보다는 정치, 경제, 사회의 구조적인 결함에 있다는 것이다. 그래서 한 사람이 구원을 받기 위해서는 정치, 경제, 사회의 구조가 구원을 받을 수 있는 좋은 환경으로 바뀌어야 한다는 것이다. 그렇게 되면 누구나가 다 구원을 받고 교회 안으로 들어 온다는 것이다.

복음화(Evangelism)와 복음(Gospelism)의 차이점

복음주의란 영어로 두 단어가 있다. Evangelism이란 복음주의는 전도의 방법과 수단을 나타내는 단어이다. 그러나 Gospelism이란 복음주의는 복음의 내용과 본질을 나타내는 단어이다. 성경에서 말한 복음주의는 Gospelism이다. 즉 사람을 거듭나게 하는 예수님의 십자가 복음이다. 그러나 신복음주의자들이 강조한 복음주의는 Evangelism이다. 즉 사회를 변혁시키는 사회복음이다, 성경적인 복음주의는 구원의 대상이 사람이다. 신복음주의 구원의 대상은 세상이다. 그렇다면 세상을 구원 한다는 의미는 무엇인가? 세상에 하나님의 나라를 세우는 것이다. 이것을 킹덤 나우 라고 한다. 무천년주의자들이 추구하는 물질왕국이다. 일명 우주교회이다.

존 스토트는 전천년주의자들이 영혼구원만 강조하고 현실 세상에 대하여 외면해서 세상이 점점 더 타락해져 간다고 비난하였다. 그리고 진정한 천국은 현재 우리가 살고 있는 현실세계에서 이루어져야 한다고 하였다. 이것이 뉴 플라톤 철학에서 주장한 우주교회 회복이다.

세력확장을 위한 종교다원주의

 비분리주의를 표방하며 시작된 신복음주의 운동은 자유주의에 유화적 태도를 취하면서 점차 세력을 넓혀갔다. 1942년 미국 복음주의 협의회(NAE)가 결성되고, 1951년 세계 복음주의연맹(World Evangelical Fellowship)가 형성되면서 자유주의와 손을 잡는 활동이 더욱 활발해졌다. 그 대표적 예가 바로 전도자 빌리 그래함(Billy Graham)이다. 빌리 그래함은 지난 70년대 중반부터는 에큐메니칼 선교 운동을 주도하기 시작하였으며, 그가 죽기 직전까지 개신교 내에서 자유주의자들과 손을 잡고 로마 가톨릭과 함께 종교 다원주의 운동을 앞장서서 이끄는 세력이 되었다.

신복음주의 만인 구원설은 지상 유토피아인 우주교회

 존 스토트. 빌리 그래함. 헤롤드 오켄카, 칼 헨리 등은 우주교회를 주장하고 있다. 그리고 빌 브라이트, 로렌 커닝햄 등은 성시화 성국화 운동을 60대 중반에 최초로 시작했다. 그들이 주장하고 있는 우주교회는 헬라 일원론 원띵 철학으로 우주복귀가 완성이 되면 모든 악은 사라지고 지상 천국인 우주교회가 세워진다고 한다. 이것은 구약 다윗의 짝퉁 메시아 왕국이다. 성시화 운동과 성국화 운동 역시 세상에 하나님의 나라를 세우려는 전략이다. 빌 브라이트와 로렌 커닝햄은 일곱 개 산을 정복하면 예수님께서 재림하신다는 것이다. 그들이 주장한 일곱 권역은 1. 가정, 2. 교회, 3. 학교, 4. 정부, 5. 언론, 6. 예술/연예/스포츠, 7. 상권/과학/기술계 등이다.

 이들의 배후에는 가짜 유대인 바리새파 유대인들이 있다. 이들은 이 땅에 메시아 왕국을 세우고 세계 단일 정부를 세우는 것이 그들의 목표이다. 그래서 그들은 종교를 통합하고, 정치를 통합하고, 경제를 통합하고 있다. 이 모든 것들이 제 4차 산업 혁명이 완성될 때 세상에 드러날 것이다. 이 나라가 요한 계시록 13장에서 기록하고 있는 적그리스도 짐승의 나라이다.

 신복음주의자들은 무교회주의자들이다. 그들은 구원 받은 성도들로 이루어진 교회를 철저하게 부인한다. 왜냐하면 그들의 교회는 세상이기 때문이다. 즉 국가이고, 도시이고, 자연이 교회인 것이다. 이것을 우주교회라고 불렀다. 보편적 교회이다. 무천년주의자들이 만들어 낸 짝퉁 천년왕국 적그리스도의 나라이다.

빌리 그래함은 우주교회가 완성이 되면 모든 사람들이 종교 유무와 관계없이 구원을 받는다고 한다. 이것이 뉴 플라톤 철학에서 말한 우주회복이다. 구약 선지서에서는 예수님께서 재림하셔서 세우실 천년왕국에 대하여 다윗의 메시아 왕국으로 예언이 되어 있다. 그때에 새로운 우주가 회복되어 사람과 자연 만물이 자유롭게 살아가는 세상으로 기록되어 있다. 그런데 가짜 유대인들은 이 나라를 지금 이 세상에서 이루어지는 우주회복 교회로 거짓말을 하는 것이다. 이것을 무천년주의 배도의 신학이라고 한다.

그러면 그들은 어떻게 이런 나라를 세울 수 있는가? 바로 통일장 우주론이라는 과학이다. 이것의 상징이 666 시스템이다. 물질주의 지상유토피아 완성이다. 짝퉁 천년왕국이다. 오리겐부터 주장해 온 우주회복 만인 구원설이 끝판 왕을 보이고 있는 시대에 살고 있는 것이다.

12) 신사도주의 운동과 신세계질서 적그리스도의 나라

(1) 신사도 운동은 유대주의 새 종교 운동

신사도 운동은 적그리스도 배도 운동이다. 신사도 운동가들은 이렇게 말한다. 예수님의 12제자 시대는 끝이 났다. 예수님의 12제자가 기록한 성경 시대도 끝났다. 예수님의 12제자들이 만든 기독교도 타락한 바벨론 종교가 되어 끝났다. 예수님의 제자들이 시작한 기독교는 종교의 영이다. 21세기 과학시대에는 새로운 종교가 필요하다. 그래서 만들어진 새로운 종교 운동이 신사도 운동이다.

신사도 운동은 또 다른 기독교 운동이 아니다. 새로운 종교 운동인 유대 카발라 마신 종교이다. 왜냐하면 성경 66권을 전체를 부정한다. 그들은 새로운 시대에는 새로운 말씀이 필요하다고 주장하면서 직통계시를 하나님의 말씀이라고 한다. 이러한 직통 계시는 예언사역이다. 신사도 운동에서의 직통계시 예언 사역은 개인 뿐 아니라 국가, 시대, 정치, 경제, 전쟁 등 모든 분야에서 이루어지는 사단의 통치 사역을 말한다. 신사도 운동에서 말한 직통계시는 유대 카발라에서 주장한 지혜인 소피아 즉 세피로트이다.

유대 카발라의 신은 루시퍼이다. 뱀이다. 카발리스트들은 뱀을 선한 신으로 숭배한다. 그리고 창조신 여호와는 혐오한다. 아담과 하와는 뱀이 선악과를 먹으면 하나님처럼 될 수 있다는 지혜를 가르쳐 줘서 선악과를 먹고 하나님과 같이 신이 될 수 있었다고 한다. 그러나 욕심 많은 여호와의 신이 자기만 하나님을 하려고 신이 된 인간이 완전한 신이 되기 위해서 반드시 먹어야 하는 생명나무 실과를 먹지 못하도록 화염검으로 지키기 때문에 뱀의 도움을 받아 생명나무 실과를 따먹고 완전한 신이 되도록 뱀이 돕는 종교를 유대 카발라 생명나무 종교라고 한다.

1875년 뉴욕에서 신지학 협회가 헬레나 블라바츠키에 의해서 시작되었다. 신지학이란 무엇인가? 글자 그대로 신의 지식을 가지고 살아가는 사람들이다. 신지학의 신은 루시퍼인 뱀이다. 신지학은 유대 카발라 생명나무 종교이다. 이들이 말한 신의 지식이 예언 사역이다. 신사도 운동의 예언 사역은 초자연적인 능력으로 나타난다. 신유, 축사, 마인드 컨트롤, 환청, 텔레파시, 공중부양, 순간이동, 시간여행, 환생 등으로 나타난다. 이러한 초자연적인 현상을 통해 사람들의 영혼을 미혹하는 것이다. 참고로 유대 카발라 생명나무 종교는 사단 루시퍼를 섬기는 가짜 유대인들이 만든 신비주의 종교이다.

(2) 신사도 운동의 출발

주후 2000년 피터 와그너는 여러 단체를 연합시키면서 국제사도연맹(ICA)을 만들었다. 그리고 자신들의 목적인 지상천년왕국의 도미니온(Dominion)에 사용되는 두 개의 기둥을 세우고 하나는 신사도 교회이고, 또 하나는 비지니스 라고 하였다. 신사도 교회는 신비주의 종교를 말하고 비지니스는 돈을 말한다. 그래서 신사도 운동은 초자연적인 신비주의 능력으로 돈을 모아서 세상을 지배하는 바알 종교이다.

피터 와그너는 1998년 '와그너 리더십 연구소'(WLI: Wagner Leadership Institute)를 설립하고, 이후 자신이 대표로 있는 12명으로 '사도의회'를 구성하였는데, 그들이 체 안, 죠지 바나, 라이스 브룩스, 데이빗 캐니스트라치, 잭 디어, 존 엑카트, 테드 헤거드, 신디 제이콥스, 로렌스 콩, 척 피어스 등이다. 우리나라에도 와그너 신학교 라는 WLI가 있다. 늦은 비 운동(윌리엄 브래넘, 폴 케인), 캔자스 예언그룹(마이크 비클, 밥 존스), 빈야드 운동(존 웜버), 토론토 브레싱(존 아놋), 영적도해(밥 베켓, 루이스 부쉬) 아이합(IHOP, 마이크비클), 도시를 점령하라(예수 전도단, 존 도우슨)

(3) 신사도 운동의 뿌리는 유대 카발라 생명나무 종교

유대 카발라 생명나무 종교는 피타고라스 테트락티스 우주론으로 만든 테트라그라마톤 종교이다. 테트라그라마톤이란 네 글자 신으로 여호와를 상징한 히브리어 요드, 헤, 바브, 헤 자음이 가지고 있는 게마트리아 수를 수비학으로 계산하면 72가 나오는데 태양 주위를 돌고 있는 행성들의 이름이기도 하고 카발리스트들이 섬기는 72마신이기도 하다. 테트락티스 피타고라스 우주론은 1,2,3,4를 합한 수 10이란 수로 만든 우주론이다. 1은 점 하나, 2는 점 둘을 이은 선, 3은 점 셋을 이은 삼각형, 4는 점 넷을 이은 정사면체이다. 우주를 구성하는 네 개의 요소가 점, 선, 면, 입체라는 것이다. 이것을 기하학적으로 표현하면 맨 위에는 점 하나, 다음 줄에는 점 둘을 이은 선, 세 번째 줄은 점 셋을 이은 삼각형, 네 번째 줄은 점 넷을 이은 정사면체이다. 이렇게 만들어진 10개의 점은 오른쪽에 점 셋, 가운데 점 넷, 왼쪽에는 점 셋이다. 이렇게 점 10개는 빛을 발하는 세피로트가 되고 10개 점을 각각 모두 연결하면 32가 나오고 이것을 아인 쇼프인 루시퍼로 연결하면 33개 줄이 된다. 이것이 프리메이슨 33도, 또는 일루미나티 33도를 말한다. 그랜드 마스터의 상징이기도 하다.

테트라그라마톤 생명나무 종교는 사람을 영생하는 신적인 존재로 만드는 사단의 신비종교이다. 뿐만 아니라 뉴 플라톤 철학에서 말하고 있는 관상기도의 원리이기도 하다. 좌우편에 있는 점 셋은 여성과 남성을 의미한다. 이것을 우주적인 양성과 우주적인 음성이라고도 한다. 가운데 있는 점 넷은 여성과 남성이 합하여 일어나는 운동 에너지이다. 우주적인 만물의 생성 법칙으로 해와 달이 합하여 별을 만드는 원리이다. 그래서 우주적인 상승이 일어나 신적인 합일에 도달하는 것이다.

10개의 세피로트에서 소피아라는 지혜가 나온다. 이 지혜의 상징은 뱀이다. 빛을 발하는 루시퍼이기도 하다. 정화-조명-신인합일을 이루는 관상기도 원리이다. 유대 카발라는 해와 달과 별을 통해서 72 마신들을 섬기는 종교이다. 72마신들은 타락한 천사인데 유대 카발라는 천사숭배 종교이기도 하다.

테트라그라마톤 여호와 종교는 이집트 이시스 태양종교이다. 장미십자단의 연금술이나. 점성술 역시 유대 카발라 종교이다. 그런데 놀라운 사실은 테트라그라마톤 네 글자 신의 종교는 단순한 것이 아니라 피타고라스 테트락티스 수비학 우주론인데 단지 종교적인 수비학이 아니라 이집트 피라미드 속에 숨겨진 과학을 기초로 하고 있다. 어떻게 그것을 알 수 있는가? 현대 양자역학이란 물리학을 통해서 테트락티스 우주론과 현대 과학에서 말한 26차원의 우주론이 증명이 된다. 테트라그라마톤의 네 글자 창조신인 여호와가 창세기 1장 1절 히브리어 수비학으로 증명이 되고 있다.

지금까지 종교와 과학이 별개의 학문으로 여겨졌다. 그러나 양자역학이란 물리학이 발달하면서 종교와 과학이 하나라는 사실이 밝혀진 것이다. 그렇다면 과학으로 증명된 종교의 신이 과연 무에서 유를 지으신 창조주인가? 아니다 인간이 만든 종교 이론으로는 무에서 유를 지으신 창조주 하나님을 증명할 수 없다. 그러나 인간이 만든 종교의 신은 과학으로 증명할 수 있다. 이러한 종교의 신이 가짜인 것이다. 플라톤은 4원설을 통해 창조신 데미우르고스 신을 설명했다. 그가 말한 데미우르고스가 인간이 만든 종교의 하나님이 된 것이다. 즉 물질 세계를 지배하고 있는 루시퍼이다.

신사도 운동은 신지학이고 신지학은 사람을 신으로 만드는 종교이다. 과거에는 종교적으로 일어나는 신비세계를 과학자들은 부정했다.

그러나 지금은 양자 물리학과 통일장 우주론이 완성 되면서 모든 것들을 하나로 묶을 수 있는 세상이 되었다. 이것을 원띵 또는 우주회복이라고 한다. 신사도 운동은 유대 카발라 생명나무 종교이다. 단지 신비주의 종교가 아니라 과학이란 종교이다.

양자 물리학에서 말한 비국소주의는 양자 얽힘을 통해서 먼 거리에 있다 할지라도 하나의 원자 속에서 만나는 현상을 말한다. 아인슈타인은 빛보다 빠른 것은 없다고 했다. 그러나 양자 얽힘을 통해서 태양과 지구도 점 하나에서 만나고 우주 이 끝에서 저 끝도 점 하나에서 만난다는 사실을 알았다 이것을 비국소성이라고 한다. 양자 물리학은 거시적인 우주의 태양과 별들의 공전 자전처럼 미시적인 원자 속에서의 거시적인 우주와 같은 조직적인 운동들이 있음을 알았다. 그래서 물론 가짜 신이지만 신의 존재 자체도 증명되고 인간이 경험한 신비한 종교적인 체험까지도 알아내고, 사람들의 마음의 생각까지도 읽어내는 시대가 되었다. 뿐만 아니라 종교적으로도 해결할 수 없는 생노병사 문제를 과학으로 해결하는 시대가 되었다. 그래서 더 이상 종교는 사라지게 되어 있다.

신사도 운동은 이런 시대에 신비주의 종교 이론과 과학적인 종교 이론을 통합하는 과정에서 등장했다. 신사도 운동의 마지막 결론은 적그리스도가 등장하여 테트라그라마톤이란 네 글자 신의 이름을 자기 백성들의 머리와 이마에 찍어 죽지 않는 호모 데우스 인간을 만드는 것이다. 그래서 신사도 운동은 배도자 적그리스도를 등장시키는 무대가 되는 것이다. 지금의 신사도들은 예언과 안수라는 임파테이션을 통해 사람들을 루시퍼 백성으로 만들어 가지만 마지막으로는 테트락티스 과학으로 만든 666 시스템을 통해서 사람들을 루시퍼 몸으로 만들게 된다. 그래서 666 표를 짐승의 이름, 짐승의 수, 짐승의 비밀이라고 했다. 신사도들의 왕은 배도자 적 그리스도이다. 그리고 적그리스도를 왕으로 세우기 위해 일어난 사람들이 새로운 가짜 사도들이다. 이들은 초자연적인 기사와 표적으로 사람들을 미혹하여 그들의 영혼을 적그리스도에게 바치게 한다.

(4) 신사도(적그리스도) 운동의 원조들

소크라테스의 엘리트 인간론

소크라테스는 엘리트 인간론을 주장하면서 초인정치를 주장했다. 왜냐하면 보통 인간은 양떼 즉 가축인간이라는 것이다. 그러면서 소크라테스는 가축인간을 정의하기를 계몽이 불가능한 인간이라고 정의했다. 왜 소크라테스는 보통인간을 계몽이 불가능하다고 했을까? 보통 인간이 양떼이고 계몽이 불가능하다면 과연 소크라테스가 말하고 있는 계몽이 가능한 인간 즉 엘리트 인간은 누구인가? 소크라테스가 말하고 있는 인간은 신인간이다. 즉 엘리트 인간이다. 창 3장에서 뱀이 말하고 있는 하나님과 같은 인간이다. 이들이 프리메이슨이다. 이들은 스스로를 신인간이라고 한다.

그리스 철학자 플라톤은 엘리트 인간을 철인(哲人)이라고 했다. 니체는 초인이라고 했다. 그들이 말하고 있는 엘리트 인간은 그리스 영지주의에서 신인합일을 이룬 사람을 말한다. 그것은 사단에게 지배받고 있는 인간을 말한다. 프리메이슨들이 말하고 있는 인간은 신인간이다. 신같은 인간이란 말이다. 이것 또한 사탄숭배종교에서 신과 합일을 이룬 사람을 말하고 있다.

그렇다면 그들은 보통 사람과 무엇이 다른가? 초능력을 가진 자들이다. 투시, 초혼, 마인드콘트롤, 텔레파시, 유체이탈, 환생, 임파테이션, 뜨거움, 떨림 등과 같은 일들을 할 수 있는 자들로 마스터(master)라고 부르는 자들이다. 사도행전에 보면 사도들이 안수하면 귀신이 나갔다. 사도들이 말을 하면 귀신들이 소리를 지르고 떠났다. 사도들이 안수할 때 방언이 터졌다. 이와 같은 기사와 표적들은 하나님께서 성경을 기록할 수 있는 증거로 능력을 사도들에게 허락하신 것이다. 그런데 피터 와그너는 2001년부터 12사도를 세우고 이런 일들을 하는 자들을 신사도라고 했다. 그러나 그들은 신사도가 아니라 귀신과 접촉하여 능력을 전수 받은 영매들일 뿐이다.

바벨론 탈무드는 가짜 유대인들의 경전이다. 루시퍼를 여호와로 섬기는 사탄숭배자들이다. 이들은 자신들을 신인간이라고 한다. 그리고 보통 인간을 가축으로 취급한다. 이것이 탈무드에 기록된 인간론이다. 이들에 대해 성경은 자칭 유대인이라고 했으며 사단의 회라고 불렀다. 이들에 의해서 세계의 물질문명이 유지되어 왔다. 이것이 탕자의 문명이고, 바벨탑의 문명이다. 마지막 시대에 유행하고 있는 신사도 운동은 가짜 유대인들이 만들어가고 있는 배도자 적그리스도의 운동이다.

피타고라스의 신비 종교운동

피타고라스는 애굽의 피라미드를 건설한 멤피스 제사장들과 점성술사들이 가지고 있는 비밀지식과 바벨론 마기(마술사)들이 가지고 있는 혼합주의 밀교(密敎)의 비밀을 섭렵(涉獵)한 고대 신비가 중의 으뜸이다. 그는 현대 종교 철학의 아버지요, 현대 천문학, 의학, 음악, 과학의 아버지이다. 현대 종교와 모든 과학 문명은 피타고라스의 유산이다.

특히 피타고라스의 사단의 비밀 종교는 신비주의 극치이다. 피타고라스는 유체이탈은 물론, 달에 자기의 이름을 새겨 넣을 수 있는 신비가였다. 피타고라스는 바벨론과 애굽의 모든 귀신종교가 피타고라스에 의해서 기하학과 수비학(數祕學)은 종교 철학화 되었고, 성문화되어 플라톤과 아리스토텔레스, 플로티누스를 거쳐 뉴 플라톤 혼합주의 종교 철학으로 완성되어 어거스틴에 의해 기독교 신학으로 둔갑했다.

피타고라스의 신비주의 종교의 대가 안토니우스

사막 수도원의 아버지 안토니우스는 피타고라스의 비밀 종교의 대가이다. 40년 동안 공동묘지와 광야에서 관상기도를 통해 루시퍼와 신인합일을 이룬 그는 초자연적인 영성을 얻어 중세 신비주의 수도원 운동의 효시가 되었다. 안토니우스의 제자로는 아타나시우스가 있다. 그는 '안토니우스 생애'를 썼다. 안토니우스 신비주의는 폰티아누스를 통해 로마 밀라노로 넘어가 암브로스와 어거스틴에 의해서 퍼져 나갔다. 어거스틴은 아타나시우스가 쓴 '안토니우스 생애'를 읽고 변화가 되어 기독교인이 되었다. 여기에서 말한 기독교는 오리겐으로부터 시작된 영지주의 기독교를 말한다. 즉 뉴 플라톤 철학으로 변화된 신비주의 기독교를 의미한다.

사실 피타고라스의 신비주의는 안토니우스 이전에 암모니우스 사카스 라는 수도승이 있었다. 이는 혼합주의 밀교 종교 철학인 뉴 플라톤 철학의 아버지이다. 암모니우스 사카스에게 두 제자가 있었다. 한 사람은 영지주의 기독교 아버지 오리겐이고, 또 한 사람은 뉴 플라톤 철학을 체계화시킨 플로티누스이다.

초기 기독교는 오리겐 이전과 이후로 나누는데 오리겐 이전에 있었던 이레니우스와 터툴리안과 같은 교부는 복음적인 기독교를 지켜 냈다. 그러나 오리겐부터 시작해서 신비주의인 영지주의 기독교가 대세를 이루어 어거스틴 수도원 운동에서 꽃을 피워 로마 가톨릭이란 사단 기독교가 탄생했다.

어거스틴 수도원 운동을 통해 중세 로마 가톨릭을 지켰던 신비주의

어거스틴은 밀라노에서 고향 누미디아 타가스테로 돌아와 안토니우스 신비주의 수도원 운동을 시작하므로 유명세를 타기 시작했다. 그리고 그의 신비주의 수도원 운동은 중세 1000년 동안 생명력이 없는 중세교회를 연명시키는 역할을 하였다. 마틴 루터 또한 어거스틴 수도원에서 장미십자 비밀지식을 경험하게 되어 종교개혁 간판을 차지하게 되었다.

어거스틴이 신비주의 종교에 빠진 이유 중 하나는 어머니 모니카의 영향도 컸다. 왜냐하면 어거스틴보다 먼저 영지주의 기독교에 빠져 있었기 때문이다. 고향으로 돌아오는 도중 어거스틴과 모니카는 함께 엄청난 빛의 세계를 여행하는 체험을 하게 된다. 콘스탄틴 대제의 어머니인 헬레나도 유체이탈을 통해 시공간을 여행하는 엄청난 영지주의 신비가였다.

경건주의 운동으로 할레 대학과 몽테귀 대학에서 부활한 신비주의 운동

아우구스트 헤르만 프랑케와 필립 스페너는 1694년 할레대학을 설립하고 경건주의 운동을 시작했다. 여기에서 말한 경건주의 운동은 신비주의를 추구하는 금욕주의를 미화시킨 단어이다. 마틴 루터의 종교 개혁으로 힘을 잃은 로마 가톨릭 교회와 30년 종교 전쟁을 통해서 독일 인구 절반이 죽어가는 대혼란을 겪으면서 종교 개혁 교회는 다시 로마 가톨릭으로 복귀하는 정통주의 운동이 일어나자 이를 막기 위한 임시방편으로 중세 수도원 신비주의 운동을 무기로 해서 일으킨 운동이 경건주의 운동 즉 금욕주의 신비주의 운동이다. 프랑스 몽테귀 대학 역시 프랑크 왕조를 세웠던 메로빙거 혈통들이 이어 받은 신비주의 지식을 전수시킨 밀교 대학으로 예수회 창시자 이그나티우스 로욜라와 존 칼빈이 훈련 받았던 금욕주의 밀교 전수 대학이다.

우리가 알다시피 중세 신비주의 수도원은 모두 대학으로 이름을 바꿨다.

진젠도르프 24시간 기도운동 마이크 비클 기도운동(IHOP)

경건주의 신비주의 운동이 꽃을 피우게 된 시대는 루트비히 진젠도르프 메시아 신국운동이다. 진젠도르프는 24시간 기도운동의 효시로 기도운동으로 선교운동을 했던 사람이다. 특히 진젠도르프 기도운동은 신비주의 운동으로 오늘날 24시간 기도운동을 하고 있는 마이크 비클의 아이합(IHOP)의 뿌리이기도 하다. 동일한 기도운동의 목적은 다윗의 메시아 신국 건설이다. 진젠도르프는 28년 동안 236명의 선교사를 파송하여 다윗 왕국의 메시아 신국운동을 하였다. 이것이 지상에 세워지는 적그리스도 배도의 운동이다. 진젠도르프의 신비주의 운동은 미국의 조나단 에드워드, 영국의 웨슬레를 통해서 전 세계로 퍼져 나갔다.

1907년 장대현 교회에서 시작한 신비주의 기도운동

1903년에 일어난 원산 선교사 연합기도회에서 선교사의 회개운동에 힘입어 한국인 신자들 사이에 자백운동이 일어났다. 이러한 자백운동은 먼저 감리교 선교사 토마스 하디로부터 시작되었다. 당시 신학교 졸업반이요 장대현 교회 장로였던 길선주는 갑자기 일어나 자신이 형제들을 질시했을 뿐만 아니라 특히 방위량(W. N. Blair) 선교사를 극도로 미워 했음을 회개한다고 하며, 보기에도 비참할 정도로 땅바닥에서 뒹굴었다.

이러한 부흥운동이 절정에 이른 것은 1907년 길선주 목사를 통해서 일어난 평양 대부흥 운동이다. 그런데 이 부흥운동의 정체가 토마스 하디의 안수를 통해서 이루어진 진젠도르프 신비주의 임파테이션 기도운동의 연장이었다. 진젠도르프를 통해서 변화를 받은 요한 웨슬레는 홀리 클럽을 만들어 임파테이션 신비주의 운동을 했다. 그리고 한국에 파송된 감리교 선교사가 토마스 하디이다. 감리교 선교사였던 토마스 하디는 평양 장대현 교회에서 길선주 목사와 함께 연합 성회를 개최하는 가운데 일어난 부흥이 한국교회의 기도운동과 부흥회 운동으로 발전하였다.

그런데 놀랍게도 한국에서 일어난 부흥운동이 사막수도원 안토니우스 신비주의 종교에서부터 시작된 밀교운동이었다. 기독교의 본질은 예수님의 십자가 복음을 통해 거듭나고, 새로운 피조물로 변화 받아 거룩한 삶을 살면서 많은 영혼을 구원하는 생명이다. 그런데 사단 마귀는 놀라운 생명의 십자가 복음을 세상의 초자연적인 능력을 경험하는 은사주의로 대체시키고 말았다. 이것이 신사도 운동의 정체이다.

윌리엄 브래넘의 늦은비 운동(The New Order of the Latter Rain)

1948년 5월 14일 이스라엘이 독립을 하게 되자, 세계에 흩어진 유대인들 사이에서는 새시대운동인 신세계질서 운동이 촉발하게 되었다. 이때부터 새롭게 독립한 이스라엘의 새로운 종교 운동이 일어나게 되는데 그것이 바로 윌리엄 브래넘의 늦은 비 운동이다.

'늦은 비의 새 질서'라고 불리는 운동은 1948년 캐나다 노스배틀포드의 유대인 샤론성경학교에서 일어났다. 윌리엄 브래넘과 프랭클린 홀의 영향을 받은 학생들과 교직원들은 하나님께서 '새로운 일'을 보여주시기를 간절히 원하며 수업을 중지하고 엄청난 금식과 기도로 부흥을 기다렸다. 하나님의 '새 일' 즉 '새 계시'를 간절히 바라던 그들에게 드디어 부흥이 일어났다. 금식 기도를 계속해서 하는 가운데 '정복군대'에 관한 계시가 주어진다.

'정복군대'라는 부흥의 가장 큰 특징은 바로 임파테이션(分與, Impartation)이다. 임파테이션은 토론토 블레싱과 기타 은사 갱신 운동을 통해서 신사도 운동의 대명사처럼 되었다. 임파테이션이란 한 사람에게 임한 초자연적인 은사주의가 안수를 통해서 전달되어 퍼져 나가는 것을 의미한다. 즉 사도와 선지자의 계승, 임파테이션에 의한 능력의 전가, 기적과 표적의 집회, 정통신학의 부정등… 윌리엄 브래넘은 자신을 엘리야로 부르기도 하였다.

마이크 비클은 늦은비 운동의 윌리엄 브래넘에 대하여 다음과 같이 증언한다.

"그는 비록 예수 그리스도를 구세주로 부인하거나 성경의 권위를 의심하는 정도까지는 아니었지만, 이설적인 교리를 만들어 내었다. 그리스도의 신성은 인정 했지만, 삼위일체는 인정하지 않았다. 그는 자신을 요한 계시록 3장의 일곱 교회에 보내진 '천사'라고 주장하였다. 따라서 그를 따르는 자들 사이에 큰 혼돈이 일어났다."(마이크 비클, 예언사역의 여정, 94쪽)

1960년대 오순절 운동

1960년부터 시작된 오순절 은사주의 운동은 데니스 베넷(Dennis Bennett)이라는 미국 성공회 신부에 의해서 시작 되었다. 전 세계적으로 가톨릭 교회들 중에서 성령 운동을 하고 있는 교회들이 많이 있고, 신부들 중에는 방언과 신유를 포함한 은사 사역을 하는 분들이 많이 있었다.

오순절은 이스라엘의 3대 절기인 유월절, 오순절, 초막절 중의 하나인 첫 열매를 추수하는 절기로 율법을 받았고, 성령이 강림하시는 절기이다. 사도행전 2:1-13에 기록된 성령강림과 함께 영적인 추수가 시작되었다. 많은 오순절주의자들은 하나님께서 요엘 2장 23절에서 약속하신 '이른 비'와 '늦은 비'를 성령 강림으로 이해하고 있으며, '이른 비'를 사도행전에서 나타난 오순절 성령의 임재로 이해하고 '늦은 비'를 오늘날의 성령의 역사로 이해하고 있다. 오순절 운동의 특징은 성령 세례를 통한 영적인 체험을 강조하는데 특히 방언을 비롯해서 신유, 축사, 예언 등의 사역이 활발하게 진행되었다.

켄자스 시티 예언자 그룹(K.C.F)

자신이 윌리엄 브래넘의 늦은비 운동의 계승자 라고 자처한 폴 케인에 의하여 마이클 비클과 밥 존스와 함께 "캔자스 시티 예언가 그룹"(KCF)으로 계승되는데, KCF에서 폴 케인과 밥 존스는 가장 권위 있는 선지자와 예언자로 대접을 받게 되었다. 그러나 몇 년 후에 KCF의 예언이 모두 거짓된 조작이었다는 것이 함께 7년을 사역을 했던 어니 그루엔이라는 목사의 레포트를 통하여 모두 밝혀지게 되므로서, KCF의 사람들이 모두 떠나게 되어 몰락하게 되었다. 어니 그루엔은 밥 존스와 폴 케인의 예언이 모두 거짓말이었고 조작이었다는 것을 증언했다.

결국 캔자스 시티 예언 그룹도 해체되었다가 다시 존 윔버의 빈야드 운동이 부흥이 되자, 밥 존스와 마이크 비클은 빈야드 운동이라는 명칭으로 다시 모이게 되었다. 그러나 결국은 빈야드의 존 윔버는 밥 존스와 헤어지게 되었고, 늦은 비 운동의 폴 케인과 연합하게 되었다. 그러나 이 빈야드 운동 역시 존 아놋에 의하여 토론토 블레싱으로 분열하게 되었다가, 다시 신사도 운동이라는 명칭으로 연합되는데, 빈야드 운동은 토론토 블레싱을 '비성경적인 현상으로서 인정할 수 없다'고 비난 하였지만, 존 윔버, 밥 존스의 몰락과 동시에 빈야드와 동일한 사역으로 인정하게 되었다.

1980년대 빈야드 운동

빈야드 운동의 시작은 존 윔버(John Wimber, 1934-1997)이며, 소위 '능력종교' 라고 부른다. 1970년부터 퀘이커 교회의 목사였다가 1974년에는 풀러신학교의 교회성장 연구소의 연구원이 된다. 오순절 운동과 은사주의와 표적과 기사 등에 대한 관심을 갖고 있었으며 1977년에 에너하임에 빈야드 교회를 개척한다.

존 윔버는 '능력 전도'와 '능력 치유'등과 같이 능력(Power)이라는 용어를 주로 사용하였다. 피터 와그너가 빈야드 운동의 존 윔버를 알게 된 것은 1980년 경이다. 그래서 1988년 피터 와그너는 '제3의 물결'이라는 책을 발행하면서 빈야드 운동에 많은 관심을 가지게 되었다.

1982년부터 환상과 예언 등의 캔자스 시티 선지자 운동에 주력하고 있던 마이크 비클과 밥 존스를 포함한 캔자스 시티의 예언자들이 빈야드 운동의 존 윔버와 교분을 쌓은 폴 케인의 예언과 권유로 모두 빈야드 운동에 합류하였다. 마이크 비클과 캔사스 시티의 선지자들의 예언운동과 기적과 표적의 집회를 열었던 존 윔버의 빈야드 운동이 서로 합류하고 연합함으로서 부흥이 일어났다. 풀러 신학교의 교회 성장학 교수였던 피터 와그너가 존 윔버를 풀러 신학교로 초청하여 "표적과 기적을 통한 교회 성장학(Signs, Wonders, and Church Growth)"이라는 과목을 개설하게 되었다.

토론토 블레싱 운동(존 아놋)

존 아놋(John Arnott)의 교회에서 시작된 '토론토 블레싱'(Toronto Blessing)운동은 분열된 또 하나의 다른 빈야드 운동을 말한다. 존 아놋은 1988년에 토론토 공항근처에서 빈야드 교회를 시작하였는데, 존 윔버의 빈야드 운동에 비하여 토론토 블레싱의 특징은 빈야드보다 더욱 격렬한 쓰러짐, 짐승소리, 웃음, 진동, 입신 등의 집회를 성령의 역사라고 주장하게 된다. 특히 웃음과 짐승소리 같은 격렬한 반응은 빈야드에서 볼 수 없었던 현상들이다. 몸의 진동과 떨림, 쓰러짐, 입신, 술 취한듯한 행동, 문란한 춤, 몸부림 치거나 경련을 일으키는 현상. 딩굴기, 웃거나 흐느껴 우는 현상, 짐승의 소리, 부르짖음, 장시간 계속하여 찬송을 부르는 행위 등이 특징이다.

펜사콜라의 부흥

1995년 토론토 블레싱과 같은 부흥운동이 플로리다의 펜사콜라에서 존 킬 패트릭 목사를 중심으로 나타났다. 그들은 이것을 '펜사콜라의 기적'이라고 부른다. 당시에 성령의 능력을 보기 위해 세계 도처에서 성도들과 목회자들이 펜사콜라를 방문하였다. 펜사콜라에서는 새로운 부흥운동이라고 주장하였으나, 펜사콜라의 인사들이 집회 얼마 전에 토론토를 방문하였으며, 토론토 교회의 인사들이 펜사콜라 집회에 참여했기 때문에 펜사콜라는 새 물결이 아니라, 토론토 블레싱의 연장으로 본다.

펜사콜라에 대해서는 조용기 목사가 미국에서 기도를 하다가 미국 지도를 갖고 오라고 하여 손가락을 짚으며 '이곳이 앞으로 미국에서 부흥하게 될 것'이라고 예언하였다고 한다.

2008년부터 다시 한번 유사한 사건이 일어났다. 플로리다의 래이크랜드(Lakeland)에서 타드 밴틀리를 중심으로 이러한 성향의 부흥운동이 또 일어났다. 당시에 타드 밴틀리를 통하여 많은 신비한 치유가 일어났고 심지어 죽은 사람이 다시 살아나기도 했다고 선전되었다. 이 집회에서 알콜 중독과 동성애로 인하여 몰락한 늦은 비 운동의 폴 케인이 타드 벤트리를 극구 칭찬하며 재기를 시도하였지만 실패했다. 온 몸에 문신을 한 타드 벤트리는 자신이 늦은비 운동의 교주인 윌리엄 브래넘의 능력을 임파테이션 받았다고 주장하기도 하였다. 그 후에도 타드 벤트리, 밥 존스, 폴 케인 등 신사도 운동의 사도들은 부도덕한 범죄, 성추문, 알콜중독, 동성애 등의 타락이 계속 밝혀짐에 따라 치명적인 영향을 끼치게 되었다.

제 2차 로잔 회의와 영적도해 (Spiritual Mapping)의 정체

1989년 제2차 로잔회의가 필리핀 마닐라에서 개최되었다. 소위 영적도해를 주장하는 피터 와그너, 루이스 부쉬, 마이크 비클, 존 도우슨, 신디 제이콥스 등이 등장했다. 밥 베켓의 영적도해(Spiritual Mapping)는 마귀가 지배하는 지역들을 전투기도로 집중적으로 공략하여 복음화 시키는 영적인 전투전략이다. 피터 와그너는 조지 오티스, 신디 제이콥스 등 몇 사람이 함께 "지역사회에서 마귀의 진을 헐라"라는 책을 공동 저술하기도 했다. 존 도우슨은 예수 전도단의 세계총재이며, 실제로 예수 전도단에서는 밥 베켓의 영적도해에 관한 책도 출간하고 있는데, 이 책들은 홍정식 목사가 가평에서 운영하는 WLI(와그너 신학교)에서 교재로 사용하고 있다.

2차 로잔회의 이후 오순절 교단의 세대주의 신학자인 루이스 부쉬가 10/40 창이 미전도종족이 위치한 사각형이라는 주장을 하였고, 10/40 창에 지역귀신이 자리 잡고 있다는 영적도해 사상이 미전도 지역의 원인이라고 주장을 했다.

특히 예루살렘 회복 운동을 하는 사람들은 예루살렘으로 가는 길목을 막고 있는 지역 귀신들을 몰아내기 위해 어두운 세력을 향해 영적인 공중전을 전투기도와 땅밟기 운동을 이룩해야 한다고 주장했다.

영적도해와 전투기도란 무엇인가?

영적도해는 신사도 운동에서 주장하는 중요한 교리인데 간략하게 영적도해를 설명하자면 하나님이 지배하고 있는 영역과 사탄이 지배하고 있는 영역을 지도로 표시하여 그 지역을 다스리는 지역의 귀신들을 쫓아냄으로 하나님의 영역을 확장시킨다는 것이다. 밥 베켓(영적도해, 지역을 바꾸는 기도), 피터 와그너(지역사회에서 마귀의 진을 헐라), 존 도우슨(하나님을 위하여 도시를 점령하라), 신디 제이콥스, 조지 오티스, 루이스 부쉬 등이 영적도해를 주장한 자들이다.

영적도해는 기독교적 세계관에 기초한 것이 아니라 '선과 악이, 곧 하나님과 사탄이 이 세상에서 서로 대등한 세력을 갖고 대립하고 있다'는 이방 사상인 헬라적인 이원론에 기초를 둔 것이다. 영적도해를 하는 사람들은 사탄의 영역을 정한 다음 땅 밟기나 대적기도, 선포기도를 하여 귀신을 축사하면 그 지역의 귀신이 쫓겨 나가고 약화되며 하나님의 영역은 반대로 확장된다는 신념을 갖고 있다. 이러한 사상은 무속적인 사상이며, 기독교의 사상이 아니다.

CCC 빌 브라이트와 예수 전도단 로렌 커닝햄의 7대 영역주권운동

예수 전도단의 창시자 로렌 커닝햄 목사와 대학생선교회(C.C.C)의 창시자 빌 브라이트박사는 같은 시간 같은 장소에서 하나님께로부터 사회의 각 영역에서 그리스도인들이 영성회복을 통해 변화되어 사회를 변혁시키는 주최가 되는 것이 중요하고 이를 통해 전 세계 열방의 추수가 일어날 것이라는 비전을 받았다고 했다. 이 영역들을 7개의 전략적 산들이라고도 하고 또는 그리스도인들이 변화시켜야 할 사회의 7가지 영역이라고 하였다. 일곱 가지의 주권영역은 가정, 교회, 교육, 미디어, 정부, 예술·스포츠, 사업의 영역들이다. 주권운동인 영적도해의 원리를 따라 기도운동과 땅 밟기 운동을 통해서 킹덤 나우 즉 하나님의 나라가 이 땅에 도래한다고 했다.

(5) 신사도 운동의 목적

지상에 세워질 유대주의 기독교 왕국(유대주의 적그리스도 메시아 왕국)

신사도 운동을 하고 있는 대부분의 사람들이 가짜 유대인의 혈통을 가진 자들이다. 가짜 유대인들이 이런 일을 하는 것은 구약에서 선지자들을 통해 예언된 내용을 이용하여 루시퍼 왕국을 세우는 것이다. 가짜 유대인들 중에 특히 하자르계 유대혈통들이다. 더 콜, 마이크 비클, 신디 제이콥스, 릭 조이너, 폴 잭슨, 더치 쉬스, 바비 코너, 스티브 슐츠, 밥 존스 등이다. 이들이 신사도 운동을 하는 목적은 이스라엘을 회복시켜 세계정부를 세워 배도를 하기 위함이다. 이들이 세우기를 원하는 지상 유토피아는 다윗의 메시아 왕국인데 짝퉁 천년왕국이다. 일명 무천년주의 지상 천년왕국 사상이다.

적그리스도의 나라가 준비되고 있다. 가짜 유대인들은 가나안 7족속의 혈통으로 루시퍼를 섬기고 있으며, 전 세계 금융 권력과 정치 권력과 종교 권력을 가지고 신세계질서 운동을 하고 있는 것이다.

신사도 운동은 기독교 운동이 아니라 루시퍼의 새 종교 운동

신사도 운동은 이방인들의 기독교를 파괴시키고 유대주의 기독교를 만드는 새 종교 운동이다. 그래서 신사도들은 기록된 성경을 폐지했다. 그리고 이 시대에 예언의 말씀을 직통계시로 정의를 내렸다. 신사도 운동가들은 예수님의 십자가 복음을 버렸다. 그리고 그들이 사용한 무기는 어거스틴의 관상기도를 가지고 전투기도를 하고 있다.

그들이 말하고 있는 원 뉴맨, 신인간, 새로운 인간, 하나님의 아들이란 개념은 초자연적인 은사를 체험한 사람을 말하고 있다. 즉 은사주의 임파테이션을 받은 자들이다.

기독교 파괴 운동

신사도 운동은 기독교 파괴운동이다. 사탄의 세력들이 기독교를 파괴시키고 종교 다원주의를 만들어 가는데 사용한 무기가 바로 기사와 표적을 일으키는 은사주의이다. 이미 성경에서도 마지막 때 거짓 그리스도와 거짓 선지자들이 나타나 많은 기적과 표적으로 할 수 있으면 택한 자까지도 미혹하리라 경고 하셨다.

초자연주의 은사주의의 뿌리는 이미 언급 했듯이 피다고라스 신비주의-암모니아 사카스-오리겐-안토니우스-아타나시우스-어거스틴-중세수도원-할레대학-몽테귀대학-진젠도르프-윌리엄 브래넘-존 윔버-피터 와그너-마이크 비클-신디 제이콥스-릭 조이너-24시간 기도운동-땅밟기 운동-성시화운동-예루살렘 회복운동-메시아닉 쥬 운동-지상 유토피아 신세계질서 운동으로 발전하고 있다.

(6) 신사도 운동의 특징

사도와 선지자가 아직도 존재함
사도와 선지자의 직분이 지금도 새로운 사도들에게 주어져서 하나님의 말씀이 직통 계시로 주어지고 있으며 이들에 의해서 초대교회에 있었던 은사가 지속되고 있다고 주장한다.

직통계시를 통한 새 시대 새 복음(그리스 영지주의/신비주의)
피터 와그너에 의해서 임명된 12사도에 의해서 직통계시가 주어지고 이 시대에 필요한 예언들이 선포되고 있다고 주장한다.

킹덤나우 주권 운동(7대주권 영역운동)
아브라함 카이퍼의 영역주권신학과 하나님의 일반은총으로 마지막 때 지상에 하나님의 보편적 구원을 통해 문화대명령이 이루어지고 있다고 한다. CCC 빌 브라이트와 예수 전도단 로렌 커닝헴은 7대 주권 영역을 나누어 하나님의 나라가 이 땅에 세워지고 있다고 한다.

문화대명령 운동(지상 유토피아, 우주교회론, 보편적 구원)
예수님의 십자가 구속은 단지 인간을 구원 하려는 뜻이 아니라 더 크고 넓은 우주적인 회복인 창1:28 문화 대명령을 완성하신 것이라고 주장한다.

임파테이션 은사 운동
사도들에 의해서 은사와 능력이 다른 사람에게 전수 되었듯이 새로운 사도들을 통해 안수와 같은 수단을 통해 은사와 능력과 같은 표적이 다른 사람에게 전수된다는 사상이다.

BAM(Business As Mission)(부의 이동. 직장교회)

교회 성장학을 통해 바알 기독교를 만들었던 피터 와그너는 마지막에 돈이라는 축복의 복음을 통해 국가를 사고, 교회를 사고, 세상의 모든 것을 사서 유토피아를 만들 것이라고 한다. 그는 돈을 복음이라고 하면서 사업과 교회를 하나로 인식하는 것이 BAM(Business As Mission) 사상이다. 그들은 신사도 신비주의 운동을 통해 돈을 벌고 그 돈으로 세상의 모든 것들을 사서 물질왕국을 세우는 것을 목적으로 한다. 그래서 선교가 곧 비지니스 라고 한 것이다.

성경의 알레고리적인 비유해석

사단의 세력들은 알렉산드리아 오리겐으로부터 시작하여 성경을 상징과 비유로 해석하여 그들이 원하는대로 진리를 만들었다. 그래서 탄생한 것이 로마 가톨릭이다. 요한 계시록 바벨론 음녀이다. 마지막에도 동일하게 성경을 알레고리칼하게 해석하여 기독교를 파괴시키는 것이다.

기독교 파괴 운동(뉴 와인 운동)

피터 와그너는 기존 교회를 생명이 없는 종교인들이라고 말한다. 그리고 그들이 가지고 있는 개혁교회를 참 교회라고 한다. 그들은 새 술과 새 부대를 자신들이 가지고 있는 부와 은사중심의 교회 즉 개혁교회라고 말한다. 그리고 결국 세상의 모든 교회는 자신들에게 들어올 것이고 들어오지 않는 교회들은 모두 심판을 받을 것을 경고하고 있다.

24시간 기도 운동

그들은 사탄숭배 영지주의에서 말하고 있는 신인합일을 이루기 위해 24시간 기도운동을 한다. 그리고 결과적으로 은사를 체험하여 황홀경 속에서 수많은 기사와 표적을 체험하게 하여 그들의 노예가 되게 한다.

영적도해 운동(지역귀신 진멸작전)
　예수 전도단에서 출판된 영적 도해는 세계를 귀신들이 장악한 것으로 전제하고 강력한 귀신들이 점령하고 있는 도시나 국가나 지역을 위해 집중적으로 전략적인 전투기도를 선포하여 귀신들의 견고한 진을 파괴하고 땅 밟기를 통해서 접수를 하면 언젠가 그 도시가 무너져서 하나님의 나라가 세워진다고 믿는 것이다.

시오니즘 운동
　가짜 유대인들이 이스라엘의 역사를 이용하여 세계정부수립을 위한 음모로 성경에 나와 있는 종말론을 사용하는 전략중 하나이다. 1948년 5월14일 이스라엘을 독립시킨 자들이다. 2018년 5월14일 예루살렘을 수도로 정한 자들이다. 현재 동예루살렘 성전 산에 제 3성전건축을 준비한 자들이다. 네탄야후, 푸틴, 젤렌스키, 트럼프 모두 가짜 유대인들이다. 이들이 하고 있는 전쟁이 시오니즘 전쟁이다.

구약의 선지자 예언적 사역의 부활(master 영매 운동)
　최면술이나 집단 최면을 할 때 반드시 먼저 신이 들려 붙잡힌 무당이나 점쟁이 같은 영매가 필요하다. 왜냐하면 그들을 매개체로 해서 함께 신비세계로 빠져 들어갈 수 있기 때문이다. 신사도 운동에서 그들을 마스터(Master)라고 한다. 사도 라고 한다. 또는 스스로 선지자라고 한다. 안토니우스가 사막 수도원에서 신비한 능력을 전수시킬 때 사용된 사람들을 스피릿 가이드라고 말한다. 또는 영적인 아빠 엄마 라고 한다. 현대에서는 최면술사, 또는 영매, 마스터 라고 한다. 정화 단계는 보통 침묵기도를 통해서 마음을 정결하게 한다. 다음은 조명단계로 스피릿 가이드가 씨를 뿌려 소피아를 보낸다. 다음 단계는 신인합일 단계인데 저급한 단계부터 고급단계까지 영적인 체험을 하면서 단계를 점차적으로 높여 간다. 다차원의 세계를 감당 할 수 있을 때 낮은 단계를 인도하는 마스터가 된다.

땅밟기 운동
　오순절 신사도 운동가 밥 베켓 목사가 지은 땅밟기 운동이란 책도 예수 전도단에서 발간되었다. 7영역 주권의 원리를 따라 24시간 전투

기도를 해서 귀신들이 지배한 특정의 국가나 도시들을 집중적으로 공격한 후 성령의 인도를 따라서 그 땅을 밟으면 여리고 성이 무너진 것처럼 어느 날 순식간으로 그 국가와 도시가 하나님의 나라로 변한다는 이론이다.

킹덤 아미 운동(KAM)

신사도 운동에서 추구하는 지상의 유토피아 건설을 위해 필요한 선교의 일군, 추수하는 일군, 기도하는 일군, 땅 밟기 하는 일군, 직장에서 돈을 버는 일군들을 모두 하나님의 나라를 이 땅에 세우는 군대로 보는 것이다. 군대라고 표현이 되는 이유는 목숨 바쳐서 충성하는 사람들이란 뜻이고 붙잡힌 사람이란 뜻이다. 특이한 것은 일단 임파테이션을 받아 악한 영이 임하면 눈이 뒤집혀져서 노예가 되고 군대가 되는 것이다.

종교통합 운동

아브라함 카이퍼의 제자인 도예베르트의 우주법 철학은 하나의 생명을 통한 하나의 우주교회를 철학적으로 설명하고 있다. 이것을 창 1:28 명령이 이루어지는 것으로 이해를 한다. 즉 만물교회이다. 어거스틴의 보편적 교회와 칼 바르트의 만인 구원론에서 설명되는 이론들이 은사운동을 통해서 신사도 운동에서 종교통합으로 이어진다.

선교 운동

신비주의자 진젠도르프는 24시간 365일 기도 운동을 통해 12명당 한 사람씩 선교사를 파송했다. 그래서 오늘날 선교운동의 효시가 되었다. 진젠 도르프를 통해서 일어난 24시간 기도운동은 리차드 포스터와 같은 신사도 운동가들을 통해서 24시간 기도운동으로 도입이 되었다. 그러나 진젠도르프의 신비주의 기도운동은 사단숭배 영지주의 신인합일을 이룬 관상기도였다.

그리고 그들의 선교사들이 나가서 세우는 나라는 유대주의 메시아 지상낙원이었다. 이 나라가 배도자 적그리스도의 나라이다.

성시화 운동

알렉산드리아 바리새파 유대인들은 교회를 에클레시아 즉 헬라신국의 선민들이 살아가는 도시국가를 지칭하여 사용한 단어를 채용했다. 그리고 보편적인 교회인 로마 가톨릭이란 국가교회를 선민의 국가로 성역화 시키고 새로운 이스라엘이라 하였다. 왜냐하면 그들이 말하고 있는 교회의 개념은 구약에서 예언한 지상의 메시아의 나라인 유토피아이기 때문이다. 그래서 어거스틴, 유세비우스, 제롬 등은 로마 가톨릭이 구약에서 예언한 다윗의 메시아 왕국으로 인식을 했다. 칼빈의 개혁의 목표도 제네바 성시화였다. 아브라함 카이퍼도 암스텔담에서 성시화 운동을 했다. 풀러 신학교에서 성시화 운동을 처음 시작한 사람이 빌 브라이트였다. CCC와 예수 전도단에서 일으킨 그리스도의 계절이 오게 하자의 제목도 역시 성시화, 성국화 개념이다. 그들은 예수님이 재림하셔서 세우실 천년왕국을 감춰버리고 대신 이 세상에 천년왕국을 세우기 위해 무천년이란 다른 기독교 신학을 만들었다. 이 기독교가 종교다원주의 배도의 기독교이다.

가정 운동(아버지학교, 가정교회)

사단의 세력들은 가능한 아주 작은 단위로 세분화 시킨 모임을 만든다. 왜냐하면 많은 무리들이 한 순간에 그들이 추구하는 기사와 표적인 은사를 체험 할 수 없기 때문이다. 그래서 될 수 있는 대로 소수의 인원들을 묶어 그들이 원하는 은사체험을 하게 하는 것이다. 가정교회나 아버지 학교, 알파 운동, 빈야드 운동, 셀 운동, G12 운동 등의 은사체험을 하게하여 영혼을 사냥하는 미끼이다.

예수 신부 운동

24시간 기도운동을 하면서 그들은 예수 신부 운동을 한다. 이것은 두 가지 목적이 있다. 하나는 오랜 기도 시간을 통해 그들이 원하는 깊은 사단주의 은사를 경험하게 해서 영혼을 빼앗아 가는 방법이고, 또 하나는 오리겐, 위디오니시우스, 아빌라 테레사, 성 십자가 요한, 진젠도르프와 같이 신랑 되신 예수님을 만나 영체교환을 성공시킴으로 황홀경에 이르게 하는 목적이다. 그들의 예수 신부 운동은 사단의 신부 운동이다.

원띵 운동(onething)

그리스 영지주의는 우주와 사람을 하나로 본다. 이것이 원띵 사상이다, 일자(theone)란 신으로부터 물질이 방출되어 우주가 생성이 되었고, 또 다시 만물이 일자 라는 신으로 복귀를 하면서 이루어지는 것을 우주적인 회복이라고 한다. 이렇게 되면 모든 우주가 자유를 얻어 하나가 된다는 것이다. 대우주인 자연만물과 소우주인 사람의 통합이 바로 구원이 완성되는 원띵이라는 철학적인 단어이다. 또한 범신론적 신관이다. 모든 물질을 태양신으로 묶어서 종교화 한 바알종교이다. 그래서 그들의 구원론은 끝이 없는 영겁회귀 윤회사상이다. 통일장 우주론이다. 온 우주에 있는 모든 에너지가 하나로 연결되면 우주교회가 완성되어 악이 사라지고 낙원이 된다고 한다.

대학생 선교회와 예수전도단의 신사도 운동

예수 전도단 로렌 커닝햄은 마이크 비클의 IHOP 사역에 대하여 "대 추수는 끊임없는 기도와 금식을 절대 요구한다. 캔자스 시티 예언. 가로서 마이크 비클이 하고 있는 중보기도 사역은 지상 최대 명령의 완성을 위해 꼭 필요하다."

CCC 빌브라이트 박사도 마이크 비클 IHOP 운동에 대하여 "지상 최대 명령(the Great Commission)은 끊임없이 불타는 기도와 금식으로 연료를 공급해야 한다. 수 백 만의 영혼에게 접근할 수 있는 가장 효과적인 방법으로 우리가 꼭 해야 할 일은 기도와 금식에 헌신하는 것이라고 생각한다. 캔자스 시티 예언가에서 마이크 비클이 하고 있는 기도 사역은 대추수를 완성하기 위하여 꼭 필요한 사역이다." 마이크 비클은 아이합이란 기도의 집을 만들고 24시간 기도운동을 한다. 그렇다면 마이크 비클의 기도 제목이 무엇인가 예루살렘 회복이다.

13) 메시아닉 쥬 기독교(Messianic Jewish Christian Adoptionist)(Ebionites)

(1) 유대주의 기독교 교회

메시아닉 쥬들은 '예슈아'를 믿음과 동시에 토라(Written Torah)의 율법과 구두법(Oral Torah)의 유대의 전통/전승(탈무드, 미드라시, 미슈나)의 법을 지키는 유대인들이다. 그들 스스로 말하고 있듯이 이들은 기독교인이 아니고 유대교인이다. 진짜로 위험한 것은 구두법으로 전해 내려오는 유대 비전(祕傳)이 카발라이다. 이 신비주의 카발라 영성이 신사도적 신비주의 운동의 배경 속에 있다.

메시아닉 쥬의 운동은 교회를 유대화(Judize)하는 것이다. 현대판 유대주의 세계화이다. 유대화 된 메시아닉 젠타일과 메시아닉 쥬가 함께 "한 새 사람"(One New Man)이 되어 하나님께 예언적 경배(Prophetic Worship)를 드리는 것이 그들의 목표이다. 이런 메시아닉 운동은 늦은비, 신사도 운동과도 연관해서 움직이고 있다.

메시아닉 운동과 늦은비, 신사도 운동과의 연관은 또 다른 캔자스시티 선지자이자 신사도인 마이크 비클의 아이합(IHOP, 국제기도의 집)에서도 나타난다. 우리나라 친이스라엘 사이트에 번역되어 올라와 있는 아이합(IHOP)의 '이스라엘을 위한 사명' 내용의 일부이다.

"주님께서는 마지막 때에 이스라엘을 위해 중보기도 할 기도의 집을 열방에 세우시겠다고 약속하셨으며(이사야 56:7, 62:6-7), 우리는 이 사명에 동역하기를 간절히 바라고 있다. 마지막 때의 영적 대 추수는 바로 성령님의 이스라엘을 방문하심과 깊은 연관이 있다고 믿고 있다(겔36:23-36)."

성령이 예루살렘을 방문하면 어떻게 될까? 에스겔의 새 성전이 세워지는 것이다. 이것이 예루살렘 회복운동이다. 예루살렘 성전이 세워지면 다윗의 자손인 메시아 왕 같은 제사장이 오셔서 천하를 통치하시게 된다. 이것이 에스겔과 모든 선지자들이 예언한 내용이다. 그런데 놀라운 사실은 메시아닉 쥬에서 말한 예수아는 구름타고 감람산에 재림 하시는 예수님이 아니다. 모든 사람들 육체 안에 재림하시는 아담 카드몬이다, 즉 루시퍼이다. 이것이 666 짐승의 표이다 적그리스도이다. 루시퍼가 그들 육체 안에 들어와 그들을 구원한다. 이것이 배도자 적그리스도의 출현이다. 황당하다면 좀 더 읽어 가시기를 바란다. 뉴 에이지 사상까지 읽어 가시기를 바란다. 과연 사단 루시퍼가 지금 메시아닉 쥬를 통해서 무엇을 준비하는지를 알기 바란다.

(2) 메시아닉 쥬 기독교의 정체

'메시아닉 쥬' 또는 '유대교 크리스챤'은 Jewish Christian Adoptionist라고 신학자들은 부른다. 고유 명칭은 에비온주의자(Ebionites)이다. 이들을 '메시아닉 쥬'라고 하는 이유는, 이들이 정통 유대교의 정치-군사적 메시야觀과는 달리 고난당하고 십자가에 달려 돌아가신 예수님을 흠없는(의로운) 완벽한 희생제물로서 세상 죄를 지신 메시아로 받아들이는 데 있다.

이들은 예수님이 세례 요한에게 세례를 받기 전까지는 인간이었는데 세례를 받을 때 하나님의 아들(adopt,양자)이 되었다고 주장한다. 예수는 요셉과 마리아의 성적 관계에 의해 태어났다고 하여, 그들의 경전 중의 하나는 마태복음을 아람어로 번역한 것으로서 1장과 2장의 동정녀 탄생에 대한 기록이 없다. (그들의 경전이 남아 있지는 않고 '이단 감별사' 이레니우스의 유명한 反이단서에 그렇다고 기록되어 있다.)

이들은 예수님이 완전한 의인으로서 흠 없는 희생제물이 되었기 때문에 더 이상 예루살렘 성전에서 제사를 드릴 필요가 없어졌다고 한다. 하나님께서 그를 양자로 입적 하셨고 그의 의로움을 흠향하셔서 창조주(유대) 하나님의 능력으로 예수님을 살리셨고 승천시켰다고 말한다.

세상에서 유일신 개념을 가진 종교는 유대교와 이슬람이다. 그래서 어떤 유대인들이라도 철저한 유일신 사상을 가지고 있다. 유대인들에게는 3위1체 하나님의 사상도 용납되지 않는다.

하늘이 두 조각이 나더라도 신은 오직 하나일 뿐이다. 그러므로 예수를 믿는 유대인들이라도 거듭난 참 그리스도인들을 제외하고 은사주의 신사도 운동을 통해서 돌아오고 있는 메시아닉 쥬 그리스도인들은 양자 예수를 받아들일 수밖에 없는 것이다.

(3) 메사아닉 쥬의 정체는 유대 카발라 신비주의 종교

카발라는 일명 탈무드와 같이 말로 전해 내려온 경전이다. 자신의 신분을 노출시키지 않고 비밀 종교를 대대로 전할 수 있는 방법은 철저한 보안이 필요했기 때문에 문서에 기록하지 않고 사람에게 직접 구두로 전해 내려 와야 했다.

카발라와 탈무드를 가진 유대인들은 가나안 유대인이라고 한다. 가나안 7족속이라는 말이다. 이들을 하자르 유대인, 검은 카르타고 유대인, 바리새파 유대인들이라고도 한다. 이들이 가지고 있는 신비종교는 영지주의 유대교이다. 유대 카발라 생명나무 종교이론이다.

이 세상에서 가장 심오하고 우주적인 신비종교가 있다면 그것은 카발라 종교이다. 카발라 종교의 시조는 바벨론 마기와 이집트 멤피스 제사장들이다. 이곳에서 고대 문명이 발달했다. 대수와 기하학이다. 이들의 비밀 지식이 피타고라스에 의해서 성문화 되고 플라톤에 의해서 철학으로 정리되어 아리스토텔레스와 플로티누스를 통해서 형이상학 철학과 뉴 플라톤 철학이 되었고 어거스틴을 통해서 기독교 신학으로 옷을 갈아입었다. 이것이 어거스틴 신비주의 수도원 운동과 1000년의 교황제 로마 가톨릭 교회이다.

특히 카발라 신비주의는 인간과 자연과 우주와 신적인 에너지까지 통합한 신비주의로 신비주의 결정체라고 할 수 있다. 한 마디로 말하면 3차원의 시공간을 초월해 4차원, 5차원, 6차원의 세계를 넘나들 수 있는 신비주의가 유대 카발라 종교이다.

그러므로 이 비밀종교를 가진 자들은 지난 6000년 인류 역사를 지배할 수 있었다. 이 세력들이 일곱 머리 열 뿔의 세력들이다. 애굽, 앗수르, 바벨론, 페르시아, 그리스, 로마 그리고 이 시대에 나타나고 있는 일곱 번째 머리인 적그리스도의 나라이다.

왜 신사도 운동이 무서운 것인가? 주 세력들이 유대 카발라 세력들이기 때문이다. 이들이 가진 신비주의는 숫자를 가지고 계산할 수 있는 신비주의이다. 과학으로 증명도 할 수 있다. 3차원의 물질 세상과 26차원의 세상을 마음대로 왕래할 수 있기 때문에 과연 신과 같은 존재들이다. 그래서 그들은 자신들을 신이라고 한다. 피다고라스는 유대 카발라 생명나무 종교를 테트락티스 수비학(數祕學) 종교로 만들었다. 이는 관념적인 신학체계와 신비적 숫자 사용 및 상징을 통해, 숨은 지혜와 비의를 알기 위해 단어와 숫자를 재배열하여 경전의 깊은 의미를 파헤치고자 했다. 히브리어 알파벳은 모두 숫자로 표시될 수 있다. 따라서 어떤 문장도 숫자 배열로 표현이 가능하며, 이를 신의 다양한 지혜와 속성을 이해하는 방법으로 이용했다. 카발라는 필로와 영지주의자들의 영향으로 신을 무한자로 보았다. 빛이 태양에서 나오듯이 신에게서 열 가지 세피로트(문자대로는 열 가지 수를 말하나 영적 실체를 의미)라고 불리우는 다양한 유출자가 나온다.

그 중 신의 의지는 지혜(남성)와 지식(여성)을 생성시켰고, 다시 은총(남성)과 힘(여성)을 생성시켰으며 힘은 은총과 결합해서 미를 생성시켰다. 그들에 의해 자연계가 생성되었다. 이런 관념에 의하면 인간은 모든 속성과 우주적 힘을 지닌 소우주이며 적절한 방식과 명칭과 상징을 통해 자신을 통제할 수 있다는 확신을 갖게 되었다. 결국 유대교 카발라는 마법, 점성술, 신지학, 뉴 에이지, 영지주의 및 모든 신비주의 종교와 과학과 수학의 뿌리가 되었다. 오늘날 '빛(광명)'과 관련한 영성을 언급한다면 카발라의 영향으로 이해하면 될 것이다. 광명의 천사 즉 루시퍼이다. 대부분의 사람들이 환상 등을 통해서 본 광명한 빛을 발한 예수님은 광명한 천사로 과장한 루시퍼이다.

"비의祕儀들로 이루어진 고대 지혜인 프리메이슨의 뿌리는 카발라이다. 카발라로부터 모든 고대와 현대의 종교들이 생겨났다. 모든 프리메이슨단들은 카발라의 심벌과 비밀들을 갖고 있다."-신지학 창시자 헬레나 블라바츠키-

(4) 메시아닉 쥬, 신비주의와 세속적 시오니즘의 결합과 침투

오늘날의 세계 권력자들 대부분은 비밀 사회(Secret Society)를 통해 '이너 써클(inner circle)'을 형성한다. 그리고 놀랍게도 이들은 카발라적 사상으로 세례를 받은 사제들이기도 하다. 이들이 금융과 화폐 발행권을 장악하고 미국과 유럽의 권력을 장악하고 있다. 그 중심에 시오니스트가 있다. 그러나 우리가 분명히 구분해야할 카발라 사상으로 무장한 세속적 유대인들인 시오니스트들과 유다이즘은 다르다는 것이다. 대다수 유대인들은 시오니스트와 관련이 없으며 정통적 유대교를 신봉하는 것 뿐이다. 시오니스트들의 정체는 가나안 일곱 족속들로 하자르계 가짜 유대인이다. 푸틴, 젤렌스키, 록펠러, 조지 소로스, 키신저, 트럼프 등이다. 이들을 아쉬케나지 유대인이라고 한다. 독일계 유대인들이다.

시오니스트들은 현대의 '가나안'인 미국을 통해 새로운 질서(New World Order)를 편성하기 위해 모든 시스템을 활용하고 있다. 이들은 이미 이너 써클 대부분에서 중요한 포지션을 차지하고 정부를 능가하는 권력을 세계 단일정부, 즉 유대인의 성스런 이상향인 '아틀란티스'라는 새 질서에 투사하고 있다.

오늘날 표현된 세상의 모습이 마치 "미쳐 돌아가는" 것 같은 이유를 설명하기 위한 가장 적합한 이유를, 우리는 세상 핵심 엘리트들 사상 자체가 충격적인 물질주의로 인도하는 무신론적 이성주의 사회건설 -새로운 이상향인 아틀란티스-때문임을 알 수 있다. 즉 과학적 공산주의 통제사회를 건설하기 위해 인종청소 작업을 준비하느라 미쳐 돌아가게 하는 것이다. 지금 그들이 제 4차 산업 혁명을 통해서 마무리하려고 준비하는 세계가 곧 다가오고 있다는 사실을 절대로 망각하면 안된다. 신사도 운동의 뿌리는 유대 카발라이다. 그리고 그들이 신사도 운동을 일으킨 목적을 사단 루시퍼 종교를 만들어 이마와 손에 루시퍼의 이름을 찍는 것이다. 이것을 새 종교 운동이라고 한다. 이 종교가 이집트 범신론적인 일신론인 광명한 천사 여호와 종교이다. 테트라그라마톤 종교이다. 거룩한 네 글자 신의 이름이다.

놀라운 것은 오늘날 그들에 의해서 발전되고 있는 양자역학의 세계가 기하학적으로 표현이 되고, 응용 수학적으로 증명이 되고 있다는 사실을 잊어서는 안 될 것이다. 보통 3차원 세계에 갇혀 살고 있는 가축인간들에게는 꿈같은 이야기이다. 그들이 꿈꾸고 있는 세상은 10차원으로 표현되는 26차원이다.

신사도 운동의 기사와 표적은 미혹이다. 죽은 자가 살아나도 지옥 갈 수 밖에 없는 인간이다. 전생을 여행하고, 지구 반대편에 있는 사람들과 서로 감정까지 공유할 수 있고, 사람들의 마음을 읽을 수 있고, 사람들 마음속에 들어가 그를 조종하여 노예화 시킬 수 있고, 유체이탈을 통해서 과거 현재 미래를 여행한다고 해도 하나님이 심판하실 때 지옥으로 갈 수밖에 없다. 이런 것들이 특정한 신분을 가진 종교인들의 점유물이었지만 이제 컴퓨터 마우스 하나로 경험할 수 있는 세상이 이미 와 있다. 하나님이 세상을 심판하시기 전에 신기루와 같은 세상이 잠깐 동안 있을 것이다. 정신을 차리고 썩을 양식을 위해 예수님의 십자가 복음을 헐값에 팔지 말아야 한다.

"불법의 비밀이 이미 활동하였으나 지금은 그것을 막는 자가 있어 그 중에서 옮겨질 때까지 하리라 그 때에 불법한 자가 나타나리니 주 예수께서 그 입의 기운으로 그를 죽이시고 강림하여 나타나심으로 폐하시리라 악한 자의 나타남은 사탄의 활동을 따라 모든 능력과 표적과 거짓 기적과 불의의 모든 속임으로 멸망하는 자들에게 있으리니 이는 그들이 진리의 사랑을 받지 아니하여 구원함을 받지 못함이라 이러므로 하나님이 미혹의 역사를 그들에게 보내사 거짓 것을 믿게 하심은 진리를 믿지 않고 불의를 좋아하는 모든 자들로 하여금 심판을 받게 하려 하심이라"(살후2:7-12)

(5) 메시아 닉 쥬의 한 새 사람(원 뉴 맨 사상)

메시아닉 쥬에서 말한 한 새 사람인 원 뉴 맨(One New Man)은 유대인들은 예수아를 받아 들이고 이방인은 토라를 받아 들여서 만들어진 "한 새 사람"을 말한다. 유대인과 이방인과의 신비적인 연합을 말하는 "한 새 사람"(One New Man)(엡2:15)은 하나님이 종말에 그가 거하실 완전한 집을 마지막으로 창조 하시는데, 그것이 유대인과 이방인을 연합해서 만들어진 "불멸의 신적인-원 뉴 맨"(한 새 사람)이라는 것이다. 새 시대의 도래를 알리는 통칭으로 사용된 "한 새 사람"은 집단적인 예수님의 재림으로 이루어지는 새 교회 즉 새로운 우주를 말한다. 그가 말한 "원 뉴 맨"은 이방인들 속에서 일어난 영적인 변화와 이스라엘 속에서 일어난 육적인 변화를 통해서 인간이 시간과 모든 공간 속에서 우주 에너지를 통해 자유롭게 소통하는 세상을 말하고 있다. 이런 인간을 아담 카드몬 이라고 한다. 즉 신인간, 한 새 사람이다.(루벤 도론 한 새 사람 15P)

이는 인간과 우주와 신들이 하나 되는 통일장 우주론으로 그들이 말하는 우주회복은 신세계질서이다. 신사도 운동에서는 예수님이 구름타고 오신다는 것을 부인한다. 또 감람산으로 오신다는 것도 부인한다. 영적으로 각 사람 육체 안으로 오시는데 동시에 집단적으로 오신다는 것이다. 이것을 집합 그리스도라고 한다. 또 새 교회라고 한다. 여기에서 말한 새 교회는 새 우주를 말한다. 뉴 플라톤 철학에서 말한 우주회복이다. 루벤 도론이 말한 "한 새 사람"은 새롭게 된 개인이 아니라 새롭게 된 우주 안에서 우주와 하나 된 아담 카드몬 인간을 말한다. 우주와 하나 된 인간이다.

유대인 인류학자 유발 하라리는 지금까지 살아온 호모 사피언스 인간은 사라지고 호모 데우스 인간 시대가 오고 있다고 주장한다. 그가 말한 호모 사피엔스 인간은 생노병사로 죽은 인간이고 호모 데우스 인간은 죽지 않는 신인간을 말한다. 최고로 발달한 현대과학은 통일장 우주론을 만들고 인간의 DNA 게놈 지도를 해독하여 양자역학으로 만들어진 빅 데이터 컴퓨터에 입력하여 마우스 하나로 호모 데우스 세상을 만들어 가고 있다. 과연 인간이 신이 되는 우주 통일 시대가 오고 있다. 성경은 이 시대를 적그리스도의 시대 라고 한다. 배도의 시대 라고 한다. 사단 루시퍼가 짐승의 666 표를 가지고 그런 세상을 만들어 간다. 예루살렘 회복이란 깨어진 예루살렘을 고치는 것이 아니라 무너진 루시퍼의 보좌를 세운다는 뜻이다.

제2장 종교통합 배도신학의 정체

　구원 받은 성도들의 마음에는 성령이 오셔서 인을 쳐 주신다. 이것이 성령으로 거듭난다는 말이다. 구원 받지 못한 세상 사람들은 루시퍼가 그들의 육체 안에 들어간다. 그리고 그들의 이마와 손에 666 짐승의 표를 찍는다. 집합 그리스도란 짐승의 표를 받고 루시퍼와 함께 배도에 참여한 영혼들이다. 그들은 아주 짧은 기간 동안 루시퍼의 몸(우주회복) 안에서 자유를 얻게 되지만 바로 짐승과 함께 불 못으로 떨어진다.

　사단은 거짓의 아비이다. 새 예루살렘은 예수님께서 사시는 몸이다. 즉 예수님의 몸이 된 교회이다. 단장이 끝난 신부이다. 그 안에 각 개인이 있지만 예수님의 한 몸이 된 것이다. 거기에는 유대인도 있고 이방인도 있다. 예루살렘에서 루시퍼가 적그리스도를 통해서 배도를 할 때 666 짐승의 표를 받은 사람들은 루시퍼의 몸이 되고 신부가 된다. 그래서 루시퍼가 그들의 육체 안에 들어가 사는 것이다. 그 안에는 개인이 있지만 루시퍼와 한 몸이 된 것이다. 루시퍼 몸 안에도 유대인도 있고 이방인도 있다.

　루시퍼는 예수님이 오셔서 세우실 새 하늘과 새 땅의 천년왕국을 지상의 물질로 세운 천년왕국으로 바꿨다. 예수님이 오셔서 결혼할 신부인 새 예루살렘을 루시퍼가 와서 결혼할 이스라엘의 예루살렘으로 바꿨다. 이것이 메시아닉 쥬의 예루살렘 회복운동이다. 티쿤이란 깨어진 그릇의 회복이다. 예수님께서 부활하시고 깨버린 사단의 머리(보좌)를 수선하여 다시 세우는 것이다. 사단 루시퍼도 아주 없는 거짓말은 하지 않는다. 전혀 생뚱맞은 거짓말도 하지 않는다. 뻔한 거짓말을 하고 이미 알고 있는 것을 거짓말로 속이려고 하는 것이다.

　사단은 짝퉁 기독교 번영 신학을 만들고 예수를 믿으면 세상에서 복을 받고 죽어서 천국을 간다고 말한다. 사실 이것은 거짓말이다. 짝퉁 기독교 번영 신학은 세상에서 복을 받아 부자로 살 수 있게 하지만 죽어서 영생을 받게는 못한다. 왜냐하면 다른 예수이기 때문이다. 성경에서 말한 진짜 기독교는 둘 중에 하나만 얻을 수 있다. 영생을 얻으면 세상에서 받을 복을 포기해야 하고 세상에서 받을 복을 포기하지 않으면 죽어서 얻을 영생을 포기해야 한다. 그래서 구약의 몽학선생은 율법이다. 신약의 몽학선생은 기독교 짝퉁 번영 신학이다. 이 둘은 생명을 주지는 못하지만 생명 강가로 인도는 한다. 그래서 하나님은 그들을 통해서 세상을 섭리하시고 각 나라와 백성 중에 하나님을 경외하고 의를 행한 자들을 선별하여 구원하신 것이다.

죄를 지은 사람은 반드시 율법으로 사망 선고를 받는다. 그래서 무서워 죄를 회개하고 하나님께 돌아오게 되는 것이다. 누구나가 처음부터 영생을 얻기 위해 예수를 믿는 것이 아니다. 병들고, 가난하고, 슬프고, 외롭고, 견디기 힘드니까 예수님을 믿고, 인간의 한계를 뛰어넘는 도움을 얻기 위해 예수를 믿는다. 죽어서 영생을 얻는다는 것은 부차적인 문제이다. 지금 살아 있는 현실 세계에서 넘어야 할 문제가 죽어서 생기는 문제보다 더 급하기 때문에 예수를 믿는 것이다. 그래서 모두가 인생 문제를 해결하기 위해 예수를 믿고 그중에서 몇 사람은 성경을 읽고 신앙생활을 하는 가운데 성령의 인도하심을 받아 거듭나게 되는 것이다.

다시 말해서 지금까지 우리가 믿어 왔던 기독교 짝퉁 번영 신학에서 말한 예수와 성경에서 말한 생명을 주는 예수가 다른 줄을 모르고 믿었다는 것이다. 그러나 이제 마지막 때가 되어서 구원을 준다는 짝퉁 기독교 번영 신학의 예수가 종교 다원주의 운동으로 다른 종교와 통합이 되는 세상에서는 거듭나지 못한 사람들은 관계가 없지만 거듭나 구원을 받은 사람들은 더 이상 그런 생명을 주지 못하는 번영 신학 예수는 믿을 수 없는 것이다.

사단은 우주가 회복 되면 모든 사람들이 구원을 받는다고 한다. 그러나 그가 말한 우주 회복은 예루살렘 회복으로 사단의 보좌 회복이다. 사단이 속이고 거짓말을 하는 것이다. 성경 어디에도 예루살렘이 회복되면 모든 사람들이 구원을 받는다는 말은 없다. 사단이 이런 거짓말을 하는 이유는 구약의 선지자들의 예언을 비유와 상징으로 해석해서 거짓 교리를 만들었기 때문이다. 무천년주의 사단 신학은 예수님의 신학을 뉴 플라톤 철학을 이용하여 루시퍼 신학으로 바꾼 것이다.

구약 선지서는 유다 백성들이 바벨론 70년 포로에서 예루살렘으로 돌아올 때 예루살렘과 가나안 땅과 우주가 회복된다. 그때 바벨론의 남은 자들도 구원을 받아 초막절을 지키기 위해 예루살렘으로 온다. 애굽의 남은 자들도 온다. 소돔과 고모라의 남은 자들도 온다. 이들이 구원 받은 남은 자들이다. 이 예언은 예수님께서 재림 하신 후 천년왕국을 세우실 때 666 짐승의 표를 받지 않는 모든 사람들이 천년왕국 백성으로 들어와서 살게 된다는 예언이다. 루벤 도론이 말한 예수님이 오셔서 사실 "한 새 사람"인 "우주교회"는 거짓말이다. 그가 말한 사람과 우주가 자유롭게 되는 세상은 뉴 플라톤 철학에서 말한 우주회복인데 통일장 우주론으로 만들어지는 신세계질서이다. 그렇다면 루벤 도론이 터무니 없는 거짓말을 한 것인가? 그렇지 않다. 그가 말하고 있는 예수님이 사실 "한 새 사람"은 예수님께서 재림하셔서 사실 새 예루살렘인 것이다.

14) 뉴 에이지 신학

(1) 뉴 플라톤 철학의 특징, 만유내재신론(萬有內在神論)

뉴 플라톤 철학의 특징은 만유내재신론이다. 이것을 범신론이라고 한다. 이집트 이시스 여호와 신이 범신론적인 일신론 만유내재신이다. 플라톤 철학은 물질선재론이다. 플라톤의 창조신은 데미우르고스이다. 데미우르고스는 원형적 세계인 이데아를 따라서 물질적 자연세계를 만든 신이다. 그런데 데미우르고스는 무에서 유를 창조하는 신이 아니고 선재하는 물질을 통해서 세계를 창조한 것이다. 그래서 플라톤은 창조신이라고 거짓말을 하지만 엄격하게 말하면 제작신이다. 장인신이다. 나무는 만들지 못하고 나무로 각종 기구를 만드는 신이다. 그렇다면 왜 플라톤은 제작신인 데미우르고스를 창조신이라고 불렀는가? 물질세계를 지배하고 있는 루시퍼를 창조신으로 둔갑시키기 위함이다. 플라톤의 악의 개념은 선재하는 물질로부터 온 것으로 자체로는 본유적 운동성과 저항성을 가지고 있지만 목적성은 없다고 한다. 따라서 악은 목적 없이 제멋대로 움직이고 저항하는 것으로 질서를 부여하면 악은 사라지는데 악에서 질서를 부여할 수 있는 것을 정신이라 하였다.

그리스 플라톤 철학은 이집트 이시스 범신론적 일신론 태양종교를 바탕으로 만들어 졌기 때문에 물질선재론으로 만유내재신론을 근간으로 하고 있다. 그렇다면 만유내재신은 무엇인가? 자연이 신이다. 사람도 신이다. 우주도 신이다. 그러므로 모든 물질 속에 신이 포함되어 있다.

이러한 플라톤 철학을 바탕으로 플로티누스는 뉴 플라톤 철학을 만들었다. 플로티누스는 플라톤의 데미우르고스를 일자 라는 신으로 정의했다. 플라톤이 말한 이데아이다. 일자 라는 신에게서 만물이 나왔다. 그리고 만물이 다시 일자로 영겁회귀한다. 이것이 끝나면 악과 고통이 사라지고 자연만물이 시간과 공간 차원에서 자유스럽게 된다. 이것을 우주회복이라고 한다. 특히 우주가 회복되면서 물질 속에 있는 악이 승화되어 없어지는데 가장 중요한 것은 인간의 정신 승화가 결정을 한다. 그러므로 관상기도를 통해서 인간이 신인합일을 이루게 되면 우주회복이 빨라지는 것이다. 신인합일을 통해 우주를 회복시키는 인간을 아담 카드몬이라고 했다. 예수는 우주를 회복시키는 참 인간 1호라고 하였다. 그래서 모든 사람 육체 안에 예수가 재림을 하면 우주가 회복되어 악은 사라지게 된다는 것이다. 그런데 그들이 말한 예수는 로고스, 브라만, 아트만, 에테르 등이다. 곧 루시퍼이다.

(2) 뉴 에이지 종교는 뉴 플라톤 철학의 완성, 신인합일

뉴 에이지 종교는 인간과 종교를 통합시킨 것이다. 인간과 우주를 통합시키는 것이다. 인간과 자연을 통합시키는 것이다. 인간과 동물을 통합 시키는 것이다. 인간과 과학을 통합 시키는 것이다. 그래서 사람이 자연이 되고, 자연이 신이 되고, 사람이 신이 된다. 그렇게 되면 인간과 자연은 시간과 공간을 넘어 자유롭게 된다. 이런 상태를 뉴 플라톤 철학에서는 신인합일, 원핑, 원니스, 우주회복이라고 한다. 아브라함 카이퍼는 문화대명령의 완성이라고 한다. 신복음주의에서는 우주교회라고 한다. 메시아닉 쥬에서는 "한 새 사람"이라고 한다. 유대 카발라에서는 "신인간" "아담 카드몬"이라고 한다. 불교에서는 "열반의 세계" "극락"이라고 한다. 그런데 사실은 짝퉁 천년왕국이다. 뉴 에이지 종교는 뉴 플라톤 철학을 신학화한 것이다. 그들이 말한 자유, 신, 아담 카드몬, 우주 교회, 신인합일은 물질 세상에서 이루어지는 종교적인 구원을 표현하는 단어들이다. 이러한 모든 종교적인 가치의 구원이 지금 우리가 살고 있는 세상에서 이루어지는 것이다. 이것을 현실적으로 신세계질서 라고 한다. 사단인 루시퍼가 그리스 제국을 통해서 약속한 도시국가 신국으로 스마트 시티라고 한다.

플라톤 철학과 뉴 플라톤 철학의 뿌리는 피타고라스 과학에서 왔다. 피타고라스 과학은 점성술과 연금술이다. 점성술은 천문학이고 연금술은 화학이다. 고대 바벨론과 애굽에서 있었던 고대 과학문명은 오늘의 현대과학 이상으로 발달했다. 이것을 수비학으로 정리한 사람이 피타고라스이다. 피타고라스는 과학을 수비학으로 만들어 종교의 가치로 과학을 이전시켰다. 그리고 이것을 가지고 종교 교리를 만든 사람이 소크라테스와 플라톤이다. 소크라테스는 밀레토스에서 발달한 그리스 자연주의 궤변철학을 절대철학으로 바꾼 사람이다. 소크라테스는 아테네 소피스트들의 철학이 궤변철학으로 치우칠 때 아테네에 나타나 너 자신을 알라 하면서 절대철학의 시조가 되었다.

플라톤은 "아테네 아카데미"를 세우고 철학 강의를 하면서 출입문에 "기하학을 모르는 사람은 출입을 금하라"고 써서 붙였다. 소크라테스는 루시퍼인 데이몬을 위해 스스로 독배를 마시고 죽었다. 그가 자기의 목숨과 바꾸고 남긴 절대철학의 유산을 가지고 종교철학을 만든 사람이 플라톤이다. 플라톤이 만든 종교 철학을 가지고 진짜 루시퍼를 만나는 종교를 만든 사람이 플로티누스의 뉴 플라톤 철학이다. 이미 밀레토스 학파에서는 오늘날 양자 역학에서 이용된 원자론을 알고 있었다. 이집트 피라미드는 4500년 전에 만든 것인데 거기에 수학적인 우주의 신비가 다 들어 있다. 오늘날 넓은 우주를 하나의 원자 속에서 들여다보듯이 피타고라스는 달 표면에 자기의 이름을 새겨 넣었다.

다시 말해서 우리가 지금까지 알고 있었던 기독교 짝통 신학은 과학을 기초로 만들어진 플라톤 철학이었다. 생명 없는 기독교에 목숨을 걸고 주후 200년 이레니우스 시대부터 지금까지 멋지게 속아 사는 꼴이 되었다. 이제 종말 심판 시대가 되어 하나님의 모든 살아있는 말씀들이 속속히 드러나서 문자적으로 예언이 이루어지고 알곡과 가라지가 생명의 말씀으로 갈라지는 시대가 되었다. 어두움 속에 감춰졌던 6000년의 인류의 역사가 단 6일 만에 슈퍼 컴퓨터 데이터 베이스에 입력되어 검증이 가능하게 된 세상이 되자 거짓된 역사가 벌거벗게 된 것이다.

(3) 사람을 신으로 만드는 유럽 입자 물리학 연구소, CERN

유럽입자물리학연구소(-粒子物理學硏究所, 프랑스어: Conseil Européenne pour la Recherche Nucléaire, CERN)는 스위스 제네바와 프랑스 사이의 국경지대에 위치한 세계 최대의 입자 물리학 연구소이다. 원래 명칭은 유럽 원자핵 공동 연구소(Conseil Européen pour la Recherche Nucléaire)였고, 이를 따라서 CERN(IPA 발음: 프랑스어 [sɛʀn], 영어 [sɝn])으로 불린다.

현대 물리학은 우주 삼라만상의 형성과 존재를 표준모형으로 설명하고 있다. 표준모형은 우주를 형성하는 물질과 힘이 6개의 중입자와 6개의 경입자, 힉스를 포함한 5개의 보손(힘)의 상호작용으로 구성된다는 이론으로, 신의 입자로 불리운 힉스만이 유일하게 발견되지 않았다. 우주는 물질로 이루어져 있다. 물질은 각기 다른 특성을 지닌 분자로 되어 있다. 분자는 원자로 이루어져 있다. 원자는 핵과 전자로 이루어져 있다. 핵은 양성자와 중성자로 이루어져 있다. 양성자와 중성자는 쿼크 라는 중입자 6개, 렙톤이라는 경입자 6개, 매개입자 4개 질량을 부여하는 힉스입자까지 17개가 있다.

세계 입자물리학자들은 스위스와 프랑스 국경에 설치된 지하 100m 27㎞의 거대강입자 가속기에서 양성자와 양성자를 빛의 속도로 충돌시켜 힉스 입자의 존재를 2012년에 찾았다. 137억 년 전 빅뱅 때 순간적으로 존재했던 힉스 입자는, 사라지면서 다른 입자들에 질량을 부여한 것으로 학자들은 추정하고 있었다. 힉스의 발견은 단순히 있을 수 있는 현상을 규명하는 것이 아니라 물질세계의 가장 깊은 원리가 작동하는지 확인하는 것이다. 강입자 가속기를 통해 양성자를 빛의 속도로 충돌시키면 '미니 빅뱅'이 일어나, 순간적으로 힉스가 생긴다. 힉스는 생성되자마자 다른 입자로 붕괴되기 때문에 검출되지 않는다. 과학자들은 붕괴 뒤에 생성되는 입자들을 검출함으로써 힉스의 존재를 확인한 것이다. 힉스입자 발견으로 2013년 노벨상을 받았다.

힉스는 우주탄생을 설명하는 입자물리학 표준모형(standard model)의 모순을 해결하기 위해 추가된 입자다. 표준모형에 따르면 우주에는 12개 기본 입자와, 이들 사이에 힘을 전달하는 4개 매개입자가 있다. 137억 년 전 우주 대폭발(빅뱅) 직후 탄생한 기본 입자에는 질량이 없었다. 하지만 기본 입자들로 구성된 물질에는 질량이 존재한다. 입자에 질량이 없으면 빛의 속도로 움직이면서 다른 입자와 전혀 반응을 하지 않고, 우주 만물도 만들어질 수 없다. 자유롭게 움직이던 기본 입자를 붙잡은 것이 바로 힉스다. 과학자들은 힉스 입자로 가득 찬 공간에 질량이 없던 기본 입자가 빠지면서 질량이 생기고 이동 속도가 느려졌다고 가정했다. 언론의 감시망을 잘도 빠져나가던 스타가 파파라치에게 둘러싸여 꼼짝하지 못하게 된 것과 비슷하다.

한국의 이휘소 박사는 영국의 힉스 박사와 함께 1972년 힉스 교수가 제안한 가상의 입자에 '힉스 보존(boson·매개입자)'이란 이름을 붙인 인물이다. 그는 기본 입자의 하나인 '참 쿼크'도 처음 예측했다. 살아 있다면 그 역시 힉스 교수와 함께 노벨상 수상자가 되었을 것이다. '힉스'라는 이름도 핵물리학자인 고 이휘소 박사가 1972년 논문에서 1964년 이 입자를 예견한 영국 물리학자 피터 힉스의 이름을 따서 처음 사용했다. 이휘소 박사는 박정희 대통령 요청으로 "무궁화 꽃이 피었습니다" 암호명에 따라서 비밀리에 핵을 개발하다가 발각되어 미국에서 덤프 트럭을 통한 교통사고로 암살되었다.

(4) 왜 유럽입자물리학연구소(CERN) 로고가 666인가?

유럽입자물리학연구소 로고는 두 가지이다. 하나는 시바신이고 또 하나는 666이다. 과연 세계를 움직이는 엘리트 인간들이 천문학적인 돈을 쏟아 부어 CERN을 만든 이유가 무엇일까? 왜 그들은 그토록 많은 비용을 투자하여 힉스입자를 찾기를 갈망했을까? 왜 그들은 최첨단 과학문명의 현장에 시바신과 666로고를 사용하고 있는가?

유럽입자물리학연구소 로고가 666인 이유는 통일장 우주론을 완성하기 위한 목표이다. 이미 언급한 대로 666의 상징은 천지인의 통합으로 우주의 모든 에너지를 사람과 일치시켜 사람의 영혼을 영생불사 존재로 만드는 것이다. 이것을 통일장 우주론이라고 한다.

유럽입자물리학연구소 로고가 시바 여신인 이유도 역시 같은 원리이다. 인도의 시바신은 창조를 위한 파괴신인데, 시바신이 춤을 추면 현재의 불완전한 세계는 완전히 파괴되고 새로운 완전한 세상이 창조된다. 이것을 리셋(RESET)이라고 한다. 그러므로 시바신과 666은 삼각형 피라미드와 함께 신세계질서의 상징이다.

힉스입자가 발견되므로 최초 우주가 만들어졌을 때의 비밀을 알게 되었다. 이것은 거꾸로 새로운 우주로 리셋(RESET) 할 수 있다는 의미도 된다. 이것이 통일장 초끈이론이다. 이미 피터 힉스 박사는 처음부터 힉스 입자를 발견하여 통일장 우주론을 완성하는 것이 목표였다. 그래서 빅뱅이 일어났을 때 모든 물질에게 질량을 부여하여 오늘날의 우주를 생성 시킨 신의 입자를 찾아 내려고 한 것이다. 이것에 대하여 스티브 호킹 박사는 만일 그런 입자를 발견하면 피터 힉스에게 100달러를 주겠다고 비웃었다.

댄 브라운이 지은 소설 '천사와 악마'에 유럽물리입자학연구소, CERN(counseil européen pour la recherche nucléaire)이 세상을 리셋(RESET)할 수 있는 악마의 존재로 소개되고 있다.

통일장 우주론이 완성되려면 우주의 네 가지 힘인 중력, 전자기력, 강한 핵력, 약한 핵력이 하나로 연결되어야 한다. 이것을 가능하게 한 입자가 힉스이다. 초끈이론은 우주의 독특한 성질을 가지고 있는 물질들이 자신의 독특한 성질을 잃어버리지 아니하면서도 다른 물질과 연결되어 있는 최종적인 끈을 말한다. 힉스입자는 초끈을 연결하여 통일장 우주론을 완성시킨다. 양자역학에서 초끈은 10차원을 가진 다섯 개의 끈으로 이루어져 있고 이 다섯 개를 한 차원 높은 11차원에서 보면 하나가 된다고 한다. 여기에서 M이론이 등장한다.

우리가 살고 있는 우주는 시간과 공간으로 이루어진 3차원의 세계이다. 시간과 공간이 없어진 우주가 4차원이다. 4차원의 세상에서는 시간여행이 가능하고, 동시에 공간여행이 가능하다. 현대과학에서 확인된 우주는 10차원이다. 초끈이론과 스티브 호킹 박사가 주장한 눈에 보이지 않는 우주의 수는 10의 500승이라고 한다. 왜냐하면 하나의 원자 속에 우주가 들어 있기 때문에 우주의 수는 원자의 수와 같다는 것이다. 은하 우주는 1000억 개의 태양계로 이루어졌고, 지금 우리가 말한 하나의 우주는 은하 우주가 1000억 개로 이루어진다.

만일 통일장 우주론이 완성되면 어떤 일이 일어날까? 인간의 존재는 우주 에너지와 하나로 연결이 된다. 다시 말해서 동물과 식물과 태양과 별들과도 연결이 된다. 물질의 세계가 영원하듯 사람의 생명도 영원하게 된다. 이것이 헬라 자연주의 철학자들이 주장한 "영혼불멸론"이다. 그렇게 해서 사람은 시간과 공간 속에서 신적인 존재가 되는 것이다. 이런 세상이 지금 우리 눈앞에 다가와 있는 것이다. 엘리트 인간들은 사이언톨로지 라는 종교로 사람을 신과 같은 "영생불사" 존재로 만들고 있다. 이것이 유럽입자물리학연구소 로고가 666과 시바 여신인 이유이다.

(5) 유대 카발라 우주적인 그리스도

이제 다시 고대 종교의 세계로 돌아가서 양자역학을 통해서 만들어 지는 통일장 우주론으로 만들어 지는 신인간을 고대 종교인 유대 카발라 종교에서 만나 보자. 헬라 플라톤 만유내재신론(萬有內在神論 Panentheism)은 신이 창조한 만유 속에 신이 내재하는 동시에 만유에서 초월하여 존재한다는 이론이다. 여기에서 오늘날 뉴 에이지 사상과 종교인 유신론적 진화론, 우주적 그리스도, 집합 그리스도, 육체 안에 재림하신 그리스도, 영지주의의 신, 등의 우주 만물에 내재하는 신이 21세기 과학을 타고 신사도 운동과 뉴 에이지를 통해 기독교 안으로 들어온 것을 알 수 있다. 이것을 뉴 에이지 기독교 즉 영지주의 기독교라고 한다. 이러한 사상은 이머징 쳐취 운동, 종교통합운동, 티쿤 메시아닉, 유대 카발라 루리아닉의 육체 안에 오신 그리스도, 집단적인 그리스도의 재림으로 유대 카발라 사상과 혼합하여 신세계질서 신인간 운동으로 발전하고 있다.

(6) 뉴 에이지 선구자 떼이야르 드 샤르뎅의 우주 그리스도

(Pierre Teilhard de Chardin, 1881년 5월 1일-1955년 4월 10일) 예수회 수도사

우주 그리스도를 널리 알린 사람이 바로 뉴 에이지의 아버지라고 불리는 떼이야르 드 샤르뎅이다. 그는 뉴 에이지 리더들을 대상으로 그들의 삶에 가장 큰 영향을 준 사람에 관한 설문조사에서 떼이야르는 1위를 했다. 그는 유신론적 진화론을 주장한 사람이다. 유신 진화론에 의하면 인류는 과학법칙을 따라 진화하는데, 이 진화 자체를 신의 창조의 일부분이라고 본다. 따라서 지금도 창조는 지속되고 있는 것이다. 떼이야르 드 샤르뎅은 우주 그리스도를 그리스도의 세 번째 본성이라고 부른다. 그것은 우주 그리스도가 인간이며 신인 그리스도의 본성을 초월하여 인간도 아니고 신도 아닌 우주의 제3의 영역으로 넘어가게 해준다는 것이다. 떼이야르에 의하면, 인류가 하나님으로 점차 진화해서 최종점인 오메가 포인트에 이를 때, 이것이 그리스도의 재림이며, 그 때에는 우주 그리스도에 속한 우리 모두도 신격을 실현하도록 완성되어 새로운 모습을 가지게 된다고 한다. 따라서 그 때가 오면 인간 정신이 공간과 물질을 초월한다고 한다. 그래서 인간은 신처럼 자유롭게 되는데 이런 존재가 된 사람들을 그리스도가 집단적으로 육체 안에 재림한 집합 그리스도라고 한다.

떼이야르는 2000년이 지나면 반드시 그리스도는 거듭나야만 한다. 그는 그가 살았던 때와는 너무나도 다르게 변한 세상에서 다시 성육신해야만 한다. 떼이야르 드 샤르뎅에 의해 발전된 이런 우주 그리스도의 새로운 탄생 사상은 불멸의 능력의 신인(神人) 집합 그리스도(Corporate Christ)의 탄생을 예언하는 늦은 비 운동의 나타난 하나님의 아들들 교설에 영향을 주었으며, 매튜 폭스와 레너드 스위트 등을 통해 현대 뉴 에이지 기독교 사상으로 들어와 이머징 운동으로까

지 번지고 있다.

(7) 레너드 스위트(Leonard Sweet) 양자 영성

미국 새들백 교회 릭 워렌이 추천한 "양자영성(Quantum Spirituality)"이란 책은 레너드 스위트가 썼다. 레너드 스위트는 기독교를 뉴에이지화하고 이머징 쳐취운동을 활발하게 지지하고 있다. 레너드 스위트는 떼이야르를 20세기 기독교의 대표적 대변자라고 불렀다. 그의 아쿠아 교회라는 책에서 떼이야르를 인용하며 태양이 우리 눈 앞에 있는 것과 같은 방법으로 그리스도는 교회 안에 계신다. 우리는 우리의 조상들이 보았던 것과 같은 태양을 본다. 하지만, 훨씬 더 훌륭한 방법으로 태양을 이해 한다고 말했다.

레너드 스위트가 자신의 책 "그리스도에 대한 생각(Reflections on the Christ)"에서 우호적으로 인용한 데이빗 스팽글러의 영지주의 "빛의 사자"인 루시퍼(사탄)에 관하여 말한다.

"루시퍼는 우리 안에서 우리를 온전함으로 이끈다. 우리가 온전함의 시대인 뉴 에이지로 들어갈 때 우리 각자는 루시퍼 입문(Luciferic Initiation)이라고 부르는 지점으로 옮겨진다. 그곳은 각자가 온전함과 빛의 장소로 가는데 꼭 통과해야 하는 문이다."

(8) "예수와 다윈의 동행" 책을 쓴 호남신학교 조직신학 교수

예수와 다윈의 동행은 2013년 호남신학교 조직신학 신재식 교수가 출간한 책이다. 그는 인포그래픽으로 설명을 하면서 현대 기독교는 과학을 외면하므로 설 자리가 사라졌다고 고발하면서 자신이 이 책을 쓰게 된 사명감에 대하여 피력을 한다. 그는 유럽입자물리학연구소의 초대형 입자가속기, 초거대 우주망원경, 분자생물학, 유전공학 등과 같은 과학시대에 기독교가 반지성적이고 반과학주의로 외면을 받고 있다고 주장한다. 서울대학교 종교교육학과를 졸업하고 장로회 신학교와 미국 드류(DREW) 대학에서 석사와 철학 박사를 받고 템플턴 재단에서 교수로 재임 했다.

(9) 존 폴킹 혼 "양자물리학 그리고 기독교 신학"

2009년 연세대학교 출판사에서 "양자물리학 그리고 기독교 신학"이란 책을 내놓았다.

이 책을 쓴 존 폴킹 혼은 영국 캠브리지(Cambridge) 대학의 물리학과 교수로 25년 재직하였으며, 쿼크, 글루온(Quark,Gluon) 등의 양자 물리학적 소립자들의 실체를 발견하는 연구 프로젝트에 참여했던 양자 물리학자이다. 그는 캠브리지 대학 퀸스 칼리지(Queens College)의 학장을 역임하였으며, 영국 왕립 학술원의 정회원이 되었고, 1997년 왕실로부터 백작의 칭호까지 수여 받았다. 영국 성공회에서 신부로 안수를 받고 종교 통합운동을 하는 공로로 역시 템플턴 상을 받았다. 그는 이 책에서 양자역학과 양자얽힘이란 실험을 통해 어거스틴의 3위1체 교리를 증명하였다. 그는 2015년에 "성서와 만나다", "과학으로 신학하기", "케노시스 창조이론", "쿼크 카오스 그리고 기독교 신학" 그가 쓴 책들이 연이어 출간이 되었다.

어떻게 과학자들이 양자물리학을 통해 신의 존재를 증명할 수 있을까? 과연 과학으로 증명된 신은 참 신일까? 결론부터 말하자면 과학으로 증명된 신이 바로 만유내재신이다. 만유내재신의 이름은 플라톤이 말한 데미우르고스이다. 데미우르고스는 플라톤이 말한 제작신이다. 그리고 어거스틴이 만든 기독교 삼위일체 신학은 바로 플라톤 철학으로 만들어 졌다. 모두 인본주의 신학이다. 플라톤이 말한 창조신 데미우르고스는 물질세계를 지배하고 있는 빛의 신인 루시퍼이다. 태양을 통해 모든 만물이 생명을 얻고 번식을 한다. 만물은 보이지 않는 빛의 신인 루시퍼가 지배한다.

무에서 유를 지으신 창조주는 과학으로 증명할 수 없다 과학으로 증명된 우주를 하나님이 창조하셨다. 그러나 과학으로 증명한 신은 창조주가 아니다. 종이 한 장 차이 밖에 없지만 그 차이는 천국과 지옥이다. 천지를 지으신 창조주 하나님은 오직 예수 그리스도의 대속의 은총인 피로 죄 사함을 받고 거듭나야 만날 수 있는 것이다. 과학에서 만났다고 하는 신은 가짜 신이다. 내가 사과를 만들었다고 해서 내가 곧 사과가 아닌 것처럼 하나님이 세상을 창조 하셨지만 세상의 모든 피조물들이 하나님이 아닌 것이다.

바벨론 시날 평지에서 니므롯은 하늘까지 높은 바벨탑을 쌓고 배도를 했다. 현대판 바벨탑은 과학이란 종교이다. 사이언톨로지 종교는 루시퍼에 의해서 주어진 소피아 즉 세피로트 라고 하는 지혜로 만들어졌다. 현대 과학은 인간의 생노병사까지 정복하기에 이르렀다. 사람의 DNA 유전자를 우주 에너지와 일치시켜 영원히 죽지 않는 영생불사 존재로 설계를 하고 있다. 그리고 하나님을 향해 승리를 선포하려고 배도를 준비하고 있는 것이다. 루시퍼는 인간들을 미혹하여 하나님께서 허락하신 아들 예수 그리스도를 통한 구원을 받지 못하게 하고 자신이 발전시킨 과학이란 바벨탑을 통해 인간 육체속에 들어와 하나님의 형상을 지워버리고 자기의 형상을 채워 자기의 소유물로 만들려고 하는 것이다.

왜 지금이 성경에서 말하고 있는 "The Day"라고 하는 종말의 시대인지 이해를 하는가? 왜 하나님께서 우주만물의 질서를 혼돈하게 하시는지 아는가? 당신도 짐승으로 살기를 원하는가? 아니면 하루라도 사람으로 살기를 원하는가? 이제 조금 있으면 사람 구경하기가 어려워진다. 겉으론 사람 같지만 속은 아닌 것이다. 그래도 사람은 깡패라도 일말의 양심이 있고 부끄러움을 알지만 짐승은 그런 것을 알지 못한다. 왜 666을 짐승의 표라고 하는지 아는가? 이 표를 받으면 하나님의 형상이 지워져 더 이상 사람이 아니기 때문이다. 이제 곧 AI 인공지능을 장착한 호모 데우스 인간들이 나타날 것이다. 겉으로는 사람 같지만 아닌 것이다. 당신의 남편일 수 있다. 당신의 똑똑한 아들과 딸일 수 있고 사랑하는 손자 손녀일 수 있다.

우주 에너지와 사람의 유전자를 일치시켜 통일장 우주론이 완성되는 그날이 지금 눈앞에까지 와 있다는 사실을 직시하기 바란다. 비록 가난하고 무능하더라도 제발 사람으로 남아 있어 주기를 바란다. 나사로처럼 평생 동안 개처럼 빌어먹고 살아도 그냥 그대로 있기를 바란다. 끝까지 사람으로 남아만 주신다면 당신에게도 구원의 기회가 다시금 주어진다는 사실을 꼭 알아야 한다. 당신이 신학박사가 아니라도 괜찮다. 당신이 존 폴킹혼과 같은 양자물리학자가 아니라도 상관없다. 짐승만 되지 않는다면 반드시 구원의 기회가 주어진다. 끝까지 오른손과 이마에 666 짐승의 표만 받지 않는다면 기회가 있는 것이다. 예수님께서 재림 하셔서 만물을 회복시키실 때 독사들의 독이 없어지고 사자들의 포악성이 사라진다. 그때 비록 당신이 기독교인이 아니라도 666 짐승의 표만 받지 아니하면 당신도 새롭게 변화될 수 있다. 이것을 스가랴 선지자가 약속을 하고 있다.

"그 날에 그의 발이 예루살렘 앞 곧 동편 감람산에 서실 것이요 감람산은 그 한가운데가 동서로 갈라져 매우 큰 골짜기가 되어서 산 절반은 북으로, 절반은 남으로 옮기고 그 날에는 빛이 없겠고 광명한 자들이 떠날 것이라 여호와의 아시는 한 날이 있으리니 낮도 아니요 밤도 아니라 어두워 갈 때에 빛이 있으리로다 그날에 생수가 예루살렘에서 솟아나서 절반은 동해로, 절반은 서해로 흐를 것이라 여름에도 겨울에도 그러하리라 여호와께서 천하의 왕이 되시리니 그 날에는 여호와께서 홀로 하나이실 것이요 그 이름이 홀로 하나이실 것이며 예루살렘을 치러 왔던 열국 중에 남은 자가 해마다 올라와서 그 왕 만군의 여호와께 숭배하며 초막절을 지킬 것이라"(슥14:4,6-9,16)

"여호와께서 자기 백성의 상처를 싸매시며 그들의 맞은 자리를 고치시는 날에는 달빛은 햇빛 같겠고 햇빛은 일곱 배가 되어 일곱 날의 빛과 같으리라"(사30:26)

스가랴 선지자는 바벨론 포로 귀환 이후에 활동한 선지자이다. 그는 예수님께서 감람산으로 재림하신다고 하였다. 예수님이 재림 하실 때 해와 달과 별들이 순식간에 사라지고 그 보다 일곱 배나 더 밝은 빛이 있다고 하였다. 그리고 예수님이 천하의 왕이 되셔서 다스릴 때에 예루살렘을 치러 왔던 열국 중에 남은 자들이 해마다 예루살렘에 올라와 초막절을 지킨다고 하였다.

예루살렘을 치러 왔던 열국의 남은 자들은 누구인가? 바벨론, 애굽, 사마리아, 에돔, 소돔과 고모라 등이다. 우리는 이들이 모두 심판을 받는다고 생각하지만 아니다. 이런 나라들에서 남은 자들은 구원을 받는다. 그렇다면 남은 자들이란 무슨 뜻인가? 그 나라 백성들의 주류가 아닌 비주류 사람들이다. 즉 가난하고 병들어 도시보다 시골에서 평범하게 살아간 사람들이다. 그렇기 때문에 이들이 구원을 받는 것이다.

예수님 재림 때에도 마찬가지이다. 도시에서 편하고 부유하게 사는 사람들은 스마트 시티 안에서 세워지는 천국과 같은 신세계질서를 환영하고 즐기기 때문에 666 짐승의 표를 받을 수밖에 없는 것이다. 그러나 시골 산간벽지에 사는 가난한 사람들은 도시에서 일어나고 있는 신기루와 같은 세상과 별개로 살아가게 된다. 그렇기 때문에 스마트 시티 중심으로 이루어지는 666표를 자연스럽게 받지 않게 된다. 그래서 하나님의 형상을 잃어버리지 않는 호모 사피엔스 인간으로 남게 되어 천년왕국에 들어갈 수 있는 것이다.

15) 사단 신학의 원리와 계보 총결론

(1) 하나님의 말씀 앞에 벌거벗은 짝퉁 기독교 신학

"하나님의 말씀은 살았고 운동력이 있어 좌우에 날선 어떤 검보다도 예리하여 혼과 영과 및 관절과 골수를 찔러 쪼개기까지 하며 또 마음의 생각과 뜻을 감찰하나니 지으신 것이 하나라도 그 앞에 나타나지 않음이 없고 오직 만물이 우리를 상관하시는 자의 눈앞에 벌거벗은 것 같이 드러나느니라"(히4:12-13)

만물이 어떻게 하나님의 말씀 앞에 벌거벗게 될 수 있을까? 만물은 과학이다. 과학이 아무리 발달하여 통일장 우주론으로 조밀한 우주만물의 원리를 밝혀내고 사람의 DNA를 해독하여 영생불사 존재로 만든다고 할지라도 하나님의 말씀은 그런 과학을 통해서 가축 인간들을 죽지 않는 신인간으로 만들어 준다는 루시퍼의 거짓말을 벌거벗겨 버리는 것이다.

(2) 뉴 플라톤 철학으로 만든 짝퉁 기독교 신학

"누가 철학과 헛된 속임수로 너희를 노략할까 주의하라 이것이 사람의 유전과 세상의 초등 학문을 좇음이요 그리스도를 좇음이 아니니

라"(골2:8)

"너희가 세상의 초등 학문에서 그리스도와 함께 죽었거든 어찌하여 세상에 사는 것과 같이 의문에 순종하느냐 곧 붙잡지도 말고 맛보지도 말고 만지지도 말라 하는 것이니(이 모든 것은 쓰는대로 부패에 돌아 가리라) 사람의 명과 가르침을 좇느냐 이런 것들은 자의적 숭배와 겸손과 몸을 괴롭게 하는데 지혜 있는 모양이나 오직 육체 좇는 것을 금하는데는 유익이 조금도 없느니라"(골2:20-23)

사단의 세력들이 만든 철학이란 무엇인가? 사단의 세력들은 죽기를 무서워하여 사망에 종노릇하고 있는 가축인간들을 속여 노예로 부려먹기 위해 종교를 만들었다. 그것이 바로 철학이다. 철학은 과학의 원리를 변증법으로 만든 합리적인 논리로 종교 교리를 만드는 기초가 된다. 왜냐하면 가치가 없는 종교는 아무도 따르려 하지 않기 때문이다. 그래서 철학으로 만든 종교는 헛된 속임수인 것이다. 사단의 세력들은 철학을 만들어 가축인간을 세뇌 시켜 헛된 욕망을 따라서 사는 것을 지향시키고 또 철학을 통해 세뇌가 되어 멈춰진 가축인간의 삶을 종교를 통해 안돈시켜 가축인간들을 자신들의 수족처럼 부려먹는 노예로 만든 것이다.

그동안 우리는 짝퉁 기독교 신학 2000년의 역사를 이어내려 오면서 사단의 세력들이 속여온 교리가 뉴 플라톤 철학이었다는 사실을 알아 보았다. 뉴 플라톤 철학을 통해 만든 짝퉁 기독교 신학은 자의적 숭배를 위해 스스로를 비우고 고행을 통해 정화과정을 거쳐 신인합일을 이루는 과정으로 그럴듯한 지혜의 모양은 있으나 인간 구원에는 아무런 유익이 없다.

(3) 광명한 루시퍼 사단 숭배 학문으로 만든 짝퉁 기독교 신학

"망령되고 허탄한 신화를 버리고 오직 경건에 이르기를 연습하라"(딤전4:7)

"누구든지 일부러 겸손함과 천사 숭배함을 인하여 너희 상을 빼앗지 못하게 하라 저가 그 본 것을 의지하여 그 육체의 마음을 좇아 헛되이 과장하고"(골2:18)

사단의 세력들이 만든 짝퉁 기독교 신학은 광명한 천사 루시퍼를 경배하는 학문이다. 그래서 같은 예수 이름이지만 다른 예수이다. 같은 하나님의 이름을 사용하지만 다른 하나님이다. 그동안 우리는 완벽하게 속아왔다. 왜냐하면 사단의 세력들이 하나님께서 가르쳐 주신 이름으로 사기를 쳤기 때문이다. 그들은 광명한 천사 루시퍼를 예수님이라고 거짓말을 했다. 그들은 광명한 천사 루시퍼를 창조주 라고 거짓말을 했다. 그들은 가축인간들에게 그들이 하는 거짓말을 믿게 하기 위해 과학으로 만든 철학이란 논리학으로 무장한 엘리트 인간들을 통해 가축인간들을 세뇌시키는데 성공한 것이다.

광명한 천사 루시퍼는 타락한 천사 72마신들을 통해서 가축인간들이 자기를 경배하도록 짝퉁 기독교 신학을 만들었다. 주후 200년 이레니우스 이후 로마 가톨릭과 현대종교개혁교회가 예배하고 경배하는 대상이 광명한 천사 루시퍼였다.

(4) 하나님이 시작한 교회 심판으로 알게 된 가짜 예수와 하나님

"하나님 집에서 심판을 시작할 때가 되었나니 만일 우리에게 먼저 하면 하나님의 복음을 순종치 아니하는 자들의 그 마지막이 어떠하며"(벧전4:17)

지금은 하나님의 심판시대이다. 이미 하나님의 우주적인 심판은 시작되었다. 그런데 하나님의 심판은 교회에서부터 시작된다. 공산당들이 교회를 파괴하고 있다. 참새 한 마리도 하나님이 허락지 아니하시면 떨어지지 않고 머리카락까지 세시는데 과연 하나님께서 모르고 계실까? 아니다 하나님께서 허락하신 심판이다. 하나님은 북 왕조 이스라엘이 타락하고 회개를 하지 않을 때 앗수르 군대를 보내어 이스라엘을 심판하셨다. 남 유다가 죄를 범하고 회개하지 않을 때 바벨론 군대를 통해 심판 하셨다. 선지자들은 이런 사실을 알리면서 회개를 촉구했다. 그러나 거짓 선지자들은 이런 선지자들을 앗수르와 바벨론에서 보낸 간첩으로 몰았다. 그리고 절대로 그러한 일은 없을 것이라고 말하면서 앗수르와 바벨론이 2년 안에 망할 것이라고 하였다. 그러나 그것은 거짓말이었다. 진짜 망하는 사람은 남북 이스라엘과 유다였다.

공산당(좌파)들이 기독교회를 파괴시키고 있다. 그래서 대형교회를 중심으로 공산당들과 전면전 전쟁을 하고 있다. 이것이 지금 한반도에서 전쟁의 불길이 타오르고 있는 이유이다. 눈먼 기독교 우파 지도자들은 공산당(좌파)들이 기독교회를 파괴하고 있으니 북한 김정은 정권을 박살내고 통일을 이루어야 한다고 정부를 압박하고 절대적인 지지를 보내고 있는 것이다. 눈먼 기독교 지도자들은 곧 한반도 전쟁이 일어나고 북한이 망한 후 자유 대한민국으로 통일이 이루어질 것을 믿고 있다. 그래서 전쟁을 무서워하지 않고 도리어 압박하고 부추기고 있는 것이다. 주말마다 광화문에서 일어나는 군중집회가 바로 그것을 증명하고 있다.

아니다 지금 한국 기독교회를 파괴하시는 분은 하나님이시다. 하나님이 공산당(좌파)들을 일으켜 타락한 교회를 향해 회개하라고 때리시고 계신 것이다. 사단은 눈 먼 기독교 지도자들을 통해서 회개를 하지 못하게 하고 도리어 전쟁을 일으켜 모두를 지옥으로 보내고 있는 것이다. 눈 먼 교회 지도자들이 기독교인을 살리는 것이 아니라 자신들의 기득권을 지켜 살려고 모든 기독교인들을 죽음으로 몰고 가는 것이다. 원수를 사랑하지 않는 기독교인은 자기가 살기 위해서 죽이려 한 그 원수를 통해서 자기가 죽어 심판을 받는다. 그러므로 자기가 사는 방법은 원수를 죽여 없애는 것이 아니라 자기 마음속에 있는 원수를 먼저 죽이는 것이다. 자기 속에 있는 원수를 죽이기 위해서는 자기를 먼저 죽여야 한다. 이것이 기독교 생명신학이다.

하나님은 우주만물과 세계 모든 국가를 심판하시기 전에 먼저 교회부터 심판 하신다. 그렇다면 하나님은 어떻게 교회를 심판하실까?

첫째로 하나님은 신사도 운동을 통해 교회를 심판 하신다. 신사도 운동은 유대 카발라 유대주의 짝퉁 기독교이다. 초자연적인 신비주의이다. 즉 기사와 표적을 일으켜 구원받지 못하고 세상에 미련을 두고 살고 있는 사람들을 미혹해서 심판을 받게 하는 것이다.

"불법의 비밀이 이미 활동하였으나 지금 막는 자가 있어 그 중에서 옮길 때까지 하리라 그 때에 불법한 자가 나타나리니 주 예수께서 그 입의 기운으로 저를 죽이시고 강림하여 나타나심으로 폐하시리라 악한 자의 임함은 사단의 역사를 따라 모든 능력과 표적과 거짓 기적과 불의의 모든 속임으로 멸망하는 자들에게 임하리니 이는 저희가 진리의 사랑을 받지 아니하여 구원함을 얻지 못함이니라 이러므로 하나님이 유혹을 저의 가운데 역사하게 하사 거짓 것을 믿게 하심은 진리를 믿지 않고 불의를 좋아하는 모든 자로 심판을 받게 하려 하심이니라"(살후2:7-12)

하나님은 마지막 때 교회를 먼저 심판하신다. 어떻게 심판 하실까? 기사와 표적을 일으켜 하나님의 말씀을 사랑하여 순종하지 않고 세상에 대한 헛된 욕심을 가지고 버틴 사람들을 미혹하여 심판을 받게 하시는 것이다. 기사와 표적을 믿고 따르는 것은 거짓 것을 믿고 따르는 것이다. 하나님은 이런 거짓 것을 믿고 하나님의 말씀에 순종하지 않는 사람들이 심판을 받게 하시려고 많은 거짓 선지자와 거짓 그리스도를 보내셔서 큰 기사와 표적을 일으키게 하신다. 이것은 구원이 아니라 미혹이다. 이것은 진리가 아니라 재앙이다. 썩어져 버릴 육체를 좀 편하고 건강하고 배부르게 살게 하려고 하나님의 생명의 말씀을 버리는 것은 에서가 단팥죽 한 그릇으로 장자의 명분을 파는 것과 같은 것이다.

신사도 운동이 전 세계 교회를 부흥시키고 있다. 이것은 부흥이 아니라 심판의 불길을 타오르게 하는 것이다. 힐링, 웰빙, 신유, 축사, 마인드 컨트롤, 텔레파시, 쓰러짐, 거룩한 술취함, 공중부양, 유체이탈, 시간여행, 최면술, 환생, 전생여행, 초월명상, 재정축복, 뜨거움, 짐승소리, 투시, 예언, 넘어뜨림, 입신, 환청 등이다. 이런 것을 경험하고 그 속에서 사는 사람들을 신인간이라고 속인다. 아니다 신인간이 아니라 미친 사람이다. 그런 사람은 일찍 사단의 밥이 되어 지옥으로 떨어진다. 예수님도 경고하셨다.

"그 때에 사람이 너희에게 말하되 보라 그리스도가 여기 있다 혹 저기 있다 하여도 믿지 말라 거짓 그리스도들과 거짓 선지자들이 일어나 큰 표적과 기사를 보이어 할 수만 있으면 택하신 자들도 미혹하게 하리라 보라 내가 너희에게 미리 말하였노라 그러면 사람들이 너희에게 말하되 보라 그리스도가 광야에 있다 하여도 나가지 말고 보라 골방에 있다 하여도 믿지 말라 번개가 동편에서 나서 서편까지 번쩍임 같이 인자의 임함도 그러하리라"(마24:23-27)

　참 신앙은 하나님의 말씀대로 순종하면서 사는 것이다. 그렇게 하려면 당신이 죽어야 하는 것이다 이것이 기독교 생명 신학이다.

　둘째로 종교통합을 통해서 심판 하신다. 그동안 사단 신학은 양의 탈을 쓰고 눈 먼 기독교인들을 속여 왔다. 그러나 이제 사단이 적그리스도를 앞세워 배도를 해야 하기 때문에 양의 탈을 벗고 사단 자신의 본 얼굴을 보여 주어야 한다. 이것이 바로 종교 통합이다. 종교 통합이란 구세주이신 예수님의 이름을 바꾼 것이다. 창조주 하나님의 얼굴을 바꾼 것이다. 이것이 양의 탈을 벗은 것이다. 그동안 사단은 가짜였지만 예수님을 통해서 구원을 받으라고 했다.

　그런데 이제는 자연만물을 통해서도 구원을 얻고 과학을 통해서도 구원을 얻고 다른 종교에서도 구원을 얻을 수 있다고 한다. 이것이 배도이다. 그런데 왜 이것이 심판인가? 다른 예수를 믿는 사람은 구원을 받을 수 없다. 성경에서 말씀하신 예수를 믿지 않으면 지옥으로 떨어진다. 구원을 받지 못한 사람들은 어떤 예수든지 세상에서 잘 먹고 잘 살수 있다면 상관하지 않는다. 그러나 구원 받은 성도는 다르다. 죽고 사는 문제보다 더 큰 문제이다. 그래서 종교통합운동은 알곡과 가라지를 갈라내는 심판인 것이다.

　오늘날 교회 안에는 구원을 받은 성도도 있고 구원을 받지 못한 사람들도 있다. 섞여서 살고 있기 때문에 모두 알곡과 같이 보이지만 이제는 서서히 갈라진다. 알곡들은 하나님의 말씀대로 돌아온다. 쭉정이들은 아무일 없는 듯이 살아간다. 지금은 종교다원주의가 교단이나 신학교에서만 거론이 되고 있다. 이제 서서히 개 교회를 향해 내려간다. 담임 목사에 따라서 교회들이 서서히 갈라지게 된다. 그리고 개 교회 안에서 시작된 종교다원주의는 성도 개인이 결단할 시간을 재촉하게 하여 결국은 알곡은 알곡대로 쭉정이는 쭉정이대로 모이게 되는 것이다. 이것이 하나님이 교회를 심판하시는 방법이고 뜻이고 섭리이다.

(5) 바벨론에서 나오라

"힘센 음성으로 외쳐 가로되 무너졌도다 무너졌도다 큰 성 바벨론이여 귀신의 처소와 각종 더러운 영의 모이는 곳과 각종 더럽고 가증한 새의 모이는 곳이 되었도다 그 음행의 진노의 포도주를 인하여 만국이 무너졌으며 또 땅의 왕들이 그로 더불어 음행하였으며 땅의 상고들도 그 사치의 세력을 인하여 치부하였도다 하더라 또 내가 들으니 하늘로서 다른 음성이 나서 가로되 내 백성아, 거기서 나와 그의 죄에 참예하지 말고 그의 받을 재앙들을 받지 말라"(계18:2-4)

신사도 운동가들은 바벨론 음녀교회를 12사도가 세운 기독교 라고 한다. 그러면서 신사도 운동을 하는 개혁교회로 나오라고 한다. 지금 신사도 운동가들은 기존 기독교회를 파괴시키면서 신사도 교회를 세워가고 있다. 신천지 역시 그러하다. 모든 이단 교회는 동일하게 자신들의 교회가 참 교회이기 때문에 타락한 바벨론 교회에서 나오라고 한다.

지금 한국 교회 안에서 새로운 교단들이 만들어지고 있다. 동일한 조건은 WCC와 WEA가 종교 통합을 하고 있기 때문에 이것을 반대한 교회들이 새로운 교단을 만들어야 한다는 것이다. 그런데 이런 운동을 하고 있는 사람들이 모두 신사도 운동가들이다. 이들이 만들기를 원하는 새로운 교단은 종교통합을 반대한 교단이기 때문에 성경의 진리를 수호한 바른 교단이라는 이미지를 내걸고 새로운 교단 운동을 하지만 사실은 새로운 교단이 아니다.

신사도 교회는 절대로 새로운 기독교 운동이 아니다. 다른 종교 운동이다. 유대 카발라 종교운동이다. 적그리스도의 배도운동이다. 신사도 운동의 신비주의 운동은 오히려 종교통합운동을 촉진시키는 중심 신학이다. 왜냐하면 광명의 천사로 가장한 루시퍼는 모든 종교의 어머니이다. 그래서 모든 종교가 경험하는 신비체험은 동일하다. 불교, 티벳불교, 힌두교 쿤달리니, 아프리카 부두이교, 유대 카발라 종교, 사이언톨로지 종교, 로마 가톨릭 엘사다이 신비주의 운동 등에서 나타난 현상들은 모두 동일하다. 심지어 중국의 장풍 무술이나 일본의 일연종교에서 나타난 초자연적인 능력도 모두 다 같은 현상이다.

힐링, 웰빙, 신유, 축사, 마인드 컨트롤, 텔레파시, 쓰러짐, 거룩한 술취함, 공중부양, 유체이탈, 시간여행, 최면술, 환생, 전생여행, 초월명상, 재정축복, 뜨거움, 짐승소리, 투시, 예언, 넘어뜨림, 입신, 환청 등이다.

이러한 초자연적인 신비주의 현상들로 말미암아 세상의 모든 종교들이 하나 라는 사실을 입증한 것이다. 종교 간에 서로 상통하는 은사교류를 통해서 종교통합운동이 급물살을 타고 있는 것이다.

말세 살고 있는 성도나 교회나 교단들은 이제 분별할 때가 되었다. 내가 속한 교단이나 교회나 신학이 어디에 속해 있는가 알아야 한다. 왜냐하면 지금은 교회 심판시대이기 때문에 둘 중에 하나를 결단하고 빠져 나와야 하고 얼마 남지 않은 예수님의 재림과 심판으로부터 자유롭게 되어야 하기 때문이다. 알곡인가? 가라지인가? 진리인가? 거짓인가? 배도의 신학인가? 순교의 신학인가? 생명의 교회인가? 멸망의 교회인가? 다른 예수인가? 바른 예수인가? 창조주 하나님인가? 제작신 하나님인가? 거룩한 교회인가? 보편적 교회인가? 윤리신학인가? 생명신학인가? 떡 복음인가? 영혼 복음인가? 땅의 천국인가? 하늘의 천국인가? 은사인가? 말씀인가? 신비인가? 인격인가? 마음 성전인가? 건물 성전인가? 성경인가? 철학인가? 신학인가? 말씀인가? 말인가? 행동인가? 나인가? 남인가? 물질인가? 하나님인가? 내가 사는 번영신학인가? 내가 죽는 고난신학인가? 무천년인가? 전천년인가? 세대주의 전천년인가? 성경적 전천년인가? 땅에 있는 예루살렘인가? 하늘에 있는 새 예루살렘인가? 땅에 있는 가나안인가? 새 하늘과 새 땅에 있는 가나안인가? 과학인가? 복음인가?

제 3장 기독교 생명 신학

1. 신구약 성경을 관통한 사도 요한의 생명 신학

1) 사도 요한 신학의 특징

사도 베드로는 사도행전을 통해서 기독교회의 문을 열고 시작했던 제자라고 한다면 사도 요한은 12제자 중에서 가장 늦게까지 살면서 기독교회를 완성한 제자라고 할 수 있다. 사도 요한의 신학의 특징은 태초부터 계신 말씀되신 예수님으로부터 시작해서 기독교회가 완성이 되는 요한 계시록까지를 기록한 유일한 제자이다. 그래서 사도 요한의 신학은 기독교 신학을 대변한다고 해도 전혀 부족함이 없는 것이다. 사도 요한의 신학은 요한복음 요한 1,2,3서 그리고 요한 계시록이다. 이 세 가지 신약 성경 본문을 통해서 사도 요한은 영원 전부터 영원 이후까지 창세기부터 요한 계시록까지 신구약 성경 전체를 관통하는 기독교회의 핵심 교리를 알려주고 있다. 그래서 신구약 성경 66권 중에서 63개가 없어진다고 해도 사도 요한이 쓴 세 개의 성경 본문만을 통해서도 기독교회를 완전하게 세울 수 있다. 그만큼 사도 요한의 신학은 현대종교다원주의 세계에서 기독교회가 사라지는 위기 속에서 유일하게 기독교회를 지켜 내는 큰 무기가 되는 것이다.

2) 요한복음은 태초부터 계신 말씀을 믿게 한다

"태초에 말씀이 계시니라 이 말씀이 하나님과 함께 계셨으니 이 말씀은 곧 하나님이시니라 그가 태초에 하나님과 함께 계셨고 만물이 그로 말미암아 지은바 되었으니 지은 것이 하나도 그가 없이는 된 것이 없느니라"(요1:1-3)

"오직 이것을 기록함은 너희로 예수께서 하나님의 아들 그리스도이심을 믿게 하려 함이요 또 너희로 믿고 그 이름을 힘입어 생명을 얻게 하려 함이니라"(요20:31)

요한복음은 태초에 계신 말씀되신 예수님께서 육신을 입고 이 세상에 오신 것을 강조한다. 그런데 예수님은 자기 안에서 말씀하신 분이 아버지라고 하셨다. 그러니까 기독교회의 3위1체 신학의 비밀을 알려 주는 것이 요한복음이다. 예수님은 단지 몸만을 가지고 계시고 사시는 분은 예수님 안에 계신 아버지의 말씀인 것을 계속해서 강조하신다.

"나는 아버지께서 내게 주신 말씀들을 저희에게 주었사오며 저희는 이것을 받고 내가 아버지께로부터 나온 줄을 참으로 아오며 아버지께서 나를 보내신 줄도 믿었사옵나이다"(요17:8)

기독교회의 본질은 예수님이 오셔서 예수님 안에 아버지께서 사신 것이고 이제는 믿는 성도 안에서 예수님이 성령으로 사시는 것이다. 그래서 예수님과 아버지와 성령은 삼위일체 하나님이다. 기독교회의 특징은 인본주의가 아니다. 인간 스스로 무엇을 해서 구원을 받는 것이 아니라 삼위일체 하나님께서 스스로 구원을 만드시고 그 구원을 인간이 누리는 것이다.

요한복음을 기록한 목적을 사도 요한은 예수님이 하나님의 아들 그리스도이심을 믿어 구원을 받게 하는 것이라고 했다. 요한복음의 주제는 믿음이다. 그리고 예수님께서 공생애를 사시는 목적은 예수님이 하시는 모든 일이 예수님이 스스로 하신 것이 아니라 아버지의 뜻대로 하시는 것을 강조하신다. 그리고 예수님은 자신이 죽어 아버지께로 가서 보혜사 성령을 보내 주시겠다고 제자들에게 말씀 하셨다. 성령이 오셔서 자기의 모든 말을 기억나게 하고 깨닫게 하고 장래 일을 알려 주시겠다고 하셨다. 제자들을 고아와 같이 버려두지 아니하시고 다시 오셔서 제자들을 지키고 가르치고 함께 하시겠다고 하셨다. 그런데 그 보혜사 성령은 아버지께서 보내신 것이라 하셨다. 예수님은 계속해서 자신이 하는 일이 아버지의 하신 일이라고 강조를 하신다. 그래서 기독교 삼위일체 주신은 아버지인 것이다. 어거스틴은 기독교 삼위일체 주신을 성령이라고 하면서 성령신학을 만들어 어머니 교회라고 하였다. 바벨론 태양 종교의 삼위일체 주신은 세미라미스 여신이다.

사도 요한은 말씀을 통해서 기독교 삼위일체를 소개한다. 태초부터 계신 말씀으로 천지 만물이 창조되었다. 그런데 예수님은 그 말씀과 함께 계시다가 육신을 입고 오셨다. 그리고 부활 승천 하신 후 다시 성령으로 오셔서 선지자들을 통해서 주신 아버지의 말씀과 예수님께서 제자들에게 하신 모든 말씀을 생각나게 하고 가르치시고 장래 일을 알게 하신다. 아버지와 아들 예수님과 성령님을 연결하여 하나로 만들고 계신 분이 말씀되신 아버지이시다.

오리겐은 태초부터 계신 말씀을 로고스라고 했다. 로고스는 우주의 원리이다. 태양종교의 생성의 법칙인 음양오행을 말한다. 우주에 있는 플러스 에너지와 마이너스 에너지가 합하여 모든 물질을 생성시키는데 이것을 로고스라고 말한 것이다. 플라톤 철학에서 창조주를 데미우르고스라고 했다. 로고스와 같은 개념으로 있는 물질을 섞어서 만든 제작신이다. 플라톤의 물질 선재론은 우주에 있는 플러스 에너지와 마이너스 에너지를 말한다. 이것을 가지고 물질을 창조한 신이 데미우르고스이다. 플라톤은 눈에 보이지 않는 플러스 에너지와 마이너스 에너지 속에 신이 있다고 생각했다. 그래서 그것들을 통해서 물질을 창조한 신을 데미우르고스 라고 한 것이다. 그래서 데미우르고스는 무에서 유를 지은 창조신이 아니라 제작신이다. 오리겐과 어거스틴은 데미우르고스를 창조신으로 둔갑시켜 짝퉁 기독교 신학을 만들었다.

사도 요한이 말한 우주 만물을 창조하신 말씀은 로고스가 아니라 하나님의 말씀(Word)이다. 하나님은 말씀으로 우주를 창조하셨다. 무에서 유를 있게 하신 하나님은 로고스가 아니라 말씀이시다. 인본주의 신학은 눈에 보이는 물질 세상을 선물로 주기 위해서 만들었다. 신본주의 신학은 하나님의 아들 예수님의 생명을 주시기 위해 만들어졌다. 사단 신학은 물질세계의 원리(과학)를 통해서 인간의 육체를 구원하는 번영신학이다. 기독교 신학은 예수 그리스도를 통해서 하나님의 아들들이 되도록 영혼을 구원하는 생명신학이다.

3) 요한 1,2,3서는 태초부터 계신 말씀을 경험하게 한다

"태초부터 있는 생명의 말씀에 관하여는 우리가 들은 바요 눈으로 본 바요 주목하고 우리 손으로 만진 바라 이 생명이 나타내신바 된지라 이 영원한 생명을 우리가 보았고 증거하여 너희에게 전하노니 이는 아버지와 함께 계시다가 우리에게 나타내신바 된 자니라"(요일 1:1-2)

"내가 하나님의 아들의 이름을 믿는 너희에게 이것을 쓴 것은 너희로 하여금 너희에게 영생이 있음을 알게 하려 함이라"(요일5:13)

요한 1,2,3서는 태초부터 계신 영원한 말씀을 경험하는 것이다. 요한복음의 주제는 믿는 것이다. 그래서 믿음이란 단어가 주제이다. 그러나 요한 1,2,3서에서는 믿음에 대한 단어는 없고 모두 안다는 단어가 많이 나온다. 안다, 아는 것은, 알지 못하느냐, 알게 한다, 알아야 한다, 알아라와 같은 단어들이다. 성경에서 안다고 하는 단어의 원뜻은 경험해서 아는 것이다. 즉 경험하는 것을 안다고 하는 것이다.

사도 요한은 예수님이 하나님의 아들로 경험하게 하시고 알게 하신 분이 성령이라고 명확하게 가르쳐 주고 있다. 성령의 기름 부으심이 모든 비밀과 모든 지식의 근본이기 때문에 흔들리지 말고 성령이 가르쳐 주신대로 살라고 하였다.

"너희는 주께 받은바 기름 부음이 너희 안에 거하나니 아무도 너희를 가르칠 필요가 없고 오직 그의 기름 부음이 모든 것을 너희에게 가르치며 또 참되고 거짓이 없으니 너희를 가르치신 그대로 주 안에 거

하라"(요일2:27)

요한복음을 사도 요한이 예수님의 제자가 되어서 함께 생활했던 과정 중에서 일어난 일들에 대하여 기록을 했다. 그리고 요한 1,2,3서는 사도행전을 경험하면서 사도 요한에게 나타나신 성령의 역사를 기록하고 있다.

그리스도인들의 신앙 성장 과정을 요한의 복음을 통해서 알 수 있다. 먼저 믿는 것이다. 그리고 아는 것이다. 어린 아이가 태어나서 자신을 스스로 자각 할 때까지 자기를 모른다. 그러나 자라나 자기를 스스로 자각 할 때부터 기억력은 남아서 자기를 만들어 가는 것이다. 성도들도 처음 예수를 믿고 구원을 받을 때는 스스로 확신이 없다. 그러나 언젠가 자기 속에 계신 성령으로 말미암아 스스로가 깨달아질 때 이것을 요한1.2.3서에서는 안다고 하는 것이다. 이것을 참 지식이라고 한다. 성화의 과정에서 믿음 단계가 있고 회심 단계가 있는데 바로 회심이라는 과정이 스스로 자신의 정체성을 깨닫고 옛 사람으로부터 돌이키는 것이다. 이것을 구원의 확신이라고 한다. 구원의 확신은 인간의 지식이나 의지로 되는 것이 아니라 성령의 기름 부으심을 통해서 세상과 분리가 이루어진다. 성령의 기름 부으심은 거듭난 순간 뿐 아니라 성령의 깨우치시는 사역을 말한다. 성도는 끊임없이 성령의 기름 부으심을 받아 충만함을 유지해야 한다. 그렇게 하려면 성령과 항상 동행하는 삶을 살아야 한다. 사도 요한은 예수님이 살아 계셔서 함께 하실 때보다 더 깊이 예수님을 경험하고 살면서 이것을 다른 사람들에게 가르쳐 주고 있는 것이다.

4) 요한 계시록은 태초부터 계신 말씀을 증거하게 한다

"예수 그리스도의 계시라 이는 하나님이 그에게 주사 반드시 속히 될 일을 그 종들에게 보이시려고 그 천사를 그 종 요한에게 보내어 지시하신 것이라 요한은 하나님의 말씀과 예수 그리스도의 증거 곧 자기의 본 것을 다 증거하였느니라"(계1:1-2)

사도 요한은 요한 계시록을 통해 예수 그리스도를 증거하고 있다.

이것이 기독교 2000년 동안 나타난 복음이 증거 되는 시대이다. 사도 요한은 종말의 때 즉 아들로 말씀하신 아버지 하나님의 사역에 대하여 기록을 하면서 최종적인 심판까지 알려주고 있는 것이 요한 계시록이다.

사도 요한은 예수 그리스도를 전하는 증인들을 제사장나라 라고 하였다. 제사장 나라는 하나님께서 세상을 구원하시기 위해 나실인으로 선택하여 사용하신 사람들이다. 먼저 이스라엘을 제사장 나라로 세우셨다. 그러나 이스라엘이 타락하여 망하게 되자 예수님을 보내셔서 십자가에서 죽게 하시고 부활하신 후 승천하사 성령을 다시 보내 주셔서 구원 받은 성도들을 제사장 나라로 세우셔서 다시 세상을 구원하려고 하신 것이다. 이것이 요한 계시록의 주제이다.

"우리를 사랑하사 그의 피로 우리 죄에서 우리를 해방하시고 그 아버지 하나님을 위하여 우리를 나라와 제사장으로 삼으신 그에게 영광과 능력이 세세토록 있기를 원하노라 아멘"(계1:5-6)

5) 증인이란 순교자란 뜻이다

"오직 성령이 너희에게 임하시면 너희가 권능을 받고 예루살렘과 온 유대와 사마리아와 땅끝까지 이르러 내 증인이 되리라 하시니라"(행1:8)

신약의 교회는 증거하는 공동체이다. 복음을 땅 끝까지 전하는 것이다. 그렇다면 성도는 어떻게 이 세상에서 예수님을 증거 할 수 있는가? 전도란 무엇이고 어떻게 하는가? 기독교는 어떻게 생명의 영역을 넓혀 가야 하는가?

사도행전 1장 8절에서 증인이 되라고 하신 말씀 중에 "증인"이란 헬라어 마르투스이다. 신약에 34번 기록된 "순교자"란 뜻이다. 즉 나의 죽음을 통해서 예수님을 나타내는 것이다.

전도는 내가 죽어 내 안에 계신 예수님의 생명을 넘겨주는 것이다. 즉 순교자의 삶이다. 내가 나를 위해 사는 것이 아니라 내 안에 계신 예수님께서 다른 사람을 사랑하기 위해 내가 죽는 것이다. 이것을 살아 있는 순교자 라고 한다.
"우리 산 자가 항상 예수를 위하여 죽음에 넘기움은 예수의 생명이 또한 우리 죽을 육체에 나타나게 하려 함이니라 그런즉 사망은 우리 안에서 역사하고 생명은 너희 안에서 하느니라"(고후4:11-12)

터툴리안은 세상의 하나님의 교회는 순교의 공동체라고 말했다. 요한 계시록의 주제는 예수님의 증인들의 삶을 보여주고 있다. 모두 하나님의 말씀과 예수 그리스도를 전하기 위해 죽임을 당하고 있다.

"다섯째 인을 떼실 때에 내가 보니 하나님의 말씀과 저희의 가진 증거를 인하여 죽임을 당한 영혼들이 제단 아래 있어 큰 소리로 불러 가로되 거룩하고 참되신 대주재여 땅에 거하는 자들을 심판하여 우리 피를 신원하여 주지 아니하시기를 어느 때까지 하시려나이까 하니 각각 저희에게 흰 두루마기를 주시며 가라사대 아직 잠시 동안 쉬되 저희 동무 종들과 형제들도 자기처럼 죽임을 받아 그 수가 차기까지 하라 하시더라"(계6:9-11)

"또 내가 보좌들을 보니 거기 앉은 자들이 있어 심판하는 권세를 받았더라 또 내가 보니 예수의 증거와 하나님의 말씀을 인하여 목 베임을 받은 자의 영혼들과 또 짐승과 그의 우상에게 경배하지도 아니하고 이마와 손에 그의 표를 받지도 아니한 자들이 살아서 그리스도로 더불어 천년 동안 왕노릇 하니"(계20:4)

그런데 놀라운 것은 이런 증인들이 모두 예수님과 함께 왕이 되어 천년왕국을 다스리는 것이다.

"새 노래를 노래하여 가로되 책을 가지시고 그 인봉을 떼기에 합당하시도다 일찍 죽임을 당하사 각 족속과 방언과 백성과 나라 가운데서 사람들을 피로 사서 하나님께 드리시고 저희로 우리 하나님 앞에서 나라와 제사장을 삼으셨으니 저희가 땅에서 왕노릇 하리로다 하더라"(계5:9-10)

사도 바울 역시 현재 당한 고난은 장차 받을 영광과 족히 비교할 수 없다고 하였다. 그러면서 모든 피조물들이 자유롭게 회복이 되기 위해서 하나님의 아들들이 영광의 자유에 이르러야 한다고 하였다. 즉 교회가 복음이 다 증거 되고 교회가 완성이 되면 하나님의 아들들이 영광을 얻고 그때 모든 피조물들도 자유롭게 되어 하나님의 아들들의 영광에 참예한다고 하였다. 이 나라가 천년왕국이다. 이때 성도들은 영광을 얻는 것이다.

예수님은 현재 제사장으로 하나님 우편에 앉으셔서 새 예루살렘 교회를 짓고 계신다. 지상의 교회는 제사장 되신 예수님의 몸으로 예수님의 증인으로 살고 있다. 날이 새롭게 되면 성도들의 고난은 영광으로 보상이 된다.

"자녀이면 또한 후사 곧 하나님의 후사요 그리스도와 함께한 후사니 우리가 그와 함께 영광을 받기 위하여 고난도 함께 받아야 될 것이니라 생각건대 현재의 고난은 장차 우리에게 나타날 영광과 족히 비교할 수 없도다 피조물의 고대하는 바는 하나님의 아들들의 나타나는 것이니 피조물이 허무한데 굴복하는 것은 자기 뜻이 아니요 오직 굴복케 하시는 이로 말미암음이라 그 바라는 것은 피조물도 썩어짐의 종노릇 한데서 해방되어 하나님의 자녀들의 영광의 자유에 이르는 것이니라 피조물이 다 이제까지 함께 탄식하며 함께 고통하는 것을 우리가 아나니 이뿐 아니라 또한 우리 곧 성령의 처음 익은 열매를 받은 우리까지도 속으로 탄식하여 양자 될것 곧 우리 몸의 구속을 기다리느니라"(롬8:17-23)

6) 제사장이란 누구인가?

(1) 첫 번째 제사장은 하나님 아버지이시다.

"이튿날 요한이 예수께서 자기에게 나아오심을 보고 가로되 보라 세상 죄를 지고 가는 하나님의 어린 양이로다"(요1:29)

제사장 되신 하나님께서 우리의 죄를 속죄하시기 위해 제물로 준비하신 분이 예수님이시다. 이것은 세례 요한이 증거 한 것이다. 예수님의 30년의 생애는 하나님 아버지께서 자신을 속죄 제물로 사용하기 위해 말씀하신 모든 말씀에 순종하셔서 아버지 하나님의 흠 없고 점 없는 제물로 준비되셨다.

제3장 기독교 생명 신학

　예수님께서 십자가에서 흠 없고 점 없는 속죄제물이 되실 때까지 예수님은 베들레헴에 태어나실 때부터 십자가에 돌아가실 때까지 고난으로 순종을 배워서 온전한 제물이 되셨다.
　"그는 육체에 계실 때에 자기를 죽음에서 능히 구원하실 이에게 심한 통곡과 눈물로 간구와 소원을 올렸고 그의 경외하심을 인하여 들으심을 얻었느니라 그가 아들이시라도 받으신 고난으로 순종함을 배워서 온전하게 되었은즉 자기를 순종하는 모든 자에게 영원한 구원의 근원이 되시고 하나님께 멜기세덱의 반차를 좇은 대제사장이라 칭하심을 받았느니라"(히5:7-10)
　히브리 기자는 예수님의 생애는 심한 통곡과 눈물로 간구와 소원을 올리셨다고 하였다. 그리고 아버지께 들으심을 얻었다고 하셨다. 그러면서 예수님은 고난을 통해서 순종을 배워서 온전하게 되셨다고 하였다. 예수님은 그냥 십자가에서 제물이 되신 것이 아니다. 30년 동안 아버지 말씀에 순종해서 온전하게 되신 후에 제물로 돌아가신 것이다. 예수님이 육체를 가지시고 30년을 사셨던 그 이유는 율법의 요구를 다 이루신 최초의 인간이 되시기 위함이셨다.
　"그러므로 이제 그리스도 예수 안에 있는 자에게는 결코 정죄함이 없나니 이는 그리스도 예수 안에 있는 생명의 성령의 법이 죄와 사망의 법에서 너를 해방하였음이라 율법이 육신으로 말미암아 연약하여 할 수 없는 그것을 하나님은 하시나니 곧 죄를 인하여 자기 아들을 죄 있는 육신의 모양으로 보내어 육신에 죄를 정하사 육신을 좇지 않고 그 영을 좇아 행하는 우리에게 율법의 요구를 이루어지게 하려 하심이니라"(롬8:1-4)
　예수님께서 우리를 죄와 사망의 법에서 해방하실 수 있었던 것은 예수님이 우리와 똑 같은 육체를 가지고 세상에 오셔서 우리 죄인이 할 수 없는 율법의 요구를 다 이루시고 돌아가셨기 때문이다. 이것이 예수님께서 30년을 사셨던 이유이다. 구약의 제사장은 30세가 되어야 사역을 시작할 수 있었다. 그러니까 예수님은 30년 동안 고난을 통해 순종을 배우셔서 온전한 제물이 되셨고 30세부터 제사장이 되셔서 자신을 생축으로 드리신 것이다.

구약에서 제사장들이 드리는 양이나 염소 같은 제물들은 흠과 티가 없어야 했다. 이와 같이 아버지께서 준비하신 제물 역시 흠과 티가 없어야 한다. 예수님은 베들레헴에서부터 십자가 골고다까지 사시면서 아버지께서 준비하신 흠없는 제물이 되셨다. 그래서 예수님은 십자가에서 돌아 가시기 전에 아들을 영화롭게 하셔서 아버지를 영화롭게 해 주시라고 기도를 하셨다.

"예수께서 이 말씀을 하시고 눈을 들어 하늘을 우러러 가라사대 아버지여 때가 이르렀사오니 아들을 영화롭게 하사 아들로 아버지를 영화롭게 하게 하옵소서 아버지께서 아들에게 주신 모든 자에게 영생을 주게 하시려고 만민을 다스리는 권세를 아들에게 주셨음이로소이다 영생은 곧 유일하신 참 하나님과 그의 보내신 자 예수 그리스도를 아는 것이니이다 아버지께서 내게 하라고 주신 일을 내가 이루어 아버지를 이 세상에서 영화롭게 하였사오니 아버지여 창세 전에 내가 아버지와 함께 가졌던 영화로써 지금도 아버지와 함께 나를 영화롭게 하옵소서"(요17:1-5)

예수님의 30년의 삶은 아버지의 흠 없고 점 없는 어린 양 제물로 준비된 기간이다. 이 기간 동안 예수님은 단 한 번도 자기의 뜻대로 살지 않고 아버지의 말씀에 순종하여 인간에게 요구한 모든 율법의 요구를 만족 시키시는 제물이 되셨다. 만일 예수님의 30년의 삶이 없으셨다면 지금도 예수님은 우리 안에서 우리를 도우실 수 없는 것이다. 그러나 육체를 가지시고 30년 동안 우리 인간이 당한 모든 시험과 고통을 다 당하시고 이기셨기 때문에 우리를 도우실 수 있는 것이다.

"그러므로 우리에게 큰 대제사장이 있으니 승천하신 자 곧 하나님 아들 예수시라 우리가 믿는 도리를 굳게 잡을찌어다 우리에게 있는 대제사장은 우리 연약함을 체휼하지 아니하는 자가 아니요 모든 일에 우리와 한결 같이 시험을 받은 자로되 죄는 없으시니라 그러므로 우리가 긍휼하심을 받고 때를 따라 돕는 은혜를 얻기 위하여 은혜의 보좌 앞에 담대히 나아갈 것이니라"(히4:14-16)

예수님은 30년 동안 육체 안에 사실 때 왜 심한 통곡과 눈물로 간구와 기도를 드리셨을까? 예수님은 겟세마네 동산에서 땀방울이 핏

방울이 되기까지 기도를 하셨다. 그 기도는 할 수만 있으면 죽음의 잔을 옮겨 달라는 것이었다. 그러나 내 뜻대로 마옵시고 아버지의 뜻대로 되기를 원하시고 결국은 십자가에 죽으셨다.

예수님은 제자들에게 계속해서 말씀 하셨다. 내가 하는 말은 내 말이 아니고 내가 하는 일도 내가 하는 일이 아니다. 내 아버지께서 내 안에서 하신 말씀이고 하신 일이다. 그러므로 나를 본 자는 아버지를 보았고 내 말을 듣는 자는 아버지의 말씀을 들은 것이라고 하셨다. 그것은 사실이었다. 아버지께서 아들을 제물로 사용하시기 위해 모든 율법의 요구를 이루시게 하시려고 아들에게 말씀 하셨고 아들 예수님은 아버지 말씀에 순종해서 사셔야 하기 때문에 항상 자기를 부인하고 죽어야 하는 고통을 당하셨다. 이것이 예수님께서 육체로 사실 때 통곡과 눈물로 간구와 소원을 올린 이유이다. 우리는 살기 위해 눈물과 통곡으로 기도 하지만 예수님은 날마다 자신을 죽이기 위해 통곡과 눈물로 기도를 하셨던 것이다. .

(2) 두 번째 제사장은 예수님이시다.

"이제 하는 말의 중요한 것은 이러한 대제사장이 우리에게 있는 것이라 그가 하늘에서 위엄의 보좌 우편에 앉으셨으니 성소와 참장막에 부리는 자라 이 장막은 주께서 베푸신 것이요 사람이 한 것이 아니니라"(히8:1-2)

"이 장막은 현재까지의 비유니 이에 의지하여 드리는 예물과 제사가 섬기는 자로 그 양심상으로 온전케 할 수 없나니 이런 것은 먹고 마시는 것과 여러가지 씻는 것과 함께 육체의 예법만 되어 개혁할 때까지 맡겨 둔 것이니라 그리스도께서 장래 좋은 일의 대제사장으로 오사 손으로 짓지 아니한 곧 이 창조에 속하지 아니한 더 크고 온전한 장막으로 말미암아 염소와 송아지의 피로 아니하고 오직 자기 피로 영원한 속죄를 이루사 단번에 성소에 들어 가셨느니라 염소와 황소의 피와 및 암송아지의 재로 부정한 자에게 뿌려 그 육체를 정결케 하여 거룩케 하거든 하물며 영원하신 성령으로 말미암아 흠 없는 자기를 하나님께 드린 그리스도의 피가 어찌 너희 양심으로 죽은 행실에서 깨끗하게 하고 살아계신 하나님을 섬기게 못하겠느뇨 이를 인하여 그는 새 언약의 중보니 이는 첫 언약 때에 범한 죄를 속하려고 죽으사 부르심을 입은 자로 하여금 영원한 기업의 약속을 얻게 하려 하심이니라"(히9:9-15)

"우리 주께서 유다로 좇아 나신 것이 분명하도다 이 지파에는 모세가 제사장들에 관하여 말한 것이 하나도 없고 멜기세덱과 같은 별다른 한 제사장이 일어난 것을 보니 더욱 분명하도다 그는 육체에 상관된 계명의 법을 좇지 아니하고 오직 무궁한 생명의 능력을 좇아 된 것이니 증거하기를 네가 영원히 멜기세덱의 반차를 좇는 제사장이라 하였도다"(히7:14-17)

예수님의 3년의 공생애는 제사장으로 사셨다. 자기 몸을 생축으로 드리시고 땅에 있는 성소에 들어가시지 않으시고 하늘에 있는 영원한 성소에 들어가셔서 영원한 제사를 드리시고 하나님 우편에서 대제사장의 직분을 감당하시고 계신다.

(3) 세 번째 제사장은 구원 받은 성도들이다

"또 충성된 증인으로 죽은 자들 가운데서 먼저 나시고 땅의 임금들의 머리가 되신 예수 그리스도로 말미암아 은혜와 평강이 너희에게 있기를 원하노라 우리를 사랑하사 그의 피로 우리 죄에서 우리를 해방하시고 그 아버지 하나님을 위하여 우리를 나라와 제사장으로 삼으신 그에게 영광과 능력이 세세토록 있기를 원하노라 아멘"(계1:5-6)

"새 노래를 노래하여 가로되 책을 가지시고 그 인봉을 떼기에 합당하시도다 일찍 죽임을 당하사 각 족속과 방언과 백성과 나라 가운데서 사람들을 피로 사서 하나님께 드리시고 저희로 우리 하나님 앞에서 나라와 제사장을 삼으셨으니 저희가 땅에서 왕노릇하리로다 하더라"(계5:9-10)

구약에서는 하나님께서 이스라엘을 제사장 나라로 세우셨다. 그 이유는 그들을 통해서 천하 만민을 구원하시기 위함이다. 그 사람들이 바로 아브라함의 자손들이다.

"여호와께서 아브람에게 이르시되 너는 너의 본토 친척 아비 집을 떠나 내가 네게 지시할 땅으로 가라 내가 너로 큰 민족을 이루고 네게 복을 주어 네 이름을 창대케 하리니 너는 복의 근원이 될찌라 너를 축복하는 자에게는 내가 복을 내리고 너를 저주하는 자에게는 내가 저주하리니 땅의 모든 족속이 너를 인하여 복을 얻을 것이니라 하신지라"(창12:1-3)

"세계가 다 내게 속하였나니 너희가 내 말을 잘 듣고 내 언약을 지키면 너희는 열국 중에서 내 소유가 되겠고 너희가 내게 대하여 제사장 나라가 되며 거룩한 백성이 되리라 너는 이 말을 이스라엘 자손에게 고할찌니라"(출19:5-6)

아브라함의 자손들은 모세를 통해서 제사장 나라가 되었다. 소유된 백성이 되었다. 거룩한 백성이 되었다. 제사장 나라는 성부 하나님의 백성이다. 소유된 백성은 성자 예수님의 신부이다. 거룩한 백성은 성령 하나님의 성전이다. 다시 말해서 성부 하나님의 제사장 나라가 되기 위해서는 성자 예수님의 몸이 되고 성령 하나님의 전이 되어야 하는 것이다.

"오직 너희는 택하신 족속이요 왕 같은 제사장들이요 거룩한 나라요 그의 소유된 백성이니 이는 너희를 어두운데서 불러 내어 그의 기이한 빛에 들어가게 하신 자의 아름다운 덕을 선전하게 하려 하심이라"(벧전2:9)

신약의 제사장 나라는 교회이다. 교회가 성부 하나님의 제사장 나라가 되려면 역시 예수님의 소유된 백성으로 신부가 되어야 하고 성령 하나님의 거룩한 성전이 되어야 한다. 역시 신약의 교회를 제사장 나라로 세우신 목적도 제사장 나라인 교회를 통해서 세상을 구원하시려는 것이다.

왜 구원 받은 성도가 제사장인가? 성령으로 거듭난 성도의 몸은 거룩한 성령의 전이다. 제사장은 성전에서 제사를 드리는 사람이다. 그래서 성도들은 마음 성전 안에서 예수님을 섬기는 제사장이 된 것이다. 세상 사람들은 세상에서 물질을 얻기 위해 살지만 구원 받은 성도는 세상에서 주님을 섬기기 위해서 산다. 똑같은 세상에서 다른 삶을 살고 있는 것이다.

"너희가 하나님의 성전인 것과 하나님의 성령이 너희 안에 거하시는 것을 알지 못하느뇨 누구든지 하나님의 성전을 더럽히면 하나님이 그 사람을 멸하시리라 하나님의 성전은 거룩하니 너희도 그러하니라"(고전3:16-17)

7) 제사장이 하는 일은 무엇인가?

(1) 자신을 먼저 제물로 드린다

"너희도 산 돌 같이 신령한 집으로 세워지고 예수 그리스도로 말미암아 하나님이 기쁘게 받으실 신령한 제사를 드릴 거룩한 제사장이 될찌니라"(벧전2:5)

"그러므로 형제들아 내가 하나님의 모든 자비하심으로 너희를 권하노니 너희 몸을 하나님이 기뻐하시는 거룩한 산 제사로 드리라 이는 너희의 드릴 영적 예배니라"(롬12:1)

"애매히 고난을 받아도 하나님을 생각함으로 슬픔을 참으면 이는 아름다우나 죄가 있어 매를 맞고 참으면 무슨 칭찬이 있으리요 오직 선을 행함으로 고난을 받고 참으면 이는 하나님 앞에 아름다우니라 이를 위하여 너희가 부르심을 입었으니 그리스도도 너희를 위하여 고난을 받으사 너희에게 본을 끼쳐 그 자취를 따라 오게 하려 하셨느니라"(벧전2:19-21)

구약 제사장이 하는 일은 제물을 준비하여 이스라엘 백성과 하나님 사이를 화목시키는 일을 했다. 신약의 제사장인 성도들은 자신의 몸으로 신령한 제사를 드려야 한다. 신령한 제사란 무엇인가? 예수님께서 자기의 몸을 십자가에서 희생하시고 우리를 구하셨던 것처럼 우리도 자신을 희생하여 영혼을 구하는 일을 신령한 제사라고 하였다. 로마서 12장에서는 산제사라고 하였다. 즉 성도는 이 세상에서 순교라는 살아있는 제사를 통해서 하나님과 죄인 사이를 화목하게 하는 일을 해야 하는 것이다.

베드로 전서 2장에서는 구체적으로 선을 행하고 고난을 받으라고 하였다. 예수님의 삶을 따라서 살라고 하였다. 로마서 12장에서는 산 제사를 선으로 악을 이기는 것이라 하였다. 원수를 사랑하고 핍박하는 자를 위해 기도하라고 하셨다. 원수가 주리거든 먹이고 목마르거든 마시게 하라고 하셨다. 악에게 지지 말고 선으로 악을 이기라고 하셨다. 이것이 거룩한 산제사이다. 제사장이 이렇게 살기 위해서는 날마다 죽어야 한다. 그래서 예수님이 나타나셔야 한다. 사도 바울은 예수님의 생명이 나타나기 위해 자신의 몸을 날마다 죽음에 넘겨주었다.

(2) 나실인으로 거룩하게 구별된 생활을 해야 한다

구약에서 제사장인 레위 지파는 기업이 없었다. 왜냐하면 하나님께서 기업이 되시기 때문이다. 이렇게 하신 이유는 하나님께서 나실인으로 구별하셨기 때문이다. 신약의 교회 역시 기업이 없다. 왜냐하면 예수님께서 주와 그리스도가 되었기 때문이다. 신약의 교회 역시 나실인이다. 예수님이 기업이시다. 예수님께서 먹이고 입히고 살 수 있게 하시는 것이다. 나실인은 오직 나실인으로 불러 주신 예수님을 위해서만 살아야 한다. 그래서 나실인은 세상과 구별되어야 한다. 이것이 거룩함이다. 세상에서 살고 있지만 세상에 속한 사람들이 아니다. 제사장의 첫 번째 조건이 세상과 구별되어야 한다. 하나님께서 피로 값을 주고 교회를 나실인으로 사셨다. 그러므로 나실인은 자기 이름이 없는 것이다.

"그런즉 이스라엘 온 집이 정녕 알찌니 너희가 십자가에 못 박은 이 예수를 하나님이 주와 그리스도가 되게 하셨느니라 하니라"(행2:36)

"그리스도의 말씀이 너희 속에 풍성히 거하여 모든 지혜로 피차 가르치며 권면하고 시와 찬미와 신령한 노래를 부르며 마음에 감사함으로 하나님을 찬양하고 또 무엇을 하든지 말에나 일에나 다 주 예수의 이름으로 하고 그를 힘입어 하나님 아버지께 감사하라"(골3:16-17)

제사장 나라는 무엇을 하든지 말에나 일에나 다 주 예수 그리스도 이름으로 해야 한다. 왜냐하면 예수님께서 주인이시기 때문이다. 초대 예루살렘 교회 성도들은 성령이 임하고 나서 모든 재산을 팔아 사도들 발 앞에 두었다. 사도들은 그 재산을 필요에 따라서 나눠 주어 핍절한자가 없었다. 초대 예루살렘 교회 성도들은 아무도 재물을 자기 것이라고 하지 않았다. 왜냐하면 성령이 임하고 나서 그들은 자신의 모든 재산과 몸이 예수님의 것임을 알았기 때문이다. 이것이 성령의 역사이다. 제사장 지파가 기업이 없다는 말은 소유권이 없다는 말이다.

나실인은 세상에서 먹고 살기 위해서 직업을 가질 수 없다. 오직 부르신 하나님을 위해서만 목숨 바쳐 봉사하고 살아야 한다. 나실인의 의식주는 하나님께서 책임 지신다. 그래서 예수님의 제자가 되려면 모든 재물을 버려야 했던 것이다.

"한 사람이 두 주인을 섬기지 못할 것이니 혹 이를 미워하며 저를 사랑하거나 혹 이를 중히 여기며 저를 경히 여김이라 너희가 하나님과 재물을 겸하여 섬기지 못하느니라 그러므로 내가 너희에게 이르노니 목숨을 위하여 무엇을 먹을까 무엇을 마실까 몸을 위하여 무엇을 입을까 염려하지 말라 목숨이 음식보다 중하지 아니하며 몸이 의복보다 중하지 아니하냐 공중의 새를 보라 심지도 않고 거두지도 않고 창고에 모아 들이지도 아니하되 너희 천부께서 기르시나니 너희는 이것들보다 귀하지 아니하냐 너희 중에 누가 염려함으로 그 키를 한 자나 더할 수 있느냐 또 너희가 어찌 의복을 위하여 염려하느냐 들의 백합화가 어떻게 자라는가 생각하여 보라 수고도 아니하고 길쌈도 아니하느니라 그러나 내가 너희에게 말하노니 솔로몬의 모든 영광으로도 입은 것이 이 꽃 하나만 같지 못하였느니라 오늘 있다가 내일 아궁이에 던지우는 들풀도 하나님이 이렇게 입히시거든 하물며 너희일까보냐 믿음이 적은 자들아 그러므로 염려하여 이르기를 무엇을 먹을까 무엇을 마실까 무엇을 입을까 하지 말라 이는 다 이방인들이 구하는 것이라 너희 천부께서 이 모든 것이 너희에게 있어야 할 줄을 아시느니라 너희는 먼저 그의 나라와 그의 의를 구하라 그리하면 이 모든 것을 너희에게 더하시리라 그러므로 내일 일을 위하여 염려하지 말라 내일 일은 내일 염려할 것이요 한 날 괴로움은 그 날에 족하니라"(마 6:24-34)

(3) 하나님의 나라와 의를 구해야 한다

제사장이 하는 일은 하나님의 나라와 의를 구하는 것이다. 하나님의 나라와 의를 구한다는 것은 하나님의 나라를 세우는 일만 해야 하는 것이다. 제사장은 어떻게 하나님의 나라를 세울 수 있을까? 아침부터 저녁까지 속죄 제사를 드리는 것이다. 일 년 열 두달 백성들의 죄를 속죄하기 위해 가르치고 제물을 바쳐서 제사를 드려야 한다. 이것이 5대 제사이다.

예수님은 제자들에게 두 주인을 섬길 수 없다고 하시면서 하나님과 물질을 겸하여 섬길 수 없다고 하셨다. 제자들에게 무엇을 먹을까 무엇을 마실까 염려하지 말라고 하셨다. 하늘의 새들도 먹여 주시고 들의 백합화도 하나님께서 키우신다고 하셨다. 무엇을 먹고 마실까를 걱정하는 사람은 이방인이라고 하셨다. 하나님의 자녀들은 모든 것이 있어야 할 것을 아신다고 하셨다. 그러면서 먼저 그의 나라와 의를 구하라고 하셨다. 그러면 이 모든 것을 더하시겠다고 약속하셨다.

그렇다면 그의 나라와 의를 구하는 것은 무엇인가? 하나님의 말씀대로 사는 것이다. 예수님께서 아버지께서 하라고 하신 일들을 항상 행하시므로 아버지께서는 예수님을 홀로 두시지 아니하시고 항상 함께 하셨다.

"나를 보내신 이가 나와 함께 하시도다 나는 항상 그가 기뻐하시는 일을 행하므로 나를 혼자 두지 아니하셨느니라"(요8:29)

지상에서 사는 예수님의 몸된 제사장들은 무슨 일이든지 예수 이름으로 해야 한다. 왜냐하면 예수님께서 피로 값주고 사셔서 제사장 나라로 세우셨기 때문이다.

"너희 몸은 너희가 하나님께로부터 받은바 너희 가운데 계신 성령의 전인 줄을 알지 못하느냐 너희는 너희의 것이 아니라 값으로 산

것이 되었으니 그런즉 너희 몸으로 하나님께 영광을 돌리라"(고전 6:19-20)

(4) 대제사장 되신 예수님의 몸으로 살아야 한다

구약에는 대제사장이 있고 제사장들이 있었다. 대제사장은 일 년에 한 번 지성소에 들어가서 이스라엘 백성 전체를 위해 제사를 드렸다. 제사장들은 성소에서 제사 드리는 일을 했다. 일곱 등불을 관리했다. 떡 상을 매일 진설했다. 향로에 불이 꺼지지 않게 관리하면서 아침 저녁으로 불을 피웠다. 신약의 대제사장은 예수님이시다. 그리고 교회는 그의 몸으로 제사장이다. 대제사장 되신 예수님은 하나님의 보좌 우편에서 사역을 하신다. 신약의 교회는 예수님의 몸으로 세상에서 사역을 한다. 그래서 제사장들인 교회는 예수님께서 사셨던 것처럼 사는 것이다. 예수님은 날마다 자기 안에서 일하시는 아버지께 자신의 몸을 드리셨다. 이렇게 하시기 위해 날마다 통곡과 눈물로 간구와 소원을 올려 드렸다. 우리는 고난을 당하지 않게 해달라고 기도를 한다. 그러나 예수님은 아버지의 말씀에 순종하기 위해서 기도를 하셨다. 예수님은 날마다 내 원대로 마옵시고 아버지의 뜻대로 되기를 원하는 기도를 하셨다. 그래서 날마다 죽어지는 고통을 당하신 것이다. 이것이 예수님의 통곡과 눈물의 기도이다.

"모든 정사와 권세와 능력과 주관하는 자와 이 세상뿐 아니라 오는 세상에 일컫는 모든 이름 위에 뛰어나게 하시고 또 만물을 그 발 아래 복종하게 하시고 그를 만물 위에 교회의 머리로 주셨느니라"(엡1:21-22)

은혜시대에는 예수님께서 하나님 보좌 우편에서 대제사장 직분을 감당하시고 계신다. 그리고 세상에서는 예수님의 몸인 교회가 제사장으로 살아간다. 성령께서 지상에 있는 구원 받은 성도들이 제사장으로 살아갈 수 있도록 말씀을 깨우쳐 주시고 가르쳐 주시고 생각나게 하시고 보호해 주신다. 그리고 장래 일을 알게 해주신 것이다.

(5) 마음의 성전에서 거룩한 제사를 드려야 한다

"너희가 하나님의 성전인 것과 하나님의 성령이 너희 안에 거하시는 것을 알지 못하느뇨 누구든지 하나님의 성전을 더럽히면 하나님이 그 사람을 멸하시리라 하나님의 성전은 거룩하니 너희도 그러하니라"(고전3:16-17)

구약의 제사장은 건물 성전에서 제사를 드렸다. 그러나 신약의 제사장들은 마음의 성전에서 제사를 드린다 왜냐하면 성령이 마음에 계시기 때문이다. 그래서 마음 성전은 항상 거룩해야 하는 것이다.

"종들아 모든 일에 육신의 상전들에게 순종하되 사람을 기쁘게 하는 자와 같이 눈가림만 하지 말고 오직 주를 두려워하여 성실한 마음으로 하라 무슨 일을 하든지 마음을 다하여 주께 하듯하고 사람에게 하듯하지 말라 이는 유업의 상을 주께 받을줄 앎이니 너희는 주 그리스도를 섬기느니라 불의를 행하는 자는 불의의 보응을 받으리니 주는 외모로 사람을 취하심이 없느니라"(골3:22-25)

성도들의 일상생활이 주님을 섬기는 예배이어야 한다. 그렇다면 그 예배가 어디에서 드려져야 하는가? 성도들의 마음에서 이루어져야 한다. 그것이 무슨 일을 하든지 사람의 눈가림만 하는 것이 아니라 주를 두려워하여 성실한 마음으로 하는 것이다. 제사장이 마음속에서 드려지는 거룩한 제사가 제사장들의 삶의 현장에서 나타나는 것이 성실한 삶이다. 세상 사람들은 제사장들이 드리는 제사를 알지 못한다. 그러나 성도들의 제사는 마음속에서 이루어진다. 그래서 성도들은 유업의 상을 예수님께 받는 것이다. 왜냐하면 마음속에 계신 예수님을 섬겼기 때문이다.

"그러므로 형제들아 내가 하나님의 모든 자비하심으로 너희를 권하노니 너희 몸을 하나님이 기뻐하시는 거룩한 산 제사로 드리라 이는 너희의 드릴 영적 예배니라 너희는 이 세대를 본받지 말고 오직 마음을 새롭게 함으로 변화를 받아 하나님의 선하시고 기뻐하시고 온전하신 뜻이 무엇인지 분별하도록 하라"(롬12:1-2)

산제사란 죽은 제사와 비교가 된다. 구약의 제물은 모두 살아 있는 제물이었다. 죽은 제물은 사용할 수 없었다. 신약에서도 제사장들이 드린 제사가 산제사이다. 그것은 살아있는 자신의 몸을 드리는 것이다. 신약의 제사의 원리는 건물 안에서 드리는 것이 아니라 성도들의 마음에서 드려져야 한다. 그래서 성도들이 살고 있는 삶의 현장이 곧 예배를 드리는 장소가 되는 것이다. 그래서 성도는 어디에서 무엇을 하든지 사람에게 하듯 하면 안되고 예수님께 하듯이 마음을 다하여 살아야 한다. 이것이 기독교 생명신학이다. 내 안에서 신령한 제사가 이루어지지 않으면 그 제사는 죽은 제사이다.

(6) 하늘의 성소에서 사역하신 예수님의 동역자로서 복음을 전한다

구약의 제사장들과 신약의 제사장들이 하는 동일한 사역은 복음을 전하는 것이다. 구약에서 제사장들은 짐승의 피를 흘려 속죄 사역을 했다. 그러나 신약의 제사장들은 예수님처럼 자기의 피를 흘려 속죄 사역을 한다. 이것이 순교자로서 예수 그리스도의 증인 되는 것이다. 그리스도인이 예수님이 당하신 고난을 당하지 않고는 절대로 참 복음을 전할 수 없다. 그래서 짝퉁 기독교 번영 신학이 전하는 고난이 없는 예수 복음은 가짜 예수이다. 전하는 자도 가짜이고 받아 들이는 사람도 역시 가짜이다. 가짜 신자로 가득하게 해서 이룬 세계복음화 역시 가짜이다. 사단은 이렇게 해서 세운 기독교 제국주의를 사용하여 적그리스도를 등장시켜 배도를 한다. 이것이 종교통합 배도의 신학이다.

"나 요한은 너희 형제요 예수의 환난과 나라와 참음에 동참하는 자라 하나님의 말씀과 예수의 증거를 인하여 밧모라 하는 섬에 있었더니"(계1:9)

사도 요한은 예수의 환난과 나라와 참음에 동참하는 자라고 자신을 소개한다. 이 말의 의미는 예수님의 나라에서 환난과 고난과 참음이 끝나지 않고 계속되고 있음을 의미한다. 사도 요한은 자신이 이런 고난과 환난에 동참하는 것을 영광스럽게 생각하고 있다. 그러면서 요한 계시록의 주제를 예수의 환난과 참음에 동참하는 제사장 나라라고 정의를 하고 있다.

제사장들이 하는 일은 예수 그리스도의 고난에 동참하는 것이다.

"내가 이제 너희를 위하여 받는 괴로움을 기뻐하고 그리스도의 남은 고난을 그의 몸된 교회를 위하여 내 육체에 채우노라 내가 교회 일군 된 것은 하나님이 너희를 위하여 내게 주신 경륜을 따라 하나님의 말씀을 이루려 함이니라 이 비밀은 만세와 만대로부터 옴으로 감취었던 것인데 이제는 그의 성도들에게 나타났고 하나님이 그들로 하여금 이 비밀의 영광이 이방인 가운데 어떻게 풍성한 것을 알게 하려하심이라 이 비밀은 너희 안에 계신 그리스도시니 곧 영광의 소망이니라 우리가 그를 전파하여 각 사람을 권하고 모든 지혜로 각 사람을 가르침은 각 사람을 그리스도 안에서 완전한 자로 세우려 함이니 이를 위하여 나도 내 속에서 능력으로 역사하시는 이의 역사를 따라 힘을 다하여 수고하노라"(골1:24-29)

사도 바울 역시 그리스도의 남은 고난을 언급하고 있다. 사도 바울이 말한 예수님의 남은 고난은 그의 몸된 교회를 위해 받은 고난이다. 그래서 사도 바울은 교회가 받고 있는 고난이 하늘에서 교회를 세우시고 계신 예수님의 고난이기 때문에 대신 자기 육체에 채운다고 하였다. 놀라운 고백이다. 그렇다면 지금 하늘에서 예수님은 어떤 고난을 당하시면서 교회를 세워가기를 원하시는가? 한 사람 한 사람이 그리스도 안에서 완전하게 세워져 가는 것이다. 이를 위해서 능력으로 역사를 하고 계신다.

예수님은 지금 세상에 있는 성소에 계시지 않고 하늘의 성소에서 사역을 하신다. 십자가에서 돌아가신 후 승천하사 성소에 들어가셔서 영원한 제사를 드리셨다. 그리고 지금도 세상에서 세워져 가는 교회 안에서 구원 받은 성도들과 함께 속죄사역을 계속 하시는 가운데 십자가의 고난은 계속되는 것이다.

"그리스도께서 장래 좋은 일의 대제사장으로 오사 손으로 짓지 아니한 곧 이 창조에 속하지 아니한 더 크고 온전한 장막으로 말미암아 염소와 송아지의 피로 아니하고 오직 자기 피로 영원한 속죄를 이루사 단번에 성소에 들어 가셨느니라 염소와 황소의 피와 및 암송아지의 재로 부정한 자에게 뿌려 그 육체를 정결케 하여 거룩케 하거든 하물며 영원하신 성령으로 말미암아 흠 없는 자기를 하나님께 드린 그리스도의 피가 어찌 너희 양심으로 죽은 행실에서 깨끗하게 하고 살아계신 하나님을 섬기게 못하겠느뇨 이를 인하여 그는 새 언약의 중보니 이는 첫 언약 때에 범한 죄를 속하려고 죽으사 부르심을 입은 자로 하여금 영원한 기업의 약속을 얻게 하려 하심이니라"(히 9:11-15)

예수님께서 단번에 들어가셔서 영원한 속죄를 이루는 장소가 하늘의 성소이다. 구약의 제사장들은 짐승의 피를 흘려 육체를 정결하게 했지만 예수님은 자기 피를 흘려 우리의 양심을 깨끗하게 거듭나게 하셔서 하나님을 섬길 수 있게 하셨다. 즉 하나님의 아들들이 되게 하사 영원한 하나님 아버지의 나라의 유업의 약속을 얻게 하신 것이다.

"그러므로 하늘에 있는 것들의 모형은 이런 것들로써 정결케 할 필요가 있었으나 하늘에 있는 그것들은 이런 것들보다 더 좋은 제물로 할찌니라 그리스도께서는 참 것의 그림자인 손으로 만든 성소에 들어가지 아니하시고 오직 참 하늘에 들어가사 이제 우리를 위하여 하나님 앞에 나타나시고 대제사장이 해마다 다른 것의 피로써 성소에 들어가는 것 같이 자주 자기를 드리려고 아니하실찌니 그리하면 그가 세상을 창조할 때부터 자주 고난을 받았어야 할 것이로되 이제 자기를 단번에 제사로 드려 죄를 없게 하시려고 세상 끝에 나타나셨느니라 한번 죽는 것은 사람에게 정하신 것이요 그 후에는 심판이 있으리니 이와 같이 그리스도도 많은 사람의 죄를 담당하시려고 단번에 드리신바 되셨고 구원에 이르게 하기 위하여 죄와 상관 없이 자기를 바라는 자들에게 두 번째 나타나시리라"(히9:23-28)

예수님은 세상에 오셔서 십자가에서 죽으시고 부활하사 승천하여 지금은 하늘의 지성소에서 대제사장의 직분을 감당하신다. 그리고 세상에서 예수님의 몸된 교회가 완성이 되면 대제사장의 사역을 끝내시고 만왕의 왕으로 다시 오신다. 이것이 두 번째 오시는 예수님의 재림이다. 그때 예수님이 오셔서 교회를 핍박한 원수들을 멸하고 아름답게 단장한 예수님의 신부와 결혼을 하고 천년왕국을 다스리는 것이다. 이것이 호세아 선지자가 예언한 장가오신 여호와이다.

"그 날에는 내가 저희를 위하여 들짐승과 공중의 새와 땅의 곤충으로 더불어 언약을 세우며 또 이 땅에서 활과 칼을 꺾어 전쟁을 없이 하고 저희로 평안히 눕게 하리라 내가 네게 장가들어 영원히 살되 의와 공변됨과 은총과 긍휼히 여김으로 네게 장가들며 진실함으로 네게 장가들리니 네가 여호와를 알리라 여호와께서 가라사대 그 날에 내가 응하리라 나는 하늘에 응하고 하늘은 땅에 응하고 땅은 곡식과 포도주와 기름에 응하고 또 이것들은 이스르엘에 응하리라 내가 나를 위하여 저를 이 땅에 심고 긍휼히 여김을 받지 못하였던 자를 긍휼히 여기며 내 백성 아니었던 자에게 향하여 이르기를 너는 내 백성이라 하리니 저희는 이르기를 주는 내 하나님이시라 하리라"(호2:18-23)

호세아 선지자는 바벨론 포로에서 유다가 돌아올 때를 여호와가 예루살렘 신부에게 장가오시는 것으로 예언을 했다. 예루살렘은 더 이상 전쟁이 없고 낙원이 된다. 예루살렘 뿐 아니라 그날에는 여호와는 하늘에 응하고 하늘은 땅에 응하고 땅은 곡식과 포도주와 기름에 응하고 이것들은 이스르엘에 응한다. 예루살렘을 중심으로 온 우주가 통일이 된다. 예수님께서 재림하셔서 세우실 천년왕국이다.

지금도 복음이 땅 끝까지 증거 되면서 예수님의 신부들은 아름답게 지어져 가고 있다. 이런 일들이 지상에서 이루어질 수 있는 것은 하늘의 지성소에서 대제사장이신 예수님이 고난의 사역을 하시고 계시기 때문이다. 그래서 세상에서 신령한 제사가 이루어지고 있는 성도들의 몸은 하늘에 예수님께서 계신 지성소의 지점인 것이다. 본점과 지점은 장소와 위치적인 면에서 떨어져 있지만 성령으로 새롭게 거듭난 성도들의 몸 안에서는 예수님의 한 몸의 지체로 연결되어 있다. 그래서 지상 성도들은 자기 마음대로 살아가면 안되는 것이다. 내 안에 있는 성소의 보좌에 예수님을 모시고 머리되신 예수님의 말씀대로 사는 것이 증인이 되는 것 곧 복음을 전하는 제사장이 되는 것이다. 이것을 신령한 제사라고 한다. 예배는 건물 안에서 드리는 것이 아니다. 내 마음에서 드려져야 한다. 건물에서 드리는 예배는 물질을 드리지만 내 몸 안에서 드려지는 예배는 삶의 현장에서 향기로운 냄새로 생명을 드리는 것이다.

"종들아 모든 일에 육신의 상전들에게 순종하되 사람을 기쁘게 하는 자와 같이 눈가림만 하지 말고 오직 주를 두려워하여 성실한 마음으로 하라 무슨 일을 하든지 마음을 다하여 주께 하듯하고 사람에게 하듯하지 말라 이는 유업의 상을 주께 받을줄 앎이니 너희는 주 그리스도를 섬기느니라 불의를 행하는 자는 불의의 보응을 받으리니 주는 외모로 사람을 취하심이 없느니라"(골3:22-25)

"그러므로 나의 사랑하는 자들아 너희가 나 있을 때 뿐아니라 더욱 지금 나 없을 때에도 항상 복종하여 두렵고 떨림으로 너희 구원을 이루라 너희 안에서 행하시는 이는 하나님이시니 자기의 기쁘신 뜻을 위하여 너희로 소원을 두고 행하게 하시나니 모든 일을 원망과 시비가 없이 하라 이는 너희가 흠이 없고 순전하여 어그러지고 거스리는 세대 가운데서 하나님의 흠 없는 자녀로 세상에서 그들 가운데 빛들로 나타내며 생명의 말씀을 밝혀 나의 달음질도 헛되지 아니하고 수고도 헛되지 아니함으로 그리스도의 날에 나로 자랑할 것이 있게 하려 함이라"(빌2:12-16)

"종말로 형제들아 무엇에든지 참되며 무엇에든지 경건하며 무엇에든지 옳으며 무엇에든지 정결하며 무엇에든지 사랑할만하며 무엇에든지 칭찬할만하며 무슨 덕이 있든지 무슨 기림이 있든지 이것들을 생각하라 너희는 내게 배우고 받고 듣고 본 바를 행하라 그리하면 평강의 하나님이 너희와 함께 계시리라"(빌4:8-9)

8) 제사장 나라가 받을 상은 무엇인가?

(1) 12보석으로 단장한 신부가 된다

예수님의 신부들이 빛나고 깨끗한 세미포 옷을 입고 혼인잔치가 준비되었다. 그런데 신부들이 입고 있는 빛나고 깨끗한 세마포 옷은 성도들의 옳은 행실이라고 하셨다.

"우리가 즐거워하고 크게 기뻐하여 그에게 영광을 돌리세 어린 양의 혼인 기약이 이르렀고 그 아내가 예비하였으니 그에게 허락하사

빛나고 깨끗한 세마포를 입게 하셨은즉 이 세마포는 성도들의 옳은 행실이로다 하더라"(계19:7-8)

요한 계시록 21장에 12보석으로 단장한 신부인 새 예루살렘의 모습을 천사가 보여준다. 신부인 교회가 신랑 되신 예수님과 결혼식을 준비하고 있다. 이렇게 아름다운 신부 단장은 모두가 예수님처럼 제사장 나라로 사는 성도들의 모습이다. 정금, 진주, 귀한 보석, 벽옥, 남보석, 옥수, 녹보석, 홍마노, 홍보석, 황옥, 녹옥, 담황옥, 비취옥, 청옥, 자정이다.

"일곱 대접을 가지고 마지막 일곱 재앙을 담은 일곱 천사중 하나가 나아와서 내게 말하여 가로되 이리 오라 내가 신부 곧 어린 양의 아내를 네게 보이리라 하고 성령으로 나를 데리고 크고 높은 산으로 올라가 하나님께로부터 하늘에서 내려오는 거룩한 성 예루살렘을 보이니 하나님의 영광이 있으매 그 성의 빛이 지극히 귀한 보석 같고 벽옥과 수정 같이 맑더라크고 높은 성곽이 있고 열 두 문이 있는데 문에 열 두 천사가 있고 그 문들 위에 이름을 썼으니 이스라엘 자손 열 두 지파의 이름들이라 동편에 세 문, 북편에 세 문, 남편에 세 문, 서편에 세 문이니 그 성에 성곽은 열 두 기초석이 있고 그 위에 어린 양의 십이 사도의 열 두 이름이 있더라 내게 말하는 자가 그 성과 그 문들과 성곽을 척량하려고 금 갈대를 가졌더라 그 성은 네모가 반듯하여 장광이 같은지라 그 갈대로 그 성을 척량하니 일만 이천 스다디온이요 장과 광과 고가 같더라 그 성곽을 척량하매 일백 사십 사 규빗이니 사람의 척량 곧 천사의 척량이라 그 성곽은 벽옥으로 쌓였고 그 성은 정금인데 맑은 유리 같더라 그 성의 성곽의 기초석은 각색 보석으로 꾸몄는데 첫째 기초석은 벽옥이요 둘째는 남보석이요 세째는 옥수요 네째는 녹보석이요 다섯째는 홍마노요 여섯째는 홍보석이요 일곱째는 황옥이요 여덟째는 녹옥이요 아홉째는 담황옥이요 열째는 비취옥이요 열 한째는 청옥이요 열 둘째는 자정이라 그 열 두 문은 열 두 진주니 문마다 한 진주요 성의 길은 맑은 유리 같은 정금이더라"(계21:9-21)

제사장 나라는 성령이 마가의 다락방에 강림하실때부터 복음이 땅

끝까지 증거 되고 예수님이 재림하실 때까지 세상에서 예수님의 몸 된 신부가 되어 예수님의 말씀에 순종해서 예수님을 섬기는 것이다. 또 예수님은 성도들이 예수님을 섬기는 것을 가지고 성도들이 살 수 있는 집을 지어 주신다. 이 집이 새 예루살렘이다. 성도들이 세상에서 예수님을 사랑하므로 희생하여 섬기는 것만큼 그것을 재료로 삼아서 아름다운 집을 지어주신다. 이것이 아름다운 신부로 단장된 새 예루살렘인 것이다. 구원 받은 성도들이 세상에서 마음대로 살면 나무나 풀로 집을 지은 것 같아 모두 타버리지만 예수님의 말씀에 순종해서 살면 금이나 은과 같은 타지 않는 보석으로 집을 지은 것 같아서 불의 심판을 이기고 예수님의 신부로 단장할 수 있는 것이다.

"내게 주신 하나님의 은혜를 따라 내가 지혜로운 건축자와 같이 터를 닦아 두매 다른이가 그 위에 세우나 그러나 각각 어떻게 그 위에 세우기를 조심할찌니라 이 닦아 둔것 외에 능히 다른 터를 닦아 둘 자가 없으니 이 터는 곧 예수 그리스도라 만일 누구든지 금이나 은이나 보석이나 나무나 풀이나 짚으로 이 터 위에 세우면 각각 공력이 나타날 터인데 그 날이 공력을 밝히리니 이는 불로 나타내고 그 불이 각 사람의 공력이 어떠한 것을 시험할 것임이니라 만일 누구든지 그 위에 세운 공력이 그대로 있으면 상을 받고 누구든지 공력이 불타면 해를 받으리니 그러나 자기는 구원을 얻되 불 가운데서 얻은 것 같으리라 너희가 하나님의 성전인 것과 하나님의 성령이 너희 안에 거하시는 것을 알지 못하느뇨 누구든지 하나님의 성전을 더럽히면 하나님이 그 사람을 멸하시리라 하나님의 성전은 거룩하니 너희도 그러하니라"(고전3:10-17)

"종들아 모든 일에 육신의 상전들에게 순종하되 사람을 기쁘게 하는 자와 같이 눈가림만 하지 말고 오직 주를 두려워하여 성실한 마음으로 하라 무슨 일을 하든지 마음을 다하여 주께 하듯하고 사람에게 하듯하지 말라 이는 유업의 상을 주께 받을줄 앎이니 너희는 주 그리스도를 섬기느니라"(골3:22-24)

성도들은 이 세상에서 무엇을 하든지 그것은 사람에게 하는 것이 아니라 주님을 섬기는 것이다. 왜냐하면 구원받은 성도들의 몸은 성령의 인침을 받아 성령의 전이 되고 그 성령의 전이 되는 몸 안에서 봉사하는 제사장이 되었기 때문이다. 성도들의 삶은 머리되신 대제사장 되신 예수님을 섬기는 지체들이 되는 것이다. 결국 자신이 주님을 섬기는 모든 것은 곧 자신을 단장하는 것이 된다. 왜냐하면 예수님과 한 몸이 되었기 때문이다.

"아내들이여 자기 남편에게 복종하기를 주께 하듯하라 이는 남편이 아내의 머리 됨이 그리스도께서 교회의 머리 됨과 같음이니 그가 친히 몸의 구주시니라 그러나 교회가 그리스도에게 하듯 아내들도 범사에 그 남편에게 복종할찌니라 남편들아 아내 사랑하기를 그리스도께서 교회를 사랑하시고 위하여 자신을 주심 같이 하라 이는 곧 물로 씻어 말씀으로 깨끗하게 하사 거룩하게 하시고 자기 앞에 영광스러운 교회로 세우사 티나 주름잡힌 것이나 이런 것들이 없이 거룩하고 흠이 없게 하려 하심이니라 이와 같이 남편들도 자기 아내 사랑하기를 제 몸 같이 할찌니 자기 아내를 사랑하는 자는 자기를 사랑하는 것이라 누구든지 언제든지 제 육체를 미워하지 않고 오직 양육하여 보호하기를 그리스도께서 교회를 보양함과 같이 하나니 우리는 그 몸의 지체임이니라"(엡5:22-30)

교회는 부부의 비밀이다. 아내가 남편을 사랑하고 남편이 아내를 사랑하는 것은 결국 자신들을 사랑하는 것이다. 왜냐하면 한 몸이기 때문이다. 우리가 세상에서 예수님의 말씀에 순종해서 예수님을 섬기면 예수님은 그것을 가지고 신부인 우리를 단장시켜 주신다. 왜냐하면 한 몸의 지체이기 때문이다. 또한 구원받은 모든 성도는 예수님의 몸된 지체로서 하나이다. 그래서 지체를 사랑하는 자는 곧 자기를 사랑하기 때문에 다른 지체를 사랑하는 것은 역시 자기의 몸을 단장하는 것이 된다.

하늘에서 내려오는 아름다운 밝고 빛난 세마포 옷과 12보석으로 단장한 새 예루살렘은 예수님의 신부의 모습이다. 성도들이 예수님의 몸으로 예수님을 섬긴 결과로 만들어진 것이다. 전체가 한 몸으로 나타나지만 그 안에서 각기 개인들이 받을 상과 영광이 각각 다르게 주어진다. 고린도전서 15장 부활장에서 각 사람들이 행위에 따라 해와 달과 별의 별들과 같은 영광을 얻을 것을 말씀하고 있다.

"해의 영광도 다르며 달의 영광도 다르며 별의 영광도 다른데 별과 별의 영광이 다르도다 죽은 자의 부활도 이와 같으니 썩을 것으로 심고 썩지 아니할 것으로 다시 살며 욕된 것으로 심고 영광스러운 것으로 다시 살며 약한 것으로 심고 강한 것으로 다시 살며 육의 몸으로 심고 신령한 몸으로 다시 사나니 육의 몸이 있은즉 또 신령한 몸이 있느니라"(고전15:41-44)

미련한 성도들은 이 세상에서 자기가 행한 선한 행위가 보상이 되어지지 않으면 괴로워 한다. 그리고 그 보상을 끝까지 받아 내려고 한다. 그 가운데 미워도 하고 투기도 하고 원망도 한다. 그것은 예수님의 신부가 12보석으로 단장한 것을 스스로 포기한 미련한 것이다. 성도의 선한 행위가 썩어져 버릴 세상 것으로 보상을 받아 버리면 영원한 영광스런 기업이 사라져 버리는 것이다. 이것이 꼭 참고 견디어 형제 사랑을 계속해야 하는 이유이다. 이것이 천국의 보화를 쌓는 것이다.

구약에서는 7년 면제년마다 빚을 탕감해 주었다. 50년 희년마다 모든 빚이 탕감되었다. 그런데 빚을 진 채무자가 빚을 갚을 수 있는 재물을 가지고도 면제년이 가깝다는 이유로 탕감을 받기 위해 돈 갚는 것을 미루는 경향이 있었다. 이때 채권자는 채무자에게 빚을 받아 내기 위해 위협을 하거나 얼굴빛을 굳게 해서는 안된다. 왜냐하면 한 지체요 한 형제이기 때문이다. 빚을 갚을 수 있는 힘을 가진 사람 역시 면제년이 가까이 왔다고 빚 갚는 것을 미뤄도 안된다. 왜냐하면 서로 한 몸인 지체가 되기 때문이다. 구원 받은 성도는 세상에서 한 푼이라도 절약하여 편하게 살려는 욕심으로 형제를 섭섭하게 대하면 안되는 것이다.

그렇다고 심판을 받거나 형벌을 받는 것은 아니다. 가장 중요한 것은 아름다운 예수님의 신부인 12보석으로 단장한 새 예루살렘이 될 수 없다는 것이다. 성도들의 아름답고, 성실하고, 눈물겨운 형제 사랑의 희생적인 삶은 12보석으로 단장한 예수님의 신부인 영원한 새 예루살렘으로 단장된다는 사실을 알아야 하는 것이다. 에서와 같이 썩어져버릴 단팥죽 한 그릇을 먹기 위해 영원한 기업을 던져 버리는 미련한 행위와 같은 것이다.

(2) 예수님과 결혼하여 신부가 된다

"내가 하나님의 열심으로 너희를 위하여 열심 내노니 내가 너희를 정결한 처녀로 한 남편인 그리스도께 드리려고 중매함이로다"(고후 11:2)

"요한이 대답하여 가로되 만일 하늘에서 주신바 아니면 사람이 아무 것도 받을 수 없느니라 나의 말한바 나는 그리스도가 아니요 그의 앞에 보내심을 받은 자라고 한 것을 증거할 자는 너희니라 신부를 취하는 자는 신랑이나 서서 신랑의 음성을 듣는 친구가 크게 기뻐하나니 나는 이러한 기쁨이 충만하였노라 그는 흥하여야 하겠고 나는 쇠하여야 하리라 하니라"(요3:27-30)

"천사가 내게 말하기를 기록하라 어린 양의 혼인 잔치에 청함을 입은 자들이 복이 있도다 하고 또 내게 말하되 이것은 하나님의 참되신 말씀이라 하기로"(계19:9)

이 세상에서 구원 받고 사는 성도들은 예수님과 약혼을 하고 결혼식을 준비하는 처녀와 같다. 정식 부부가 되기 위해 서로가 사랑을 불태우는 연애하는 기간이다. 사도 바울은 전도하는 것을 정결한 처녀로 중매하는 것이라고 하였다. 세례 요한은 자신은 신랑이 아니라 신부를 취하는 신랑인 예수님의 친구로서의 기쁨에 충만하다고 하였다. 또 사도 요한은 어린양 혼인잔치에 초대를 받은 사람들이 복이 있다고 하였다.

그렇다 세상에서 구원 받고 사는 성도들은 전도자의 중매로 예수님을 만나 정식 결혼을 할 때까지 연애를 하면서 아름다운 신부로 단장을 하고 있는 것이다. 이제 복음이 땅 끝까지 증거 되고 신랑 되신 예수님이 오시면 드디어 결혼식을 하게 된다. 그때 많은 사람들이 초대를 받아 참석하게 된다. 구름같이 둘러싼 믿음의 증인들이다.

"이러므로 우리에게 구름 같이 둘러싼 허다한 증인들이 있으니 모든 무거운 것과 얽매이기 쉬운 죄를 벗어 버리고 인내로써 우리 앞에 당한 경주를 경주하며 믿음의 주요 또 온전케 하시는 이인 예수를 바라보자 저는 그 앞에 있는 즐거움을 위하여 십자가를 참으사 부끄러움을 개의치 아니하시더니 하나님 보좌 우편에 앉으셨느니라"(히 12:1-2)

(3) 예수님과 천년동안 왕 노릇 한다

"또 내가 보좌들을 보니 거기 앉은 자들이 있어 심판하는 권세를 받았더라 또 내가 보니 예수의 증거와 하나님의 말씀을 인하여 목 베임을 받은 자의 영혼들과 또 짐승과 그의 우상에게 경배하지도 아니하고 이마와 손에 그의 표를 받지도 아니한 자들이 살아서 그리스도로 더불어 천년 동안 왕노릇 하니 (그 나머지 죽은 자들은 그 천년이 차기까지 살지 못하더라) 이는 첫째 부활이라 이 첫째 부활에 참예하는 자들은 복이 있고 거룩하도다 둘째 사망이 그들을 다스리는 권세가 없고 도리어 그들이 하나님과 그리스도의 제사장이 되어 천년 동안 그리스도로 더불어 왕노릇 하리라"(계20:4-6)

"새 노래를 노래하여 가로되 책을 가지시고 그 인봉을 떼기에 합당하시도다 일찍 죽임을 당하사 각 족속과 방언과 백성과 나라 가운데서 사람들을 피로 사서 하나님께 드리시고 저희로 우리 하나님 앞에서 나라와 제사장을 삼으셨으니 저희가 땅에서 왕노릇하리로다 하더라"(계5:9-10)

요한 계시록에서 첫째부활에 참예하는 자들은 복이 있다고 하였다. 첫째부활이 바로 어린양 혼인잔치이다. 어린 양 혼인잔치가 끝나면 이제 아버지 하나님께서 아들 예수님의 부부에게 기업을 주신다. 천년왕국이다. 제사장 나라가 되어 예수님과 함께 다스리는 것이다.

하나님께서 아담을 지으시고 아담의 갈비뼈로 하와를 지으셨다. 그리고 두 사람에게 하나님을 떠나 한 몸이 되라고 하시면서 에덴동산을 기업으로 주어 다스리게 하셨다. 결혼의 비밀은 한 몸이 되는 것이다. 온전한 사람이 되는 것이다. 이렇게 온전한 사람이 되면 이제까지 보호를 받고 살았던 부모를 떠나 자신들도 부모가 되어 또 다른 가정을 세우게 된다. 또 부모는 자식들이 또 다른 가정을 세울 때 자식들에게 기업을 주어서 가정을 이루어 살아가게 도와준다. 이것이 부모들의 기쁨이고 행복이다.

"여호와 하나님이 아담에게서 취하신 그 갈빗대로 여자를 만드시고 그를 아담에게로 이끌어 오시니 아담이 가로되 이는 내 뼈 중의 뼈요 살 중의 살이라 이것을 남자에게서 취하였은즉 여자라 칭하리라 하니라 이러므로 남자가 부모를 떠나 그 아내와 연합하여 둘이 한 몸을 이룰찌로다"(창2:22-24)

"이와 같이 남편들도 자기 아내 사랑하기를 제몸 같이 할찌니 자기 아내를 사랑하는 자는 자기를 사랑하는 것이라 누구든지 언제든지 제 육체를 미워하지 않고 오직 양육하여 보호하기를 그리스도께서 교회를 보양함과 같이 하나니 우리는 그 몸의 지체임이니라 이러므로 사람이 부모를 떠나 그 아내와 합하여 그 둘이 한 육체가 될찌니 이 비밀이 크도다 내가 그리스도와 교회에 대하여 말하노라 그러나 너희도 각각 자기의 아내 사랑하기를 자기 같이 하고 아내도 그 남편을 경외하라"(엡5:28-33)

아담과 하와는 하나님께서 기업으로 주신 에덴을 다스리고 통치해야 했다. 그러나 뱀의 미혹을 받아 죄를 지어 도리어 사단의 종이 되고 하나님께서 주신 기업을 사단에게 넘겨주고 말았다. 이런 인간을 구원하고 사단에게 빼앗긴 아담의 기업을 다시 찾아 주시기 위해 오신 분이 예수님이시다. 하나님은 자기 아들을 아담의 형상으로 보내셔서 죄의 값인 사망을 십자가에서 죽으심으로 갚아 주시고 부활하사 승천하신 후 성령을 보내셔서 믿는 자들을 구원하여 예수님의 신부로 만드시고 계신 것이다. 복음이 땅 끝까지 증거 되고 구원 받은 성도들의 수가 차면 예수님의 신부인 교회가 완성이 된다. 그때 신랑 되신 예수님께서 재림하셔서 교회를 핍박한 모든 이들을 심판하시고 아름답게 단장한 신부인 교회와 결혼식을 하는 것이다. 결혼식이 끝나면 하나님 아버지는 아들에게 기업을 주시는데 그 나라가 천년왕국이다. 아담이 사단에게 빼앗긴 나라를 심판하고 새로운 나라를 만들어 기업으로 주신 것이다.

예수님과 교회는 왕과 왕비가 되어 천년왕국을 천년 동안 다스리게 된다. 이때 각 사람에게 기업이 주어진다. 어떤 사람은 열 나라, 어떤 사람은 다섯 나라를 다스릴 권세를 가지게 된다.

"귀인이 왕위를 받아 가지고 돌아와서 은 준 종들의 각각 어떻게 장사한 것을 알고자 하여 저희를 부르니 그 첫째가 나아와 가로되 주여 주의 한 므나로 열 므나를 남겼나이다 주인이 이르되 잘하였다 착한 종이여 네가 지극히 작은 것에 충성하였으니 열 고을 권세를 차지하라 하고 그 둘째가 와서 가로되 주여 주의 한 므나로 다섯 므나를 만들었나이다 주인이 그에게도 이르되 너도 다섯 고을을 차지하라 하고"(눅19:15-19)

"또 누구든지 제자의 이름으로 이 소자 중 하나에게 냉수 한 그릇이라도 주는 자는 내가 진실로 너희에게 이르노니 그 사람이 결단코 상을 잃지 아니하리라 하시니라"(마10:42)

"만일 그리스도 안에서 우리의 바라는 것이 다만 이생 뿐이면 모든 사람 가운데 우리가 더욱 불쌍한 자리라"(고전15:19)

9) 천년왕국은 어디에서 이루어지는가?

"나라이 임하옵시며 뜻이 하늘에서 이룬 것 같이 땅에서도 이루어지이다"(마6:10)

세대주의 전천년주의자들은 예수님께서 예루살렘으로 재림하셔서 천년왕국을 다스린다고 한다. 즉 천년왕국이 지금 우리가 살고 있는 세상에서 이루어진다는 것이다. 아니다. 아담과 함께 타락한 이 세상은 예수님의 재림으로 모두 불에 타서 사라진다. 그리고 예수님은 새로운 하늘과 땅을 창조하신다. 이것을 새 에덴의 회복이라고 한다. 예수님께서 주기도문에서 말씀 하신 땅은 지금 우리가 살고 있는 땅이 아니라 새롭게 지어진 땅이다. 그 땅도 역시 하나님께서 지으신 곳이라 땅이라고 말씀하신 것이다. 많은 사람들이 요한 계시록 21장에 나온 새 하늘과 새 땅과 새 예루살렘을 영원한 하나님의 나라로 오해를 한다. 이것이 무천년주의자들이 속인 교리이다. 무천년주의자들은 예수님이 오셔서 세우실 천년왕국을 없애버렸다. 지금 우리가 살고 있는 세상이 천년왕국이라고 하면서 예수님의 십자가 복음을 번영신학으로 만들었던 것이다. 그래서 요한 계시록의 새 하늘과 새 땅과 새 예루살렘이 영원한 나라 라고 속였던 것이다. 사도 베드로도 역시 아담과 함께 타락한 우주가 순식간에 불에 타서 사라지고 새 하늘과 새 땅에서 천년왕국이 이루어질 것을 말하고 있다.

"가로되 주의 강림하신다는 약속이 어디 있느뇨 조상들이 잔 후로부터 만물이 처음 창조할 때와 같이 그냥 있다 하니 이는 하늘이 옛적부터 있는 것과 땅이 물에서 나와 물로 성립한 것도 하나님의 말씀으로 된 것을 저희가 부러 잊으려 함이로다 이로 말미암아 그때 세상은 물의 넘침으로 멸망하였으되 이제 하늘과 땅은 그 동일한 말씀으로 불사르기 위하여 간수하신바 되어 경건치 아니한 사람들의 심판과 멸망의 날까지 보존하여 두신 것이니라 사랑하는 자들아 주께는 하루가 천년 같고 천년이 하루 같은 이 한가지를 잊지 말라 주의 약속은 어떤 이의 더디다고 생각하는 것 같이 더딘 것이 아니라 오직 너희를 대하여 오래 참으사 아무도 멸망치 않고 다 회개하기에 이르기를 원하시느니라 그러나 주의 날이 도적 같이 오리니 그 날에는 하늘이 큰 소리로 떠나가고 체질이 뜨거운 불에 풀어지고 땅과 그 중에 있는 모든 일이 드러나리로다 이 모든 것이 이렇게 풀어지니 너희가 어떠한 사람이 되어야 마땅하뇨 거룩한 행실과 경건함으로 하나님의 날이 임하기를 바라보고 간절히 사모하라 그 날에 하늘이 불에 타서 풀어지고 체질이 뜨거운 불에 녹아지려니와 우리는 그의 약속대로 의의 거하는 바 새 하늘과 새 땅을 바라보도다 그러므로 사랑하는 자들아 너희가 이것을 바라보나니 주 앞에서 점도 없고 흠도 없이 평강 가운데서 나타나기를 힘쓰라"(벧후3:4-14)

이사야 선지자도 새 하늘과 새 땅을 예언하고 있다.

"보라 내가 새 하늘과 새 땅을 창조하나니 이전 것은 기억되거나 마음에 생각나지 아니할 것이라 너희는 나의 창조하는 것을 인하여 영원히 기뻐하며 즐거워할지니라 보라 내가 예루살렘으로 즐거움을 창조하며 그 백성으로 기쁨을 삼고 내가 예루살렘을 즐거워하며 나의 백성을 기뻐하리니 우는 소리와 부르짖는 소리가 그 가운데서 다시는 들리지 아니할 것이며 거기는 날 수가 많지 못하여 죽는 유아와 수한이 차지 못한 노인이 다시는 없을 것이라 곧 백세에 죽는 자가 아이겠고 백세 못 되어 죽는 자는 저주 받은 것이리라 그들이 가옥을 건축하고 그것에 거하겠고 포도원을 재배하고 열매를 먹을 것이며 그들의 건축한데 타인이 거하지 아니할 것이며 그들의 재배한 것을 타인이 먹지 아니하리니 이는 내 백성의 수한이 나무의 수한과 같겠고 나의 택한 자가 그 손으로 일한 것을 길이 누릴 것임이며 그들의 수고가 헛되지 않겠고 그들의 생산한 것이 재난에 걸리지 아니하리니 그들은 여호와의 복된 자의 자손이요 그 소생도 그들과 함께 될 것임이라 그들이 부르기 전에 내가 응답하겠고 그들이 말을 마치기 전에 내가 들을 것이며 이리와 어린 양이 함께 먹을 것이며 사자가 소처럼 짚을 먹을 것이며 뱀은 흙으로 식물을 삼을 것이니 나의 성산에서는 해함도 없겠고 상함도 없으리라 여호와의 말이니라"(사65:17-25)

지금까지 이사야가 예언한 새 하늘과 새 땅은 이루어지지 않았다. 만일 지금 이 세상이 천년왕국이라면 이미 이루어졌을 것이다. 바리새파 무천년주의자들은 성경에 없는 또 다른 교리를 만들었다. 그것이 세대주의전천년신학이다. 세대주의전천년신학은 예수님이 재림하시면 예루살렘과 우주가 변해서 이사야 선지자의 예언이 이 땅에서 이루어진다고 한다. 그러나 분명히 이사야 선지자는 하나님께서 새 하늘과 새 땅을 창조하실 것을 예언하고 있다.

요한 계시록 21장에서도 같은 내용을 기록하고 있다. 처음 하늘과 처음 땅은 없어지고 새롭게 지어진 우주를 말하고 있다. 해와 달도 없다. 예수님과 하나님의 영광이 빛이 된다.

"또 내가 새 하늘과 새 땅을 보니 처음 하늘과 처음 땅이 없어졌고 바다도 다시 있지 않더라 또 내가 보매 거룩한 성 새 예루살렘이 하나님께로부터 하늘에서 내려오니 그 예비한 것이 신부가 남편을 위하여 단장한 것 같더라 내가 들으니 보좌에서 큰 음성이 나서 가로되 보라 하나님의 장막이 사람들과 함께 있으매 하나님이 저희와 함께 거하시리니 저희는 하나님의 백성이 되고 하나님은 친히 저희와 함께 계셔서 모든 눈물을 그 눈에서 씻기시매 다시 사망이 없고 애통하는 것이나 곡하는 것이나 아픈 것이 다시 있지 아니하리니 처음 것들이 다 지나갔음이러라 보좌에 앉으신 이가 가라사대 보라 내가 만물을 새롭게 하노라 하시고 또 가라사대 이 말은 신실하고 참되니 기록하라 하시고"(계21:1-5)

"그 성은 해나 달의 비췸이 쓸데 없으니 이는 하나님의 영광이 비취고 어린 양이 그 등이 되심이라"(계21:23)

이사야 선지자도 해와 달과 별들이 사라진다고 했다.

"여호와께서 자기 백성의 상처를 싸매시며 그들의 맞은 자리를 고치시는 날에는 달빛은 햇빛 같겠고 햇빛은 일곱 배가 되어 일곱 날의 빛과 같으리라"(사30:26)

스가랴 선지자도 해와 달과 별들이 사라진다고 했다.

"그 날에는 빛이 없겠고 광명한 자들이 떠날 것이라 여호와의 아시는 한 날이 있으리니 낮도 아니요 밤도 아니라 어두워 갈 때에 빛이 있으리로다"(슥14:6-7)

10) 천년왕국은 누구의 나라인가?

"예수께서 가라사대 내가 진실로 너희에게 이르노니 세상이 새롭게 되어 인자가 자기 영광의 보좌에 앉을 때에 나를 좇는 너희도 열 두 보좌에 앉아 이스라엘 열 두 지파를 심판하리라"(마19:28)

짝퉁 천년왕국신학인 세대주의 전천년주의자들은 천년왕국을 유대왕국 즉 이스라엘 왕국이라고 한다. 왜냐하면 다윗의 메시아 왕국이기 때문이다. 이것이 바로 다윗의 장막 운동이다. 아니다 천년왕국은 교회왕국이다. 완성된 교회인 새 예루살렘이 통치하는 나라이다. 예수님도 새롭게 된 나라를 예수님과 교회가 이스라엘 12지파를 다스린다고 하셨다. 누가 다스리는가에 따라서 나라 이름이 달라진다. 유대인들이 다스리면 유대나라가 되고 이방인들이 다스리면 이방인 나라가 되는 것이다. 천년왕국은 교회가 다스리고 다스림을 받는 백성들은 12지파 이스라엘 사람들이 되는 것이다.

교회는 이방인과 이스라엘 백성 중에서 구원 받은 성도들로 이루어져 있다. 새로운 피조물이다. 유대인도 아니고 이방인도 아니라 하나님의 자녀들이다. 성령의 거룩한 전이다. 예수님의 몸된 신부인 것이다. 예수님 안에서 아버지 하나님이 사셨듯이 완성된 새 예루살렘 교회 안에는 성부 성자 성령 하나님께서 사신다. 교회는 성 삼위 하나님의 영광이고 자랑이고 이름이다.

11) 천년왕국은 영원한 천국인가?

"또 내가 보매 천사가 무저갱 열쇠와 큰 쇠사슬을 그 손에 가지고 하늘로서 내려와서 용을 잡으니 곧 옛 뱀이요 마귀요 사단이라 잡아 일천년 동안 결박하여 무저갱에 던져 잠그고 그 위에 인봉하여 천년이 차도록 다시는 만국을 미혹하지 못하게 하였다가 그 후에는 반드시 잠간 놓이리라 또 내가 보좌들을 보니 거기 앉은 자들이 있어 심판하는 권세를 받았더라 또 내가 보니 예수의 증거와 하나님의 말씀을 인하여 목 베임을 받은 자의 영혼들과 또 짐승과 그의 우상에게 경배하지도 아니하고 이마와 손에 그의 표를 받지도 아니한 자들이 살아서 그리스도로 더불어 천년 동안 왕노릇 하니 (그 나머지 죽은 자들은 그 천년이 차기까지 살지 못하더라) 이는 첫째 부활이라 이 첫째 부활에 참예하는 자들은 복이 있고 거룩하도다 둘째 사망이 그들을 다스리는 권세가 없고 도리어 그들이 하나님과 그리스도의 제사장이 되어 천년 동안 그리스도로 더불어 왕노릇 하리라 천년이 차매 사단이 그 옥에서 놓여 나와서 땅의 사방 백성 곧 곡과 마곡을 미혹하고 모아 싸움을 붙이리니 그 수가 바다 모래 같으리라 저희가 지면에 널리 퍼져 성도들의 진과 사랑하시는 성을 두르매 하늘에서 불이 내려와 저희를 소멸하고 또 저희를 미혹하는 마귀가 불과 유황 못에 던지우니 거기는 그 짐승과 거짓 선지자도 있어 세세토록 밤낮 괴로움을 받으리라"(계20:1-10)

천년왕국은 영원한 천국이 아니다. 천년왕국 끝에 하나님은 무저갱에 가둬둔 용을 풀어 다시 천년왕국 백성들을 미혹하게 하신다. 이것은 아담과 하와를 에덴에 두시고 뱀을 통해 미혹을 받게 하신 것과 같다. 아담과 하와는 뱀의 미혹에 넘어가 종이 되었지만 예수님과 천년왕국 백성들은 용의 미혹을 이기고 그를 불살라 심판한다. 이때 용에게 미혹되어 거룩한 성을 공격했던 곡과 마곡도 심판을 받아 유황불못에 들어간다.

용과 곡과 마곡이 예수님과 교회의 심판을 받고 불 못에 던져진 후에 아담 이후에 태어나서 구원 받지 못한 모든 영혼들과 천년왕국에서 구원 받은 성도들이 부활하여 백보좌 앞에서 심판을 받는다. 생명책에 이름이 있는 자들은 영생으로 들어가고 생명책에 이름이 없는 자들은 심판책에 기록된 대로 심판을 받고 영원한 불 못으로 들어간다.

"또 내가 크고 흰 보좌와 그 위에 앉으신 자를 보니 땅과 하늘이 그 앞에서 피하여 간데 없더라 또 내가 보니 죽은 자들이 무론 대소하고 그 보좌 앞에 섰는데 책들이 펴 있고 또 다른 책이 펴졌으니 곧 생명책이라 죽은 자들이 자기 행위를 따라 책들에 기록된대로 심판을 받으니 바다가 그 가운데서 죽은 자들을 내어주고 또 사망과 음부도 그 가운데서 죽은 자들을 내어주매 각 사람이 자기의 행위대로 심판을 받고 사망과 음부도 불못에 던지우니 이것은 둘째 사망 곧 불못이라 누구든지 생명책에 기록되지 못한 자는 불못에 던지우더라"(계 20:11-15)

그리고 또 다시 모든 피조 세계는 사라지고 영원한 천국이 시작된다. 이것이 예수님께서 완성하신 하나님의 나라를 아버지께 바칠 때이다.

"그러나 각각 자기 차례대로 되리니 먼저는 첫 열매인 그리스도요 다음에는 그리스도 강림하실 때에 그에게 붙은 자요 그 후에는 나중이니 저가 모든 정사와 모든 권세와 능력을 멸하시고 나라를 아버지 하나님께 바칠 때라 저가 모든 원수를 그 발아래 둘 때까지 불가불 왕노릇 하시리니 맨 나중에 멸망 받을 원수는 사망이니라"(고전15:23-26)

12) 왜 천년왕국이 필요한가?

하나님 아버지의 구원 계획은 우리를 하나님의 거룩하고 흠이 없는 아들로 만드시는 것이다. 다시 말해서 예수님과 똑같은 아들로 만드시는 것이다. 그 이유는 거저주시는 아버지의 은혜를 찬송하게 하려는 것이다. 아들을 사랑하시는 아버지 하나님의 경륜이시다. 인간을 피조물로 지으셔서 삼위일체 하나님과 동일한 성자 예수님과 같은 존재로 만드시는 것이다. 그래서 기독교 구원의 섭리는 오랜 시간이 필요한 것이다. 그리고 수많은 연단의 과정을 거쳐야 하는 것이다.

"찬송하리로다 하나님 곧 우리 주 예수 그리스도의 아버지께서 그리스도 안에서 하늘에 속한 모든 신령한 복으로 우리에게 복 주시되 곧 창세 전에 그리스도 안에서 우리를 택하사 우리로 사랑 안에서 그 앞에 거룩하고 흠이 없게 하시려고 그 기쁘신 뜻대로 우리를 예정하사 예수 그리스도로 말미암아 자기의 아들들이 되게 하셨으니 이는 그의 사랑하시는 자 안에서 우리에게 거저 주시는바 그의 은혜의 영광을 찬미하게 하려는 것이라"(엡1:3-6)

하나님 아버지는 구원 받은 성도들을 아들로 만드셔서 하늘의 아버지와 똑같이 온전하게 하신다. 이것이 기독교 구원의 비밀이고 섭리이다.

"또 네 이웃을 사랑하고 네 원수를 미워하라 하였다는 것을 너희가 들었으나 나는 너희에게 이르노니 너희 원수를 사랑하며 너희를 핍박하는 자를 위하여 기도하라 이같이 한즉 하늘에 계신 너희 아버지의 아들이 되리니 이는 하나님이 그 해를 악인과 선인에게 비취게 하시며 비를 의로운 자와 불의한 자에게 내리우심이니라 너희가 너희를 사랑하는 자를 사랑하면 무슨 상이 있으리요 세리도 이같이 아니하느냐 또 너희가 너희 형제에게만 문안하면 남보다 더 하는 것이 무엇이냐 이방인들도 이같이 아니하느냐 그러므로 하늘에 계신 너희 아버지의 온전하심과 같이 너희도 온전하라"(마5:43-48)

하나님께서 인간을 구원하신 최종적인 목적은 하나님 아버지의 성품을 닮게 하는 것이다. 이것을 사도 베드로는 신의 성품에 참예하는

제3장 기독교 생명 신학

것이라 했다.

"예수 그리스도의 종과 사도인 시몬 베드로는 우리 하나님과 구주 예수 그리스도의 의를 힘입어 동일하게 보배로운 믿음을 우리와 같이 받은 자들에게 편지하노니 하나님과 우리 주 예수를 앎으로 은혜와 평강이 너희에게 더욱 많을찌어다 그의 신기한 능력으로 생명과 경건에 속한 모든 것을 우리에게 주셨으니 이는 자기의 영광과 덕으로써 우리를 부르신 자를 앎으로 말미암음이라 이로써 그 보배롭고 지극히 큰 약속을 우리에게 주사 이 약속으로 말미암아 너희로 정욕을 인하여 세상에서 썩어질 것을 피하여 신의 성품에 참예하는 자가 되게 하려 하셨으니 이러므로 너희가 더욱 힘써 너희 믿음에 덕을, 덕에 지식을, 지식에 절제를, 절제에 인내를, 인내에 경건을, 경건에 형제 우애를, 형제 우애에 사랑을 공급하라"(벧후1:1-7)

하나님께서는 잡석들을 용광로에 넣어 뜨거운 불로 녹여서 정금을 만들듯이 인간을 흙으로 지으신 후 하늘의 아버지와 같이 온전한 존재로 만드시기 위해 구원의 여정을 주관하시는 것이다. 하나님의 형상으로 아담과 하와를 지으시고 에덴을 통치하도록 하셨지만 아담이 실패하자 하나님은 예수님을 보내셔서 아담이 이루지 못한 일보다 더 고차원적인 구원과 통치를 이루게 하시는 것이 천년왕국 통치이다. 그렇다면 천년왕국을 통해서 하나님은 무엇을 얻게 하시려는 것일까? 자녀들이 결혼해서 부부가 되어 자녀를 낳아 키우면서 그동안 알지 못했던 부모님의 사랑과 마음을 알아 온전한 부모가 되듯이 예수님과 교회도 결혼을 하고 한 몸이 되어 온전한 부부가 되기 위해서는 천년왕국 백성들을 양육하면서 그동안 몰랐던 아버지 하나님의 마음을 배워 가는 것이다.

예수님과 교회가 세운 천년왕국 백성들을 용이 시험하도록 무저갱에서 풀어내신 이유도 같은 이유이다. 예수님과 교회가 한 몸이 되어 다스린 천년왕국 백성들이 용의 시험으로 모두 넘어진다면 예수님과 교회는 잘못 세운 것이 된다. 그것은 바로 예수님과 교회가 한 몸으로 실패한 것과 같다. 그런데 예수님과 교회는 멋지게 용과 곡과 마곡을 심판하고 천년왕국을 굳게 세우게 된다. 그래서 완성된 천년왕국을 아버지 하나님께 다시 바칠 수 있는 것이다. 이것이 아버지께서 아들에게 하라고 하신 사명이다. 아버지의 영광을 거스르고 훼방한 사단을 아버지는 아들을 통해 만드신 교회를 통해서 잠잠하게 하신 것이다.

다윗은 시편 8편에서 어린 아이와 젖먹이의 입을 통해 원수와 보수자로 잠잠하게 하셨다고 했다.

"주의 대적을 인하여 어린 아이와 젖먹이의 입으로 말미암아 권능을 세우심이여 이는 원수와 보수자로 잠잠케 하려 하심이니이다"(시 8:2)

하나님의 성품은 공의와 사랑이다. 공의는 하나님의 나라 그릇이고 사랑은 하나님의 나라 재료이다. 그 안에 평화, 기쁨, 환희, 생명, 질서, 조화, 소망, 영생이 있다. 흙덩어리인 인간이 하늘의 하나님처럼 온전하게 되는 마지막 단계가 천년왕국에서 예수님과 한 몸이 되어 통치하면서 성숙되어져 가는 것이다.

2. 십자가 복음 신학

1) 십자가 복음 신학의 뿌리는 로마서이다

"예수 그리스도의 종 바울은 사도로 부르심을 받아 하나님의 복음을 위하여 택정함을 입었으니 이 복음은 하나님이 선지자들로 말미암아 그의 아들에 관하여 성경에 미리 약속하신 것이라 이 아들로 말하면 육신으로는 다윗의 혈통에서 나셨고 성결의 영으로는 죽은 가운데서 부활하여 능력으로 하나님의 아들로 인정되셨으니 곧 우리 주 예수 그리스도시니라 그로 말미암아 우리가 은혜와 사도의 직분을 받아 그 이름을 위하여 모든 이방인 중에서 믿어 순종케 하나니 너희도 그들 중에 있어 예수 그리스도의 것으로 부르심을 입은 자니라 로마에 있어 하나님의 사랑하심을 입고 성도로 부르심을 입은 모든 자에게 하나님 우리 아버지와 주 예수 그리스도로 좇아 은혜와 평강이 있기를 원하노라"(롬1:1-7)

사도 바울은 로마서 서문에서 자신을 소개할 때 복음을 위해서 택정함을 입었다고 했다. 그리고 이 복음이 선지자들을 통해 증거된 다윗의 자손 예수 그리스도로 죽은 자 가운데서 부활하여 능력으로 하나님의 아들이 되었다고 했다. 그러면서 로마에 있는 형제들에게 복음 안에서 누릴 은혜와 평강을 기원했다.

사도 바울에게 한 가지 거대한 꿈이 있었다. 당시 세계를 지배하고 있었던 최고의 문명의 도시인 로마에 가서 십자가 복음을 전하는 것이었다. 그래서 그는 고린도 지역에서 로마서를 써서 겐그리아 여제자 뵈뵈를 통해 자기보다 먼저 로마에 보냈다. 그리고 겐그리아에서 하나님께 서원을 하고 머리를 깎았다. 예루살렘에 올라가면 죽을 것이라고 말리는 선지자들과 형제들의 눈물의 만류에도 불구하고 더 많이 울면서 십자가 복음을 전하는 일에는 자기의 목숨을 아까와 하지 않는다고 말하면서 예루살렘에 갔다. 예루살렘에서 바울을 죽이려 하는 자들이 있어 로마 시민으로 가이사에게 재판을 받겠다고 항소를 하여 선교사가 아닌 죄수의 몸으로 로마에 가서 복음을 전하다가 거기에서 장렬하게 순교를 하여 십자가 복음의 제물이 되었다. 결국 로마는 복음으로 점령되었고 로마를 통해 전 세계로 복음이 퍼져나갔다. 바울의 꿈은 이루어졌다.

2) 로마서의 주제는 십자가 복음에 나타난 하나님의 의

"형제들아 내가 여러번 너희에게 가고자 한것을 너희가 모르기를 원치 아니하노니 이는 너희 중에서도 다른 이방인 중에서와 같이 열매를 맺게 하려 함이로되 지금까지 길이 막혔도다 헬라인이나 야만이나 지혜 있는 자나 어리석은 자에게 다 내가 빚진 자라 그러므로 나는 할 수 있는 대로 로마에 있는 너희에게도 복음 전하기를 원하노라 내가 복음을 부끄러워하지 아니하노니 이 복음은 모든 믿는 자에게 구원을 주시는 하나님의 능력이 됨이라 첫째는 유대인에게요 또한 헬라인에게로다 복음에는 하나님의 의가 나타나서 믿음으로 믿음에 이르게 하나니 기록된바 오직 의인은 믿음으로 말미암아 살리라 함과 같으니라"(롬1:13-17)

사도 바울은 로마를 향해 가기를 여러번 원했지만 그 길이 막혔다고 했다. 바울이 로마에 가기를 원했던 이유는 로마에 있는 형제들에게 복음을 전하기 위함이라고 하였다. 그러면서 자신이 십자가 복음을 부끄러워하지 않는 이유는 믿는 자들에게 구원을 주시는 하나님의 능력이기 때문이라 하였다. 뿐만 아니라 복음에는 하나님의 의가 나타나서 믿음으로 믿음에 이르게 해서 의인이 복음으로 살 수 있게 한다고 하였다. 이것이 로마서 복음의 핵심이다.

십자가 복음으로 구원을 얻은 성도는 복음으로 살아야 한다. 왜냐하면 복음에는 하나님의 의가 나타나서 믿음으로 믿음에 이르게 하여 의인이 살 수 있도록 인도하시기 때문이다. 오늘날 성도들이 왜 십자가 복음을 믿음으로 살지 못하는가? 왜 오늘날 목사들이 십자가 복음을 믿음으로 목회를 하지 못하는가? 복음으로 살면 하나님의 의가 나타나서 믿음으로 살 수 있도록 능력을 주신다. 왜 이런 능력을 알지 못하고 사는가? 십자가 복음이 무엇인지 모르기 때문이다. 이름만 복음으로 믿는 것이다. 그렇다면 의인이 복음을 믿는 믿음으로 산다는 말은 무슨 말인가? 십자가 복음은 모든 죄인들을 용서하는 것이다. 십자가 복음은 모든 죄인들을 사랑하는 것이다. 십자가 복음은 모든 사람들을 차별하지 않는 것이다. 자기가 먼저 그렇게 살아야 하는 것이다. 하루만 그렇게 사는 것이 아니다. 한두 번 만 그렇게 사는 것이 아니다. 언제나 어디에서나 그렇게 살아야 한다. 그렇게 살면 살아계신 하나님의 의가 나타나서 그 길을 비춰 주신다. 그 길을 형통하게 하신다. 그런 삶을 사는 성도들에게 먹을 것, 입을 것, 어디에서든지 살 수 있게 해 주신다. 이것이 먼저 그의 나라와 의를 구하는 것이다.

먹고 살려고 복음을 전하는 것이 아니다. 말이나 설교로만 복음을 전하는 것이 아니다. 하나님의 의가 나타난 복음을 가지고 살아야 하는 것이다. 오늘날 사단은 행동하는 십자가 복음을 철학으로 해석하고 머리로 계산하는 복음으로 변질시켜 버렸다. 이것이 신복음주의이다. 십자가 복음은 먼저 다른 사람을 살리는 복음이 아니다. 십자가 복음은 우리가 사는 정치 경제 환경을 살리는 도구가 아니다. 십자가 복음은 나를 먼저 살려야 하고 내가 먼저 살려면 내가 진정 그 복음을 믿는다면 내가 먼저 그 복음으로 살아야 하는 것이다. 그런데 놀라운 사실은 믿는 성도들 뿐 아니라 많은 목회자들이 복음을 가지고 살기를 원하지만 번번이 실패하고 만다. 그 이유를 로마서에서 가르쳐 주고 있다.

"내가 원하는 바 선은 하지 아니하고 도리어 원치 아니하는 바 악은 행하는도다 만일 내가 원치 아니하는 그것을 하면 이를 행하는 자가 내가 아니요 내 속에 거하는 죄니라"(롬7:19-20)

"그러므로 내가 한 법을 깨달았노니 곧 선을 행하기 원하는 나에게 악이 함께 있는 것이로다 내 속 사람으로는 하나님의 법을 즐거워하되 내 지체 속에서 한 다른 법이 내 마음의 법과 싸워 내 지체 속에 있는 죄의 법 아래로 나를 사로잡아 오는 것을 보는도다 오호라 나는 곤고한 사람이로다 이 사망의 몸에서 누가 나를 건져 내랴"(롬7:21-24)

믿는 성도들이 의로운 생활을 하지 못하면 죽은 송장과 다름이 없다. 날마다 육신의 정욕과 안목의 정욕과 이생의 자랑이란 포로에서 자유롭게 해방되지 못하면 새로운 피조물이 되지 못하고 하나님이 기뻐하시는 거룩한 새로운 생활도 불가능하다. 이름표는 성도와 목사이지만 속사람은 썩고 부패한 무덤이다. 이것을 회칠한 무덤이라고 한다. 믿는 성도들에게 복음의 능력이 나타나야 한다. 성도들의 삶의 현장에 하나님의 의가 나타나야 한다. 목회 현장에서 복음의 능력이 나타나야 한다. 복음으로 나타난 살아계신 하나님의 의가 섬기는 교회 안에서 넘쳐 흘러야 한다. 이것이 기독교 생명신학이다.

로마서 1장 16절-17절은 로마서 서문이면서 결론이다. 로마서를 읽고 공부한 성도들은 하나님의 의가 나타난 복음으로 살아야 한다. 즉 믿음으로 세상을 이기고 살아가는 의인이 되어야 한다. 개인적으로 죄와 사망의 법에서 해방되어 자유를 얻어야 한다. 개인을 넘어서 복음으로 교회를 세워야 하고 이 세상에서 승리해야 한다. 그래서 로마서에서는 복음을 가진 의인으로서 살아가야 할 개인생활, 교회생활, 사회생활, 국가생활, 세계생활을 가르쳐 주고 있다.

3) 로마서 각 장에서 강조한 복음의 내용

1장은 이방인에게 나타난 복음의 의, 2장은 유대인들에게 나타난 복음의 의, 3장은 인류에게 나타난 복음의 의, 4장은 믿음으로 나타난 복음의 의, 5장은 하나님과 화평을 누리는 복음의 의, 6장은 예수님의 십자가에 나타난 복음의 의, 7장은 율법으로 나타난 복음의 의, 8장은 삼위일체 하나님 안에서 승리한 복음의 의, 9장은 이스라엘에게 나타난 복음의 의, 10장은 이스라엘의 교만으로 유기된 복음의 의, 11장은 절대적인 사랑으로 회복된 복음의 의, 12장은 개인과 교회생활에서 나타난 복음의 의, 13장은 국가생활에서 나타난 복음의 의, 14장은 사회생활에서 나타난 복음의 의, 15장은 세계생활에서 나타난 복음의 의, 16장은 십자가 복음을 가지고 승리한 사람들에게 나타난 복음의 의이다.

4) 복음의 첫 번째 기둥은 그리스도의 보혈의 능력

십자가 복음에는 큰 두 개의 기둥이 있다. 하나는 예수님의 보혈의 능력이고 또 하나는 예수님의 십자가의 능력이다. 예수님의 보혈의 능력은 우리의 자범죄를 모두 깨끗하게 한다. 예수님의 십자가의 능력은 원죄의 부패성에서 해방시켜 준다. 로마서 4장에서 5장은 보혈의 능력에 대하여 말하고 있고, 로마서 6장-7장에서는 십자가의 능력에 대하여 말하고 있다.

먼저 로마서 4장-5장에서는 예수님 피를 인하여 의롭다 함을 얻어 진노하심에서 구원을 얻었다. 즉 예수님을 믿음으로 죄사함을 받아 의롭다 하심을 얻었다는 사실을 강조하고 있다. 아브라함이 할례를 받기 전에 믿음으로 의롭다 하심을 얻는 것처럼 우리도 예수를 믿음으로 의롭다 하심을 받아 구원을 받았다는 것이다. 그래서 결과적으로 하나님과 화평을 누리고 영광을 바라고 즐거워 한다고 하였다.

"일하는 자에게는 그 삯을 은혜로 여기지 아니하고 빚으로 여기거니와 일을 아니할찌라도 경건치 아니한 자를 의롭다 하시는 이를 믿는 자에게는 그의 믿음을 의로 여기시나니"(롬4:4-5)

"우리가 아직 죄인 되었을 때에 그리스도께서 우리를 위하여 죽으심으로 하나님께서 우리에게 대한 자기의 사랑을 확증하셨느니라 그러면 이제 우리가 그 피를 인하여 의롭다 하심을 얻었은즉 더욱 그로 말미암아 진노하심에서 구원을 얻을 것이니 곧 우리가 원수 되었을 때에 그 아들의 죽으심으로 말미암아 하나님으로 더불어 화목되었은즉 화목된 자로서는 더욱 그의 살으심을 인하여 구원을 얻을 것이니라"(롬5:8-10)

"그러므로 우리가 믿음으로 의롭다 하심을 얻었은즉 우리 주 예수 그리스도로 말미암아 하나님으로 더불어 화평을 누리자 또한 그로 말미암아 우리가 믿음으로 서있는 이 은혜에 들어감을 얻었으며 하나님의 영광을 바라고 즐거워하느니라"(롬5:1-2)

예수님의 보혈은 우리의 모든 죄를 씻어 주신다. 이미 2000년 전에 물과 피를 십자가에서 쏟고 죽으실 때 우리의 과거 현재 미래의 지은 죄까지도 모두 사라지게 되었다. 그래서 우리는 이것을 믿음으로 구원을 얻었고 의롭다 함도 받았다. 하나님과 화평을 누리고 하나님의 영광을 바라보고 즐거워할 수 있게 되었다. 이것이 예수님의 보혈의 능력이다.

히브리서에서도 이것을 영원한 속죄라고 증거하고 있다. 대제사장이신 예수님은 손으로 짓지 아니한 하늘의 성소에 들어가셔서 염소의 피가 아닌 자기 피로 영원한 속죄를 이루셨다고 하였다.

"그리스도께서 장래 좋은 일의 대제사장으로 오사 손으로 짓지 아니한 곧 이 창조에 속하지 아니한 더 크고 온전한 장막으로 말미암아 염소와 송아지의 피로 아니하고 오직 자기 피로 영원한 속죄를 이루사 단번에 성소에 들어 가셨느니라 염소와 황소의 피와 및 암송아지의 재로 부정한 자에게 뿌려 그 육체를 정결케 하여 거룩케 하거든 하물며 영원하신 성령으로 말미암아 흠 없는 자기를 하나님께 드린 그리스도의 피가 어찌 너희 양심으로 죽은 행실에서 깨끗하게 하고 살아계신 하나님을 섬기게 못하겠느뇨"(히9:11-14)

"또한 성령이 우리에게 증거하시되 주께서 가라사대 그날 후로는 저희와 세울 언약이 이것이라 하시고 내 법을 저희 마음에 두고 저희 생각에 기록하리라 하신 후에 또 저희 죄와 저희 불법을 내가 다시 기억지 아니하리라 하셨으니 이것을 사하셨은즉 다시 죄를 위하여 제사드릴 것이 없느니라"(히10:15-18)

예수님께서 단번에 영원한 속죄 제사를 드리시고 우리의 죄를 다 속죄하셨기 때문에 다시 제사드릴 죄가 없어졌고 죄인들의 죄를 다시 기억하지 아니하신다고 하셨다. 이것이 로마서 4장-5장에서 말한 믿음으로 말미암아 얻는 구원이고 의로움이다.

5) 복음의 두 번째 기둥은 그리스도의 십자가의 능력

그런데 문제가 생겼다. 분명히 예수님의 보혈을 믿고 의롭다 하심을 받아 구원을 얻어서 하나님과 화평을 누리고 하나님의 영광을 바라고 즐거워해야 하는데 죄를 계속해서 범하게 되므로 자유함을 얻지 못하게 된 것이다. 그래서 나타나는 것이 인간의 무능력 앞에서 나온 탄식이다.

"내가 원하는 바 선은 하지 아니하고 도리어 원치 아니하는 바 악은 행하는도다 만일 내가 원치 아니하는 그것을 하면 이를 행하는 자가 내가 아니요 내 속에 거하는 죄니라"(롬7:19-20)

사도 바울이 고백한 것처럼 하나님의 법을 가지고 살려고 하면 할수록 그렇게 되는 것보다 오히려 반대로 더욱 더 죄악의 수렁으로 빠져가는 자신을 보고 탄식을 할 수밖에 없었던 것이다.

"오호라 나는 곤고한 사람이로다 이 사망의 몸에서 누가 나를 건져내랴 우리 주 예수 그리스도로 말미암아 하나님께 감사하리로다 그런즉 내 자신이 마음으로는 하나님의 법을, 육신으로는 죄의 법을 섬기노라"(롬7:24-25)

이런 탄식 속에서 사도 바울은 또 다른 십자가의 비밀을 알려 준다. 예수님의 십자가에서 죽으신 것은 우리의 죄 문제만 해결해 주시지 않고 계속해서 죄를 범할 수 밖에 없는 우리의 육체까지 죽여 주셨다는 사실을 알게 된 것이다. 사도 바울은 세례의 의미를 가르쳐 주고 있다.

"무릇 그리스도 예수와 합하여 세례를 받은 우리는 그의 죽으심과 합하여 세례 받은 줄을 알지 못하느뇨 그러므로 우리가 그의 죽으심과 합하여 세례를 받음으로 그와 함께 장사되었나니 이는 아버지의 영광으로 말미암아 그리스도를 죽은 자 가운데서 살리심과 같이 우리로 또한 새 생명 가운데서 행하게 하려 함이니라 만일 우리가 그의 죽으심을 본받아 연합한 자가 되었으면 또한 그의 부활을 본받아 연합한 자가 되리라"(롬6:3-5)

예수의 이름으로 세례를 받은 것은 그의 죽으심과 합하여 죽고 그의 부활하심과 같이 다시 살게 한다는 것이다.

"우리가 알거니와 우리 옛 사람이 예수와 함께 십자가에 못 박힌 것은 죄의 몸이 멸하여 다시는 우리가 죄에게 종노릇 하지 아니하려 함이니 이는 죽은 자가 죄에서 벗어나 의롭다 하심을 얻었음이니라"(롬6:6-7)

"그런즉 우리가 무슨 말 하리요 율법이 죄냐 그럴 수 없느니라 율법으로 말미암지 않고는 내가 죄를 알지 못하였으니 곧 율법이 탐내지 말라 하지 아니하였더면 내가 탐심을 알지 못하였으리라 그러나 죄가 기회를 타서 계명으로 말미암아 내 속에서 각양 탐심을 이루었나니 이는 법이 없으면 죄가 죽은 것임이니라 전에 법을 깨닫지 못할 때에는 내가 살았더니 계명이 이르매 죄는 살아나고 나는 죽었도다 생명에 이르게 할 그 계명이 내게 대하여 도리어 사망에 이르게 하는 것이 되었도다 죄가 기회를 타서 계명으로 말미암아 나를 속이고 그것으로 나를 죽였는지라 이로 보건대 율법도 거룩하며 계명도 거룩하며 의로우며 선하도다 그런즉 선한 것이 내게 사망이 되었느뇨 그럴 수 없느니라 오직 죄가 죄로 드러나기 위하여 선한 그것으로 말미암아 나를 죽게 만들었으니 이는 계명으로 말미암아 죄로 심히 죄되게 하려함이니라"(롬7:7-13)

하나님은 제사드릴 죄가 없기 때문에 우리의 죄를 기억하지 않으신다 하셨다. 그럼에도 불구하고 우리는 죄를 기억하고 괴로워한다. 무슨 이유일까? 율법이다. 율법이 계속해서 죄를 기억나게 한다. 그런데 죄가 기억나면 죄를 또 범하게 된다. 죄지을 생각이 없었는데 율법을 통해서 죄가 기회를 타서 죄를 범하게 하고 죄를 범하게 되면 율법이 죽여서 사망에 이르게 하는 생활이 계속되면서 영혼은 탄식하게 된다. 원죄의 부패성에서 완전하게 해방될 때까지 율법은 우리 몸 안에서 죄를 찾아 죽인다. 그렇다면 율법이 우리 몸 안에서 죄를 찾지 못하게 해야 한다. 그렇게 하려면 어떻게 해야 하는가? 율법은 살아 있는 육체안에서만 죄를 찾을 수 있다. 죄에 대하여 육체가 죽어버리면 율법은 더 이상 죽은 송장 속에서는 죄를 찾지 못한다. 설령 찾아도 이미 육체가 죽었기 때문에 사망 선고를 내리지 못한 것이다.

예수님은 십자가에서 우리 육체를 죽여 주셔서 율법이 우리 몸 안에서 사망 선고를 내리지 못하게 하셨다. 그러므로 이제 옛 계명인 율법을 가지고 살지 않고 새 계명인 사랑을 가지고 살면 되는 것이다. 율법을 지켰다고 이웃을 사랑하는 것이 아니다. 악을 행하지 않을 뿐이다.

"사랑은 이웃에게 악을 행하지 아니하나니 그러므로 사랑은 율법의 완성이니라"(롬13:10)

예수님께서 십자가에 피 흘려 돌아가심은 단순히 우리의 죄 문제만 해결하심이 아니고 원죄의 부패성을 가지고 죄를 지을 수밖에 없는 우리 옛 사람도 함께 죽여 주셨다는 사실을 알아야 한다. 그러므로 구원 받은 성도는 새로운 피조물이 되었으니 몸으로 죄를 짓는데 쓰지 말고 의의 병기로 하나님께 드리면 성령께서 계속해서 이길 수 있는 힘을 주신다.

예수님은 새 술은 새 부대에 넣어야 둘 다 안전하다고 하셨다, 새 술은 새 생명이고 새 부대는 원죄의 부패성에서 해방된 새로운 몸이다.

예수님의 구원은 완전한 구원이시다. 단지 우리의 영혼만 구원하시는 것이 아니라 우리의 육체도 거룩하게 구원하셨던 것이다.

"그러므로 이제 그리스도 예수 안에 있는 자에게는 결코 정죄함이 없나니 이는 그리스도 예수 안에 있는 생명의 성령의 법이 죄와 사망의 법에서 너를 해방하였음이라 율법이 육신으로 말미암아 연약하여 할 수 없는 그것을 하나님은 하시나니 곧 죄를 인하여 자기 아들을 죄 있는 육신의 모양으로 보내어 육신에 죄를 정하사 육신을 좇지 않고

그 영을 좇아 행하는 우리에게 율법의 요구를 이루어지게 하려 하심이니라"(롬8:1-4)

예수님은 30년 동안 육체 가운데 사시면서 모든 율법의 요구를 다 이루시고 십자가에서 돌아 가셨다. 그 말은 우리 안에서 사시는 예수님은 우리를 모든 시험에서 이기도록 도우실 수 있다는 것이다.

"그러므로 우리에게 큰 대제사장이 있으니 승천하신 자 곧 하나님 아들 예수시라 우리가 믿는 도리를 굳게 잡을찌어다 우리에게 있는 대제사장은 우리 연약함을 체휼하지 아니하는 자가 아니요 모든 일에 우리와 한결 같이 시험을 받은 자로되 죄는 없으시니라 그러므로 우리가 긍휼하심을 받고 때를 따라 돕는 은혜를 얻기 위하여 은혜의 보좌 앞에 담대히 나아갈 것이니라"(히4:14-16)

"육신을 좇는 자는 육신의 일을, 영을 좇는 자는 영의 일을 생각하나니 육신의 생각은 사망이요 영의 생각은 생명과 평안이니라 육신의 생각은 하나님과 원수가 되나니 이는 하나님의 법에 굴복치 아니할뿐 아니라 할 수도 없음이라 육신에 있는 자들은 하나님을 기쁘시게 할 수 없느니라 만일 너희 속에 하나님의 영이 거하시면 너희가 육신에 있지 아니하고 영에 있나니 누구든지 그리스도의 영이 없으면 그리스도의 사람이 아니라"(롬8:5-9)

우리의 몸의 주인은 생각이다. 어떤 생각을 하는가에 따라서 행동을 한다. 사도 바울은 영을 생각하라고 하였다. 영은 하나님의 말씀이다. 매일 아침 큐티 훈련을 통해서 하나님의 말씀을 주야로 묵상하면 시냇가에 심은 나무처럼 시절을 좇아서 열매를 맺게 된다.

"무릇 지킬만한 것보다 더욱 네 마음을 지키라 생명의 근원이 이에서 남이니라"(잠4:23)

마음을 하나님의 말씀으로 지켜가야 한다. 지킨다는 말의 의미는 순종하라는 뜻이다. 우리가 살고 있는 물질적인 삶의 현장에서는 항상 물질적인 가치로 판단하고 살아간다. 그래서 말씀대로 살면 손해를 보기 때문에 순종의 삶을 지속적으로 살아가기 어렵다. 이때 내 자신이 육신에 속한 몸에 대하여 죽었다는 사실을 인정하고 육신적인 삶을 포기하고 죽을 때 비로소 복음에 나타난 하나님의 의를 경함할 수 있고 이런 일들이 계속되면서 믿음이 자라나서 성령의 인도를 받는 성숙한 성도가 될 수 있다.

6) 로마서 8장에서 노래한 삼위일체 하나님과 함께 누리는 복음의 향연

로마서 8장에서는 삼위일체 하나님 안에서 누리는 복음의 천국을 찬양하고 있다. 죄와 사망의 법에서 생명과 성령의 법으로 해방시킨 성자 예수님의 복음, 그리스도의 영의 복음, 육체로 율법의 모든 요구를 이루신 예수님의 복음이다.

예수를 죽은 자 가운데서 살리신 하나님의 복음, 하나님의 영, 하나님의 아들로 만드는 하나님의 영, 양자의 영을 주신 하나님의 복음, 모든 피조물들이 고대하는 하나님의 자녀들의 영광에 이르는 하나님의 복음, 넉넉히 이기는 복음, 아무 피조물도 예수 그리스도안에 있는 사랑에서 끊을 수 없는 하나님의 복음, 정하시고 부르시고 의롭다 하시고 영화롭게 하시는 하나님의 성화복음, 맏아들의 형상을 본받게 하는 하나님의 복음, 아무도 대적하고 송사할 수 없는 하나님의 복음, 모든 것을 합력하여 선을 이루는 하나님의 복음이다.

하나님을 아바 아버지라고 부르게 하는 성령의 복음, 우리를 위해 친히 간구하시는 성령의 복음, 우리의 연약함을 도우시는 성령의 복음, 마음을 감찰하시는 성령의 복음, 구원 받은 성도가 하나님의 자녀인 것을 증거 하는 성령의 복음, 영으로서 몸의 행실을 죽이면 살리는 성령의 복음, 예수 안에 있는 생명의 성령의 법인 성령의 복음이다.

이와 같이 기독교의 생명을 주고 완성시켜 나가시며 최종적으로 영화롭게 하시는 분이 성부, 성자, 성령 하나님이시다. 기독교 구원의 출발, 과정, 완성을 모두 성부, 성자, 성령 하나님께서 주관 하신다. 기독교 구원의 최고의 클라이맥스(climax)는 모든 피조물들이 탄식하며 고대하는 하나님의 아들들의 영광의 자유에 이르는 천년왕국이다.

"생각건대 현재의 고난은 장차 우리에게 나타날 영광과 족히 비교할 수 없도다 피조물의 고대하는 바는 하나님의 아들들의 나타나는 것이니 피조물이 허무한데 굴복하는 것은 자기 뜻이 아니요 오직 굴복케 하시는 이로 말미암음이라 그 바라는 것은 피조물도 썩어짐의 종노릇 한데서 해방되어 하나님의 자녀들의 영광의 자유에 이르는 것이니라 피조물이 다 이제까지 함께 탄식하며 함께 고통하는 것을 우리가 아나니 이뿐 아니라 또한 우리 곧 성령의 처음 익은 열매를 받은 우리까지도 속으로 탄식하여 양자 될것 곧 우리 몸의 구속을 기다리느니라"(롬8:18-23)

그리고 삼위일체 하나님의 기독교 구원의 완성은 구원 받은 성도들이 맏아들의 형상을 본 받아 영화롭게 되는 것이다.

"하나님이 미리 아신 자들로 또한 그 아들의 형상을 본받게 하기 위하여 미리 정하셨으니 이는 그로 많은 형제 중에서 맏아들이 되게 하려 하심이니라 또 미리 정하신 그들을 또한 부르시고 부르신 그들을 또한 의롭다 하시고 의롭다 하신 그들을 또한 영화롭게 하셨느니라"(롬8:29-30)

7) 복음의 그릇으로 선택받은 이스라엘

하나님께서 아브라함의 아내 사라를 통해서 태어난 이삭과 리브가를 통해서 태어난 야곱을 통해서 이스라엘 나라를 복음의 나라로 만드셨다. 리브가가 잉태했을 때 태어나기도 전에 큰 자는 작은 자를 섬길 것을 말씀 하시므로 이스라엘은 복음의 조상이 되었다. 이것은 행함으로 만들어지지 않고 오직 하나님의 은혜로 되었다는 것을 강조하면서 복음의 특징을 설명하고 있다. 그렇다 복음은 인간이 만든 구원의 교리가 아니다. 하나님이 친히 세우신 생명의 신학이다.

"그 자식들이 아직 나지도 아니하고 무슨 선이나 악을 행하지 아니한 때에 택하심을 따라 되는 하나님의 뜻이 행위로 말미암지 않고 오직 부르시는 이에게로 말미암아 서게 하려 하사 리브가에게 이르시되 큰 자가 어린 자를 섬기리라 하셨나니 기록된바 내가 야곱은 사랑하고 에서는 미워하였다 하심과 같으니라 그런즉 우리가 무슨 말 하리요 하나님께 불의가 있느뇨 그럴 수 없느니라 모세에게 이르시되 내가 긍휼히 여길 자를 긍휼히 여기고 불쌍히 여길 자를 불쌍히 여기리라 하셨으니 그런즉 원하는 자로 말미암음도 아니요 달음박질하는 자로 말미암음도 아니요 오직 긍휼히 여기시는 하나님으로 말미암음이니라"(롬9:11-16)

하나님께서 작은 자인 야곱을 택하신 것은 그 그릇 안에서 이방인들도 함께 구원을 받도록 예비하셨다고 말씀하신다.

"만일 하나님이 그 진노를 보이시고 그 능력을 알게 하고자 하사 멸하기로 준비된 진노의 그릇을 오래 참으심으로 관용하시고 또한 영광받기로 예비하신바 긍휼의 그릇에 대하여 그 영광의 부요함을 알게 하고자 하셨을찌라도 무슨 말 하리요 이 그릇은 우리니 곧 유대인 중에서 뿐아니라 이방인 중에서도 부르신 자니라"(롬9:22-24)

8) 복음의 그릇을 거부한 이스라엘

사도 바울은 이스라엘 백성들이 교만하여 율법의 행위로 스스로 의롭게 되려다가 유기되었다고 한다. 이것은 지식을 좇은 것이 아니라 자기의 의를 세우려고 하나님의 의에 복종하지 아니하므로 구원의 반열에서 떨어져 나갔다고 한다.

"형제들아 내 마음에 원하는 바와 하나님께 구하는 바는 이스라엘을 위함이니 곧 저희로 구원을 얻게 함이라 내가 증거하노니 저희가 하나님께 열심이 있으나 지식을 좇은 것이 아니라 하나님의 의를 모르고 자기 의를 세우려고 힘써 하나님의 의를 복종치 아니하였느니라"(롬10:1-3)

그러나 이렇게 되는 것을 모세와 이사야 선지자를 통해서 미리 말씀 하셨는데 그 이유는 이스라엘을 통해서 이방인들을 구원하시려는 하나님의 계획이었다고 한다.

"그러나 내가 말하노니 이스라엘이 알지 못하였느뇨 먼저 모세가 이르되 내가 백성 아닌 자로써 너희를 시기나게 하며 미련한 백성으로써 너희를 노엽게 하리라 하였고 또한 이사야가 매우 담대하여 이르되 내가 구하지 아니하는 자들에게 찾은바 되고 내게 문의하지 아니하는 자들에게 나타났노라 하였고 이스라엘을 대하여 가라사대 순종치 아니하고 거스려 말하는 백성에게 내가 종일 내 손을 벌렸노라 하셨느니라"(롬10:19-21)

참으로 놀라운 일이다. 먼저 복음으로 택함을 받은 이스라엘은 교만하여 눈이 어두워 보배되신 예수님을 십자가에 못 박아 죽여 버리고 그것으로 아무 지식도 없는 쓰레기와 같은 이방인들은 구원을 받게 되었는데 이렇게 하신 이유는 교만하여 복음에 순종치 않는 이스라엘로 노엽게 하고 시기나게 해서 다시 돌아오게 하신다는 것이다. 그런데 이렇게 경영하신 분이 하나님이시라고 말한다. 이것이 하나님의 구원 경영이시다. 이사야는 하나님께서 이스라엘 사람들의 눈과 귀를 막아 깨닫지 못하게 하셨다고 했다.

"여호와께서 가라사대 가서 이 백성에게 이르기를 너희가 듣기는 들어도 깨닫지 못할 것이요 보기는 보아도 알지 못하리라 하여 이 백성의 마음으로 둔하게 하며 그 귀가 막히고 눈이 감기게 하라 염려컨대 그들이 눈으로 보고 귀로 듣고 마음으로 깨닫고 다시 돌아와서 고침을 받을까 하노라"(사6:9-10)

9) 복음 안에서 회복된 이스라엘

사도 바울은 하나님이 교만한 이스라엘을 버리지 아니하시고 남은 자들을 다시 회복 시키실 것을 말한다. 엘리야 시대 칠천 명을 남기셨던 것처럼 이스라엘의 남은 자들이 회복되어 구원을 받을 것을 말한다.

"그러므로 내가 말하노니 하나님이 자기 백성을 버리셨느뇨 그럴 수 없느니라 나도 이스라엘인이요 아브라함의 씨에서 난 자요 베냐민 지파라 하나님이 그 미리 아신 자기 백성을 버리지 아니하셨나니 너희가 성경이 엘리야를 가리켜 말한 것을 알지 못하느냐 저가 이스라엘을 하나님께 송사하되 주여 저희가 주의 선지자들을 죽였으며 주의 제단들을 헐어버렸고 나만 남았는데 내 목숨도 찾나이다 하니 저에게 하신 대답이 무엇이뇨 내가 나를 위하여 바알에게 무릎을 꿇지 아니한 사람 칠천을 남겨 두었다 하셨으니 그런즉 이와 같이 이제도 은혜로 택하심을 따라 남은 자가 있느니라"(롬11:1-5)

사도 바울은 이스라엘이 넘어져서 이방인들이 구원을 받게 되었고 이방인들이 구원을 받을 것을 보고 이스라엘이 시기가 나서 자기들도 예수를 믿기 위해 돌아온다고 하였다. 이렇게 하신 분이 여호와 하나님이시다. 사도 바울은 이스라엘이 넘어져서 이방인들이 구원을 받았는데 이제 이스라엘이 바로 서게 되면 이방인들이 얼마나 더 큰 은혜를 받겠느냐고 반문을 한다.

"또 다윗이 가로되 저희 밥상이 올무와 덫과 거치는 것과 보응이 되게 하옵시고 저희 눈은 흐려 보지 못하고 저희 등은 항상 굽게 하옵소서 하였느니라 그러므로 내가 말하노니 저희가 넘어지기까지 실족하였느뇨 그럴 수 없느니라 저희의 넘어짐으로 구원이 이방인에게 이르러 이스라엘로 시기나게 함이니라 저희의 넘어짐이 세상의 부요함이 되며 저희의 실패가 이방인의 부요함이 되거든 하물며 저희의 충만함이리요"(롬11:9-12)

사도 바울은 이스라엘이 완전하게 회복되는 시기를 이방인들의 구원이 끝나면 이루어진다고 하였다. 그때까지 이스라엘은 눈이 멀고 귀가 막힌다고 하였다. 그러나 복음이 땅끝까지 증거되고 이방인의 때가 차서 예수님의 신부인 교회가 완성이 되면 이스라엘은 완악함에서 풀려서 하나님과 화목함이 이루어진다고 하였다. 그래서 이스라엘의 남은 자들이 죄사함을 얻고 구원을 얻는다고 하였다.

"형제들아 너희가 스스로 지혜 있다 함을 면키 위하여 이 비밀을 너희가 모르기를 내가 원치 아니하노니 이 비밀은 이방인의 충만한 수가 들어오기까지 이스라엘의 더러는 완악하게 된 것이라 그리하여 온 이스라엘이 구원을 얻으리라 기록된바 구원자가 시온에서 오사 야곱에게서 경건치 않은 것을 돌이키시겠고 내가 저희 죄를 없이 할 때에 저희에게 이루어질 내 언약이 이것이라 함과 같으니라"(롬11:25-27)

구약에서도 똑같은 일들이 일어났다. 유다가 바벨론 70년 포로 생활을 끝내고 돌아올 때 이런 일들이 일어났다. 그들의 감옥 생활이 끝났고 모든 죄가 사함을 받았다. 그들이 당한 모든 형벌이 끝나서 예루살렘이 회복되고 가나안 땅이 새롭게 된다고 하였다. 이것은 신약에서 이방인의 때가 끝나고 이스라엘이 회복되어 예수님께서 재림하셔서 이루실 천년왕국에 대한 예언이다. 세례 요한은 이사야 40장 말씀을 가지고 예수님을 맞이 하라고 소개를 했다. 왜냐하면 이사야 40장은 예수님의 초림과 재림을 동시에 예언한 신약의 출발이 되기 때문이다.

"너희 하나님이 가라사대 너희는 위로하라 내 백성을 위로하라 너희는 정다이 예루살렘에 말하며 그것에게 외쳐 고하라 그 복역의 때가 끝났고 그 죄악의 사함을 입었느니라 그 모든 죄를 인하여 여호와의 손에서 배나 받았느니라 할찌니라 외치는 자의 소리여 가로되 너희는 광야에서 여호와의 길을 예비하라 사막에서 우리 하나님의 대로를 평탄케 하라 골짜기마다 돋우어지며 산마다, 작은 산마다 낮아지며 고르지 않은 곳이 평탄케 되며 험한 곳이 평지가 될 것이요 여호와의 영광이 나타나고 모든 육체가 그것을 함께 보리라 대저 여호와의 입이 말씀하셨느니라 말하는 자의 소리여 가로되 외치라 대답하되 내가 무엇이라 외치리이까 가로되 모든 육체는 풀이요 그 모든 아름다움은 들의 꽃 같으니 풀은 마르고 꽃은 시듦은 여호와의 기운이 그 위에 붊이라 이 백성은 실로 풀이로다 풀은 마르고 꽃은 시드나 우리 하나님의 말씀은 영영히 서리라 하라 아름다운 소식을 시온에 전하는 자여 너는 높은 산에 오르라 아름다운 소식을 예루살렘에 전하는 자여 너는 힘써 소리를 높이라 두려워 말고 소리를 높여 유다의 성읍들에 이르기를 너희 하나님을 보라 하라 보라 주 여호와께서 장차 강한 자로 임하실 것이요 친히 그 팔로 다스리실 것이라 보라 상급이 그에게 있고 보응이 그 앞에 있으며 그는 목자 같이 양무리를 먹이시며 어린 양을 그 팔로 모아 품에 안으시며 젖먹이는 암컷들을 온순히 인도하시리로다"(사40:1-11)

기독교 복음의 역사는 반복된다. 이것이 예언의 이중성이다. 그렇지 않으면 성경이 하나님의 말씀이라는 사실을 알 수 없다. 반복되는 복음의 역사를 통해서 우리는 하나님의 말씀이 일점일획도 없어지지 않고 모두 이루어진다는 사실을 알게 된다.

이사야 66장은 성경 66권과 같이 성경 전체의 내용을 기록하고 있다. 1장에서 39장까지는 구약이다. 구약의 끝은 이스라엘이 앗수르와 바벨론에게 망하는 것이다. 그리고 신약은 이사야 40장부터 66장까지이다. 앗수르와 바벨론에 망한 남북 왕조가 바벨론 70년 포로 생활이 끝나면 다시 돌아올 때 가나안은 새 하늘과 새 땅이 되고 예루살렘은 새 예루살렘이 되어 다윗의 자손 메시아가 새 예루살렘에서 왕이 되어 다스리는 것이다. 바벨론에서 70년 포로생활을 마치고 돌아올때 이스라엘은 죄의 사슬이 풀리고 죄에서 해방되어 자유를 누리게 되는데 백성들 뿐만 아니라 자연만물도 회복되어 낙원이 된다. 예수님께서 재림하셔서 세우실 천년왕국이다.

사도 바울은 하나님의 지혜와 지식의 부요함을 찬양하고 있다. 택한 백성들의 눈을 감기게 하시고 이방인들의 눈을 뜨게 하신 하나님의 지혜를 찬양한다. 순종치 않고 이스라엘이 버린 생명의 복음을 값없이 주워먹고 구원을 받은 이방인들을 보고 시기 나서 다시 순종하고 돌아오는 이스라엘을 노래하고 있다. 모든 사람을 순종치 않게 가둬 두심은 모든 사람에게 긍휼을 베풀려 하심을 찬양하고 있다. 기독교 생명 신학은 하나님이 만드신 신학이다. 그래서 세세토록 영광과 찬송을 올려 드려야 한다.

"하나님의 은사와 부르심에는 후회하심이 없느니라 너희가 전에 하나님께 순종치 아니하더니 이스라엘의 순종치 아니함으로 이제 긍휼을 입었는지라 이와 같이 이 사람들이 순종치 아니하니 이는 너희에게 베푸시는 긍휼로 이제 저희도 긍휼을 얻게 하려 하심이니라 하나님이 모든 사람을 순종치 아니하는 가운데 가두어 두심은 모든 사람에게 긍휼을 베풀려 하심이로다 깊도다 하나님의 지혜와 지식의 부요함이여, 그의 판단은 측량치 못할것이며 그의 길은 찾지 못할 것이로다 누가 주의 마음을 알았느뇨 누가 그의 모사가 되었느뇨 누가 주께 먼저 드려서 갚으심을 받겠느뇨 이는 만물이 주에게서 나오고 주로 말미암고 주에게로 돌아감이라 영광이 그에게 세세에 있으리로다 아멘"(롬11:29-36)

10) 복음 안에서 살아가는 기독교 세계관 생활

로마서 12장부터 15장까지는 의인이 복음으로 살아가는 개인생활, 교회생활, 국가생활, 사회생활, 세계생활에 대하여 말하고 있다. 새로운 그리스도인의 복음 생활의 기준을 설명하고 있다. 이것이 성경적인 그리스도인의 세계관이다. 사단 신학에서 만든 기독교 세계관은 배도자 루시퍼를 물질 세상의 왕으로 영접하는 교리이다. 즉 번영 신학이다. 바알 신학이다. 그러나 성경적인 기독교 세계관은 물질 중심의 세계관이 아니다. 그리스도인의 개인생활은 세상과 구별되어 하나님의 선하시고 기뻐하시고 온전하신 뜻을 분별하여 자신의 몸을 거룩한 산제사로 드리는 삶을 살아야 한다. 이것을 영적 예배라고 했다. 사단의 신학의 예배 장소는 정한 시간과 장소인 건물 안에서 헌금을 드리는 것이다. 그러나 성경에서 말하는 예배장소는 구원받은 성도들의 몸 안에서 드려지는 영적인 예배이다. 왜냐하면 성도들의 몸이 피로사신 성령의 전이기 때문이다.

"그러므로 형제들아 내가 하나님의 모든 자비하심으로 너희를 권하노니 너희 몸을 하나님이 기뻐하시는 거룩한 산 제사로 드리라 이는 너희의 드릴 영적 예배니라 너희는 이 세대를 본받지 말고 오직 마음을 새롭게 함으로 변화를 받아 하나님의 선하시고 기뻐하시고 온전하신 뜻이 무엇인지 분별하도록 하라"(롬12:1-2)

그리스도인의 교회생활은 믿음의 분량대로 지혜롭게 지체를 섬기는 것이다. 왜냐하면 각각 받은 은사가 다르기 때문이다. 만일 어떤 지체가 다른 지체들이 하는 일을 간섭한다면 마땅히 생각할 그 이상의 생각을 하는 것이다. 분쟁이 일어난다. 예를 들어 손이 일을 하는데 잘못한다고 발이 나선다면 어떤 일이 일어나겠는가? 손이 하는 일이 다르고 발이 하는 일이 다른 것처럼 교회지체들에게 각각 다른 은사를 주셔서 교회를 세우게 하셨기 때문에 자신이 맡은 일에만 충성하면 교회는 편안하게 자라고 단장하게 된다.

"내게 주신 은혜로 말미암아 너희 중 각 사람에게 말하노니 마땅히 생각할 그 이상의 생각을 품지 말고 오직 하나님께서 각 사람에게 나눠주신 믿음의 분량대로 지혜롭게 생각하라 우리가 한 몸에 많은 지체를 가졌으나 모든 지체가 같은 직분을 가진 것이 아니니 이와 같이 우리 많은 사람이 그리스도 안에서 한 몸이 되어 서로 지체가 되었느니라 우리에게 주신 은혜대로 받은 은사가 각각 다르니 혹 예언이면 믿음의 분수대로, 혹 섬기는 일이면 섬기는 일로, 혹 가르치는 자면 가르치는 일로, 혹 권위하는 자면 권위하는 일로, 구제하는 자는 성실함으로, 다스리는 자는 부지런함으로, 긍휼을 베푸는 자는 즐거움으로 할 것이니라"(롬12:3-8)

그리스도인의 사회생활에 대하여 말하고 있다. 그리스도인의 사회생활은 이리 가운데 양이 사는 것과 같다. 이리와 양이 싸우면 양은 100전 100패 한다. 그러나 최후의 승리는 양이다. 왜냐하면 양은 십자가 복음으로 살고 이리는 자기 탐욕으로 살기 때문에 복음으로 사는 사람들에게 하나님의 의를 나타내어 심판하시기 때문이다. 이렇게 해서 나타난 것이 세상의 빛이고 소금이다.

"너희를 핍박하는 자를 축복하라 축복하고 저주하지 말라 즐거워하는 자들로 함께 즐거워하고 우는 자들로 함께 울라 서로 마음을 같이 하며 높은데 마음을 두지 말고 도리어 낮은데 처하며 스스로 지혜있는체 말라 아무에게도 악으로 악을 갚지 말고 모든 사람 앞에서 선한 일을 도모하라 할 수 있거든 너희로서는 모든 사람으로 더불어 평화하라 내 사랑하는 자들아 너희가 친히 원수를 갚지 말고 진노하심에 맡기라 기록되었으되 원수 갚는 것이 내게 있으니 내가 갚으리라고 주께서 말씀하시니라 네 원수가 주리거든 먹이고 목마르거든 마시우라 그리함으로 네가 숯불을 그 머리에 쌓아 놓으리라 악에게 지지 말고 선으로 악을 이기라"(롬12:14-21)

그리스도인의 국가생활에 대하여 말한다. 이 세상의 국가들은 영원한 나라가 아니다. 복음이 증거 되고 교회가 완성되면 심판을 받아 사라질 나라이다. 그러므로 그리스도인들이 애국하는 국가주의 세계관을 가지고 살면 안된다. 지상의 모든 나라는 똑같은 국가이다. 우리 성도들은 두 개의 국가를 가지고 있다. 육신의 생명이 살고 있는 땅의 국가와 영적인 생명이 살고 있는 하늘에 속한 국가이다. 바울은 우리의 시민권은 하늘에 있다고 하였다. 세상 국가에서는 육체를 가지고 사는 날 동안 나그네로 사는 것이라 말한다.

그렇다고 그리스도인들은 땅에 속한 나라를 무시하면 안된다. 왜냐하면 하나님께서 땅에 속한 나라를 통해서 복음이 증거 되고 교회를 세워 구원사역을 하시기 때문이다. 사도 바울은 로마에 식민지배를 받고 황제 숭배를 강요받고 있는 시대에 모든 권세는 하나님이 주신 것이라고 하면서 주안에서 국가권력에 순복하라고 하였다. 그러면서 국가권력을 통해서 최소한의 선한 질서가 유지된다고 하였다. 그래서 악을 행하는 자에게 심판하는 권력에 대한 노함을 인해서가 아니라 성도들의 양심을 위해서라도 순복할 것을 말하고 있다.

만일 이리 같은 사람들만 사는 세상에 악을 징벌하고 선을 포상하는 국가권력이 없다면 세상이 지옥이 될 것이다. 그러므로 국가 권력에 대한 순복은 성도들의 양심 속에서 이루어져야 한다. 과도한 국가권력에 대한 정파나 이데올로기적인 집착은 성도들의 아름다운 삶을 무너뜨리는 사단의 궤계이다. 좌파 우파, 보수파 진보파, 공산주의 자본주의, 민주주의 독재주의 등으로 구분하여 집착하고 싸우는 것은 자기 스스로 시민권이 하늘에 있지 않고 땅에 있다는 사실을 증명해 보이는 것이다. 어떤 체제든지 최소한의 선한 질서 구조를 가지고 있기 때문에 하나님께서 무너뜨리지 아니하시고 유지시키신 것이다.

사도 바울은 세상 법정에 고소하여 재판을 받게 한 무리들에게 교회가 세상을 판단해야 하는데 오히려 세상이 교회를 판단하도록 했다고 책망을 했다. 그렇다 교회 안에 있는 정의, 사랑, 경제, 도덕, 윤리, 문화, 질서가 세상 국가보다 높고 고상해야 한다. 국가 권력은 최소한의 선한 질서를 유지하기 위해 공권력을 가지고 강제로 통치를 하지만 교회는 차원이 다른 하나님의 사랑의 법으로 통치가 이루어지는 장소이다. 그래서 교회는 진리의 기둥과 터가 되고 세상의 빛과 소금이 되는 것이다.

그런데 사단신학이 교회를 변질시켜 세상에서 성공하고 승리하는 방법을 가르쳐서 세상 속에 들어가 함께 싸우다 보니 세상 사람들을 이기기 위해 국가 권력에 아부를 하는 애국주의가 나타나게 되어 교회가 세상국가와 함께 흥하고 망하는 꼴이 되어 버린 것이다. 성도들의 국가관은 더 이상도 아니고 더 이하도 아닌 차원이 다른 고상한 가치관으로 살면서 삶의 본을 보이는 것이다. 신복음주의에서는 국가를 변화시키면 살기 좋은 세상이 올 줄 안다. 그러나 성경은 한 번도 세상을 변화시키라 하지 않았다. 왜냐하면 사람이 변하지 않으면 세상은 절대로 변하지 않는다. 세상을 운영하는 것을 사람이 하기 때문이다.

"각 사람은 위에 있는 권세들에게 굴복하라 권세는 하나님께로 나지 않음이 없나니 모든 권세는 다 하나님의 정하신바라 그러므로 권세를 거스리는 자는 하나님의 명을 거스림이니 거스리는 자들은 심판을 자취하리라 관원들은 선한 일에 대하여 두려움이 되지 않고 악한 일에 대하여 되나니 네가 권세를 두려워하지 아니하려느냐 선을 행하라 그리하면 그에게 칭찬을 받으리라 그는 하나님의 사자가 되어 네게 선을 이루는 자니라 그러나 네가 악을 행하거든 두려워하라 그가 공연히 칼을 가지지 아니하였으니 곧 하나님의 사자가 되어 악을 행하는 자에게 진노하심을 위하여 보응하는 자니라 그러므로 굴복하지 아니할 수 없으니 노를 인하여만 할 것이 아니요 또한 양심을 인하여 할 것이라 너희가 공세를 바치는 것도 이를 인함이라 저희가 하나님의 일군이 되어 바로 이 일에 항상 힘쓰느니라 모든 자에게 줄 것을 주되 공세를 받을 자에게 공세를 바치고 국세 받을 자에게 국세를 바치고 두려워할 자를 두려워하며 존경할 자를 존경하라"(롬13:1-7)

그리스도인의 세계생활에 대하여 사도 바울은 열방을 향해 주의 백성들과 함께 즐거워 하라고 하였다. 열방들에게 주를 찬양하고 저를 찬송하라고 하였다. 왜냐하면 다윗의 뿌리에서 열방을 다스릴 왕이 나타나실 때 열방이 그에게 소망을 둔다고 하였다. 그리고 사도 바울은 자신이 이방인들을 제물로 하나님께 드려서 성령안에서 거룩하게 하여 하나님이 받으심직하게 하려 함이라 하였다. 바울이 말하고 있는 열방들이 주의 백성들과 함께 기뻐하고 찬송하면서 다윗의 뿌리되신 예수님을 찬송하는 것은 예수님께서 재림 하실 때 이루어지는 천년왕국을 말한다. 사도 바울은 복음이 땅끝까지 증거되고 이방인들이 모두 구원을 받게 될 때 이루어지는 이스라엘과 교회가 받을 천년왕국의 기업에 대하여 꿈을 꾸고 있는 것이다.

그렇다 그리스도인의 세계관은 이 땅에서 이루어지는 물질왕국이 아니다. 복음이 증거되고 예수님께서 오셔서 세우실 새 하늘과 새 땅을 다스릴 새 예루살렘이다. 그래서 사도 바울은 우리의 바라는 것이 이생 뿐이면 세상에서 가장 불쌍한 자라고 하였다.

"이방인으로 그 긍휼하심을 인하여 하나님께 영광을 돌리게 하려 하심이라 기록된바 이러므로 내가 열방 중에서 주께 감사하고 주의 이름을 찬송하리로다 함과 같으니라 또 가로되 열방들아 주의 백성과 함께 즐거워하라 하였으며 또 모든 열방들아 주를 찬양하며 모든 백성들아 저를 찬송하라 하였으며 또 이사야가 가로되 이새의 뿌리 곧 열방을 다스리기 위하여 일어나시는 이가 있으리니 열방이 그에게 소망을 두리라 하였느니라 소망의 하나님이 모든 기쁨과 평강을 믿음 안에서 너희에게 충만케 하사 성령의 능력으로 소망이 넘치게 하시기를 원하노라"(롬15:9-13)

"이 은혜는 곧 나로 이방인을 위하여 그리스도 예수의 일군이 되어 하나님의 복음의 제사장 직무를 하게 하사 이방인을 제물로 드리는 그것이 성령 안에서 거룩하게 되어 받으심직하게 하려 하심이라 그러므로 내가 그리스도 예수 안에서 하나님의 일에 대하여 자랑하는 것이 있거니와 그리스도께서 이방인들을 순종케 하기 위하여 나로 말미암아 말과 일이며 표적과 기사의 능력이며 성령의 능력으로 역사하신 것 외에는 내가 감히 말하지 아니하노라"(롬15:16-18)

"만일 그리스도 안에서 우리의 바라는 것이 다만 이생 뿐이면 모든 사람 가운데 우리가 더욱 불쌍한 자리라"(고전15:19)

3. 성화 신학

1) 성화 신학의 뿌리는 빌립보서

사도 바울의 옥중 서신 중 하나인 빌립보서의 주제는 성화 구원이다. 기독교 구원은 두 가지가 있다. 하나는 영혼 구원이고 또 하나는 성화 구원이다. 영혼 구원에 대하여는 많은 관심을 가지고 있으나 성화 구원에 대하여는 별로 관심을 갖지 않았다. 왜냐하면 어렵기 때문이다. 구원 받은 성도가 육체를 가지고 세상에서 사는 것도 버거운데 그리스도를 닮아가는 성화 구원에 대하여 신경을 쓸 여유가 없는 것이다. 그러나 성화 구원의 과정에서 나타난 열매는 아주 중요한 증표가 된다. 내가 참 하나님의 아들인가? 아닌가에 대한 기준이 된다. 내 믿음이 성경에서 말한 믿음이 맞는지에 대한 기준이 된다. 만일 예수를 40년 믿어도 성화의 과정이 나타나지 않는다면 그 믿음은 죽은 믿음이다. 그러므로 성화 구원은 마지막 시대에 살아가는 성도들에게 아주 중요한 요소가 되는 것이다. 그래서 사도 바울은 두렵고 떨림으로 구원을 이루어 가라고 하였다.

바울이 빌립보 교회를 향해서 이런 엄중한 말을 하는 배경에는 빌립보 교회 안에서 십자가의 원수로 행하는 자들이 있었던 것이다. 성화 구원이 이루어질 때 어그러지고 거스리는 세상에서 하나님의 흠없는 자녀로 빛과 소금의 직분을 감당할 수 있기 때문이다.

"그러므로 나의 사랑하는 자들아 너희가 나 있을 때 뿐아니라 더욱 지금 나 없을 때에도 항상 복종하여 두렵고 떨림으로 너희 구원을 이루라 너희 안에서 행하시는 이는 하나님이시니 자기의 기쁘신 뜻을 위하여 너희로 소원을 두고 행하게 하시나니 모든 일을 원망과 시비가 없이 하라 이는 너희가 흠이 없고 순전하여 어그러지고 거스리는 세대 가운데서 하나님의 흠 없는 자녀로 세상에서 그들 가운데 빛들로 나타내며 생명의 말씀을 밝혀 나의 달음질도 헛되지 아니하고 수고도 헛되지 아니함으로 그리스도의 날에 나로 자랑할 것이 있게 하려 함이라 만일 너희 믿음의 제물과 봉사 위에 내가 나를 관제로 드릴찌라도 나는 기뻐하고 너희 무리와 함께 기뻐하리니 이와 같이 너희도 기뻐하고 나와 함께 기뻐하라"(빌2:12-18)

"형제들아 너희는 함께 나를 본받으라 또 우리로 본을 삼은 것 같이 그대로 행하는 자들을 보이라 내가 여러 번 너희에게 말하였거니와 이제도 눈물을 흘리며 말하노니 여러 사람들이 그리스도 십자가의 원수로 행하느니라 저희의 마침은 멸망이요 저희의 신은 배요 그 영광

은 저희의 부끄러움에 있고 땅의 일을 생각하는 자라"(빌3:17-19)

2) 성화 구원의 원리는 성육신(인카네이션)

사도 바울의 성화 신학의 극치는 성육신 하신 예수님이었다. 예수님은 말씀이 육신의 몸을 입고 오신 분이시다. 예수님은 근본 하나님의 본체이시지만 영광의 보좌를 버리고 인간의 몸을 입고 오셔서 자기를 낮추시고 십자가에서 죽으셨다. 사도 바울은 이런 예수님을 좋아하고 본 받기를 간절히 소망했다. 그리고 모든 성도들이 따라오기를 기도했다. 성화의 원리는 말씀이 육신을 입는 것이다. 예수님이 육체를 가지고 사셨지만 한 번도 자기의 뜻대로 살지 않으시고 자기를 비우고 아버지 말씀에 순종해서 말씀을 입은 육신으로 사셨기 때문에 예수님을 통해 아버지 하나님은 모든 뜻을 이루실 수 있었던 것이다. 예수님의 성화의 극치는 세상에서 가장 낮아진 음부에서 세상에서 가장 높은 하나님의 보좌 우편에 앉으셨다. 그 이유는 성화 구원을 온전히 이루셨기 때문이다. 우리 예수 믿는 성도들도 단순하게 구원을 받고 영원히 사는 것이 아니다. 구원을 받아 하나님의 아들이 되었다면 하나님처럼 온전하게 되어야 한다. 그렇게 되는 과정이 성화 구원이다. 그러므로 영혼이 구원을 받는 것보다 더 중요하다. 왜냐하면 우리 영혼이 구원을 받았는지를 증거 해주기 때문이다.

"너희 안에 이 마음을 품으라 곧 그리스도 예수의 마음이니 그는 근본 하나님의 본체시나 하나님과 동등됨을 취할 것으로 여기지 아니하시고 오히려 자기를 비워 종의 형체를 가져 사람들과 같이 되었고 사람의 모양으로 나타나셨으매 자기를 낮추시고 죽기까지 복종하셨으니 곧 십자가에 죽으심이라 이러므로 하나님이 그를 지극히 높여 모든 이름 위에 뛰어난 이름을 주사 하늘에 있는 자들과 땅에 있는 자들과 땅 아래 있는 자들로 모든 무릎을 예수의 이름에 꿇게 하시고 모든 입으로 예수 그리스도를 주라 시인하여 하나님 아버지께 영광을 돌리게 하셨느니라"(빌2:5-11)

"말씀이 육신이 되어 우리 가운데 거하시매 우리가 그 영광을 보니

아버지의 독생자의 영광이요 은혜와 진리가 충만하더라"(요1:14)
　우리가 예수님을 닮아 가려면 하나님 말씀에 순종해야 한다.
　"너희가 진리를 순종함으로 너희 영혼을 깨끗하게 하여 거짓이 없이 형제를 사랑하기에 이르렀으니 마음으로 뜨겁게 피차 사랑하라 너희가 거듭난 것이 썩어질 씨로 된 것이 아니요 썩지 아니할 씨로 된 것이니 하나님의 살아 있고 항상 있는 말씀으로 되었느니라"(벧전 1:22-23)

3) 사도 바울의 성화 구원의 푯대는 십자가 예수

　사도 바울은 영혼을 구하고 교회를 세우는 일에도 전념을 했지만 그 일을 하는데 힘의 원천이 되었던 것이 그리스도를 아는 지식의 고상함이었다. 날마다 자신이 죽어 없어지는 고통 속에서 펑펑 솟아나는 샘물처럼 사도 바울을 살게 했던 것이 예수님의 부활의 능력이었다. 그래서 사도 바울은 기꺼이 자신에게 유익한 모든 것들까지도 배설물처럼 버릴 수 있었던 것이다. 누가 그리스도인들의 세상 살이가 어렵다고 했는가! 무능력한 옛 사람을 통해서 살려고 하니 힘이든 것이다. 사도 바울처럼 살 수만 있다면 얼마나 감격스럽고 놀라운 삶이 우리들의 삶속에서 펼쳐질 수 있겠는가!
　"그러나 무엇이든지 내게 유익하던 것을 내가 그리스도를 위하여 다 해로 여길뿐더러 또한 모든 것을 해로 여김은 내 주 그리스도 예수를 아는 지식이 가장 고상함을 인함이라 내가 그를 위하여 모든 것을 잃어버리고 배설물로 여김은 그리스도를 얻고 그 안에서 발견되려 함이니 내가 가진 의는 율법에서 난 것이 아니요 오직 그리스도를 믿음으로 말미암은 것이니 곧 믿음으로 하나님께로서 난 의라 내가 그리스도와 그 부활의 권능과 그 고난에 참예함을 알려하여 그의 죽으심을 본받아 어찌하든지 죽은 자 가운데서 부활에 이르려 하노니 내가 이미 얻었다 함도 아니요 온전히 이루었다 함도 아니라 오직 내가 그리스도 예수께 잡힌바 된 그것을 잡으려고 좇아가노라 형제들아 나는 아직 내가 잡은 줄로 여기지 아니하고 오직 한 일 즉 뒤에 있는 것은 잊어버리고 앞에 있는 것을 잡으려고 푯대를 향하여 그리스도 예수 안에서 하나님이 위에서 부르신 부름의 상을 위하여 좇아가노라 그러므로 누구든지 우리 온전히 이룬 자들은 이렇게 생각할찌니 만일 무슨 일에 너희가 달리 생각하면 하나님이 이것도 너희에게 나타내시리라 오직 우리가 어디까지 이르렀든지 그대로 행할 것이라"(빌3:7-16)

4) 사도 베드로가 말한 성화란 무엇인가?

사도 베드로가 말한 성화란 신의 성품에 참예하는 것이다. 그는 이것을 신기한 능력이라고 했다. 그런데 성화가 이루어지는 과정을 보배롭고 지극히 큰 약속 이라고 했다. 역시 하나님의 말씀을 통해서 이루어진다고 하였다. 말씀은 인격이고 인격은 하나님의 형상이다.

"그의 신기한 능력으로 생명과 경건에 속한 모든 것을 우리에게 주셨으니 이는 자기의 영광과 덕으로써 우리를 부르신 자를 앎으로 말미암음이라 이로써 그 보배롭고 지극히 큰 약속을 우리에게 주사 이 약속으로 말미암아 너희로 정욕을 인하여 세상에서 썩어질 것을 피하여 신의 성품에 참예하는 자가 되게 하려 하셨으니"(벧후1:3-4)

사도 베드로는 성화의 과정을 8단계로 나눴다.
"이러므로 너희가 더욱 힘써 너희 믿음에 덕을, 덕에 지식을, 지식에 절제를, 절제에 인내를, 인내에 경건을, 경건에 형제 우애를, 형제 우애에 사랑을 공급하라 이런 것이 너희에게 있어 흡족한즉 너희로 우리 주 예수 그리스도를 알기에 게으르지 않고 열매 없는 자가 되지 않게 하려니와 이런 것이 없는 자는 소경이라 원시치 못하고 그의 옛 죄를 깨끗케 하심을 잊었느니라 그러므로 형제들아 더욱 힘써 너희 부르심과 택하심을 굳게 하라 너희가 이것을 행한즉 언제든지 실족지 아니하리라 이같이 하면 우리 주 곧 구주 예수 그리스도의 영원한 나라에 들어감을 넉넉히 너희에게 주시리라"(벧후1:5-11)

1단계는 믿음이다. 믿음을 가지고 구원을 받게 되면 어린아이와 같이 자랑하고 기뻐 뛰게 된다. 온 세상이 내 것이 된 것 같은 긍정의 에너지가 넘친다. 2단계는 덕이다. 덕은 인격이 성숙하는 것이다. 말보다 행동이 앞서는 가운데 느끼는 기쁨과 만족이다. 3단계는 지식이다. 덕을 세우다 보면 금방 바닥이 드러난다. 믿음의 깊이가 깊지 않기 때문이다. 그래서 그 믿음의 깊이를 가지기 위해서 지식을 채워야 한다. 그래서 사랑과 믿음의 높이와 깊이와 길이와 넓이를 크게 해야 한다. 4단계는 절제이다. 지식이 쌓이다 보면 자신감이 생기고 남들을 가르치려고 한다. 또 그 지식을 자랑하고 싶어 한다. 그래서 절제를 배우게 된다. 5단계 인내이다. 절제를 계속하면서 고상한 인격이 생겨나는데 그것이 인내이다. 참고 견디면서 영적인 포만감을 가져다 주는 열매이다. 6단계는 경건이다. 경건은 예배자가 가지고 있는 최고의 덕목으로 거룩함이다. 세상과 구별된 능력이다. 경건속에는 모든 지식과 지혜가 충만하다. 7단계는 형제 우애이다. 형제 우애는 형제 사랑으로 나아가는 디딤돌이다. 우리는 사랑이란 말을 아주 헤프게 사용한다. 일종의 립 서비스(lip service)이다. 그러나 유행가 가사처럼 사랑은 아무나 하는 것이 아니다. 형제를 진심으로 우애하는 마음이 있어야 한다. 그전에 인내와 경건의 열매를 맺어서 자신이 거룩함과 지혜로 세상에서 비켜 있어야 한다. 그런 사람만이 진정한 형제 우애를 할 수 있다. 형제 우애는 형제를 사랑하기 위해 훈련하는 과정이다. 8단계는 사랑이다. 사도 베드로는 사랑을 가장 나중의 열매로 기록했다. 바울은 성령의 열매로 사랑을 첫 번째 덕목으로 기록을 했다. 사랑은 하나님이 가지고 계신 최고의 덕목이다. 역시 거룩한 사랑이시다. 거룩함과 사랑을 함께 가지는 것은 모순처럼 느껴진다. 즉 세상의 모든 방패를 뚫을 수 있는 창과 세상의 모든 창을 막을 수 있는 방패가 함께 공존하는 것은 불가능하다. 이처럼 거룩하신 하나님과 사랑의 하나님이 공존하신것도 불가능하다. 그러나 전능하신 하나님은 사랑과 거룩을 함께 가지고 계시다. 이것이 아버지 하나님의 심판의 보좌이시다. 우리가 천년왕국을 통치하면서 최종적으로 갖게 될 최고의 덕목인 거룩함과 사랑을 함께 가지고 영원한 천국으로 들어갈 것이다.

5) 성경적인 구원의 서정 8단계로 본 성화의 과정

1단계 믿음

구원의 서정 1단계는 믿음이다. 이것을 구원의 부르심이라고 한다. 예수를 구주로 영접하고 새로운 믿음의 단계를 시작하는 것이다.

2단계는 중생이다. 중생은 영적으로 이루어지는 비밀이다. 성경에서는 거듭남이라고 하였다.

3단계는 회심이다. 회심은 영적으로 이루어진 거듭남이 생활 속에서 나타나는 실제적인 열매이다. 이 단계가 이르게 되면 성령이 친히 하나님의 아들 됨을 증거하는 단계로 삶속에서도 실제적인 세상과의 분리가 이루어진다. 중생은 내적인 변화이고 회심은 외적인 변화이다.

4단계는 칭의이다. 칭의란 성령께서 친히 의롭다 하심을 증거하는 것을 경험하는 것이다.

5단계는 양자이다. 양자란 하나님의 아들 됨을 알고 하늘의 기업을 사모하게 된다.

6단계는 성화이다. 성화란 육체 속에 그리스도의 형상을 채워가는 것이다. 성화의 극치는 말씀에 순종해서 말씀이 육신을 입는 것이다.

7단계는 견인이다. 견인은 인내와 경건의 덕목으로 세상과 완전히 구별되어 의를 위하여 핍박을 견디는 순교의 신앙이다.

8단계는 영화이다. 영화란 구원받은 성도가 육체를 벗어 버리고 부활하신 예수님과 같이 되는 것이다. 예수님께서 재림 하실 때 첫째 부활에 참예하여 예수님과 한 몸을 이루는 혼인잔치에서 이루어진다. 이것을 아들이 왕이 되어 대관식을 하고 천년왕국을 기업으로 받아 통치할 때 이루어진다.

6) 휴거와 성화 신학의 관계

성화 신학이란 옛 사람의 육체 안에 있는 원죄의 부패성이 모두 사라질 때 완성이 된다.

구원받은 성도에게 원죄의 부패성이 모두 사라지려면 예수님처럼 말씀이 육신을 입고 모든 말씀에 순종하는 삶을 살아야 한다. 예수님의 신부인 새 예루살렘이 입고 있는 빛나고 깨끗한 세마포가 성화 구원의 완성이다. 예수님께서 공중으로 강림 하실 때 살아있는 성도들 중에 휴거에 참여할 수 있는 사람들은 흰옷을 입은 사람들이다. 그렇지 못한 사람들은 환난으로 넘어가 순교를 통해서 흰옷을 입게 된다. 사데 교회 안에는 흰 옷을 입고 다닌 몇 사람이 있었다. 흰옷은 원죄의 부패성을 이기고 말씀에 순종하는 자가 입은 옷이다.

애굽에서 60만 명이 나왔다. 그 중에서 여호수아와 갈렙 두 사람만 애굽에서 나온 몸을 가지고 약속의 땅에 들어갈 수 있었다. 여호와 하나님은 다음과 같이 말씀 하신다.

"애굽에서 나온 자들의 이십세 이상으로는 한 사람도 내가 아브라함과 이삭과 야곱에게 맹세한 땅을 정녕히 보지 못하리니 이는 그들이 나를 온전히 순종치 아니하였음이니라 다만 그나스 사람 여분네의 아들 갈렙과 눈의 아들 여호수아는 볼 것은 여호와를 온전히 순종하였음이니라 하시고 여호와께서 이스라엘에게 진노하사 그들로 사십년 동안 광야에 유리하게 하심으로 여호와의 목전에 악을 행한 그 세대가 필경은 다 소멸하였느니라"(민32:11-13)

7) 요한 계시록에서 성화가 이루어지는 장소는 어디인가?

휴거하지 못하고 환난으로 넘어간 성도의 대부분의 성화는 세상에서 순교를 통해서 이루어진다. 라오디게아 교회는 순교하는 교회이다. 미지근한 신앙을 가지고 세상과 하나님 사이를 오가며 세상에서는 부요하나 영적으로는 벌거벗고 눈 멀고 가련한 라오디게아 교회를 향해 회개를 촉구하시면서 회개하면 보좌에 앉게 해주지만 하지 않으면 토하여 내치리라 하셨다.

"내가 네 행위를 아노니 네가 차지도 아니하고 더웁지도 아니하도다 네가 차든지 더웁든지 하기를 원하노라 네가 이같이 미지근하여 더웁지도 아니하고 차지도 아니하니 내 입에서 너를 토하여 내치리라 네가 말하기를 나는 부자라 부요하여 부족한 것이 없다 하나 네 곤고한 것과 가련한 것과 가난한 것과 눈 먼것과 벌거벗은 것을 알지 못하도다 내가 너를 권하노니 내게서 불로 연단한 금을 사서 부요하게 하고 흰 옷을 사서 입어 벌거벗은 수치를 보이지 않게 하고 안약을 사서 눈에 발라 보게 하라 무릇 내가 사랑하는 자를 책망하여 징계하노니 그러므로 네가 열심을 내라 회개하라"(계3:15-19)

"다섯째 인을 떼실 때에 내가 보니 하나님의 말씀과 저희의 가진 증거를 인하여 죽임을 당한 영혼들이 제단 아래 있어 큰 소리로 불러 가로되 거룩하고 참되신 대주재여 땅에 거하는 자들을 심판하여 우리 피를 신원하여 주지 아니하시기를 어느 때까지 하시려나이까 하니 각각 저희에게 흰 두루마기를 주시며 가라사대 아직 잠시 동안 쉬되 저희 동무 종들과 형제들도 자기처럼 죽임을 받아 그 수가 차기까지 하라 하시더라"(계6:9-11)

휴거하지 못하고 환난으로 넘어간 극히 적은 일부는 광야 공동체 교회를 통해서 성화가 이루어진다. 광야교회는 모세를 통해서 애굽에서 여호와께서 인도하셔서 세우신 교회이다. 출애굽기 19장에서 여호와는 이스라엘 백성들을 독수리 날개로 업어 인도하셨다고 하였다. 여호와께서 말씀하신 독수리는 40년 전에 애굽에서 불러내신 모세를 말한다. 마지막 때에도 하나님께서는 독수리 두 날개를 받아 광야 공동체 교회로 인도하셔서 양육하신다. 에베소 교회는 모든 것을 가지고 있다. 그러나 한 가지 잃어버린 것은 처음 사랑이었다. 그래서 이것을 찾아 회복하지 않으면 촛대를 옮긴다고 하셨다. 촛대는 교회이다. 결국 에베소 교회는 2% 부족한 성화를 광야교회를 통해 양육하셔서 채우신다.

"내가 네 행위와 수고와 네 인내를 알고 또 악한 자들을 용납지 아니한 것과 자칭 사도라 하되 아닌 자들을 시험하여 그 거짓된 것을 네가 드러낸 것과 또 네가 참고 내 이름을 위하여 견디고 게으르지 아니한 것을 아노라 그러나 너를 책망할 것이 있나니 너의 처음 사랑을 버렸느니라 그러므로 어디서 떨어진 것을 생각하고 회개하여 처음 행위를 가지라 만일 그리하지 아니하고 회개치 아니하면 내가 네게 임하여 네 촛대를 그 자리에서 옮기리라"(계2:2-5)

"그러므로 하늘과 그 가운데 거하는 자들은 즐거워하라 그러나 땅

과 바다는 화 있을찐저 이는 마귀가 자기의 때가 얼마 못된 줄을 알
므로 크게 분내어 너희에게 내려 갔음이라 하더라 용이 자기가 땅으
로 내어쫓긴 것을 보고 남자를 낳은 여자를 핍박하는지라 그 여자가
큰 독수리의 두 날개를 받아 광야 자기 곳으로 날아가 거기서 그 뱀
의 낯을 피하여 한 때와 두 때와 반 때를 양육 받으매 여자의 뒤에서
뱀이 그 입으로 물을 강 같이 토하여 여자를 물에 떠내려 가게 하려
하되 땅이 여자를 도와 그 입을 벌려 용의 입에서 토한 강물을 삼키
니 용이 여자에게 분노하여 돌아가서 그 여자의 남은 자손 곧 하나님
의 계명을 지키며 예수의 증거를 가진 자들로 더불어 싸우려고 바다
모래 위에 섰더라"(계12:12-17)

4. 교회 신학

1) 교회 신학의 뿌리는 에베소서이다

에베소서와 골로새서는 교회신학의 뿌리이다. 에베소서는 전체 6
장으로 되어 있고 골로새서는 3장으로 적은 내용이 기록되어 있으나
가장 심오한 기독교 진리를 담고 있다. 창세기는 태초에 하나님이 천
지를 창조하신 말씀이다. 요한복음은 태초부터 계신 말씀으로 천지를
창조하셨다. 요한복음의 말씀은 창세기 1장 천지를 창조하신 말씀보
다 앞에 있는 말씀이다. 그런데 에베소서와 골로새서는 만세와 만대
로부터 하나님 속에 감춰진 비밀에 대한 말씀이다. 사도 바울은 3년
동안 에베소 교회에서 성경을 가르쳤다. 그래서 에베소 교회는 가장
깊은 진리인 교회 신학이 담겨 있다. 성경에서 가장 깊고 심오한 신학
이 교회 신학이다. 왜냐하면 교회는 만세와 만대로부터 하나님 속에
감춰진 비밀이기 때문이다. 오늘날 성경에서 말하고 있는 참 교회의
비밀을 아는 사람들을 찾아보기 힘든 세상이다. 교회는 하나님의 창
조와 구속의 목적이기도 하다. 그러므로 교회를 모르면 기독교의 진
리를 아는 것이 하나도 없는 것이다. 오늘날 우리가 말한 교회는 성경
에서 말한 교회가 아니다.

2) 만세와 만대로부터 하나님 속에 감춰진 교회 신학의 비밀

"모든 성도 중에 지극히 작은 자보다 더 작은 나에게 이 은혜를 주신 것은 측량할 수 없는 그리스도의 풍성을 이방인에게 전하게 하시고 영원부터 만물을 창조하신 하나님 속에 감추었던 비밀의 경륜이 어떠한 것을 드러내게 하려 하심이라 이는 이제 교회로 말미암아 하늘에서 정사와 권세들에게 하나님의 각종 지혜를 알게 하려 하심이니 곧 영원부터 우리 주 그리스도 예수 안에서 예정하신 뜻대로 하신 것이라"(엡3:8-11)

"이 비밀은 만세와 만대로부터 옴으로 감추었던 것인데 이제는 그의 성도들에게 나타났고 하나님이 그들로 하여금 이 비밀의 영광이 이방인 가운데 어떻게 풍성한 것을 알게 하려하심이라 이 비밀은 너희 안에 계신 그리스도시니 곧 영광의 소망이니라"(골1:26-27)

기독교의 구원은 영생의 비밀이 아니다. 단순하게 영원한 생명을 주는 종교가 아니라는 것이다. 기독교의 구원은 교회의 비밀이다. 예수님의 신부가 되는 것이다. 이것을 예수님의 몸된 교회라고 한다. 기독교인이 영생을 얻었다고 하면서 교회를 모르면 그 영생은 다른 종교에서도 말한 단순한 종교적인 교리와 다를 바가 없다. 기독교 구원은 교회가 되는 것이다. 예수님의 신부인 교회가 되기 위해서 하나님 아버지의 아들이 되어야 하고, 성령의 거룩한 전이 되어야 하는 것이다. 이것이 에베소서에서 말하고 있는 교회 신학이다. 교회는 건물이 아니다. 단순하게 성도들이 모여 있는 집단이 아니다. 구원 받은 성도 한 사람 한 사람이 예수님의 신부가 되어 이 세상을 살아가는 동안 단장을 하는 것이다.

3) 교회의 본질은 3위1체 하나님 자신이다

성부 하나님은 창세전에 교회를 예정하시고, 성자 예수님은 교회를 위해 십자가에 피를 흘려 대속하시고, 성령 하나님은 교회를 인치시고 보증하셔서 아름다운 예수님의 신부로 단장시키신다. 이 세상에 존재한 교회는 만물을 발로 밟고 교회의 머리로 계신 예수님의 몸이다.

4) 교회는 유대인과 이방인들로 세워진다

교회는 세상 풍속을 좇고 공중의 권세 잡은 자들을 따라 살았던 유대인과 이방인이 구원을 받아 예수님 안에서 한 몸으로 지어져 간다. 이것이 예수님의 신부가 된 교회가 단장해 나가는 것이다.

요한 계시록 21장에 기록된 새 예루살렘은 완성된 예수님의 신부이다. 12개 문과 12개 기초석에는 12지파 이름과 12사도 이름이 있다. 그 이유는 예수님의 몸된 교회는 구원 받은 유대인과 이방인들로 이루어진 것이다.

"이제는 전에 멀리 있던 너희가 그리스도 예수 안에서 그리스도의 피로 가까와졌느니라 그는 우리의 화평이신지라 둘로 하나를 만드사 중간에 막힌 담을 허시고 원수 된 것 곧 의문에 속한 계명의 율법을 자기 육체로 폐하셨으니 이는 이 둘로 자기의 안에서 한 새 사람을 지어 화평하게 하시고 또 십자가로 이 둘을 한 몸으로 하나님과 화목하게 하려 하심이라 원수 된것을 십자가로 소멸하시고 또 오셔서 먼데 있는 너희에게 평안을 전하고 가까운데 있는 자들에게 평안을 전하셨으니 이는 저로 말미암아 우리 둘이 한 성령 안에서 아버지께 나아감을 얻게 하려 하심이라 그러므로 이제부터 너희가 외인도 아니요 손도 아니요 오직 성도들과 동일한 시민이요 하나님의 권속이라 너희는 사도들과 선지자들의 터 위에 세우심을 입은 자라 그리스도 예수께서 친히 모퉁이 돌이 되셨느니라 그의 안에서 건물마다 서로 연결하여 주 안에서 성전이 되어가고 너희도 성령 안에서 하나님의 거하실 처소가 되기 위하여 예수 안에서 함께 지어져 가느니라"(엡2:13-22)

5) 아담의 창조속에 감춰진 교회의 비밀

사도 바울은 자신이 깨달은 교회 비밀을 기록하면서 하늘과 땅에 있는 각 족속에게 이름을 주신 아버지 앞에 엄숙하게 무릎을 꿇고 기도를 한다.

"영원부터 만물을 창조하신 하나님 속에 감추었던 비밀의 경륜이 어떠한 것을 드러내게 하려 하심이라 이는 이제 교회로 말미암아 하늘에서 정사와 권세들에게 하나님의 각종 지혜를 알게 하려 하심이니 곧 영원부터 우리 주 그리스도 예수 안에서 예정하신 뜻대로 하신 것이라"(엡3:9-11)

"영원부터 만물을 창조하신 하나님 속에 감추었던 비밀의 경륜" "이제 교회로 말미암아 하늘에서 정사와 권세들에게 하나님의 각종 지혜를 알게 하려 하심이니" "곧 영원부터 우리 주 그리스도 예수 안에서 예정하신 뜻" 이를 쉽게 요약하면 하나님은 비밀을 가지시고 만물을 창조하셨다. 그 비밀의 목적은 하늘에 있는 정사와 권세들인 천사들에게 하나님의 각종 지혜를 알게 하신 것이다. 그런데 이것이 영원부터 그리스도 예수 안에서 예정하신 것이다.

하나님께서 창세전에 예수 안에서 예정하신 창조의 비밀을 가지고 천사들에게 자랑하시고 싶으신 것이 무엇이었을까? 정사와 권세들은 천사들이다. 타락한 루시퍼의 종들도 정사와 권세들이다. 하나님께서 천사들에게 무슨 창조의 비밀을 자랑하셨기에 최고의 일등 천사로 창조된 루시엘이 하루 아침에 뒤집혀져 버렸을까? 이것이 또한 하나님의 섭리신학이다.

골로새서는 성경에서 유일하게 천사창조를 기록하고 있다.

"만물이 그에게 창조되되 하늘과 땅에서 보이는 것들과 보이지 않는 것들과 혹은 보좌들이나 주관들이나 정사들이나 권세들이나 만물이 다 그로 말미암고 그를 위하여 창조되었고"(골1:16)

사도 바울의 장엄한 기도는 교회의 비밀이 이루어지게 하는 능력이다. 예수 그리스도 안에 있는 사랑의 넓이 길이 높이 깊이가 어떠함을 깨달은 비례만큼 하나님의 모든 충만하신 것으로 충만하게 하시기를 기도한다.

"이러하므로 내가 하늘과 땅에 있는 각 족속에게 이름을 주신 아버지 앞에 무릎을 꿇고 비노니 그 영광의 풍성을 따라 그의 성령으로 말미암아 너희 속 사람을 능력으로 강건하게 하옵시며 믿음으로 말미암아 그리스도께서 너희 마음에 계시게 하옵시고 너희가 사랑 가운데서 뿌리가 박히고 터가 굳어져서 능히 모든 성도와 함께 지식에 넘치는 그리스도의 사랑을 알아 그 넓이와 길이와 높이와 깊이가 어떠함을 깨달아 하나님의 모든 충만하신 것으로 너희에게 충만하게 하시기를 구하노라 우리 가운데서 역사하시는 능력대로 우리의 온갖 구하는 것이나 생각하는 것에 더 넘치도록 능히 하실 이에게 교회 안에서와 그리스도 예수 안에서 영광이 대대로 영원 무궁하기를 원하노라 아멘"(엡3:14-21)

6) 그리스도인의 새 생활

에베소서 4장은 만물을 충만하게 하는 그리스도의 사랑을 알고 있는 그리스도인들의 새로운 생활에 대하여 가르쳐 주고 있다. 구원받은 성도들은 새로운 피조물들이 되어 예수님의 신부가 되었다. 그래서 육체를 가지고 세상에서 사는 동안 예수님의 신부로 아름답게 단장해 가야 하는 것이다. 이것이 그리스도인의 생활의 목적이다. 성화의 과정을 거치는 것이 예수님의 신부로 단장해 가는 과정이다. 에베소서 4장에서는 교회 생활과 개인 생활을 가르친다. 사도 바울은 교회 생활의 목적을 성도를 온전하게 하고 봉사의 일을 하게하고 그리스도의 몸을 세우게 한다고 하였다. 그러면서 교회에서 가장 중요한 덕목은 하나가 되는 것이라 하였다. 하나님이 세워주신 사역자들을 중심으로 하나가 되라고 하면서 은사에 대하여 언급을 한다. 은사를 주신 세 가지 목적은 성도 개인을 온전케 하고, 봉사의 일을 하고, 그리스도의 몸인 교회를 세우는 일을 한다. 성령 하나님이 주신 9가지 은사는 성도 개인을 온전하게 한다. 성자 예수님이 주신 7가지 은사는 봉사의 일을 하게 한다. 성부 하나님이 주신 10가지 은사는 교회를 세우는 일을 한다.

바울은 동시에 고린도 전서 12장과 로마서 12장에서 같은 말을 한다.

"은사는 여러 가지나 성령은 같고 직임은 여러 가지나 주는 같으며 또 역사는 여러 가지나 모든 것을 모든 사람 가운데서 역사하시는

하나님은 같으니"(고전12:4-6)

　에베소서 4장, 고린도 전서 12장, 로마서 12장에 기록된 교회의 주신 은사는 삼위일체 하나님께서 교회를 세우라고 주신 은사들이다.

　성부 하나님이 주신 사역의 은사는 교회를 세우는 일을 한다. 사도, 선지자, 목사, 교사 등이다.

　"그가 혹은 사도로, 혹은 선지자로, 혹은 복음 전하는 자로, 혹은 목사와 교사로 주셨으니 이는 성도를 온전케 하며 봉사의 일을 하게하며 그리스도의 몸을 세우려 하심이라"(엡4:11-12)

　"하나님이 교회 중에 몇을 세우셨으니 첫째는 사도요 둘째는 선지자요 세째는 교사요 그 다음은 능력이요 그 다음은 병 고치는 은사와 서로 돕는 것과 다스리는 것과 각종 방언을 하는 것이라 다 사도겠느냐 다 선지자겠느냐 다 교사겠느냐 다 능력을 행하는 자겠느냐 다 병 고치는 은사를 가진 자겠느냐 다 방언을 말하는 자겠느냐 다 통역하는 자겠느냐"(고전12:28-30)

　성자 예수님이 주신 은사는 봉사의 일을 한다. 예언, 섬기는 일, 가르치는 일, 권위하는 일, 구제하는 일, 다스리는 일, 긍휼을 베푸는 일 등이다.

　"내게 주신 은혜로 말미암아 너희 중 각 사람에게 말하노니 마땅히 생각할 그 이상의 생각을 품지 말고 오직 하나님께서 각 사람에게 나눠주신 믿음의 분량대로 지혜롭게 생각하라 우리가 한 몸에 많은 지체를 가졌으나 모든 지체가 같은 직분을 가진 것이 아니니 이와 같이 우리 많은 사람이 그리스도 안에서 한 몸이 되어 서로 지체가 되었느니라 우리에게 주신 은혜대로 받은 은사가 각각 다르니 혹 예언이면 믿음의 분수대로, 혹 섬기는 일이면 섬기는 일로, 혹 가르치는 자면 가르치는 일로, 혹 권위하는 자면 권위하는 일로, 구제하는 자는 성실함으로, 다스리는 자는 부지런함으로, 긍휼을 베푸는 자는 즐거움으로 할 것이니라"(롬12:3-8)

　성령 하나님이 주신 9가지 은사는 각 개인을 온전케 한다. 지혜의 말씀, 지식의 말씀, 믿음, 병 고침, 능력 행함, 예언함, 영들 분별함, 각종 방언, 방언 통역이다.

"어떤이에게는 성령으로 말미암아 지혜의 말씀을, 어떤이에게는 같은 성령을 따라 지식의 말씀을, 다른이에게는 같은 성령으로 믿음을, 어떤이에게는 한 성령으로 병 고치는 은사를, 어떤이에게는 능력 행함을, 어떤이에게는 예언함을, 어떤이에게는 영들 분별함을, 다른이에게는 각종 방언 말함을, 어떤이에게는 방언들 통역함을 주시나니"(고전 12:8-10)

사도 바울은 교회는 예수님의 몸으로 각 지체들이 받은 은사대로 서로를 섬길 때 모든 이들이 그리스도의 장성한 분량이 충만한데까지 자라날 수 있다고 하였다.

"우리가 다 하나님의 아들을 믿는 것과 아는 일에 하나가 되어 온전한 사람을 이루어 그리스도의 장성한 분량이 충만한데까지 이르리니 이는 우리가 이제부터 어린 아이가 되지 아니하여 사람의 궤술과 간사한 유혹에 빠져 모든 교훈의 풍조에 밀려 요동치 않게 하려 함이라 오직 사랑 안에서 참된 것을 하여 범사에 그에게까지 자랄찌라 그는 머리니 곧 그리스도라 그에게서 온 몸이 각 마디를 통하여 도움을 입음으로 연락하고 상합하여 각 지체의 분량대로 역사하여 그 몸을 자라게 하며 사랑 안에서 스스로 세우느니라"(엡4:13-16)

7) 에덴의 아담과 천년왕국의 예수님

에베소서 5장은 그리스도인의 가정생활에 대하여 가르쳐 주고 있다. 놀랍게도 아내와 남편을 교회와 그리스도로 가르친다. 창세기 2장의 아담과 하와를 다시 가져와서 교회의 비밀과 가정의 비밀과 왕국의 비밀을 가르쳐 주고 있다. 남여가 결혼해서 부모를 떠나 한 몸이 되라고 하신 것은 이미 창세전에 아버지 하나님 속에 감춰진 비밀이었다. 예수님의 신부인 교회를 만들어 한 몸이 되게 하여 천년왕국을 통치하게 하시는 것이다.

"아내들이여 자기 남편에게 복종하기를 주께 하듯하라 이는 남편이 아내의 머리 됨이 그리스도께서 교회의 머리 됨과 같음이니 그가 친히 몸의 구주시니라 그러나 교회가 그리스도에게 하듯 아내들도 범사에 그 남편에게 복종할찌니라 남편들아 아내 사랑하기를 그리스도께서 교회를 사랑하시고 위하여 자신을 주심 같이 하라 이는 곧 물로 씻어 말씀으로 깨끗하게 하사 거룩하게 하시고 자기 앞에 영광스러운 교회로 세우사 티나 주름잡힌 것이나 이런 것들이 없이 거룩하고 흠이 없게 하려 하심이니라 이와 같이 남편들도 자기 아내 사랑하기를 제몸 같이 할찌니 자기 아내를 사랑하는 자는 자기를 사랑하는 것이라 누구든지 언제든지 제 육체를 미워하지 않고 오직 양육하여 보호하기를 그리스도께서 교회를 보양함과 같이 하나니 우리는 그 몸의 지체임이니라 이러므로 사람이 부모를 떠나 그 아내와 합하여 그 둘이 한 육체가 될찌니 이 비밀이 크도다 내가 그리스도와 교회에 대하여 말하노라 그러나 너희도 각각 자기의 아내 사랑하기를 자기 같이 하고 아내도 그 남편을 경외하라"(엡5:22-33)

성경에서 말한 부부는 교회와 예수님과 같은 관계이다. 교회는 예수님께 예배를 드린다. 예수님은 교회를 목숨 바쳐 사랑하신다. 오늘날 그리스도인들의 가정 역시 아내는 남편을 존경하고 경외해야 한다. 남편은 아내를 목숨을 바쳐 사랑해야 해야 한다. 이러한 가정이 교회의 기초가 되고 천국의 기초가 된다. 이런 부모 밑에서 자라난 자식들을 또 같은 열매를 맺고 하나님이 공급하시는 충만한 은혜를 누리는 가정이 되어 하나님의 나라를 세워간다.

8) 그리스도인의 영적 생활

에베소서 6장은 그리스도인의 사회생활과 영적생활에 대하여 가르친다. 그리스도인들의 사회생활은 성전이 되는 자기 몸 안에서 이루어지는 영적인 예배가 삶의 현장에서 나타나는 열매이기 때문에 눈가림만 하지 말고 마음을 다해서 주님께 하듯 하라고 하였다. 그리하면 주님께서 상을 주실 것을 가르쳐 주고 있다.

"종들아 두려워하고 떨며 성실한 마음으로 육체의 상전에게 순종하기를 그리스도께 하듯하여 눈가림만 하여 사람을 기쁘게 하는 자처럼 하지 말고 그리스도의 종들처럼 마음으로 하나님의 뜻을 행하여 단 마음으로 섬기기를 주께 하듯하고 사람들에게 하듯하지 말라 이는 각 사람이 무슨 선을 행하든지 종이나 자유하는 자나 주에게 그대로 받을 줄을 앎이니라"(엡6:5-8)

그리스도인의 세상에서의 생활은 믿지 않는 세상 사람들처럼 단순하지 않고 영적인 전쟁을 하고 있다는 것이다. 반드시 영적인 전투에서 승리해서 홀로서는 신앙을 소유할 수 있어야 한다. 영적인 전투에서 승리하기 위해 입어야 할 전신갑주에 대하여 가르쳐 주고 있다.

"우리의 씨름은 혈과 육에 대한 것이 아니요 정사와 권세와 이 어두움의 세상 주관자들과 하늘에 있는 악의 영들에게 대함이라 그러므로 하나님의 전신갑주를 취하라 이는 악한 날에 너희가 능히 대적하고 모든 일을 행한 후에 서기 위함이라 그런즉 서서 진리로 너희 허리 띠를 띠고 의의 흉배를 붙이고 평안의 복음의 예비한 것으로 신을 신고 모든 것 위에 믿음의 방패를 가지고 이로써 능히 악한 자의 모든 화전을 소멸하고 구원의 투구와 성령의 검 곧 하나님의 말씀을 가지라"(엡6:12-17)

놀라운 사실은 구원 받은 성도는 교회 생활을 통해서 믿음이 자라나고 열매를 맺을 수 있고 세상에서 승리할 수 있음을 강조하고 있다. 교회의 비밀은 구원 받은 성도 한 사람 한 사람이 예수님의 몸의 지체이지만 모든 성도들이 한 몸인 예수님의 신부가 되는 것이 중요하다는 사실을 가르쳐 주고 있다. 이런 성도가 하나님의 전신갑주를 입고 세상에서 승리할 수 있는 것이다.

5. 섭리 신학

1) 하나님의 섭리신학의 뿌리인 창세기, 예레미야, 다니엘

창세기는 하나님의 섭리신학의 뿌리이다. 천지 창조에서부터 재림하시는 예수님의 모형인 요셉으로 끝이 난다. 창세기 안에는 성경 66권이 기록되어 있다. 창세기는 천지창조 이후의 역사가 기록되어 있다. 천지 창조 이전의 역사가 기록된 성경이 에베소서 골로새서이다.

그래서 에베소서와 골로새서의 주제인 교회를 통해서 하나님의 섭리신학을 깊이 알아볼 수 있다. 이스라엘인 야곱이 죽기 전에 축복한 12아들들의 역사가 하나님의 섭리이다. 요셉은 두 지파 복을 받았다. 육적인 장자가 된 것이다. 그래서 요셉의 아들 에브라임이 북 왕조 10지파인 이스라엘을 다스렸다. 유다는 영적인 지파이다. 만왕의 왕이 유다지파에서 나온다. 다윗의 자손 예수님이시다. 남 유다 2지파는 교회지파이다. 예레미야 역시 하나님의 섭리신학의 뿌리이다. 유다가 망하고 70년 바벨론 포로 생활이 끝나서 돌아올 때 여호와는 유다와 새 언약을 맺으신다. 모세의 옛 언약은 돌판에 기록했지만 새 언약은 마음에 새긴 성령의 언약인 신약의 역사이다. 다니엘 역시 하나님의 섭리신학의 뿌리이다. 유다가 바벨론에서 70년 포로생활을 마치고 가나안으로 돌아올 때 예루살렘과 가나안 땅에서 이루어질 새 언약의 성취가 70이레로 연결해서 세상 마지막 끝에 이루어질 것을 가르쳐 주고 있다.

2) 아담과 하와 창조는 예수님과 교회의 섭리

"여호와 하나님이 아담을 깊이 잠들게 하시니 잠들매 그가 그 갈빗대 하나를 취하고 살로 대신 채우시고 여호와 하나님이 아담에게서 취하신 그 갈빗대로 여자를 만드시고 그를 아담에게로 이끌어 오시니 아담이 가로되 이는 내 뼈 중의 뼈요 살 중의 살이라 이것을 남자에게서 취하였은즉 여자라 칭하리라 하니라 이러므로 남자가 부모를 떠나 그 아내와 연합하여 둘이 한 몸을 이룰찌로다"(창2:21-24)

"영원부터 만물을 창조하신 하나님 속에 감취었던 비밀의 경륜이 어떠한 것을 드러내게 하려 하심이라 이는 이제 교회로 말미암아 하늘에서 정사와 권세들에게 하나님의 각종 지혜를 알게 하려 하심이니 곧 영원부터 우리 주 그리스도 예수 안에서 예정하신 뜻대로 하신 것이라"(엡3:9-11)

만물 창조 속에 하나님의 감취진 비밀이 있었다. 아담과 하와의 창조 속에 있는 교회의 비밀이다. 이것은 영원 전부터 하나님 속에 감취진 비밀로 예수님 안에서 예정하신 것이다. 하나님께서는 아들 예수님의 신부인 교회를 꿈꾸시면서 계획하시고 그것을 이루기 위해 천사들에게 각종 지혜를 알게 하셨다. 그러나 루시엘 천사는 자기가 가장 아름답고 지혜롭게 창조되었기 때문에 하나님의 계획에 대하여 시기하고 원망하면서 하나님을 향해 고개를 들었다. 그래서 루시엘은 하나님의 심판을 받고 음부 곧 땅에 찍혀 땅은 혼돈하고 공허하며 흑암이 깊음 위에 있게 되었다. 하나님께서는 땅의 재료인 흙으로 사람을 지어 에덴동산에서 뱀을 통치하게 하셨다. 그러나 아담은 뱀의 유혹에 넘어가 죄를 범하고 도리어 뱀의 종이 되었다. 하나님은 예수님을 인간의 몸을 입혀 보내사 죄의 값을 갚아 주시고 믿는 성도들을 구원하셔서 예수님의 신부인 몸된 교회로 단장하여 지어 가신다. 이방인들에게 복음이 다 증거 되고 교회가 완성이 되면 재림하셔서 세상을 심판하시고 예수님의 신부인 교회와 결혼하여 새 예루살렘을 통해서 천년왕국을 다스린다. 천년왕국 끝에 천년동안 무저갱에 가둬 두었던 용을 풀어 다시 천년왕국 백성들을 시험하게 하신다. 교회와 예수님은 용과 곡과 마곡을 잡아 불로 심판하여 하나님을 향해 머리를 들고 훼방한 모든 악의 근원을 제거한다. 그리고 완성된 천년왕국을 아버지 하나님께 바친다. 완성된 새 예루살렘은 성부 하나님의 아들이고 성자 예수님의 신부이고 성령 하나님의 성전이다. 이것이 창세전에 예수님 안에서 예정된 하나님 속에 감춰진 교회의 비밀이다.

에덴동산에 있는 뱀의 정체는 사단, 마귀, 온 천하를 꾀는 자라고 했다. 그런데 어떻게 사단이고 마귀인 옛 뱀이 에덴에 있는가? 그의 정체는 무엇이고 그가 하는 일은 무엇인가?

"하늘에 전쟁이 있으니 미가엘과 그의 사자들이 용으로 더불어 싸울째 용과 그의 사자들도 싸우나 이기지 못하여 다시 하늘에서 저희의 있을 곳을 얻지 못한지라 큰 용이 내어 쫓기니 옛 뱀 곧 마귀라고도 하고 사단이라고도 하는 온 천하를 꾀는 자라 땅으로 내어 쫓기니 그의 사자들도 저와 함께 내어 쫓기니라 내가 또 들으니 하늘에 큰 음성이 있어 가로되 이제 우리 하나님의 구원과 능력과 나라와 또 그의 그리스도의 권세가 이루었으니 우리 형제들을 참소하던 자 곧 우리

하나님 앞에서 밤낮 참소하던 자가 쫓겨 났고"(계12:7-10)

뱀인 사단은 타락하기 전에 하나님께서 가장 지혜롭고 영화롭게 창조한 천사장이다. 그를 견줄만한 다른 피조물은 없었다. 그러나 하나님께서 계획하신 인간 창조와 이를 통한 예수님의 신부인 교회에 대한 계획을 알고 시기심과 투기심이 일어나 하나님을 향해 머리를 들다가 심판을 받아 음부 곧 땅에 찍히게 되었다. 하나님은 타락한 루시퍼를 통해 망가진 땅을 6일 동안 다시 지으셔서 흙으로 아담을 만들고 갈비뼈로 하와를 만들어 땅에 찍힌 뱀 사단을 통치하게 하신 것이다.

"너 아침의 아들 계명성이여 어찌 그리 하늘에서 떨어졌으며 너 열국을 엎은 자여 어찌 그리 땅에 찍혔는고 네가 네 마음에 이르기를 내가 하늘에 올라 하나님의 뭇별 위에 나의 보좌를 높이리라 내가 북극 집회의 산 위에 좌정하리라 가장 높은 구름에 올라 지극히 높은 자와 비기리라 하도다 그러나 이제 네가 음부 곧 구덩이의 맨밑에 빠치우리로다"(사14:12-15)

"인자야 두로 왕을 위하여 애가를 지어 그에게 이르기를 주 여호와의 말씀에 너는 완전한 인이었고 지혜가 충족하며 온전히 아름다왔도다 네가 옛적에 하나님의 동산 에덴에 있어서 각종 보석 곧 홍보석과 황보석과 금강석과 황옥과 홍마노와 창옥과 청보석과 남보석과 홍옥과 황금으로 단장하였었음이여 네가 지음을 받던 날에 너를 위하여 소고와 비파가 예비되었었도다 너는 기름 부음을 받은 덮는 그룹임이여 내가 너를 세우매 네가 하나님의 성산에 있어서 화광석 사이에 왕래하였었도다 네가 지음을 받던 날로부터 네 모든 길에 완전하더니 마침내 불의가 드러났도다 네 무역이 풍성하므로 네 가운데 강포가 가득하여 네가 범죄하였도다 너 덮는 그룹아 그러므로 내가 너를 더럽게 여겨 하나님의 산에서 쫓아 내었고 화광석 사이에서 멸하였도다 네가 아름다우므로 마음이 교만하였으며 네가 영화로우므로 네 지혜를 더럽혔음이여 내가 너를 땅에 던져 열왕 앞에 두어 그들의 구경거리가 되게 하였도다"(겔28:12-17)

"태초에 하나님이 천지를 창조하시니라 땅이 혼돈하고 공허하며 흑암이 깊음 위에 있고 하나님의 신은 수면에 운행하시니라 하나님이

기독교 생명신학

가라사대 빛이 있으라 하시매 빛이 있었고 그 빛이 하나님의 보시기에 좋았더라 하나님이 빛과 어두움을 나누사"(창1:1-4)

하나님이 태초에 천지를 창조하셨다 이것에 대하여 사도 바울은 보이는 것과 보이지 않는 것을 지으셨다고 하였다. 보이는 것은 물질 세상이고 보이지 않는 것은 천사들이다. 하나님께서는 죄를 범하고 사단의 종이 된 인간을 구하시려고 예수님을 보내사 십자가에 죽게 하시고 그의 피로 말미암아 화평을 이루게 하사 땅에 있는 것이나 하늘에 있는 것들이 다 예수님과 화목 되기를 원하셨다. 이것이 최종적으로 이루어지는 천년왕국이다.

"그는 보이지 아니하시는 하나님의 형상이요 모든 창조물보다 먼저 나신 자니 만물이 그에게 창조되되 하늘과 땅에서 보이는 것들과 보이지 않는 것들과 혹은 보좌들이나 주관들이나 정사들이나 권세들이나 만물이 다 그로 말미암고 그를 위하여 창조되었고 또한 그가 만물보다 먼저 계시고 만물이 그 안에 함께 섰느니라 그는 몸인 교회의 머리라 그가 근본이요 죽은 자들 가운데서 먼저 나신 자니 이는 친히 만물의 으뜸이 되려 하심이요 아버지께서는 모든 충만으로 예수 안에 거하게 하시고 그의 십자가의 피로 화평을 이루사 만물 곧 땅에 있는 것들이나 하늘에 있는 것들을 그로 말미암아 자기와 화목케 되기를 기뻐하심이라"(골1:15-20)

시편에서 다윗은 천사보다 못하게 사람을 흙으로 지어 하나님의 형상을 입혀 영광과 존귀로 관을 씌우시고 세상을 다스리게 하시는 하나님의 섭리는 젖먹이의 입으로 권능을 세워 원수와 보수자로 잠잠하게 하려 하심이라고 찬양했다. 루시엘 천사장은 하나님께서 창세전에 또 다른 피조물인 사람을 만들어 하나님의 아들 예수님의 신부가 되게 하여 천사들로 경배하게 하려는 계획을 알고 교만하여 견딜 수 없는 시기심으로 고개를 들 수밖에 없었다. 그러나 이것 또한 하나님이 루시엘을 천하무적으로 창조한 섭리이기도 하다. 결국 루시엘은 하나님의 심판을 받고 끝까지 인간에 대한 하나님의 계획을 훼방하고 있지만 오히려 루시퍼는 사람을 하나님의 아들과 예수님의 신부와 성령의 거룩한 성전으로 만들어 가시는 하나님의 섭리를 다 이루어 주는 존재로 살다가 유황불에 심판을 받게 되는 것이다.

"여호와 우리 주여 주의 이름이 온 땅에 어찌 그리 아름다운지요 주의 영광을 하늘 위에 두셨나이다 주의 대적을 인하여 어린 아이와 젖먹이의 입으로 말미암아 권능을 세우심이여 이는 원수와 보수자로 잠잠케 하려 하심이니이다 주의 손가락으로 만드신 주의 하늘과 주의 베풀어 두신 달과 별들을 내가 보오니 사람이 무엇이관대 주께서 저를 생각하시며 인자가 무엇이관대 주께서 저를 권고하시나이까 저를 천사보다 조금 못하게 하시고 영화와 존귀로 관을 씌우셨나이다 주의 손으로 만드신 것을 다스리게 하시고 만물을 그 발 아래 두셨으니곧 모든 우양과 들짐승이며 공중의 새와 바다의 어족과 해로에 다니는 것이니이다 여호와 우리 주여 주의 이름이 온 땅에 어찌 그리 아름다운지요"(시8:1-9)

3) 인간 구원에 대한 절대적인 하나님의 섭리

기독교는 사람이 만든 종교가 아니다. 성삼위 하나님께서 직접 만들어 가시는 절대적인 섭리이다. 기독교는 단순히 죽기를 무서워해서 영원한 생명을 얻고 사는 종교가 아니다. 기독교 구원의 섭리는 만세와 만대로부터 하나님 속에 감춰진 비밀로 시작해서 지금까지 계속되고 있다. 가인이 아벨을 죽였다. 메시아의 혈통이 끊어진 것이다. 그러나 하나님은 메시아 혈통으로 죽은 아벨 대신 셋을 주셨다. 유다지파 다윗의 자손으로 오셔야 할 예수님의 혈통을 지키기 위해 하나님은 절대적으로 남 유다지파를 간섭하시고 왕들의 혈통을 보존하셨다. 야곱은 죽기 전에 요셉지파를 육적인 아브라함의 자손을 다스리도록 복을 주었고 유다지파를 영적인 예수님의 지파로 구별하여 복을 주었다. 솔로몬이 타락한 이후 갈라진 남북 왕조를 통해 신약시대에 펼쳐질 육적인 아브라함의 자손인 이스라엘과 영적인 아브라함의 자손인 교회로 나누게 하셨다. 여호와 하나님은 아브라함이 이삭을 번제로 바칠 때 자기를 두고 맹세하시면서 아브라함의 자손들이 하늘의 별과 같고 땅의 모래와 같을 것을 예언 하셨는데 하늘의 별과 같은 자손은 영적인 교회이고 땅의 모래와 같은 자손은 육적인 아브라함의 자손인 이스라엘이다.

하나님께서는 모세와 이사야 선지자를 통해서 예수님께서 메시아로 오실 때 육적인 아브라함의 자손인 이스라엘의 눈과 귀를 막아서 강퍅하게 하여 예수님을 거부할 것을 미리 말씀 하셨다. 그리고 이방인들이 구원을 받아 교회가 완성되면 육적인 아브라함의 자손인 이스라엘이 다시 회복될 것을 말씀 하셨다.

"그러나 내가 말하노니 저희가 듣지 아니하였느뇨 그렇지 아니하다 그 소리가 온 땅에 퍼졌고 그 말씀이 땅끝까지 이르렀도다 하였느니라 그러나 내가 말하노니 이스라엘이 알지 못하였느뇨 먼저 모세가 이르되 내가 백성 아닌 자로써 너희를 시기나게 하며 미련한 백성으로써 너희를 노엽게 하리라 하였고 또한 이사야가 매우 담대하여 이르되 내가 구하지 아니하는 자들에게 찾은바 되고 내게 문의하지 아니하는 자들에게 나타났노라 하였고 이스라엘을 대하여 가라사대 순종치 아니하고 거스려 말하는 백성에게 내가 종일 내 손을 벌렸노라 하셨느니라"(롬10:18-21)

4) 예레미야와 다니엘에 나타난 하나님의 섭리

"나 여호와가 이같이 말하노라 바벨론에서 칠십년이 차면 내가 너희를 권고하고 나의 선한 말을 너희에게 실행하여 너희를 이곳으로 돌아오게 하리라"(렘29:10)

"여호와께서 가라사대 그러나 보라 날이 이르리니 다시는 이스라엘 자손을 애굽 땅에서 인도하여 내신 여호와의 사심으로 맹세하지 아니하고 이스라엘 자손을 북방 땅과 그 모든 쫓겨났던 나라에서 인도하여 내신 여호와의 사심으로 맹세하리라 내가 그들을 그 열조에게 준 그들의 땅으로 인도하여 들이리라"(렘16:14-15)

"내가 내 양 무리의 남은 자를 그 몰려갔던 모든 지방에서 모아내어 다시 그 우리로 돌아오게 하리니 그들의 생육이 번성할 것이며 내가 그들을 기르는 목자들을 그들 위에 세우리니 그들이 다시는 두려워 하거나 놀라거나 축이 나지 아니하리라 여호와의 말이니라 나 여호와가 말하노라 보라 때가 이르리니 내가 다윗에게 한 의로운 가지를 일으킬 것이라 그가 왕이 되어 지혜롭게 행사하며 세상에서 공평과 정의를 행할 것이며 그의 날에 유다는 구원을 얻겠고 이스라엘은 평안히 거할 것이며 그 이름은 여호와 우리의 의라 일컬음을 받으리라 그러므로 나 여호와가 말하노라 보라 날이 이르리니 그들이 다시는 이스라엘 자손을 애굽 땅에서 인도하여 내신 여호와의 사심으로 맹세하지 아니하고 이스라엘 집 자손을 북방 땅, 그 모든 쫓겨났던 나라에서 인도하여 내신 여호와의 사심으로 맹세할 것이며 그들이 자기 땅에 거하리라 하시니라"(렘23:3-8)

"나 여호와가 말하노라 보라 날이 이르리니 내가 이스라엘 집과 유다 집에 새 언약을 세우리라 나 여호와가 말하노라 이 언약은 내가 그들의 열조의 손을 잡고 애굽 땅에서 인도하여 내던 날에 세운것과 같지 아니할 것은 내가 그들의 남편이 되었어도 그들이 내 언약을 파하였음이니라 나 여호와가 말하노라 그러나 그 날 후에 내가 이스라엘 집에 세울 언약은 이러하니 곧 내가 나의 법을 그들의 속에 두며 그 마음에 기록하여 나는 그들의 하나님이 되고 그들은 내 백성이 될 것이라 그들이 다시는 각기 이웃과 형제를 가리켜 이르기를 너는 여호와를 알라 하지 아니하리니 이는 작은 자로부터 큰 자까지 다 나를 앎이니라 내가 그들의 죄악을 사하고 다시는 그 죄를 기억지 아니하리라 여호와의 말이니라"(렘31:31-34)

하나님께서는 예레미야를 통해서 유다가 70년 동안 바벨론으로 끌려가 감옥생활을 하다가 70년이 차면 다시 풀려나 약속의 땅으로 돌아올 때 여호와께서 새로운 혼인 언약을 맺으신다. 모세 때 세운 옛 혼인 언약은 돌 판에 새겼지만 바벨론에서 돌아올 때 맺은 새 혼인 언약은 마음에 새겨진 성령의 기름 부으심의 언약이다. 이 때 다윗의 의로운 가지에서 싹이 나게 하여 예루살렘에 왕을 세우시고 새로운 나라를 세우실 때 유다의 모든 죄와 저주는 사라지고 새로운 다윗의 메시아 나라가 세워진다. 이것은 예수님께서 초림과 재림하실 때 일어나는 신약의 역사를 미리 알려 주신 것이다. 예레미야의 새 언약으로 다윗의 자손 예수님이 오셔서 십자가에서 죽으시고 성령을 보내주셔서 새로운 은혜의 언약으로 마음에 인친바 되었다. 복음이 땅끝까지 증거되고 예수님이 다시 오실 때 교회는 새 예루살렘이 되어 새 하늘과 새 땅인 천년왕국을 통치하게 된다.

다니엘은 70년 포로 생활이 끝나면 바벨론에서 유다가 돌아올 때 예루살렘이 새롭게 되어 다윗의 메시아 왕국이 세워질 것이라는 예레미야의 예언을 생각하고 크게 기대하고 있었는데 실제로 그러한 일이 일어나지 않을 때 마음이 상심하고 아파서 여호와께 21일 작정 금식기도를 한다. 그리고 응답을 받았다. 그것이 70이레 비밀이다.

"곧 그 통치 원년에 나 다니엘이 서책으로 말미암아 여호와의 말씀이 선지자 예레미야에게 임하여 고하신 그 년수를 깨달았나니 곧 예루살렘의 황무함이 칠십년만에 마치리라 하신 것이니라 내가 금식하며 베옷을 입고 재를 무릅쓰고 주 하나님께 기도하며 간구하기를 결심하고 주여 내가 구하옵나니 주는 주의 공의를 좇으사 주의 분노를 주의 성 예루살렘, 주의 거룩한 산에서 떠나게 하옵소서 이는 우리의 죄와 우리의 열조의 죄악을 인하여 예루살렘과 주의 백성이 사면에 있는 자에게 수욕을 받음이니이다 그러하온즉 우리 하나님이여 지금 주의 종의 기도와 간구를 들으시고 주를 위하여 주의 얼굴 빛을 주의 황폐한 성소에 비춰시옵소서"(단9:2-3,16-17)

여호와 하나님은 다니엘에게 70년이 아니라 70이레가 지나면 예레미야의 새 언약의 예언이 이루어질 것을 말씀 하셨다. 이것이 70이레 즉 70주 490년에 대한 예언이다. 예루살렘성을 중건하라는 명령이 날 때부터 예수님이 오셔서 십자가에 돌아 가실 때까지 일곱 이레와 육십 이 이레가 지난다. 합이 육십 구 이레이다. 예수님이 돌아가시고 예루살렘과 이스라엘은 망한다. 그리고 남은 1이레는 세상 마지막 심판시대로 넘어간다. 이것이 요한 계시록에 기록된 7년 대환난 기간 동안에 이루어질 심판이다. 전 삼년 반, 한 때 두 때 반, 1260일, 7년의 모든 날은 2520일이다. 70이레 비밀에 대한 내용은 종말론 신학에서 자세하게 다루도록 한다.

"네 백성과 네 거룩한 성을 위하여 칠십 이레로 기한을 정하였나니 허물이 마치며 죄가 끝나며 죄악이 영속되며 영원한 의가 드러나며 이상과 예언이 응하며 또 지극히 거룩한 자가 기름부음을 받으리라 그러므로 너는 깨달아 알찌니라 예루살렘을 중건하라는 영이 날 때부터 기름부음을 받은 자 곧 왕이 일어나기까지 일곱 이레와 육십 이 이레가 지날 것이요 그 때 곤란한 동안에 성이 중건되어 거리와 해자가 이룰 것이며 육십 이 이레 후에 기름부음을 받은 자가 끊어져 없어질 것이며 장차 한 왕의 백성이 와서 그 성읍과 성소를 훼파하려니와 그의 종말은 홍수에 엄몰됨 같을 것이며 또 끝까지 전쟁이 있으리니 황폐할 것이 작정되었느니라 그가 장차 많은 사람으로 더불어 한 이레 동안의 언약을 굳게 정하겠고 그가 그 이레의 절반에 제사와 예물을 금지할 것이며 또 잔포하여 미운 물건이 날개를 의지하여 설 것이며 또 이미 정한 종말까지 진노가 황폐케 하는 자에게 쏟아지리라 하였느니라"(단9:24-27)

5) 유다의 바벨론 포로 생활은 신약의 교회가 사는 이 세상이다

"만군의 여호와 이스라엘의 하나님 내가 예루살렘에서 바벨론으로 사로잡혀 가게 한 모든 포로에게 이같이 이르노라 너희는 집을 짓고 거기 거하며 전원을 만들고 그 열매를 먹으라 아내를 취하여 자녀를 생산하며 너희 아들로 아내를 취하며 너희 딸로 남편을 맞아 그들로 자녀를 생산케 하여 너희로 거기서 번성하고 쇠잔하지 않게 하라 너희는 내가 사로잡혀 가게 한 그 성읍의 평안하기를 힘쓰고 위하여 여호와께 기도하라 이는 그 성이 평안함으로 너희도 평안할 것임이니라 만군의 여호와 이스라엘의 하나님이 이같이 말하노라 너희 중 선지자들에게와 복술에게 혹하지 말며 너희가 꾼바 꿈도 신청하지 말라 내가 그들을 보내지 아니하였어도 그들이 내 이름으로 거짓을 예언함이니라 여호와의 말이니라 나 여호와가 이같이 말하노라 바벨론에서 칠십년이 차면 내가 너희를 권고하고 나의 선한 말을 너희에게 실행하여 너희를 이곳으로 돌아오게 하리라 나 여호와가 말하노라 너희를 향한 나의 생각은 내가 아나니 재앙이 아니라 곧 평안이요 너희 장래에 소망을 주려하는 생각이라"(렘29:4-11)

거짓 선지자들은 바벨론 포로 생활이 2년이면 끝나니까 아무것도 하지 않아도 된다고 하였다. 예레미야는 편지를 보내 그렇지 않고 70년이란 시간을 채워야 돌아올 수 있다고 하였다. 70년이란 한 사람이 태어나서 죽는 1세대를 말한다. 죄인들이 가지고 있는 원죄의 부패성은 육체를 가진 사람이 반드시 죽어야 없어지는 것이다. 그래서 예수님도 죽으실 때 우리를 예수님 안에 포함 시켜 죽여주신 것이다. 교회가 2000년 동안 세상에 머물고 있는 기간은 유다가 70년 동안 바벨론에 포로생활을 하고 있는 것과 같다. 죄를 범한 유다가 70년 동안 감옥생활을 통해서 죄의 값을 갚고 있다가 70년이 차면 죄 값을 다 갚고 풀려나는 것이다. 그래서 바벨론에서 돌아올 때는 아름다운 신부의 옷을 다시 입고 오는 것이다.

예레미야는 바벨론 포로들에게 거기에서 결혼을 하고 집을 짓고 밭을 일구면서 살라고 하였다. 그리고 바벨론 나라를 위해 기도하라고 하였다. 왜냐하면 그 나라가 평안해야 유다 백성들도 편안하게 살 수 있기 때문이라 하였다. 바울은 로마 국가를 위해 기도하고 모든 국가 권력에 순종해서 국세와 공세를 바치라고 하였다. 이 또한 믿는 성도들이 편안하게 살기 위함이다. 그러나 바벨론과 같은 세상은 언젠가 떠나야 하기 때문에 그 땅의 우상이나 신들을 섬기지 말라고 하였다.

그렇다 교회 또한 이 세상에서 나그네와 행인과 같이 살고 있다. 예수님이 오시면 떠나야 하기 때문이다. 요한 계시록 18장에서는 바벨론에서 떠나라고 하였다. 그리고 심판을 받지 말라고 하였다.

예수님께서도 제자들에게 하나님의 나라 회복은 아버지께 맡기고 성령이 임하시면 땅 끝까지 증인이 되라고 하셨다. 그러시면서 복음이 다 증거되면 다시 오시겠다고 약속하셨다.

6) 세상을 다스리는 사단 루시퍼와 하나님의 통치 섭리

"마귀가 또 예수를 이끌고 올라가서 순식간에 천하 만국을 보이며 가로되 이 모든 권세와 그 영광을 내가 네게 주리라 이것은 내게 넘겨준 것이므로 나의 원하는 자에게 주노라 그러므로 네가 만일 내게 절하면 다 네 것이 되리라 예수께서 대답하여 가라사대 기록하기를 주 너의 하나님께 경배하고 다만 그를 섬기라 하였느니라"(눅4:5-8)

마귀는 합법적으로 세상의 모든 부와 명예를 가지고 통치하고 있다. 마귀는 예수님에게 순식간에 세상의 모든 영광을 보여 주면서 자기에게 절하면 주겠다고 하면서 자기도 아담에게서 넘겨받은 것이라 하였다. 그렇다 마귀는 세상을 지금도 합법적으로 다스리고 있다. 그래서 성도들이 세상 것으로 올무에 걸리지 않으려면 세상의 것들로부터 완전하게 구별되어야 한다.

하나님은 사단을 섬기는 자들을 통해서 교회를 아름다운 신부로 단장해 가신다. 구원 받은 성도들이 세상에서 살면서 당한 시련과 고통을 통해 교회는 단련을 받아 신부로 단장해 간다. 사단이 다스리고 있는 세상은 겉으로 보면 그럴듯하지만 영적으로 보면 썩은 송장들이 살고 있는 공동묘지와 같은 곳이다. 세상은 눈에 보이는 물질을 신으로 섬기는 자들의 천국이다. 세상에서는 눈에 보이는 것들만 가치 있게 판단한다. 정치 경제 과학 문화 교육 등은 아담이 죄를 짓고 사망의 종노릇하므로 먹고 살기 위해 죄인들이 만든 방편일 뿐이다. 일생을 수고하고 땀 흘려 일을 하지만 세상 풍속을 좇고 공중의 권세 잡은 자를 따라서 불순종의 아들들 가운데서 역사하는 영을 좇아 살고 있을 뿐이다. 사단이 만든 짝퉁 기독교는 이런 바알 신 루시퍼를 하나님이라고 속여서 모두를 지옥으로 끌어가고 있는 것이다.

그러나 참된 구원 받은 성도들은 이 세상에서 살고 있지만 눈에 보이는 물질을 좇아 살지 않고 자기를 피로 사셔서 예수님의 신부로 만들어 주신 예수님 이름으로 사는 것이다. 이런 삶을 영적인 제사라고 한다. 그러나 구원 받은 성도들도 육체를 가지고 세상에서 살다보니까 물질이 필요하다. 절대적인 믿음을 가지고 하나님의 나라와 의를 구하고 살면 하나님께서 모든 것들을 채워 주시지만 그런 믿음을 모두가 가지고 살지 못하고 세상 사람들처럼 자기 스스로 먹고 살기 위해 세상에서 살다보면 믿지 않는 사람들과 경쟁하는 가운데 다툼이 생기고 크고 작은 시험과 유혹을 받는 가운데 연단을 받게 된다. 이런 가운데 성도들은 예수님의 신부로 조금씩 단장해 나가는 것이다.

특별히 하나님의 자녀들이 세상에서 믿음으로 살지 못하고 사람을 의지하고 물질을 의지하고 살면 하나님께서 그것들을 흔들어서 의지하지 못하도록 하신다. 또 구원받은 성도들이 세상과 구별되어 살지 못하고 세상 사람들처럼 육신의 정욕과 안목의 정욕과 이생의 자랑으로 살면 하나님께서는 인생의 채찍과 사람들의 막대기로 징계 하신다. 그래서 어차피 구원 받은 성도들은 세상 사람들처럼 자기 마음대로 살 수 없는 것이다.

하나님께서는 세상을 다스리는 나라를 일곱 머리 열 뿔이라고 하셨다. 일곱 제국들을 통해 다스리시는 것이다. 일곱 머리 열 뿔은 붉은 용의 모습이다. 즉 사단의 모습이다. 사단이 일곱 제국들을 통해서 세상을 다스리고 있는 것이다. 애굽, 앗수르, 바벨론, 페르시아, 그리스, 로마, 미국이다. 이 제국들을 통해서 이 땅에서 살고 있는 선민들과 교회를 아름답게 단련시키시는 것이다.

구약에서는 선민인 이스라엘이 우상을 숭배하고 하나님의 율법을 버릴 때 이런 제국들을 통해서 책망하셨다. 신약의 교회 역시 이런 제국들을 통해서 수많은 순교와 고난을 당했다. 그러나 결국은 사단의 제국들을 통한 핍박과 고난은 오히려 구원 받은 성도들을 순결한 신부로 만들게 된다.

예수님은 제자들을 세상에 보내시면서 이리 가운데 양을 보냄과 같다고 하셨다. 그렇다 양은 이리와 싸워서 이길 수 없다. 그러나 목자가 대신 싸워 주면 안전한 것이다. 성도들이 세상에서 살아갈 수 있는 유일한 길은 절대적으로 하나님을 의지하면서 사는 것이다. 세상이 악할수록 성도들은 정결하게 목욕을 할 수 있다. 용광로 온도가 높을수록 정금으로 단련되어 나온 것과 같은 것이다.

때로는 우리가 함께 살아가는 사람들의 악행 때문에 고난을 당할 수 있다. 그때 사람들은 원망하고 그런 사람들을 쫓아 내려고 하든지 자신이 그런 사람들을 떠나려 한다. 그리고 그런 사람들과의 만남을 스스로 불행하다고 생각한다. 그러나 그런 사고는 믿음의 사람들이 하는 생각이 아니다. 불신의 생각이다. 오히려 감사하게 생각해야 한다. 오히려 고맙게 생각해야 한다. 왜냐하면 그런 사람들을 만나게 하시는 분이 하나님이시다. 하나님께서 우리 속에 있는 더러운 것들을 씻어 내려고 그런 사람들을 나에게 붙여 주신 것이다. 우리 그리스도인들은 모든 사람으로 더불어 화평함과 거룩함을 좇으라 하셨다. 이것이 없이는 아무도 주님을 보지 못하리라 하셨다.

"모든 사람으로 더불어 화평함과 거룩함을 좇으라 이것이 없이는 아무도 주를 보지 못하리라"(히12:14)

6. 천년왕국 신학

1) 천년왕국 신학의 뿌리는 이사야

이사야는 천년왕국 신학의 뿌리이다. 이사야 1장부터 39장은 구약이다. 39장은 유다가 바벨론에게 멸망할 것이 기록되어 있다. 이사야 40장부터 66장은 신약이다. 예수님께서 오시는 초림과 재림에 대한 말씀이 기록되어 있다. 특히 이사야 40장부터 45장에는 고레스 왕에 대한 예언이 있다. 고레스 왕이 태어나기 150년 전의 예언인데 재림하시는 예수님의 모형이다.

2) 이사야가 기록한 고난과 영광의 메시아

이사야는 고난의 메시아와 영광의 메시아에 대하여 기록하고 있다. 예수님의 초림에 이루어질 고난의 메시아, 예수님의 재림에 이루어질 영광의 메시아이다.

"그가 찔림은 우리의 허물을 인함이요 그가 상함은 우리의 죄악을 인함이라 그가 징계를 받음으로 우리가 평화를 누리고 그가 채찍에 맞음으로 우리가 나음을 입었도다 우리는 다 양 같아서 그릇 행하여 각기 제 길로 갔거늘 여호와께서는 우리 무리의 죄악을 그에게 담당시키셨도다"(사53:5-6)

"보라 여호와께서 불에 옹위되어 강림하시리니 그 수레들은 회리바람 같으리로다 그가 혁혁한 위세로 노를 베푸시며 맹렬한 화염으로 견책하실 것이라 여호와께서 불과 칼로 모든 혈육에게 심판을 베푸 신즉 여호와께 살륙 당할 자가 많으리니 때가 이르면 열방과 열족을 모으리니 그들이 와서 나의 영광을 볼 것이며 내가 그들 중에 징조를 세워서 그들 중 도피한 자를 열방 곧 다시스와 뿔과 활을 당기는 룻과 및 두발과 야완과 또 나의 명성을 듣지도 못하고 나의 영광을 보지도 못한 먼 섬들로 보내리니 그들이 나의 영광을 열방에 선파하리라 나 여호와가 말하노라 이스라엘 자손이 예물을 깨끗한 그릇에 담아 여호와의 집에 드림 같이 그들이 너희 모든 형제를 열방에서 나의 성산 예루살렘으로 말과 수레와 교자와 노새와 약대에 태워다가 여호와께 예물로 드릴 것이요 나는 그 중에서 택하여 제사장과 레위인을 삼으리라 여호와의 말이니라 나 여호와가 말하노라 나의 지을 새 하늘과 새 땅이 내 앞에 항상 있을 것 같이 너희 자손과 너희 이름이 항상 있으리라"(사66:15-22)

3) 구약 성경은 유다가 바벨론에게 망하므로 끝난다

"이사야가 히스기야에게 이르되 왕은 만군의 여호와의 말씀을 들으소서 보라 날이 이르리니 네 집에 있는 모든 소유와 네 열조가 오늘까지 쌓아둔 것이 모두 바벨론으로 옮긴바 되고 남을 것이 없으리라 여호와의 말이니라 또 네게서 날 자손 중에서 몇이 사로잡혀 바벨론 왕궁의 환관이 되리라 하셨나이다"(사39:5-7)

4) 신약 성경은 유다가 바벨론 70년 포로에서 돌아올 때 시작된다

"너희 하나님이 가라사대 너희는 위로하라 내 백성을 위로하라 너희는 정다이 예루살렘에 말하며 그것에게 외쳐 고하라 그 복역의 때가 끝났고 그 죄악의 사함을 입었느니라 그 모든 죄를 인하여 여호와의 손에서 배나 받았느니라 할찌니라 외치는 자의 소리여 가로되 너희는 광야에서 여호와의 길을 예비하라 사막에서 우리 하나님의 대로를 평탄케 하라 골짜기마다 돋우어지며 산마다, 작은 산마다 낮아지

제3장 기독교 생명 신학

며 고르지 않은 곳이 평탄케 되며 험한 곳이 평지가 될 것이요 여호와의 영광이 나타나고 모든 육체가 그것을 함께 보리라 대저 여호와의 입이 말씀하셨느니라 말하는 자의 소리여 가로되 외치라 대답하되 내가 무엇이라 외치리이까 가로되 모든 육체는 풀이요 그 모든 아름다움은 들의 꽃 같으니 풀은 마르고 꽃은 시듦은 여호와의 기운이 그 위에 붊이라 이 백성은 실로 풀이로다 풀은 마르고 꽃은 시드나 우리 하나님의 말씀은 영영히 서리라 하라 아름다운 소식을 시온에 전하는 자여 너는 높은 산에 오르라 아름다운 소식을 예루살렘에 전하는 자여 너는 힘써 소리를 높이라 두려워 말고 소리를 높여 유다의 성읍들에 이르기를 너희 하나님을 보라 하라 보라 주 여호와께서 장차 강한 자로 임하실 것이요 친히 그 팔로 다스리실 것이라 보라 상급이 그에게 있고 보응이 그 앞에 있으며 그는 목자 같이 양무리를 먹이시며 어린 양을 그 팔로 모아 품에 안으시며 젖먹이는 암컷들을 온순히 인도하시리로다"(사40:1-11)

이사야 40장은 세례 요한이 예수님을 소개하면서 유대광야에서 외쳤던 복음이다. 예수님의 초림과 재림이 동시에 예언되어 있다.

5) 유다가 바벨론 70년 포로에서 돌아올 때 무슨 일이 있는가?

(1) 유다의 모든 죄가 사함을 받는다

"너희의 하나님이 이르시되 너희는 위로하라 내 백성을 위로하라 너희는 예루살렘의 마음에 닿도록 말하며 그것에게 외치라 그 노역의 때가 끝났고 그 죄악이 사함을 받았느니라 그의 모든 죄로 말미암아 여호와의 손에서 벌을 배나 받았느니라 할지니라 하시니라"(사40:1-2)

(2) 예루살렘은 여호와의 신부가 되어 12보석으로 아름답게 단장이 된다

"너 곤고하며 광풍에 요동하여 안위를 받지 못한 자여 보라 내가 화

려한 채색으로 네 돌 사이에 더하며 청옥으로 네 기초를 쌓으며 홍보석으로 네 성첩을 지으며 석류석으로 네 성문을 만들고 네 지경을 다 보석으로 꾸밀 것이며 네 모든 자녀는 여호와의 교훈을 받을 것이니 네 자녀는 크게 평강할 것이며 너는 의로 설 것이며 학대가 네게서 멀어질 것인즉 네가 두려워 아니할 것이며 공포 그것도 너를 가까이 못할 것이라"(사54:11-14)

"성령으로 나를 데리고 크고 높은 산으로 올라가 하나님께로부터 하늘에서 내려오는 거룩한 성 예루살렘을 보이니 하나님의 영광이 있으매 그 성의 빛이 지극히 귀한 보석 같고 벽옥과 수정 같이 맑더라 크고 높은 성곽이 있고 열 두 문이 있는데 문에 열 두 천사가 있고 그 문들 위에 이름을 썼으니 이스라엘 자손 열 두 지파의 이름들이라"(계21:10-12)

(3) 아름답게 단장한 예루살렘 신부와 여호와가 왕비와 왕으로 대관식을 치룬다

"나는 시온의 공의가 빛 같이, 예루살렘의 구원이 횃불 같이 나타나도록 시온을 위하여 잠잠하지 아니하며 예루살렘을 위하여 쉬지 아니할 것인즉 열방이 네 공의를, 열왕이 다 네 영광을 볼 것이요 너는 여호와의 입으로 정하실 새 이름으로 일컬음이 될 것이며 너는 또 여호와의 손의 아름다운 면류관, 네 하나님의 손의 왕관이 될 것이라 다시는 너를 버리운 자라 칭하지 아니하며 다시는 네 땅을 황무지라 칭하지 아니하고 오직 너를 헵시바라 하며 네 땅을 뿔라라 하리니 이는 여호와께서 너를 기뻐하실 것이며 네 땅이 결혼한바가 될 것임이라 마치 청년이 처녀와 결혼함 같이 네 아들들이 너를 취하겠고 신랑이 신부를 기뻐함 같이 네 하나님이 너를 기뻐하시리라"(사62:1-5)

"우리가 즐거워하고 크게 기뻐하여 그에게 영광을 돌리세 어린 양의 혼인 기약이 이르렀고 그 아내가 예비하였으니 그에게 허락하사 빛나고 깨끗한 세마포를 입게 하셨은즉 이 세마포는 성도들의 옳은 행실이로다 하더라"(계19:7-8)

(4) 피묻은 옷을 입고 심판주가 오신다

"에돔에서 오며 홍의를 입고 보스라에서 오는 자가 누구뇨 그 화려한 의복 큰 능력으로 걷는 자가 누구뇨 그는 내니 의를 말하는 자요 구원하기에 능한 자니라 어찌하여 네 의복이 붉으며 네 옷이 포도즙 틀을 밟는 자 같으뇨 만민 중에 나와 함께한 자가 없이 내가 홀로 포도즙틀을 밟았는데 내가 노함을 인하여 무리를 밟았고 분함을 인하여 짓밟았으므로 그들의 선혈이 내 옷에 뛰어 내 의복을 다 더럽혔음이니"(사63:1-3)

"또 그가 피 뿌린 옷을 입었는데 그 이름은 하나님의 말씀이라 칭하더라"(계19:13)

(5) 하늘을 가르고 산들을 진동시키시며 심판주가 오신다

"원컨대 주는 하늘을 가르고 강림하시고 주의 앞에서 산들로 진동하기를 불이 섶을 사르며 불이 물을 끓임 같게 하사 주의 대적으로 주의 이름을 알게 하시며 열방으로 주의 앞에서 떨게 하옵소서 주께서 강림하사 우리의 생각 밖에 두려운 일을 행하시던 그 때에 산들이 주의 앞에서 진동하였사오니"(사64:1-3)

"또 내가 하늘이 열린 것을 보니 보라 백마와 탄 자가 있으니 그 이름은 충신과 진실이라 그가 공의로 심판하며 싸우더라 그 눈이 불꽃 같고 그 머리에 많은 면류관이 있고 또 이름 쓴 것이 하나가 있으니 자기 밖에 아는 자가 없고"(계19:11-12)

(6) 새 하늘과 새 땅을 창조 하신다

"보라 내가 새 하늘과 새 땅을 창조하나니 이전 것은 기억되거나 마음에 생각나지 아니할 것이라 너희는 나의 창조하는 것을 인하여 영원히 기뻐하며 즐거워할지니라 보라 내가 예루살렘으로 즐거움을 창조하며 그 백성으로 기쁨을 삼고 내가 예루살렘을 즐거워하며 나의 백성을 기뻐하리니 우는 소리와 부르짖는 소리가 그 가운데서 다시는 들리지 아니할 것이며거기는 날 수가 많지 못하여 죽는 유아와 수

한이 차지 못한 노인이 다시는 없을 것이라 곧 백세에 죽는 자가 아이
겠고 백세 못 되어 죽는 자는 저주 받은 것이리라 그들이 가옥을 건축
하고 그것에 거하겠고 포도원을 재배하고 열매를 먹을 것이며 그들
의 건축한데 타인이 거하지 아니할 것이며 그들의 재배한 것을 타인
이 먹지 아니하리니 이는 내 백성의 수한이 나무의 수한과 같겠고 나
의 택한 자가 그 손으로 일한 것을 길이 누릴 것임이며 그들의 수고가
헛되지 않겠고 그들의 생산한 것이 재난에 걸리지 아니하리니 그들은
여호와의 복된 자의 자손이요 그 소생도 그들과 함께 될 것임이라 그
들이 부르기 전에 내가 응답하겠고 그들이 말을 마치기 전에 내가 들
을 것이며 이리와 어린 양이 함께 먹을 것이며 사자가 소처럼 짚을 먹
을 것이며 뱀은 흙으로 식물을 삼을 것이니 나의 성산에서는 해함도
없겠고 상함도 없으리라 여호와의 말이니라"(사65:17-25)

(7) 예루살렘은 회복되어 낙원이 된다

"예루살렘을 사랑하는 자여 다 그와 함께 기뻐하라 다 그와 함께 즐
거워하라 그를 위하여 슬퍼하는 자여 다 그의 기쁨을 인하여 그와 함
께 기뻐하라 너희가 젖을 빠는 것 같이 그 위로하는 품에서 만족하겠
고 젖을 넉넉히 빤 것 같이 그 영광의 풍성함을 인하여 즐거워하리
라 여호와께서 이같이 말씀하시되 보라 내가 그에게 평강을 강 같이,
그에게 열방의 영광을 넘치는 시내 같이 주리니 너희가 그 젖을 빨 것
이며 너희가 옆에 안기며 그 무릎에서 놀 것이라 어미가 자식을 위로
함 같이 내가 너희를 위로할 것인즉 너희가 예루살렘에서 위로를 받
으리니 너희가 이를 보고 마음이 기뻐서 너희 뼈가 연한 풀의 무성함
같으리라"(사66:10-14)

"내가 들으니 보좌에서 큰 음성이 나서 가로되 보라 하나님의 장
막이 사람들과 함께 있으매 하나님이 저희와 함께 거하시리니 저희
는 하나님의 백성이 되고 하나님은 친히 저희와 함께계셔서 모든 눈
물을 그 눈에서 씻기시매 다시 사망이 없고 애통하는 것이나 곡하는
것이나 아픈 것이 다시 있지 아니하리니 처음 것들이 다 지나갔음이

러라 보좌에 앉으신 이가 가라사대 보라 내가 만물을 새롭게 하노라 하시고 또 가라사대 이 말은 신실하고 참되니 기록하라 하시고"(계 21:3-5)

(8) 여호와께서 불에 옹위되어 강림 하셔서 심판 하신다

"여호와의 손은 그 종들에게 나타나겠고 그의 진노는 그 원수에게 더하리라 보라 여호와께서 불에 옹위되어 강림하시리니 그 수레들은 회리바람 같으리로다 그가 혁혁한 위세로 노를 베푸시며 맹렬한 화염으로 견책하실 것이라 여호와께서 불과 칼로 모든 혈육에게 심판을 베푸신즉 여호와께 살륙 당할 자가 많으리니 내가 그들의 소위와 사상을 아노라"(사66:14-18)

6) 이사야가 예언한 천년왕국 특징

(1) 순식간에 천년왕국이 세워진다

"시온은 구로하기 전에 생산하며 고통을 당하기 전에 남자를 낳았으니 이러한 일을 들은 자가 누구이며 이러한 일을 본 자가 누구이뇨 나라가 어찌 하루에 생기겠으며 민족이 어찌 순식간에 나겠느냐 그러나 시온은 구로하는 즉시에 그 자민을 순산하였도다 여호와께서 가라사대 내가 임산케 하였은즉 해산케 아니하겠느냐 네 하나님이 가라사대 나는 해산케 하는 자인즉 어찌 태를 닫겠느냐 하시니라"(사66:7-9)

(2) 사람의 수명이 나무같이 1000년이 된다

"거기는 날 수가 많지 못하여 죽는 유아와 수한이 차지 못한 노인이 다시는 없을 것이라 곧 백세에 죽는 자가 아이겠고 백세 못 되어 죽는 자는 저주 받은 것이리라 그들의 건축한데 타인이 거하지 아니할 것이며 그들의 재배한 것을 타인이 먹지 아니하리니 이는 내 백성의 수한이 나무의 수한과 같겠고 나의 택한 자가 그 손으로 일한 것을 길이 누릴 것임이며"(사65:20,22)

(3) 새로운 우주가 시작 된다

"그 때에 이리가 어린 양과 함께 거하며 표범이 어린 염소와 함께 누우며 송아지와 어린 사자와 살찐 짐승이 함께 있어 어린 아이에게 끌리며 암소와 곰이 함께 먹으며 그것들의 새끼가 함께 엎드리며 사자가 소처럼 풀을 먹을 것이며 젖먹는 아이가 독사의 구멍에서 장난하며 젖뗀 어린 아이가 독사의 굴에 손을 넣을 것이라 나의 거룩한 산 모든 곳에서 해됨도 없고 상함도 없을 것이니 이는 물이 바다를 덮음 같이 여호와를 아는 지식이 세상에 충만할 것임이니라"(사11:6-9)

(4) 달빛은 햇빛 같고 햇빛은 일곱 배나 밝다

"여호와께서 자기 백성의 상처를 싸매시며 그들의 맞은 자리를 고치시는 날에는 달빛은 햇빛 같겠고 햇빛은 일곱 배가 되어 일곱 날의 빛과 같으리라"(사30:26)

(5) 해와 달이 없어지고 여호와가 빛이시다

"다시는 낮에 해가 네 빛이 되지 아니하며 달도 네게 빛을 비취지 않을 것이요 오직 여호와가 네게 영영한 빛이 되며 네 하나님이 네 영광이 되리니 다시는 네 해가 지지 아니하며 네 달이 물러가지 아니할 것은 여호와가 네 영영한 빛이 되고 네 슬픔의 날이 마칠 것임이니라 네 백성이 다 의롭게 되어 영영히 땅을 차지하리니 그들은 나의 심은 가지요 나의 손으로 만든 것으로서 나의 영광을 나타낼 것인즉 그 작은 자가 천을 이루겠고 그 약한 자가 강국을 이룰 것이라 때가 되면 나 여호와가 속히 이루리라"(사60:19-22)

"그 성은 해나 달의 비췸이 쓸데 없으니 이는 하나님의 영광이 비취고 어린 양이 그 등이 되심이라 만국이 그 빛 가운데로 다니고 땅의 왕들이 자기 영광을 가지고 그리로 들어오리라"(계21:23-24)

(6) 이방인들의 남은 자들이 구원을 받고 제사장과 레위인이 된다

"때가 이르면 열방과 열족을 모으리니 그들이 와서 나의 영광을 볼 것이며 내가 그들 중에 징조를 세워서 그들 중 도피한 자를 열방 곧 다시스와 뿔과 활을 당기는 룻과 및 두발과 야완과 또 나의 명성을 듣지도 못하고 나의 영광을 보지도 못한 먼 섬들로 보내리니 그들이 나의 영광을 열방에 선파하리라 나 여호와가 말하노라 이스라엘 자손이 예물을 깨끗한 그릇에 담아 여호와의 집에 드림 같이 그들이 너희 모든 형제를 열방에서 나의 성산 예루살렘으로 말과 수레와 교자와 노새와 약대에 태워다가 여호와께 예물로 드릴 것이요 나는 그 중에서 택하여 제사장과 레위인을 삼으리라 여호와의 말이니라"(사 66:18-21)

"우리를 사랑하사 그의 피로 우리 죄에서 우리를 해방하시고 그 아버지 하나님을 위하여 우리를 나라와 제사장으로 삼으신 그에게 영광과 능력이 세세토록 있기를 원하노라 아멘"(계1:5-6)

(7) 새 하늘과 새 땅이 이루어지면 패역한 자들은 영원한 불 못에 던져진다

"나 여호와가 말하노라 나의 지을 새 하늘과 새 땅이 내 앞에 항상 있을 것 같이 너희 자손과 너희 이름이 항상 있으리라 여호와가 말하노라 매 월삭과 매 안식일에 모든 혈육이 이르러 내 앞에 경배하리라 그들이 나가서 내게 패역한 자들의 시체들을 볼 것이라 그 벌레가 죽지 아니하며 그 불이 꺼지지 아니하여 모든 혈육에게 가증함이 되리라"(사66:22-24)

"짐승이 잡히고 그 앞에서 이적을 행하던 거짓 선지자도 함께 잡혔으니 이는 짐승의 표를 받고 그의 우상에게 경배하던 자들을 이적으로 미혹하던 자라 이 둘이 산채로 유황불 붙는 못에 던지우고 그 나머지는 말 탄 자의 입으로 나오는 검에 죽으매 모든 새가 그 고기로 배불리우더라"(계19:20-21)

7) 고레스 왕과 재림하시는 예수님

(1) 고레스 왕은 재림하시는 예수님의 모형

"나 여호와는 나의 기름 받은 고레스의 오른손을 잡고 열국으로 그 앞에 항복하게 하며 열왕의 허리를 풀며 성 문을 그 앞에 열어서 닫지 못하게 하리라 내가 고레스에게 이르기를 내가 네 앞서 가서 험한 곳을 평탄케 하며 놋문을 쳐서 부수며 쇠빗장을 꺾고 네게 흑암 중의 보화와 은밀한 곳에 숨은 재물을 주어서 너로 너를 지명하여 부른 자가 나 여호와 이스라엘의 하나님인줄 알게 하리라 내가 나의 종 야곱, 나의 택한 이스라엘을 위하여 너를 지명하여 불렀나니 너는 나를 알지 못하였을찌라도 나는 네게 칭호를 주었노라 나는 여호와라 나 외에 다른이가 없나니 나 밖에 신이 없느니라 너는 나를 알지 못하였을찌라도 나는 네 띠를 동일 것이요 해 뜨는 곳에서든지 지는 곳에서든지 나 밖에 다른이가 없는줄을 무리로 알게 하리라 나는 여호와라 다른이가 없느니라 나는 빛도 짓고 어두움도 창조하며 나는 평안도 짓고 환난도 창조하나니 나는 여호와라 이 모든 일을 행하는 자니라 하였노라 너 하늘이여 위에서부터 의로움을 비 같이 듣게 할찌어다 궁창이여 의를 부어 내릴찌어다 땅이여 열려서 구원을 내고 의도 함께 움돋게 할찌어다 나 여호와가 이 일을 창조하였느니라"(사45:1-8)

고레스 왕은 태어나기 150년 전에 이사야 선지자가 예언한 페르시아 왕이다. 여호와께서 기름을 부으셨다. 메시아이다. 여호와께서 세우셔서 사용하시는 종이다. 이사야 선지자는 고레스 왕을 소개하면서 하나님의 절대주권을 강조하고 있다. 그러면서 고레스 왕을 통해 하늘에서 의로운 비를 내리게 하고 궁창에서 의를 부어 내리라고 한다. 땅이 열려서 구원을 내고 의도 함께 움돋게 하라고 하였다. 예수님이 재림하셔서 세우실 천년왕국에 대한 예언이다.

(2) 고레스왕의 자유 원통 선언문과 재림하시는 예수님

고레스 왕은 바벨론을 멸망시킨 페르시아 왕이다. 그는 바벨론을 멸망시키고 새로운 지상 유토피아 세상을 만들기 위해 진흙으로 만든 원통에다 자유 선언문을 만들어 전 세계 사람들에게 공포를 했다. 모든 식민지는 해방되어 자유로운 개별국가를 세울 수 있다. 모든 빚을 탕감하니 갚지 않아도 된다. 모든 노예를 해방한다. 모든 종교를 허락한다. 인류 최초로 만들어진 자유 원통 선언문의 원본은 영국 대영박물관에 있고 하나는 이란 정부가 보관하고 또 하나는 유엔본부에 진열 되어 있다.

고레스 왕의 자유 원통 선언문을 통해 스룹바벨을 선두로 느부갓네살 왕이 빼앗아간 모든 성전 기명을 가지고 예루살렘에 돌아와 성전을 건축하고 구약제사를 드렸다.

이사야가 예언한 고레스 왕은 재림하셔서 천년왕국을 세우실 예수님에 대한 예언이다. 고레스 자유 원통 선언문은 영적인 희년을 선포하셔서 새로운 나라를 세우실 예수님의 생명과 성령의 자유법이다.

(3) 고레스 자유 원통 선언문과 트럼프 대통령

이스라엘 정부는 트럼프를 위해 기념주화를 만들었다. 고레스 왕과 트럼프의 얼굴을 나란히 겹쳐서 만든 주화이다. 그런데 트럼프 옆에 글씨를 써서 넣었는데 "트럼프는 두 번째 이스라엘의 왕이다." 유엔과 이스라엘을 지배하고 있는 바리새파 유대인들이 트럼프를 앞세워 2030년에 지상의 유토피아를 계획하고 있는데 그것이 유엔의 2030 신세계질서 프로젝트이다. 2025년부터 트럼프를 통해 리셋하여 네사라(NESARA) 게사라(GESARA) 정책을 통해 전 세계 경제를 양자금융 시스템으로 리셋(Reset)하여 공산주의 유토피아를 계획하고 있다.

뿐만 아니라 트럼프는 새로운 중동 평화안을 내세워 예루살렘에 제3성전을 건축하고 이스라엘 백성들에게 구약제사를 드리게 한다. 드디어 세상은 트럼프에 의해서 종말을 향해 나가고 있다. 이것이 무천년주의와 세대주의 전천년주의 짝퉁 신학을 만든 사단의 작품이다. 트럼프는 짝퉁 메시아인 제 2의 고레스 왕으로 세상 마지막 후 삼년 반이 시작될 때 예루살렘 성전에 AI 인공지능 로봇을 세우고 스마트 시티 안에서 머리와 오른 손에 짐승의 표인 666을 찍고 배도를 선포할 적그리스도가 될 수 있는 1순위 인물이다.

"그러므로 너희가 선지자 다니엘의 말한바 멸망의 가증한 것이 거룩한 곳에 선 것을 보거든(읽는 자는 깨달을찐저) 그 때에 유대에 있는 자들은 산으로 도망할찌어다"(마24:15-16)

"저가 모든 자 곧 작은 자나 큰 자나 부자나 빈궁한 자나 자유한 자나 종들로 그 오른손에나 이마에 표를 받게 하고 누구든지 이 표를 가진 자 외에는 매매를 못하게 하니 이 표는 곧 짐승의 이름이나 그 이름의 수라 지혜가 여기 있으니 총명 있는 자는 그 짐승의 수를 세어보라 그 수는 사람의 수니 육백 육십 륙이니라"(계13:16-18)

7. 삼위일체 신학

1) 기독교 삼위일체 신학의 비밀과 교회

기독교 신학의 비밀은 삼위일체 신학이다. 삼위일체 신학이란 성부, 성자, 성령 삼위 하나님께서 각기 다른 독립적인 인격을 가지시면서 한 분이라는 것이다. 이것은 인간의 어떤 논리나 과학적인 방법으로도 설명하거나 증명할 수 없다. 왜냐하면 기독교 창조주 하나님 자신이 피조 세계 저편에 계신 분이시기 때문이다.

기독교 삼위일체 하나님의 비밀은 교회의 비밀이다. 교회는 성자 예수님의 몸된 신부이다. 예수님이 성부 하나님의 아들이니까 예수님의 몸된 교회도 역시 하나님의 아들이 된다. 성자 예수님과 성령 하나님이 한 분이시니까 예수님과 한 몸이 된 교회도 성령의 거룩한 전이 되는 것이다. 성부 성자 성령이 한 몸이니까 예수님과 한 몸이 된 교회도 삼위일체 하나님과 한 몸인 것이다.

기독교 구원은 단순히 영생을 얻는 종교가 아니다. 창세전부터 성부 하나님이 꿈꾸신 인간 구원은 예수님의 신부인 교회가 되는 것이다. 그러므로 영생을 얻었다 하면서 교회를 모르면 그 영생은 기독교에서 말한 구원이 아니다. 왜냐하면 하나님께서 주신 영생은 예수 안에 있고 예수 안에 있는 영생을 얻기 위해서는 예수님과 한 몸인 신부가 되어야 하기 때문이다. 기독교 구원의 출발은 만세와 만대로부터 시작 되었다. 아직도 끝나지 않고 지금도 계속되고 있다. 요한 계시록 21장에 기록된 새 예루살렘이 예수님의 완성된 신부인 교회이다. 그런데 새 예루살렘은 예수님의 신부인 교회만이 아니다. 하나님의 아들이다. 성령의 거룩한 성전이다. 결국 새 예루살렘 안에 성부 성자 성령 하나님이 한 몸을 이루고 있는 것이다. 그래서 교회는 하나님의 영광의 찬송이다.

당신이 진정한 기독교인이 되려면 아름답게 단장을 끝낸 예수님의 신부인 새 예루살렘이 당신이란 사실을 알아야 한다. 교회의 비밀을 알아야 한다는 것이다. 교회를 알려면 삼위일체 하나님을 알아야 하고 삼위일체 하나님을 알려면 예수님을 알아야 하고 예수님을 알려면 요한복음을 알아야 한다.

2) 삼위일체 신학의 뿌리는 요한복음

요한복음의 주제는 하나님 되신 예수님의 사역이다. 아버지 하나님이 예수님 안에서 사신 것이다. 왜 아버지 하나님이 아들 예수님 안에서 사셔야 했나? 왜 예수님은 아버지 하나님이 자기 속에서 사시는 것을 허락하셨을까? 예수님과 아버지 하나님이 형태만 다른 한 인격을 가지신 분이라고 하면 갈등이나 충돌은 없었을 것이다. 그러나 각기 다른 인격을 가지신 분이셨기 때문에 서로 절대적인 신뢰가 없이는 한 몸으로 사시기가 어려우셨을 것이다. 세례 요한은 예수님을 보고 세상 죄를 지고 가는 하나님의 어린 양이라고 하였다. 아브라함이 번제 나무를 취하여 그 아들 이삭에게 지우고 자기는 불과 칼을 손에 들고 두 사람이 모리아를 향해 나아가는 모습은 자기 아들을 골고다에 어린 양인 제물로 죽이시기 위해 아들을 끌고 가신 하나님 아버지의 모습을 생각나게 한다.

예수님은 자기가 한 모든 말은 자기의 말이 아니라 자기 속에 계신 아버지께서 하신 말씀이라 하셨다. 예수님은 자기가 하는 모든 일들은 자기가 스스로 하는 것이 아니라 아버지께서 자기 속에서 하신 일이라고 하셨다. 그러므로 예수님을 영접하면 아버지를 영접한 것이고 예수님을 믿는 자는 아버지를 믿는 것이고 예수님을 본 사람은 아버지를 본 것이라고 하셨다. 이런 예수님의 말씀을 들은 바리새인들과 유대인들은 예수님이 자기가 하나님이라고 말한다고 십자가에 못박아 죽였다. 그런데 예수님은 진짜 하나님 아버지이셨다. 왜냐하면 예수님 안에 아버지가 사셨기 때문이다.

예수님은 말씀 하셨다. 내가 아버지의 뜻대로 순종해서 아버지가 나를 통해 사신 것처럼 너희가 내 말에 순종해서 살면 너희 안에 아버지가 사신 것이고 내가 아버지와 하나인 것처럼 너희도 아버지와 내 안에서 하나가 되리라 말씀 하셨다. 그렇게 되면 내가 창세전에 아버지와 함께 누렸던 영광을 너희도 누리게 될 것이고 너희를 통해서 믿고 돌아온 다른 사람들도 다 같이 한 몸 안에 있는 것이라 말씀 하셨다. 예수님께서 말씀 하신 한 몸이 예수님의 몸된 교회인 새 예루살렘이다. 그래서 교회를 모르는 사람은 기독교인이 아닌 것이다. 기독교인이란 그리스도인이란 뜻이다. 그리스도인이란 그리스도의 몸이란 뜻이다. 즉 예수님과 한 몸이 된 교회이다.

사단의 세력들은 예수님의 몸된 교회를 건물로 바꿔버렸다. 사단의 세력들은 예수님의 몸된 교회를 지상의 국가교회로 바꿔 버렸다. 이것이 로마 가톨릭 보편적 교회이다. 현대에 와서는 사단의 세력들은 예수님의 몸된 교회를 우주교회로 바꿔 버렸다. 뉴 에이지 기독교이다. 사단의 세력들은 예수님의 몸된 교회를 예루살렘 회복 운동으로 바꿔 버렸다. 적그리스도 배도운동의 유대주의 기독교이다.

예수님은 자신이 십자가에서 죽으신 다음에 아버지께서 자기 이름으로 보내주실 성령의 사역에 대하여 가르쳐 주고 있다. 요한복음 안에는 성부 하나님 성자 예수님 성령 하나님께서 한 분 하나님으로 구원 사역을 펼치고 계신다.

"태초에 말씀이 계시니라 이 말씀이 하나님과 함께 계셨으니 이 말씀은 곧 하나님이시니라 그가 태초에 하나님과 함께 계셨고 만물이 그로 말미암아 지은바 되었으니 지은 것이 하나도 그가 없이는 된 것이 없느니라 그 안에 생명이 있었으니 이 생명은 사람들의 빛이라 빛이 어두움에 비취되 어두움이 깨닫지 못하더라 말씀이 육신이 되어 우리 가운데 거하시매 우리가 그 영광을 보니 아버지의 독생자의 영광이요 은혜와 진리가 충만하더라"(요1:1-5,14)

"보혜사 곧 아버지께서 내 이름으로 보내실 성령 그가 너희에게 모든 것을 가르치시고 내가 너희에게 말한 모든 것을 생각나게 하시리라"(요14:26)

태초에 계신 말씀이 하나님이시다. 태초에 계신 말씀이 육신을 입고 오신 분이 예수님이시다. 아버지께서 예수님 이름으로 보내실 보혜사 성령께서 태초에 계신 말씀을 가르치시고 생각나게 하신다. 그래서 말씀되신 하나님을 중심으로 성부 성자 성령의 하나님은 한 분이시다.

3) 성부 하나님이 하시는 일은 무엇인가?

아버지께서 아들을 세상에 보내셨다. 그리고 아들 안에 계셨다.

"아버지께서 나를 세상에 보내신 것 같이 나도 저희를 세상에 보내었고 또 저희를 위하여 내가 나를 거룩하게 하오니 이는 저희도 진리로 거룩함을 얻게 하려 함이니이다 내가 비옵는 것은 이 사람들만 위함이 아니요 또 저희 말을 인하여 나를 믿는 사람들도 위함이니 아버지께서 내 안에, 내가 아버지 안에 있는것 같이 저희도 다 하나가 되어 우리 안에 있게 하사 세상으로 아버지께서 나를 보내신 것을 믿게 하옵소서"(요17:18-21)

아버지는 예수님에게 자신이 원하는 것을 다 하라고 하셨다. 그래서 예수님은 그렇게 하셨다.

"아버지께서 내게 하라고 주신 일을 내가 이루어 아버지를 이 세상에서 영화롭게 하였사오니 아버지여 창세 전에 내가 아버지와 함께 가졌던 영화로써 지금도 아버지와 함께 나를 영화롭게 하옵소서"(요17:4-5)

아버지 하나님은 창세전에 예수 그리스도 안에서 우리를 거룩하고 흠이 없는 아들들이 되게 하셨다. 이는 거저 주시는 은혜를 찬미하게 하려는 것이다. 아버지께서 창세전에 우리를 예수 그리스도 안에서 거룩하고 흠이 없게 하신 것은 창세전부터 예수님을 십자가에서 피흘려 죽이신 것이다.

"찬송하리로다 하나님 곧 우리 주 예수 그리스도의 아버지께서 그리스도 안에서 하늘에 속한 모든 신령한 복으로 우리에게 복 주시되 곧 창세 전에 그리스도 안에서 우리를 택하사 우리로 사랑 안에서 그 앞에 거룩하고 흠이 없게 하시려고 그 기쁘신 뜻대로 우리를 예정하사 예수 그리스도로 말미암아 자기의 아들들이 되게 하셨으니 이는 그의 사랑하시는 자 안에서 우리에게 거저 주시는바 그의 은혜의 영광을 찬미하게 하려는 것이라"(엡1:3-6)

아버지 하나님은 영원부터 예수 그리스도 안에서 만물 창조 속에 감춰진 비밀을 가지고 천사들에게 각종 지혜를 알게 하려고 예정하셨다.

"영원부터 만물을 창조하신 하나님 속에 감취었던 비밀의 경륜이 어떠한 것을 드러내게 하려 하심이라 이는 이제 교회로 말미암아 하늘에서 정사와 권세들에게 하나님의 각종 지혜를 알게 하려 하심이니 곧 영원부터 우리 주 그리스도 예수 안에서 예정하신 뜻대로 하신 것이라"(엡3:9-11)

아버지 하나님은 창세전부터 예수님의 형상을 본받게 하려고 미리 정하시고 부르시고 의롭다 하시고 영화롭게 하셨다. 이것을 비밀의 경륜이라고 한다. 우리는 창세전에 일어난 일들에 대하여 잘 모르지만 또 창세전부터 지금까지의 시간은 멀고도 멀지만 하나님 안에서는 같은 시간과 공간 속에서 이루어진 일이다.

"하나님이 미리 아신 자들로 또한 그 아들의 형상을 본받게 하기 위하여 미리 정하셨으니 이는 그로 많은 형제 중에서 맏아들이 되게 하려 하심이니라 또 미리 정하신 그들을 또한 부르시고 부르신 그들을 또한 의롭다 하시고 의롭다 하신 그들을 또한 영화롭게 하셨느니라"(롬8:29-30)

아버지 하나님은 죄인을 위하시고 의롭다 하시고 아들과 함께 모든 것을 주시는 아버지이시다. 그래서 아무도 송사 하거나 대적할 수 없는 것이다.

"그런즉 이 일에 대하여 우리가 무슨 말 하리요 만일 하나님이 우리를 위하시면 누가 우리를 대적하리요 자기 아들을 아끼지 아니하시고 우리 모든 사람을 위하여 내어주신 이가 어찌 그 아들과 함께 모든 것을 우리에게 은사로 주지 아니하시겠느뇨 누가 능히 하나님의 택하신 자들을 송사하리요 의롭다 하신 이는 하나님이시니 누가 정죄하리요 죽으실 뿐아니라 다시 살아나신 이는 그리스도 예수시니 그는 하나님 우편에 계신 자요 우리를 위하여 간구하시는 자시니라"(롬8:31-34)

4) 성자 예수님이 하시는 일은 무엇인가?

예수님은 아버지의 뜻을 따라서 자기 목숨을 스스로 버리셨다.

"나는 선한 목자라 내가 내 양을 알고 양도 나를 아는 것이 아버지께서 나를 아시고 내가 아버지를 아는 것 같으니 나는 양을 위하여 목숨을 버리노라 또 이 우리에 들지 아니한 다른 양들이 내게 있어 내가 인도하여야 할터이니 저희도 내 음성을 듣고 한 무리가 되어 한 목자에게 있으리라 아버지께서 나를 사랑하시는 것은 내가 다시 목숨을 얻기 위하여 목숨을 버림이라 이를 내게서 빼앗는 자가 있는 것이 아니라 내가 스스로 버리노라 나는 버릴 권세도 있고 다시 얻을 권세도 있으니 이 계명은 내 아버지에게서 받았노라 하시니라"(요10:14-18)

예수님은 아버지께서 하라고 하신 일을 다 이루어 드려서 아버지를 영화롭게 하셨다.

"예수께서 이 말씀을 하시고 눈을 들어 하늘을 우러러 가라사대 아버지여 때가 이르렀사오니 아들을 영화롭게 하사 아들로 아버지를 영화롭게 하게 하옵소서 아버지께서 아들에게 주신 모든 자에게 영생을 주게 하시려고 만민을 다스리는 권세를 아들에게 주셨음이로소이다 영생은 곧 유일하신 참 하나님과 그의 보내신 자 예수 그리스도를 아는 것이니이다 아버지께서 내게 하라고 주신 일을 내가 이루어 아버지를 이 세상에서 영화롭게 하였사오니 아버지여 창세 전에 내가 아버지와 함께 가졌던 영화로써 지금도 아버지와 함께 나를 영화롭게 하옵소서"(요17:1-5)

예수님께서 영생은 유일하신 참 하나님과 그의 보내신 자 예수 그리스도를 아는 것이라고 하셨다. 기독교가 말한 구원을 주는 영생은 다른 종교가 주는 영생과 다르다. 기독교 구원은 영생만을 가져다 소유할 수 없다. 왜냐하면 기독교의 구원을 가져다주는 원리가 있기 때문이다. 기독교 구원의 영생은 삼위일체 하나님께서 주시는 선물이다. 그러므로 삼위일체 하나님을 알아야 하는 것이다. 아버지 하나님은 아들을 내어 주시고 성자 예수님은 십자가에서 죄를 대속해 주시고 성령 하나님은 믿는 자들을 거듭나게 하셔서 예수님의 몸된 신부로 만드는 것이다. 이 세 가지가 이루질 때 영생을 얻게 되는 것이다. 그래서 예수님께서 참 하나님과 그의 보내신 자 예수 그리스도를 아는 것이 영생이라고 하셨다.

그래서 기독교 구원을 받게 되면 단순하게 영원히 사는 것이 아니라 하나님의 아들이 되고, 예수님의 신부가 되고, 성령의 거룩한 성전이 되어서 삼위일체 하나님과 한 가족이 되는 것이다. 그래서 예수 믿고 구원을 받는다는 의미는 예수님의 몸된 신부가 되는 것이다. 즉 예수님과 한 몸을 이루는 것이다. 그래서 구원받은 성도는 자기 마음대로 살지 않고 머리되신 예수님의 말씀에 순종해서 살아야 하는 것이다. 오늘날 예수 믿고 구원을 받았다고 하면서도 자기 마음대로 사는 사람들이 가지고 있는 영생은 가짜이다.

예수님은 십자가에 돌아가시기 전에 마지막 기도를 하셨다. 이 기도가 요한복음 17장이다. 예수님은 자기 속에 계신 아버지의 말씀에 순종해서 아담 이후 처음으로 육체를 가지고 태어난 인간으로 모든 율법의 요구를 이루셔서 아버지를 영화롭게 했다고 말씀하신다. 예수님은 이제 인간의 죄를 속죄할 수 있는 흠 없으신 제물이 되신 것이다. 그래서 예수님은 아버지께 자신을 십자가에서 죽이셔서 자기를 영화롭게 해달라고 기도를 한다. 세상에 이런 아들이 있을까? 자신의 존재를 모두 비워 아버지의 뜻을 따라서 마지막 생명을 놓을 수 있는 아들이 세상에 있을까?

예수님도 우리와 똑같은 육체를 가지고 계시기 때문에 자기가 아버지의 뜻대로 십자가에서 죽어야 하는 것을 알고 있지만 막상 그런 환경들을 직면할 때마다 힘들어 하셨다. 가나 혼인 잔치 때 포도주가 떨어져서 어머니 마리아는 예수님에게 포도주가 떨어졌다고 말을 한다. 그때 예수님은 그것이 나와 무슨 상관이 있느냐고 반문하면서 내 때가 아직 이르지 아니했다고 하시면서 뒤로 물러서는 모습을 보이셨지만 결국은 물로 포도주를 만들어 주셨다.

"포도주가 떨어진지라 예수의 어머니가 예수에게 이르되 저들에게 포도주가 없다 하니 예수께서 이르시되 여자여 나와 무슨 상관이 있나이까 내 때가 아직 이르지 아니하였나이다"(요2:3-4)

명절에 헬라 몇 사람이 예루살렘에 와서 예수님을 찾아뵙기를 요청했을때 예수님은 깜짝놀라 하셨다. 왜냐하면 아버지께서 이방인들을 보내신 것은 시기적으로 십자가의 죽음을 암시하셨기 때문이다. 예수님은 한 알의 밀알 비유를 하시면서도 아버지께 이 때를 면하게 해달라고 기도를 했다. 그러나 금방 기도를 바꾸시면서 자신이 이때를 위해 왔으니 아들을 죽여서 아버지를 영화롭게 해달라고 기도를 하셨다. 그때 하늘에서 소리가 났다. 이미 영광스럽게 하였고 또 영광스럽게 하리라 말씀 하셨다.

"예수께서 대답하여 이르시되 인자가 영광을 얻을 때가 왔도다 내가 진실로 진실로 너희에게 이르노니 한 알의 밀이 땅에 떨어져 죽지 아니하면 한 알 그대로 있고 죽으면 많은 열매를 맺느니라 자기의 생명을 사랑하는 자는 잃어버릴 것이요 이 세상에서 자기의 생명을 미워하는 자는 영생하도록 보전하리라 사람이 나를 섬기려면 나를 따르라 나 있는 곳에 나를 섬기는 자도 거기 있으리니 사람이 나를 섬기면 내 아버지께서 그를 귀히 여기시리라 지금 내 마음이 괴로우니 무슨 말을 하리요 아버지여 나를 구원하여 이 때를 면하게 하여 주옵소서 그러나 내가 이를 위하여 이 때에 왔나이다 아버지여, 아버지의 이름을 영광스럽게 하옵소서 하시니 이에 하늘에서 소리가 나서 이르되 내가 이미 영광스럽게 하였고 또 다시 영광스럽게 하리라 하시니"(요12:23-28)

히브리 기자는 예수님의 33년의 생애를 심한 통곡과 눈물로 간구와 소원을 올렸고 그의 경건하심으로 들으심을 얻었다고 했다.

"그는 육체에 계실 때에 자기를 죽음에서 능히 구원하실 이에게 심한 통곡과 눈물로 간구와 소원을 올렸고 그의 경건하심으로 말미암아 들으심을 얻었느니라 그가 아들이시면서도 받으신 고난으로 순종함을 배워서 온전하게 되셨은즉 자기에게 순종하는 모든 자에게 영원한 구원의 근원이 되시고 하나님께 멜기세덱의 반차를 따른 대제사장이라 칭하심을 받으셨느니라"(히5:7-10)

기독교 구원은 값싼 복음이 아니다. 아주 비싼 값을 지불한 구원이다. 하나님의 아들이 죽어서 얻는 구원이다. 이것은 아버지 하나님이 창세전에 예정하신 것이다. 그리고 아들 예수님이 순종해서 이루신 것이다. 사단의 세력들은 썩어지지 아니하는 하나님의 영광의 복음을 썩어질 사람과 새와 짐승과 기어다니는 동물 모양의 우상으로 바꾸어 버렸다. 이것이 기독교 값싼 복음인 번영신학이다. 오늘날 대다수의 그리스도인들이 어리석은 하루살이와 같은 부자처럼 평생 먹고 살 수 있는 재물을 쌓아 놓고 자기 영혼이 하루 아침에 이슬처럼 사라질 것을 모르고 살고 있다.

우주 만물을 창조하신 분이 인간의 몸을 입고 오셔서 33년 동안 통곡과 눈물로 간구와 소원을 아뢰면서 고난을 통해 순종을 배워 온전하게 되어서 자기에게 순종하는 모든 자에게 영원한 구원의 근원이 되시고 지금도 멜기세덱의 반차를 좇아 고난의 제사를 드리시고 계신다. 그러나 눈 먼 인간들은 아무것도 모르고 예수님이 가난을 짊어 지셨으니 부자로 살고 예수님께서 질병을 짊어 지셨기 때문에 건강하게 살아야 한다고 하면서 다른 예수를 전하면서 사기를 치고 있는 것이다.

5) 성령 하나님께서 하시는 일은 무엇인가?

(1) 예수님의 말씀을 이루어 주신다

요한복음에서 유일하게 성령의 사역에 대하여 말하고 있다. 성령은 아버지께서 예수님 이름으로 보내신다. 그러니까 성부 성자 성령은 한 분이시다. 그러므로 하시는 일도 동일하다. 성령께서 오셔서 하신 일은 가르치시는 일을 한다. 예수님의 말씀을 생각나게 한다. 평안을 주신다. 성령께서 아버지께서 구약 선지자들을 통해 주신 말씀과 예수님께서 주신 말씀을 가지고 모든 진리 가운데로 인도 하신다. 성령의 사역은 독단적인 사역은 없다 즉 직통계시는 없다. 오직 듣는 것을 가지고 일하신다. 예수님의 것을 가지고 일하신다. 선지자들을 통해 주신 말씀을 이루시는 분이 성령이시다. 예수님의 말씀을 가지고 장래 일도 알려 주신다. 성령의 인격적인 사역이다. 성령의 말씀사역이다. 성령은 예수님의 이름과 영광을 나타내신다. 절대로 홀로 영광을 나타내시지 않는다.

"보혜사 곧 아버지께서 내 이름으로 보내실 성령 그가 너희에게 모든 것을 가르치시고 내가 너희에게 말한 모든 것을 생각나게 하시리라 평안을 너희에게 끼치노니 곧 나의 평안을 너희에게 주노라 내가 너희에게 주는 것은 세상이 주는 것 같지 아니하니라 너희는 마음에 근심도 말고 두려워하지도 말라"(요14:26-27)

"그러하나 진리의 성령이 오시면 그가 너희를 모든 진리 가운데로 인도하시리니 그가 자의로 말하지 않고 오직 듣는 것을 말하시며 장래 일을 너희에게 알리시리라 그가 내 영광을 나타내리니 내 것을 가지고 너희에게 알리겠음이니라 무릇 아버지께 있는 것은 다 내 것이라 그러므로 내가 말하기를 그가 내 것을 가지고 너희에게 알리리라 하였노라 조금 있으면 너희가 나를 보지 못하겠고 또 조금 있으면 나를 보리라 하신대"(요16:13-16)

(2) 성령이 오심으로 성도 안에서 이루어진 삼위일체 하나님

"내가 아버지께 구하겠으니 그가 또 다른 보혜사를 너희에게 주사 영원토록 너희와 함께 있게 하리니 그는 진리의 영이라 세상은 능히 그를 받지 못하나니 이는 그를 보지도 못하고 알지도 못함이라 그러나 너희는 그를 아나니 그는 너희와 함께 거하심이요 또 너희 속에 계시겠음이라 내가 너희를 고아와 같이 버려두지 아니하고 너희에게로 오리라 조금 있으면 세상은 다시 나를 보지 못할 것이로되 너희는 나를 보리니 이는 내가 살아 있고 너희도 살아 있겠음이라 그 날에는 내가 아버지 안에, 너희가 내 안에, 내가 너희 안에 있는 것을 너희가 알리라 나의 계명을 가지고 지키는 자라야 나를 사랑하는 자니 나를 사랑하는 자는 내 아버지께 사랑을 받을 것이요 나도 그를 사랑하여 그에게 나를 나타내리라"(요14:16-21)

예수님은 제자들을 고아와 같이 버려두지 아니하고 다시 오셔서 함께 하리라 약속하셨다. 그때 예수님이 아버지 안에 제자들이 예수님 안에 예수님이 제자들 안에 있는 것을 알리라 하셨다. 제자들 안에 성부 성자 성령께서 거하시는 것이다. 그러면서 제자들이 예수님의 계명을 지키면 아버지께 사랑을 받고 예수님도 제자들을 사랑하여 제자들을 통해서 예수님이 나타내리라 말씀 하셨다.

(3) 성도들의 신분을 인치시고 보증하신다

"우리를 너희와 함께 그리스도 안에서 굳건하게 하시고 우리에게 기름을 부으신 이는 하나님이시니 그가 또한 우리에게 인치시고 보증으로 우리 마음에 성령을 주셨느니라"(고후1:21-22)

(4) 성도를 새롭게 하신다

"우리를 구원하시되 우리의 행한바 의로운 행위로 말미암지 아니하고 오직 그의 긍휼하심을 좇아 중생의 씻음과 성령의 새롭게 하심으로 하셨나니"(딛3:5)

(5) 사자들을 통해 교회에게 말씀 하신다

"귀 있는 자는 성령이 교회들에게 하시는 말씀을 들을찌어다"(계3:6)

(6) 성령의 감동으로 말씀을 주신다

"말하는 이는 너희가 아니라 너희 속에서 말씀하시는 이 곧 너희 아버지의 성령이시니라"(마10:20)

"이르시되 그러면 다윗이 성령에 감동되어 어찌 그리스도를 주라 칭하여 말하되"(마22:43)

"그가 주의 그리스도를 보기 전에는 죽지 아니하리라 하는 성령의

지시를 받았더니"(눅2:26)

(7) 성령으로 거듭나게 하신다

"내가 네게 거듭나야 하겠다 하는 말을 놀랍게 여기지 말라 바람이 임의로 불매 네가 그 소리는 들어도 어디서 와서 어디로 가는지 알지 못하나니 성령으로 난 사람도 다 그러하니라"(요3:7-8)

(8) 진리의 성령으로 일하신다

"내가 아버지께로서 너희에게 보낼 보혜사 곧 아버지께로서 나오시는 진리의 성령이 오실 때에 그가 나를 증거하실 것이요"(요15:26)

(9) 순종할 때 성령을 주신다

"이스라엘에게 회개함과 죄 사함을 주시려고 그를 오른손으로 높이사 임금과 구주로 삼으셨느니라 우리는 이 일에 증인이요 하나님이 자기에게 순종하는 사람들에게 주신 성령도 그러하니라 하더라"(행5:31-32)

(10) 성령의 기름 부르심으로 가르치신다

"너희는 주께 받은바 기름 부음이 너희 안에 거하나니 아무도 너희를 가르칠 필요가 없고 오직 그의 기름 부음이 모든 것을 너희에게 가르치며 또 참되고 거짓이 없으니 너희를 가르치신 그대로 주 안에 거하라"(요일2:27)

8. 종말 신학

1) 요한 계시록은 종말 신학의 뿌리이다

요한 계시록은 기독교 종말 신학의 뿌리로 다니엘의 70이레 비밀 중 남은 1이레인 7년에 대한 기록이다. 요한 계시록에서 7년을 전 삼년 반 후 삼년 반으로 나눈다. 전 삼년 반은 이스라엘이 적그리스도와 평화조약을 맺고 성전을 건축하고 구약제사를 드린다. 후 삼년 반은 적그리스도가 배도를 하고 짐승의 표를 받지 않는 모든 자들을 죽인다. 다니엘의 남은 1이레 7년은 이스라엘이 회복되는 기간이고 휴거하지 못한 교회가 세마포 옷을 깨끗하게 빠는 기간이다. 7년이 끝날 때 예수님께서 재림 하셔서 적그리스도 짐승과 거짓 선지자와 666 짐승의 표를 받은 자들을 심판하시고 용을 1000년 동안 무저갱에 가둔다. 예수님은 새 예루살렘인 교회와 천년왕국을 통치하게 된다.

2) 다니엘의 70이레 비밀과 요한 계시록 7년 대환난

(1) 예레미야의 새 언약의 성취와 바벨론 70년 포로생활

여호와 하나님께서는 유다가 바벨론에서 70년 포로 생활을 마치고 돌아 올 때 새 언약을 맺으실 것을 예레미야를 통해 약속하셨다. 이 혼인 언약은 모세의 언약과 같이 돌 판에 새긴 언약이 아니라 마음에 새긴 언약이라고 하였다. 예레미야가 약속한 새 언약은 마가의 다락방에 성령이 강림하심으로 이루어졌다.

"나 여호와가 말하노라 보라 날이 이르리니 내가 이스라엘 집과 유다 집에 새 언약을 세우리라 나 여호와가 말하노라 이 언약은 내가 그들의 열조의 손을 잡고 애굽 땅에서 인도하여 내던 날에 세운것과 같지 아니할 것은 내가 그들의 남편이 되었어도 그들이 내 언약을 파하였음이니라 나 여호와가 말하노라 그러나 그 날 후에 내가 이스라엘 집에 세울 언약은 이러하니 곧 내가 나의 법을 그들의 속에 두며 그 마음에 기록하여 나는 그들의 하나님이 되고 그들은 내 백성이 될 것이라 그들이 다시는 각기 이웃과 형제를 가리켜 이르기를 너는 여호와를 알라 하지 아니하리니 이는 작은 자로부터 큰 자까지 다 나를 앎이니라 내가 그들의 죄악을 사하고 다시는 그 죄를 기억지 아니하리라 여호와의 말이니라"(렘31:31-34)

그러나 다니엘은 이러한 사실을 알지 못하였기 때문에 70년 포로 생활이 끝나면 바벨론에서 유다가 돌아올 때 예루살렘이 새롭게 되어 다윗의 메시아 왕국이 세워질 것이라는 예레미야의 예언을 생각하고 크게 기대하고 있었는데 실제로 그러한 일이 일어나지 않으므로 마음이 상심하고 아파서 여호와께 21일 작정 금식기도를 한다. 그리고 응답을 받았다. 그것이 70이레 비밀이다.

"곧 그 통치 원년에 나 다니엘이 서책으로 말미암아 여호와의 말씀이 선지자 예레미야에게 임하여 고하신 그 년 수를 깨달았나니 곧 예루살렘의 황무함이 칠십년만에 마치리라 하신 것이니라 내가 금식하며 베옷을 입고 재를 무릅쓰고 주 하나님께 기도하며 간구하기를 결심하고 주여 내가 구하옵나니 주는 주의 공의를 좇으사 주의 분노를 주의 성 예루살렘, 주의 거룩한 산에서 떠나게 하옵소서 이는 우리의 죄와 우리의 열조의 죄악을 인하여 예루살렘과 주의 백성이 사면에 있는 자에게 수욕을 받음이니이다 그러하온즉 우리 하나님이여 지금 주의 종의 기도와 간구를 들으시고 주를 위하여 주의 얼굴 빛을 주의 황폐한 성소에 비취시옵소서"(단9:2-3,16-17)

여호와 하나님은 다니엘에게 70년이 아니라 70이레가 지나야 예레미야의 새 언약의 예언이 이루어질 것을 말씀 하셨다. 이것이 70이레 즉 70주 490년에 대한 예언이다. 예루살렘을 중건하라는 명령이 날 때부터 예수님이 오셔서 십자가에 돌아가실 때까지 일곱 이레와 육십이 이레가 지난다. 합이 육십 구 이레이다. 예수님이 돌아가시고 예루살렘과 이스라엘은 망한다. 그리고 남은 1이레는 세상 마지막 심판시대로 넘어간다. 이것이 요한 계시록에 기록된 7년 대환난 기간 동안에 이루어질 심판이다. 전 삼년 반, 한 때 두 때 반, 1260일, 7년의 모든 날은 2520일이다.

"네 백성과 네 거룩한 성을 위하여 칠십 이레로 기한을 정하였나니 허물이 마치며 죄가 끝나며 죄악이 영속되며 영원한 의가 드러나며 이상과 예언이 응하며 또 지극히 거룩한 자가 기름부음을 받으리라 그러므로 너는 깨달아 알찌니라 예루살렘을 중건하라는 영이 날 때부터 기름부음을 받은 자 곧 왕이 일어나기까지 일곱 이레와 육십이 이레가 지날 것이요 그 때 곤란한 동안에 성이 중건되어 거리와 해자가 이룰 것이며 육십 이 이레 후에 기름부음을 받은 자가 끊어져 없어질 것이며 장차 한 왕의 백성이 와서 그 성읍과 성소를 훼파하려니와 그의 종말은 홍수에 엄몰됨 같을 것이며 또 끝까지 전쟁이 있으리니 황폐할 것이 작정되었느니라 그가 장차 많은 사람으로 더불어 한 이레 동안의 언약을 굳게 정하겠고 그가 그 이레의 절반에 제사와 예물을 금지할 것이며 또 잔포하여 미운 물건이 날개를 의지하여 설 것이며 또 이미 정한 종말까지 진노가 황폐케 하는 자에게 쏟아지리라 하였느니라"(단9:24-27)

(2) 다니엘의 70이레 계산법

B.C. 445년 3월 14일 페르시아 아닥사스다 왕 재위 20년에 예루살렘 성을 중건하라는 영을 내려 다니엘의 70이레가 시작되고, A.D. 32년 4월 6일 종려 주일날 그리스도께서 예루살렘으로 나귀를 타고 입성하시고 십자가에 돌아가실 때까지 일곱 이레와 육십 이 이레를 합한 육십 구 이레가 지난다. 성경에서 1년은 360일이다. 다니엘은 적그리스도의 본격적인 통치 기간을 1이레 절반이 지난 후 제사를 금지한 후 삼년 반으로 묘사하고 있고(단 7:25), 사도 요한도 요한 계시록에서 적그리스도가 통치하는 기간을 42달, 한 때 두 때 반, 1260일로 기록을 했다.(계12:6,14, 13:5-7).

다니엘 칠십 이레 예언 중 일곱 이레와 육십 이 이레가 지나면 69이레(483년)가 된다. B.C. 445년과 A.D. 32년 두 연도를 제외한 총년수는 444 + 31 = 475년이 된다. 그러므로 이것의 총 날수를 태양력으로 계산하면 475년 x 365.25일(태양력 1년) = 173,493.75일이 된다. 이제 만기가 안된 남은 두 년도의 부분적인 날수들을 계산해야 한다. B.C. 445년 3월 14일부터 12월 31일까지 292일. A.D. 32년 1월 1일부터 4월 6일까지 총 날수는 96일이다.

그러므로 B.C.445년 3월 14일부터 A.D.32년 4월 6일까지의 총 날수가 173,494일+292일+96일=173,882일이다. 173,882일을 유대월력 360일로 나누면 483년이 나온다.

(3) 마지막 한 이레의 시작

마지막 한 이레를 다루기 전에 다니엘 9:26은 우리에게 다니엘의 칠십 이레 중 육십 구 번째 이레와 칠십 번째 이레가 떨어져 있는 사이에 어떤 일이 일어날 것인지에 대해 예언 해 주고 있다. "메시아 통치자"가 끊어지고, 예루살렘 성전이 로마 왕에게 파괴되며, 예루살렘 멸망 후 오랜 기간 동안 전쟁이 있을 것이라고 했다. 이 기간은 성령이 임하고 복음이 땅 끝까지 증거되는 이방인의 때가 되는 것이다. 마지막 70이레인 7년의 시작은 예루살렘을 황폐하게 했던 적그리스도가 한 이레 즉 7년 동안 이스라엘과 평화 조약을 맺고 이스라엘 백성들에게 구약 제사를 허용하면서 시작된다. 그런데 한 이레 반 즉 전 삼년 반이 지난 후 적그리스도는 평화 조약을 파괴하고 후 삼년 반이 시작될 때 제사와 예물을 금한다고 했다. 그리고 적그리스도는 사단의 우상을 경배하도록 강요한다.

"그가 장차 많은 사람으로 더불어 한 이레 동안의 언약을 굳게 정하겠고 그가 그 이레의 절반에 제사와 예물을 금지할 것이며 또 잔포하여 미운 물건이 날개를 의지하여 설 것이며 또 이미 정한 종말까지 진노가 황폐케 하는 자에게 쏟아지리라 하였느니라"(단9:27)

(4) 예수님께서 말씀하신 다니엘의 70이레

"그러므로 너희가 선지자 다니엘의 말한바 멸망의 가증한 것이 거룩한 곳에 선 것을 보거든 (읽는 자는 깨달을찐저) 그 때에 유대에 있는 자들은 산으로 도망할찌어다 지붕 위에 있는 자는 집안에 있는 물건을 가질러 내려 가지 말며 밭에 있는 자는 겉옷을 가질러 뒤로 돌이키지 말찌어다 그 날에는 아이 밴 자들과 젖먹이는 자들에게 화가 있으리로다 너희의 도망하는 일이 겨울에나 안식일에 되지 않도록 기도하라 이는 그 때에 큰 환난이 있겠음이라 창세로부터 지금까지 이런 환난이 없었고 후에도 없으리라 그 날들을 감하지 아니할 것이면 모든 육체가 구원을 얻지 못할 것이나 그러나 택하신 자들을 위하여 그 날들을 감하시리라 그 때에 사람이 너희에게 말하되 보라 그리스도가 여기 있다 혹 저기 있다 하여도 믿지 말라 거짓 그리스도들과 거짓 선지자들이 일어나 큰 표적과 기사를 보이어 할 수만 있으면 택하신 자들도 미혹하게 하리라 보라 내가 너희에게 미리 말하였노라 그러면 사람들이 너희에게 말하되 보라 그리스도가 광야에 있다 하여도 나가지 말고 보라 골방에 있다 하여도 믿지 말라 번개가 동편에서 나서 서편까지 번쩍임 같이 인자의 임함도 그러하리라 주검이 있는 곳에는 독수리들이 모일찌니라 그 날 환난 후에 즉시 해가 어두워지며 달이 빛을 내지 아니하며 별들이 하늘에서 떨어지며 하늘의 권능들이 흔들리리라 그 때에 인자의 징조가 하늘에서 보이겠고 그 때에 땅의 모든 족속들이 통곡하며 그들이 인자가 구름을 타고 능력과 큰 영광으로 오는 것을 보리라 저가 큰 나팔소리와 함께 천사들을 보내리니 저희가 그 택하신 자들을 하늘 이 끝에서 저 끝까지 사방에서 모으리라"(마24:15-31)

(5) 예수님께서 말씀하신 이방인의 때와 예루살렘 회복

마지막 한 이레인 7년의 시작은 예루살렘이 망한 후 2000년 동안 이스라엘이 전 세계로 흩어져 죽임을 당하고 핍박을 당한 후 복음이 땅 끝까지 증거 되고, 이방인의 때가 차면 예루살렘이 이스라엘 땅으로 회복이 되고 예루살렘 성안에 성전을 건축하여 구약 제사를 드리는 언약이 이루어지면 그때부터 다니엘의 마지막 한 이레 즉 7년이 시작되는 것이다.

"저희가 칼날에 죽임을 당하며 모든 이방에 사로잡혀 가겠고 예루살렘은 이방인의 때가 차기까지 이방인들에게 밟히리라" 일월 성신에는 징조가 있겠고 땅에서는 민족들이 바다와 파도의 우는 소리를 인하여 혼란한 중에 곤고하리라 사람들이 세상에 임할 일을 생각하고 무서워하므로 기절하리니 이는 하늘의 권능들이 흔들리겠음이라 그 때에 사람들이 인자가 구름을 타고 능력과 큰 영광으로 오는 것을 보리라 이런 일이 되기를 시작하거든 일어나 머리를 들라 너희 구속이 가까왔느니라 하시더라"(눅21:24-28)

제3장 기독교 생명 신학

(6) 바울이 말하고 있는 이방인의 때와 온 이스라엘의 구원의 때

"형제들아 너희가 스스로 지혜 있다 함을 면키 위하여 이 비밀을 너희가 모르기를 내가 원치 아니하노니 이 비밀은 이방인의 충만한 수가 들어오기까지 이스라엘의 더러는 완악하게 된 것이라 그리하여 온 이스라엘이 구원을 얻으리라 기록된바 구원자가 시온에서 오사 야곱에게서 경건치 않은 것을 돌이키시겠고 내가 저희 죄를 없이 할 때에 저희에게 이루어질 내 언약이 이것이라"(롬11:25-27)

사도 바울 역시 이방인들에게 복음이 다 증거 되고 이방인들의 구원 받은 수가 차면 이방인의 때가 끝나고 이스라엘이 회복되어 구원을 얻을 것을 말한다.

(7) 바울이 말하고 있는 이스라엘에 대한 하나님의 영원한 약속

"그러므로 내가 말하노니 하나님이 자기 백성을 버리셨느뇨 그럴 수 없느니라 나도 이스라엘인이요 아브라함의 씨에서 난 자요 베냐민 지파라 하나님이 그 미리 아신 자기 백성을 버리지 아니하셨나니 너희가 성경이 엘리야를 가리켜 말한 것을 알지 못하느냐 저가 이스라엘을 하나님께 송사하되 주여 저희가 주의 선지자들을 죽였으며 주의 제단들을 헐어버렸고 나만 남았는데 내 목숨도 찾나이다 하니 저에게 하신 대답이 무엇이뇨 내가 나를 위하여 바알에게 무릎을 꿇지 아니한 사람 칠천을 남겨 두었다 하셨으니 그런즉 이와 같이 이제도 은혜로 택하심을 따라 남은 자가 있느니라"(롬11:1-5)

사도 바울은 이스라엘이 망한 것 같지만 망하지 않고 이방인들의 시대가 끝나면 이스라엘을 회복시켜 구원 하시려고 남은 자를 남겨 두셨다고 하였다.

(8) 다니엘 70이레 중 69이레와 70이레 사이에 무슨 일이 일어나는가?

이스라엘은 주후 70년 9월8일 로마의 티토 장군에게 완전히 멸망을 당했다. 그러나 이스라엘이 아주 망한 것이 아니다. 예수님께서 말씀 하신 것처럼 이방인의 때가 차기까지 이스라엘은 메시야를 거절하고 죽인 죄로 전 세계에 사로 잡혀가서 흩어져 칼날에 죽임을 당하고 고통을 당하다가 이방인의 충만한 수가 다 차서 교회가 완성이 되면 이스라엘은 마지막 남은 한 이레인 7년 동안 하나님과 관계가 회복된다. 이것이 다니엘의 70이레 비밀이다.

(9) 요한 계시록에 집중된 마지막 한 이레 7년

요한 계시록 6장부터 19장까지는 다니엘의 마지막 한 이레인 7년에 대하여 집중적으로 기록을 하고 있다. 적그리스도에 의해서 시작된 한 이레 제사는 전 삼년 반이 끝나고 폐지되고 후 삼년 반이 시작되면서 적그리스도는 자신의 우상을 예루살렘 성전 지성소에 세우고, 이스라엘과 전 세계 사람들에게 자신을 하나님으로 숭배하도록 강요를 한다. 그리고 우상에게 절하고 경배하는 사람들에게는 짐승의 표인 666표를 주어 매매를 하게 하여 경제활동을 하게 하지만 짐승에게 경배하지 않고 이마와 오른손에 짐승의 표인 666표를 받지 않는 자들에게는 경제활동을 할 수 없게 할 뿐 아니라 목을 베어 죽인다고 했다.

그래서 예수님도 다니엘의 말한바 멸망의 가증한 것이 거룩한 곳에 서는 것을 보거든 들에 있는 자들이든지 지붕에 있는 자들이든지 도시에 있는 자들은 모두 산으로 도망하라고 하셨다.

(10) 요한 계시록에 기록된 한 때 두 때 반은 한 이레의 절 반 3년 반을 말한다.

무천년주의자들은 지상의 유토피아를 세우려 하기 때문에 요한 계시록에 나타난 7년에 대한 내용을 2000년 교회시대로 해석을 해서 요한 계시록을 통한 말세지말의 종말신앙을 갖지 못하게 하여 지옥으로 떨어지게 하고 있다. 요한 계시록에 기록된 1260일은 삼년 반의 기간이다. 이런 내용들이 요한 계시록에 가득차 있다. 이것은 2000년 교회 시대에 일어날 일이 아니고 예수님이 지상 재림하시기 전 7년 동안 이루어질 일들이다.

(11) 교회가 완성되는 비밀의 경륜인 이방인의 때

아담을 깊이 잠들게 하신 후 하나님은 아담의 갈비뼈로 하와를 지으셨다. 두 번째 아담인 예수님이 잠자고 있는 것 같은 대제사장으로 사역하시는 동안 지상에서는 창세전에 예정하신 예수님의 아름다운 신부인 교회가 완성되어 가고 있다. 이것을 비밀의 경륜이라고 한다. 이 기간을 이방인의 때 또는 성령시대라고 한다.

(12) 이방인의 때 유대인들은 완악하게 되어 고난을 당하고 있다.

이스라엘은 교만하여 메시아 되신 예수님을 십자가에 못 박고 하나님께서 허락하신 은총을 거부한 죄로 2000년 동안 전 세계에 흩어져 엄청난 징계를 받고 있다. 그러나 이렇게 하신 분이 하나님이시다. 하나님께서 이사야 선지자로 하여금 예언을 하게 하셨다. 너희는 보기는 보아도 알지 못하고, 듣기는 들어도 깨닫지 못하리라 혹시라도 너희가 듣고 깨닫고 고침을 받을까 두려워한다 하셨다. 이것을 하나님의 섭리라고 한다.

"여호와께서 가라사대 가서 이 백성에게 이르기를 너희가 듣기는 들어도 깨닫지 못할 것이요 보기는 보아도 알지 못하리라 하여 이 백성의 마음으로 둔하게 하며 그 귀가 막히고 눈이 감기게 하라 염려컨대 그들이 눈으로 보고 귀로 듣고 마음으로 깨닫고 다시 돌아와서 고침을 받을까 하노라"(사6:9-10)

(13) 다니엘의 70이레와 이방인의 관계

다니엘의 칠십 이레 예언은 교회나 이방인들과 관련되어 있는 것이 아니라 유대인들과 예루살렘 성과 관련되어 있다. 그러나 마지막 한 이레는 이방인과 유대인들을 위한 말씀이다. 마지막 한 이레는 하나님의 창조와 구속의 목적인 교회를 알곡으로 추수하시기 위해 유대인의 남은 한 이레를 세상 마지막 날에 두셔서 교회를 추수하시고 2000

년 동안 전 세계에 흩어져 고난당했던 이스라엘을 회복시키시는 일들을 하신 기간이다.

정확하게 말하면 마지막 한 이레인 7년의 계시록은 교회를 완성시키시고, 2000년 동안 전 세계에 흩어져 있는 이스라엘을 모아 아브라함과 다윗에게 약속하신 유대왕국을 세우시는 준비를 하는 것이다. 이렇게 해서 완성된 유대왕국이 천년왕국이다. 천년왕국은 교회가 유대왕국을 통치하는 기간이다. 아브라함의 육적인 자손들을 위한 유대왕국이다. 아브라함의 영적인 자손들을 위한 왕국은 유대왕국을 통치할 새 예루살렘이다. 유대인들이 백성이 되고 천년왕국의 통치는 그리스도 제사장 나라인 교회가 하는 것이다.

(14) 다니엘 마지막 한 이레에 등장한 적그리스도의 정체

다니엘 2장과 7장과 8장과 12장에서 계속해서 마지막 시대에 일어날 무서운 짐승인 적그리스도에 대하여 기록을 하고 있다. 열 개의 뿔을 가진 무섭고 사나운 짐승으로 표현되고 있는 적그리스도는 계시록 17장에서 자세하게 소개되고 있다.

"천사가 가로되 왜 기이히 여기느냐 내가 여자와 그의 탄바 일곱 머리와 열 뿔 가진 짐승의 비밀을 네게 이르리라 네가 본 짐승은 전에 있었다가 시방 없으나 장차 무저갱으로부터 올라와 멸망으로 들어갈자니 땅에 거하는 자들로서 창세 이후로 생명책에 녹명되지 못한 자들이 이전에 있었다가 시방 없으나 장차 나올 짐승을 보고 기이히 여기리라 지혜 있는 뜻이 여기 있으니 그 일곱 머리는 여자가 앉은 일곱 산이요 또 일곱 왕이라 다섯은 망하였고 하나는 있고 다른이는 아직 이르지 아니하였으나 이르면 반드시 잠간 동안 계속하리라 전에 있었다가 시방 없어진 짐승은 여덟째 왕이니 일곱 중에 속한 자라 저가 멸망으로 들어가리라 네가 보던 열 뿔은 열 왕이니 아직 나라를 얻지 못하였으나 다만 짐승으로 더불어 임금처럼 권세를 일시 동안 받으리라"(계시록17:7-12)

열 뿔과 일곱 머리를 가진 짐승의 정체는 다니엘 2장과 7장에서 자세하고 설명을 하고 있듯이 사도 요한에 의해서 더욱 더 자세히 정체를 밝혀 주고 있다. 열 뿔은 열 왕이라 했다. 열 이란 수는 완전수이다. 그러므로 열 왕은 완벽한 통치를 할 수 있는 많은 나라들이 모여 있는 제국을 말한다. 그리고 머리가 일곱이란 말은 일곱 제국이란 말이다.

사도 요한은 일곱 번째 머리에 대하여 소개한다. 다섯은 망하였고, 하나는 있고 일곱 번째는 아직 이르지 않았다고 했다. 망한 다섯은 애굽, 앗수르, 바벨론, 페르시아, 그리스이다. 그리고 여섯은 있다고 했는데 로마이다. 일곱 번째는 아직 나타나지 않았지만 반드시 나타날 것이라고 했다. 그런데 일곱 번째 머리에 대하여 쓰기를 전에 있었는데 지금은 없다고 했다. 분명히 전에 있었던 왕이란 것이다.

요한 계시록 13장에서 열 뿔과 일곱 머리를 가진 짐승이 나오는데 다니엘서에서 언급한 마지막 짐승이다. 이 짐승이 마흔 두 달 즉 후 삼년 반 동안 일할 권세를 받았다. 그런데 이 짐승의 모습이 사자, 곰, 표범과 비슷하다고 했다. 사자는 바벨론, 곰은 페르시아, 표범은 그리스이다. 이는 바벨론의 사자 같은 포악성, 페르시아의 곰 같은 잔인성, 그리스 표범 같은 신속성을 상징하고 있다.

마지막 시대에 일어날 짐승은 다니엘서에 나타난 네 명의 왕들을 모두 합한 것과 같은 엄청난 파괴력과 장악력과 추진력을 가진 존재라는 사실을 알려주고 있다. 그렇다면 전에 있었는데 요한 당시는 없고 마지막 한 이레에 나타날 짐승의 정체는 무엇인가? 고대 바벨론 즉 수메르 제국 시날 평지에서 하나님을 대적했던 니므롯이다. 최초로 하나님을 대적하고 배도했던 니므롯이 세상 마지막 날에 다시 등장을 한다. 니므롯의 후예들이 미국을 건국한 일루미나티이다. 니므롯의 부인인 세미라미스 후손들이다.

(15) 다니엘서의 예언의 중요성

요한 계시록과 관련되어 있는 구약의 예언서들은 이사야, 에스겔, 다니엘, 스가랴서이다. 에스겔서는 이스라엘의 심판과 모든 나라에 대한 흩어짐, 그리고 말세에 약속의 땅으로 돌아와 나라를 얻고 하나님과 관계가 회복되어져 가는 과정들이 기록되어 있다. 마지막 에스겔 38장-39장은 이스라엘을 중심으로 일어날 3차 세계 대전과 이 전쟁의 승리를 통한 메시아 국가권위의 회복, 그 후에 계속될 천년왕국에서의 땅 분배 등이 자세하게 기록되어 있다.

다니엘서에서는 아주 구체적으로 종말에 일어날 일들이 다니엘의 시대인 바벨론 시대로부터 마지막 예수님이 재림하셔서 영원한 나라를 세우실 때까지 세계 역사가 자세하게 기록되어 있다.

스가랴서에서는 마지막 시대 회복될 이스라엘과 예루살렘을 중심으로 일어날 아마겟돈 전쟁, 그 후에 감람산에 재림하시는 영광의 메시아, 그를 보고 통곡하며 회개하고 집단적으로 돌아온 아브라함의 육적인 자손들의 구원들이 자세하게 기록되어 있다.

이사야서에서는 집중적으로 다윗의 후손인 영광의 메시아에 의해서 이루어질 천년왕국에 대한 예언들로 가득차 있다.

구약에서 예언하고 있는 종말사건들의 주요 주제는 하나님께서 아브라함과 다윗에게 약속하신 언약의 성취에 대한 내용이 아주 강하게 강조되고 있다는 것이다. 이것은 바울이 로마서 9장-11장에서 강력하게 주장하고 있는 이스라엘에 대한 하나님의 언약이다.

지난 2000년 성령의 시대는 이방인의 시대로 은혜로 교회가 완성되어지는 시기이다. 그러나 다가올 천년왕국은 아담과 하와가 타락함으로 이루지 못한 창1:28 문화대명령을 새 예루살렘 교회 시대를 통해서 이루시는 것이다. 천년왕국이다.

3) 다니엘서에 기록된 요한 계시록의 타임 라인

(1) 7년 대환난의 성경적인 근거인 70이레 중 마지막 한 이레

"그가 장차 많은 사람으로 더불어 한 이레 동안의 언약을 굳게 정하겠고 그가 그 이레의 절반에 제사와 예물을 금지할 것이며 또 잔포하여 미운 물건이 날개를 의지하여 설 것이며 또 이미 정한 종말까지 진노가 황폐케 하는 자에게 쏟아지리라 하였느니라"(단9:27)

한 이레는 7일이고 년으로는 7년이다. 7년은 날수로 7×360일

=2520일이다. 적그리스도와 이스라엘이 7년 평화조약을 맺고 마지막 한 이레는 시작된다. 그런데 한 이레 절반에 제사와 예물을 금지한다고 했다. 그러니까 2520일 절반 즉 1260일에 제사를 금지시킨다. 이것이 전 삼년 반이 끝나고 후 삼년 반이 시작될 때이다. 그리고 잔포하여 미운 물건이 선다고 했는데 이것이 적그리스도가 통치할 후 삼년 반이다. 요한 계시록 13장에서는 42개월 마흔 두 달로 기록되어 있다.

(2) 평화조약을 맺고 난 후 220일 동안 성전을 건축한 후 성전 제사 시작

"내가 들은즉 거룩한 자가 말하더니 다른 거룩한 자가 그 말하는 자에게 묻되 이상에 나타난바 매일 드리는 제사와 망하게 하는 죄악에 대한 일과 성소와 백성이 내어준바 되며 짓밟힐 일이 어느 때까지 이를꼬 하매 그가 내게 이르되 이천 삼백 주야까지니 그 때에 성소가 정결하게 함을 입으리라 하였느니라"(단8:13-14)

매일 드리는 제사가 시작된 후 적그리스도에게 짓밟혔던 성소가 예수님의 재림으로 정결함을 얻게 되는데 그 기간이 2300일이다.

7년은 2520일이다. 제사가 시작되고 예수님이 재림하셔서 성전을 정결하게 한 날이 2300일이니까 2520일-2300일=220일이다. 즉 적그리스도와 7년 평화조약을 맺고 성전건축을 시작하여 220일 후 성전 제사를 시작해서 2300일 후 예수님이 재림하셔서 성전을 정결하게 하신다. 그러니까 유대인들이 성전에서 제사를 드리는 실제 시간은 전 삼년 반 1260일 중에서 220일을 뺀 1040일 동안 성전제사를 드리고 후 삼년 반이 시작될 때 제사권을 적그리스도에게 빼앗기고 우상 숭배를 강요당하게 된다.

(3) 유대인들이 산으로 도망하라

"그러므로 너희가 선지자 다니엘의 말한바 멸망의 가증한 것이 거룩한 곳에 선 것을 보거든 (읽는 자는 깨달을찐저) 그 때에 유대에 있는 자들은 산으로 도망할찌어다 지붕 위에 있는 자는 집안에 있는 물건을 가질러 내려 가지 말며 밭에 있는 자는 겉옷을 가질러 뒤로 돌이키지 말찌어다 그 날에는 아이 밴 자들과 젖먹이는 자들에게 화가 있으리로다"(마24:15-19)

예수님께서도 후 삼년 반 적그리스도가 배도 할 때 산으로 도망하라고 하셨다. 요한 계시록에서도 유대인들이 후 삼년 반에 광야로 도망해서 하나님이 예비하신 곳에서 피한 모습을 기록하고 있다.

"그 여자가 광야로 도망하매 거기서 일천 이백 육십일 동안 저를 양육하기 위하여 하나님의 예비하신 곳이 있더라"(계12:6)

"그 여자가 큰 독수리의 두 날개를 받아 광야 자기 곳으로 날아가 거기서 그 뱀의 낯을 피하여 한 때와 두 때와 반 때를 양육 받으매"(계12:14)

(4) 멸망케 할 물건을 세울 때부터 1335일까지 이르는 사람은 복이 있다

"매일 드리는 제사를 폐하며 멸망케 할 미운 물건을 세울 때부터 일천 이백 구십일을 지낼 것이요 기다려서 일천 삼백 삼십 오일까지 이르는 그 사람은 복이 있으리라"(단12:11-12)

적그리스도가 매일 드리는 제사를 폐하는 기간은 후 삼년 반이 시작될 때이다. 그러니까 1260일 남기고 배도를 하는 것이다. 그 후 1260일이 지나면 예수님이 재림하신다. 그런데 여기에 30일을 더해 1290일이 나오고 또 45일을 더해 1335일이 나온다. 결국 예수님이 재림 하신 후 30일과 45일을 지낸 사람이 복이 있다고 했다.

(5) 30일은 이스라엘이 애곡하는 기간

예수님을 거부했던 이스라엘이 적그리스도에게 멸망받기 일보 직전에 감람산으로 재림하셔서 적그리스도의 군대를 멸망시키시고 이스라엘을 구원하실 때 그때야 그들이 예수님이 여호와 하나님이신 것을 알고 통곡하며 회개한다. 그 통곡 기간이 30일이다.

"내가 다윗의 집과 예루살렘 거민에게 은총과 간구하는 심령을 부어 주리니 그들이 그 찌른바 그를 바라보고 그를 위하여 애통하기를 독자를 위하여 애통하듯 하며 그를 위하여 통곡하기를 장자를 위하여 통곡하듯 하리로다 그 날에 예루살렘에 큰 애통이 있으리니 므깃도 골짜기 하다드림몬에 있던 애통과 같을 것이라 온 땅 각 족속이 따로 애통하되 다윗의 족속이 따로 하고 그 아내들이 따로 하며 나단의 족속이 따로 하고 그 아내들이 따로 하며 레위의 족속이 따로 하고 그 아내들이 따로 하며 시므이의 족속이 따로 하고 그 아내들이 따로 하며 모든 남은 족속도 각기 따로 하고 그 아내들이 따로 하리라"(슥 12:10-14)

모세와 아론이 죽었을 때 이스라엘은 30일을 통곡하고 애통하는 날로 정했었다.

"온 회중 곧 이스라엘 온 족속이 아론의 죽은 것을 보고 위하여 삼십일을 애곡하였더라"(민20:29)

"이스라엘 자손이 모압 평지에서 애곡하는 기한이 마치도록 모세를 위하여 삼십일을 애곡하니라"(신34:8)

(6) 45일은 천년왕국에서 교회가 땅을 분배받는 기간

에스겔서 48장에는 교회가 천년왕국에서 땅을 분배 받는 모습이 기록되어 있다. 천년왕국은 교회가 땅을 분배 받고 이스라엘 12지파를 다스린다. 에스겔 48장의 땅 분배 모습은 영적으로 교회가 그리스도의 제사장이 되어 천년왕국을 통치하게 될 때 믿음의 분량대로 상급심판을 받게 된다. 그때 예수님께서 약속하신 대로 열 므나 남긴 사람은 열 고을 다스리고, 다섯 므나 남긴 사람은 다섯 고을 다스리는 보상이 주어지는 시간이다.

"귀인이 왕위를 받아 가지고 돌아와서 은 준 종들의 각각 어떻게 장사한 것을 알고자 하여 저희를 부르니 그 첫째가 나아와 가로되 주여 주의 한 므나로 열 므나를 남겼나이다 주인이 이르되 잘하였다 착한 종이여 네가 지극히 작은 것에 충성하였으니 열 고을 권세를 차지하라 하고 그 둘째가 와서 가로되 주여 주의 한 므나로 다섯 므나를 만들었나이다 주인이 그에게도 이르되 너도 다섯 고을을 차지하라 하고"(눅19:15-19)

그리스도의 심판대에서 교회는 착한 행실과 믿음으로 행한 모든 것에 대하여 상급을 받게 된다.

"누가 묻기를 죽은 자들이 어떻게 다시 살며 어떠한 몸으로 오느냐 하리니 어리석은 자여 너의 뿌리는 씨가 죽지 않으면 살아나지 못하겠고 또 너의 뿌리는 것은 장래 형체를 뿌리는 것이 아니요 다만 밀이나 다른 것의 알갱이 뿐이로되 하나님이 그 뜻대로 저에게 형체를 주시되 각 종자에게 그 형체를 주시느니라 하늘에 속한 형체도 있고 땅에 속한 형체도 있으나 하늘에 속한 자의 영광이 따로 있고 땅에 속한 자의 영광이 따로 있으니 해의 영광도 다르며 달의 영광도 다르며 별의 영광도 다른데 별과 별의 영광이 다르도다 죽은 자의 부활도 이와 같으니 썩을 것으로 심고 썩지 아니할 것으로 다시 살며 욕된 것으로 심고 영광스러운 것으로 다시 살며 약한 것으로 심고 강한 것으로 다시 살며 육의 몸으로 심고 신령한 몸으로 다시 사나니 육의 몸이 있은즉 또 신령한 몸이 있느니라"(고전15:35-44)

"우리가 담대하여 원하는 바는 차라리 몸을 떠나 주와 함께 거하는 그것이라 그런즉 우리는 거하든지 떠나든지 주를 기쁘시게 하는 자 되기를 힘쓰노라 이는 우리가 다 반드시 그리스도의 심판대 앞에 드러나 각각 선악간에 그 몸으로 행한 것을 따라 받으려 함이라"(고후5:8-10)

(7) 요한 계시록은 다니엘이 인봉한 글

"다니엘아 마지막 때까지 이 말을 간수하고 이 글을 봉함하라 많은 사람이 빨리 왕래하며 지식이 더하리라"(단12:4)

하나님께서 다니엘에게 주신 말씀을 많은 사람이 빨리 왕래하고 지식이 더해질 때까지 인봉하도록 하셨다. 그래서 요한 계시록의 출발은 요한 계시록 5장이다. 즉 인봉한 책을 펴신 분이 예수님이시다. 그

제3장 기독교 생명 신학

래서 요한 계시록은 1900년 전에 기록되었지만 사람이 빨리 왕래하고 지식이 더해질 때까지 아무도 바르게 해석을 할 수 없었던 것이다.

그러나 사람이 빨리 왕래하고 지식이 더한 오늘의 시대에 비로소 요한 계시록의 인봉은 떼어지기 시작했다. 바로 예수님께서 심판을 시작하시는 것이다.

"내가 보매 보좌에 앉으신 이의 오른손에 책이 있으니 안팎으로 썼고 일곱 인으로 봉하였더라 또 보매 힘 있는 천사가 큰 음성으로 외치기를 누가 책을 펴며 그 인을 떼기에 합당하냐 하니 하늘 위에나 땅 위에나 땅 아래에 능히 책을 펴거나 보거나 할 이가 없더라 이 책을 펴거나 보거나 하기에 합당한 자가 보이지 않기로 내가 크게 울었더니 장로 중에 하나가 내게 말하되 울지 말라 유대 지파의 사자 다윗의 뿌리가 이기었으니 이 책과 그 일곱 인을 떼시리라 하더라"(계5:1-5)

위의 내용은 마지막 때 심판 주 되신 예수님께서 일곱 인을 떼시면서 심판을 시작하실 것에 대한 예언이다. 일곱 인을 떼실 때 다니엘의 인봉한 글이 이루어지기 시작한다.

(8) 다니엘은 후 삼년 반에 적그리스도가 성도들을 이길 것을 예언함

"나 다니엘이 본즉 다른 두 사람이 있어 하나는 강 이편 언덕에 섰고 하나는 강 저편 언덕에 섰더니 그중에 하나가 세마포 옷을 입은 자 곧 강물 위에 있는 자에게 이르되 이 기사의 끝이 어느 때까지냐 하기로 내가 들은즉 그 세마포 옷을 입고 강물 위에 있는 자가 그 좌우 손을 들어 하늘을 향하여 영생하시는 자를 가리켜 맹세하여 가로되 반드시 한때 두때 반때를 지나서 성도의 권세가 다 깨어지기까지니 그렇게 되면 이 모든 일이 다 끝나리라 하더라"(단12:5-7)

(9) 다니엘을 통해 예언한 내용이 동일하게 요한계시록 13장에 기록되었다

"가로되 누가 이 짐승과 같으뇨 누가 능히 이로 더불어 싸우리요 하더라 또 짐승이 큰 말과 참람된 말 하는 입을 받고 또 마흔 두달(한때

두때 반) 일할 권세를 받으니라 짐승이 입을 벌려 하나님을 향하여 훼방하되 그의 이름과 그의 장막 곧 하늘에 거하는 자들을 훼방하더라 또 권세를 받아 성도들과 싸워 이기게 되고 각 족속과 백성과 방언과 나라를 다스리는 권세를 받으니 죽임을 당한 어린 양의 생명책에 창세 이후로 녹명되지 못하고 이 땅에 사는 자들은 다 짐승에게 경배하리라"(계13:4-8)

(10) 연단 받은 자는 거룩하고 악한 자는 깨닫지 못한다

"내가 듣고도 깨닫지 못한지라 내가 가로되 내 주여 이 모든 일의 결국이 어떠하겠삽나이까 그가 가로되 다니엘아 갈찌어다 대저 이 말은 마지막 때까지 간수하고 봉함할 것임이니라 많은 사람이 연단을 받아 스스로 정결케 하며 희게 할 것이나 악한 사람은 악을 행하리니 악한 자는 아무도 깨닫지 못하되 오직 지혜 있는 자는 깨달으리라 매일 드리는 제사를 폐하며 멸망케 할 미운 물건을 세울 때부터 일천 이백 구십일을 지낼 것이요 기다려서 일천 삼백 삼십 오일까지 이르는 그 사람은 복이 있으리라 너는 가서 마지막을 기다리라 이는 네가 평안히 쉬다가 끝날에는 네 업을 누릴 것임이니라"(단12:8-13)

"또 내게 말하되 이 책의 예언의 말씀을 인봉하지 말라 때가 가까우니라 불의를 하는 자는 그대로 불의를 하고 더러운 자는 그대로 더럽고 의로운 자는 그대로 의를 행하고 거룩한 자는 그대로 거룩되게 하라"(계22:10-11)

다니엘서에도 요한 계시록과 똑같이 마지막 때에는 더러운 자는 계속해서 더럽고 거룩한 자는 계속해서 거룩하게 하라고 하셨다. 이 말의 의미는 7년 대환난 기간에는 회개가 이루어지지 않고 어린 양의 표를 받고 환난에 들어간 성도는 더욱 더 거룩하게 되고 구원 받지 못하고 7년 대환난 기간동안 세상에서 사는 사람들은 더욱 더 타락하게 되어 심판을 받게 된다.

9. 창조 신학

1) 첫 번째 창조

"만물이 그에게 창조되되 하늘과 땅에서 보이는 것들과 보이지 않는 것들과 혹은 보좌들이나 주관들이나 정사들이나 권세들이나 만물이 다 그로 말미암고 그를 위하여 창조되었고 또한 그가 만물보다 먼저 계시고 만물이 그 안에 함께 섰느니라"(골1:16-17)

"우리의 씨름은 혈과 육에 대한 것이 아니요 정사와 권세와 이 어두움의 세상 주관자들과 하늘에 있는 악의 영들에게 대함이라"(엡6:12)

골로새서 1장에는 하나님의 첫 번째 창조가 기록되어 있다. 보이는 것과 보이지 않는 것들을 창조하셨다. 보이는 것들은 물질이다. 보이지 않는 것들은 천사 창조이다. 피조된 천사들의 계급이 보좌, 권세, 정사, 주관자로 기록이 되어 있다. 이때만 하여도 천사장 루시엘은 타락하기 전이었다. 그러나 그가 너무나 영화롭게 창조되어 하나님의 비밀인 교회의 영광을 알고 시기심이 일어나 하나님을 대적하다가 심판을 받아 물질 세상인 땅에 찍히고 말았다. 그래서 땅이 혼돈하고 공허하고 흑암이 깊음 위에 있게 된 것이다.

"너 아침의 아들 계명성이여 어찌 그리 하늘에서 떨어졌으며 너 열국을 엎은 자여 어찌 그리 땅에 찍혔는고 네가 네 마음에 이르기를 내가 하늘에 올라 하나님의 뭇별 위에 나의 보좌를 높이리라 내가 북극 집회의 산 위에 좌정하리라 가장 높은 구름에 올라 지극히 높은 자와 비기리라 하도다 그러나 이제 네가 음부 곧 구덩이의 맨밑에 빠치우리로다"(사14:12-15)

"인자야 두로 왕을 위하여 애가를 지어 그에게 이르기를 주 여호와의 말씀에 너는 완전한 인이었고 지혜가 충족하며 온전히 아름다웠도다 네가 옛적에 하나님의 동산 에덴에 있어서 각종 보석 곧 홍보석과 황보석과 금강석과 황옥과 홍마노와 창옥과 청보석과 남보석과 홍옥과 황금으로 단장하였었음이여 네가 지음을 받던 날에 너를 위하여 소고와 비파가 예비되었었도다 너는 기름 부음을 받은 덮는 그룹임이여 내가 너를 세우매 네가 하나님의 성산에 있어서 화광석 사이에 왕래하였었도다 네가 지음을 받던 날로부터 네 모든 길에 완전하더니 마침내 불의가 드러났도다 네 무역이 풍성하므로 네 가운데 강포가 가득하여 네가 범죄하였도다 너 덮는 그룹아 그러므로 내가 너를 더럽게 여겨 하나님의 산에서 쫓아 내었고 화광석 사이에서 멸하였도다 네가 아름다우므로 마음이 교만하였으며 네가 영화로우므로 네 지혜를 더럽혔음이여 내가 너를 땅에 던져 열왕 앞에 두어 그들의 구경거리가 되게 하였도다 네가 죄악이 많고 무역이 불의하므로 네 모든 성소를 더럽혔음이여 내가 네 가운데서 불을 내어 너를 사르게 하고 너를 목도하는 모든 자 앞에서 너로 땅 위에 재가 되게 하였도다"(겔 28:12-18)

첫 번째 창조는 옛적 하나님의 동산 에덴이고 주인공은 루시엘 천사장이었다.

2) 두 번째 창조

"태초에 하나님이 천지를 창조하시니라 땅이 혼돈하고 공허하며 흑암이 깊음 위에 있고 하나님의 신은 수면에 운행하시니라 하나님이 가라사대 빛이 있으라 하시매 빛이 있었고 그 빛이 하나님의 보시기에 좋았더라"(창1:1-4)

이사야 14장에서는 루시퍼가 타락하여 하나님께 심판을 받아 땅에 찍힌 것에 대하여 기록하고 있다. 여기에서 땅을 음부라고 하였다. 창세기 1장 2절에서 땅이 혼돈하고 공허하고 흑암이 깊음 위에 있고 하나님의 신은 수면위에 운행 하신다. 하나님께서 6일 동안 우주를 창조하신다. 이것이 두 번째 창조이다. 하나님께서 에덴을 지으시고 아담과 하와에게 통치하도록 하셨다.

"하나님이 자기 형상 곧 하나님의 형상대로 사람을 창조하시되 남자와 여자를 창조하시고 하나님이 그들에게 복을 주시며 그들에게 이르시되 생육하고 번성하여 땅에 충만하라, 땅을 정복하라, 바다의 고기와 공중의 새와 땅에 움직이는 모든 생물을 다스리라 하시니라"(창

1:27-28)

　하나님께서 통치 하라고 하신 에덴에는 이미 사단인 뱀이 있다. 옛 뱀은 용, 마귀, 온 천하를 꾀는 자, 루시퍼이다.

　"큰 용이 내어 쫓기니 옛 뱀 곧 마귀라고도 하고 사단이라고도 하는 온 천하를 꾀는 자라 땅으로 내어 쫓기니 그의 사자들도 저와 함께 내어 쫓기니라 내가 또 들으니 하늘에 큰 음성이 있어 가로되 이제 우리 하나님의 구원과 능력과 나라와 또 그의 그리스도의 권세가 이루었으니 우리 형제들을 참소하던 자 곧 우리 하나님 앞에서 밤낮 참소하던 자가 쫓겨 났고"(계12:9-10)

　아담은 뱀을 다스리고 통치해야 했는데 오히려 뱀에게 미혹되어 죄를 짓고 사망의 노예가 되어 버렸다. 이런 인간을 구원하시기 위해 예수님께서 육체를 가지고 오신 것이다.

　"자녀들은 혈육에 함께 속하였으매 그도 또한 한 모양으로 혈육에 함께 속하심은 사망으로 말미암아 사망의 세력을 잡은 자 곧 마귀를 없이 하시며 또 죽기를 무서워하므로 일생에 매여 종노릇하는 모든 자들을 놓아 주려 하심이니 이는 실로 천사들을 붙들어 주려 하심이 아니요 오직 아브라함의 자손을 붙들어 주려 하심이라"(히2:14-16)

　두 번째 창조는 에덴 동산이고 주인공은 아담과 하와였다.

3) 세 번째 창조

　이사야 선지자는 이사야 24장에서 두 번째 창조 세계가 망가져서 공허하게 되고 황무하게 되어서 예수님께서 오셔서 모두 심판하여 없게 하신다. 예루살렘을 새롭게 하시고 그곳에서 왕이 되신다. 새 하늘과 새 땅을 다시 창조 하셔서 다스릴 것을 예언하고 있다. 이것이 세 번째 창조인 천년왕국이다.

　"여호와께서 땅을 공허하게 하시며 황무하게 하시며 뒤집어 엎으시고 그 거민을 흩으시리니 백성과 제사장이 일반일 것이며 종과 상전이 일반일 것이며 비자와 가모가 일반일 것이며 사는 자와 파는 자가 일반일 것이며 채급하는 자와 채용하는 자가 일반일 것이며 이자를 받는 자와 이자를 내는 자가 일반일 것이라 땅이 온전히 공허하게 되고 온전히 황무하게 되리라 여호와께서 이 말씀을 하셨느니라 그 때에 달이 무색하고 해가 부끄러워하리니 이는 만군의 여호와께서 시온산과 예루살렘에서 왕이 되시고 그 장로들 앞에서 영광을 나타내실 것임이니라"(사24:1-3,23)

"또 내가 새 하늘과 새 땅을 보니 처음 하늘과 처음 땅이 없어졌고 바다도 다시 있지 않더라 또 내가 보매 거룩한 성 새 예루살렘이 하나님께로부터 하늘에서 내려오니 그 예비한 것이 신부가 남편을 위하여 단장한 것 같더라 보좌에 앉으신 이가 가라사대 보라 내가 만물을 새롭게 하노라 하시고 또 가라사대 이 말은 신실하고 참되니 기록하라 하시고"(계21:1-2,5)

지금 우리가 살고 있는 이 세상은 두 번째 창조의 세계이다. 예수님은 복음이 땅 끝까지 전파되고 이방인의 때가 차면 이스라엘과 예루살렘이 회복되고 성전이 건축되어 배도자가 나타나 거룩한 성전에 멸망의 가증한 우상을 세우고 자기가 하나님이라고 할 때 예수님께서 오셔서 심판하시고 교회와 함께 새 하늘과 새 땅을 지으시고 통치하신다고 하셨다. 이때 세워지는 천년왕국이 세 번째 나라이다.

바울도 세 번째 창조된 천년왕국을 기다리고 있다.

"생각건대 현재의 고난은 장차 우리에게 나타날 영광과 족히 비교할 수 없도다 피조물의 고대하는 바는 하나님의 아들들의 나타나는 것이니 피조물이 허무한데 굴복하는 것은 자기 뜻이 아니요 오직 굴복케 하시는 이로 말미암음이라 그 바라는 것은 피조물도 썩어짐의 종노릇 한데서 해방되어 하나님의 자녀들의 영광의 자유에 이르는 것이니라 피조물이 다 이제까지 함께 탄식하며 함께 고통하는 것을 우리가 아나니 이뿐 아니라 또한 우리 곧 성령의 처음 익은 열매를 받은 우리까지도 속으로 탄식하여 양자 될것 곧 우리 몸의 구속을 기다리느니라"(롬8:18-23)

요한 계시록 5장에서는 다니엘이 기록하여 인봉한 심판의 두루마리를 예수님께서 떼시면서 심판이 시작된다. 그때 새로운 천년왕국에서의 만물의 회복을 기다리는 네 생물, 24 장로, 천만 천사, 만물들이 찬양을 하고 있다.

"어린 양이 나아와서 보좌에 앉으신 이의 오른손에서 책을 취하시니라 책을 취하시매 네 생물과 이십 사 장로들이 어린 양 앞에 엎드려 각각 거문고와 향이 가득한 금 대접을 가졌으니 이 향은 성도의 기도들이라 새 노래를 노래하여 가로되 책을 가지시고 그 인봉을 떼기에 합당하시도다 일찍 죽임을 당하사 각 족속과 방언과 백성과 나라 가운데서 사람들을 피로 사서 하나님께 드리시고 저희로 우리 하나님 앞에서 나라와 제사장을 삼으셨으니 저희가 땅에서 왕노릇하리로다 하더라 내가 또 보고 들으매 보좌와 생물들과 장로들을 둘러 선 많은 천사의 음성이 있으니 그 수가 만만이요 천천이라 큰 음성으로 가로되 죽임을 당하신 어린 양이 능력과 부와 지혜와 힘과 존귀와 영광과 찬송을 받으시기에 합당하도다 하더라 내가 또 들으니 하늘 위에와 땅 위에와 땅 아래와 바다 위에와 또 그 가운데 모든 만물이 가로되 보좌에 앉으신 이와 어린 양에게 찬송과 존귀와 영광과 능력을 세세토록 돌릴찌어다 하니 네 생물이 가로되 아멘 하고 장로들은 엎드려 경배하더라"(계5:7-14)

세 번째 창조는 천년왕국이고 주인공은 새 예루살렘이다.

4) 하나의 원자 속에 있는 우주론과 천년왕국

(1) 홀로그램 우주론

불가사리는 아무리 작은 조각으로 떼어 내도 바로 원형으로 복원이 된다. 왜냐하면 작은 조각 속에 원형을 가진 유전자가 있기 때문이다. 그래서 눈에 보이는 불가사리는 진짜가 아닌 가짜인 홀로그램이다. 눈에 보이는 불가사리는 눈에 보이지 않는 불가사리 유전자이기 때문이다. 사람도 보이지 않는 하나의 유전자가 100조개로 분열되어 보이는 형체가 된 홀로그램이다. 그래서 보이는 사람은 가짜이다. 진짜는 어머니 뱃속에서 처음 만들어진 하나의 유전자이다. 사람의 신체 중 일부를 떼어 내어 체세포 복제를 통해서 똑같은 인간을 복제할 수 있다. 그 인간 역시 가짜 인간인 홀로그램이다. 우주 역시 하나의 원자 속에 있다. 하나의 원자 속에 있는 수많은 원자들이 분열이 되어 지금 우주가 만들어 졌다. 이것을 빅뱅이라고 한다. 그래서 우주는 지금도 팽창하여 커지고 있는 것이다. 아무리 사람이 빛의 속도로 달려가도 우주 끝은 더 멀어진다. 그래서 현대 우주는 그 크기조차 알 수 없는 것이다.

그러나 우주 역시 초양자장으로 이어진 원자들로 가득 차 있기 때문에 아무리 멀고 측량할 수 없는 우주라도 이쪽 끝에서 저 쪽 끝까지는 순식간에 하나의 원자라는 매카니즘 속에서 작동을 한다. 이것을 양자 역학에서 양자 얽힘이라고 한다. 우리의 신체가 100조개의 세포로 이루어져서 어느 부분을 만져도 동시에 느낌을 받을 수 있는 것처럼 광활한 우주 역시 하나의 원자 속에서 만나고 느끼고 해부될 수도 있는 것이다. 그래서 스티브 호킹 박사는 우주의 갯수를 우주 속에 있는 원자 갯수로 계산하여 10의 500승 보다 많다고 정의하였다.

(2) 안개와 같은 이 세상

성경은 세상을 무엇이라고 하는가? 눈에 보이는 우주는 보이는 것으로 만들어진 것이 아니라고 하였다.

"믿음은 바라는 것들의 실상이요 보지 못하는 것들의 증거니 선진들이 이로써 증거를 얻었느니라 믿음으로 모든 세계가 하나님의 말씀으로 지어진 줄을 우리가 아나니 보이는 것은 나타난 것으로 말미암아 된것이 아니니라"(히11:1-3)

2500년 전에 그리스 자연주의 철학자들은 세상의 모든 물체는 운동하는 에너지 덩어리 라고 정의 하였다. 이것이 데모크리토스의 원자론이다. 수소원자의 크기는 1억분의 1cm이다. 눈으로 볼 수 없다.

"그러므로 우리가 낙심하지 아니하노니 겉사람은 후패하나 우리의 속은 날로 새롭도다 우리의 잠시 받는 환난의 경한 것이 지극히 크고 영원한 영광의 중한 것을 우리에게 이루게 함이니 우리의 돌아보는 것은 보이는 것이 아니요 보이지 않는 것이니 보이는 것은 잠간이요

제3장 기독교 생명 신학

보이지 않는 것은 영원함이니라"(고후4:16-18)

만약 당신이 눈에 보이는 물질 세상을 의지하고 살고 있다면 당신은 지금 크게 속아서 살고 있는 것이다. 홀로그램은 단순히 그림자에 불과하다. 기독교 신학의 출발은 플라톤 철학이다. 플라톤 철학은 그리스 유물사관 철학이다. 플라톤의 이원론 철학이 아리스토텔레스의 형이상학 철학을 통해 플로티누스에 의해서 뉴 플라톤 철학으로 만들어졌다.

뉴 플라톤 철학을 통해서 오리겐은 우주의 음양오행의 태양종교 원리인 로고스 신학을 만들었다. 이것이 오늘날 바알 기독교인 번영신학이 되었다. 플라톤 철학은 역사적 변증법을 통해 헤겔의 정반합 역사 통합 철학으로 만들어 졌다. 플라톤 철학은 철학적 변증법을 통해 클레멘트와 오리겐의 가짜 기독교 신학으로 만들어 졌다. 플라톤 철학은 유물론적 변증법을 통해 칼 마르크스의 자본론으로 만들어졌다. 헤겔의 역사 통합의 법칙으로 정치가 통합이 되고 있다. 오리겐의 뉴 플라톤 철학으로 종교가 통합이 되고 있다. 칼 마르크스의 유물론 변증법을 통해 공산주의 경제가 통합이 되고 있다.

많은 사람들은 눈에 보이는 세상이 전부인줄 알고 있다. 성경에서 말하고 있는 안개와 같은 세상은 안중에도 없다 오로지 눈에 보이는 물질을 얻고 그 안에서 들어가 천만년 살고자 한다. 꿈을 깨시라. 세상에 보이는 것은 홀로그램에 불과하다. 그림자에 불과하다. 곧 눈에 보이는 세상은 순식간에 사라진다. 그때 당신이 어떤 사람인가를 진정 알게 될 것이다. 세상은 없어져도 하나님의 말씀은 영원하다. 그 말씀을 가지고 사는 사람은 영원하다.

당신은 천년왕국을 얼마나 알고 있는가? 영원한 나라의 모형인 이 나라에서 당신은 어떤 기업을 얻을 것인가? 남의 이야기처럼 들리는가? 지금 상태 그대로 구원을 받을 수 있다고 생각하는가? 꿈에서 깨어나시라! 절대로 그런 어리석은 일은 일어나지 않을 것이다. 왜냐하면 지금 당신의 귀에 들리는 기독교 구원은 모두 사기인 것이다. 희생제물로 33년을 한결같이 자신을 생축으로 드린 예수가 당신 안에서 사시지 않으면 당신은 예수와 관계가 없는 것이다. 썩고 불타버릴 세상 것들 속에 들어가 살고 있는 당신은 그것들과 함께 썩고 불태움을 받을 것이다.

"누가 손바닥으로 바닷물을 헤아렸으며 뼘으로 하늘을 쟀으며 땅의 티끌을 되에 담아 보았으며 접시저울로 산들을, 막대 저울로 언덕들을 달아 보았으랴 누가 여호와의 영을 지도하였으며 그의 모사가 되어 그를 가르쳤으랴 그가 누구와 더불어 의논하셨으며 누가 그를 교훈하였으며 그에게 정의의 길로 가르쳤으며 지식을 가르쳤으며 통달의 도를 보여 주었느냐 보라 그에게는 열방이 통의 한 방울 물과 같고 저울의 작은 티끌 같으며 섬들은 떠오르는 먼지 같으리니"(사40:12-15)

이사야 선지자는 예수님께서 재림 하셔서 세상을 심판하실 때 물질을 우상으로 섬기는 자들이 받을 심판에 대하여 경고하면서 하나님의 위대하심을 찬양하고 있다. 아직도 당신은 당신의 지혜와 지식으로 하나님의 말씀을 무시하고 멸시를 하는가? 이는 손바닥으로 바닷물을 헤아리고, 손 뼘으로 하늘을 재고, 티끌을 되에 담아 셈하려 하는 것과 같이 어리석은 행위이다.

제 4장 준비해야 할 네 가지 구원

1. 휴거준비

"형제들아 우리가 너희에게 구하노니 너희 가운데서 수고하고 주 안에서 너희를 다스리며 권하는 자들을 너희가 알고 저의 역사로 말미암아 사랑 안에서 가장 귀히 여기며 너희끼리 화목하라 또 형제들아 너희를 권면하노니 규모 없는 자들을 권계하며 마음이 약한 자들을 안위하고 힘이 없는 자들을 붙들어 주며 모든 사람을 대하여 오래 참으라 삼가 누가 누구에게든지 악으로 악을 갚지 말게 하고 오직 피차 대하든지 모든 사람을 대하든지 항상 선을 좇으라 항상 기뻐하라 쉬지 말고 기도하라 범사에 감사하라 이는 그리스도 예수 안에서 너희를 향하신 하나님의 뜻이니라 성령을 소멸치 말며 예언을 멸시치 말고 범사에 헤아려 좋은 것을 취하고 악은 모든 모양이라도 버리라 평강의 하나님이 친히 너희로 온전히 거룩하게 하시고 또 너희 온 영과 혼과 몸이 우리 주 예수 그리스도 강림하실 때에 흠없게 보전되기를 원하노라"(살전5:12-23)

사도 바울은 데살로니가 전서 4장에서 휴거에 대한 말씀을 전하고 휴거를 위해 어떤 신앙을 가지고 살아야 하는지를 데살로니가 전서 5장에서 설명하고 있다. 예수님께서 강림하실 때 온 영과 혼과 몸이 흠없게 보전 되어야 한다는 것이다. 온 영이 흠이 없다는 말은 하나님과의 관계가 바로 되어야 한다. 성령을 소멸하지 말아야 하고 예언을 멸시치 말아야 한다. 즉 성령으로 인도를 받는 삶을 살아야 하는 것이다. 성령으로 인도를 받는 삶은 하나님께서 말씀을 통해서 성령의 뜻을 전해 주실 때 그대로 순종할 수 있어야 한다.

온 혼이 흠 없이 보전 되어야 한다. 혼은 성도들의 마음을 말한다. 마음이 흠이 없게 되려면 이웃과의 관계가 바로 되어야 한다. 영적인 지도자를 가장 귀하게 여기고 성도들과 관계에서 항상 화목해야 한다. 규모 없는 자들을 권계하고, 마음이 약한 자들을 붙들어 주며 모든 사람에 대하여 오래 참아야 한다.

온 몸이 흠 없이 보전되어야 한다. 온 몸이 흠 없이 보전되려면 나와 나 자신 사이에서 온전해야 한다. 범사에 좋은 것을 취하고 악은 모양이라도 버려야 한다. 즉 죄를 지어서는 안되는 것이다. 사도 바울은 항상 기뻐하라 쉬지 말고 기도하라 범사에 감사하라고 하면서 이것이 너희를 향한 하나님의 뜻이라고 하였다. 항상 기뻐할 때 온 영이 흠이 없다. 쉬지 말고 기도할 때 온 혼이 흠이 없다. 범사에 감사할 때 온 몸이 흠이 없게 된다.

애굽에서 20세 이상으로 나왔다가 가나안으로 들어간 사람이 여호수아와 갈렙이었다. 성경은 이들의 신앙을 여호와를 온전히 좇았다고 하였다. 그래서 하나님께서 그들을 약속의 땅으로 인도해 주셨다.

"오직 여분네의 아들 갈렙은 온전히 여호와를 순종하였은즉 그는 그것을 볼 것이요 그가 밟은 땅을 내가 그와 그의 자손에게 주리라 하시고"(신1:36)

"애굽에서 나온 자들의 이십세 이상으로는 한 사람도 내가 아브라함과 이삭과 야곱에게 맹세한 땅을 정녕히 보지 못하리니 이는 그들이 나를 온전히 순종치 아니하였음이니라 다만 그나스 사람 여분네의 아들 갈렙과 눈의 아들 여호수아는 볼 것은 여호와를 온전히 순종하였음이니라 하시고"(민32:11-12)

"오직 내 종 갈렙은 그 마음이 그들과 달라서 나를 온전히 좇았은즉 그의 갔던 땅으로 내가 그를 인도하여 들이리니 그 자손이 그 땅을 차지하리라"(민14:24)

"또 내가 보니 보라 어린 양이 시온산에 섰고 그와 함께 십 사만 사천이 섰는데 그 이마에 어린 양의 이름과 그 아버지의 이름을 쓴 것이 있도다 내가 하늘에서 나는 소리를 들으니 많은 물소리도 같고 큰 뇌성도 같은데 내게 들리는 소리는 거문고 타는 자들의 그 거문고 타는 것 같더라 저희가 보좌와 네 생물과 장로들 앞에서 새 노래를 부르니 땅에서 구속함을 얻은 십 사만 사천인 밖에는 능히 이 노래를 배울 자가 없더라 이 사람들은 여자로 더불어 더럽히지 아니하고 정절이 있는 자라 어린 양이 어디로 인도하든지 따라가는 자며 사람 가운데서 구속을 받아 처음 익은 열매로 하나님과 어린 양에게 속한 자들이니 그 입에 거짓말이 없고 흠이 없는 자들이더라"(계14:1-5).

요한 계시록 14장에는 시온산에서 어린 양과 함께 새 노래를 부르는 144,000명이 있다. 이들은 휴거에 참여한 성도들이다. 그들의 이마에는 어린 양의 이름이 있다. 짐승의 표를 받은 자들의 이마에 666 표가 있는 것과 대조적이다. 이들의 신앙이 어린 양이 어디로 인도하든지 따라간 자들이다. 말씀과 성령의 인도를 받고 사는 자들이다. 그리고 이들의 입에는 거짓이 없고 흠이 없는 자들이다.

"빌라델비아 교회의 사자에게 편지하기를 거룩하고 진실하사 다윗의 열쇠를 가지신 이 곧 열면 닫을 사람이 없고 닫으면 열 사람이 없는 그이가 가라사대 볼찌어다 내가 네 앞에 열린 문을 두었으되 능히 닫을 사람이 없으리라 내가 네 행위를 아노니 네가 적은 능력을 가지고도 내 말을 지키며 내 이름을 배반치 아니하였도다 보라 사단의 회 곧 자칭 유대인이라 하나 그렇지 않고 거짓말 하는 자들 중에서 몇을 네게 주어 저희로 와서 네 발앞에 절하게 하고 내가 너를 사랑하는 줄을 알게 하리라 네가 나의 인내의 말씀을 지켰은즉 내가 또한 너를 지키어 시험의 때를 면하게 하리니 이는 장차 온 세상에 임하여 땅에 거하는 자들을 시험할 때라 내가 속히 임하리니 네가 가진 것을 굳게 잡아 아무나 네 면류관을 빼앗지 못하게 하라 이기는 자는 내 하나님 성전에 기둥이 되게 하리니 그가 결코 다시 나가지 아니하리라 내가 하나님의 이름과 하나님의 성 곧 하늘에서 내 하나님께로부터 내려 오는 새 예루살렘의 이름과 나의 새 이름을 그이 위에 기록하리라 귀 있는 자는 성령이 교회들에게 하시는 말씀을 들을찌어다"(계3:7-13).

빌라델비아 교회는 휴거를 약속 받은 교회이다. 이들의 신앙의 특징은 신앙의 정체성이다. 즉 형제 사랑의 교회이다. 신앙의 견고성이다. 적은 능력으로도 배반치 않는 믿음이다. 신앙의 인격성이다. 인내의 말씀을 지켰다. 이렇게 해서 빌라델비아 교회는 하늘의 새 예루살렘의 이름을 가졌다. 하나님의 성전의 기둥이 되었다. 면류관을 약속 받았다. 온 세상에 임하는 시험의 때를 면제 받았다.

휴거의 신앙은 온전한 제자가 되는 것이다. 첫째 말씀대로 살아야 한다. 말씀대로 살려면 부모, 형제, 처자를 버려야 한다. 모든 소유를 버려야 한다. 둘째 제자가 되어야 한다. 제자가 되려면 날마다 자기를 부인하고 자기 십자가를 지고 주님을 따라서 살아야 한다. 셋째 진리 안에서 자유를 누려야 한다. 환경에서 자유를 누려야 한다. 물질에서 자유를 누려야 한다. 사람에서 자유를 누려야 한다. 자신에서 자유를 누려야 한다.

"그러므로 예수께서 자기를 믿은 유대인들에게 이르시되 너희가 내 말에 거하면 참 내 제자가 되고 진리를 알찌니 진리가 너희를 자유케 하리라"(요8:31-32)

"무릇 내게 오는 자가 자기 부모와 처자와 형제와 자매와 및 자기 목숨까지 미워하지 아니하면 능히 나의 제자가 되지 못하고 누구든지 자기 십자가를 지고 나를 좇지 않는 자도 능히 나의 제자가 되지 못하리라 이와 같이 너희 중에 누구든지 자기의 모든 소유를 버리지 아니하면 능히 내 제자가 되지 못하리라"(눅14:26-27,33)

"또 무리에게 이르시되 아무든지 나를 따라 오려거든 자기를 부인하고 날마다 제 십자가를 지고 나를 좇을 것이니라 누구든지 제 목숨을 구원코자 하면 잃을 것이요 누구든지 나를 위하여 제 목숨을 잃으면 구원하리라"(눅9:23-24)

휴거에 참여를 하려면 자기 소유를 다 팔아 천국을 사야 한다. 휴거에 참여하려면 자기의 소유를 다 팔아 진주를 사야 한다.

"천국은 마치 밭에 감추인 보화와 같으니 사람이 이를 발견한 후 숨겨 두고 기뻐하여 돌아가서 자기의 소유를 다 팔아 그 밭을 샀느니라 또 천국은 마치 좋은 진주를 구하는 장사와 같으니 극히 값진 진주

하나를 만나매 가서 자기의 소유를 다 팔아 그 진주를 샀느니라"(마 13:44-46)

"내가 진실로 진실로 너희에게 이르노니 한 알의 밀이 땅에 떨어져 죽지 아니하면 한 알 그대로 있고 죽으면 많은 열매를 맺느니라 자기 생명을 사랑하는 자는 잃어버릴 것이요 이 세상에서 자기 생명을 미워하는 자는 영생하도록 보존하리라 사람이 나를 섬기려면 나를 따르라 나 있는 곳에 나를 섬기는 자도 거기 있으리니 사람이 나를 섬기면 내 아버지께서 저를 귀히 여기시리라"(요12:24-26)

휴거를 하려면 자기가 완전히 죽어야 한다. 즉 날마다 죽기 위해서 살아야 한다. 한 알의 밀알 비유는 예수님의 십자가의 죽으심에 대한 비유이다. 성도들 안에 예수님이 살려면 성도들이 예수님처럼 온 몸이 찢겨져 죽어야 한다. 죽는 방법은 무조건 죽을 때까지 다른 사람들을 섬기는 것이다.

휴거는 예수 믿는 모든 사람들이 하는 것이 아니다. 하나님의 온전한 아들들이 되고 예수님의 거룩한 신부가 되고 성령의 거룩한 전이 되는 사람들에게 주신 최고의 선물이다.

2. 순교준비

"저가 모든 자 곧 작은 자나 큰 자나 부자나 빈궁한 자나 자유한 자나 종들로 그 오른손에나 이마에 표를 받게 하고 누구든지 이 표를 가진 자 외에는 매매를 못하게 하니 이 표는 곧 짐승의 이름이나 그 이름의 수라 지혜가 여기 있으니 총명 있는 자는 그 짐승의 수를 세어 보라 그 수는 사람의 수니 육백 육십 륙이니라"(계13:16-18)

순교는 도시에서 일어난다. 왜냐하면 후 삼년 반에 시작된 배도는 도시 안에서 이루어지기 때문이다. 3차 세계 대전이 끝나고 제 3의 유엔인 세계 정부가 들어선다. 세계 3차 대전은 세계 인구를 5억-10억을 남기고 모두 청소하는 전쟁이다. 왜냐하면 2030년에 세워질 신세계질서 세계 정부는 공산주의 유토피아이기 때문이다. 세계경제포럼(WEF)에서 추진 중인 제 4차 산업 혁명은 스마트 시티 안에서 이루어지는 신세계질서이다. 스마트 시티는 빅 데이터 AI 인공 지능에 의해서 모든 것이 전자동화 시스템으로 작동을 한다. 사람조차도 이마와 오른 손에 디지털 짐승의 표를 찍어서 도시의 부속품처럼 움직이게 된다. 666이란 짐승의 표를 받지 않으면 빅 데이터 시스템이 작동하는 도시에서 한 발자욱도 움직일 수 없다.

매매만 못하는 것이 아니다. 문도 열 수 없고, 차도 탈 수 없다. 진료도 불가능하다. 왜냐하면 빅 데이터에 의해서 정보를 주지 않는 유령인간이 되기 때문이다. 오히려 도시를 파괴시키는 테러범으로 몰려 붙잡혀 칩을 강요받고 거절하면 죽인다.

"그러므로 너희가 선지자 다니엘의 말한바 멸망의 가증한 것이 거룩한 곳에 선 것을 보거든 (읽는 자는 깨달을찐저) 그 때에 유대에 있는 자들은 산으로 도망할찌어다 지붕 위에 있는 자는 집안에 있는 물건을 가지러 내려 가지 말며 밭에 있는 자는 겉옷을 가지러 뒤로 돌이키지 말찌어다 그 날에는 아이 밴 자들과 젖먹이는 자들에게 화가 있으리로다 너희의 도망하는 일이 겨울에나 안식일에 되지 않도록 기도하라 이는 그 때에 큰 환난이 있겠음이라 창세로부터 지금까지 이런 환난이 없었고 후에도 없으리라 그 날들을 감하지 아니할 것이면 모든 육체가 구원을 얻지 못할 것이나 그러나 택하신 자들을 위하여 그 날들을 감하시리라"(마24:15-22)

예수님께서도 다니엘의 말한바 멸망의 가증한 것이 거룩한 곳에 선 것을 보거든 산으로 도망하라고 하셨다. 예루살렘 도시에 있는 자들은 물론이고 유대에 사는 자들에게도 산으로 도망하라고 하셨다. 왜냐하면 야곱의 대환난이 도시와 근교에서 일어나기 때문이다.

"나는 알파와 오메가요 처음과 나중이요 시작과 끝이라 그 두루마기를 빠는 자들은 복이 있으니 이는 저희가 생명 나무에 나아가며 문들을 통하여 성에 들어갈 권세를 얻으려 함이로다"(계22:13-14)

구원을 받았지만 세마포 옷이 더러워진 성도는 순교를 통해서 첫째 부활에 참여를 한다. 그래서 요한 계시록에서는 두루마기를 빠는 자들이 복이 있다고 하였다. 즉 순교하는 성도들을 말한다.

요한 계시록 일곱 교회 중에서 순교하는 교회는 라오디게아 교회이다. 왜냐하면 예수님께서 입혀 주신 흰 옷을 잃어버리고 벌거벗고 있기 때문이다. 순교하는 성도들의 신앙에 대하여 라오디게아 교회에서는 몇 가지로 지적을 한다. 물질로 만족하는 교회이다. 그들은 모두 자기들을 부자라고 한다. 왜냐하면 물질이 부요한 교회이기 때문이다. 그러나 성령은 가난하다고 하신다. 그들은 부족함이 없다고 한다. 그러나 성령은 가련하다고 하신다. 그들은 눈을 떴다고 한다. 그러나 성령은 눈이 멀었다고 한다. 라오디게아 교회는 경고 받은 교회이다. 흰 옷을 사서 입고, 안약을 사서 눈에 발라 보고, 금을 사서 부요하게 되어야 징계의 채찍을 피할 수 있다. 마지막 말세 교회로서 순교하는 교회이다.

"라오디게아 교회의 사자에게 편지하기를 아멘이시요 충성되고 참된 증인이시요 하나님의 창조의 근본이신 이가 가라사대 내가 네 행위를 아노니 네가 차지도 아니하고 더웁지도 아니하도다 네가 차든지 더웁든지 하기를 원하노라 네가 이같이 미지근하여 더웁지도 아니하고 차지도 아니하니 내 입에서 너를 토하여 내치리라 네가 말하기를 나는 부자라 부요하여 부족한 것이 없다 하나 네 곤고한 것과 가련한 것과 가난한 것과 눈 먼것과 벌거벗은 것을 알지 못하도다 내가 너를 권하노니 내게서 불로 연단한 금을 사서 부요하게 하고 흰 옷을 사서 입어 벌거벗은 수치를 보이지 않게 하고 안약을 사서 눈에 발라 보게 하라 무릇 내가 사랑하는 자를 책망하여 징계하노니 그러므로 네가 열심을 내라 회개하라 볼찌어다 내가 문밖에 서서 두드리노니 누구든지 내 음성을 듣고 문을 열면 내가 그에게로 들어가 그로 더불어 먹고 그는 나로 더불어 먹으리라 이기는 그에게는 내가 내 보좌에 함께 앉게 하여주기를 내가 이기고 아버지 보좌에 함께 앉은 것과 같이 하리라 귀 있는 자는 성령이 교회들에게 하시는 말씀을 들을찌어다"(계 3:14-22)

요한 계시록 6장에 7년 대환난 기간에 순교하는 성도들이 나타나 있다. 이들은 순교하여 제단 아래에서 자신들의 피를 신원하여 주시도록 간구를 한다. 그들에게 흰 두루마기를 입혀 주시면서 다른 형제들과 종들이 순교하여 그 수가 차기까지 기다리라 하신다. 구원받고 순교하는 자들의 수가 정해져 있는 것이다.

"다섯째 인을 떼실 때에 내가 보니 하나님의 말씀과 저희의 가진 증거를 인하여 죽임을 당한 영혼들이 제단 아래 있어 큰 소리로 불러 가로되 거룩하고 참되신 대주재여 땅에 거하는 자들을 심판하여 우리 피를 신원하여 주지 아니하시기를 어느 때까지 하시려나이까 하니 각각 저희에게 흰 두루마기를 주시며 가라사대 아직 잠시 동안 쉬되 저희 동무 종들과 형제들도 자기처럼 죽임을 받아 그 수가 차기까지 하라 하시더라"(계6:9-11)

요한 계시록 7장에서는 7년 대환난 시작 전에 휴거하지 못한 144,000명의 성도들의 이마에 하나님의 아들의 인을 치신다. 이들이 바로 순교자들이다. 이들은 순교를 통해서 보좌 앞과 어린 양 앞에 서서 구원의 하나님을 찬양한다. 그때 장로 중 하나가 이들이 어디서 왔느냐고 물어 보면서 그들은 7년 대환난에서 나온 자들인데 어린 양의 피로 그 옷을 씻어 희게 하였다고 하였다. 그들은 먹지 못하고 죽은 순교자들이다. 물을 마시지 못하고 죽은 순교자들이다. 뜨거운 불로 태움을 입고 순교한 자들이다.

"이 일 후에 내가 보니 각 나라와 족속과 백성과 방언에서 아무라도 능히 셀 수 없는 큰 무리가 흰 옷을 입고 손에 종려 가지를 들고 보좌 앞과 어린 양 앞에 서서 큰 소리로 외쳐 가로되 구원하심이 보좌에 앉으신 우리 하나님과 어린 양에게 있도다 하니 모든 천사가 보좌와 장로들과 네 생물의 주위에 섰다가 보좌 앞에 엎드려 얼굴을 대고 하나님께 경배하여 가로되 아멘 찬송과 영광과 지혜와 감사와 존귀와 능력과 힘이 우리 하나님께 세세토록 있을찌로다 아멘 하더라 장로 중에 하나가 응답하여 내게 이르되 이 흰옷 입은 자들이 누구며 또 어디서 왔느뇨 내가 가로되 내 주여 당신이 알리이다 하니 그가 나더러 이르되 이는 큰 환난에서 나오는 자들인데 어린양의 피에 그 옷을 씻어 희게 하였느니라 그러므로 그들이 하나님의 보좌 앞에 있고 또 그의 성전에서 밤낮 하나님을 섬기매 보좌에 앉으신 이가 그들 위에 장막을 치시리니 저희가 다시 주리지도 아니하며 목마르지도 아니하고 해나 아무 뜨거운 기운에 상하지 아니할찌니 이는 보좌 가운데 계신 어린 양이 저희의 목자가 되사 생명수 샘으로 인도하시고 하나님께서 저희 눈에서 모든 눈물을 씻어 주실 것임이러라"(계7:9-17)

전 삼년 반이 끝나고 후 삼년 반이 시작될 때 적그리스도 짐승은 예루살렘 성전에서 배도를 선포하고 성도들에게 666 짐승의 표를 받게 하고 짐승에게 경배하라고 한다. 그렇지 않는 성도들을 모두 목을 베어서 죽인다. 성경은 이때부터 주안에서 죽은 자들이 복이 있다고 하였다. 그리고 살기 위해서 666짐승의 표를 받고 짐승에게 경배하는 자들은 영원히 불타는 지옥불의 심판을 받을 것을 경고하고 있다.

"또 보니 다른 천사가 공중에 날아가는데 땅에 거하는 자들 곧 여러 나라와 족속과 방언과 백성에게 전할 영원한 복음을 가졌더라 그가 큰 음성으로 가로되 하나님을 두려워하며 그에게 영광을 돌리라 이는 그의 심판하실 시간이 이르렀음이니 하늘과 땅과 바다와 물들의 근원을 만드신 이를 경배하라 하더라 또 다른 천사 곧 둘째가 그 뒤를 따라 말하되 무너졌도다 무너졌도다 큰 성 바벨론이여 모든 나라를 그 음행으로 인하여 진노의 포도주로 먹이던 자로다 하더라 또 다른 천사 곧 세째가 그 뒤를 따라 큰 음성으로 가로되 만일 누구든지 짐승과 그의 우상에게 경배하고 이마에나 손에 표를 받으면 그도 하나님의 진노의 포도주를 마시리니 그 진노의 잔에 섞인 것이 없이 부은 포도주라 거룩한 천사들 앞과 어린 양 앞에서 불과 유황으로 고난을 받으리니 그 고난의 연기가 세세토록 올라가리로다 짐승과 그의 우상에게 경배하고 그 이름의 표를 받는 자는 누구든지 밤낮 쉼을 얻지 못하리라 하더라 성도들의 인내가 여기 있나니 저희는 하나님의 계명과 예수 믿음을 지키는 자니라 또 내가 들으니 하늘에서 음성이 나서 가로되 기록하라 자금 이후로 주 안에서 죽는 자들은 복이 있도다 하시매 성령이 가라사대 그러하다 저희 수고를 그치고 쉬리니 이는 저희의 행한 일이 따름이라 하시더라"(계14:6-13)

요한 계시록 14장에서는 예수님께서 이한 낫을 가지시고 다 익은 곡식을 추수하시는 모습이 기록되어 있다. 순교를 통해서 알곡들을 거두어들이는 모습이다.

"또 내가 보니 흰 구름이 있고 구름 위에 사람의 아들과 같은 이가 앉았는데 그 머리에는 금 면류관이 있고 그 손에는 이한 낫을 가졌더라 또 다른 천사가 성전으로부터 나와 구름 위에 앉은이를 향하여 큰 음성으로 외쳐 가로되 네 낫을 휘둘러 거두라 거둘 때가 이르러 땅에 곡식이 다 익었음이로다 하니 구름 위에 앉으신 이가 낫을 땅에 휘두르매 곡식이 거두어지니라"(계14:14-16)

요한 계시록 15장에서는 불붙은 유리 바다를 건너온 성도들이 모세와 어린 양의 노래를 부르고 있다. 홍해를 건너고 나서 이스라엘 백성들이 불렀던 노래와 같이 순교의 강을 건너온 성도들이 부르는 구원의 노래이다. 표면적으로는 불에 타서 죽고, 목말라 죽고, 목 베임을 받아서 죽었지만 그것이 끝이 아니라 더럽혀진 세마포 옷이 깨끗하게 빨아지는 과정이었음을 찬양하고 있다.

"또 내가 보니 불이 섞인 유리 바다 같은 것이 있고 짐승과 그의 우상과 그의 이름의 수를 이기고 벗어난 자들이 유리바다 가에 서서 하나님의 거문고를 가지고 하나님의 종 모세의 노래, 어린 양의 노래를 불러 가로되 주 하나님 곧 전능하신이시여 하시는 일이 크고 기이하시도다 만국의 왕이시여 주의 길이 의롭고 참되시도다 주여 누가 주의 이름을 두려워하지 아니하며 영화롭게 하지 아니하오리이까 오직 주만 거룩하시니이다 주의 의로우신 일이 나타났으매 만국이 와서 주께 경배하리이다 하더라"(계15:2-4)

마지막 첫째 부활에 참여한 성도들을 소개하고 있다. 휴거한 성도들이 24보좌에 앉아 있다. 하나님의 말씀과 예수의 증거를 인하여 목 베임을 받은 순교하는 성도들이 있다. 광야교회에서 양육을 받아 온전하게 되어 예수님 재림 때 합류한 성도들이 있다. 이들이 어린 양 혼인잔치가 끝나고 천년 동안 예수님과 같이 왕 노릇하는 성도들이다.

"또 내가 보좌들을 보니 거기 앉은 자들이 있어 심판하는 권세를 받았더라 또 내가 보니 예수의 증거와 하나님의 말씀을 인하여 목 베임을 받은 자의 영혼들과 또 짐승과 그의 우상에게 경배하지도 아니하고 이마와 손에 그의 표를 받지도 아니한 자들이 살아서 그리스도로 더불어 천년 동안 왕노릇 하니"(계20:4)

3. 광야 공동체 교회 준비

　도시에서 빠져 나온 성도들 중에서 순교를 피할 수 있는 성도들이 있다. 요한 계시록 12장에서는 하나님께서 독수리 두 날개로 받아 도시에서 광야로 옮겨 주는 성도들이 있다. 이들이 바로 에베소 교회와 같은 성도들이다. 이들은 광야 교회에서 후 삼년 반 동안 양육을 받아서 온전한 예수님의 신부로 단장이 된다. 그리고 예수님의 지상 재림 시에 합류를 한다.

　에베소 교회는 2% 부족한 교회이다. 수고와 인내와 행함이 있었다. 타협하지 않았다. 이단을 척결했다. 게으르지 않았다. 그러나 한 가지 부족한 것이 있었다. 처음 사랑을 잃어버린 것이다. 자칭 사도라 하되 아닌 자들을 시험하고 그 거짓된 것을 드러내는 과정에서 예수님의 처음 사랑을 버렸다. 교회의 정체성은 사랑이란 것이다. 이것이 교회의 생명이다. 이 사랑을 잃어 버리면 더 이상 교회가 아니다. 그래서 촛대를 옮기겠다고 책망하시고 처음 사랑을 찾아 가지라고 경고 하신다. 결국 에베소 교회는 처음 사랑을 회복하지 못하고 휴거를 놓치고 말았다. 그래서 2% 부족한 처음 사랑을 회복할 수 있도록 이들을 광야교회로 인도하셔서 후 삼년 반 동안 양육하신다.

　"에베소 교회의 사자에게 편지하기를 오른손에 일곱 별을 붙잡고 일곱 금 촛대 사이에 다니시는 이가 가라사대 내가 네 행위와 수고와 네 인내를 알고 또 악한 자들을 용납지 아니한 것과 자칭 사도라 하되 아닌 자들을 시험하여 그 거짓된 것을 네가 드러낸 것과 또 네가 참고 내 이름을 위하여 견디고 게으르지 아니한 것을 아노라 그러나 너를 책망할 것이 있나니 너의 처음 사랑을 버렸느니라 그러므로 어디서 떨어진 것을 생각하고 회개하여 처음 행위를 가지라 만일 그리하지 아니하고 회개치 아니하면 내가 네게 임하여 네 촛대를 그 자리에서 옮기리라 오직 네게 이것이 있으니 네가 니골라당의 행위를 미워하는도다 나도 이것을 미워하노라 귀 있는 자는 성령이 교회들에게 하시는 말씀을 들을찌어다 이기는 그에게는 내가 하나님의 낙원에 있는 생명나무의 과실을 주어 먹게 하리라"(계2:1-7)

"그러므로 하늘과 그 가운데 거하는 자들은 즐거워하라 그러나 땅과 바다는 화 있을찐저 이는 마귀가 자기의 때가 얼마 못된 줄을 알므로 크게 분내어 너희에게 내려 갔음이라 하더라 용이 자기가 땅으로 내어쫓긴 것을 보고 남자를 낳은 여자를 핍박하는지라 그 여자가 큰 독수리의 두 날개를 받아 광야 자기 곳으로 날아가 거기서 그 뱀의 낯을 피하여 한 때와 두 때와 반 때를 양육 받으매 여자의 뒤에서 뱀이 그 입으로 물을 강 같이 토하여 여자를 물에 떠내려 가게 하려 하되 땅이 여자를 도와 그 입을 벌려 용의 입에서 토한 강물을 삼키니 용이 여자에게 분노하여 돌아가서 그 여자의 남은 자손 곧 하나님의 계명을 지키며 예수의 증거를 가진 자들로 더불어 싸우려고 바다 모래 위에 섰더라"(계12:12-17)

도시를 빠져 나와도 순교를 피할 수 없는 성도들이 있다. 예수님이 세우신 광야교회 안에서 양육을 받지 못한 성도들이다. 즉 일명 도피처나 피난처에 머무는 구원 받은 성도들은 양육을 받아서 성장할 수 없다. 그래서 피난처와 도피처에서 순교를 하게 된다.

광야교회는 어떤 곳인가?

모세가 세운 광야교회가 있다. 시내 산에서 시작되었다.

"이스라엘 자손이 애굽 땅에서 나올때부터 제 삼월 곧 그 때에 그들이 시내 광야에 이르니라 그들이 르비딤을 떠나 시내 광야에 이르러 그 광야에 장막을 치되 산 앞에 장막을 치니라 모세가 하나님 앞에 올라가니 여호와께서 산에서 그를 불러 가라사대 너는 이같이 야곱 족속에게 이르고 이스라엘 자손에게 고하라 나의 애굽 사람에게 어떻게 행하였음과 내가 어떻게 독수리 날개로 너희를 업어 내게로 인도하였음을 너희가 보았느니라 세계가 다 내게 속하였나니 너희가 내 말을 잘 듣고 내 언약을 지키면 너희는 열국 중에서 내 소유가 되겠고 너희가 내게 대하여 제사장 나라가 되며 거룩한 백성이 되리라 너는 이 말을 이스라엘 자손에게 고할찌니라"(출19:1-6)

여호와께서는 시내산에서 이스라엘 백성들과 언약을 맺으셨다. 율법의 언약이다. 여호와께서는 내가 독수리 날개로 너희를 업어 광야로 인도하였다고 하셨다. 독수리는 광야에 집을 짓고 산다. 모세를 40년 전에 애굽에서 광야로 불러 내셔서 훈련을 시키신 다음에 모세를 애굽으로 보내 이스라엘을 광야로 인도해 내신 것이다. 여호와께서 말씀 하신 독수리는 모세이다. 모세가 40년 동안 광야에서 훈련을 하지 않았다면 이스라엘 백성들을 40년 동안 양육하여 가나안으로 인도하지 못했을 것이다. 광야교회 리더가 양육을 받지 않으면 다른 사람들을 양육할 수 없다. 모세는 40년 동안 광야에서 양육을 받아서 40년 동안 이스라엘 백성들을 양육할 수 있었다.

예수님 당시 광야에서 교회를 세운 자가 세례 요한이다. 세례 요한 역시 젖을 떼고 나서 광야에서 살았다. 메뚜기와 석청을 먹고 약대 털옷을 입고 광야에서 30년을 살았다. 그리고 예수님의 공생애를 광야에서 준비시켜 주었다. 세례 요한은 이사야 40장에 기록된 내용을 외치면서 예수님의 교회를 출발 시켰다.

"요한이 요단강 부근 각처에 와서 죄 사함을 얻게 하는 회개의 세례를 전파하니 선지자 이사야의 책에 쓴바 광야에 외치는 자의 소리가 있어 가로되 너희는 주의 길을 예비하라 그의 첩경을 평탄케 하라 모든 골짜기가 메워지고 모든 산과 작은 산이 낮아지고 굽은 것이 곧아지고 험한 길이 평탄하여질 것이요 모든 육체가 하나님의 구원하심을 보리라 함과 같으니라 요한이 세례 받으러 나오는 무리에게 이르되 독사의 자식들아 누가 너희를 가르쳐 장차 올 진노를 피하라 하더냐 그러므로 회개에 합당한 열매를 맺고 속으로 아브라함이 우리 조상이라 말하지 말라 내가 너희에게 이르노니 하나님이 능히 이 돌들로도 아브라함의 자손이 되게 하시리라"(눅3:3-8)

마지막 예수님의 재림 때에도 세례 요한이 나타나서 예수님의 재림을 준비시켜 주신다. 이 교회가 바로 세례 요한과 같은 선지자를 통해 세우신 광야교회이다. 이것을 세례 요한의 사역이라고 한다. 하나님은 어느 시대에서나 선지자들을 일으키셔서 하나님의 나라를 준비시켜 주신다. 마지막 때에도 그러하신다. 사람이 하는 것이 아니라 하나님께서 친히 하신 일이다.

모세와 같은 선지자가 하나님께서 세우신 독수리와 같은 광야 사역자이다. 세례 요한과 같은 선지자가 하나님이 세우신 독수리와 같은 광야 사역자이다. 마지막 때에도 하나님은 독수리와 같은 광야 사역자들을 훈련시키셔서 그들이 만든 광야 교회 안으로 에베소 교회와 같은 성도들을 독수리 두 날개로 업어 인도하여 양육을 하신다.

필자는 1982년 4월 10일 "그는 흥하여야 하겠고 나는 쇠하여야 하리라" 세례 요한의 신앙고백을 통해서 초대 예루살렘 교회와 같은 공동체 교회를 광야에 세우도록 부르심을 받았다. 그 후 오늘에 이르기까지 40년 동안 충성을 다하고 있다.

왜 광야 공동체 교회 안에서 양육이 가능한가? 교회는 구원 받은 성도들이 각 지체가 되어 한 몸을 이룬 예수님의 몸이다. 하나님께서 각 사람을 구원하실 때부터 그에게 지체로서 다른 지체를 섬기면서 살 수 있는 은사를 주셨다. 그래서 각 지체들이 머리의 중심으로 하나 될 때 자라날 수 있다. 이것이 교회의 비밀이다.

"그가 혹은 사도로, 혹은 선지자로, 혹은 복음 전하는 자로, 혹은 목사와 교사로 주셨으니 이는 성도를 온전케 하며 봉사의 일을 하게 하며 그리스도의 몸을 세우려 하심이라 우리가 다 하나님의 아들을 믿는 것과 아는 일에 하나가 되어 온전한 사람을 이루어 그리스도의 장성한 분량이 충만한데까지 이르리니 이는 우리가 이제부터 어린 아이가 되지 아니하여 사람의 궤술과 간사한 유혹에 빠져 모든 교훈의 풍조에 밀려 요동치 않게 하려 함이라 오직 사랑 안에서 참된 것을 하여 범사에 그에게까지 자랄찌라 그는 머리니 곧 그리스도라 그에게서 온 몸이 각 마디를 통하여 도움을 입음으로 연락하고 상합하여 각 지체의 분량대로 역사하여 그 몸을 자라게 하며 사랑 안에서 스스로 세우느니라"(엡4:11-16).

광야 공동체 교회 안에서 양육이 가능한 것은 휴거로 교회가 세상을 떠난 후에도 유일하게 남아 있는 교회이기 때문이다. 마가의 다락방에 임한 성령이 지구를 한 바퀴 돌면서 이방인들 가운데 구원을 받은 성도들의 충만한 수가 차면 예수님의 몸 된 교회가 완성이 된다. 이때 교회시대, 이방인의 시대, 성령시대가 끝나고 다니엘의 70이레 중 마지막 1이레가 시작되면서 중단되었던 이스라엘의 7년의 역사가 성전 건축과 함께 시작된다. 아울러 교회는 휴거를 통해 구원 받은 성도들이 떠난다. 구원을 받았지만 세마포 옷이 더러워져 휴거하지 못하고 남은 성도들이 이마에 인을 맞고 7년 환난으로 들어간다. 도시에 남은 물질 중심으로 살아가는 라오디게아 교회 성도들은 후 삼년 반에 순교를 통해서 첫째 부활에 참여를 한다. 에베소 교회와 같이 2% 부족한 깨어 있는 교회는 하나님께서 세우신 광야 공동체 교회로 인도하셔서 양육을 받게 하신다. 이 모든 일들은 사람의 뜻으로 되어지지 않고 하나님의 뜻 가운데서 이루어진다.

광야 공동체 교회는 사람들이 세운 교회가 아니다. 모세가 세운 광야 교회처럼, 세례 요한이 세운 광야 교회처럼 하나님께서 친히 세우시고 여호와 이레로 준비시키신 교회이다.

영적인 광야 공동체 교회는 하나님이 세우신 사도, 선지자와 같은 사역자가 있어야 한다. 예수님께서 세우신 장로 집사가 있어야 한다. 성령 하나님이 세우신 거듭난 성도들이 있어야 한다. 이들이 한 몸이 되어서 성령께서 교회들에게 주신 말씀을 좇아서 서로 사랑하고 섬길 때 그리스도의 장성한 분량이 충만한데까지 자라나게 된다. 그러므로 광야 공동체 교회 안으로 인도 하심을 받은 성도들은 직분과 직책과 관계없이 영적인 리더쉽에 순종과 복종이 이루어져야 한다. 왜냐하면 그렇게 해야 예수님이 고난을 통해 순종을 배우심으로 온전하게 되신 것같이 온전하게 되는 것이다.

만일 구원 받은 성도들이 비록 도시를 떠났다 할지라도 광야 공동체 안에서 양육을 받지 못하면 반드시 순교를 통해서 온전하게 된다. 즉 구원 받은 성도들은 도피처나 피난처와 같은 곳에 머무르면 안되는 것이다. 그곳에서는 성령께서 역사하시는 한 몸된 교회 공동체 역사가 이루어지지 않기 때문에 그리스도의 장성한 분량이 충만한데까지 자라날 수 없다. 그래서 결국은 순교를 피할 수 없는 것이다. 이것에 대하여 아모스 선지자는 정확하게 지적을 하고 있다. 비록 그가 성전에 있어도 죽는다. 성안에 있어도 죽는다. 갈멜산 꼭대기로 피해도 죽는다. 바다 밑에 숨어도 뱀을 통해 죽는다. 타국으로 도망가도 거기서 죽는다.

"내가 보니 주께서 단 곁에 서서 이르시되 기둥 머리를 쳐서 문지방이 움직이게 하며 그것으로 부숴져서 무리의 머리에 떨어지게 하라 내가 그 남은 자를 칼로 살륙하리니 그 중에서 하나도 도망하지 못하며 그 중에서 하나도 피하지 못하리라 저희가 파고 음부로 들어갈찌라도 내 손이 거기서 취하여 낼 것이요 하늘로 올라갈찌라도 내가 거기서 취하여 내리울 것이며 갈멜산 꼭대기에 숨을찌라도 내가 거기서 찾아낼 것이요 내 눈을 피하여 바다 밑에 숨을찌라도 내가 거기서 뱀을 명하여 물게 할 것이요 그 원수 앞에 사로잡혀 갈찌라도 내가 거기서 칼을 명하여 살륙하게 할 것이라 내가 저희에게 주목하여 화를 내리고 복을 내리지 아니하리라 하시니라"(암9:1-4)

당신이 구원을 받은 성도라도 모두 한 길을 가는 것이 아니다. 모두가 자기의 믿음의 분량대로 하나님께 인도하심을 받을 것이다. 우연히 휴거를 한다든지, 아니면 재수가 없어서 도시에 남아 순교를 한다든지, 아니면 운이 좋아 공동체 교회에 들어가서 양육을 받는 것이 아니다. 순교를 피하려고 도피처나 피난처를 만들어 갔는데 거기에서 순교를 당할 때 많은 성도들이 당황하게 될 것이다. 왜냐하면 기독교 구원의 원리를 모르기 때문이다.

요한 계시록에는 후 삼년 반에 적그리스도인 짐승이 성도들과 싸워 이긴다고 했다. 즉 성도를 죽인다는 것이다. 다니엘도 마지막 때 한 때 두때 반때 반때 성도들의 권세가 다 깨어지기 까지 하나님의 심판은 끝나지 않는다고 했다. 왜냐하면 사람이 무엇으로 심든지 그대로 거두기 때문이다. 당신이 만일 소망찬 미래를 생각한다면 지금부터 당신은 달라져야 한다. 아무렇게나 눈에 보이는 대로 살면서 당신과 당신의 가족이 평안해 지리라 생각하면 당신은 자신을 스스로 속이는 것이다. 왜냐하면 아무것도 심지 않고 거두려는 욕심 때문이다.

성경은 미래 내가 받을 심판에 대하여 원리를 가르쳐 준다. "사로잡은 자는 사로잡힐 것이요 칼로 죽이는 자는 칼로 죽임을 당하리라" 즉 당신이 심은 대로 하나님은 당신을 인도하실 것이다. 요행이 통하지 않는다. 재수나 운도 아무런 소용이 없다. 아무리 발버둥치고 탄식을 한다고 해도 그것은 당신이 심은 씨앗을 당신이 거둔 것이다. 하나님은 당신이 심은 대로 인도하실 것이다. 이것이 요한 계시록에 기록된 심판이다.

"또 권세를 받아 성도들과 싸워 이기게 되고 각 족속과 백성과 방언과 나라를 다스리는 권세를 받으니 죽임을 당한 어린 양의 생명책에 창세 이후로 녹명되지 못하고 이 땅에 사는 자들은 다 짐승에게 경배하리라 누구든지 귀가 있거든 들을찌어다 사로잡는 자는 사로잡힐 것이요 칼로 죽이는 자는 자기도 마땅히 칼에 죽으리니 성도들의 인내와 믿음이 여기 있느니라"(계13:7-10)

"다니엘아 마지막 때까지 이 말을 간수하고 이 글을 봉함하라 많은 사람이 빨리 왕래하며 지식이 더하리라 나 다니엘이 본즉 다른 두 사람이 있어 하나는 강 이편 언덕에 섰고 하나는 강 저편 언덕에 섰더니 그중에 하나가 세마포 옷을 입은 자 곧 강물 위에 있는 자에게 이르되 이 기사의 끝이 어느 때까지냐 하기로 내가 들은즉 그 세마포 옷을 입고 강물 위에 있는 자가 그 좌우 손을 들어 하늘을 향하여 영생하시는 자를 가리켜 맹세하여 가로되 반드시 한때 두때 반때를 지나서 성도의 권세가 다 깨어지기까지니 그렇게 되면 이 모든 일이 다 끝나리라 하더라"(단12:4-7)

현재 전 세계에 흩어져 있는 광야 공동체 교회는 약 300만 명의 성도들이 있다. 그들 역시 도시를 떠나 시골에서 농사를 짓고 살고 있다. 심지어 아미쉬 공동체 교회는 전기도 사용하지 않고, 트랙터나 자동차도 거부하고 말을 이용하여 농사를 짓고 교통 수단으로 사용하고 있다. 스위스에서 시작한 아미쉬 공동체, 체코에서 시작한 후터 라이트 공동체, 네덜란드에서 시작한 메노 나이트 공동체, 독일에서 시작한 브루더 호프 공동체 등이다.

필자는 1982년 4월 11일부터 광야 공동체 교회를 준비하고 있다. 이것이 하나님께서 나의 평생에 주신 사역이다. 그리고 이 책을 쓰고 있는 이유도 주님이 주신 사명이다. 노아는 100년 동안 방주를 만들었다. 성경은 그가 여호와께서 말씀 하신대로 다 준행했다고 기록하고 있다.

광야 공동체에 관심을 가진 성도는 어떻게 하면 살 수 있을까에 대한 것이 아니라 내가 무엇을 가지고 지체들을 섬길 수 있는가를 생각해야 한다. 의사는 치료할 수 있다. 간호사는 병든 성도를 돌볼 수 있다. 건축업자는 집을 지을 수 있다. 태양광 기술자는 전기를 공급할 수 있다. 영양사는 지체들의 건강을 돌볼 수 있다. 미용사는 머리를 손질할 수 있다. 유치원 교사는 어린 아이들을 교육한다. 초,중,고 교사는 학생들을 가르칠 수 있다. 약사는 약국을 운영한다. 보일러 기술, 냉동 기술, 원예사, 농업사, 요양사, 복지사, 중장비 기술자, 자동차 정비사, 가축사들은 자신들이 할 수 있는 것들을 통해서 지체들을 섬길 수 있다. 모든 지체들이 자신이 가지고 있는 은사와 달란트를 가지고 섬길 때 광야 공동체 교회 안에 멋진 하나님의 나라가 세워질 수 있다. 세상은 망하고 뒤집혀져도 구원받은 성도들의 공동체는 자급자족 할 수 있는 유일한 희망의 땅이 되는 것이다.

이사야 선지자가 예언 했듯이 이제 이자를 주는 자와 이자를 받는 자가 일반이 된다. 다스리는 자와 다스림을 받는 자가 일반이 된다. 종과 상전이 일반이 된다. 세상의 모든 것들이 우리 곁을 떠나는 날 몸 하나만 남게 된다. 내게 부동산이 많이 있어도 나와 상관이 없다. 아무리 돈이 많아도 종이 조각에 불과하다. 이런 날이 오기 전에 속히 구원 받은 성도는 천국으로 모든 소유를 옮겨야 한다. 그것이 광야 공동체 교회를 세우기 위해 섬기는 것이다. 이것이 천국에 나의 보화를 쌓는 유일한 방법이다.

"여호와께서 땅을 공허하게 하시며 황무하게 하시며 뒤집어 엎으시고 그 거민을 흩으시리니 백성과 제사장이 일반일 것이며 종과 상전이 일반일 것이며 비자와 가모가 일반일 것이며 사는 자와 파는 자가 일반일 것이며 채급하는 자와 채용하는 자가 일반일 것이며 이자를 받는 자와 이자를 내는 자가 일반일 것이라 땅이 온전히 공허하게 되고 온전히 황무하게 되리라 여호와께서 이 말씀을 하셨느니라 땅이 슬퍼하고 쇠잔하며 세계가 쇠약하고 쇠잔하며 세상 백성 중에 높은 자가 쇠약하며 땅이 또한 그 거민 아래서 더럽게 되었으니 이는 그들이 율법을 범하며 율례를 어기며 영원한 언약을 파하였음이라"(사 24:1-5)

4. 피난처 준비

피난처를 준비해야 할 사람은 구원 받지 못한 사람들이다. 오늘날 현대교회 성도 90%가 구원을 받지 못한 사람들이다. 물론 자신들은 모두 휴거에 자신이 있다고 하지만 착각일 뿐이다. 이들이 피난처를 준비해야 하는 이유는 도시를 떠나 666 짐승의 표를 받지 않기 위함이다. 도시에 남은 자들은 절대로 666 짐승의 표를 거절할 수 없다 왜냐하면 공산주의 통제사회 경제제도 안에서 사고파는 수단으로 사용하기 때문이다. 뿐만 아니라 짐승의 표를 받지 않고는 도시 안에서 생활 자체가 불가능하기 때문이다. 만일 사람이 666 짐승의 표를 받게 되면 유전자가 AI 인공지능과 통합이 되어 하나님의 형상이 지워져 호모 데우스 인간이 되어 버린다. 자유의지와 인격이 사라져 버리는 것이다. 이것을 인간 노예화 프로젝트라고 한다.

만일 도시를 떠나 도피처나 피난처에서 살면 최소한 짐승의 표를 받지 않게 된다. 그렇게 되면 천년왕국 백성으로 들어 갈 수 있게 된다. 천년왕국 백성으로 들어간 것은 구원이 아니다. 누구든지 짐승의 표를 받지 않으면 천년왕국 백성으로 들어가서 다시 한번 구원을 얻을 수 있는 기회를 얻게 되는 것이다. 오늘날 2000년 기독교 신학은 성경에서 나온 것이 아니라 헬라 철학으로 만든 가짜 물질 번영 신학이다. 그래서 지상의 유토피아를 세우기 위해서 살아간다. 그러나 성경에서 말한 기독교는 예수님께서 오셔서 세우실 천년왕국에 대하여 계속해서 말씀하고 계신다. 이것이 17개 선지서의 내용이다. 17개 선지서에서는 남북왕조가 망한 것을 구약으로 예언을 했다. 바벨론 포로로 끌려가서 해방되어 나오는 과정을 신약으로 기록했다. 그래서 이사야 선지자는 바벨론을 멸망시키고 유다를 해방시킨 고레스 왕을 재림 하시는 예수님의 모습으로 기록한 것이다.

남북 왕조가 바벨론에서 해방되어 나오는 날에 이루어졌던 일들이 예수님의 재림으로 다시 다 이루어진다. 앗수르와 바벨론이 심판을 받아 지상에서 사라진다. 그러나 앗수르와 바벨론과 애굽에서 남은 자들이 구원을 받아 새롭게 된 새 예루살렘의 딸이 되고 백성이 되어 수장절을 지키기 위해 예루살렘으로 올라온다. 이들이 바로 666 짐승의 표를 받지 않고 천년왕국에 들어온 남은 자들의 모습이다. 심지어 이들 백성 중에 가인의 후손인 곡과 마곡도 있다. 그러나 그들은 1000년이 차고 무저갱에서 올라온 용에게 미혹되어 새 예루살렘을 공격하다가 불과 유황불에 심판을 받는다.

다시 한번 강조하지만 구원 받은 성도는 비록 도피처나 피난처에서 몸을 숨길지라도 그곳에서 반드시 순교가 일어난다. 왜냐하면 옛 사람이 죽지 아니하면 원죄의 부패성에서 해방되지 못하기 때문이다. 휴거하지 못한 성도는 반드시 광야 공동체 교회에서 살아 있는 순교자가 되어서 양육을 받아야 진짜 육체가 죽는 순교를 피할 수 있다.

제 5장 기독교 구원의 신비, 남은 자들의 구원

1. 하나님께서 예비하신 구원은 남은 자들의 것

창세전에 예정된 기독교 구원은 거저 주시는 선물이다. 그 이유는 하나님을 찬송하기 위해서라고 하셨다. 예수님의 복음 역시 가난한 자, 창녀, 군인, 세리 등 당시 소외당하고 주목받지 못한 자들에게 전하여졌다. 이런 사람들이 받은 복음을 남은 자들에게 임한 거저 주시는 은혜라고 한다.

"곧 창세전에 그리스도 안에서 우리를 택하사 우리로 사랑 안에서 그 앞에 거룩하고 흠이 없게 하시려고 그 기쁘신 뜻대로 우리를 예정하사 예수 그리스도로 말미암아 자기의 아들들이 되게 하셨으니 이는 그의 사랑하시는 자 안에서 우리에게 거저 주시는바 그의 은혜의 영광을 찬미하게 하려는 것이라"(엡1:4-6)

구약에서도 신약에서도 신비로운 하나님의 구원 섭리를 말하고 있는 것이 바로 남은 자의 구원이다. 남은 자의 구원이 무엇인가? 마지막까지 남아 있는 자가 구원을 받는다는 뜻이다. 그런데 아이러니 한 것은 힘 있는 자들이 마지막까지 남아 있을 것 같은데 그렇지 않다. 힘 있는 자들은 자신이 가지고 있는 힘으로 싸우다가 결국은 모두 사라져 버리고 만다. 마지막까지 남은 자들은 힘없는 자들이다.

강풍이 지나간 곳에 남은 것은 버드나무와 같은 약한 나무들이다. 크고 강한 나무들은 모두 강풍에 다 쓰러져 버리고 만다. 결국 세상에서 남은 자가 되어 거저 주시는 하나님의 구원을 받기 위해서 피터지게 싸우는 삶의 중심에서 멀리 떠나 있어야 한다. 그렇게 하기 위해서는 세상에 대한 욕심이나 탐욕을 버려야 한다. 세상이 하나님의 심판을 받을 때 세상 속에 사는 자들은 모두 심판을 받는다. 그러나 세상 중심으로부터 나와 비켜 서 있는 자들은 모두 구원을 받는다. 이들이 바로 도시 밖에서 살아가는 가난한 자들이다.

2. 남은 자들의 구원의 상징인 레갑 족속들

1) 유다의 남은 자들인 레갑 족속

　여호와께서 유다를 심판하시기 전에 예레미야에게 성전으로 유다 방백들과 제사장들을 모으고 레갑 족속들을 초대하여 포도주를 먹여 보라고 하셨다. 그런데 레갑 족속들은 조상 요나답의 유언에 따라 포도주를 마시지 않겠다고 하였다. 그때 여호와께서는 레갑 족속을 축복하시고 유다를 심판하시겠다고 선포하셨다. 여호와께서는 레갑 족속들은 조상들의 유언을 지켜 오는데 유다는 그들이 여호와의 말씀을 버렸다고 하셨다. 요나답은 아합시대 사람으로 선조 레갑의 유언을 따라서 예레미야 시대까지 200년 동안 여호와를 경외하고 가까이 하기 위해 집을 짓지 않고, 나무를 심지 않고, 밭을 사서 정착생활을 하지 않고 불편한 유목생활을 하면서 신앙을 생명처럼 지켜 왔던 것이다. 그러나 유다 사람들은 여호와의 말씀을 버리고 욕심과 탐욕으로 앗수르와 바벨론을 따라 섬기면서 죄를 짓고 결국 타락하여 심판을 받은 것이다.

　"그들이 이르되 우리는 포도주를 마시지 아니하겠노라 레갑의 아들 우리 선조 요나답이 우리에게 명령하여 이르기를 너희와 너희 자손은 영원히 포도주를 마시지 말며 너희가 집도 짓지 말며 파종도 하지 말며 포도원을 소유하지도 말고 너희는 평생 동안 장막에 살아라 그리

하면 너희가 머물러 사는 땅에서 너희 생명이 길리라 하였으므로"(렘 35:6-7)

"레갑의 아들 요나답의 자손은 그 선조가 그들에게 명한 그 명령을 준행하나 이 백성은 나를 듣지 아니하도다 그러므로 나 만군의 여호와 이스라엘의 하나님이 이같이 말하노라 보라 내가 유다와 예루살렘 모든 거민에게 나의 그들에게 대하여 선포한 모든 재앙을 내리리니 이는 내가 그들에게 말하여도 듣지 아니하며 불러도 대답지 아니함이니라 하셨다 하라 예레미야가 레갑 족속에게 이르되 만군의 여호와 이스라엘의 하나님이 이같이 말씀하시기를 너희가 너희 선조 요나답의 명령을 준종하여 그 모든 훈계를 지키며 그가 너희에게 명한 것을 행하였도다 그러므로 나 만군의 여호와 이스라엘의 하나님이 이같이 말하노라 레갑의 아들 요나답에게서 내 앞에 설 사람이 영영히 끊어지지 아니하리라"(렘35:16-19)

2) 레갑 족속의 조상은 모세의 장인 겐 족속 이드로

서기관 족속은 모두 레갑 족속들이다. 그런데 레갑 족속이 겐 족속이라고 하였다. 레갑의 고향은 함맛에서 살았던 겐 족속이라고 하였다. 성경에 기록된 함맛은 납달리 지파가 기업으로 얻은 땅인데 이드로의 아들 호밥의 자손들이 살았던 곳이다. 이곳에 살았던 호밥의 자손 헤벨의 아내인 야엘이 하솔 왕 야빈의 군대장관 시스라를 말뚝으로 죽인 곳이다. 긴네렛은 갈릴리 호수이다. 게데스는 갈릴리이다. 이곳에서 예수님은 12제자를 불러서 인간구속 섭리를 이루셨다. 갈릴리는 예수님의 공생애가 펼쳐진 곳이 되었다.

"야베스에 거한 서기관 족속 곧 디랏 족속과 시므앗 족속과 수갓 족속이니 이는 다 레갑의 집 조상 함맛에게서 나온 겐 족속이더라"(대상 2:55)

"바락이 스불론과 납달리를 게데스로 부르니 만 명이 그를 따라 올라가고 드보라도 그와 함께 올라가니라 모세의 장인 호밥의 자손 중 겐 사람 헤벨이 자기 족속을 떠나 게데스에 가까운 사아난님 상수리

나무 곁에 이르러 장막을 쳤더라"(삿4:10-11)

"여섯째로 납달리 자손을 위하여 납달리 자손의 가족대로 제비를 뽑았으니 그 견고한 성읍들은 싯딤과 세르와 함맛과 락갓과 긴네렛과"(수19:32,35)

"납달리 지파 중에서는 살인자의 도피성 갈릴리 게데스와 그 목초지를 주었고 또 함못 돌과 그 목초지와 가르단과 그 목초지를 주었으니 세 성읍이라"(수21:32)

겐 족속은 가인의 후예들이다. 발람 선지자는 겐 족속(가인의 족속)에 대한 예언을 한다.

"또 겐 족속을 바라보며 예언하여 이르기를 네 거처가 견고하고 네 보금자리는 바위에 있도다 그러나 가인이 쇠약하리니 나중에는 앗수르의 포로가 되리로다 하고"(민24:21-22)

"모세가 그 장인 미디안 사람 르우엘의 아들 호밥에게 이르되 여호와께서 주마하신 곳으로 우리가 진행하나니 우리와 동행하자 그리하면 선대하리라 여호와께서 이스라엘에게 복을 내리리라 하셨느니라 호밥이 그에게 이르되 나는 가지 아니하고 내 고향 내 친족에게로 가리라 모세가 가로되 청컨대 우리를 떠나지 마소서 당신은 우리가 광야에서 어떻게 진 칠 것을 아나니 우리의 눈이 되리이다 우리와 동행하면 여호와께서 우리에게 복을 내리시는 대로 우리도 당신에게 행하리이다"(민10:29-32)

"모세의 장인은 겐 사람이라 그 자손이 유다 자손과 함께 종려나무 성읍에서 올라가서 아랏 남방의 유다 황무지에 이르러 그 백성 중에 거하니라"(삿1:16)

레갑 족속의 조상은 겐 족속으로 이방인이다. 성경에 기록된 겐 족속으로 여호와를 섬기며 유목생활을 한 사람이 바로 모세의 장인 이드로이다. 모세 장인 이드로의 아들 호밥은 이스라엘이 광야 길을 가는 동안 모세의 눈이 되어 주었다. 그 후 이드로의 자손들은 유다 지파에 편입이 되어 종려나무 성읍인 여리고에서 살다가 남쪽 황무지로 내려가 다시 유목생활을 하게 된다. 호밥의 자손들이 여리고 종려나무 성읍을 떠나 남쪽 황무지로 이주한 후 다시 납달리 땅 갈릴리 호수

북쪽으로 이주를 한다. 그 사람이 바로 헤벨이다.

이들이 광야 길을 인도해 준 댓가로 받은 여리고 오아시스인 종려나무 지역을 떠나 남쪽 황무지와 척박한 납달리 땅 갈릴리 호수 북쪽으로 이주한 이유는 유다 자손들이 비옥한 여리고 종려나무 땅을 탐내었기 때문에 분쟁을 피하기 위해 스스로 오지(奧地)로 거주지를 옮긴 것이다.

3) 미디안 제사장, 겐 사람, 모세의 장인 이드로는 누구인가?

"모세가 그 장인 미디안 제사장 이드로의 양무리를 치더니 그 무리를 광야 서편으로 인도하여 하나님의 산 호렙에 이르매"(출3:1)

"아브라함이 후처를 맞이하였으니 그의 이름은 그두라라 그가 시므란과 욕산과 므단과 미디안과 이스박과 수아를 낳고"(창25:1-2)

성경은 모세의 장인 이드로를 미디안 제사장이라고 하였다. 미디안이란 이름은 아브라함의 후처 그두라의 아들이다. 아브라함은 후처의 아들들에게 기업을 주어 동쪽으로 이주를 시켰다. 미디안 족속들은 세 종류로 분류가 된다. 발람이 속해 있었던 미디안 성읍이다. 시므온 지파 남자들을 유혹해서 망하게 한 고스비가 미디안 족장의 딸이었다. 먼 길을 오가며 장사하고 있는 미디안 상인들이다. 그리고 이드로처럼 유목생활을 하고 있는 미디안 족속이 있다. 그런데 이드로는 겐 족속이다. 즉 가인의 후손이다. 가인의 후손 역시 여러 종류의 직업을 가지고 살았다. 거의 대부분 도시를 건축하여 기계와 악기와 무기를 만들어 정복하고 지경을 넓히는 세계 역사의 주류이다. 그런데 이드로는 가인의 후손임에도 불구하고 광야에서 유목생활을 하고 있다.

이드로는 가인의 자손으로 아브라함의 후처 그두라의 아들인 미디안의 자손들을 만나 결혼을 하고 제사장이 되었다. 하나님께서 모세를 40년 동안 이드로에게 맡겨 훈련을 받게 하셨다. 성경에는 기록이 없지만 미디안 제사장인 이드로가 가인의 후손들처럼 바알이나 아세라를 섬기는 제사장이었다면 하나님께서 모세를 그에게 맡기시지 않으셨을 것이다. 그가 도시 문명을 등지고 광야에서 유목생활을 하는 제사장이었다면 분명히 아브라함의 후처 그두라의 아들인 미디안 자손들을 통해서 여호와의 신앙을 가질 수 있었을 것이다. 출애굽기 18장에서 이드로 제사장이 모세의 출애굽 과정의 이야기를 듣고 여호와를 찬양하고 번제물과 희생제물을 가져와서 제사를 드리고 장로들과 함께 먹는 놀라운 장면이 나온다.

"이드로가 여호와께서 이스라엘에게 모든 은혜를 베푸사 애굽 사람의 손에서 구원하심을 기뻐하여 가로되 여호와를 찬송하리로다 너희를 애굽 사람의 손에서와 바로의 손에서 건져내시고 백성을 애굽 사람의 손 밑에서 건지셨도다 이제 내가 알았도다 여호와는 모든 신보다 크시므로 이스라엘에게 교만히 행하는 그들을 이기셨도다 하고 모세의 장인 이드로가 번제물과 희생을 하나님께 가져오매 아론과 이스라엘 모든 장로가 와서 모세의 장인과 함께 하나님 앞에서 떡을 먹으니라"(출18:9-12)

가인의 자손 중에서 이드로와 같은 사람이 있다는 사실이 놀라울 뿐이다. 아브라함의 후처의 아들인 미디안의 자손 중에서 이드로와 같은 사람에게 여호와의 신앙을 전수시켜 준 사람이 있었다는 것도 놀라운 일이다. 이드로의 아들인 호밥의 자손들이 납달리 갈릴리 땅에서 번성하여 헤벨의 아내 야엘과 같은 여장부가 나온 것도 놀라운 일이다. 헤벨의 아내 야엘은 바락 장군과 싸우다가 헤벨의 집으로 피신한 시스라 장군을 잠들게 하고 말뚝으로 박아 죽인 여자이다. 왜 예수님께서 나사렛에서 사셨는가? 왜 예수님은 갈릴리에서 공생애 사역을 하셨을까? 만일 예수님께서 다시 오신다면 가장 먼저 찾아 오실 곳이 어디일까? 그리고 누구일까? 레갑 족속들의 역사는 하나님의 구속사의 큰 물줄기와 같다.

4) 서기관 족속이 된 레갑 족속

"야베스에 거한 서기관 족속 곧 디랏 족속과 시므앗 족속과 수갓 족속이니 이는 레갑의 집 조상 함맛에게서 나온 겐 족속이더라"(대상 2:55)

야베스에 거한 서기관 족속들이 모두 레갑 족속이다. 이미 이드로의 아들 호밥의 자손들이 여호수아를 통해서 광야 길을 안내했던 댓가로 가장 좋고 비옥한 땅인 여리고 종려나무 성읍을 기업으로 받았다. 그렇다면 레갑 족속이 살았던 야베스는 어디인가? 여리고 종려나무 성읍이다. 유명한 야베스의 기도가 레갑 족속의 기도이다.

서기관은 성경 기록들을 보존하고 설명하는 일을 하고 율례와 규례를 기록하여 정리하고 역사철을 보관하는 일을 한다. 유목생활을 하고 있는 겐 족속이 이런 업무를 하는 것이 놀랍다. 보통 구약에서는 선지자들이 하던 일이다. 엘리야와 엘리사 시대에 선지학교가 있었다. 벧엘, 길갈, 여리고 나중에 길갈의 선지학교가 협소하자 요단에 하나를 더 확장시키는 모습이 왕하 6장에 기록되어 있다. 그런데 길갈에 100명의 선지 생도가 있었다. 여리고에도 50명의 선지 생도가 있었다. 모두 여리고 종려나무 성읍으로 이드로의 아들 호밥 자손들이 살았던 곳이다.

보통 히브리 유목민들을 집시라고 한다. 집시의 상징은 학문이 없고 무식하고 단순하게 살아가는 자들을 말한다. 레갑 족속이 유목생활을 하면서 어떻게 서기관 족속이 되었을까? 고대 문명의 주인공은 가인의 후예들이다. 이들이 문자를 만들고 각종 문명을 일으켰다. 왜냐하면 아리안 족이란 바로 가인의 후예들로 이 세상에서 가장 머리가 좋은 인종이다. 예나 지금이나 이들이 문명의 주인들이다. 그런데 어떻게 레갑 족속들이 서기관 족속이 되었을까? 바로 그들이 겐 족속이었기 때문이다. 이드로 역시 겐 족속으로 비록 그가 유목생활을 하고 있었지만 그는 가인의 족속으로 문자나 문명에 깨어 있었던 사람이다. 이들의 자손들이 바로 서기관 족속이 된 것이다.

5) 바벨론 포로 귀환 이후 레갑 족속들

"분문은 벧학게렘 지방을 다스리는 레갑의 아들 말기야가 중수하여 문을 세우며 문짝을 달고 자물쇠와 빗장을 갖추었고"(느3:14)

유다가 멸망한 주전 586년 후에는 레갑 족속의 거취에 대한 언급이 없으나 바벨론으로 함께 이주한 후 포로 귀환 시 돌아와 예루살렘 남쪽 4km 지점에 위치한 벧학게렘 지방을 다스리는 레갑 족속 말기야가 분문을 건축했다. 오늘날의 위치는 라멧 라헬이다. 벧학게렘은 오늘날 베들레헴으로 레갑 족속들이 바벨론 포로에서 돌아와 척박한 땅에서 양들을 키워 예루살렘 성전에서 제사용으로 사용하였다고 한다. 예수님께서 베들레헴 말구유에 태어나실 때 빈들에서 양들을 지키는 목자들이 예수님을 영접하는 복을 받았다. 이들이 모두 레갑 족속들이다. 오늘날에는 레갑 족속들이 예멘을 중심으로 약 6만 명이 살고 있다고 한다.

레갑 족속들이 건축한 분문은 힌놈의 골짜기로 통하는 문이다. 힌놈은 헬라어로 게헨나 지옥이라고 한다. 므낫세 시대 날마다 자녀들을 불태워 몰렉 제사를 드린 도벳의 산당이 있는 곳이다. 예루살렘의 모든 쓰레기가 빠져 나가는 문이다. 일명 지옥문이다. 그런데 레갑 족속들이 분문을 만들었다. 지옥문을 닫은 것이다.

성경은 아담으로부터 시작해서 가인의 후예들과 아벨의 후예들에 대한 역사를 기록하고 있다. 이것이 주류들의 역사이다. 그런데 놀라운 것은 그들이 구원의 주류가 아니라는 것이다. 진짜 구원 받은 주류는 남은 자들이다. 가인의 후손 중에 남은 자인 이드로, 아브라함의 후처 그두라의 아들 미디안, 이드로의 아들 호밥의 자손들인 레갑 족속들이 살아 있는 여호와의 신앙을 바로 지켜온 증인으로 살다가 예수님의 갈릴리 사역을 통해 갈릴리 출신 12제자로 이어져 오늘날까지 오고 있다. 이것이 남은 자의 비밀이다. 예수님께서 베들레헴에 탄생하셨을 때 영접한 목동들도 레갑 족속이다. 베들레헴은 예루살렘 성전 제사에 필요한 양들을 키워 팔았던 지역이다. 그런데 예수 자신이 골고다 십자가의 어린 양으로 베들레헴에 태어 나셨고 예수님의 탄생을 예배한 사람들이 레갑 족속들이었다.

3. 신약시대의 남은 자들인 레갑 족속들

"그러므로 나 만군의 여호와 이스라엘의 하나님이 이같이 말하노라

레갑의 아들 요나답에게서 내 앞에 설 사람이 영영히 끊어지지 아니하리라"(렘35:19)

여호와 하나님은 레갑 족속들의 자손들이 여호와 앞에서 영원히 쓰임을 받을 것을 약속하셨다. 이후에 레갑 족속들은 서기관 족속이 되었다. 하나님의 말씀을 기록하여 남기는 일을 하였다. 쿰란 공동체는 구약의 역사와 구약 성경 사본들을 기록하여 보존하는 공동체였다. 레갑 족속들이 속세를 떠나 정결한 삶을 살면서 서기관 족속으로 살았던 것을 생각해 보면 쿰란 공동체와 서기관 족속인 레갑 족속들과의 공통점이 많이 있다.

사해의 북서쪽에 있는 쿰란은 사해 사본을 기록한 에세네파 사람들의 주거 지역이었다. 이 지역은 1951~1956년에 발견되었으며 폐허 속의 주건물은 폭 27m, 길이 44m 정도로 석고가 거칠게 발라져 있는 큰 돌로 만들어졌다. 북쪽에는 수비탑이 있으며 부엌과 붙어있는 식당에서는 1,000여점의 토기가 발견되었다. 쿰란 주변 동굴에서는 두루마리 형태로 잘 보존되어 있는 사해 사본이 발견 되었는데 이들 중 약 1/4이 구약 사본이며 나머지는 구약주석, 신학서, 쿰란 공동체의 규율집들로써 대부분 양피가죽이나 파리루크우에 고대 히브리어로 적어놓은 것들이다. 사해 구약 사본은 현존하는 구약 사본들 중에서 가장 오래된 것이며 에스더서만을 제외 하고 구약의 모든 책들이 전부 포함되어 있다.(위키백과)

신약에 나타난 남은 자들의 모양은 레갑 족속들이 살았던 베들레헴에서 태어나신 예수님을 영접했던 목동들이다. 그리고 예수님께서 사셨던 나사렛 땅과 사역하셨던 갈릴리 지역이 레갑 족속들이 살았던 지역이다. 왜냐하면 가장 비천한 땅이었기 때문이다. 레갑 족속들은 항상 이런 척박한 땅만을 선택해서 거주지를 정했다. 왜냐하면 고난을 통해 스스로를 정결하게 지킬 수 있었던 환경이었기 때문이다. 세례 요한 역시 쿰란 공동체와 같은 광야 공동체에서 살았다. 에세네파 사람들이 정결 예식으로 사용했던 세례 의식이 쿰란 공동체의 의식이었다. 이것 또한 예레미야를 통해서 약속하신 레갑 족속들에게 주신 은혜이다.

예수님의 12제자 중 사도 요한의 제자는 폴리갑이다. 폴리갑의 제자는 이레니우스이다. 이레니우스는 기독교 이단이 무천년주의로 득세를 하고 있는 시대에 철저하게 전천년주의를 강력하게 지켜 냈다. 로마 국가 교회와 같은 외적인 부흥을 부정하면서 다가올 천년왕국을 대비한 마음속에서 이루어지는 성품의 천국을 강하게 주장했다.

이레니우스가(주후130-200) 감독으로 활동했던 프랑스 리용 교회 성도들은 로마 교회의 핍박이 심해지자 알프스 산 피에드몽 골짜기로 피신하였다. 역시 노바티안 형제들과 도나투스파 형제들도 유아 세례를 거부했기 때문에 재세례파라는 죄목으로 박해가 시작되자 터키 갑바도기아와 알프스 피에드몽 골짜기로 몰려 들었다.

그래서 알프스 피에드몽 골짜기는 예루살렘, 안디옥, 프랑스 리용 다음으로 참 교회의 성지가 되었다. 이들은 북아프리카, 북부 이탈리아, 스위스, 남부 독일, 프랑스 리용 등에서 몰려온 성도들이었다. 이들의 이름이 고대 왈덴스인들이다. 왈덴스인들은 안디옥으로부터 전수된 구 라틴 성경을 가지고 초대 예루살렘과 같은 교회를 유지했다. 이들이 보존한 구 라틴 성경은 폴리시안, 왈도파, 알비젠스를 거쳐 로라즈 전도단 위클리프에게 들어가 1382년에 영어로 번역이 되었다. 위클리프 영어 성경을 통해서 체코에서는 프라하 형제단이 출현하였다. 일명 후스파라고 하는 프라하 형제단을 이끌었던 얀 후스가 1415년 화형을 당한 후 더 많은 개혁들이 체코에서 일어났다. 1420년 후스파는 4개 항을 선포하였다. 1. 하나님의 말씀이 자유롭게 선포될 것, 2. 평신도에게 이종성찬(떡과 포도주)을 허락할 것, 3. 사제들의 모든 세속적인 지위를 박탈할 것, 4. 지위 고하를 막론하고 죄를 지은 자는 처벌할 것. 이와 같은 네 가지 조항으로 체코에서는 사도행전 2장에 기록된 아름다운 교회 공동체가 활발하게 넓혀져 갔다.

후스파의 공동체 교회의 영역이 점점 더 확장되자 로마 가톨릭은 후스파와 정치적인 협상을 시작했다. 로마 교회와 타협에 불만을 가진 급진파 후스파는 1457년 체코 형제단을 출범 시키면서 쿤발트 지역에서 왕이 통치하는 사도행전 2장과 같은 하나님의 나라를 세우게 된다. 체코 형제단의 종교개혁은 돌풍처럼 독일과 스위스와 네덜란드로 들어간다. 독일에서는 튀링겐 시의 토마스 뮌쳐, 스위스 취리히에서는 스위스 형제단, 네덜란드에서는 메노 시몬스와 같은 개혁자들이 일어났다. 그런데 짝퉁 종교 개혁자들이 마틴 루터, 존 칼빈, 츠빙글리가 나타나 이들을 죽이고 종교개혁 간판을 바꿔 달았다.

여기에서 살아남은 참 신자들이 만든 공동체가 아미쉬, 메노 나이트, 후터 라이트, 브루더호프이다. 이들이 현대판 레갑 족속들이다. 이들은 지금도 말을 타고 다닌다. 전기를 사용하지 않는다. 농사도 기계를 사용하지 않고 말을 사용한다. 같은 우주시대에 살면서 이들은 전혀 다른 생활을 하고 있다. 능력이 없어서가 아니다. 돈이 없어서가 아니다. 하나님을 사랑하고 하나님의 뜻대로 살기 위해서 그렇다. 이 세상에서는 그들이 얻을 기업이 없기 때문에 그렇게 사는 것이다. 그들의 본향은 새 예루살렘이다. 그들이 통치하고 활개치기를 원하는 나라가 천년왕국이기 때문이다. 전 세계에 흩어져 살고 있는 이들의 후손들이 300만 명이나 된다.

종교개혁이 있었던 500년 전에는 이들이 10명 20명 무리를 지어 신앙의 자유를 찾아 오지(奧地)로 갔지만 지금은 그들의 후손이 하늘의 별과 같이 되었다. 예수님께서 재림하실 때 가장 자신이 있고 반갑게 영접할 수 있는 성도들이 바로 이 사람들이다. 그래서 이들은 현대판 레갑 족속들이다. 구약에서는 레갑 족속들이 서기관 족속이 되어 성경을 기록하고 목숨을 걸고 지켰다. 신약에서는 피에드몽 골짜기를 중심으로 왈덴스, 왈도파, 알비젠스 재세례파 형제들이 목숨걸고 성경을 지켰다. 그들은 단지 알프스 산에서 은둔 생활만 한 것이 아니다. 그들은 물건들을 만들어 가지고 몇 달씩 장사를 하면서 손으로 직접 쓴 쪽성경을 전해 주면서 중세 1000년의 암흑시대를 밝혔다.

4. 성경에 기록된 남은 자들

1) 남은 자들의 역사

도시 중심의 문명을 가지고 살았던 가인의 후손으로 도시를 등지고 유목생활을 하면서 남은 자가 되었던 모세의 장인 이드로는 가인의 족속 중에서 남은 자이다. 아브라함의 후처 그두라의 아들 미디안의 자손들이 모압 옆에 큰 나라를 형성하고 살았지만 이드로는 유목생활을 택하므로 미디안에서 남은 자가 되었다. 이드로의 아들 호밥은 여리고 종려나무 성읍을 여호수아로부터 기업으로 받았지만 스스로 포기하고 남방 황무지에 거하면서 유목생활을 택하므로 스스로 유다지파에서 남은 자가 되었다. 아합시대 레갑의 아들 요나답은 후손들에게 집을 짓지 못하게 하고, 포도원을 일구지 못하게 하고, 나무를 심지 못하게 하여 여호와를 섬기는 일에 전념하도록 유목 생활을 유언으로 남겼는데 200년이 지나도록 레갑의 후손들은 유언을 지켜 유다가 망할 때 남은 자가 되었다. 죄인 가인의 남은 자는 아벨, 아담의 후손들이 네피림의 죄악으로 물 심판을 받을 때 남은 자는 노아, 노아의 후손들이 바벨탑을 쌓고 배도할 때 남은 자는 아브라함, 이스라엘의 12지파가 망할 때 유다지파가 남은 자, 유다 왕국이 로마에게 망할 때 남은 자는 이방인, 이방인 교회가 타락하여 망할 때 남은 자는 광야교회이다.

2) 끝까지 남아 구원을 받은 자들의 특징

"그 때에 내가 여러 백성의 입술을 깨끗하게 하여 그들이 다 여호와의 이름을 부르며 한 가지로 나를 섬기게 하리니 내게 구하는 백성들 곧 내가 흩은 자의 딸이 구스 강 건너편에서부터 예물을 가지고 와서 내게 바칠지라 그 날에 네가 내게 범죄한 모든 행위로 말미암아 수치를 당하지 아니할 것은 그 때에 내가 네 가운데서 교만하여 자랑하는 자들을 제거하여 네가 나의 성산에서 다시는 교만하지 않게 할 것임이라 내가 곤고하고 가난한 백성을 네 가운데에 남겨 두리니 그들이 여호와의 이름을 의탁하여 보호를 받을지라 이스라엘의 남은 자는 악을 행하지 아니하며 거짓을 말하지 아니하며 입에 거짓된 혀가 없으며 먹고 누울지라도 그들을 두렵게 할 자가 없으리라"(습3:9-13)

마지막 남은 자로 구원을 얻은 사람은 이스라엘 뿐만 아니라 여러 이방나라들이 포함되어 있다. 이것은 바벨론을 고레스가 멸망시키고 바벨론 제국으로부터 해방 받은 모든 나라들을 상징하기도 한다. 하나님께서 모든 나라 백성들의 입술을 깨끗하게 하여 여호와의 이름을 부르게 하신다. 그들이 이스라엘에 편입이 되어 예루살렘으로 와서 예물을 드린다. 천년왕국에서 이루어질 일이다.

그런데 그들의 특징은 가난한 자들이다. 곤고한 자들이다. 쫓겨난 자들이다. 힘이 없는 자들이다. 이들은 악을 행치 아니하고, 거짓을 말하지 아니하고, 입에 거짓된 혀가 없고, 먹고 누울지라도 그들을 두렵게 할 자가 없는 자들이다. 이들은 이미 문명 사회로부터 버림 받은 자들이다. 떠도는 집시와 같은 존재들로서 아무도 그들을 간섭하지 않는다. 그러하기에 다툴 이유도 없고, 악을 행할 수 있는 힘조차 없는 존재들이다. 그래서 이들 입에는 거짓이 없다. 거래하거나 소득활동이 없기 때문에 거짓된 혀도 없는 것이다. 이런 사람을 아웃 사이더 라고 한다. 노숙자가 싸우는 것을 보았는가? 노숙자가 거짓을 말하는 것을 들었는가? 노숙자가 먹고 누울 때 그들을 두렵게 할 자가 있는가?

3) 바벨론에서 돌아온 남은 자들

"시온의 딸아 노래할지어다 이스라엘아 기쁘게 부를지어다 예루살렘 딸아 전심으로 기뻐하며 즐거워할지어다 여호와가 네 형벌을 제거하였고 네 원수를 쫓아냈으며 이스라엘 왕 여호와가 네 가운데 계시니 네가 다시는 화를 당할까 두려워하지 아니할 것이라 그 날에 사람이 예루살렘에 이르기를 두려워하지 말라 시온아 네 손을 늘어뜨리지 말라 너의 하나님 여호와가 너의 가운데에 계시니 그는 구원을 베푸실 전능자이시라 그가 너로 말미암아 기쁨을 이기지 못하시며 너를 잠잠히 사랑하시며 너로 말미암아 즐거이 부르며 기뻐하시리라 하리라 내가 절기로 말미암아 근심하는 자들을 모으리니 그들은 네게 속한 자라 그들에게 지워진 짐이 치욕이 되었느니라 그 때에 내가 너를 괴롭게 하는 자를 다 벌하고 저는 자를 구원하며 쫓겨난 자를 모으며 온 세상에서 수욕 받는 자에게 칭찬과 명성을 얻게 하리라 내가 그 때에 너희를 이끌고 그 때에 너희를 모을지라 내가 너희 목전에서 너희의 사로잡힘을 돌이킬 때에 너희에게 천하 만민 가운데서 명성과 칭찬을 얻게 하리라 여호와의 말이니라"(습3:14-20)

이미 스바냐 선지자는 70년 바벨론 포로 생활이 끝나고 예루살렘으로 돌아올 남은 자들에 대하여 기록을 하고 있다. 누가 돌아 오는가? 바벨론에서 성공한 사람들은 돌아오지 않는다. 바벨론에서 정착한 사람들은 돌아오지 않는다. 바벨론 70년 포로생활을 하는 중에 수욕을 당하고 살았던 자, 절기로 인하여 근심 하는 자, 저는 자, 쫓겨난 자들을 돌아오게 하여 칭찬과 명성을 얻게 하실 것이라 한다.

고레스 왕을 통해서 바벨론 포로에서 돌아온 유다 백성들의 상징은 마지막 때 예수님이 재림하셔서 바벨론을 멸망시키시고 남은 자들을 구원하시는 것을 예언하고 있다. 요한 계시록 18장4절에서는 바벨론이 망하는 모습이 기록되어 있다. 사도 요한은 성령으로 말미암아 바벨론에서 나와서 멸망을 피하라고 경고를 한다. 누가 바벨론 성에서 나와 구원 받는 남은 자들이 될 수 있을까? 마지막 예수님의 재림으로 심판을 받을 대상은 바벨론 성인데 바벨론 시티라고 기록되어 있다.

마지막 심판은 도시를 중심으로 일어난다. 그래서 마지막으로 심판을 피해 남은 자가 되기 위해 예수님께서 말씀 하신대로 도시에서 탈출하여 산으로 도망해야 한다. 광야로 피해야 한다. 이사야 선지자 역시 마지막 세상에 임할 광풍 같은 심판을 피하기 위해 밀실에 들어가 잠시 동안 피하라고 경고를 하였다. 도시는 유비쿼터스 스마트 시티로 완벽통제사회가 구축된다. 이곳에서 살면서 완벽통제사회 시스템인 짐승의 표를 받지 않고 살 수 없다. 도시에서의 사람의 삶이 빅 데이터 통제 속에서 이루어지기 때문이다. 그래서 성경은 누구든지 666 표를 받은 자들은 영원히 꺼지지 않는 지옥 불의 심판을 피할 수 없다고 하였다. 도시에서 나와 일체 문명을 끊고 자연인처럼 살아야 트랜스 휴먼이라는 인간통제 프로그램을 피할 수 있다.

참 놀라운 사실은 바벨론 포로에서 돌아온 사람들이 약 5만 명 정도 되는데 거의 모든 사람들이 바벨론에서 나그네와 행인처럼 살았던 사람들이다. 다시 말해서 정착생활을 피하거나 못하고 살았던 사람들이다. 신분적으로도 종, 노예, 환관들이 주류를 이루고 있다. 그들은 끌려갈 때도 돌아 올 때도 역시 아웃 사이더였던 것이다. 그런데 그들이 복이 있는 자들이다. 왜냐하면 바벨론에서 받지 못하였던 칭찬과 명성을 남은 자들로 받게 되었기 때문이다. 예수님의 재림 때에도 비록 구원을 받아 첫째 부활에 참여하지는 못한다 할지라도 짐승의 표를 받지 아니한 자들은 천년왕국 백성으로 들어갈 수 있는 자격을 얻게 되는 것이다.

4) 휴거를 약속 받은 남은 자들의 교회, 빌라델비아

"빌라델비아 교회의 사자에게 편지하기를 거룩하고 진실하사 다윗의 열쇠를 가지신 이 곧 열면 닫을 사람이 없고 닫으면 열 사람이 없는 그이가 가라사대 볼찌어다 내가 네 앞에 열린 문을 두었으되 능히 닫을 사람이 없으리라 내가 네 행위를 아노니 네가 적은 능력을 가지고도 내 말을 지키며 내 이름을 배반치 아니하였도다 보라 사단의 회 곧 자칭 유대인이라 하나 그렇지 않고 거짓말 하는 자들 중에서 몇을 네게 주어 저희로 와서 네 발앞에 절하게 하고 내가 너를 사랑하는 줄을 알게 하리라 네가 나의 인내의 말씀을 지켰은즉 내가 또한 너를 지키어 시험의 때를 면하게 하리니 이는 장차 온 세상에 임하여 땅에 거하는 자들을 시험할 때라 내가 속히 임하리니 네가 가진 것을 굳게 잡아 아무나 네 면류관을 빼앗지 못하게 하라 이기는 자는 내 하나님 성전에 기둥이 되게 하리니 그가 결코 다시 나가지 아니하리라 내가 하나님의 이름과 하나님의 성 곧 하늘에서 내 하나님께로부터 내려 오는 새 예루살렘의 이름과 나의 새 이름을 그이 위에 기록하리라 귀 있는 자는 성령이 교회들에게 하시는 말씀을 들을찌어다"(계3:7-13)

예수님의 재림으로 지금 우리가 사는 시공간 속에 갇힌 우주는 사라지고 시공간을 초월한 자유스런 새로운 우주가 펼쳐진다. 이때 구원을 받아 첫째 부활에 참여한 성도는 예수님과 같이 천년동안 왕 노릇 한다. 그러나 첫째 부활에는 참여하지 못하여도 666 짐승의 표를 받지 않는 자들은 이방인이라 할지라도 이스라엘 백성들과 함께 천년왕국 백성으로 들어가 다시 한 번 구원의 기회를 얻게 된다.

　빌라델비아 교회는 휴거에 약속을 받은 교회이다. 예수님의 신부로 인정을 받아 7년 환난에 들어가지 아니하고 바로 휴거에 참여한 유일한 교회이다. 빌라델비아 교회의 신앙의 특징을 알아보면 내 자신이 휴거에 참여할 수 있는가에 대한 여부를 알 수 있다.

　빌라델비아 교회는 작은 시골교회이다. 그래서 적은 능력을 가지고 배반하지 않았다고 했다. 옛날에는 목화 사업을 주 생산으로 했고 오늘날에는 포도주 사업을 한다. 빌라델비아 교회 안에는 자칭 유대인이라고 하는 사단의 회가 있었다. 가짜 유대인 바리새파 유대인들을 말한다. 이들은 말로만 유대인들이지 사단을 숭배한 자들이다. 그러하기에 교회 안에서 철저하게 참 성도들에게 갑질을 하고 핍박을 하는 자들이다. 교만하여 말만 앞세우고 성도들을 능욕하고 이용한 위선자들이다. 이런 자들을 그리스도의 사랑으로 품고 한 지체로 섬긴다는 것은 여간 어려운 일이 아니다. 그러나 빌라델비아 교회 성도들은 끝까지 이들을 사랑하고 이들로부터 받은 온갖 핍박과 조롱을 견디었다. 그래서 정금처럼 단련된 교회이다. 성경은 이들이 사랑으로 승리하여 예수님께서 사단을 섬기는 자들의 정체를 드러내고 교회 앞에 무릎을 꿇게 하셨다고 한다. 예수님께서 결국 거룩한 교회를 지켜 주신 것이다.

　에베소 교회는 능력이 많아 스스로 영적인 전쟁을 했지만 빌라델비아 교회는 성도들이 힘이 없어 오직 예수님께서 이들을 대신하여 싸워 주신 것이다. 그렇다 전쟁은 우리가 하는 것이 아니다. 전쟁은 예수님이 하신다. 원수가 주릴 때 먹이고 목마를 때 마시게 해야 하는 것이다. 그리고 핍박자를 위해 기도해야 하는 것이다. 우리는 오직 말씀에 순종하여 참다운 예수님의 신부로 단장하는 것이다. 단장이 끝나면 예수님께서 원수들의 무릎을 꿇게 하신 것이다. 이것이 진정한 예수님의 신부인 교회이다.

에필로그(Epilogue)

필자는 1975년 2월 25일 제자로 헌신을 했다. 그때 나이 23세였다. 1982년 4월 11일 월드비전을 주셔서 초대 예루살렘 공동체 교회를 꿈꾸며 지금까지 살고 있다. 아직은 미흡하지만 최선을 다해서 아름다운 광야 공동체 교회를 세우고 있다. 15년 만에 땅을 하나님께서 주시고 25년 만에 30평 주택을 주시고 30년 만에 예배당과 식당과 숙소를 주셨다. 2022년은 하나님께서 월드비전을 주신지 40년이 되었다. 함께 주님을 섬기며 살아갈 수 있도록 7가정의 주택을 주셨다. 아미쉬 공동체와 같이 30가정이 함께 어우러져서 주님을 섬기며 양육을 받으려고 준비를 하고 있다. 지상의 교회는 순교의 공동체이다. 어차피 살아있는 순교를 하지 않고 아무리 살려고 발버둥친다고 하여도 하나님께서 강제로 순교를 당하게 하신다. 왜냐하면 썩어져 버릴 육체를 벗어야 영광스런 신부가 되기 때문이다.

광야 공동체 교회는 그야말로 살아있는 순교자들의 교회가 되어야 한다. 살려고 환난을 피하여 도망친 피난처가 아니다. 지금도 하나님께서 인정하신 살아 있는 순교자들은 예수님께서 공중으로 강림하실 때 휴거할 수 있다. 그러나 하나님의 기준에 미치지 못한 성도들은 휴거하지 못하고 환난으로 넘어간다. 광야 공동체 교회 안에서 양육이 가능한 성도들은 함께 모여서 그동안 어리석어서 순종하지 못했던 지체들을 섬기기 위해 자신을 죽이고 포기하는 훈련을 통해서 하나님이 인정해 주시는 살아있는 순교자로 인정을 받을때까지 양육을 받아야 한다.

광야 공동체 교회는 순교가 무서워 도망쳐 나온 피난처가 아니다. 만일 어떤 성도들이 순교가 무서워 살려고 공동체를 만든다면 반드시 그 곳에서 순교를 할 수 밖에 없다는 사실을 알아야 한다. 광야 공동체 교회는 에베소 교회처럼 열심히 신앙생활을 하면서 잃어버린 첫 사랑을 회복하기 위해서 모인 곳이다. 즉 지체를 사랑하고 섬기라고 하나님께서 기회를 주신 장소인 것이다. 광야 공동체 교회 안에서도 하나님의 의가 나타난다. 새 계명을 가지고 지체를 섬기는 성도들을 하나님이 사랑하시고 예수님도 그를 사랑하여 그에게 자신을 나타내 주신다. 광야 공동체 안에 들어 와서도 썩어져 버릴 육체를 위해서 사는 성도에게도 하나님의 의가 나타나서 책망과 부끄러움을 당하게 하신다. 먼저 성장한 성도는 사랑의 본이 되고 영적인 어린 성도들은 그들을 바라보고 서로 사랑하는 법을 배우면서 기독교 생명 신학이 적용되는 현장이 된다.

광야 공동체 안에서의 삶의 목적은 먼저 살아 있는 순교자가 되어 주님을 만나는 것이다. 이것이 사도 바울의 푯대였다. 바울은 날마다 십자가에 돌아가신 예수님의 죽음을 맛보고 그 안에서 부활의 능력을 경험하기 위해 자기에게 유익한 모든 것까지도 배설물로 여기고 버렸다. 이러한 사람들이 모인 장소가 광야 공동체 교회이다.

"그러나 무엇이든지 내게 유익하던 것을 내가 그리스도를 위하여 다 해로 여길뿐더러 또한 모든 것을 해로 여김은 내 주 그리스도 예수를 아는 지식이 가장 고상함을 인함이라 내가 그를 위하여 모든 것을 잃어버리고 배설물로 여김은 그리스도를 얻고 그 안에서 발견되려 함이니 내가 가진 의는 율법에서 난 것이 아니요 오직 그리스도를 믿음으로 말미암은 것이니 곧 믿음으로 하나님께로서 난 의라 내가 그리스도와 그 부활의 권능과 그 고난에 참예함을 알려하여 그의 죽으심을 본받아 어찌하든지 죽은 자 가운데서 부활에 이르려 하노니 내가 이미 얻었다 함도 아니요 온전히 이루었다 함도 아니라 오직 내가 그리스도 예수께 잡힌바 된 그것을 잡으려고 좇아가노라 형제들아 나는 아직 내가 잡은 줄로 여기지 아니하고 오직 한 일 즉 뒤에 있는 것은 잊어버리고 앞에 있는 것을 잡으려고 푯대를 향하여 그리스도 예수 안에서 하나님이 위에서 부르신 부름의 상을 위하여 좇아가노라"(빌3:7-14)

필자는 1975년도 1월에 총신대학 신학과에 원서를 내고 입학시험을 봤다. 목사가 되려고 시험을 보는 것이 아니라 목사가 되고 싶지 않았기 때문에 시험을 본 것이다. 왜냐하면 하나님께서 목사를 하라고 내 인생의 모든 길을 막고 있다고 생각했기 때문에 나는 그 운명을 뚫고 나가야 했다. 그러나 마음대로 할 수 없는 것이기에 하나님과 일방적으로 거래를 했다. 하나님이 나를 총신대 수석으로 합격을 시켜주시면 나는 싫어도 무조건 목사가 되어야 한다. 그러나 그렇지 않으면 나는 자유다. 1974년 1년 동안 공부를 않고 강화도에서 놀면서 1년을 보냈다. 1974년 11월에 예비고사를 보고 1975년 본고사를 보았다. 그리고 합격자 발표 날 나는 강화도에서 일찍 시외버스를 타고 총신대 게시판에 합격자 명단을 볼 때 수석합격자 이름만 봤다. 천만다행으로 나의 이름은 없었다. 그런데 친구가 와서 축하를 해주었다. 전액장학생으로 합격이 되었다고 한다. 멋지게 보이콧을 했다.

니느웨로 가서 복음을 전하라는 하나님의 말씀에 불순종하고 다시 스로 도망하려고 배를 타고 가다가 풍랑 속에서도 배 밑창에서 잠을 자다가 붙잡혀 고래 뱃속에서 회개하고 니느웨로 가서 복음을 전했던 요나처럼 나는 하나님의 손에 붙잡혀 1975년 2월25일 제자가 되었다. 성령이 임하고 영적인 눈이 열렸다. 세상에 있는 모든 것들이 아무것도 아니라는 것이 실감나게 내 마음을 흔들었다. 그리고 날마다 요나처럼 길거리에서 전도를 하지 않을 수 없었다. 큐티를 하다가 선지서를 보았다. 선지자들이 고발하고 탄식한 모든 죄악들이 여호와를 모르는 이방인들의 죄가 아니라 택한 백성들이 지은 죄라는 사실에 놀랐다. 일반 평민 뿐 아니라 제사장, 서기관, 장로, 왕들이 지은 죄였다. 그들이 지은 죄는 이방인들이 지은 죄와 별반 다름이 없었다. 그때 성령은 내 눈을 열어 타락한 교회 모습을 보게 하셨다. 그때부터 선지서를 읽을 때마다 내 눈에는 눈물이 강물처럼 흘러 나왔다. 선지자들이 통곡하고 외치다가 죽어가는 안타까움이 그대로 내 가슴에 전달되었다.

아침마다 기도를 했다. 하나님 나에게 기회를 주셔서 어둡고 캄캄한 교회를 깨우게 해주세요. 예배를 드리고 헌금을 하고 기도를 하고 봉사를 하는데 구원이 무엇인지 예수님이 누구인지 모르는 교회를 깨우게 해달라고 날마다 기도를 했다. 1986년 백석신학을 졸업하고 강도사 고시를 합격하고 1987년 3월 29일에 목사 안수를 받았다. 그리고 1987년 5월 22일부터 지금까지 목사님들을 깨우는 세미나를 하고 있다.

  1983년 신학교 2학년 때 최순직 학장님께서 새 예루살렘 시대 주인공이 되라고 기도를 해 주셨다. 생명 없는 사회복음주의(미시오 데이, Misio Dei)가 판을 치는 세상이 오더라도 십자가 복음을 굳게 지켜 달라는 절규의 설교를 들었다. 장종현 백석신학교 설립자님이 쓰신 개혁주의 생명신학 책을 읽고 개혁주의 생명신학이 이 시대에 위기를 맞이한 기독교를 지키는 유일한 신학임을 알았다. 이제 와서 생각해 보니 하나님께서 총신대를 보이콧 하게 하시고 백석에서 신학을 하게 하신 이유를 알게 하신 것이다. 종교 다원주의 물결이 세계 모든 신학교와 교회를 집어 삼키고 있는 이 마지막 배도의 시대에 십자가 복음의 기치를 높이든 개혁주의 생명신학으로 어두운 세상을 밝히는 백석 교단의 일원이 된 것에 대하여 하나님께 감사 기도를 드린다.

2024년 2월 25일
이형조

***타작기 (기독교 종말론 가이드 북)
2012년 3월 10일 출간, 416P, 값 13,000원

목 차

1. 적그리스도의 정의

  1) 예수님의 인성을 부인하는 자
  2) 예수님의 신성을 부인하는 자
  3) 예수님의 십자가 영혼 구원을 부인하는 자
  4) 하나님의 구속의 섭리를 파괴하는 자

2. 적그리스도의 목적

  1) 세계 한 경제
  2) 세계 한 정부
  3) 세계 한 종교
  4) 지구촌 유토피아

3. 적그리스도의 역사

  1) 니므롯
  2) 두로왕
  3) 메로빙거
  4) 템플기사단
  5) 예수회
  6) 일루미나티
  7) 미국 건국
  8) 프랑스 혁명
  9) 1차 세계대전
  10) 러시아 혁명
  11) 2차 세계대전
  12) 3차 세계대전의 시나리오

4. 적그리스도의 혈통

1) 바벨론 세미라미스 혈통
2) 아슈케나지 유대인 혈통
3) 윈저왕조 혈통
4) 부시 가문 혈통
5) 로스차일드 가문 혈통
6) 록펠러 가문 혈통

5. 적그리스도의 종교

1) 수메르 바벨론 종교
2) 이집트 태양신 호루스 종교
3) 그리스 아볼루온 종교
4) 유대의 밀교 카발라 종교
5) 영지주의와 신지학 종교
6) 프리메이슨 종교

6. 적그리스도의 전략

1) 시온의정서가 만들어졌던 과정
2) 유대인의 세계 경제 장악 현황
3) 시온 의정서 용어 해설
4) 시온의정서 요약 및 해설
1장 세계 정치 지배 전략
2장 세계 언론 지배 전략
3장 세계 경제 지배 전략
4장 기독교 파괴 전략
5장 사회 구조 파괴 전략
6장 국가정부 파괴 전략
7장 전쟁을 통한 이익 창출 전략
8장 전문가를 양성해 우리에게 유리한 법 조항을 만든다
9장 세뇌 교육을 통한 독재정부 전략

10장 섭정 정치 전략
11장 유대인을 통한 세계 정복 전략
12장 언론 통제 조작 전략
13장 3S를 통한 인간성 파괴 전략
14장 기독교 말살 전략
15장 히틀러식 독재 정치 전략
16장 교과서를 통한 역사 조작 전략
17장 인간 개조를 통한 인간성 파괴전략
18장 적그리스도 조작 전략
19장 경찰국가 전략
20장 중산층 파괴 전략
21장 내국채를 통한 국가 파괴 전략
22장 세계 정복 전략
23장 전체주의 국가 전략
24장 최종 유대주의 전략

7. 적그리스도의 무기

1) 적그리스도의 최후의 병기 베리칩
2) 양날의 칼 전쟁과 돈(은행)
3) 살인 병기보다 무서운 언론(매스 미디어)
4) 상상을 초월한 기상무기 하프
5) 사탄교 마약, 섹스, 포르노,
6) 기독교를 파괴시킬 블루빔 프로젝트

8. 적그리스도의 기독교 파괴 프로그램

1) 빌리그래함의 에큐메니칼 운동
2) 알파 코스
3) 빈야드 운동
4) 신사도 운동
5) WCC 종교통합운동
6) 뉴 에이지 기독교 운동

9. 적그리스도의 단체
   1) 프리메이슨
   2) 일루미나티 카드
   3) 원탁회의
   4) 300인 위원회
   5) 영국 왕립 국제 문제 연구소
   6) 미국 외교 관계 연구소(CFR)
   7) 삼변회
   8) 빌더버그 회의
   9) 연구 분석 코퍼레이션
   10) 로마클럽
   11) Skulls & Bones(해골과 뼈)
   12) 타비스톡 인간관계 연구소
   13) 인간 자원 연구소
   14) 스텐포드 연구소
   15) 보헤미안 클럽
   16) 무슬림 형제단
   17) UN(국제연합)

10. 적그리스도에 대한 준비
   1. 분별과 성찰
      1) 신화인가? 성경인가?
      2) 비인격인가? 인격인가?
      3) 악령의 열매인가? 성령의 열매인가?
      4) 지상천국인가? 천상천국인가?
      5) 종교인가? 생명인가?
      6) 진리인가? 이단인가?
   2. 회개와 재정립
      1) 성경에 대한 무지
      2) 은사주의

3) 물질주의
   4) 분파주의
 3. 용서와 사랑
   1) 절대적인 십자가 복음
   2) 예수님과 스데반의 기도
 4. 전도와 섬김
   1) 오늘의 복음
   2) 섬김의 예배
 5. 충성과 예배
   1) 썩어진 밀알
   2) 순교의 예배

결론: 순교의 신앙, 우리의 시민권은 하늘에 있다.

 1. 절대 주권의 신앙
 2. 절대 순교의 신앙
 3. 절대 헌신의 신앙
 4. 절대 승리의 신앙
 글을 마치면서

***타작기 2 (적그리스도의 유전자의 비밀)

2013년 1월 8일 출간, 468P, 값 15,000원

목 차
꼭 필요한 선물
프롤로그
제1장 가짜 유대인의 정체
  1. 왜 가짜 유대인을 반드시 알아야 합니까?
  2. 사탄 밀교 카발라
  3. 탈무드

4. 검은 귀족 카르타고 유대인
    5. 사탄의 비밀결사 바리새파 유대인
    6. 제13지파 유대인 아쉬케나지
    7. 아쉬케나지 유대인들의 역사적 활동
    8. 세계를 지배하는 가짜 유대인
    9. 지금은 이미 자다가 깰 때가 되었다
제2장 적그리스도 세력들이 사용하고 있는 성경적 종말론
    1. 이스라엘 독립
    2. 예루살렘 회복 운동과 이방인의 때
    3. 에스겔 38장, 3차 세계대전
    4. 예루살렘 성전 건축, 구약제사부활과 적그리스도 출현
    5. 트랜스 휴머니즘 프로젝트(사탄종교, 인간개조프로젝트)
    6. 엘로힘 외계인 천년왕국 라엘 프로젝트
    7. 예수님의 재림과 심판
    8. 천년왕국
    9. 새 하늘, 새 땅, 새 예루살렘
제3장 적그리스도 세력들의 유전자의 비밀
    1. 사탄의 유전자
    2. 뱀의 유전자
    3. 가인의 유전자
    4. 네피림의 유전자
    5. 니므롯의 유전자
    6. 이스마엘 유전자
    7. 에서의 유전자
    8. 사울의 유전자
    9. 거인족의 유전자
    10. 아리안의 유전자
    11. 철기문화의 유전자
    12. 동성애의 유전자
    13. 왕족의 유전자

14. 신들의 유전자
15. 타락한 천사 유전자
16. 공산주의 유전자
17. 마약의 유전자
18. 철학과 사상의 유전자
   1) 소크라테스
   2) 플라톤
   3) 아리스토텔레스
   4) 마키아벨리
   5) 계몽주의
   6) 루소
   7) 찰스 다윈
   8) 헤겔과 칼 마르크스
   9) 포스트모더니즘
   10) 아놀 토인비, 아인슈타인
   11) 시나키즘(네오콘, 악마주의)
   12) 적그리스도 국가의 모델 스파르타(카르타고)
19. 드라큐라 유전자
20. 피라미드 유전자
21. 음악의 유전자
22. 전쟁의 유전자
23. 헐리우드의 유전자

제4장 세계 역사를 움직이는 프리메이슨
1. 한국의 프리메이슨
   1) 한국과 유엔의 운명적인 만남
   2) 한국과 전쟁과 유엔
   3) 세계를 지배한 한국인
   4) 세계 최고의 뉴에이지 문화 컨텐츠로 자리잡아가고 있는 한류열풍
   5) 세계 최고의 의료보험제도

6) 세계 최고의 신용카드 사용과 인터넷 왕국
   7) 세계에서 단 하나뿐인 이상한 나라 북한
   8) 유엔 천년왕국 프로젝트와 한반도
2. **영국의 프리메이슨**
   1) 유럽최초의 국교회 탄생
   2) 크롬웰 명예혁명을 지원한 베네치아 검은 귀족들
   3) 아편전쟁을 통한 중국점령 프로젝트
3. **일본의 프리메이슨**
   1) 삼변회
   2) 임진왜란을 일으킨 예수회
   3) 일본 프리메이슨의 한국 식민지 정책의 목적
   4) 복어계획(만주국 유대국가건설 프로젝트)
   5) 일본의 네오콘의 조직, 이념. 목적
   6) 아베의 도박, 아베겟돈 세계 3차 대전
4. **중국의 프리메이슨**
   1) 예수회 프리메이슨이 장악한 중국
   2) 중국 유대인의 역사
   3) 황소이난을 통해 중국화 된 유대인
   4) 몽고는 세계 최초의 유대인 제국
   5) 아편 전쟁은 프리메이슨 작품
   6) 중국의 프리메이슨 전초기지 홍콩
   7) 객가인의 중국 유대인 등소평
   8) 태평천국의 난
   9) 중국의 신해혁명과 공산혁명
   10) 중국의 유대인 객가인들
   11) 중국의 5·4운동
   12) 중국 공산당 창당
   13) 모택동과 6·25전쟁
   14) 중국 공산당을 강대국으로 무장시킨 6·25전쟁
   15) 중국 본토 공격을 준비중인 맥아더 장군의 해임

5. 미국의 프리메이슨
    1) 2000년 인류가 꿈꾸던 유토피아의 나라로 건국된 미국
    2) 이집트 사람들이 섬기던 금성, 루시퍼의 나라
    3) 템플 기사단의 나라
    4) 인디언을 멸절시킨 콜럼버스의 나라
    5) 양의 탈을 쓴 청교도의 나라
    6) 1776년 독립선언의 배경
    7) 남북 전쟁의 진실
    8) 민영화된 미국 중앙은행의 비밀(FRB)
    9) 네오콘 사상으로 무장된 나라
에필로그
참고서적

***타작기 3 (십자가 복음과 교회의 승리)

2014년 3월 25일 출간, 416P, 가격 20,000원

꼭 지켜야 할 선물
프롤로그

목 차

제 1장 말세지말에 필요한 요한의 복음
  1. 요한복음
  2. 요한1,2,3
  3. 요한 계시록

제 2장 사탄 기독교의 진앙지 알렉산드리아 학파
  1. 로마 가톨릭의 산실 알렉산드리아 학파 교리학교
  2. 클레멘트
  3. 사탄교회 설계자 오리겐
  4. 최초의 라틴 성경번역자 제롬

제 3장 바리새파 유대인의 정체와 로마 가톨릭
1. 기름부음을 받은 고레스왕
2. 콘스탄틴 대제와 고레스왕
3. 종합평가 로마 가톨릭의 진짜 정체는 무엇입니까?

제 4장 기독교 사상가들의 허와 실
1. 터툴리안
2. 어거스틴

제 5장 종교개혁과 장미십자단
1. 마틴루터
2. 장미십자회
3. 존 칼빈

제 6장 기독교 이단
1. 이단이란 무엇입니까?
2. 기독교 이단을 판별하는 성경적인 기준은 무엇입니까?
3. 초기 기독교 이단의 역사
   1) 에비온주의
   2) 영지주의
   3) 플라톤주의
   4) 플로티누스의 신플라톤주의
   5) 뉴 플라톤주의 관상기도

제 7장 기독교 이단 신학, 교리와 사상가들
1. 무천년주의 신학의 비밀
   1) 종말론 신학의 중요성
   2) 무천년주의가 탄생하게 된 배경
   3) 무천년주의 사상
   4) 무천년주의 교회관
   5) 무천년주의 복음
   6) 무천년주의 세계관
   7) 무천년주의 종말관
   8) 무천년주의와 신세계질서

2. 자유주의 신학
   1) 자유주의 신학의 원리
   2) 자유주의 신학의 특징
   3) 자유주의 신학의 사상적 배경
   4) 자유주의 신학의 태동
   5) 자유주의 신학의 비판
   6) 자유주의 신학의 정체 그노시스 영지주의

3. 신칼빈주의 신학
   1) 아브라함 카이퍼의 생애
   2) 아브라함 카이퍼의 사회개혁 활동
   3) 아브라함 카이퍼의 화란의 자유대학 설립
   4) 아브라함 카이퍼가 자유대학을 설립한 목적
   5) 칼빈주의와 신칼빈주의 차이
   6) 아브라함 카이퍼의 절대 주권 영역과 다원주의
   7) 신복음주의 신학의 뿌리가 된 신칼빈주의
   8) 아브라함 카이퍼의 반정립 사상과 일반 은총론
   9) 아브라함 카이퍼의 고민
   10) 아브라함 카이퍼 사상의 문제점
      (1) 문화 대사명에 대한 오해
      (2) 일반은총의 문제점
      (3) 유기체 교회를 통한 문화 대명령 완성
      (4) 언약에 대한 유기체 철학적 개념화
      (5) 잘못된 중생 개념과 유아 세례관
      (6) 잘못된 회심관
      (7) 자연과 은혜를 하나로 보는 도예베르트의 우주법 철학
   11) 아브라함 카이퍼의 신칼빈주의에 대한 평가
   12) 네덜란드 바로 알기
      (1) 네덜란드를 바로 알아야 적그리스도의 세력들을 알 수 있다.
      (2) 세계 최초의 상장 증권시장의 효시

4. 칼 바르트의 신정통주의 신학
5. 신복음주의 신학
   1) 전체개요
   2) 박형룡 박사의 신복음주의 비판
   3) 빌리 그래함의 종교 통합 운동
   4) 신복음주의 이머징 쳐춰 운동
   5) 빌 브라이트와 C.C.C
   6) 존 스토트
   7) C.S 루이스
   8) W.E.A(세계 복음주의 협의회)
6. 신사도 운동
   1) 신사도 운동의 기원
   2) 신사도 운동의 목적
   3) 신사도 운동의 발전 과정
   4) 신사도 운동의 특징
   5) 신사도 운동의 단체
   6) C.C.C 대학생 선교회와 예수 전도단의 신사도 운동
   7) 메시아닉 쥬 그리스도

제 8장 성경 번역의 역사
1. 성경 보존의 도시, 시리아 안디옥
2. 신약 성경의 보존
3. 구 라틴 번역 성경
4. 성경이 번역된 과정
5. 성경이 한글로 번역된 과정
6. 하나님의 전통원문
7. 하나님의 섭리에 의해 잘 보존되어 온 성경 사본들
8. 오리겐의 성경 부패와 기독교 역사 왜곡
9. 다시 부활한 사탄의 성경신학
10. 유진 피터슨 신약성경의 변개 내용

제 9장 순교 역사로 기록된 2000년 기독교회사

1. 후기 몬타니스트(터툴리안파)
  2. 유카이트
  3. 노바티안스
  4. 도나티스트
  5. 고대 왈덴스인
  6. 폴리시안
  7. 왈도파
  8. 알비겐스
  9. 로라즈
  10. 후스파
  11. 재세례파
  12. 순교 역사로 기록된 2000년 기독교회사 종합 평가
제 10장 그림으로 본 사탄종교의 역사와 정체성
  1. 로마 가톨릭
  2. 장미 십자단
  3. 신사도 운동
에필로그
참고서적

***배도자 지옥 순교자 천국

2015년 2월 25일 출간, 452P, 값 15,000원

목 차

꼭 간직해야 할 선물
프롤로그

1부 배도자 지옥(背道者 地獄)

제 1장 배도(背道)란 무엇입니까?

  1. 배도(背道)의 정의(定義)

2. 배도(背道)의 목적(目的)
   3. 배도(背道)의 주체(主體)
   4. 배도(背道)의 시기(時期)
   5. 배도(背道)의 장소(場所)
   6. 배도(背道)의 방법(方法)
   7. 배도(背道)의 범위(範圍)
   8. 배도(背道)의 신앙(信仰)
   9. 배도(背道)의 신학(神學)
  10. 배도(背道)의 결과(結果)

제 2장 배도자의 신앙(背道者 信仰)

  1. 과학인가? 복음인가?
     1) 고대 종교는 자연과학으로 시작되었다
     2) 플라톤과 피다고라스의 기하학 우주 종교론
     3) 고대과학이 종교가 된 연금술과 점성술
     4) 현대과학의 종교 사이언톨로지
     5) 아브라함 카이퍼의 일반은총과 과학
  2. 보편적 교회인가? 거룩한 교회인가?
     1) 교회의 어원 에클레시아
     2) 어거스틴에 의해서 만들어진 로마 가톨릭
     3) 오리겐이 교회를 에클레시아로 번역한 비밀
     4) 유대 선민주의 메시아 신국 개념의 보편적 교회의 비밀
     5) 로마 가톨릭은 어거스틴의 사기극
     6) 만물교회인 보편적 교회와 우주적 교회의 정체
  3. 사회적 복음인가? 영혼 구원의 복음인가?
     1) 기독교 구원의 본질은 사람이지 제도가 아니다.
     2) 영혼구원의 복음과 사회적 복음의 차이
  4. 비인격인가? 인격인가?
     1) 우주만물의 주인은 사람이다.
     2) 짐승과 사람의 차이

3) 사단의 전략은 사람을 짐승으로 만드는 것
4) 마지막에 나타날 짐승의 표의 정체
5. 은사인가? 말씀인가?
1) 기독교의 본질은 말씀종교, 영지주의 본질은 초자연적인 능력
2) 은사주의에 나타난 비인격
3) 성령의 인격적인 사역과 성경적인 진리
4) 기록된 성경 외에 더 이상 직통계시는 없다
5) 적그리스도의 세력들이 사용하는 임파테이션 은사주권주의 운동
6) 혼합종교로 시작한 로마 가톨릭
7) 임파테이션 은사주권주의 운동에 앞장 선 로마 가톨릭
8) 자유주의신학의 감정이입과 신정통주의 칼 바르트의 체험신학
9) 말세지말의 최고의 신앙은 말씀의 순종과 복종이다.

제 3장 배도자의 신학(背道者 神學)
1. 신학의 뿌리가 된 철학
1) 철학은 인류문명을 지배한 사단신학이다
2) 철학은 루시퍼 신학
3) 소크라테스의 엘리트 신인간(神人間) 중심의 절대철학
4) 플라톤의 이원론 철학의 비밀
5) 플라톤의 신의 존재론과 어거스틴의 신의 존재론
6) 신플라톤 철학 플로티누스
7) 어거스틴에 의해서 확립된 정화, 조명, 합일의 관상기도 신학
8) 삼위일체 신학의 철학
9) 이원화된 세계 통치구조와 이원화된 기독교
10) 알렉산드리아 학파에서 시작된 최초의 개신교 신학교
2. 니케아 종교회의와 아타나시우스, 안토니, 어거스틴
1) 니케아 종교 회의
2) 콘스탄틴 황제가 주도한 니케아 종교회의 종합 평가

3) 신플라톤 철학으로 마니교도에서 기독교인이 된 어거스틴
   4) 알렉산드리아 교부 아타나시우스의 정체
   5) 안토니 사막 수도원 아버지
   6) 어거스틴 회심에 결정적인 영향을 준 뉴 플라톤주의자 폰티키아누스
   7) 신플라톤 철학의 플로티누스와 어거스틴의 신비주의
   8) 어거스틴의 삼위일체 교리는 영지주의 삼위일체 교리

3. 에베소 종교회의와 하나님 어머니 마리아
   1) 세미라미스 여신의 도시 에베소
   2) 안디옥 참 기독교와 알렉산드리아 영지주의 기독교와 충돌
   3) 동로마 비잔틴 네스토리우스파를 파면하다
   4) 에베소 종교 회의 평가
   5) 제 4차 십자군 원정과 비잔틴제국의 멸망
   6) 비밀스런 유대인 나라 베네치아(Venezia) 공화국
   7) 네덜란드 습지를 제 2의 베네치아로 만든 천재들

4. **어거스틴의 하나님의 도성과 교황권 1000년 왕국**
   1) 암브로스 밀라노 감독의 활약
   2) 데오도시우스의 업적 기독교 로마 국교화
   3) 어거스틴의 하나님의 도성(413-426년)
   4) 최초로 교황이란 명칭을 쓴 레오1세
   5) 그레고리 1세
   6) 레오 3세와 신성로마제국
   7) 신성로마 제국을 세운 샤를대제와 교황 레오3세
   8) 마틴 루터와 칼빈에 의해서 시작된 종교개혁 운동과 30년 종교전쟁

5. **마틴 루터의 배반과 아우크스부르크 종교회의**
   1) 마틴 루터 종교 개혁의 역사적 중요성
   2) 마틴 루터와 토마스 뮌쳐가 갈라선 이유
   3) 토마스 뮌쳐의 농민들이 원하는 12개 조항
   4) 자신의 절대적인 후원자 농민을 배반한 마틴 루터

5) 17세기 유럽의 인구 절반을 살육하고 30년 전쟁으로 몰아 간 종교개혁
 6. 존 칼빈의 종교개혁과 분리주의 마녀사냥
   1) 칼빈과 미카엘 세르베투스
   2) 칼빈의 세르베투스 사형선고에 대한 평가
   3) 칼빈의 기독교 강요 초판 1536년
   4) 기독교 강요 초판에 있는 칼빈이 프란시스 1세 왕에게 쓴 헌정사
   5) 칼빈의 교회와 국가의 분리의 비밀
   6) 칼빈주의 스코틀랜드 제임스 1세의 왕권신수설 폭정
   7) 칼빈의 모든 글은 어거스틴의 작품이었다
 7. 유럽의 30년 종교전쟁과 근대국가 출현, 국가교회 소멸
   1) 최대 영토 종교전쟁
   2) 30년 전쟁의 개요
   3) 전쟁의 과정
   4) 30년 전쟁의 결과 베스트팔렌조약
   5) 30년 전쟁의 평가
 8. 진젠도르프의 경건주의 킹덤나우
   1) 진젠도르프의 독일의 경건주의 운동의 시작
   2) 진젠도르프와 헤른후트 형제단
   3) 진젠도르프의 신앙운동의 특징
   4) 진젠도르프의 경건주의 운동의 평가
 9. 영국의 종교개혁
   1) 헨리 8세의 수장령 선언과 영국의 국가교회인 성공회의 정체
   2) 청교도 혁명과 웨스트민스터 신앙 고백서 배경
   3) 영국의 청교도 탄생 배경
   4) 마녀사냥의 진원지 메사추세츠 세일럼
 10. 영국 분리주의 청교도들이 세운 미국 플리머스 식민지
   1) 영국의 정치적인 분리주의 청교도들이 세운 메사추세츠

식민지
    2) 로저 윌리암스를 추방한 메사추세츠 정치적인 분리주의 청교도들
    3) 영국의 수평파 종교적인 분리주의 청교도들이 세운 미국의 침례교회
  11. 영국과 미국의 종교 개혁의 평가
    1) 정치적인 권력을 얻기 위해 사용된 유럽의 종교개혁
    2) 유럽 각국에서 자행된 칼빈주의자들의 마녀사냥
    3) 가톨릭과 칼빈파의 마녀사냥의 잔학상에 대한 비교
    4) 스코틀랜드에서 자행된 분리주의 청교도들의 인간사냥

제 4장 배도자의 비밀 함정(背道者 祕密 陷穽)
  1. 적그리스도의 혈통(DNA)의 비밀
    1) 세상을 지배하는 적그리스도의 혈통(DNA)
    2) 가나안 7족속들로부터 시작된 적그리스도의 혈통
    3) 네피림의 정체
    4) 아리안(Aryan)의 혈통의 비밀
    5) 비밀결사 바리새파 유대인의 비밀
  2. 무천년주의 종말론 비밀
    1) 무천년주의 비밀은 킹덤나우(kingdomnow)
    2) 아브라함 카이퍼의 무천년주의 주권신학
    3) 존 칼빈의 일반은총과 아브라함 카이퍼의 일반은총의 차이점
    4) 신사도운동의 주권운동은 킹덤나우 무천년주의 신학
    5) 최초의 무천년주의자 알렉산드리아 학파 오리겐의 정체
    6) 콘스탄틴 대제의 미트라교와 바리새파 유대인들의 조로아스터교의 진실
    7) 현실속에서 이루어지는 무천년주의 킹덤나우의 진실
    8) 무천년 주권 운동들을 통한 기독교 파괴운동의 전략
    9) 어거스틴의 무천년주의와 하나님의 도성(신국론)
  3. 시오니즘 운동의 비밀

1) 시오니즘 운동의 정의
   2) 정치적인 목적으로 시오니즘 운동
   3) 시오니즘은 반유대주의를 조장한다
   4) 예루살렘 회복 운동 티쿤(Tikkun)의 비밀
   5) 예루살렘 2차 공의회와 신사도 운동
   6) 진젠도르프의 24시간 100년의 기도운동은 유대 천년기 운동
   7) 24시간 신사도 기도운동과 백투예루살렘 운동의 핵심
   8) 시오니즘 운동의 비밀 평가
   9) 바리새파 유대인의 정체
4. 휴거 대망론의 비밀
   1) 휴거 대망론이란 무엇입니까?
   2) 7년 대환난 전에 휴거가 있습니까?
   3) 사단의 휴거 대망론(大望論)의 함정은 무엇입니까?
   4) 7년 대환난 때 순교당한 사람은 누구입니까?
5. 신사도 운동
   1) 신사도 운동이란 무엇입니까?
   2) 새 시대 새 정치운동의 시작과 이스라엘 독립
   3) 1948년 윌리엄 브래넘의 임파테이션으로 시작된 늦은 비 신사도운동
   4) 한 새 사람운동은 토라와 예수아의 연합으로 이루어진 새 종교
   5) 학교에서 실시한 임파테이션 '선택된 씨앗' 세대
   6) 사도적 지도자로서, '신사도운동'의 대표자로서의 마이크 비클
   7) 장막절의 성취는 윌리엄 브래넘의 노스배틀포드의 나팔
   8) 피라미드 다단계식의 임파테이션의 비밀
   9) 윌리엄 M. 브래넘
   10) 늦은 비 신부운동을 통한 영체교환의 비밀종교
   11) 예루살렘 회복운동과 배도의 신학 킹덤나우 사상

12) 킹덤나우 신학의 평가
13) 신사도운동의 정체는 무엇입니까?
14) 임파테이션(Impartation) 의 정체 : 임파테이션이란 무엇입니까?
15) 임파테이션이 이루어지는 과정
16) 성령의 사역과 사단의 임파테이션의 차이는 무엇입니까?
17) 임파테이션을 피하고 거룩한 교회를 세우는 방법은 무엇입니까?

6. 성시화 운동의 비밀
1) 성시화 운동에 사용된 프리메이슨 신사도 운동의 교리들
2) 어거스틴의 성국화인 로마 가톨릭
3) 풀러신학교 프리메이슨들의 성시화 전략
4) 우주교회를 가르치고 있는 프리메이슨의 무교회주의
5) 신사도 운동을 통해서 세워지는 신세계질서
6) 제네바 칼빈의 성시화 역사적 교훈
7) 성시화 운동의 올무(嗢繆)
8) 마지막 도시에 설치될 성시화의 완성 유비쿼터스(ubiquitous)

7. 오바마케어의 비밀
1) 2010년 3월 23일에 통과된 오바마케어법
2) 2013년 6월 28일 대법원 합헌결정
3) 2014년 4월 1일 710만 명의 등록으로 시작된 오바마케어법
4) 오바마케어법의 진실은 무엇입니까?
5) 오바마케어는 신세계질서의 법이다.
6) 미국이란 달러 화폐 자본주의 제국이 탄생하다
7) 미국 자본주의 뿌리인 아담스미스의 국부론
8) 9·11 테러와 함께 사라진 미국의 자유
9) 미국과 함께 무너지는 세계 구시대(舊時代) 올드질서(Old Order)

8. 뉴에이지 종교와 신세계질서 비밀
1) 뉴 에이지 종교는 무엇입니까?

2) 신플라톤 철학의 시조 암모니우스 사카스의 혼합종교
   3) 뉴 에이지 종교의 원리
   4) 뉴에이지 기독교
   5) 뉴에이지에서 사용하는 단어들
   6) 뉴에이지 종교의 출발은 언제입니까?
   7) 뉴에이지 종교의 사상
   8) 문화종교로 옷입은 뉴에이지 종교
   9) 현대과학의 옷을 입고 나타난 뉴 에이지 종교
  10) 유엔 종교통합운동과 뉴 에이지 종교

2부 순교자 천국(殉敎者 天國)
제 1장 순교(殉敎)란 무엇입니까?
  1. 순교(殉敎)의 정의(定義)
  2. 순교(殉敎)의 목적(目的)
  3. 순교(殉敎)의 주체(主體)
  4. 순교(殉敎)의 시기(時期)
  5. 순교(殉敎)의 이유(理由)
  6. 순교(殉敎)의 범위(範圍)
  7. 순교(殉敎)의 방법(方法)
  8. 순교(殉敎)의 대상(對象)
  9. 순교(殉敎)의 신앙(信仰)
 10. 순교(殉敎)의 능력(能力)

3부 결론 : 순교자 신앙고백(殉敎者 信仰告白)
  1. 새사도신경
  2. 성경신앙고백서
  3. 기독교 이단을 판별하는 성경적인 기준은 무엇입니까?
   1) 기독론(基督論) 예수님의 인성과 신성을 부인한 자
   2) 삼위일체 신론(三位一體 神論) 인격적인 삼위일체 하나님을 부인한 자
   3) 성경론(聖經論) 성경 66권의 절대적인 권위를 부인한 자

4) 구원론(救援論) 예수님의 십자가 대속의 은총을 부인한 자
  5) 교회론(敎會論) 성삼위 하나님의 교회를 부인한 자
  6) 성화론(聖化論) 오직 은혜로 성화가 이루어짐을 부인한 자
  7) 인간론(人間論) 인간이 전적(全的)으로 타락을 부인한 자
  8) 종말론(終末論) 예수님이 부활하신 몸으로 재림함을 부인한 자
  9) 심판론(審判論) 지옥 심판을 부인하는 자
  10) 천국론(天國論) 영원한 하늘의 하나님 나라를 부인한 자
 4. 하나님의 부르심
  1) 구원의 부르심
  2) 헌신의 부르심
  3) 소명의 부르심
  4) 비전의 부르심
  5) 목회자 제자훈련 사역의 부르심
  6) 선교사 제자훈련 사역의 부르심
에필로그
참고도서
세계제자훈련원 출판사 도서소개

*** 교회와 요한계시록
(성경 중심, 구속사 중심, 복음 중심)
2016년 2월 25일 출간, 488P, 값 20,000원

영원한 선물
프롤로그

목 차
제 1장 창조와 구속의 목적인 교회
  1. 요한 계시록의 주제는 교회라는 알곡입니다

2. 창세전부터 섭리하신 교회의 비밀
  3. 창세전에 삼위 하나님께서 계획하신 교회
  4. 창세전에 아버지께서 가지셨던 영광스런 교회
  5. 교회는 눈에 보이지 않는 비밀스런 하나님의 성전
  6. 7년 대환난 동안 순교당한 교회

제 2장 첫째부활의 비밀
  1. 첫째 부활이 중요한 이유
  2. 첫째 부활에 참여한 자들은 그리스도의 제사장 교회입니다.
  3. 첫째 부활에 참여한 교회는 천년왕국을 통치하는 자들입니다.
  4. 첫째 부활에 참여한 세 종류의 사람들은 누구입니까?

제 3장 그리스도의 제사장 나라인 교회
  1. 하나님을 위하여 나라와 제사장으로 삼으신 예수님
  2. 예수님이 자기 피로 사서 제사장으로 삼아 왕노릇하게 한 교회
  3. 7년 대환난 시작과 함께 인을 맞는 144,000 명의 제사장 교회
  4. 7년 대환난 기간 동안 순교한 제사장 교회
  5. 7년 대환난 시작과 함께 순교한 제사장 교회
  6. 처음 익은 열매인 제사장 교회
  7. 첫째 부활에 참여하는 제사장 교회
  8. 계시록 21장 새예루살렘은 완성된 왕같은 대제사장 예수님의 교회
  9. 피조물들이 탄식하며 기다리는 그리스도의 제사장 나라인 교회
  10. 제사장 나라인 교회를 통해 회복된 만물들의 찬양, 천년왕국
  11. 눈에 보이지 않는 영적인 교회의 비밀
  12. 그리스도의 제사장이 되어 두루마기를 빠는 교회

제 4장 계시록에 나타난 교회의 다른 이름들
  1. 유다지파
  2. 어린 양
  3. 어린양의 피
  4. 흰옷 입은 자

   5. 보좌들
   6. 면류관
   7. 나라
   8. 생명책
   9. 왕노릇
 10. 신부
 11. 이긴 자

제 5장 교회는 환난 전에 모두 휴거를 합니까?
  1. 공중 휴거란 무슨 뜻입니까?
  2. 첫째 부활과 휴거의 관계
  3. 교회는 분명히 환난 전에 휴거 합니까?
  4. 어떤 사람이 휴거 합니까?
  5. 누가 7년 대환난에 들어 갑니까?
  6. 왜 대다수의 교회가 환난을 통과해야 합니까?

제 6장 다니엘의 70이레 비밀과 요한계시록 7년 대환난
  1. 다니엘이 기록한 마지막 시대 예언
  2. 예수님께서 말씀하신 다니엘의 예언
  3. 사도 바울이 말하고 있는 이방인과 이스라엘
  4. 요한 계시록에 집중된 마지막 한 이레 7년
  5. 다니엘서의 예언의 중요성
  6. 다니엘서에 기록된 요한 계시록의 타임 라인

제 7장 구약의 이스라엘과 신약의 교회는 같은가? 다른가?
  1. 성경으로 본 구약의 이스라엘과 신약의 교회
  2. 지상 천년왕국의 무천년주의와 대체신학의 정체

제 8장 666 짐승의 표와 이름, 그 수의 비밀
  1. 666은 통일장 우주론입니다
  2. 수비학이란 무엇입니까?
  3. 성경에 나타난 666과 바벨론 태양신 3위1체와 일루미나티

4. 고대 갈대아 수비학과 통일장 우주론인 태양신 666 시스템
   5. 고대 밀레토스 그리스 자연주의 철학자들의 통일장 우주론
   6. 카발라 유대 종교 테트라그라마톤과 통일장 우주론
   7. 통일장 우주론과 양자물리학
   8. 과학적 통일장 우주론과 프랙탈 이론
   9. 최초의 일루미나티 창설자 피다고라스
  10. 환단고기 천부경에 나타난 666 시스템과 통일장 우주론
  11. 총결론 666은 신세계질서 시스템

제 9장 적그리스도인 바벨론 짐승의 정체
   1. 다니엘이 예언한 10뿔 짐승의 적그리스도의 나라
   2. 계시록 13장과 17장에 나타난 7머리 10뿔 짐승의 정체
   3. 계시록에 나타난 사탄의 3위1체 비밀
   4. 역사적으로 나타난 적그리스도의 혈통
   5. 마지막 적그리스도의 나라는 미국속에 감춰진 유엔
   6. 유엔을 통해 신세계질서를 꿈꾸는 일루미나티
   7. 미국이 사라지고 유엔이 중심된 세계정부 국가
   8. 미국과 소련을 중심으로 탄생한 유엔의 정체
   9. 제임스 퍼를로프 한국전쟁 : 일루미나티 어젠다를 위한 갈등
  10. 유엔의 NGO
  11. 동성애를 조장하고 찬성하는 유엔의 기구들
  12. 결론 : 유엔이란 바벨론 짐승인 적그리스도의 정체는 무엇입니까?

제 10장 예루살렘 회복운동은 배도 운동
   1. 바리새파 유대인은 누구입니까?
   2. 예루살렘 회복이란 단어의 비밀
   3. 다니엘의 70이레와 마지막 한 이레
   4. 왜 예루살렘 회복운동이 배도 운동입니까?
   5. 복음주의 선교단체는 예루살렘 회복이란 단어를 사용하지 말아야 합니다

     6. 예루살렘 회복운동은 선교운동이 아닙니다
     7. 예루살렘 회복운동은 거듭난 그리스도인들을 죽이는 운동입니다

제 11장 새끼 양같이 두 뿔 달린 두 번째 짐승의 정체
   1. 계시록 13장에 나타난 두 번째 짐승은 기독교 가면을 쓴 미국
   2. 새끼양 같은 거짓 선지자인 미국이 유엔을 세우기 위해 행하는 여섯 가지 미혹
      1) 먼저 나온 짐승인 유엔의 모든 권세를 미국이 유엔의 이름으로 행사합니다
      2) 땅과 땅에 거하는 모든 자들로 처음 짐승인 유엔에게 경배하게 합니다
      3) 불이 하늘로부터 땅에 내려오는 기적을 행하여 유엔을 따르게 합니다
      4) 처음 짐승인 유엔을 위해서 우상을 만들고 생기를 주어 유엔을 위해 말하게 합니다
      5) 처음 짐승인 유엔에게 경배하지 아니하는 모든 자를 죽입니다
      6) 세상에 사는 모든 자들의 이마와 오른손에 유엔의 통치법인 666표를 받게 합니다

제 12장 로마 가톨릭 바벨론 음녀의 정체
   1. 바벨론 종교의 정체
   2. 바벨론 음녀인 로마 가톨릭의 탄생 배경
   3. 마리아를 여신으로 만드는 바벨론 음녀의 종교 역사
   4. 국가와 음행한 바벨론 음녀의 중세의 역사와 종교개혁의 실체
   5. 유엔 중심의 바벨론 음녀의 종교 통합과 기독교 사탄의 신학

제 13장 요한계시록 144,000명은 누구입니까?
   1. 요한 계시록 구조상 7장, 14장, 21장의 중요성
   2. 요한 계시록 7장에 나타난 144,000명
   3. 요한 계시록 14장에 나타난 144,000명
   4. 요한 계시록 21장에 나타난 144,000명

제 14장 천년왕국
1. 천년왕국에 대한 역사적 변천과정
2. 천년왕국에 대한 구약과 신약의 예언
3. 요한 계시록에 나타난 천년왕국
4. 천년왕국 백성들은 누구입니까?
5. 천년왕국은 이스라엘의 유대나라가 아닌 제사장 교회의 왕국입니다
6. 마지막 배도의 적그리스도의 나라와 세대주의 전천년설의 정체
7. 천년왕국 이후 새 하늘과 새 땅, 새 예루살렘
8. 새 예루살렘인 완성된 교회는 하나님의 창조와 구속의 목적입니다.

제 15장 그림으로 보는 교회와 요한계시록
1. 짐승의 이름 666 비밀
2. 7머리 10뿔 적그리스도의 나라 유엔
3. 새끼 양같은 두 번째 짐승 미국
4. 바벨론 음녀 로마 가톨릭 종교 통합
5. 기타 교회와 요한 계시록 그림

참고도서
에필로그

*** 요한계시록 설교집
(성경 중심, 구속사 중심, 복음 중심)
2016년 3월 25일 출간, 530P, 값 20,000원

목 차
하나님의 선물

프롤로그
제 1편 요한계시록 1장
제 2편 알파와 오메가
제 3편 요한계시록 2-3장
제 4편 요한계시록 4장
제 5편 교회는 환난전에 모두 휴거합니까?
제 6편 요한계시록 5장
제 7편 일곱 인봉한 책과 요한계시록
제 8편 일곱 인봉한 책과 과학의 바벨탑 심판
제 9편 그리스도의 제사장 교회
제 10편 요한계시록에 나타난 교회의 다른 이름들
제 11편 요한계시록 6장
제 12편 7년 대환난과 다니엘의 70이레
제 13편 요한계시록 7장
제 14편 요한계시록 144,000명의 정체
제 15편 요한계시록 8-9장
제 16편 요한계시록 10-11장
제 17편 구약의 이스라엘과 신약의 교회는 같은가? 다른가?
제 18편 요한계시록 12장
제 19편 적그리스도의 나라인 열 뿔 짐승의 정체
제 20편 새끼 양 같은 두 번째 짐승의 정체
제 21편 일곱 머리 열 뿔인 유엔 탄생의 비밀
제 22편 2차 세계대전과 미국과 소련을 중심으로 태어난 유엔
제 23편 니므롯의 후예들
제 24편 일루미나티 유엔 과업을 위해 준비된 한국전쟁
제 25편 예루살렘 회복운동은 배도 운동
제 26편 열 뿔 적그리스도의 나라
제 27편 666 짐승의 표와 이름, 그 수의 비밀
제 28편 짐승의 수를 세어 보라
제 29편 666시스템과 양자 컴퓨터 시대

제 30편 666 짐승의 이름과 복음
제 31편 환단고기와 666 우주론 시스템
제 32편 666은 신세계질서의 시스템
제 33편 요한계시록 14장
제 34편 666은 바벨론 태양신 3위1체 비밀
제 35편 요한계시록 15장
제 36편 요한계시록 16장
제 37편 요한계시록 17장
제 38편 바벨론 음녀의 정체
제 39편 역사적으로 나타난 적그리스도의 혈통
제 40편 일루미나티 세력들이 지배하고 있는 미국속에 감춰진 유엔
제 41편 유엔의 NGO 운동과 짐승의 나라
제 42편 요한계시록 18장
제 43편 요한계시록 19장
제 44편 요한계시록 20장
제 45편 첫째 부활에 참여한 자
제 46편 천년왕국
제 47편 천년왕국 그리스도의 심판대
제 48편 요한계시록 21장
제 49편 요한계시록 22장
에필로그

*** 역사적 기독교 성경적 기독교
(종교개혁 500주년 기념 평가 책)

2017년 3월 5일 출간, 674P, 값 30,000원

프롤로그

목 차

제 1장 역사적 기독교와 성경적 기독교는 어떻게 다른가?
　1. 역사적 기독교의 정체
　2. 유아세례 역사를 통해 본 짝퉁 기독교인 역사적 기독교
　3. 보편적 교회와 거룩한 교회는 어떻게 다릅니까?
　4. 역사적 성찬식을 통해 본 짝퉁 기독교의 정체
　5. 성경을 해석할 수 있는 권세를 가진 보편적 교회의 정체
　6. 사탄이 철학을 통한 인류지배 방법
　7. 종교 다원주의로 둔갑하고 있는 어거스틴의 로마 가톨릭 교회
　8. 신세계질서와 지상의 메시아 신국

제 2장 종교개혁 500주년 기념 평가와 재세례파 공동체 교회들
　1. 마틴 루터의 종교개혁의 허(虛)와 실(實)
　　1) 마틴 루터가 말한 오직 믿음의 정체
　　2) 마틴 루터의 오직 믿음과 성경관
　　3) 마틴 루터의 성만찬 공재설(편재설)의 정체
　　4) 마틴 루터의 유아세례와 보편적 국가교회
　　5) 마틴 루터의 사기(詐欺)와 토마스 뮌쳐의 재세례파 개혁
　　6) 마틴 루터와 장미십자회 비밀결사의 정체
　　7) 마틴 루터의 종교개혁의 평가
　2. 존 칼빈의 제네바 개혁
　　1) 종교 개혁 배경사
　　2) 제네바 종교개혁의 과정
　　3) 존 칼빈의 제네바 성시화 종교 개혁의 평가
　　4) 존 칼빈을 꾸짖는 카스텔리오의 양심
　3. 로마 가톨릭 반종교개혁주의 예수회
　　1) 예수회 설립 종교적, 역사적 배경
　　2) 예수회 정체(알룸브라도스=일루미나티)
　　3) 프리메이슨과 결합한 예수회 일루미나티
　　4) 크립토 유대인의 정체
　　5) 예수회 1875년 신지학 협회를 통한 종교통합운동

6) 예수회 신세계질서(New World Order)와 지상의 메시아 신국
 4. 성경적 종교 개혁의 출발지 체코 형제단
   1) 체코 프라하가 종교 개혁의 중심이 된 이유
   2) 얀 후스와 후스파의 종교 개혁
   3) 후스파의 종교 영토
   4) 로마 바티칸과 협상 그리고 후스파 분열
   5) 체코 형제단 등장
   6) 체코 형제단의 마지막 비숍 코메니우스
   7) 독일 마틴 루터의 종교 개혁과의 만남
   8) 스위스 형제단과의 만남
   9) 체코 개혁파의 분열과 갈등 그리고 연합
  10) 빈종교개혁(재가톨릭화)과 30년 종교전쟁
 5. 스위스 형제단(아미쉬 공동체)
   1) 제세례파의 효시
   2) 스위스 형제단들의 박해
   3) 스위스 형제단과 아미쉬 공동체 교회
   4) 스위스 형제단과 메노나이트 공동체
   5) 거룩한 땅 미국 펜실베니아
   6) 아미쉬 학교(One Room School)
   7) 아미쉬 신앙생활
   8) 아미쉬 공동체 평가
 6. 메노나이트 공동체 교회
   1) 네덜란드 재세례파 메노나이트 교회
   2) 메노나이트 역사
   3) 메노나이트 교세
   4) 메노나이트 신조
   5) 메노나이트의 특징
 7. 후터라이트 공동체 교회
   1) 후터라이트 태동기

2) 제이콥 후터의 인품과 후계들
3) 미국 이민과 정착
4) 신앙과 공동체 생활
5) 공동체 경제생활
6) 공동체 교육
7) 교회의 본질인 성도의 교제와 사랑을 실천하는 것
8. 브루더호프 공동체 교회

제 3장 성경적 기독교
제 1권 복음
1과 성경이 왜 하나님의 말씀인가?
2과 하나님의 뜻과 중생
3과 복음이란 무엇인가?
4과 예수 그리스도의 보혈의 능력
5과 예수 그리스도의 십자가의 능력
제 2권 구원의 확신
1과 왜 구원의 확신을 갖는 것이 중요한가?
2과 구원의 확신 점검
3과 신앙고백과 간증하는 법
4과 성 삼위 하나님 안에서 확신
5과 세례와 성찬
제 3권 그리스도인으로 자라남
1과 왜 그리스도인은 자라나야 하는가?
2과 말씀의 중요성과 우선순위(Q.T)
3과 기도하는 법
4과 성도의 교제와 교회의 비밀
5과 순종의 축복
제 4권 교회
1과 교회란 무엇입니까?
2과 교회의 본질과 비밀

3과 교회안에 있는 은사
4과 교회안에 있는 직분
5과 교회의 목적

제 5권 열매 맺는 삶
1과 성도의 삶의 목적은 무엇인가?
2과 전도
3과 양육
4과 헌금
5과 예배

제 6권 그리스도인의 생활
1과 그리스도인의 생활
2과 그리스도인의 개인생활
3과 그리스도인의 가정생활
4과 그리스도인의 교회생활
5과 그리스도인의 사회생활
6과 그리스도인의 국가생활과 세계생활

제 7권 제자로서의 성장
1과 제자란 누구인가?
2과 제자의 도와 비전
3과 훈련의 중요성
4과 헌신과 하나님의 뜻 발견
5과 십자가의 도(종의 도)

제 8권 성숙한 제자
1과 성숙한 제자란 어떤 사람인가?
2과 성숙한 제자와 상담
3과 성숙한 제자와 성경공부인도
4과 성숙한 제자와 절대주권(로드쉽)
5과 성숙한 제자와 영적 전투

제 9권 세계선교
1과 세계선교란 무엇인가?

2과 한국교회의 사명
　　3과 한국교회와 이단종교
　　4과 각종 비전과 사역의 다양성
　　5과 한국 기독교 이단의 역사와 신천지
　제 10권 재림과 종말
　　1과 예수님의 재림과 새 하늘과 새 땅
　　2과 이스라엘과 세계 종말
　　3과 정치적 종교적 경제적 종말
　　4과 군사적 과학적 종말
　　5과 예수님의 재림과 새 하늘과 새 땅
에필로그

*** 제 4차 산업혁명과 신세계질서
(과학적 공산주의 혁명과 통제사회 시스템)
2019년 2월 25일 출간, 250P, 값 10,000원

목　차

값진 선물
프롤로그

제 1부 제 4차 산업혁명과 과학적 공산주의 혁명
　1. 제 4차 산업혁명이란 무엇입니까?
　2. 2012년 스위스 다보스 경제포럼 자본주의를 버리다
　3. 2016년 1월 20일 다보스 경제포럼에서 시작된 제 4차 산업혁명
　4. 제 4차 산업혁명을 제창한 클라우스 슈밥은 누구입니까?
　5. 아서 쾨스틀러의 제 13지파 아쉬케나지 유대인

6. 티핑 포인트(Tipping Point)란 무엇입니까?
7. 2025년에 일어날 티핑 포인트 21개 조항
8. 자본주의 역사, 1% 부자 은행가와 99% 빈민 노동자
9. 뉴 아틀란티스 (미국) - 프랜시스 베이컨
10. 제4차 산업혁명에서 말하고 있는 티핑 포인트란 무엇입니까?
11. 공유기업과 재벌 해체
12. 공산당의 뿌리와 역사

제 2부 일곱 머리 열 뿔, 세상 임금과 비밀 결사

1장 성경에서 말하고 있는 세상
1. 세상을 아십니까?
2. 세상 임금을 아십니까?
3. 세상 임금은 누구입니까?

2장 일곱 머리 열 뿔인 붉은 용의 정체
1. 세상 임금인 용은 어떻게 세상을 통치하고 있습니까?

3장 일곱 머리 열 뿔인 붉은 용이 다스리는 나라들
1. 일곱 머리 열 뿔의 비밀

4장 일곱 머리 열 뿔인 붉은 용이 다스리는 나라의 종교
1. 붉은 용의 태양 종교의 정체

5장 세계를 움직이는 비밀결사와 일곱 머리 열 뿔
1. 비밀결사란 무엇입니까?
2. 비밀결사의 종류
3. 고대 종교는 과학이었습니다.

6장 하나님의 통치 방법과 비밀결사
1. 공평과 정의로 열방을 다스리시고 심판하시는 하나님
2. 본질이 변하지 말아야 심판을 받지 않습니다
3. 악한 자들을 통해서 선한 자들을 거룩하게 하시는 하나님
4. 제 4차 산업혁명과 신세계질서 책을 통해 얻을 수 있는 교훈

7장 세계를 지배하고 있는 비밀 결사들
1. 장미십자단

2. 프리메이슨
   3. 일루미나티
   4. 유대 카발라

제 3부 적그리스도의 배도의 나라
1장 적그리스도 배도의 나라와 공산주의
   1. 공산주의 유토피아를 꿈꾸고 있는 가짜 유대인들
   2. 공산주의 신세계질서 설계자 플라톤
   3. 유대 카발리스트 플라톤의 정체
   4. 탈무드 종교란 무엇입니까?
2장 적그리스도 배도의 나라와 철학
   1. 철학의 정체
   2. 유대 카발리스트 비밀 결사 소크라테스 정체
3장 적그리스도 배도의 나라와 예수회 일루미나티
   1. 예수회와 일루미나티
   2. 예수회 일루미나티의 정체
   3. 예수회 일루미나티가 일으킨 전쟁
   4. 예수회 일루미나티 조직
4장 적그리스도 배도의 나라와 유엔
   1. 아담의 타락과 사탄에게 넘어간 지상왕국
   2. 적그리스도의 나라 롤 모델 UN(국제연합)
   3. 유엔을 세운 사바테안 프랑키스트 유대인의 정체
   4. 유엔을 세계 권력기관으로 세우기 위해 일으킨 6.25 한국전쟁
   5. 역사적으로 나타난 적그리스도의 혈통
   6. 동성애를 조장하고 찬성한 UN(국제연합)
   7. 유엔이라는 바벨론 짐승인 적그리스도의 정체
5장 적그리스도 배도의 나라와 미국
   1. 마지막 적그리스도의 나라는 미국속에 감춰진 UN(국제연합)
   2. 유엔을 통해 신세계질서를 꿈꾸는 일루미나티(예수회)
   3. 미국이 사라지고 UN(국제연합)이 중심이 된 세계정부 국가

   4. 미국과 소련을 중심으로 탄생한 UN(국제연합)의 정체
6장 적그리스도 배도의 나라와 제 4차산업 생체칩
   1. 제 4차 산업과 666 시대
   2. 666은 신세계질서의 시스템
   3. 적그리스도의 최후의 병기 생체칩(베리칩)
7장 적그리스도 배도의 나라와 종교통합
   1. 유엔 중심의 바벨론 음녀의 종교통합과 루시퍼신학
8장 적그리스도 배도의 나라와 순교의 기독교
   1. 대환난 때 구원을 받을 수 있는 방법
   2. 기독교인들이 순교를 해야 하는 이유는 무엇입니까?
에필로그
참고도서
세계제자훈련원 출판사 도서목록

*** 천년왕국 (성경적, 신학적, 과학적 천년왕국)

2019년 2월 25일 출간, 232P, 값 10,000원

목 차
프롤로그

제 1부 성경적 천년왕국
1장 하나님의 섭리와 천년왕국
   1. 성경의 구조
   2. 창세전에 준비된 교회
   3. 일곱머리 열 뿔 사탄 왕국을 통한 하나님의 섭리와 교회
   4. 구약에서 제사장 나라인 이스라엘
   5. 신약에서 제사장 나라인 교회
   6. 교회를 통해서 회복된 우주
   7. 천년왕국에서 왕노릇하는 예수님이 피로 사서 제사장으로

삼으신 교회
　8. 당신의 나라는 일곱 머리 열 뿔인 세상입니까? 거룩한 제사장 나라인 교회입니까?
　9. 하나님의 나라는 세상이 아닌 구원 받은 성도들의 마음
　10. 육에 속한 그리스도인과 영에 속한 그리스도인
　11. 첫째 부활에 참여한 교회가 천년왕국에서 왕노릇
　12. 어린양 혼인잔치와 그리스도의 심판대

2장 구약에서 말씀하신 천년왕국
　1. 이사야가 기록한 천년왕국
　　1) 이사야의 역사적 중요성과 우주적이고 종말론적인 예언의 목적
　　2) 이사야와 다니엘에 기록된 하나님의 특별한 섭리, 70년 포로생활과 70이레 비밀
　　3) 이사야에 기록된 구속사와 천년왕국
　2. 예레미야가 기록한 천년왕국
　3. 에스겔이 기록한 천년왕국
　4. 다니엘이 기록한 천년왕국
　5. 호세아가 기록한 천년왕국
　6. 요엘이 기록한 천년왕국
　7. 아모스가 기록한 천년왕국
　8. 오바댜가 기록한 천년왕국
　9. 미가가 기록한 천년왕국
　10. 스바냐가 기록한 천년왕국
　11. 학개가 기록한 천년왕국
　12. 스가랴가 기록한 천년왕국
　13. 말라기가 기록한 천년왕국

3장 신약에서 말한 천년왕국
　1. 예수님께서 말씀하신 천년왕국
　　1) 주님의 기도속에 있는 천년왕국
　　2) 마17:1 변화산의 사건과 천년왕국

     3) 마19:28 천년왕국에서 이스라엘 12지파를 다스리는 교회
     4) 눅19:11 왕의 귀환으로 통치권을 이양 받은 교회
     5) 마25:1 천년왕국의 세가지 비유
  2. 바울이 기록한 천년왕국
     1) 롬8:18 만물의 탄식과 회복
     2) 롬11:25 온 이스라엘의 구원성취
     3) 엡1:7-12 하늘과 땅이 통일된 나라
  3. 요한이 기록한 천년왕국
     1) 계5:7-14 땅에서 왕 노릇함과 만물의 찬양
     2) 계11:15-18 주와 그리스도의 나라가 임할 때 상주심
     3) 계20:4-6 제사장 나라가 되어 천년동안 왕노릇함
     4) 계21:1 하늘에서 내려오는 새예루살렘에서의 통치

제 2부 신학적 천년왕국
 ### 1장 무천년주의 종말론과 천년왕국
   1. 종말론 신학의 중요성
   2. 무천년주의가 탄생한 배경
   3. 무천년주의 사상
   4. 무천년주의 교회관
   5. 무천년주의 국가교회와 유아 세례 제도
   6. 무천년주의 복음
   7. 무천년주의 신학의 정체
   8. 무천년주의 세계관
   9. 무천년주의 종말관
   10. 무천년주의와 신세계질서
   11. 무천년주의 비밀은 킹덤나우(kingdomnow)
   12. 신사도 운동의 주권운동은 킹덤나우 무천년주의 신학
 ### 2장 신칼빈주의 문화대명령
   1. 아브라함 카이퍼의 무천년주의 주권신학
   2. 아브라함 카이퍼의 일반은총의 정체

3. 아브라함 카이퍼의 문화대명령은 적그리스도의 사상
  4. 아브라함 카이퍼의 주권 영역과 다원주의
  5. 아브라함 카이퍼의 제자들의 기독교 세계관 운동
  6. 아브라함 카이퍼의 언약신학의 허구
  7. 아브라함 카이퍼의 잘못된 중생의 개념과 유아 세례관
  8. 타락한 개혁주의 신학
  9. 2020년 6월 네델란드 헤이그에서 이루어질 종교통합운동
3장 칼 바르트와 신정통주의 윤리신학
  1. 칼 바르트의 성경관
  2. 칼 바르트의 구원관
  3. 칼 바르트의 교회관
  4. 칼 바르트의 신론
  5. 칼 바르트의 창조론
  6. 칼 바르트의 기독론
  7. 칼 바르트는 장미십자 비밀 단원
  8. 칼 바르트의 우주 교회론은 지상의 적그리스도의 나라
4장 신복음주의 사회복음신학
  1. 신복음주의 유래와 역사
  2. 신복음주의 신학의 주장
  3. 세계복음주의 협의회(WEA)
  4. 신복음주의 사회참여복음과 우주교회
5장 신사도주의 운동과 신세계질서 적그리스도의 나라
  1. 신사도운동의 기원
    1) 소크라테스의 엘리트 인간론
    2) 피다고라스 신비 종교운동
  2. 신사도운동의 은사주의 뿌리와 역사
    1) 피다고라스 신비주의 종교의 대가 안토니우스
    2) 어거스틴 수도원 운동을 통해 중세 로마 가톨릭을
       지켰던 신비주의
    3) 경건주의 운동으로 할레대학과 몽테귀대학에서 부활한

         신비주의 운동
      4) 진젠도르프 24시간 기도운동과 마이크 비클 기도운동
         (IHOP)
      5) 1907년 장대현 교회에서 시작된 신비주의 기도운동
   3. 피터 와그너와 신사도운동
      1) 신사도운동은 신세계질서운동
      2) 신사도운동의 발전과정
   4. 신사도운동의 목적
   5. 신사도운동의 특징
   6. 신사도운동과 메시아닉 쥬

제 3부 과학적 천년왕국
 1장 과학적 천년왕국이란 무슨 뜻입니까?
   1. 천년왕국은 과학적으로 이루어지지 않습니다.
 2장 현대과학이 밝힌 우주의 신비
   1. 시공간속에 있는 3차원의 거시적인 우주론
   2. 양자역학 속에 감춰진 미시적인 우주론
   3. 양자역학 평행 우주론
   4. 홀로그램 우주론

제 4부 천년왕국에 대한 중요한 주제에 대한 질문과 답
 1장 천년왕국이 이루어지기 전에 어떤 일들이 일어납니까?
   1. 이방인 시대의 끝과 이스라엘 시대의 시작과 재림
      1) 이방인의 시대 끝에 일어날 일은 무엇입니까?
      2) 이스라엘 시대의 시작의 신호는 무엇입니까?
   2. 7년 대환난과 예수님의 재림
   3. 70년 바벨론 포로 기간과 70이레의 비밀
 2장 천년왕국의 비밀은 무엇입니까?
   1. 창세전에 누가 교회를 준비했습니까?
   2. 땅에서 이루어질 천년왕국의 예언과 성취는 무엇입니까?
   3. 어린양 혼인잔치에 대한 성경은 어디에 있습니까?

4. 스룹바벨 성전과 새예루살렘 성전은 같습니까? 다릅니까?
     5. 천년왕국은 어떻게 이루어집니까?
     6. 누가 천년왕국에서 제사장 나라가 되어 왕 노릇합니까?
     7. 천년왕국은 어떤 나라입니까?
3장 천년왕국이 끝난 후 어떤 일들이 있습니까?
     1. 천년왕국 끝에 용이 다시 풀려났다가 심판을 받습니다.
     2. 천년왕국이 끝난 후 백보좌 심판이 있습니다.
     3. 완성된 천년왕국을 아버지께 바칩니다.
     4. 불로 모든 피조 세계를 태우십니다.
     5. 영원이후의 천국에서 교회
에필로그
참고도서

*** 요한 계시록 성경공부 책
2019년 2월 25일 출간, 250P, 값 10,000원

목 차

프롤로그
1. 요한계시록 전체 내용
  1. 요한계시록은 누구의 계시입니까?
  2. 요한계시록의 주제는 무엇입니까?
  3. 사도 요한이란 제자는 누구입니까?
  4. 요한계시록을 썼던 장소와 연대
  5. 요한계시록의 구조
  6. 구약과 요한계시록의 관계
     1) 요한계시록은 구약 선지자들의 예언의 성취
     2) 다윗의 자손 왕으로 재림하시는 예수님
     3) 다윗의 메시아 왕국을 세우실 예수님

4) 예수님의 재림의 가장 큰 목적은 천년왕국
  2. 요한계시록 1장 성경공부
  3. 요한계시록 2장 성경공부
  4. 요한계시록 3장 성경공부
  5. 요한계시록 4장 성경공부
  6. 요한계시록 5장 성경공부
  7. 요한계시록 6장 성경공부
  8. 요한계시록 7장 성경공부
  9. 요한계시록 8장 성경공부
 10. 요한계시록 9장 성경공부
 11. 요한계시록 10장 성경공부
 12. 요한계시록 11장 성경공부
 13. 요한계시록 12장 성경공부
 14. 요한계시록 13장 성경공부
 15. 요한계시록 14장 성경공부
 16. 요한계시록 15장 성경공부
 17. 요한계시록 16장 성경공부
 18. 요한계시록 17장 성경공부
 19. 요한계시록 18장 성경공부
 20. 요한계시록 19장 성경공부
 21. 요한계시록 20장 성경공부
 22. 요한계시록 21장 성경공부
 23. 요한계시록 22장 성경공부
에필로그

*** 영광스런 교회
  (하나님의 비밀인 예수 그리스도의 교회)
2020년 2월 25일 출간, 540P, 값 30,000원

목 차

함께 받아야 할 선물
프롤로그

제 1장 기독교 신앙의 뿌리
1. 삼위일체 신론
2. 예정론
3. 섭리론
4. 교회론
5. 성경론
6. 기독론
7. 성령론
8 인간론
9. 구원론
10. 성화론
11. 심판론
12. 종말론
13. 천국론

제 2장 기독교 신앙의 원리
1. 하나님의 형상
2. 여자의 후손
3. 신정정치의 원리
4. 말씀의 종교
5. 이긴 자
6. 두 언약
7. 남은 자
8. 바른 예배

9. 성경에서의 시간과 공간 개념
10. 우주론적이고 종말론적인 예언
11. 예언의 이중성
12. 영원한 언약
13. 왕 같은 제사장 멜기세덱
14. 구원의 서정
15. 삼위일체 하나님과 이사야, 예레미야, 에스겔
16. 다니엘의 70이레 비밀과 요한계시록 7년 대환난
17 선지자들이 예언한 종말에 대한 예언의 성취

제 3장 영광스런 교회

　1. 심판의 시작은 교회
　2. 하나님의 비밀인 교회
　3. 하나님의 꿈인 교회
　4. 교회를 향한 여호와의 열심
　5. 여자가 남자를 안으리라
　6. 남편과 아내 이야기
　7. 깨끗하게 하신 하나님
　8. 이스라엘과 유다, 오홀라와 오홀리바
　9. 예루살렘
10. 스룹바벨 성전
11. 새 예루살렘
12. 장가 오시는 여호와
13. 어린 양 혼인잔치
14. 천년왕국
15. 천년왕국 이 후
16. 영원 이 후의 천국
17. 더 데이, 여호와의 날
18. 바벨론 음녀의 정체
19. 바벨론에서 나오라

20. 완전한 심판
21. 구원의 방법
22. 피난처 교회
23. 아름다운 초대 예루살렘 공동체 교회
24. 말세 세 종류의 교회
25. 피난처 교회를 세우기 위해 준비해야 할 것들
26. 말세 그리스도인들이 누려야 할 네 가지 자유

제 4장 성경대로 살았던 2000년 기독교 역사

1. 이레니우스
2. 터툴리안
3. 노바티안스
4. 도나티스트
5. 고대 왈덴스인
6. 폴리시안
7. 왈도파
8. 알비겐스
9. 위클리프 전도단 로라즈
10. 프라하 형제단
11. 후스파
12. 체코 형제단
13. 스위스 형제단과 아미쉬 공동체 교회
14. 거룩한 땅 미국 펜실베니아
15. 메노나이트 공동체 교회
16. 후터라이트 공동체 교회
17. 브루더호프 공동체 교회

제 5장 철학과 신학으로 세워진 2000년 기독교 역사

1. 영지주의 기독교가 탄생한 알렉산드리아
2. 오리겐의 무천년주의 신학의 정체

3. 최초의 신학교, 알렉산드리아 교리학교
4. 어거스틴의 운명론적인 예정론
5. 아브라함 카이퍼의 신칼빈주의
6. 칼 바르트의 신정통주의
7. 존 스토트의 신복음주의
8. 피터 와그너의 신사도주의
9. 뉴 에이지 종교와 신세계질서 비밀

제 6장 하나님의 세계 경영
1. 세상을 경영하시는 하나님
2. 세상 국가 권력에 대한 성도들의 태도
3. 야누스의 두 얼굴
4. 신인간과 가축인간
5. 일곱 머리 열 뿔

제 7장 신세계질서
1. **신세계질서란 무엇입니까?**
2. **신세계질서를 위한 7대 목표**
    1) 모든 개별 국가 파괴
    2) 모든 종교 파괴
    3) 가족 제도 파괴
    4) 사유제산 제도 파괴
    5) 상속세 제도 파괴
    6) 애국주의 제도 파괴
    7) 세계정부 수립
3. **장미 십자회 신세계질서 10계명**
    1계명 인구감축 5억
    2계명 인간복제
    3계명 언어통합
    4계명 공산주의 통제사회 확립

5계명 국제 사법 재판소를 통한 통치
6계명 10 권역 분권제도로 한 정부
7계명 과학적 획일주의로 한 자동화 통치
8계명 전체주의 확립
9계명 뉴 에이지 종교
10계명 자연주의 숭배 종교
에필로그

*** 마지막 구원열차
(ID 2020과 코로나 팬데믹)

2021년 2월 25일 출간, 302P, 값 10,000원

목 차

마지막 구원 열차 티켓 선물
프롤로그

제 1장 코로나 바이러스와 백신의 정체

1. 유전학의 역사
2. 코비드-19 백신의 원리
3. 빌 게이츠의 통합사역과 코비드-19 백신
4. 다르파(미 국방과학연구소)와 하이드로겔 루시페라제
5. 신세계질서 지상 유토피아 프로젝트, 스마트 시티
6. "크리스퍼" 유전자 가위란 유전공학
7. 유전자 가위로 치료하는 코비드-19 면역 백신

제 2장 신세계질서

1. 신세계질서란 무엇인가?
2. 신세계질서를 이룩하기 위해 그들이 만든 7대 목표

3. 장미십자회 신세계질서 10계명
4. 가짜 팬데믹 백신에 맞서는 의사들
5. ID2020과 백신여권 연계 갈등
6. The Great Reset (자본주의와 구질서 해체)

제 3장 짐승의 표, 666이란 무엇인가?

1. 666이란 무슨 뜻인가?
2. 사람이 신이 되는 두 가지 방법
3. 짝퉁 천년왕국 신세계질서
4. 루시퍼 사탄신학의 정체
5. 666 시스템과 하나님의 구속사
6. 만유내재신론과 유신론적 진화론
7. 666, 짐승의 표, 짐승의 이름의 요약

제 4장 하나님의 구속사

1. 창세전에 세우신 삼위일체 하나님의 구속의 목적
2. 아담을 통한 구속의 원리
3. 하늘과 땅의 모든 권세를 다시 찾아오신 예수님
4. 구원을 받는다고 하는 의미는 무엇인가?
5. 어떻게 영적인 싸움을 싸우는가?
6. 왜 우리는 선한 싸움을 싸우고 악한 싸움을 해서는 안되는가?
7. 선한 싸움을 싸우므로 어떤 결과가 나오는가?
8. 하나님은 누구를 통해서 하나님의 구원을 이루어 가시는가?
9. 하나님께서 그리신 구원의 큰 그림
10. 마지막 7년 대환난
11. 왜 하나님께서는 성도들을 적그리스도에게 붙여서 죽이게 하시는가?
12. 7년 대환난 전 후에 일어날 일들은 무엇인가?
13. 예수님의 재림과 심판
14. 첫째 부활과 천년왕국

15. 하나님의 섭리, 구약의 이스라엘과 신약의 교회
16. 남은 자의 구원
17. 남은 자의 역사

제 5장 하나님의 세계 경영
1. 세계를 경영하시는 하나님
2. 세상의 국가 권력에 대한 성도들의 태도
3. 야누스의 두 얼굴
4. 신인간과 가축인간
5. 일곱 머리 열 뿔
6. 미국이란 어떤 나라인가?

제 6장 마지막 구원 열차 세 종류의 교회
1. 마지막 구원 열차 시간표
2. 휴거의 바른 의미는 무엇이고, 누가 휴거하는가?
3. 7년 대환난에서 순교한 교회
4. 후 삼년 반에 광야 피난처 교회에서 양육 받은 교회

제 7장 광야 피난처 교회
1. 광야 피난처 교회란 무엇인가?
2. 광야 피난처 교회는 어떻게 세울 수 있는가?
3. 광야 피난처 교회를 세우기 위해 준비해야 할 것들
4. 광야 피난처 교회에서 필요한 1가족 5인 기준 비용
5. 누가 광야 공동체 교회 안에 들어 가는가?
6. 거룩한 피난처 되신 여호와
7. 한 사람도 피하지 못하는 심판이 오고 있다
8. 남은 자와 회복될 나라, 천년왕국

에필로그

*** 갈길을 잃어버린 21세기 세계교회

2021년 8월 15일 출간, 364P, 값 10,000원

목 차

전혀 새로운 선물
프롤로그

제 1장 코로나 바이러스
1. 코로나 바이러스, 자연인가? 사람이 만든 것인가?
2. 코로나 바이러스를 만든 목적이 무엇인가?
3. 코로나 바이러스 정체는 무엇인가?
4. 코로나 백신의 정체는 무엇인가?
5. 코로나 백신 속에 무엇이 있는가?
6. 코로나 백신의 목적은 무엇인가?
7. 코로나 팬데믹 다음은 기아 팬데믹
8. 기아 팬데믹 다음은 전쟁 팬데믹

제 2장 신세계질서
1. 신세계질서란 무엇인가?
2. 시대정신 (신세계질서 정신)
3. 쟈크 프레스코 비너스 프로젝트
4. 성경에 기록된 하나님의 언약과 뱀의 약속

제 3장 기독교 이단이란 무엇인가?
1. 기독교 이단이란 무엇인가?

2. 기독교 이단을 판별하는 성경적인 기준은 무엇인가?
3. 기독교 사상가들의 이단 교리

제 4장 공동체 교회

1. 보편적 교회와 거룩한 공동체 교회
2. 공동체 교회란 무엇인가?
3. 공동체 교회는 어떻게 세우는가?
4. 공동체 교회를 세우는 목적은 무엇인가?
5. 2000년 공동체 교회의 역사

제 5장 하나님의 구속사

1. 교회를 모르면 성경을 모른다
2. 창세전부터 예정된 교회
3. 에덴의 교회
4. 구약의 교회
5. 신약의 교회
6. 천년왕국의 교회
7. 누가 천년왕국을 통치하는가?
8. 누가 천년왕국의 백성이 되는가?
9. 천년왕국의 곡과 마곡의 정체는 무엇인가?
10. 이방인의 때와 유대인의 때
11. 새 예루살렘과 새 하늘과 새 땅
12. 백보좌 심판
13. 완성된 천국
14. 영원이후의 천국

제 6장 말세 성도가 알아야 할 10계명

1. 코로나 백신을 맞지 말아야 한다
2. 자본주의가 사라지고 제 4차 산업혁명인 공산주의 세계정부가 세워진다

3. 모든 종교가 하나로 통합된다
  4. 자립하는 공동체 교회를 세워야 한다
  5. 휴거를 준비해야 한다
  6. 가족과 국가와 교회가 사라진다
  7. 세계 3차 대전을 통해 인구 90%가 사라진다
  8. 도시를 반드시 떠나야 한다
  9. 666 짐승의 표를 받지 말아야 한다
  10. 순교 신앙을 가지고 두려워하지 말아야 한다
에필로그

*** 당신은 교회입니까?
(리셋, "천지개벽"을 준비하라)

2022년 2월 12일 출간, 362P, 값 10,000원

목 차

프롤로그

예정된 선물
당신은 교회입니까?
내가 교회인가를 알 수 있는 방법

제 1장 세상을 알아야 한다
  1. 성경에서 말하고 있는 세상
  2. 기독교 신학에서 말한 세상
  3. 하나님의 구속의 섭리와 일곱 머리 열 뿔 붉은 용

제 2장 영적인 세계를 알아야 한다
  1. 사단의 정체
  2. 사단이 세상을 통치하는 조직

3. 사단이 통치하는 72마신
   4. 사단의 종교, 유대 카발라
   5. 사단이 지배하는 혈통들
   6. 세계 3대 권력 기관
      1) 경제권력(The City Of London)
      2) 종교권력(로마 바티칸)
      3) 정치권력(워싱톤 DC)

제 3장 성경을 알아야 한다
   1. 천지 창조의 비밀
   2. 에덴 동산의 비밀
   3. 아담과 하와와 교회의 비밀
   4. 시내 산에서 맺은 율법의 언약은 혼인언약이다
   5. 바벨론에서 돌아올 때 맺은 새 언약
   6. 이사야 66장을 통한 신구약 시대 구분
   7. 남북 왕조의 멸망과 회복
   8. 다니엘 70이레 비밀과 예수님의 재림 통치
   9. 예수님께서 말씀하신 배도와 야곱의 대환난

제 4장 교회를 알아야 한다
   1. 성 삼위 하나님과 교회
   2. 창세 전부터 감춰진 교회
   3. 창세 전부터 꿈꾸던 교회
   4. 에덴의 교회
   5. 이스라엘의 교회
   6. 신약의 교회
   7. 천년왕국의 교회

제 5장 미래를 알아야 한다
   1. 코로나 19를 통해 준비된 리셋(The Great Reset)

2. 코로나 팬데믹-기아 팬데믹-전쟁 팬데믹
   3. 3차 세계대전과 인종청소를 통한 하나님의 심판
   4. 미국과 함께 망하는 구질서 세계(Old Order)
   5. 중동 평화 조약과 7년 대환난 시작
   6. 제 3유엔과 함께 시작된 신세계질서(New World Order)
   7. 자본주의가 현금과 함께 사라진다
   8. ID 2020, 공산주의 세계정부의 디지털 신분증
   9. 스마트 시티에서 일어날 일
   10. 3차 세계 대전 후 사라질 구시대 유물들
   11. 호모 데우스 인간과 좀비 인간으로 변한 호모 사피엔스 인간
   12. 이미 구원 받은 성도가 백신을 맞으면 구원이 없어지는가?
   13. 성령의 표인가? 짐승의 표인가?
   14. 666 짐승의 표란 무엇인가?
   15. 마지막 리셋시대 구원받은 성도는 어떻게 살아야 하나?

제 6장 나를 알아야 한다
   1. 당신이 교회인 10가지 이유
   2. 당신이 거듭난 성도인 10가지 이유
   3. 당신 하나님의 아들인 10가지 이유
   4. 당신이 교회가 아닌 10가지 이유
   5. 당신이 거듭난 성도가 아닌 10가지 이유
   6. 당신이 하나님의 아들이 아닌 10가지 이유

제 7장 당신이 회개하고 교회가 될 수 있는 유일한 방법 10가지
   1. 회개하라
   2. 용서하라
   3. 갚으라
   4. 찾아가라
   5. 버리라

6. 나오라
  7. 떠나라
  8. 순종하라
  9. 준비하라
 10. 고백하라
에필로그

*** 시오니즘과 3차 세계 대전
(6000년 하나님의 구속 사역의 결정판)

2022년 8월 23일 출간, 362P, 값 10,000원

목 차

꼭 드리고 싶은 선물

프롤로그

제 1장 시오니즘 운동이란 무엇인가?
  1. 가짜 유대인의 공산주의 세계정부 운동
  2. 24개 시온의정서 헌법을 통한 신세계질서 세계정부 운동
  3. 신인간과 가축인간을 나눈 공산주의 신분사회 운동
  4. 시오니즘 운동은 반유대주의 운동
  5. 유대교 카발라 종교로 모든 종교를 통합시키는 운동
  6. 제 3차 세계 대전을 통한 인종 청소 운동
  7. 이스라엘 건국, 예루살렘 회복, 제 3성전 건축, 알리아 운동을 통한 기독교 배도운동
  8. 구약 선지자들이 예언한 다윗의 메시아 짝퉁 천년왕국 킹덤나우 운동
  9. 인간을 영생불사 존재로 만드는 호모 데우스 신인간 운동

10. 스마트 시티 컴퓨터 빅데이터에 융합시킨 인간 말살 배도 운동

제 2장 종교적 시오니즘 운동
1. 유대 카발라와 수메르 종교
2. 그리스 델포이 신탁
3. 탈무드와 그리스 철학
4. 디오니소스의 운명론적 주권철학과 시오니즘
5. 뉴 플라톤 철학과 기독교 신학 속에 있는 시오니즘
6. 알렉산드리아 학파와 시오니즘
7. 유대 카발라 시온주의 기독교 설계자 오리겐
8. 어거스틴의 다윗의 메시아 지상 왕국인 로마 가톨릭
9. 칼빈의 제네바 성시화 운동과 시오니즘
10. 경건주의 운동과 진젠도르프 유대 카발라 신비주의 운동
11. 1907년 평양 대부흥 운동과 시오니즘
12. 아브라함 카이퍼의 주권운동과 시오니즘
13. 존 스토트의 로잔 운동과 시오니즘
14. 뉴 에이지 운동과 시오니즘

제 3장 정치적 시오니즘 운동
1. 헬라신국과 소크라테스의 시오니즘 운동(카발과 고임)
2. 헬라신국의 에클레시아 선민들의 도시국가의 비밀과 스마트 시티
3. 헬라신국, 플라톤의 이상국가, 공산주의 신분 사회인 세계정부
4. 헬라신국과 아리스토텔레스의 제자 알렉산더 대왕
5. 헬라신국과 알렉산드리아 유대인 천국
6. 헬라 오르므즈, 헤르메스 사상과 메로빙거 왕조와 시온 수도회
7. 템플 기사단과 예수회
8. 예수회 사비에르와 임진왜란
9. 일루미나티와 미국 건국

10. 프랑스 혁명과 로스차일드 시녀 나폴레옹
11. 세계 1차 대전, 벨푸어 선언과 러시아 공산혁명
12. 세계 2차 대전, 유엔을 통한 이스라엘 독립과 중국 공산혁명
13. 6.25 한국전쟁과 유엔
14. 제 3차 세계 대전, 예루살렘 평화조약과 공산주의 세계정부
  1) 3차 세계 대전의 목적
  2) 3차 세계 대전의 시나리오
  3) 예루살렘 평화조약
  4) 적그리스도는 누구인가?
  5) 2030년에 세워질 지상의 공산주의 유토피아 세계정부
15. 666 짐승의 표와 그리스도인의 순교
16. 첫째 부활에 참여한 자

제 4장 경제적 시오니즘 운동
1. 감춰진 부의 영광에 이르는 길, 유대 카발라 검은 귀족
2. 가나안 7족속들과 레반트 문명
3. 카르타고 상인들
4. 베네치아 상인들
5. 네덜란드에서 영국을 거쳐 미국에 정착한 시오니스트의 정체
6. 300인 위원회와 베네치아 검은 귀족
7. 더 그레이트 리셋을 준비하는 세계경제포럼

제 5장 6000년 하나님의 구속 사역의 결정판
1. 아브라함에게 주신 육적인 자손과 영적인 자손의 언약
2. 앗수르와 바벨론을 통한 북 왕조와 남 유다의 심판과 회복
3. 앗수르를 통한 하나님의 세계 경영
4. 하나님의 언약과 세계 경영의 목적
5. 삼위일체 하나님의 구속의 섭리
6. 구약의 유다와 바벨론, 신약의 교회와 바벨론 이중 예언
7. 옛 언약과 새 언약의 이중 예언

8. 이스라엘의 속죄의 시기와 이중 예언
　　9. 선지자들이 예언한 종말의 예언 성취
　10. 예언의 이중성
　11. 다니엘서에 기록된 요한 계시록의 시간표
　12. 천년왕국
　13. 마지막 때 반드시 준비해야 할 세 가지

제 6장 2030년까지 되어질 일들
　1. 2025년까지 되어질 일
　　1) 자본주의가 망한다
　　2) 현금이 사라진다
　　3) 팬데믹이 계속된다
　　4) 식량폭동이 일어난다
　　5) 경제공황으로 세계 3차 전쟁이 시작된다
　　6) 평화조약을 끝으로 이방인의 시대가 끝난다
　2. 2030년까지 되어 질 일
　　1) 세계인구 90%가 사라진다
　　2) 공산주의 세계정부가 들어 선다
　　3) 666 짐승의 표가 시행된다
　　4) 미국이 망한다
　　5) 스마트 시티 빅데이터가 완성 된다
　　6) 모든 종교가 사라진다

제 7장 기독교 이단을 판별하는 성경적인 기준은 무엇입니까?
　1. 기독교 이단이란 무엇인가?
　2. 기독교 이단을 판별하는 기준 10가지는 무엇인가?
　　1) 기독론
　　2) 삼위일체 신론
　　3) 성경론

4) 구원론
　　5) 교회론
　　6) 성화론
　　7) 인간론
　　8) 종말론
　　9) 심판론
　　10) 천국론
　에필로그

*** 새 예루살렘 시대
（새로운 천년이 시작 된다）

2023년 2월 10일 출간, 382P, 값 10,000원

성 삼위 하나님의 선물
프롤로그

목　차

제 1장 기독교란 무엇인가?
　1. 하나님의 구속 사역의 목적
　2. 하나님의 구속 사역의 결과
　3. 하나님의 구속 사역의 방법
　4. 하나님의 구속 사역의 과정
　5. 하나님의 구속 사역의 원리
　6. 하나님의 구속 사역의 도구
　7. 하나님의 구속 사역의 기간
　8. 하나님의 구속 사역의 대상
　9. 하나님의 구속 사역의 비밀

10. 하나님의 구속 사역의 완성

제 2장 천년왕국
1. 천년왕국은 언제 시작하는가?
2. 천년왕국은 누가 통치하는가?
3. 천년왕국의 백성은 누구인가?
4. 천년왕국은 어디에서 이루어지는가?
5. 천년왕국은 영원한 천국인가?
6. 천년왕국에서 생육과 번성이 이루어지는가?
7. 천년왕국의 곡과 마곡의 정체는 누구인가?
8. 왜 용을 천년이 차기까지 결박하는가?
9. 언제 천년왕국이 끝나는가?
10. 왜 천년왕국이 필요한가?
11. 하나의 원자 속에 있는 우주론과 천년왕국
12. 세 번의 창조의 비밀

제 3장 신학적 천년왕국의 교리들
1. 무천년주의 신학의 비밀
2. 무천년주의 종말론의 음모
3. 무천년주의자 존 스토트의 정체
4. 세대주의 전천년주의
5. 무천년주의와 세대주의 전천년주의 차이점
6. 사단의 세력들이 만든 대체신학이란 무엇인가?
7. 역사적 전천년주의

제 4장 구약에서 말한 천년왕국
1. 이사야가 예언한 천년왕국
2. 예레미야가 예언한 천년왕국
3. 에스겔이 예언한 천년왕국
4. 다니엘이 예언한 천년왕국

    5. 호세아가 예언한 천년왕국
    6. 요엘이 예언한 천년왕국
    7. 아모스가 예언한 천년왕국
    8. 오바댜가 예언한 천년왕국
    9. 미가가 예언한 천년왕국
    10. 스바냐가 예언한 천년왕국
    11. 학개가 예언한 천년왕국
    12. 스가랴가 예언한 천년왕국
    13. 말라기가 예언한 천년왕국

제 5장 신약에서 말한 천년왕국
    1. 예수님께서 말씀하신 천년왕국
    2. 바울이 기록한 천년왕국
    3. 요한이 기록한 천년왕국

제 6장 하나님이 심판하신 네 가지 원리
    1. 말씀대로 이루어지는 심판
    2. 세상 나라들을 통해 이루어지는 심판
    3. 빛의 자녀들에게 알려주신 하나님의 심판
    4. 예수의 증거로 이루어진 하나님의 심판

제 7장 더 그레이트 리셋과 하나님의 최후의 심판
    1. 2030년에 세워질 신세계질서, 적그리스도의 나라
    2. 짝퉁 천년왕국인 신세계질서
    3. 코로나 팬데믹과 ID 2020 작전, 666 짐승의 표
    4. ID 2020 디지털 화폐
    5. 사단의 신학의 정체와 666 짐승의 표의 비밀
      1) 루시퍼 신학과 헬라의 유물사관 철학
      2) 만유내재신론과 유신론적 진화론
      3) 사단이 사람을 신으로 만드는 두 가지 방법
    6. 2023년 경제 팬데믹과 자본주의 몰락

7. 2023년 전쟁을 준비하라
8. 2023년 도시탈출 D -1년
9. 더 그레이트 리셋과 코리아 리셋
10. 2025년 3차 세계 대전과 신세계질서
   1) 일루미나티 삼극회와 3차 세계 대전
   2) 3차 세계 대전을 준비한 나라들

제 8장 준비해야 할 네 가지 구원
1. 휴거 준비
2. 순교 준비
3. 광야 공동체 교회 준비
4. 피난처 준비

제 9장 기독교 구원의 신비, 남은 자들의 구원
1. 하나님께서 예비하신 구원은 남은 자들의 것
2. 남은 자들의 구원의 상징인 레갑 족속들
3. 성경에 기록된 남은 자들
에필로그

*** 제사장 나라와 바벨론의 멸망
(새로운 천년이 시작 된다)

2023년 10월 20일 출간, 352P, 값 10,000원

목 차

마지막 선물
프롤로그

제 1장 신약의 교회는 그리스도의 제사장 나라
   1. 요한 계시록의 주제는 제사장 나라 교회
   2. 새로운 땅에서 왕 노릇 하는 제사장 나라 교회
   3. 이마에 인을 맞은 144,000명은 제사장 나라 교회
   4. 144,000명은 대환난 기간 동안 순교한 제사장 나라 교회
   5. 7년 대환난 시작과 함께 순교한 제사장 나라 교회
   6. 144,000명은 처음 익은 열매인 제사장 나라 교회
   7. 첫째 부활에 참여하는 제사장 나라 교회
   8. 왕 같은 제사장들이 통치할 천년왕국
      1) 예수님의 신부인 교회와 새 예루살렘
      2) 제사장 나라로 부름을 받은 구약의 이스라엘
   9. 피조물들이 탄식하면서 기다리는 그리스도의 제사장 나라 교회
   10. 제사장 나라인 교회를 통해 회복된 피조물들의 찬양
   11. 세상에 있으나 세상에 속하지 않는 제사장 나라 교회
      1) 신약의 교회는 사람 교회
      2) 신약의 성전은 구원 받은 성도들의 마음
      3) 신약의 참된 교회는 성도들의 몸인 삶의 공동체
   12. 말세 성도는 반드시 두루마기를 빨아야 한다
      1) 신부들은 옳은 행실로 세마포 옷을 단장해야 한다
   13. 지상의 교회는 예수님의 제사장 나라로 순교의 공동체

제 2장 무천년주의가 사단의 신학인 이유
   1. 무천년주의는 지상에 물질 왕국을 세우는 바알 신학
      1) 종말론 신학의 중요성
      2) 무천년주의가 탄생하게 된 배경
      3) 무천년주의 사상
      4) 무천년주의 교회관
      5) 무천년주의 복음
      6) 무천년주의 신학(神學)의 정체

7) 무천년주의 세계관
　　8) 무천년주의 종말관
　　9) 무천년주의와 신세계질서
　10) 무천년주의 비밀은 킹덤나우(kingdomnow)
　11) 신사도운동의 주권운동은 킹덤나우 무천년주의 신학
　12) 무천년주의와 종교통합운동
 2. 신칼빈주의(Neo-Calvinism)의 문화대명령은 적그리스도의 나라

제 3장 하나님의 세계 경영과 일곱 머리 열 뿔 용
　1. 다니엘이 예언한 마지막 적그리스도의 나라
　2. 요한 계시록 13장에 나타난 10뿔 짐승의 세 가지 모습, 사자, 곰, 표범
　3. 일곱 머리 열 뿔 붉은 용의 비밀
　4. 마지막 적그리스도는 배도자 니므롯의 후예
　5. 일곱 번째 왕은 여덟 번째에서 나온다
　6. 일루미나티가 세운 미국이란 여덟 번째 왕
　7. 미국이 세운 제 3유엔이 미국을 대신 한다
　8. 사탄 숭배자들이 세운 루시퍼 귀신의 나라인 미국 수도 워싱턴
　9. 일곱 제국들을 통해 세계를 경영하시는 하나님
10. 하나님께서 앗수르를 상고 태초부터 예비하셨다
11. 하나님께서 예정하신 말세 적그리스도의 짐승의 나라
12. 본질을 잃으면 모든 것을 잃는다

제 4장 거짓 선지자의 나라, 미국이란 어떤 나라인가?
　1. 인류가 꿈꾸던 유토피아 나라로 건국된 미국
　2. 이집트 사람들이 숭배했던 금성, 루시퍼의 나라
　3. 템플기사단이 세운 나라
　4. 콜럼버스에 의해서 세워진 워싱턴 D.C의 비밀

5. 1620년 가짜 청교도들이 세운 나라
  6. 세계 1, 2차 대전을 통해 세계 최강의 나라가 된 미국
  7. 세계 3차 대전을 통해서 세계정부 간판을 준비하고 있는 미국
  8. 인디언을 전멸시킨 콜럼버스의 나라
  9. 미국의 1776년 독립 선언 배경(The Declaration of Independence)
  10. 남북 전쟁의 진실(1861-1865)
  11. 남북 전쟁 후 시작된 미 합중국 주식회사
  12. 트럼프의 위대한 약속, 주식회사 미국을 공화국 미국으로 돌려 주겠다
  13. 이스라엘의 메시아 고레스와 재림하시는 예수님의 천년왕국
  14. 예수님 대신 등장한 적그리스도인 트럼프
  15. NESARA(네사라) GESARA(게사라)는 무엇인가?
  16. 네오콘 사상(neo-conservatism)으로 무장된 나라
  17. 네오콘의 사상의 역사

제 5장 예루살렘 회복운동은 배도 운동
  1. 바리새파 유대인은 누구입니까?
     1) 일루미나티 유대인
     2) 1948년 5월 14일 이스라엘을 건국시킨 사바테안 프랑키스트 유대인
     3) 유대인 600만 명을 학살하고 이스라엘을 건국시킨 나치 히틀러
  2. 예루살렘 회복이란 단어의 비밀
     1) 유대인과 이방인의 한 새 사람 새 종교 운동
     2) 루시퍼 카발라 종교의 깨어짐의 우주회복 티쿤
  3. 다니엘의 70이레와 마지막 한 이레
  4. 왜 예루살렘 회복운동이 배도 운동입니까?
  5. 예루살렘 회복운동은 선교운동이 아닌 배도운동이다

6. 예루살렘 회복운동은 거듭난 그리스도인들을 죽이는 운동

제 6장 다니엘의 70이레 비밀
 1. 다니엘이 기록한 마지막 시대 예언
   1) 10뿔 적그리스도의 나라
   2) 다니엘 70이레 비밀
   3) 다니엘 70이레 계산 방법
   4) 마지막 한 이레의 시작
 2. 예수님께서 말씀하신 다니엘의 예언
   1) 예수님께서 말씀하신 다니엘의 70이레
   2) 예수님께서 말씀하신 이방인의 때와 예루살렘성 회복
 3. 바울이 말하고 있는 이방인과 이스라엘
   1) 바울이 말하고 있는 이방인의 때와 온 이스라엘의 구원의 때
   2) 바울이 말하고 있는 이스라엘에 대한 하나님의 영원한 약속
 4. 요한 계시록에 집중된 마지막 한 이레 7년
   1) 다니엘 9장 69이레와 70이레 사이에 무슨 일이 일어나는가?
   2) 요한 계시록에 기록된 한 때 두 때 반은 한 이레의 절반, 3년 반
   3) 교회가 완성되는 비밀의 경륜인 이방인의 때
   4) 이방인의 때 유대인들은 완악하게 되어 고난을 당하고 있다.
   5) 다니엘의 70이레와 이방인의 관계
   6) 다니엘 마지막 한 이레에 등장한 적그리스도의 정체
 5. 다니엘서의 예언의 중요성
 6. 다니엘서에 기록된 요한 계시록의 타임 라인
   1) 7년 대환난의 성경적인 근거인 70이레 중 마지막 한 이레
   2) 7년 평화조약을 맺고 난 후 220일 동안 성전을 건축한 후 성전 제사 시작
   3) 경건한 유대인들이 후삼년 반에 예비처로(산으로) 도망함
   4) 멸망케 할 물건을 세울 때부터 1335일까지 이르는 사람은 복이 있다

5) 30일은 애곡하고 약속을 갱신하는 기간
   6) 45일은 천년왕국에서 교회가 상급 심판을 받는 기간(어린 양 혼인 잔치)
   7) 요한 계시록은 다니엘이 일곱 인으로 인봉한 두루마기
   8) 다니엘은 후 삼년 반에 적그리스도가 성도들을 이길 것을 예언함
   9) 연단 받은 자는 거룩하고 악한 자는 깨닫지 못한다
   10) 죽은 자들의 부활을 예언함

제 7장 말세에 이루어질 네 가지 구원
  1. 빌라델비아 교회의 휴거 구원
  2. 라오디게아 교회의 순교 구원
  3. 에베소 교회의 광야 공동체 교회 구원
  4. 믿지 않는 자들의 피난처 구원

제 8장 거저 주시는 기독교 구원의 신비, 남은 자들의 신학
  1. **하나님께서 예비하신 구원은 남은 자들의 것**
  2. **남은 자들의 구원의 상징인 레갑 족속들**
   1) 유다의 남은 자들인 레갑 족속
   2) 레갑 족속의 조상은 모세의 장인 겐 족속 이드로
   3) 미디안 제사장, 겐 사람, 모세의 장인 이드로는 누구인가?
   4) 서기관 족속이 된 레갑 족속
   5) 바벨론 포로 귀환 이후 레갑 족속들
  3. **신약시대 남은 자들인 레갑 족속들**
  4. **성경에 기록된 남은 자들**
   1) 남은 자들의 역사
   2) 끝까지 남아 구원을 받은 남은 자들의 특징
   3) 바벨론에서 돌아온 남은 자들
   4) 휴거를 약속 받은 남은 자들의 교회 빌라델비아

제 9장 광야 공동체 교회
 1. **기독교 신학에서 말한 보편적 교회**
    1) 보편적 교회와 보편적 구원
    2) 가짜 교회와 진짜 교회
    3) 보편적 교회와 거룩한 교회
    4) 세상을 교회로 착각한 신복음주의
    5) 종교 통합으로 이루어지고 있는 배도의 국가
 2. **광야 공동체 교회란 무엇인가?**
    1) 광야 공동체 교회란 삶의 공동체이다
    2) 광야 공동체 교회는 말씀의 공동체이다
 3. **왜 광야 공동체 교회를 세워야 하는가?**
    1) 도시에서 하나님의 심판이 시작되기 때문
    2) 한 몸으로 부르심을 받았기 때문
    3) 교회는 세상과 분리되었기 때문
    4) 구원 받은 성도를 세상이 미워하기 때문
    5) 세상의 빛은 구원 받은 성도 개인이 아닌 교회이기 때문
    6) 심판 받은 구약의 이스라엘이 신약 교회의 모델이 되기 때문
    7) 유다를 멸망시킨 바벨론이 마지막 시대 교회를 심판할
       바벨론이기 때문
 4. **광야 공동체 교회는 어떻게 세우는가?**
    1) 변화 받은 구성원들이 세운다
    2) 받은 은사대로 섬김으로 세운다
    3) 사도의 가르침을 받아서 세운다
 5. **광야 공동체 교회를 세우는 목적은 무엇인가?**
    1) 순교하지 않고 세마포 옷을 정결하게 준비하는 것이다
    2) 양육을 받기 위해 세운다
    3) 사랑의 인격으로 변화되는 것이다
    4) 예수님의 신부로 단장하는 것이다
    5) 엘리야 사역을 하기 위함이다

6. 광야 공동체 교회 참여할 멤버쉽을 가진 사람은 누구인가?
   1) 광야 공동체 교회를 준비한 자
   2) 복음의 비밀과 교회의 비밀을 아는 자
   3) 천국 열쇠를 가진 교회
   4) 하나님이 주신 은사로 지체를 섬길 수 있는 자
   5) 광야 공동체 안에서 규례와 약속을 지킬 수 있는 자
   6) 광야 공동체 영적 리더쉽에 순종하고 복종할 수 있는 자

제 10장 말세에 이루어질 네 가지 구원
1. 창세전에 계획된 기독교 구원은 하나님의 아들들이 되는 것
2. 하나님의 구원의 섭리 목적은 아들과 같이 영화롭게 하는 것
3. 예수님께서 인간이 되셔서 고난을 통해 순종을 배우신 목적
4. 그리스도의 장성한 분량으로 자라나야 할 과제
5. 성화구원이 없는 기독교 구원은 가짜이다
6. 왜 말세에 사는 성도들에게 성화 구원이 중요한가?
7. 성화 구원은 반드시 예수님의 몸 된 교회 안에서 만 가능하다
8. 기독교 구원의 최종 목적은 성삼위 하나님과 하나가 되는 것이다
9. 구원 받은 성도는 피난처나 도피처는 안된다

에필로그
세계제자훈련원 출판도서 목록

세계제자훈련원 출판도서 목록

*** 세계제자훈련원 제자훈련 10단계 교재
출판 1988년 각 권당 32P, 각 권당 1,200원

1권 복음
1과 성경이 왜 하나님의 말씀인가?

2과 하나님의 뜻과 중생
　3과 복음이란 무엇인가?
　4과 예수 그리스도의 보혈의 능력
　5과 예수 그리스도의 십자가의 능력

2권 구원의 확신
　1과 왜 구원의 확신을 갖는 것이 중요한가?
　2과 구원의 확신 점검
　3과 신앙고백과 간증하는 법
　4과 성 삼위 하나님 안에서 확신
　5과 세례와 성찬

3권 그리스도인으로 자라남
　1과 왜 그리스도인은 자라나야 하는가?
　2과 말씀의 중요성과 우선순위(Q.T)
　3과 기도하는 법
　4과 성도의 교제와 교회의 비밀
　5과 순종의 축복

4권 교회
　1과 교회란 무엇입니까?
　2과 교회의 본질과 비밀
　3과 교회안에 있는 은사
　4과 교회안에 있는 직분
　5과 교회의 목적

5권 열매맺는 삶
　1과 성도의 삶의 목적은 무엇인가?
　2과 전도
　3과 양육
　4과 헌금
　5과 예배

6권 그리스도인의 생활
1과 그리스도인의 개인생활
2과 그리스도인의 가정생활
3과 그리스도인의 교회생활
4과 그리스도인의 사회생활
5과 그리스도인의 국가생활
6과 그리스도인의 세계생활

7권 제자로서의 성장
1과 제자란 누구인가?
2과 제자의 도와 비전
3과 훈련의 중요성
4과 헌신과 하나님의 뜻 발견
5과 십자가의 도(종의 도)

8권 성숙한 제자
1과 성숙한 제자란 어떤 사람인가?
2과 성숙한 제자와 상담
3과 성숙한 제자와 성경공부인도
4과 성숙한 제자와 절대주권(로드쉽)
5과 성숙한 제자와 영적 전투

9권 세계선교
1과 세계선교란 무엇인가?
2과 한국교회의 사명
3과 한국교회와 이단종교
4과 각종 비전과 사역의 다양성
5과 세계선교전략

10권 재림
1과 재림의 징조
2과 이스라엘과 정치적 종말

3과 군사적 과학적 종말
4과 종교적 경제적 종말
5과 재림의 신앙

*** 10단계 제자훈련 지도자 지침서
  1988년 출간, 288P 값 12,000원

*** 새신자 제자훈련 교재
  1998년 출간 값 2,000원

*** 세례자 제자훈련 교재
  1998년 출간 값 3,000원

*** 교사 제자훈련 교재
  1998년 출간 값 3,000원

*** 구역장 제자훈련 교재
  1998년 출간 값 3,000원

*** 제직 제자 훈련 교재
  1998년 출간 값 3,000원

지은이 ─────────────

백석신학대학
백석신학대학원
총신대선교대학원
연세대연합신학대학원
미국Faith신학대학원
미국California신학대학원
전 필리핀 선교사
현 예장백석교단 강남교회 담임목사

총판 : 생명의 말씀사 02-3159-7979

종교통합 배도신학의 정체와
기독교 생명신학

초 판 2024. 2. 25.
지은이 이형조
펴낸곳 도서출판 세계제자훈련원
06261 서울시 강남구 도곡로22길 5
(강남구 도곡동 544-13)
대한예수교 장로회 강남교회
전화 : H.P : 010-4434-7188
E-mail ehj1953@Kakao.com
등록 제16-1582 (1988. 6. 8)

온라인 번호 062-01-0126-685 국민은행 이형조
정가 20,000원
ISBN 978-89-87772-33-2